東洋古典國譯叢書 20

懸吐完譯

小學集註

成百曉 譯註

小學集註諸家

集成　建安 何士信
集解　海虞 吳　訥
正誤　姑蘇 陳　祚
增註　天台 陳　選
集說　淳安 程　愈

傳統文化研究會

譯註者 略歷

忠南 禮山 出生
家庭에서 父親 月山公으로부터 漢文 修學
月谷 黃璟淵, 瑞巖 金熙鎭 先生 師事
民族文化推進會 國譯硏修院 修了
高麗大學校 敎育大學院 漢文敎育科 修了
한국고전번역원 부설 고전번역교육원 名譽漢學敎授(現)
傳統文化硏究會 副會長(現) 해동경사연구소 소장(現)
古典國譯賞 受賞

論文 및 譯書

〈艮齋의 性理說小考〉〈燕岩의 學問思想硏究〉
四書集註 ≪詩經集傳≫ ≪書經集傳≫ ≪周易傳義≫
≪古文眞寶≫ ≪牛溪集≫ 등 數十種 國譯
≪宣祖實錄≫ ≪宋子大全≫ ≪茶山集≫ ≪退溪集≫ 등 共譯

東洋古典國譯叢書 刊行辭

어느 서구의 동양학자는 '儒教 르네상스'라는 觀點을 취하면서 "나는 유교는 舊社會의 원리 그 자체이므로 死滅하였다고 생각하고 있다. 復活은 있을 수 없다고 생각한다. 그러나 그 精神만은 살아 있는데 그것은 죽은 유교의 靈安室에 보존되고 있다. 이 영안실이란, 이미지를 풍부하게 포함하고 있는 미디어인 '漢字의 體系'라고 생각한다."라고 말하고 있다.

서구사회의 개인주의 사상이 지금 인간을 산산히 조각내어 사회를 崩壞에로까지 몰아넣고 있다고 하는 危機意識을 강하게 품고 있고, 따라서 유교의 정신을 共同體主義나 儀禮主義(禮)라는 反個人主義의 觀點에서 파악하려 하고 있는 것으로 알려지고 있는 이 학자는 또한 이렇게도 말한다. "유교가 결정적으로 死滅하여 버렸기 때문에 近代化와 모순되지 않으면서 새로운 思惟様式 속에 그 정신을 再投資할 수 있다. 유럽에서도 기독교가 쇠약해졌지만 福音主義의 정신이 남아 있는 것과 같다."라고 하고 있다.

'영안실에서 뽑아낸 에스프리의 재투자'라는 생각에 문제점이 없는 것도 아니다. 儒教는 과연 죽었는가? 儒教資本主義다 儒教社會主義 또는 심지어 儒教共產主義다라는 造語가 과연 죽은 뒤의 정신의 再投資 속에서 생긴 말인가. 아니면 완전히 사멸하지 않았기 때문에 이 같은 말들이 생겨날 수 있도록 영향력을 행사한 것인가? 유교가 근대화와 모순되지 않기 위해서는 일단 결정적 死滅의 경로를 통과하여야만 한다는 한 길[一途]밖에 없는 것인가? 유교사상의 새로운 體系構成을 통해 死滅없이, 산 채로 정신의 재투자는 불가능한 것인가? 산 채로의 투자는, 그러나 民主는 무슨 민주인가, 오로지 동양적 專制만이 倫理秩序 維持의 유일한 길이 아니냐고 하면서 시대착오적 착각에서 헤어나지 못하는 保守의 잔당들이 꼬리표처럼 붙어다녀 영영 이것을 털어낼 수가 없기 때문에 불가능하다는 것인가? 무가치한 瓦礫은 버리고 珠玉만을 걸러 취해 새롭게 再構成할 수는 없는 것인가?

그러나 어느 길을 택하든 '儒教르네상스'의 觀點을 취하고 있는 학자의 수는 늘고 있고, 유교를 비롯한 동양의 전통문화에 대한 새로운 관심도는 날로 높아져 가고 있다.

그런데 현대에 살아 숨쉬고 있는 것으로 생각하든 영안실 안에서 잠자고 있는 것으로 생각하든 漢字의 文字體系로 이루어진 東洋古典은 그것의 讀解를 專業으로 하는 전문학자를 제외한 모든 사람에게는 國譯書 없이는 접근하기가 쉽지 않다. 또한 우리 전통문화의 究明에 있어서는, 그것이 韓國經濟史가 되든 法制史가 되든, 혹은 精神史, 音樂史, 繪畫史, 服飾史, 交通史, 戰爭史 등등이 되든, 그 모든 연구를 위한 一次資料가 漢文으로 되어 있는데다, 유교의 고전인 四書·五經을 모두 마땅히 알고 있으려니 하는 暗默의 前提 아래 그 成句를 출전을 밝히지 않은 채 인용해 쓰고 있는 例가 허다하여, 四書·五經을 중심으로 한 동양고전은 그 어느 분야의 전공자를 막론하고 필독의 것이 되지 않을 수 없다. 誤譯 없는 동양고전 국역서의 출현을 기다리는 마음은 이에 더욱 절실하다 하겠다.

번역에 있어서는 현대어로의 완전한 번역이 國譯의 최종 목표가 됨은 말할 것도 없으나 誤譯 없는 逐字譯의 실력이 없이는 불가능하다. 멀리 新羅 때의 薛聰이나 麗末鮮初의 權陽村에 의한 經書의 口訣을 거쳐 조선조 세종대왕의 한글 창제 이후의 국역서〔諺解本〕의 蓄積은 참으로 완전한 번역을 위한 귀중한 참고자료가 아닐 수 없다. 先儒들의 훌륭한 先行業績의 토대 위에 비로소 최상의 현대어 번역은 가능해진다.

우리 전통문화연구회에서는 정성들인 번역서의 출간을 기다리는 輿望에 부응하기 위해 誤譯 없는 번역에 力點을 두어 斯界의 실력자로 번역진을 구성, 공부하는 사람들의 머리맡에 사전처럼 두고 볼 수 있는 번역서의 간행을 기획하여, 이제 그「東洋古典國譯叢書」중 四書集註와 詩經集傳에 이어 五書의 마지막으로「小學集註」를 成百曉 本會 理事가 譯註하여 刊行하게 되었다.

오랜 역사 위에 축적된 先儒들의 先行業績과 현대어 사이에 튼튼한 架橋가 구축되리라 스스로 자부하여 본다. 江湖諸賢의 鞭撻이 있기를 바란다.

1996年 9月 日

사단법인 전통문화연구회

회장 이계황

이 책에 대하여

本書는 朱子의 小學과 諸家의 集註에 懸吐하고 國譯한 것이다.

小學은 小子의 학문이란 뜻으로, 大人之學을 의미하는 '大學'과 대칭하여 쓴 것이다. 「禮記」《王制》에 보면 古代에 초등교육기관인 小學校가 各地方에 개설되어 사람이 태어난 지 8세가 되면 누구나 다 小學校에 들어가 灑掃應對의 기본 예절과 愛親敬長의 도리를 義務的으로 받았던 것으로 기록되어 있다. 그러나 周代 이후 教育制度가 점차 무너져 제대로 施行되지 않았으며, 이에 대한 기록마저 秦始皇의 焚書로 인하여 끝내 보존되지 못하였다.

朱子는 일찍이 大學章句序에서 "曲禮·少儀·內則·弟子職과 같은 여러 篇은 진실로 小學의 支流餘裔이다."라고 말하였으며, 小學의 禮節教育은 후일 大學의 修身·齊家·治國·平天下의 基本이 되는 것임을 力說하였다. 그리하여 古代 小學의 教育을 재현할 목적으로 弟子인 劉淸之와 함께 「禮記」·「論語」등 各種經典과 歷代史料들을 수집하여 本書를 편집하게 되었다.

本書의 內容을 살펴보면 立教·明倫·敬身·稽古의 內篇과 嘉言·善行의 外篇으로 구성되어 있다. 立教는 教育의 原則을 말한 것이고 明倫은 父子·君臣·夫婦·長幼·朋友의 倫理를 밝힌 것이며 敬身은 몸을 공경하는 것으로, 이 세 가지는 결국 小學의 基本綱領이라 할 것이다. 稽古는 春秋時代 이전의 史料에서 立教·明倫·敬身에 부합되는 實例를 든 것이며, 嘉言은 漢代 이후 名賢의 格言과 名家의 家訓을 모은 것이고, 善行은 역시 漢代 이후 先哲들의 훌륭한 행실을 모은 것으로, 이 嘉言·善行 역시 立教·明倫·敬身의 순서로 엮어져 있다.

宋代 이후 朱子學이 興行하면서 이 小學은 儒家의 重要經典으로 인식되었거니와 특히 우리나라는 朝鮮朝初期부터 士子의 必讀書가 되어왔음은 周知의 事實이다. 朝鮮朝 儒學의 元祖라 할 수 있는 寒暄堂(金宏弼)은 평생동안 小學을 공부하며 '小學童子'로 자처하였다. 그후 靜菴(趙光祖)·慕齋(金安國)·退溪(李滉)·栗谷(李珥) 등 수많은 名賢들이 한결같이 小學을 學問의 基本書로 尊信하였다. 特히 栗谷은 그가 지은 「擊蒙要訣」讀書章에서 小學을 「大學」·「論語」·「孟子」·「中庸」과 並列하여 五書라 칭하고 學者가 가장 먼저 읽어야 할 책으로 明記하였으며, 당시 中國에서 만들어진 小學의 各種註釋書가 入手되자, 그 精髓만을 뽑아 集註를 만들었으니, 바로 本書가 臺本으로 한 小學集註가 그것이다. 栗谷은 또한 既存註釋書가 說明이 未盡할 경우에는 自身이 직접 註釋을 달고 ○표를 하여 標

記하기도 하였다. 이 때문에 小學集註는 우리나라에만 독특하게 流行되었으며, 英祖朝에는 宣政殿訓義가 만들어져 集註에 대한 간략한 註解가 이루어지고 그후 李養吾에 의해서 小學集註增解가 完成됨으로써 小學集註의 集大成이 이루어지게 되었다. 또한 우리 글로의 諺解作業이 활발히 이루어져 中宗 때「飜譯小學」이 처음 만들어진 이후 宣祖 20년(1587) 校正廳에서「小學諺解」를 번역·간행하였으며, 英祖 때 다시「御製小學諺解」가 만들어졌는바, 이는 우리의 國語國文學을 연구하는 데에도 귀중한 자료로 알려져 있다.

本人은 多年間 漢文講讀을 지도해 오면서 初學者들로부터 어느 經典을 먼저 공부하는 것이 效果的이냐는 질문을 받을 때마다 文·史·哲로 나누어 文은「古文眞寶」, 史는「通鑑節要」, 哲은「小學」을 권하곤 하였다. 上記書들은 분량이 비교적 적으면서도 各種 名句와 文體가 골고루 포함되어 古典의 敎養과 文理를 함께 얻을 수 있기 때문이었다. 특히「小學」은 편의상 哲學으로 분류하였으나 各種 史書와 名文으로 구성되어 있어 可謂 文·史·哲을 兼備하였다고 이를 만하다. 물론 一部 內容이 現實에 맞지 않는 것도 사실이나 이 또한 古代의 文化와 思想을 연구하는데 중요한 資料임을 看過해서는 안될 것이다.

東洋古典의 完譯에 拍車를 가하고 있는 傳統文化硏究會에서는 지난번 四書集註가 完譯됨에 따라 五書를 完全譯刊한다는 目標 아래 本書의 譯註에 着手하여 朴勝珠硏究員이 各種資料들을 참고하여 草稿를 작성한 후 本人의 修正補完을 거쳐 이번에 刊行하게 되었다.

西歐文明의 무분별한 受容으로 우리의 傳統價値觀이 大混亂에 빠지고 倫理道德이 점차 埋沒되어가는 이때에 우리나라 儒賢에 의하여 만들어진 小學集註가 懸吐完譯됨으로써 靑少年의 禮節敎育은 물론이요, 우리 先祖들의 思想과 生活態度를 정확히 把握하여 우리의 學問風土를 定立하는 契機가 되었으면 하는 바이다.

끝으로 草稿作成과 校正作業에 心血을 傾注한 朴勝珠硏究員의 勞苦에 深甚한 謝意를 表하며, 번역에 最善을 다하였으나 未盡한 感이 없지 않은 本書에 대하여 先後輩 諸賢의 기탄없는 叱正을 기대해 마지 않는다.

西曆 一九九三年 歲在癸酉 季夏에 後學 成百曉는 삼가 쓰다.

凡 例

1. 本書는 東洋古典國譯叢書의 한 책이다.
2. 本書는 小學集註의 宣政殿訓義本을 國譯臺本으로 하고, 小學集註增解(李養吾)·小學纂註(漢文大系本)·小學諺解(春坊藏版)·小學集註(文明書館)·小學集註(李忠九譯 檀大出版部) 등을 參考하였다.
3. 原文 理解의 도움을 위하여 懸吐하였다.
   本文의 吐는 諺解(春坊版)의 吐를 위주로 하고 다만 必要에 따라 調整하였다.
   集註의 吐는 譯註者가 懸吐하였다.
4. 飜譯은 原義에 充實하게 하여 原典講讀에 도움이 되도록 하고, 一般人의 敎養에도 便宜하게 하였다.
5. 集註에 인용된 姓氏는 增解本 등을 참고하여 밝힐 수 있는 人物은 譯文 안에 괄호하고 姓名을 明記하였다.
6. 譯註는 重要出典이나 理解하기 어려운 文脈과 誤脫字를 對象으로 하였고, 原文의 難解字는 字義를 下段에 실었다.
7. 本文의 誤字, 假借字 등은 다음 부호를 使用하였다.
   假借字의 例 : 以達其支(枝)
   誤字의 例 : 立不蹕〔跛〕
8. 原文中 本文과 集註는 活字의 大小로 區分하고 飜譯文도 이에 따랐다.
9. 各章에는 일련번호를 부여하고 章의 문단이 끝나는 부분에 出典을 밝혔다.
10. 本書의 使用 符號는 다음과 같다.

〈 〉: 補充譯	( ): 間註 및 參考事項
「 」: 書名	〔 〕: 參考原語 및 漢字
《 》: 篇名과 出典	, : 原文에서는 同格羅列

目次

*御製小學序

* 御製小學序 : 御製는 임금이 지은 글로, 임금이 직접 짓기도 하고 知製敎를 맡은 신하를 시켜 짓게 하기도 하는바, 本序文은 朝鮮朝 肅宗이 李德成을 시켜 지은 것이다.

小學은 何爲而作也오 古之人이 生甫八歲어든 必受是書하니 卽三代敎人之法也라 自嬴秦坑焚以來로 經籍이 蕩殘하여 存者幾希하니 此新安朱夫子之所以慨然乎世敎之陵弛하사 輯舊聞而牖來學者也라 嗚呼라 是書也 規模節次粲然備具하여 有內外之分하고 有本末之序하니 曰立敎, 曰明倫, 曰敬身玆三者는 內也며 本也요 次言稽古는 所以摭往行而證之也요 曰嘉言, 曰善行玆二者는 外也며 末也라 果能於斯三者에 沈潛反覆하며 驗之于身하면 則二者는 不過推廣而實之而已니 譬如綱擧則目張하고 根培則支(枝)達이라 此正小子入道之初程이요 蒙養之聖功이니 豈易言哉아 若夫敬身一篇은 儘覺緊切이라 蓋嘗論之컨대 敬者는 聖學之所以成始成終, 徹上徹下니 而敬怠之間에 吉凶立判이라 是以로 [1]武王踐阼之初에 師尙父(보)之所以惓惓陳戒者 不越乎是하니 學者誠有味于斯하여 動靜必於敬하고 造次必於敬하여 收吾出入之心하고 立吾正大之本하여 今日下一功하고 明日做一事하여 於不知不覺之中에 [2]靈臺泰然하여 表裏洞徹하면 則進乎大學하여 所謂修身齊家治國平天下之道를 特一擧而措之矣니 其於風化에 烏可少補云爾리오

[3]歲在甲戌春正月哉生魄에 序하노라

「小學」은 어찌하여 지었는가? 옛 사람은 낳은 지 겨우 8세가 되면 반드시 이 책을 받아 배웠으니, 곧 三代시대에 사람을 가르치던 법이었다. 嬴秦이 선비를 파묻어 죽이고 책을 불사른 이래로 經籍이 없어져서 보존된 것이 거의 없으니, 이는 新安 朱夫子(朱熹)께서

甫 : 겨우 보　嬴 : 성 영　坑 : 묻을 갱　蕩 : 소탕할 탕　殘 : 멸할 잔　希 : 바랄 희
慨 : 한숨쉴 개　陵 : 업신여길 릉　輯 : 모을 집　牖 : 깨우칠 유　粲 : 빛날 찬
玆 : 이 자　稽 : 상고할 계　摭 : 뽑을 척　驗 : 징험할 험　譬 : 비유할 비
培 : 북돋을 배　程 : 길 정　蒙 : 어릴 몽　儘 : 진실로 진　緊 : 긴요할 긴
徹 : 통할 철　立 : 곧바로 립　踐 : 밟을 천　阼 : 동쪽뜰 조　父 : 남자이름 보
惓 : 정성스러울 권　越 : 넘을 월　做 : 지을 주　裏 : 속 리　洞 : 밝을 동(통)
特 : 다만 특　措 : 놓을 조　烏 : 어찌 오　哉 : 비롯할 재　魄 : 넋 백, 어둘 백

世敎의 쇠퇴함을 슬퍼하여 옛적에 들은 것을 수집하여 後學들을 깨우쳐 주신 것이다.

아! 이 책은 規模와 節次가 찬란하게 구비되어, 內外의 구분이 있고 本末의 차례가 있으니, 立敎와 明倫과 敬身, 이 세 가지는 內이며 本이요, 다음에 말한 稽古는 지나간(옛날) 행적을 뽑아 증명한 것이요, 嘉言과 善行, 이 두 가지는 外이며 末이다. 과연 이 세 가지(立敎·明倫·敬身)에 沈潛하고 反覆하여 몸에 체험하면 뒤의 두 가지(嘉言·善行)는 미루어 넓힘에 지나지 않을 뿐이다. 비유하건대 벼리를 들면 그물눈이 펴지고, 뿌리를 북돋으면 가지가 뻗어나감과 같은 것이다. 이는 바로 小子가 道에 들어가는 첫 길이며, 어린이를 가르치는 聖人의 공부이니, 어찌 쉽게 말할 수 있겠는가?

敬身 한 篇으로 말하면 참으로 긴요하고 절실함을 느낀다. 한번 논해 보건대, 敬은 聖學에서 처음을 이루고 끝을 이루며, 위를 통하고 아래를 통하는 것으로서 敬과 怠(나태함)의 사이에 吉과 凶이 즉시 판별된다. 이 때문에 武王이 즉위한 초기에 太師인 尙父가 간절하게 경계를 올린 것이 이 敬에 지나지 않았던 것이다. 배우는 자가 진실로 여기에 맛을 두어, 動과 靜을 반드시 敬으로 하고 造次에도 반드시 敬으로 하여, 나의 出入하는 마음을 거둬들이고 나의 正大한 근본을 세워, 오늘 한 가지 공부를 하고 내일 한 가지 일을 하여, 알지 못하고 깨닫지 못하는 사이에 靈臺가 편안해지고 表裏가 밝게 통하면, 大學에 나아가서 이른바 몸을 닦고 집안을 가지런히 하고 나라를 다스리고 천하를 평안히 하는 방법을 다만 한 번 들어서 조치하면 되는 것이다. 그 風化에 어찌 조금만 도움이 될 뿐이겠는가.

甲戌年(1694년 肅宗 20) 春正月 哉生魄에 序하다.

역주 1. 이 내용은 本書 ≪敬身篇≫ 제1章에 '丹書曰 敬勝怠者吉 怠勝敬者滅'이라고 보이는바, 원래 「大戴禮」에서 인용하였다.

2. 靈臺 : 사람의 깨끗하고 밝은 마음을 가리킨다.

3. 哉生魄 : 哉는 비로소이며 魄은 어둡다는 뜻으로, 음력 초3일에는 달이 처음 생긴다 하여 哉生明이라 하고, 16일은 달이 기울기 시작함으로 哉生魄이라 한다.

小學書題(小學에 씀)

古者小學에 [1]教人以灑掃應對進退之節과 愛親敬長隆師親友之道하니 皆所以爲修身齊家治國平天下之本이니

옛날 小學校에서 사람을 가르치되, 물뿌리고 쓸며 응하고 대답하며 나아가고 물러나는 예절과 어버이를 사랑하고 어른을 공경하며 스승을 높이고 벗을 친히 하는 방도로써 하였으니, 이는 모두 몸을 닦고 집안을 가지런히 하고 나라를 다스리고 천하를 평안히 하는 근본이 되는 것이다.

역주 1. 灑掃·應對·進退를 세 가지 禮節, 愛親·敬長·隆師·親友를 네 가지 方道라 하여, 이것을 小學의 三節·四道라고 칭한다.

集解 小學은 小子所入之學也라 三代盛時에 人生八歲어든 皆入小學而受教焉하니라 灑는 謂播水於地하여 以浥塵이요 掃는 謂運帚於地하여 以去塵이라 應은 謂唯諾이요 對는 謂答述이라 節은 禮節也라 親은 父母也요 長은 尊長也라 隆은 尊也요 親은 近也라 道는 則講習之方也라 此는 言小學之教 所以爲他日大學修齊治平之根本也라

小學은 어린이가 들어가는 바의 학교이다. 三代(夏·殷·周)의 융성했을 때에 사람이 태어나 8歲가 되면, 모두 小學에 들어가 교육을 받았다. 灑는 물을 땅에 뿌려 먼지를 적심을 이르고, 掃는 비를 땅에 움직여 먼지를 제거함을 이른다. 應은 응낙함을 이르고, 對는 답변함을 이른다. 節은 예절이다. 親은 父母요, 長은 尊長이다. 隆은 높임이요, 親은 가까이 함이다. 道는 강습하는 방법이다. 이는 小學의 가르침이 다른 날에 大學의 修身·齊家·治國·平天下의 근본이 됨을 말한 것이다.

而必使其講而習之於幼穉之時는 欲其習與智長하며 化與心成하여 而無扞格不勝之患也니라

반드시 어릴 때에 講하여 익히게 한 것은 그 익힘이 지혜와 함께 자라며 교화가 마음과 함께 이루어져서 거슬려 감당하지 못하는 근심을 없게 하고자 해서이다.

題：쓸 제　灑：물뿌릴 쇄　掃：쓸 소　播：뿌릴 파　浥：적실 읍　塵：티끌 진
帚：빗자루 추　唯：대답할 유　諾：대답할 낙　穉：어릴 치　長：자랄 장
扞：막을 한　格：막을 격

正誤 扞格은 牴牾不相入也라

○[1]按格은 [2]如民莫敢格之格이니 卽拒逆之意니 [3]讀如字니라

集說 陳氏曰 不勝은 不能勝當其敎也라 言人於幼穉之時에 心智未有所主하니 及時而敎之는 欲其習與智俱長하고 化與心俱成하여 而無扞格難入하여 不勝其敎之患也니라

정오 扞格은 牴牾(저촉)하여 서로 들어가지 못함이다.

○ 살펴보건대 格은 백성이 감히 막아내지 못한다.〔民莫敢格〕는 格과 같으니, 곧 거역하는 뜻으로서 본래의 글자대로 읽는다.

집설 陳氏가 말하였다. "不勝은 그 가르침을 감당하지 못하는 것이다. 사람이 어릴 때에는 마음과 지혜가 주장하는 바가 없으니, 이 때에 이르러 가르침은 그 익힘이 지혜와 함께 자라고 교화가 마음과 함께 이루어져서 거슬려 들어가기 어려워 그 가르침을 감당하지 못하는 근심을 없게 하고자 해서임을 말한 것이다."

역주 1. ○ 按 : 栗谷이 자신의 견해를 밝힌 것으로 뒤에는 按字를 빼고 단지 ○로 표시하였다.

2. 民莫敢格 : 「資治通鑑」 秦紀 始皇 二十六年條에 "王賁自燕南攻齊 民莫敢格者"라고 보인다.

3. 讀如字 : 원래의 글자대로 읽으란 뜻으로 한 글자에 여러 訓과 音이 있을 때 첫번째로 읽히는 것을 가리킨다.

今其全書를 雖不可見이나 而雜出於傳記者亦多언마는 讀者往往에 [1]直以古今異宜라하여(로) 而莫之行하나니 [2]殊不知其無古今之異者는 固未始不可行也니라

이제 그 완전한 책을 비록 볼 수는 없으나, 傳記에 섞여 나오는 것이 또한 많건마는 읽는 자들이 왕왕 다만 옛날과 지금은 마땅함이 다르다 하여 실행하지 않는다. 이는 그 옛날과 지금에 다름이 없는 것은 진실로 일찍이 행할 수 없는 것이 아님을 전혀 몰라서이다.

역주 1. 直以古今異宜 : 옛날 吐에는 '異宜로'라고 하였으나, 以를 以爲의 줄임말로 보아 '異宜라하여'로 고쳤음을 밝혀둔다.

2. 殊不知其無古今之異者 固未始不可行也 : 殊不知는 전혀 모른다는 뜻이며 無古今之異는 옛날이나 지금이나 차이가 없는 人間의 윤리도덕과 예법을 가리키며, 始는 일찍이로, 古今에 차이가 없는 인간의 도리는 일찍이 행할 수 없는 것이 아님

牴 : 부딪칠 저 牾 : 거스를 오 拒 : 막을 거 雜 : 섞일 잡 往 : 이따금 왕
直 : 다만 직 殊 : 자못 수 固 : 진실로 고 始 : 비로소 시, 일찍이 시

을 전혀 모르기 때문이라는 뜻이다.

增註 直은 猶但也요 殊는 猶絕也라

集解 全書는 謂三代小學教人之書요 傳記는 謂今所存曲禮內則(칙)諸篇也라 夫自坑焚之後로 載籍不全하고 其幸存者도 世人이 直以時世不同이라하여 莫之能行하나니 蓋絕不知其中에 無古今之異者는 實可行也라 無古今之異는 卽朱子蒐輯以成此書者 是也라

증주 直은 但과 같고, 殊는 絕(절대로)과 같다.

집해 全書는 三代에 小學校에서 사람을 가르치던 글을 이르고, 傳記는 지금에 남아있는 《曲禮》·《內則》 등의 여러 편을 이른다. 선비들을 구덩이에 묻어 죽이고 서적을 불태운 이후 載籍(典籍)이 완전하지 못하며, 그나마 다행히 남아있는 것도 세상 사람들이 다만 時世(時代)가 같지 않다 하여 행하지 않으니, 이는 그 가운데 옛날과 지금에 다름이 없는 것은 진실로 행할 수 있음을 전혀 알지 못한 것이다. 옛날과 지금에 다름이 없다는 것은 곧 朱子가 수집하여 이 책을 완성한 것이 그것이다.

今頗蒐輯하여 以爲此書하여 授之童蒙하여 資其講習하노니 庶幾有補於風化之萬一云爾니라

이제 크게 수집하여 이 책을 만들어서 童蒙에게 주어 그 강습에 이용하게 하노니, 행여 風化에 만분의 일이나마 보탬이 있을 것이다.

集說 陳氏曰 蒐는 索也요 輯은 聚也라 授는 付也라 童蒙은 童幼而蒙昧也라 資는 助也라 庶幾는 近辭라 風化는 [1]詩序謂 風은 風也, 敎也니 風以動之하고 敎以化之也라하니라 萬一은 萬分之一也라 云爾는 語辭라 朱子此書는 續古者小學之敎하여 其有補於國家之風化 大矣어늘 曰庶幾, 曰萬一은 皆謙辭耳니라 吳氏曰 朱子之於世敎에 豈惟有補於當時리오 實則有功於萬世也니라

陳氏가 말하였다. "蒐는 찾음이고, 輯은 모음이다. 授는 주는 것이다. 童蒙은 어려서 몽매함이다. 資는 도움이다. 庶幾는 가깝다는 말이다. 風化는 詩序에 이르기를 '風은 바람이며 가르침이니, 바람으로 감동시키고 가르침으로 변화시키는 것이다' 하였다. 萬一은 만분의 일이다. 云爾는 어조사이다. 朱子의 이 책은 옛날 小學의 가르침을 이어 國家의 風化에 보탬이 있음이 크거늘 '庶幾'라고 말하고 '萬一'이라고 말한 것들은 모두 謙辭이다."

吳氏가 말하였다. "朱子가 世敎에 있어 어찌 오직 당시에만 도움이 있을 뿐이겠는가. 실로 만대에 공이 있는 것이다."

絕 : 절대로 절　坑 : 묻을 갱　載 : 실을 재　籍 : 문서 적　蒐 : 모을 수　輯 : 모을 집
授 : 줄 수　童 : 아이 동　蒙 : 어릴 몽　資 : 자뢰할 자　庶 : 가까울 서　幾 : 거의 기
索 : 찾을 색　聚 : 모을 취　付 : 줄 부　謙 : 겸손할 겸

역주 1. 詩序 :「詩經」毛箋의 序를 가리키는바, 이 내용은「詩經」의 首篇인 ≪關雎≫ 序에 보인다.

[1]淳熙丁未三月朔旦에 晦菴은 題하노라

淳熙 丁未年 3월 초하루 아침에 晦菴은 쓰다.

역주 1. 朔旦 : 臺本에는 朝鮮 太祖의 이름이 旦이므로 旦字를 諱하여 朝로 代用한 것을 바로잡았다. 뒤에도 旦을 朝로 代用하였거나 아니면 旦의 음을 '단'으로 읽지 않고 '朝'의 音을 借用한 경우가 종종 보인다.

集說 陳氏曰 淳熙丁未는 宋孝宗十四年也라 晦菴은 朱子別號也라

陳氏가 말하였다. "淳熙 丁未는 宋나라 孝宗 14년(1187)이다. 晦菴은 朱子의 별호이다."

淳 : 순박할 순　朔 : 초하루 삭　旦 : 아침 단　晦 : 어두울 회　菴 : 집 암

小學題辭(小學의 머리말)

集說 饒氏曰 小學者는 小子之學也요 題辭者는 標題書首之辭也라

饒氏(饒魯)가 말하였다. "小學은 小子가 배우는 것이요, 題辭는 책머리에 표제하는 말이다.

元亨利貞은 天道之常이요 仁義禮智는 人性之綱이니라

元・亨・利・貞은 天道의 떳떳함이요, 仁・義・禮・智는 人性의 벼리이다.

正誤 元者는 生物之始요 亨者는 生物之通이요 利者는 生物之遂요 貞者는 生物之成이니 四者를 謂之天道니 天理自然之本體也니 亘萬世而不易이라 故曰常이라 仁者는 愛之理요 義者는 宜之理요 禮者는 恭之理요 智者는 別之理니 四者를 謂之人性이니 人心所具之天理也니 統萬善而不遺라 故曰綱이라
○ 元은 於時爲春이요 於人爲仁이며 亨은 於時爲夏요 於人爲禮며 利는 於時爲秋요 於人爲義며 貞은 於時爲冬이요 於人爲智니라

集說 此一節은 言天道流行하여 賦於人而爲性也라

정오 元은 生物(물건을 낳음)의 시초요, 亨은 生物의 통함이요, 利는 生物의 이룸이요, 貞은 生物의 완성이니, 이 네 가지를 天道라 이르니, 天理 自然의 본체여서 만대에 이르도록 바뀌지 않으므로 常이라고 하였다. 仁은 사랑하는 이치요, 義는 마땅히 하는 이치요, 禮는 공손히 하는 이치요, 智는 분별하는 이치이니, 이 네 가지를 人性이라 이르니, 사람의 마음 속에 갖춰져 있는 天理로서 모든 善을 통괄하여 빠뜨리지 않으므로 綱이라고 하였다.

○ 元은 시절에 있어서는 봄이 되고 사람에 있어서는 仁이 되며, 亨은 시절에 있어서는 여름이 되고 사람에 있어서는 禮가 되며, 利는 시절에 있어서는 가을이 되고 사람에 있어서는 義가 되며, 貞은 시절에 있어서는 겨울이 되고 사람에 있어서는 智가 된다.

집설 이 한 구절은 天道가 유행해서 사람에게 부여하여 性이 됨을 말하였다.

凡此厥初 無有不善하여 藹然四端이 隨感而見(현)이니라

標：표할 표　貞：곧을 정　遂：이룰 수　亘：뻗칠 긍　具：갖출 구　統：거느릴 통
遺：빠뜨릴 유　賦：줄 부　厥：그 궐　藹：성할 애　端：실마리 단　隨：따를 수
見：나타날 현

무릇 이 性은 그 처음이 善하지 않음이 없어 성대히 네 가지 실마리가 감동함에 따라 나타난다.

集說 饒氏曰 此者는 指上文仁義禮智之性也라 厥初는 謂本然也라 藹然은 衆盛貌라 端은 緖也니 孟子曰 惻隱之心은 仁之端也요 羞惡(오)之心은 義之端也요 辭讓之心은 禮之端也요 是非之心은 智之端也라하시니라 感者는 自外而動於內也요 見者는 自內而形於外也라 此는 言人性이 其初本善이라 是以로 四者之善端이 藹藹然隨其物之所感動而形見也라

集說 此一節은 言性發而爲情也라

집설 饒氏가 말하였다. "此는 윗글의 仁·義·禮·智의 性을 가리킨 것이다. 厥初는 본연을 말한다. 藹然은 많고 성한 모양이다. 端은 실마리이니, 孟子가 말씀하시기를 '측은해 하는 마음은 仁의 실마리이고, 부끄러워하고 미워하는 마음은 義의 실마리이고, 사양하는 마음은 禮의 실마리이고, 옳고 그름을 분별하는 마음은 智의 실마리이다.' 하였다. 感은 밖으로부터 안에 움직임이요, 見은 안으로부터 밖에 나타남이다. 이는 사람의 性이 그 처음은 본래 善하므로 네 가지의 善한 실마리가 성대하게 사물의 감동하는 바에 따라 나타남을 말한 것이다."

집설 이 한 구절은 性이 발하여 情이 됨을 말하였다.

愛親敬兄과 忠君弟(悌)長이 是曰秉彝라 有順無彊이니라

어버이를 사랑하고 형을 공경함과 임금에게 충성하고 어른에게 공손함 이것을 秉彝(마음속에 간직하고 있는 떳떳한 천성)라 한다. 자연스러움이 있고, 억지로 함은 없다.

集說 饒氏曰 忠者는 盡己之謂라 弟는 順也라 秉은 執也요 彝는 常也라 言愛親, 敬兄, 忠君, 弟長此四者는 乃人所秉執之常性이니 皆出於自然이요 而非勉彊爲之也라

集說 此一節은 言性之見(현)於行也라

집설 饒氏가 말하였다. "忠은 자기를(마음을) 다함을 이른다. 弟는 순함이다. 秉은 잡음이요, 彝는 떳떳함이다. 愛親·敬兄·忠君·弟長 이 네 가지는 곧 사람이 간직하고 있는 떳떳한 性이니, 모두 자연에서 나온 것이요 힘써서 억지로 하는 것이 아님을 말한 것이다."

집설 이 한 구절은 性이 행실에 나타남을 말하였다.

饒：넉넉할 요　衆：많을 중　貌：모양 모　緖：실마리 서　惻：슬퍼할 측
隱：불쌍히여길 은　羞：부끄러울 수　形：나타날 형　弟：공경할 제　長：어른 장
秉：잡을 병　彝：떳떳할 이　彊：억지로 강

惟聖은 性者라 浩浩其天이시니 不加毫末이라도 萬善足焉이니라

聖人은 본성대로 하시는 분이라 넓고 넓음이 하늘과 같으시니, 털끝만큼을 보태지 않아도 모든 善이 충족하다.

集說 饒氏曰 惟는 語辭라 浩浩는 廣大貌라 天은 卽理也라 毫末은 言至微也라 此는 言聖人은 無氣稟物欲之累하고 天性渾全하여 浩浩然廣大하여 與天爲一하여 不待增加毫末이라도 而萬善自足하여 無少欠缺也라

集說 此一節은 言聖人之盡其性也라

집설 饒氏가 말하였다. "惟는 어조사이다. 浩浩는 넓고 큰 모양이다. 天은 곧 理이다. 毫末은 지극히 작음을 말한다. 이는 聖人은 氣稟과 物欲의 누가 없고 天性이 渾全(온전)하여 浩浩하게 넓고 커서 하늘과 하나가 되어, 털끝 만큼을 더하기를 기다리지 않아도 모든 善이 스스로 충족하여 조금도 결함이 없음을 말한 것이다."

집설 이 한 구절은 聖人이 그 性을 다함을 말하였다.

衆人은 蚩蚩하여 物欲交蔽하여 乃頹其綱하여 安此暴棄니라

衆人(일반인)은 어리석고 어리석어 물욕이 서로 가리워 마침내 그 벼리를 무너뜨려 이 自暴自棄함을 편안히 여긴다.

集說 饒氏曰 衆人은 凡民이라 蚩蚩는 無知之貌라 物欲은 謂凡聲色臭味之欲也라 交는 互也요 蔽는 遮也요 暴는 害也라 此는 言衆人은 氣稟昏愚하고 物欲交蔽라 是以로 頹墜其仁義禮智之綱하여 [1]而安於自暴自棄也라

集說 此一節은 言衆人之汨其性也라

집설 饒氏가 말하였다. "衆人은 보통 사람이다. 蚩蚩는 앎이 없는 모양이다. 物欲은 모든 음악과 여색, 냄새와 맛의 욕구를 이른다. 交는 서로요, 蔽는 가림이요, 暴는 해침이다. 이는 衆人들은 氣稟이 어둡고 어리석으며 물욕이 서로 가리운다. 이 때문에 仁·義·禮·智의 벼리를 무너뜨려 自暴自棄를 편안히 여김을 말한 것이다."

집설 이 한 구절은 衆人들이 그 性을 어지럽힘을 말하였다.

역주 1. 自暴自棄 : 원래 「孟子」≪離婁上≫에 보이는 내용으로, 仁義와 道德을 부정하는 자를 自暴라 하고, 자신은 仁義와 道德을 행할 수 없다고 포기하는 자를 自棄라 한다.

浩 : 넓을 호 毫 : 터럭 호 稟 : 받을 품 累 : 얽매일 루 渾 : 온전할 혼 增 : 더할 증
欠 : 모자랄 흠 缺 : 모자랄 결 蚩 : 어리석을 치 欲 : 욕심 욕 交 : 서로 교
蔽 : 가릴 폐 頹 : 무너질 퇴 暴 : 사나울 포, 해칠 포 棄 : 버릴 기 臭 : 냄새 취
互 : 서로 호 遮 : 가릴 차 稟 : 받을 품 墜 : 떨어질 추 汨 : 어지럽힐 골

惟聖斯惻하사 建學立師하사 以培其根하며 以達其支(枝)하시니라

聖人이 이것을 슬퍼하시어, 학교를 세우고 스승을 세워, 그 뿌리를 북돋으며 그 가지를 발달하듯 하셨다.

集解 饒氏曰 [1]斯는 語辭라 此는 言聖人이 憫人安於暴棄라 故로 爲建學立師以教之하여 使之養其仁義禮智之性을 如培壅木之根本하고 充其惻隱羞惡辭讓是非之端과 與夫愛親敬兄忠君弟長之道를 如發達木之支條也라

集說 此一節은 言聖人興學設教之意하니라

집해 饒氏가 말하였다. "斯는 어조사이다. 이는 聖人이 사람들이 自暴自棄를 편안히 여김을 안타까이 여겼다. 그러므로 〈그들을〉 위해 학교를 세우고 스승을 세워 가르쳐서 그들로 하여금 仁·義·禮·智의 性을 기르기를 마치 나무의 뿌리를 북돋아 주듯이 하고, 惻隱·羞惡·辭讓·是非의 실마리와 愛親·敬兄·忠君·弟長의 도리를 채우기를 마치 나무의 가지를 발달시키듯이 함을 말한 것이다."

집설 이 한 구절은 聖人이 학교를 일으키고 가르침을 베푼 뜻을 말하였다.

역주 1. 斯語辭 : 斯를 語辭(語助辭)로 보았으나 增解(小學集註增解)에는 '斯字는 위의 衆人이란 말을 받아 말한 것이니, 饒氏의 설명은 옳지 않은 듯하다.' 하였으므로, 이것을 따랐음을 밝혀둔다.

小學之方은 灑掃應對하며 入孝出恭하여 動罔或悖니 行有餘力이어든 誦詩讀書하며 詠歌舞蹈하여 思罔或逾니라

小學의 〈교육〉 방법은 물뿌리고 쓸며 응하고 대답하며, 〈집에〉 들어와서는 효도하고 나가서는 공손하여, 동작이 혹시라도 〈이에서〉 어긋남이 없게 하는 것이니, 이것을 행하고 餘力(餘暇)이 있거든 「詩經」을 외우고 「書經」을 읽으며, 읊고 노래하며 춤추고 뛰어, 생각이 혹시라도 〈이에서〉 넘음이 없게 하는 것이다.

集解 罔은 無也라 悖는 戾也라 餘力은 猶言暇日이라 手曰舞요 足曰蹈라 詠歌舞蹈는 皆學樂之事라 逾는 越也라

增註 方은 法也라 饒氏曰 此는 言小學之方은 必使學者로 謹夫灑掃應對之節하며 入則愛其親하고 出則敬其長하여 凡所動作이 無或悖戾乎此也라 行此數者하고 而有餘力이면 則誦詩讀書하며 詠歌以習樂之聲하고 舞蹈以習樂之容하여 凡所思慮

斯 : 이 사　惻 : 슬퍼할 측　支 : 가지 지　憫 : 불쌍히여길 민　壅 : 막을 옹
與 : 더불 여, 및 여　罔 : 없을 망　悖 : 어그러질 패　誦 : 외울 송　詠 : 읊을 영
舞 : 춤출 무　蹈 : 뛸 도　逾 : 넘을 유　戾 : 어그러질 려　暇 : 한가할 가
越 : 넘을 월　慮 : 생각할 려

無或逾越乎此也라

集說 此一節은 言小學之敎하니라

집해 罔은 없음이다. 悖는 어긋남이다. 餘力은 暇日(한가한 날)이란 말과 같다. 손을 놀림을 舞라 하고, 발을 놀림을 蹈라 한다. 詠歌舞蹈는 모두 음악을 배우는 일이다. 逾는 넘음이다.

증주 方은 방법이다. 饒氏가 말하였다. "이는 小學의 교육 방법은 반드시 배우는 자들로 하여금 물뿌리고 쓸며 응하고 대답하는 예절을 삼가며, 집에 들어와서는 그 어버이를 사랑하고 나가서는 그 어른을 공경하여, 무릇 동작하는 바가 혹시라도 이에서 어긋남이 없게 한다. 그리고 이 몇 가지를 실행하고 餘力이 있으면, 詩를 외우고 書를 읽으며, 읊고 노래하여 음악의 소리를 익히고 춤추고 뛰어 음악의 모양을 익혀, 무릇 생각하는 바가 혹시라도 이에서 넘음이 없게 함을 말한 것이다."

집설 이 한 구절은 小學校의 가르침을 말하였다.

窮理修身은 斯學之大니 明命赫然하여 罔有內外하니 德崇業廣이라야 乃復其初니 昔非不足이어니 今豈有餘리오

이치를 연구하고 몸을 닦음은 학문의 큰 것이다. 明命이 환하여 안팎이 있지 않으니, 德이 높고 業이 넓어야 이에 그 性의 처음을 회복한다. 〈옛날에 자포자기했을 때에도 性이〉 부족한 것이 아니었는데, 오늘에 〈德이 높고 業이 넓다고 해서 性이〉 어찌 남음이 있겠는가.

集解 饒氏曰 明命은 卽天之所賦於人而人之所得以爲性者也라 赫然은 明盛貌라 德者는 道之得於內者也요 業者는 功之成於外者也라 復은 還也라 初는 謂本然也라 此는 言格物致知以窮究其理하고 誠意正心以修治其身은 此乃大學之道也라 然이나 天之明命이 赫然昭著하여 無有內外之間하니 學者誠能從事於大學하여 使物格, 知至, 意誠, 心正, 身修하여 而德之積於內者 極乎崇高하고 業之施於外者 極乎廣博하면 則有以復其性之本然矣라 昔日之安於暴棄也도 此性이 固非不足이요 今日之德崇業廣也도 此性이 亦非有餘라 但昔爲氣稟物欲之所蔽러니 今則復其本然耳니라

集說 此一節은 言大學之敎하니라

집해 饒氏가 말하였다. "明命은 곧 하늘이 사람에게 부여한 것으로서 사람이 얻어 性으로 삼은 것이다. 赫然은 밝음이 성한 모양이다. 德은 道를 안에 얻은 것이요, 業은 功을 밖에 이룬 것이다. 復은 돌아옴이다. 初는 본연을 이른다. 이것은 사물의 이치를 연구하고 앎을 극진히 하여 그 이치를 궁구하며, 뜻을 성실히 하고 마음을 바르게 하여 그 몸을 닦아 다스림은, 이는 곧

窮 : 궁구할 궁 赫 : 빛날 혁 昔 : 옛 석 賦 : 품부할 부 格 : 이를 격 致 : 다할 치
昭 : 밝을 소 著 : 드러날 저 崇 : 높일 숭 博 : 넓을 박

大學의 교육 방법이다. 그러나 하늘의 明命이 赫然히 밝게 드러나 안팎의 간격이 있지 않으니, 배우는 자가 진실로 大學에 종사하여, 사물의 이치가 연구되고 지식이 극진해지고 뜻이 성실해지고 마음이 바루어지고 몸이 닦아져, 德이 안에 쌓여짐이 지극히 높고, 業이 밖에 베풀어짐이 지극히 넓게 되면 그 性의 본연을 회복하게 된다. 옛날 自暴自棄를 편안히 여길 적에도 이 性이 진실로 부족한 것이 아니었으며, 오늘날 德이 높고 業이 넓은 것도 이 性이 또한 有餘한 것이 아니다. 다만 옛날에는 氣稟과 物欲에 가린 바가 되었었는데, 이제는 그 본연을 회복했을 뿐이다."

집설 이 한 구절은 大學校의 가르침을 말한 것이다.

世遠人亡하여 經殘教弛하여 蒙養弗端하고 長益浮靡하여 鄕無善俗하며 世乏良材하여 利欲紛挐하며 異言喧豗니라

응성했던 세대가 멀어지고 聖人이 별세하여 經書가 이지러지고 교육이 해이해져 어린이를 기르는 것이 바르지 못하고 장성하면 더욱 경박하고 사치하여, 시골에는 좋은 풍속이 없고 세상에는 훌륭한 인재가 없어 利欲이 어지럽게 끌며 異端의 말이 시끄럽게 서로 공격한다.

集解 饒氏曰 人은 謂聖人이라 經은 六經也라 端은 正也라 挐는 牽引也요 豗는 相擊也라 此는 言自前世旣遠하고 聖人旣沒로 六經殘缺하고 而教法亦廢弛矣라 小學之教廢면 則自童蒙之時로 而養之不以其正하고 大學之教廢면 則至年長而所習이 日益輕浮華靡라 是以로 鄕無淳厚之習俗하고 世無粹美之人材하여 但見利欲之習이 紛然而相牽引하고 異端之言이 喧然而相攻擊也라

集說 此一節은 言後世教學不明之害하니라

집해 饒氏가 말하였다. "人은 聖人을 이른다. 經은 六經이다. 端은 바름이다. 挐는 끎이요, 豗는 서로 공격함이다. 이것은 옛 세상이 이미 멀어지고 聖人이 이미 돌아가심으로부터 六經이 이지러지고 가르치는 방법 또한 廢弛해졌다. 小學의 가르침이 폐해지면 童蒙의 때로부터 기르기를 그 올바른 것으로써 하지 못하고, 大學의 가르침이 폐해지면 나이가 장성함에 이르러서 익히는 바가 날로 더욱 경박하고 사치하게 된다. 그러므로 마을에는 순후한 풍속이 없어지고 세상에는 순수하고 아름다운 인재가 없어, 다만 이욕의 습속들이 어지럽게 서로 잡아당기고 異端의 말들이 시끄럽게 서로 공격함을 볼 뿐이다."

집설 이 한 구절은 後世에 가르침과 배움이 밝지 못한 폐해를 말하였다.

亡 : 죽을 망 殘 : 멸할 잔 弛 : 해이할 이 弗 : 아니 불 長 : 자랄 장 浮 : 뜰 부
靡 : 사치할 미 乏 : 다할 핍 紛 : 어지러울 분 挐 : 끌어당길 나 喧 : 떠들 훤
豗 : 칠 회 牽 : 끌 견 擊 : 칠 격 沒 : 죽을 몰 廢 : 폐할 폐 粹 : 순수할 수
攻 : 칠 공

幸玆秉彝 極天罔墜라 爰輯舊聞하여 庶覺來裔하노니 嗟嗟小子아 敬受此書하라 匪我言耄라 惟聖之謨시니라

다행히 秉彝는 하늘이 다하도록 떨어짐이 없다. 이에 옛날 들은 것들을 모아서 행여 후학들을 일깨우려 한다. 아! 小子들아. 공경하여 이 책을 받아라. 나의 말은 노망한 것이 아니라, 聖人의 가르침이시다.

集說 饒氏曰 極은 終也니 極天罔墜는 言人之秉彝 萬古常存也라 爰은 於也라 裔는 衣襟之末이니 來裔는 謂後學也라 嗟嗟는 歎辭라 我는 朱子自謂也라 耄는 老而昏也라

集說 此一節은 言集小學開後學之意하니라

집설 饒氏가 말하였다. "極은 마침이니, 極天罔墜는 사람의 秉彝가 만고에 항상 존재함을 말한 것이다. 爰은 '이에'이다. 裔는 옷섶의 끝이니, 來裔는 後學을 이른다. 嗟嗟는 탄식하는 말이다. 我는 朱子가 자신을 이른 것이다. 耄는 늙어 혼미함이다."

집설 이 한 구절은 「小學」을 편집하여 後學을 계도한 뜻을 말하였다.

爰 : 이에 원 裔 : 옷자락 예 嗟 : 탄식할 차 匪 : 아닐 비 耄 : 늙을 모

謨 : 가르칠 모 襟 : 옷깃 금 歎 : 감탄할 탄

小學集註 總論

程子曰 古之人은 自能食能言而敎之라 是故로 小學之法은 以豫爲先이라 蓋人之幼也에 知思未有所主하니 則當以格言至論으로 日陳於前하여 使盈耳充腹하여 久自安習하여 若固有之者면 後雖有讒說搖惑이나 不能入也라 若爲之不豫하여 及乎稍長이면 意慮偏好 生於內하고 衆口辯言이 鑠於外하니 欲其純全이나 不可得已니라

程子가 말씀하였다. "옛사람들은 아이가 밥을 먹고 말을 할 때부터 가르쳤다. 그러므로 小學의 법은 미리함을 우선으로 삼는다. 사람이 어릴 때에는 지식과 생각이 주장하는 바가 있지 않으니, 마땅히 올바른 말과 지극한 의논을 날마다 〈어린이〉 앞에서 말하여 귀에 차고 배에 가득하게 하여야 한다. 오랫동안 이렇게 하여 자연히 편안하고 익숙해져서 마치 固有한 것처럼 되면 뒤에 비록 나쁜 말의 동요와 유혹이 있더라도 들어갈 수 없게 된다. 만약 가르침을 미리하지 않아, 점점 자람에 이르면 뜻과 생각에 편벽되게 좋아함이 안에서 생기고, 여러 사람들의 말이 밖에서 침식하니, 이렇게 되면 순전하고자 한들 될 수 없는 것이다."

朱子曰 後生初學은 且看小學書하라 那箇是做人底樣子니라

朱子가 말씀하였다. "後生의 初學者는 우선 「小學」을 보아야 한다. 이것은 사람을 만드는 樣子(틀)이기 때문이다."

又曰 修身大法은 小學書備矣요 義理精微는 近思錄詳之니라

또 말씀하였다. "몸을 닦는 큰 법은 「小學」에 갖추어져 있고, 의리의 정밀하고 미묘함은 「近思錄」에 자세히 말하였다."

豫：미리 예　陳：베풀 진　盈：가득할 영　充：채울 충　腹：배 복　讒：참소할 참
搖：흔들 요　稍：점점 초　長：자랄 장　偏：치우칠 편　鑠：녹일 삭
已：그만둘 이　看：볼 간　那：저 나　箇：어조사 개　做：지을 주　底：어조사 저
樣：모양 양　精：정할 정　微：은미할 미

又曰 古人之學은 固以致知格物爲先이라 然其始也에 必養之於小學하니 則在乎灑掃應對進退之節과 禮樂射御書數之習而已라 聖賢開示後人進學門庭, 先後次序가 極爲明備니라

또 말씀하였다. "옛사람의 학문은 진실로 致知와 格物을 우선으로 삼았다. 그러나 그 처음에는 반드시 「小學」에서 길렀으니, 바로 물뿌리고 쓸며 응하고 대답하며 나아가고 물러나는 예절과 禮·樂·射·御·書·數의 익힘에 있을 뿐이었다. 聖賢이 後人에게 학문에 나아가는 門庭과 先後의 차서를 열어 보여주신 것이 지극히 밝게 갖추어져 있다."

又曰 古之敎者 有小學, 有大學하니 其道則一而已라 小學은 是事니 如事君事父兄等事요 大學은 是發明此事之理니 就上面講究委曲所以事君事親等事是如何니라

또 말씀하였다. "옛날의 가르침은 小學이 있고 大學이 있었는데, 그 道는 하나일 뿐이다. 小學은 곧 일이니, 이를테면 임금을 섬기고 父兄을 섬기는 등의 일이요, 大學은 곧 이 일의 이치를 밝히는 것이니, 그 上面으로 나아가 임금을 섬기고 부모를 섬기는 등의 일이 어떠한 것인가를 강구하여 곡진하게 하는 것이다."

又曰 古人은 由小學而進於大學하여 其於灑掃應對進退之間에 持守堅定하고 涵養純熟이 固已久矣니 大學之序는 特因小學已成之功이니라

또 말씀하였다. "옛날 사람들은 小學을 경유하여 大學에 나아가, 물뿌리고 쓸며 응하고 대답하며 나아가고 물러가는 사이에 잡아 지킴이 굳고 안정되며 함양함이 순수하고 익숙함이 진실로 이미 오래 되었으니, 大學의 순서는 다만 小學에서 이미 이룬 공에 인할 뿐이었다."

又曰 古人於小學에 存養已熟하여 根基已自深厚하니 到大學하여는 只就上點化出些精采니라

또 말씀하였다. "옛사람들은 小學에서 〈본심을〉 보존하여 〈性을〉 기름이 이미

就 : 나아갈 취　委 : 곡진할 위　曲 : 곡진할 곡　涵 : 담글 함　已 : 이미 이
到 : 이를 도　只 : 다만 지　點 : 점화할 점　些 : 적을 사　采 : 채색 채

익숙하여 根基(기반)가 이미 스스로 깊고 두터웠으니, 大學에 이르러서는 다만 그 위로 나아가 약간의 정채를 點化(變化, 融化)해 낼 뿐이었다."

又曰 古人은 小學에 教之以事하여 便自養得他心하여 不知不覺自好了하고 到得漸長하여는 更(경)歷通達事物하여 將無所不能이러니 今人은 既無本領하고 只去理會許多閑汨董하니 百方措置思索이나 反以害心이니라

또 말씀하였다. "옛사람들은 小學에서 일을 가르쳐 곧 스스로 그 마음을 길러서 자신도 알지 못하고 깨닫지 못하는 사이에 저절로 좋게 되었다. 그리고 점점 자람에 이르러서는 사물을 경험하여 통달해서 장차 능하지 못한 것이 없었다. 그런데 지금 사람들은 이미 本領이 없고 다만 허다한 쓸데없는 잡동사니들만을 이해하니 백방으로 조치하고 사색하나, 도리어 마음을 해칠 뿐이다."

又曰 古人於小學에 自能言便有教하여 一歲有一歲工夫하여 到二十來歲엔 聖賢資質이 已自有三分了하니 大學은 只出治光彩러니 而今都蹉過了하여 不能更(갱)轉去做하니 只據而今地頭하여 便箚住立定脚跟做去라 如三十歲覺悟면 便從三十歲立定脚跟做去요 便年八九十歲覺悟면 亦當據現在箚住做去니라

또 말씀하였다. "옛사람들은 小學에서 스스로 말할 때부터 곧 가르침이 있었다. 그리하여 한 살에는 한 살의 공부가 있어, 20세에 이르면 聖賢의 자질을 이미 스스로 3분(30%)을 갖고 있으니, 大學은 다만 광채만 낼 뿐이었다. 그런데 지금은 모두들 小學 공부를 놓치고 지나쳐버려 다시 되돌아가 공부할 수 없으니, 다만 지금의 처지에 의거하여 곧바로 머물러 다리를 정하고 공부를 해야 한다. 만일 30세에 깨달았다면 곧 30세에서부터 다리를 정하고 공부를 하며, 곧 나이 80~90세에 깨달았다면 또한 마땅히 현재에 의하여 머물러 공부해야 한다."

便 : 곧 변 漸 : 점점 점 更 : 지날 경, 다시 갱 歷 : 지날 력 汨 : 빠질 골
董 : 감출 동 索 : 찾을 색 反 : 도리어 반 了 : 어조사 료 彩 : 채색 채
都 : 모두 도 蹉 : 지날 차 過 : 지날 과 轉 : 돌 전 做 : 일할 주 據 : 의거할 의
箚 : 이를 차 脚 : 다리 각 跟 : 발꿈치 근 悟 : 깨달을 오

或問 某自幼로 旣失小學之序矣니 請授大學이 何如잇고 朱子曰 授大學也엔 須先看小學書니 只消旬月工夫니라

어떤 사람이 묻기를 "저는 어렸을 때부터 이미 小學의 순서를 잃었으니, 청컨대 大學을 가르쳐 주시는 것이 어떻겠습니까?" 하니, 朱子가 대답하였다. "大學을 배움에는 반드시 먼저 「小學」을 보아야 하니, 다만 10개 월 정도의 공부만 하면 된다."

李周翰請敎호되 屢歎年歲之高하고 未免時文之累한대 朱子曰 這須是自見得이니 某所編小學을 公宜仔細去看하라 也有古人說話하고 也有今人說話하니라

李周翰이 가르침을 청하면서, 나이가 많고 時文(科文)에 얽매임을 면치 못한다고 자주 탄식하자, 朱子가 말씀하였다. "이는 모름지기 스스로 알아야 하니, 내가 엮은 「小學」을 公은 마땅히 자세히 보라. 여기에는 또한 옛사람의 말도 있고, 또한 지금 사람의 말도 있다."

或問 某今看大學에 如小學中有未曉處를 亦要理會릿가 朱子曰 相兼看不妨이라 學者於文爲制度에 不可存終理會不得之心이니 須立箇大規模하여 都要理會得이라 至於明暗하여는 則係乎人之才如何耳니라

어떤 사람이 묻기를 "제가 지금 「大學」을 보고 있는데, 「小學」 중에 알지 못하는 부분을 또한 이해하여야 합니까?" 하자, 朱子가 말씀하였다. "서로 겸하여 보는 것이 무방하다. 배우는 자는 문장이나 제도에 있어, 끝내 이해하지 못한다는 마음을 두지 말아야 하니, 모름지기 큰 규모를 세워 모두 이해하고자 하여야 한다. 밝게 알거나 밝게 알지 못함에 이르러는 사람의 재주 여하에 달려 있을 뿐이다."

陸氏曰 古者敎子弟에 自能言能食으로 卽有敎하여 以至灑掃應對之類에 皆有所習이라 故長大易言이러니 今人은 自小只敎做對하고 稍大엔

某：아무 모　消：소비할 소　旬：열흘 순　翰：글 한　屢：여러 루　這：이 자
編：엮을 편　仔：자세할 자　也：또 야　曉：깨달을 효　會：알 회　兼：겸할 겸
妨：해로울 방　箇：어조사 개　係：매일 계　稍：점점 초

卽敎作虛誕之文하니 皆壞其性質也니라

陸氏(陸九淵)가 말하였다. "옛날에는 자제를 가르칠 적에 말을 하고 밥을 먹을 때부터 곧 가르침이 있어, 물뿌리고 쓸며 응하고 대답하는 따위에 이르기까지 모두 익히는 바가 있었다. 그러므로 장성해서 말하기가 쉬웠었는데, 지금 사람들은 어려서부터 다만 對句 짓는 것만 가르치고, 점점 자라면 곧 허탄한 글을 짓도록 가르치니, 이는 모두 그 性의 바탕을 무너뜨리는 것이다."

呂氏曰 後生小兒學問에 且須理會曲禮, 少儀, 儀禮等하여 學灑掃應對進退之事하고 及先理會爾雅訓詁等文字然後에 [1]可以語上이니 下學而上達하여 自此脫然有得이라 不如此면 則是躐等이니 終不得成也니라

呂氏(呂祖謙)이 말하였다. "後生의 어린이가 學問할 때에는 우선 모름지기《曲禮》·《少儀》·「儀禮」등을 이해하여, 물뿌리고 쓸며 응하고 대답하며 나아가고 물러나는 일을 배우고, 또 먼저 爾雅·訓詁 등의 문자를 이해하여야 한다. 그런 뒤에 윗 것을 말할 수 있다. 아래로 人事를 배워 위로 天理를 통달하여 이로부터 脫然히 깨달음이 있을 것이다. 이렇게 하지 않으면, 이는 등급을 뛰어넘는 것이니, 끝내 성공할 수 없을 것이다."

역주 1. 可以語上 : 上은「大學」의 窮理·正心의 일을 가리킨다.

陳氏曰 程子說主敬工夫 可以補小學之闕이라하시니 蓋主敬이면 可以收放心而立大本이니 大本旣立然後에 大學工夫循序而進하면 無往不通이라 大抵主敬之功은 貫始終, 一動靜, 合內外하니 小學, 大學에 皆不可無也니라

陳氏(陳淳)가 말하였다. "程子는 敬을 주장하는 공부가 小學의 빠진 것을 보충할 수 있다고 말씀하였으니, 敬을 주장하면 放心을 거두어 큰 근본을 세울 수 있으니, 큰 근본이 이미 선 뒤에 大學 공부도 순서를 따라 나아가면, 가는 곳마다 통하지 않음이 없는 것이다. 대개 敬을 주장하는 공부는 始終을 관통하고, 動靜을 일관하고, 內外를 합하니, 小學과 大學에 모두 없어서는 안되는 것이다."

虛 : 빌 허　誕 : 허탄할 탄　壞 : 무너질 괴　謙 : 겸손할 겸　儀 : 거동 의
雅 : 바를 아　訓 : 가르칠 훈　詁 : 훈고 고　脫 : 벗을 탈　躐 : 넘을 렵　闕 : 빠질 궐
放 : 놓을 방　循 : 따를 순　抵 : 무릇 저　貫 : 꿸 관

又曰 朱子小學書 綱領甚好하여 最切於日用하니 雖至大學之成이라도 亦不外是니라

또 말하였다. "朱子의 「小學」은 綱領이 매우 좋아 일상생활에 가장 절실하니, 비록 大學의 성공에 이르러도 또한 여기에서 벗어나지 않는다."

李氏曰 先生年五十八에 編次小學書成하여 以訓蒙士하여 使培其根以達其支하시니 內篇은 曰立敎, 曰明倫, 曰敬身, 曰稽古요 外篇二니 取古今嘉言以廣之하고 善行以實之라 雖已進乎大學者라도 亦得以兼補之於後니 修身大法이 此略備焉이니라

李氏(李方子)가 말하였다. "선생(朱子)의 나이 58세에 「小學」을 엮어 이루어서 어린 선비들을 가르쳐 그 뿌리를 북돋고 그 가지를 발달하게 하시니, 內篇은 立敎·明倫·敬身·稽古이고, 外篇은 둘인데 古今의 아름다운 말들을 취하여 넓혔고 善行을 취하여 실증하였다. 비록 이미 大學에 나아간 사람이라 하더라도 또한 이것으로써 뒤에서 겸하여 보충해야 하니, 修身의 큰 법이 이 「小學」에 대략 갖추어져 있다."

眞氏曰 小學之書 先載列女傳胎敎之法하고 而繼以內則(칙)之文하니 合二章觀之하면 小學之敎 略備矣니라

眞氏(眞德秀)가 말하였다. "小學은 먼저 「列女傳」의 태교 방법을 싣고, 뒤이어 《內則》의 글을 실었으니 두 章을 합하여 본다면 「小學」의 가르침이 대략 갖추어져 있다."

[1]許氏(曰)小學大義는 其略曰 自始皇焚書以後로 聖人經籍不全하여 無由考較古人爲學之次第라 班孟堅漢史에 雖說小學大學規模大略이나 然亦不見其間節目之詳也라 千有餘年에 學者各以己意爲學하여 高者는 入於空虛하고 卑者는 流於功利하니 雖苦心極力하여 博識多聞

最 : 가장 최　切 : 절실할 절　外 : 벗어날 외　次 : 다음 차　培 : 북돋을 배
嘉 : 아름다울 가　略 : 대략 략　載 : 실을 재　胎 : 태 태, 아이밸 태
繼 : 이을 계　較 : 비교할 교　班 : 나눌 반　卑 : 낮을 비

이나 要之不背於古人者 鮮矣라 近世에 新安朱文公이 以孔門聖賢爲教爲學之遺意로 參以曲禮, 少儀, 弟子職諸篇하여 輯爲小學之書하시니 其綱目有三하니 立教, 明倫, 敬身이요 次稽古는 所以載三代聖賢已行之迹하여 以實前篇立教明倫敬身之言이며 其外篇嘉言, 善行은 載漢以來賢者所言之嘉言과 所行之善行하니 其綱目은 亦不過立教明倫敬身也라 衍內篇之言하여 以合外篇이면 則知外篇者小學之枝流요 約外篇之言하여 以合內篇이면 則知內篇者小學之本源이니 合內外而兩觀之면 則小學之規模節目이 無所不備矣니라

許氏(許衡)의 《小學大義》는 그 내용이 대략 다음과 같다.

"始皇帝가 책을 불태운 이후로부터 聖人의 經籍이 온전하지 못하여, 옛사람들이 학문을 했던 순서를 살필 수 없었다. 班孟堅(班固)의 「漢書」에 비록 小學과 大學의 규모의 대략을 말하였으나, 또한 그 속에 節目의 자세함을 보지 못하겠다. 천여 년동안 학자들이 각각 자기 뜻으로 학문을 하여, 높은 자는 空虛함에 들어가고 낮은 자는 功利에 흘렀으니, 비록 마음을 수고롭게 하고 힘을 다하여 앎이 넓고 견문이 많으나, 요컨대 옛사람에게 위배되지 않는 자가 적었다. 근세에 新安朱文公이 孔子 門下의 聖賢이 가르치고 배웠던 남은 뜻에 따라, 《曲禮》·《少儀》·《弟子職》등 여러 편을 참작하여, 모아서 「小學」을 만들었다. 그 綱目이 세 가지가 있으니, 立教·明倫·敬身이요, 다음 稽古는 三代에 聖賢이 이미 행한 자취들을 기록하여, 前篇의 立教·明倫·敬身의 말을 실증하였으며, 그 外篇인 嘉言·善行은 漢代 이래 賢人들이 말한 바의 아름다운 말과 행한 바의 善한 행실을 실었으니, 그 강목은 또한 立教·明倫·敬身에 지나지 않는다. 內篇의 말을 부연하여 外篇과 합해 보면 外篇은 「小學」의 枝流임을 알 것이요, 外篇의 말을 요약하여 內篇과 합해 보면 內篇은 「小學」의 本源임을 알 것이니, 內와 外를 합하여 양면으로 살펴보면 「小學」의 규모와 절목이 갖추어 있지 않은 바가 없을 것이다."

역주 1. 許氏曰 小學大義 其略曰 : 沙溪 金長生의 攷訂에 의하여 '許氏曰'의 曰字는 衍文(불필요한 글자)으로 보아 풀이하지 않았다.

又曰 小學之書를 吾信之如神明하고 敬之如父母로라

또 말하였다. "「小學」을 나는 神明처럼 믿고, 父母처럼 공경한다."

背 : 위배될 배 鮮 : 드물 선 參 : 참고할 참 迹 : 자취 적 衍 : 펼 연

小學集註 總目

立教 第一　凡十三章

李氏曰 首一章은 立胎孕之教요 次二章은 立保傅之教요 次五章은 立學校君政之教요 後五章은 立師弟子之教니라

李氏가 말하였다. "처음 한 章은 잉태했을 때의 가르침을 세웠고, 다음 두 章은 보호하는 사람과 스승의 가르침을 세웠고, 다음 다섯 章은 학교와 정치의 가르침을 세웠고, 뒤의 다섯 章은 스승과 제자간의 가르침을 세웠다."

明倫 第二　凡一百八章

明父子之親　凡三十九章

李氏曰 首四章은 明事親之禮요 次六章은 明凡爲人子之禮요 次五章은 明敬親命之禮요 次五章은 明廣愛敬之禮요 次三章은 明諫過之禮요 次二章은 明侍養疾病之禮요 次二章은 明謹身之禮요 次六章은 明祭享大意요 人之善이 莫大於孝라 故로 次三章은 皆言孝親之道요 其不善이 莫大於不孝라 故로 以後三章으로 警之於末焉하니라

李氏가 말하였다. "처음 네 章은 어버이를 섬기는 禮를 밝혔고, 다음 여섯 章은 무릇 사람의 자식된 자의 예절을 밝혔고, 다음 다섯 章은 어버이의 명령을 공경하는 예절을 밝혔고, 다음 다섯 章은 사랑과 공경을 넓히는 예절을 밝혔고, 다음 세 章은 잘못을 간하는 예절을 밝혔고, 다음 두 章은 질병에 모시고 봉양하는 예절을 밝혔고, 다음 두 章은 몸을 삼가하는 예절을 밝혔고, 다음 여섯 章은 祭享의 큰 뜻을 밝혔으며, 사람의 善은 孝보다 큰 것이 없으므로 다음 세 章은 모두 어버이에게 효도하는 도리를 말하였고, 不善함은 不孝보다 큰 것이 없으므로 뒤의 세 章으

孕 : 아이밸 잉　保 : 보전할 보　傅 : 스승 부　諫 : 간할 간　侍 : 모실 시
享 : 제향 향, 먹일 향　警 : 경계할 경

로 끝에서 경계하였다."

明君臣之義 凡二十章

李氏曰 前十二章은 明事君之禮요 後八章은 明爲臣之節이니라

李氏가 말하였다. "앞의 열두 章은 임금을 섬기는 예절을 밝혔고, 뒤의 여덟 章은 신하가 된 예절을 밝혔다."

明夫婦之別 凡九章

李氏曰 首五章은 明婚姻之禮요 次二章은 明男女之別이요 次一章은 明去取之義요 終則以寡婦之子로 結之하니라

李氏가 말하였다. "처음 다섯 章은 婚姻의 예절을 밝혔고, 다음 두 章은 男女의 구별을 밝혔고, 다음 한 章은 버리고 취하는 뜻을 밝혔고, 끝에는 과부의 자식에 대한 것으로 맺었다."

明長幼之序 凡二十章

眞氏曰 舜命契(설)以教五教하시되 不曰兄弟而曰長幼者는 盖以宗族鄕黨皆有長焉이요 非但同氣而已일새니라

李氏曰 首二章은 明敬兄之禮요 次十八章은 則明凡進退應對灑掃飮食燕射行坐之禮也니라

眞氏가 말하였다. "舜이 契에게 명령하여 五教를 가르치게 하시면서 형제라고 말하지 않고 장유를 말한 것은 宗族과 鄕黨에 모두 어른이 있고 다만 同氣間 뿐만이 아니기 때문이다."

李氏가 말하였다. "처음 두 章은 형을 공경하는 예절을 밝혔고, 다음 열여덟 章은 무릇 나아가고 물러나며 응하고 대답하며 물뿌리고 쓸며 마시고 먹으며 연회하고 활쏘며 다니고 앉는 예절을 밝혔다."

契 : 사람이름 설 黨 : 마을 당 長 : 어른 장 燕 : 잔치 연

明朋友之交 凡十一章

朱子曰 人之大倫이 有五하니 聖賢皆以爲天之所叙라 然今考之컨대 惟父子兄弟 爲天屬이요 而以人合者 三焉이라 然夫婦者는 天屬之所由以續者也요 君臣者는 天屬之所賴以全者也요 至若朋友者하여는 則天屬之所賴以取正者也라 故로 欲君臣父子兄弟夫婦之間에 交盡其道而無悖인댄 非有朋友以責其善, 輔其仁이면 其孰能使之然哉아 故朋友之於人倫에 其勢若輕而所繫爲甚重하고 其分若踈而所關爲至親하고 其名若小而所職爲甚大하니 此는 古之聖人이 修道立教에 所以必重於此하여 而不敢怠也시니라

李氏曰 首一章은 明輔仁之職이요 次二章은 明責善之義요 次一章은 言不可則止요 次三章은 明取友之義요 次四章은 明辭受賓主之儀니라

朱子가 말씀하였다. "사람에게 큰 윤리가 다섯 가지가 있는데 聖賢이 모두 하늘이 편 것이라고 하였다. 그러나 지금 살펴보건대, 오직 父子와 兄弟만이 天倫인 친속이고, 타인으로서 합한 것이 세 가지이다. 그러나 夫婦는 天屬(천륜인 친속)이 말미암아 이어지는 것이고, 君臣은 천속이 의뢰하여 온전하게 되는 것이며, 朋友로 말하면 천속이 의뢰하여 바름을 취하는 것이다. 그러므로 군신·부자·형제·부부 사이에 서로 그 도리를 다하여 어긋남이 없고자 한다면, 붕우로써 그 善을 책하고 그 仁을 돕지 않고서는 그 누가 능히 그렇게 할 수 있겠는가? 그러므로 붕우가 人倫에 있어 그 형세가 가벼운 듯하나 관계된 바가 매우 중하고, 그 정분이 소원한 듯하나 관계된 바가 지극히 친밀하며, 그 이름이 작은 듯하나 맡은 바가 매우 크니, 이는 옛날 聖人이 道를 말하고 가르침을 세움에 반드시 이를 중히 여겨 감히 태만히 하지 않았던 이유이다."

李氏가 말하였다. "처음 한 章은 仁을 돕는 직책을 밝혔고, 다음 두 章은 善을 책하는 道理를 밝혔고, 다음 한 章은 〈충고하여 선도하다가〉 불가하면 그만두어야 함을 말하였고, 다음 세 章은 친구를 취하는 도리를 밝혔고, 다음 네 章은 사양하고 받으며 賓主가 되는 예의를 밝혔다."

通論 凡九章

叙 : 펼 서　屬 : 살붙이 속　賴 : 의뢰할 뢰　悖 : 어그러질 패　繫 : 매일 계
怠 : 게으를 태

敬身 第三 凡四十六章

明心術之要 凡十二章

李氏曰 首一章은 丹書之戒니 以敬對怠而言하여 明敬有畏懼之義也요 次曲禮一章은 明敬乃禮之本하고 兼陳敬之目也요 次論語六章은 皆明涵養本原而以敬爲主요 次曲禮樂記論語三章은 皆明持敬之功이요 終之以管子之言하니 則指畏之一字하여 爲切要工夫也니라

李氏가 말하였다. "처음 한 章은 「丹書」의 경계이니, 敬을 怠와 대립하여 말해서 敬에는 두려워하는 뜻이 있음을 밝혔고, 다음 《曲禮》의 한 章은 敬이 바로 禮의 근본임을 밝히고 겸하여 敬의 조목을 말하였고, 다음 「論語」의 여섯 章은 모두 本原을 함양함을 밝혔는데, 敬을 주장으로 삼았고, 다음 《曲禮》·《樂記》·「論語」의 세 章은 모두 敬을 잡아 지키는 공부를 밝혔으며, 「管子」의 말로 끝을 맺었으니, '畏' 한 글자를 지적하여 절실하고 중요한 공부로 삼았다."

明威儀之則 凡二十一章

李氏曰 首一章은 明二十而冠하니 實威儀之始요 次十八章은 言當勉威儀之敬하고 而必戒其威儀之非敬者요 終二章은 則明威儀心術交相培養之禮也하니라

李氏가 말하였다. "처음 한 章은 20세에 冠禮를 함을 밝혔으니, 실로 威儀의 시작이요, 다음 열여덟 章은 마땅히 威儀의 敬을 힘쓰고 威儀의 敬이 아닌 것을 반드시 경계해야 함을 말하였고, 끝의 두 章은 威儀와 心術(마음가짐)이 서로 배양하는 예절을 밝혔다."

明衣服之制 凡七章

李氏曰 首一章은 明旣冠成人하고 加以盛服하여 服備어든 乃責以成德

丹 : 붉을 단 懼 : 두려울 구 涵 : 담글 함 持 : 잡을 지 管 : 대롱 관
要 : 중요할 요

이요 次四章은 明古人致謹於衣服如此요 次一章은 明未成人不當加以成人之服이요 終一章은 明不可恥惡衣食而忘心德之重也하니라

李氏가 말하였다. "처음 한 章은 이미 冠禮를 하여 成人이 되게 하고 성대한 의복을 입혀주어, 의복이 갖추어지면 이에 德을 이루는 것으로써 책함을 밝혔고, 다음 네 章은 옛날 사람들이 의복에 삼가기를 지극히 함이 이와 같음을 밝혔고, 다음 한 章은 成人이 못된 자에게는 成人의 의복을 입혀서는 안됨을 밝혔고, 끝의 한 章은 나쁜 옷과 음식을 부끄러워 하여 心德의 중요함을 잊어서는 안됨을 밝혔다."

明飮食之節 凡六章

稽古 第四 凡四十七章

立敎 凡四章

饒氏曰 前二章은 是母敎요 後二章은 是父敎라 蓋母敎於幼時라 故先言之하고 父敎於旣長이라 故後言之也니라

饒氏가 말하였다. "앞의 두 章은, 어머니의 가르침이고, 뒤의 두 章은 아버지의 가르침이다. 어머니는 어릴 때에 가르치므로 먼저 말하였고, 아버지는 이미 자란 뒤에 가르치므로 뒤에 말하였다."

明倫 凡三十一章

李氏曰 首十七章은 明父子之親이요 次五章은 明君臣之義요 次四章은 明夫婦之別이요 次三章은 明長幼之序요 後二章은 明朋友之交니라

李氏가 말하였다. "처음 열일곱 章은 父子間의 친함을 밝혔고, 다음 다섯 章은 君臣間의 의리를 밝혔고, 다음 네 章은 夫婦間의 분별을 밝혔고, 다음 세 章은 長幼間의 차례를 밝혔고, 뒤의 두 長은 朋友間의 사귐을 밝혔다."

致 : 다할 치 稽 : 상고할 계 饒 : 풍요할 요

敬身 凡九章

李氏曰 首三章은 言心術이요 次二章은 言威儀요 次三章은 言衣服이요 後一章은 言飮食이라

李氏가 말하였다. "처음 세 章은 心術을 말하였고, 다음 두 章은 威儀를 말하였고, 다음 세 章은 의복을 말하였고, 뒤의 한 章은 음식을 말하였다."

通論 凡三章

饒氏曰 首章은 言教以義方하니 論立教也요 又言六順六逆하니 則論立教以明倫也요 二章은 言定命하니 論敬身也요 末章은 言敬愼威儀하니 論敬身也요 又言君臣上下至朋友하니 則論敬身以明倫也니라

饒氏가 말하였다. "첫 章은 옳은 방법으로 가르침을 말하였으니, 立教를 논하였고, 또 六順과 六逆을 말하였으니 立教하여 윤리를 밝힘을 논하였고, 두 章은 天命을 안정시킴을 말하였으니 敬身을 논하였고, 끝 章은 威儀를 공경하고 삼가함을 말하였으니 敬身을 논하였으며, 또 君臣과 上下로부터 朋友에 이르기까지를 말하였으니, 敬身하여 明倫함을 논하였다."

嘉言 第五 凡九十一章

廣立教 凡十四章

李氏曰 此篇은 首以張子楊文公之說하니 所以防驕惰之病根하여 養良知良能之德性이요 次以二程子之說하니 使知經學念書以致其知하고 灑掃進退以篤其行이요 後十章은 則凡立志行己之事니 皆所以廣立教也니라

李氏가 말하였다. "이 篇은 처음에 張子와 楊文公의 말을 실었으니, 교만과 나태의 병근을 막아 良知와 良能의 德性을 기르도록 한 것이고, 다음에 두 程子의

愼 : 삼갈 신 楊 : 버들 양 防 : 막을 방 驕 : 교만할 교 惰 : 게으를 타
念 : 욀 념 篤 : 도타울 독

말을 실었으니, 經學과 글을 외워 그 앎을 극진히 하고, 灑掃와 進退로 그 행실을 독실히 함을 알게 하였으며, 뒤의 열 章은 모두 뜻을 세우고 몸을 실행하는 일이니, 모두 立敎를 넓힌 것이다."

廣明倫 凡四十一章

李氏曰 首十四章은 廣父子之親이요 次十章은 廣君臣之義요 次九章은 廣夫婦之別이요 次三章은 廣長幼之序요 次三章은 廣朋友之交요 後二章은 廣通論明倫之義니라

李氏가 말하였다. "처음 열네 章은 父子의 친함을 넓혔고, 다음 열 章은 君臣의 의리를 넓혔고, 다음 아홉 章은 夫婦의 분별을 넓혔고, 다음 세 章은 長幼의 차례를 넓혔고, 다음 세 章은 朋友의 사귐을 넓혔고, 뒤의 두 章은 明倫을 통론한 뜻을 넓힌 것이다."

廣敬身 凡三十六章

李氏曰 首十六章은 廣心術之要요 次五章은 廣威儀之則이요 次二章은 廣衣食之制요 後十三章은 廣讀書爲學與異端之辨也니라

李氏가 말하였다. "처음 열여섯 章은 心術의 요점을 넓혔고, 다음 다섯 章은 威儀의 법칙을 넓혔고, 다음 두 章은 의복과 음식의 제도를 넓혔고, 뒤의 열세 章은 글을 읽어 학문하는 것과 異端에 대한 분변을 넓혔다."

善行 第六 凡八十一章

實立敎 凡八章

李氏曰 首二章은 實家庭之敎요 次五章은 實學校之敎요 後一章은 實師弟子之敎니라

李氏가 말하였다. "처음 두 章은 가정의 가르침을 실증하였고, 다음 다섯 章은

辨 : 분변할 변

학교의 가르침을 실증하였고, 뒤의 한 章은 師弟間의 가르침을 실증하였다."

實明倫 凡四十五章

李氏曰 首十章은 實父子之親이요 次八章은 實君臣之義요 次五章은 實夫婦之別이요 次十章은 實長幼之序요 次一章은 實朋友之交요 後十一章은 實通論明倫之義니라

李氏가 말하였다. "처음 열 章은 父子間의 친함을 실증하였고, 다음 여덟 章은 君臣間의 의리를 실증하였고, 다음 다섯 章은 夫婦間의 분별을 실증하였고, 다음 열 章은 長幼間의 차례를 실증하였고, 다음 한 章은 朋友間의 사귐을 실증하였고, 뒤의 열한 章은 明倫을 통론한 뜻을 실증하였다."

實敬身 凡二十八章

李氏曰 首十四章은 實心術之要요 次七章은 實威儀之則이요 次一章은 實衣服之制요 後六章은 實飮食之節이니라

李氏가 말하였다. "처음 열네 章은 心術의 요점을 실증하였고, 다음 일곱 章은 威儀의 법칙을 실증하였고, 다음 한 章은 의복의 제도를 실증하였고, 뒤의 여섯 章은 음식의 예절을 실증하였다."

小學集註攷訂

※ 다음은 沙溪 金長生이 各種 經傳을 참고하여 修正한 것으로, 원래는 본문 앞에 版數(頁數)와 행을 표시하였으나 여기서는 서로 부합하지 않으므로 삭제하고 본문만을 실었다.

總 論

許氏曰 小學大義其略曰 上曰字는 他本無라

許氏曰 小學大義其略曰에 대하여, 위의 曰字는 다른 本에는 없다.

立 教

擇於諸母與可者 朱子曰 可는 列女傳作阿하니 卽所謂阿保也라 後漢書에 有阿母하니라

擇於諸母與可者에 대하여, 朱子가 말씀하셨다. "可는 「列女傳」에는 阿字로 되어 있으니, 바로 이른바 '阿保'라는 것이다. 「後漢書」에 '阿母'라는 말이 있다."

教以右手註 取其便 便은 吳氏本註에 作強이라

教以右手의 註인 取其便에 대하여, 便은 吳氏의 本註에는 強으로 되어 있다.

明 倫

皆佩容臭 大雅公劉篇註에 或曰 容刀는 如言容臭니 謂鞞琫之中에 容此刀耳라 朱子曰 容臭는 如今之香囊이 是也라 安城劉氏曰 臭者는 香物이니 若茝蘭之屬이니 亦以香囊之中에 容此香物而謂之容臭耳라 朱子詩註如此하니 小學所謂容臭는 亦是盛香之囊耳라

皆佩容臭에 대하여, 大雅《公劉篇》註에 "或者는 말하기를 容刀는 容臭라는 말과 같으니, 鞞琫의 가운데 이 칼을 용납함을 이른다." 하였다.

朱子가 말씀하였다. "容臭는 지금의 香囊과 같은 것이다. 安城劉氏는 말하기를 '臭는 향

취가 나는 물건이니, 芝草와 蘭草의 등속 같은 것이니, 이 또한 향낭 가운데 이 향물을 용납한다고 하여 容臭라고 이른 것이다.' 하였다."

朱子의 「詩經」 註는 이와 같으니, 「小學」에서 말한 容臭도 또한 香物을 담는 주머니일 것이다.

執摯以相見註 雖父母之親 母는 當作子라

執摯以相見의 註인 雖父母之親에 대하여, 母는 마땅히 子가 되어야 한다.

敬 身

毋循枉註 是二過矣 二는 本作貳라

毋循枉의 註인 是二過矣에 대하여, 二는 본래 貳字로 되어 있다.

嘉 言

病臥於牀 委之庸醫 比之不慈不孝 病臥於牀은 非父母與子也요 乃身病臥於牀也라 吾之身은 卽父母之遺體니 疾病은 死生所係어늘 而委之於庸醫之手하여 致誤其身이면 則比之不慈不孝니 事親者尤不可不知醫術也라 禮註에 朱子曰 下不足以傳後라 故比於不慈하고 上不足以奉先이라 故比於不孝也라하시니라 二程粹言에 病臥之上에 有身字하니라

病臥於牀 委之庸醫 比之不慈不孝[병들어 병상에 누워서 용렬한 의원에 맡김은 不慈와 不孝에 견준다.]에 대하여, 병들어 병상에 누웠다는 것은 부모와 자식이 아니고 바로 자신이 병들어 평상에 누워있는 것이다. 내 몸은 바로 부모의 遺體이니 질병은 死生이 달려 있는 것인데 용렬한 의원의 손에 맡겨서 그 몸을 그르치게 하면 이는 不慈와 不孝에 견줄 수 있으니, 어버이 섬기는 사람은 더욱 醫術을 알지 않으면 안된다. 「禮記」 註에 朱子가 말씀하기를 "아래로는 後嗣를 전할 수 없으므로 不慈에 견주고 위로는 先祖를 받들지 못함으로 不孝에 견주는 것이다." 하였다. 「二程粹言」에는 病臥의 위에 身字가 있다.

二溢米註 溢謂二十四分升之一也 儀禮註曰 二十四兩曰溢이니 爲米一升二十四分升之一云이라 沈括曰 秦漢以前엔 量六斗 當今一斗七升九合이라하니 蓋古量은 比今甚小하니 儀禮註說恐是라

二溢米의 註인 溢謂二十四分升之一也에 대하여, 「儀禮」 註에 이르기를 24兩을 溢이라

하니, 쌀 1升과 24분 升의 1이라고 하였다. 沈括은 말하기를 "秦漢 이전은 量의 六斗가 지금의 1斗 7升 9合에 해당한다." 하였으니, 옛날의 量은 지금에 비하여 매우 적으니, 「儀禮」 註가 옳은 듯하다.

劉安禮註 安禮字立之 字는 當作名이라

劉安禮의 註인 安禮字立之에 대하여, 字는 마땅히 名이 되어야 한다.

居是邦不非其大夫註 朱氏曰 氏는 當作子라

居是邦不非其大夫의 註인 朱氏曰에 대하여, 朱氏曰의 氏는 마땅히 子가 되어야 한다.

鄰下風俗註 造請謁人於外 請下에 當有謂字라

鄰下風俗의 註인 造請謁人於外에 대하여, 請 아래에 마땅히 謂字가 있어야 한다.

善行

藍田呂氏註 兄弟四人長大中 言行錄에 中作忠이라

藍田呂氏의 註인 兄弟四人長大中에 대하여, 「言行錄」에 中은 忠으로 되어있다.

[1]汲黯景帝時註 太子出見 見은 當作則이라

汲黯景帝時의 註인 太子出見에 대하여, 見은 마땅히 則이 되어야 한다.

역주 1. 여기의 註는 集註의 註가 아니고 夾註의 내용이며, 汲黯景帝時가 原註인바, 여기에 '陳氏曰 洗之言 先也 太子出見前導也'라고 보인다.

冀其意阻 阻는 他本作沮하니 當考라

冀其意阻에 대하여, 阻는 다른 本에는 沮로 되어 있으니, 마땅히 참고해야 한다.

厠牏註 近身之小衫 韻會에 牏는 作圊하니 受糞函也라하고 史記註에 孟康曰 東南人은 謂鑿木空中如槽하고 謂之牏라하니 註說恐誤라

厠牏의 註인 近身之小衫에 대하여, 「韻會」에 "牏는 변소에 똥을 받는 함"이라 하였고 「史記」 註에 "孟康은 東南 지방의 사람들은 나무를 파서 가운데를 비게 하여 말구유와 같이 만든 것을 牏라 한다." 하였으니, 註의 말은 오류인 듯하다.

生祥下瑞無休期 休는 他本作時하니 考本集에 時字是라

生祥下瑞無休期에 대하여, 休는 다른 本에는 時字로 되어 있는데, 本集(昌黎集)을 참고해 보니, 時字가 옳았다.

右文元公金長生攷訂(이상은 文元公 金長生이 참고하여 정정한 것임)

小學集註 卷之一

立敎 第一

集解 立은 建也요 敎者는 古昔聖人敎人之法也라 凡十三章이라

「立」은 세움이요「敎」는 옛날 聖人이 사람을 가르치던 법이다. 모두 13장이다.

子思子曰 [1]天命之謂性이요 率性之謂道요 修道之謂敎라하시니 則(칙)天明하며 遵聖法하여 述此篇하여 俾爲師者로 知所以敎하며 而弟子로 知所以學하노라

子思子가 말씀하시기를 "하늘이 명령해 준 것을 性이라 하고, 性을 따르는 것을 道라 하고 道를 品節(절도에 맞게 裁定함)한 것을 敎라 한다."하셨다. 하늘의 明命을 본받고 聖人의 法을 따라 이 책을 지어 스승된 자로 하여금 가르칠 바를 알게 하며 제자로 하여금 배울 바를 알게 하노라.

역주 1. 이 내용은「中庸」의 첫머리에 보인다.

集解 子思는 孔子之孫이니 名은 伋이요 子思는 其字也라 下子字는 後學이 宗師先儒之稱이라 朱子曰 命은 猶令也요 性은 卽理也라 天以陰陽五行으로 化生萬物에 氣以成形而理亦賦焉하니 猶命令也라 於是에 人物之生이 因各得其所賦之理하여 [1]以爲健順五常之德하니 所謂性也라 率은 循也요 道는 猶路也라 人物이 各循其性之自然이면 則其日用事物之間에 莫不各有當行之路하니 是則所謂道也라 修는 品節之也라 性道雖同이나 而氣稟或異라 故로 不能無過不及之差하니 聖人이 因人物之所當行者하여 而品節之하사 以爲法於天下하시니 則謂之敎니 若禮樂刑政之屬이 是也라

增註 則은 法也라 天明은 天之明命이니 卽天命之性也라 遵은 循也라 聖法은 聖人之法이니 卽修道之敎也라 俾는 使也라 此篇所述은 皆道之當然이니 原於天

率 : 따를 솔　則 : 본받을 칙　遵 : 따를 준　述 : 지을 술　俾 : 하여금 비
伋 : 생각할 급　宗 : 높일 종　賦 : 부여할 부　健 : 굳셀 건　循 : 따를 순
稟 : 받을 품　差 : 어긋날 차　屬 : 붙이 속　原 : 근원할 원

而立於聖人者也니 師之所以教와 弟子之所以學이 無有切於此者矣니라

집해 子思는 孔子의 손자이니, 이름은 伋이고 子思는 그의 字이다. 밑에 있는 子字는 後學이 先儒를 높혀 스승으로 받드는 칭호이다.

朱子가 말씀하였다. "命은 令(명령)과 같고, 性은 곧 理이다. 하늘이 陰陽, 五行으로 만물을 化生함에 氣로써 형체를 이루고 理를 또한 부여하니, 마치 명령한 것과 같다. 이에 사람과 물건이 태어남에 각각 그 부여받은 바의 理를 얻음으로 인하여 健順·五常의 德을 삼으니, 이른바 性이다. 率은 따름이요, 道는 路(길)와 같다. 사람과 물건이 각각 그 性의 자연을 따르면 그 일상생활하는 사물의 사이에 각각 마땅히 행해야 할 길이 있지 않음이 없으니, 이것이 곧 이른바 道이다. 修는 品節함이다. 性과 道는 비록 같으나, 기품이 혹 다른 까닭에 過하거나 不及한 차이가 없을 수 없다. 그러므로 聖人이 사람과 물건이 마땅히 행해야 할 것을 따라 품절하여 천하에 법으로 삼았으니, 이것을 일러 教라 하니, 禮·樂·刑·政과 같은 등속이 그것이다."

증주 則은 본받음이다. 天明은 하늘의 밝은 命이니, 곧 하늘이 명령한 性이다. 遵은 따름이다. 聖法은 聖人의 법이니, 곧 道를 품절한 가르침이다. 俾는 하여금이다. 이 篇에 서술한 것은 모두 道의 당연함이니, 하늘에 근원하여 聖人에게서 세워진 것이니, 스승이 가르칠 바와 제자가 배울 바가 이보다 간절한 것이 있지 않다.

역주 1. 健順五常之德 : 健은 陽의 理이고 順은 陰의 理이며, 五常은 仁·義·禮·智·信의 다섯가지 性으로, 仁은 木, 義는 金, 禮는 火, 智는 水, 信은 土에 해당된다.

1. 列女傳曰 古者에 婦人妊子에 寢不側하며 坐不邊하며 立不蹕〔跛〕하며 《列女傳》

「列女傳」에 말하였다. "옛날에 婦人이 아이를 배었을 적에 잠잘 때에는 옆으로 기울게 하지 않으며, 앉을 때에는 모로 앉지 않으며, 설 때에는 한 쪽 발로 서지 않았다.

集解 列女傳은 漢劉向所編이라 妊은 娠也라 側은 側其身也요 邊은 偏其身也라 蹕은 當作跛니 謂偏任一足也라

列女傳은 漢나라 劉向이 편찬한 것이다. 姙은 임신이다. 側은 그 몸을 기울게 함이요, 邊은 그 몸을 편벽되게 함이다. 蹕은 마땅히 跛가 되어야 하니, 몸을 한 쪽 발에 치우쳐 맡김을 이른다.

不食邪味하며 割不正이어든 不食하며 席不正이어든 不坐하며

妊 : 아이밸 임 寢 : 잘 침 側 : 기울 측 邊 : 가 변 蹕 : 외발로설 비 跛 : 외발로설 피
劉 : 묘금도 류 娠 : 아이밸 신 偏 : 치우칠 편 邪 : 간사할 사 割 : 벨 할

부정한 맛을 먹지 않으며, 고기를 썬 것이 바르지 않거든 먹지 않으며, 자리가 바르지 않거든 앉지 않으며

集解 邪味는 不正之味라 割은 切肉也요 席은 坐席也라

邪味는 부정한 맛이다. 割은 썰어놓은 고기요, 席은 앉는 자리이다.

目不視邪色하며 耳不聽淫聲하며 夜則令瞽誦詩하며 道正事하더니라

눈으로는 부정한 색을 보지 않으며, 귀로는 부정한 소리를 듣지 않으며, 밤이면 樂師인 봉사로 하여금 詩를 외우며 바른 일을 말하게 하였다.

集說 陳氏曰 邪色은 不正之色이요 淫聲은 不正之聲이라 道는 言也요 正事는 事之合禮者라

集解 瞽는 無目이니 樂師也라 詩는 二南之類요 正事는 如二典之類라

집설 陳氏가 말하였다. "邪色은 부정한 색이요, 淫聲은 부정한 소리이다. 道는 말함이다. 正事는 일이 禮에 부합하는 것이다."

집해 瞽는 눈이 먼 자이니, 樂師이다. 詩는 二南(周南 · 召南)의 따위이고, 正事는 二典(堯典 · 舜典)과 같은 따위이다.

如此면 則生子에 形容端正하며 才過人矣리라

이와 같이 하면 아이를 낳음에 용모가 단정하며, 재주가 보통사람보다 뛰어날 것이다."

集解 此는 言妊娠之時에 當愼所感이니 感於善則善하고 感於惡則惡也라 李氏曰 人之有生은 以天命之性言之하면 純粹至善하여 本無有異로되 以氣質之性言之하면 則不能無淸濁美惡之殊하니 淸乃智而濁乃愚요 美乃賢而惡乃不肖라 妊娠之初는 感化之際니 一寢, 一坐, 一食, 一視, 一聽이 實淸濁美惡之機括이요 智愚賢不肖之根柢也라 爲人親者 其可忽慢而不敬畏哉아

이는 임신했을 때에 마땅히 감화되는 바를 삼가야 하니, 善에 감화되면 善해지고, 惡에

切 : 자를 절 淫 : 음란할 음 令 : 하여금 령 瞽 : 소경 고 誦 : 욀 송 道 : 말할 도
過 : 뛰어날 과 純 : 순수할 순 粹 : 순수할 수 殊 : 다를 수 肖 : 닮을 초, 어질 초
際 : 즈음 제 機 : 기틀 기 括 : 오늬 괄 柢 : 뿌리 저 忽 : 소홀할 홀 慢 : 태만할 만

감화되면 惡해짐을 말한 것이다.

李氏가 말하였다. "사람이 태어남은 天命의 性으로 말하면 순수하고 지극히 善하여 본래 다름이 없으나 氣質의 性으로 말하면 淸濁과 美惡의 차이가 없을 수 없으니, 淸한 자는 지혜롭고 濁한 자는 어리석으며, 善한 자는 어질고 惡한 자는 불초하다. 임신의 초기는 감화받는 시기이니, 한번 자고 한번 앉고 한번 먹고 한번 보고 한번 듣는 것이 실로 淸·濁과 美·惡의 기괄(관건)이 되고, 智·愚와 賢·不肖의 근저가 된다. 어버이된 자가 이것을 소홀히 하고 태만히 하여 공경하고 두려워하지 않을 수 있겠는가."

2. 內則(칙)曰 凡生子에 [1)]擇於諸母與可者호되 必求其寬裕慈惠溫良恭敬愼而寡言者하여 使爲子師니라 《禮記 內則》

《內則》에 말하였다. "무릇 아이를 낳았을 때에는 여러 어머니와 可한 자를 가려 뽑되, 반드시 너그럽고 여유있으며, 인자하고 은혜로우며, 온화하고 어질며, 공손하고 조심하며, 삼가고 말이 적은 자를 구하여 자식의 스승을 삼아야 한다.

역주 1. 擇於諸母與可者 : 可가 「列女傳」에는 阿로 되어있는바, 攷訂에는 朱子의 말씀을 인용하여 阿母(保母)로 읽어야 함을 주장하였다.

集說 陳氏曰 內則은 禮記篇名이니 言閨門之內에 軌儀可則也라 諸母는 衆妾也요 可者는 謂雖非衆妾而可爲子師者라 寬裕慈惠溫良恭敬愼而寡言者는 婦德之純也라 故로 使之爲子師하여 以敎子焉이라 司馬溫公曰 乳母不良이면 非惟敗亂家法이라 兼令所飼子類之니라

陳氏가 말하였다. "內則은 「禮記」의 편명이니, 閨門 안에 軌儀(법도)가 본받을 만함을 말한 것이다. 諸母는 여러 첩이요, 可者는 비록 衆妾은 아니나 아이의 스승으로 삼을 만한 자를 이른다. 寬裕하고 慈惠하며 溫良하고 공경하며 삼가하고 말이 적은 자는 婦德이 순수한 것이다. 그러므로 그를 아이의 스승으로 삼아 아이를 가르치게 한 것이다."

司馬溫公이 말하였다. "유모가 어질지 못하면 家法을 어지럽힐 뿐만 아니라, 겸하여 젖을 먹인 자식으로 하여금 그를 닮게 한다."

子能食食(식사)어든 敎以右手하며 能言이어든 男唯女兪하며 男鞶革이요 女鞶絲니라

擇 : 가릴 택　寬 : 너그러울 관　裕 : 넉넉할 유　慈 : 사랑할 자　寡 : 적을 과
閨 : 안방 규　軌 : 법 궤　儀 : 거동 의　乳 : 젖 유　良 : 어질 량　飼 : 먹일 사
類 : 닮을 류　食 : 먹을 식, 밥 사　唯 : 빨리대답할 유　兪 : 느리게대답할 유
鞶 : 가죽띠 반

자식이 제스스로 밥을 먹거든 오른손을 쓰도록 가르치며, 말을 하거든 남자는 빨리 대답하고 여자는 느리게 대답하게 하며 남자는 띠를 가죽으로 하고 여자는 띠를 실로 한다.

集解 食(사)는 飯也라 右手는 [1]取其便이니 男女同也라 唯는 應之速이요 兪는 應之緩이라 鞶은 大帶也요 革은 皮也라 一說에 鞶은 小囊이니 盛帨巾者라하니 男用皮하고 女用繒帛하여 皆有剛柔之義하니 男女異也라 司馬溫公曰 子能言하여 稍有知어든 則教以恭敬尊長이니 有不識尊卑長幼者어든 則嚴訶禁之니라

集成 顏氏家訓曰 教婦初來요 教兒嬰孩라 故로 在謹其始니 此其理也라 若夫子之初生也에 使之不知尊卑長幼之禮하여 遂至侮詈父母하며 毆擊兄姊어든 父母不知訶禁하고 反笑而奬之면 彼旣未辨好惡(오)하여 謂禮當然이라하니 及其旣長하여 習已成性이어든 乃怒而禁之면 不可復(부)制라 於是에 父嫉其子하고 子怨其父하여 殘忍悖逆이 無所不至하니 此蓋父母無深識遠慮하여 不能防微杜漸하고 溺於小慈하여 養成其惡故也니라

집해 食는 밥이다. 오른손은 그 편함을 취함이니, 남녀가 같다. 唯는 응하기를 빨리 함이요, 兪는 응하기를 느리게 함이다. 鞶은 큰 띠요, 革은 가죽이다. 일설에 "鞶은 작은 주머니이니, 수건을 넣는 것이다." 하니, 남자는 가죽을 쓰고 여자는 비단을 사용하여 모두 剛柔의 뜻이 있으니, 남녀가 다르다.

司馬溫公이 말하였다. "자식이 말을 할 줄 알아 차츰 지식이 있게 되면 尊長을 공경함을 가르쳐야 하니, 만약 尊卑와 長幼의 구별을 알지 못하는 자가 있거든 엄하게 꾸짖어 금해야 한다."

집성 「顏氏家訓」에 말하기를 "며느리를 가르침은 처음 시집올 때에 하고, 아이를 가르침은 어렸을 때에 하여야 한다"고 하였다. 그러므로 가르침은 그 처음을 삼가함에 있으니, 이것이 그 이치이다. 만일 자식이 처음 태어났을 때에 그로 하여금 尊卑와 長幼의 예절을 모르게 하여 마침내 부모를 업신여기고 꾸짖으며, 형과 누이를 구타함에 이르거든 부모가 꾸짖어 금지시킬 줄 모르고 도리어 웃으면서 권장하면 저가 이미 좋은 것과 나쁜 것을 분별하지 못하여 禮에 당연한 것으로 여기게 될 것이니, 그가 이미 장성하여 습관이 이미 천성이 되거든 비로소 노하여 금지시키면 다시 제어할 수 없게 된다. 이에 아버지는 그 자식을 미워하고, 자식은 그 아버지를 원망하여, 아버지의 잔인함과 자식의 패역함이 이르지 않는 바가 없다. 이는 부모가 깊은 식견과 원대한 생각이 없어, 작을 때에 예방하

飯 : 밥 반 緩 : 느릴 완 帶 : 띠 대 囊 : 주머니 낭 盛 : 담을 성 帨 : 수건 세
繒 : 비단 증 帛 : 비단 백 稍 : 조금 초 訶 : 꾸짖을 가 嬰 : 어릴 영
孩 : 어릴 해, 웃을 해 侮 : 업신여길 모 詈 : 꾸짖을 리 毆 : 칠 구 姊 : 누이 자
反 : 도리어 반 奬 : 권장할 장 嫉 : 미워할 질 怨 : 원망할 원 殘 : 잔인할 잔
忍 : 잔인할 인 防 : 막을 방 杜 : 막을 두 漸 : 자랄 점, 나아갈 점 溺 : 빠질 닉

고 점점할 때에 막지 못하고, 작은 사랑에 빠져 그 惡을 양성하였기 때문이다.

역주 1. 取其便 : 攷訂에는 集解의 原本을 근거하여 取其強(그 강함을 취함)으로 되어 있음을 밝혔다.

六年이어든 教之數與方名이니라

여섯 살이 되거든 숫자와 방위의 명칭을 가르친다

集說 陳氏曰 數는 謂一十百千萬이요 方名은 東西南北也라

陳氏(陳澔)가 말하였다. "數는 一·十·百·千·萬을 이르고, 方名은 東·西·南·北이다."

七年이어든 男女不同席하며 不共食이니라

일곱 살이 되거든 남자와 여자가 자리를 함께 하지 않으며 음식을 함께 먹지 않는다.

集說 陳氏曰 不同席而坐하며 不共器而食은 教之有別也라

陳氏가 말하였다. "자리를 함께 하여 앉지 않으며, 그릇을 함께 하여 먹지 않음은 남녀의 구별이 있음을 가르친 것이다."

八年이어든 出入門戶와 及卽席飮食에 必後長者하여 始教之讓이니라

여덟 살이 되거든 門戶를 출입함과 자리에 나아가고 음식을 먹음에 반드시 長者보다 뒤에 하여 비로소 謙讓을 가르친다.

集說 陳氏曰 耦曰門이요 奇曰戶라 卽은 就也라 後長者는 謂在長者之後也라 讓은 謙遜也라 方氏謂 出入門戶則欲其行之讓也요 卽席則欲其坐之讓也요 飮食則欲其食之讓也니라

陳氏가 말하였다. "두짝을 門이라 하고, 외짝을 戶라 한다. 卽은 나아감이다. 後長者는 長者의 뒤에 있음을 이른다. 讓은 겸손이다. 方氏가 말하기를 '門戶에 출입하게 되면 다닐 때에 사양하고자 하고, 자리에 나아가게 되면 앉을 때에 사양하고자 하고, 음식을 먹게 되

戶 : 문 호　卽 : 나아갈 즉　耦 : 짝 우　奇 : 홀수 기　就 : 나아갈 취　遜 : 겸손할 손

면 먹을 때에 사양하고자 한다.' 하였다."

九年이어든 教之數日이니라

아홉 살이 되거든 날짜 세는 것을 가르친다.

集說 陳氏曰 數日은 [1]知朔望與六甲也라

陳氏가 말하였다. "數日은 초하루, 보름과 六甲을 아는 것이다."

역주 1. 六甲 : 六十甲子의 줄임말로, 甲子·乙丑으로부터 壬戌·癸亥에 이르기까지의 六十干支를 이른다.

十年이어든 出就外傅하여 居宿於外하며 學書計하며 衣不帛襦袴하며 禮帥(솔)初하며 朝夕에 學幼儀하되 請肄簡諒이니라

열 살이 되거든 나가 바깥 스승에게 나아가 바깥에서 거처하고 잠자며, 六書와 계산을 배우며, 옷은 저고리와 바지를 비단으로 하지 않으며, 예절은 처음(기초)을 따르며, 아침저녁에 어린이의 예의를 배우되 간략하고 진실한 것을 청하여 익힌다.

集說 陳氏曰 外傅는 教學之師也라 [1]書는 謂六書요 計는 謂九數라 襦는 短衣요 袴는 下衣니 不以帛爲襦袴는 爲其太溫也라 禮帥初는 謂行禮動作을 皆循習初教之方也라 幼儀는 幼事長之禮儀也라 肄는 習也라

集成 孔氏曰 童子는 未能致文이라 故로 姑教之以簡하고 童子는 未能擇信이라 故로 且使之守信이니라 陸氏曰 請習簡而易從, 諒而易知之事니라

집설 陳氏가 말하였다. "外傅는 학문을 가르치는 스승이다. 書는 六書를 말하고, 計는 九數를 말한다. 襦는 짧은 옷이요 袴는 下衣이니, 비단으로 저고리와 바지를 만들지 않음은 너무 따뜻하기 때문이다. 禮帥初는 禮를 행하고 동작함을 모두 처음 가르치는 방법을 따라 익힘을 이른다. 幼儀는 어린이가 어른을 섬기는 예의이다. 肄는 익힘이다."

집성 孔氏(孔穎達)가 말하였다. "童子는 文을 지극히 할 수 없으므로 우선 간략한 것을 가르치고, 童子는 信을 선택할 수 없으므로 우선 信을 지키게 한 것이다."

陸氏(陸佃)가 말하였다. "간략하여 따르기 쉽고 진실하여 알기 쉬운 일을 청하여 익힌다."

數 : 셀 수　朔 : 초하루 삭　望 : 보름 망　傅 : 스승 부　宿 : 잘 숙　襦 : 저고리 유
袴 : 바지 고　帥 : 따를 솔　儀 : 거동 의　肄 : 익힐 이　簡 : 간략할 간　諒 : 진실할 량
太 : 너무 태　循 : 따를 순　致 : 지극할 치　姑 : 우선 고　且 : 우선 차

역주 1. 書謂六書 數謂九數：六書는 漢字의 여섯 가지 구성 원리로 象形·會意·轉注·處事(指事)·假借·諧聲(形聲)이며, 九數는 수학의 아홉 가지 공식으로 方田·粟布·衰分·少廣·商功·均輸·盈朒·方程·句股인바, 자세한 내용은 아래 제7章 끝의 註에 자세히 보인다.

十有三年이어든 學樂誦詩하며 舞勺하고 成童이어든 舞象하며 學射御니라

열세 살이 되거든, 음악을 배우고 詩를 외우며, 勺詩에 맞춰 춤을 춘다. 열다섯 살이 되거든 象詩에 맞춰 춤을 추며, 활쏘기와 말타기를 배운다.

集說 吳氏曰 樂은 八音之器也요 詩는 樂歌之章也라 勺은 卽酌이니 周頌酌詩也라 舞勺者는 歌酌爲節而舞니 文舞也요 象은 周頌武詩也니 舞象者는 歌象爲節而舞니 武舞也라 文舞는 不用兵器하니 十三尙幼라 故로 舞文舞也요 成童은 十五以上也니 則稍長矣라 故로 舞武舞焉이니라

集解 張子曰 古者敎童子에 先以舞者는 欲柔其體也니 心下則氣和하고 氣和則體柔라 古者敎冑子에 必以樂者는 欲其體和也라 學者는 志則欲立하고 體則欲和也니라

집설 吳氏(吳訥)가 말하였다. "樂은 八音의 악기이고, 詩는 악곡으로 노래하는 樂章이다. 勺은 곧 酌이니,「詩經」周頌의 酌詩이다. 舞勺은 酌詩를 노래하면서 節(박자)을 삼아 춤추는 것이니, 文舞이다. 象은「詩經」周頌의 武詩이다. 舞象은 象詩를 노래하면서 節을 삼아 춤추는 것이니, 武舞이다. 文舞는 병기를 쓰지 않으니, 13세는 아직 어리므로 文舞를 추게 하고, 成童은 15세 이상이니, 조금 자랐으므로 武舞를 추게 하는 것이다."

집해 張子가 말하였다. "옛날 동자를 가르칠 때에 먼저 춤으로 한 것은 그 몸을 유연하게 하고자 해서이니, 마음이 가라앉으면 기운이 화해지고, 기운이 화하면 몸이 유연해진다. 옛날 冑子를 가르칠 때에 반드시 음악으로 한 것은 그 몸을 화하게 하고자 해서이다. 배우는 자는 뜻은 세우고자 하고, 몸은 화하고자 한다."

二十而冠하여 始學禮하며 可以衣裘帛하며 舞大夏하며 惇行孝悌하며 博學不敎하며 內而不出이니라

스무 살이 되거든 冠禮를 하여 비로소 禮를 배우며, 갖옷과 비단옷을 입으며,

舞：춤출 무 勺：술잔 작 御：말몰 어 酌：술따를 작 頌：기릴 송
柔：부드러울 유 下：내릴 하 冑：맏아들 주 裘：갖옷 구 帛：비단 백
夏：클 하 惇：돈독할 돈 悌：공경 제

〈禹의 음악인〉 大夏에 따라 춤을 추며, 효도와 공경을 돈독히 행하며, 배우기를 널리 하고 가르치지 않으며, 안에 아름다움을 쌓아두고 표현하지 않는다.

集解 冠은 加冠也라 始學禮는 以冠者成人으로 [1]兼習五禮也라 裘는 皮服이요 帛은 繒帛이라 大夏는 禹樂이니 樂之文武兼備者也라 惇은 厚也요 博은 廣也라 不教는 恐所學未精하여 不可以爲師而教人也라 內而不出은 言蘊蓄其德美於中하여 而不自表見(현)其能也라

冠은 관을 加함이다. 비로소 禮를 배움은 관례를 한 자는 成人이므로 五禮를 겸하여 익히게 한 것이다. 裘는 갖옷이요, 帛은 비단옷이다. 大夏는 禹임금의 음악이니, 음악 중에 文武가 겸비된 것이다. 惇은 두터움이요, 博은 넓음이다. 가르치지 않음은 배운 것이 아직 정밀하지 못하여 스승이 되어 남을 가르칠 수 없을까 해서이다. 內而不出은 그 德의 아름다움을 안에 쌓아 두고 스스로 그 재능을 표현하지 않는 것이다.

역주 1. 五禮 : 吉·凶·軍·賓·嘉의 다섯 가지 禮를 이른다.

三十而有室하여 始理男事하며 博學無方하며 孫(遜)友視志니라

서른 살이 되거든 아내를 두어 비로소 남자의 일을 다스리며, 널리 배워 일정한 곳이 없으며, 친구에게 공손히 하되 그의 뜻을 살핀다.

集解 陳氏曰 室은 猶妻也라 男事는 [1]受田給政役也라 方은 猶常也라 遜友는 順交朋友也요 視志는 視其志意所尙也라

增註 博學無常하여 惟善是師하고 遜友視志하여 惟善是取니라

집해 陳氏가 말하였다. "室은 妻와 같다. 男事는 농지를 받고 政役에 이바지함이다. 方은 常과 같다. 遜友는 붕우와 순하게 사귐이요, 視志는 그 뜻의 숭상하는 바를 살피는 것이다."

증주 널리 배워 일정한 곳이 없어 오직 善을 스승으로 삼고 벗에게 공손히 하되 뜻을 살펴 오직 善을 취하여야 한다.

역주 1. 政役 : 軍政(軍役)과 力役으로 나누어 해석하기도 하나, 政은 征과 통하므로 征役(賦役)으로 보는 것이 타당하다고 생각된다.

四十에 始仕하여 方物出謀發慮하여 道合則服從하고 不可則去니

繒 : 비단 증 禹 : 우임금 우 蘊 : 쌓을 온 蓄 : 쌓을 축 見 : 나타날 현
室 : 집 실, 아내 실 理 : 다스릴 리 方 : 방소 방 孫 : 겸손할 손 方 : 당할 방
服 : 일할 복

라

마흔 살에 비로소 벼슬하여, 사물에 대하여 계책을 내고 생각을 발하여 道가 합하면 일하여 따르고, 不可하면 떠나간다.

集說 朱子曰 方은 猶對也요 物은 猶事也니 隨事謀慮也라
集解 方氏曰 服은 謂服其事요 從은 謂從君也라

집설 朱子가 말씀하였다. "方은 對와 같고 物은 事와 같으니, 일에 따라 도모하고 생각함이다."
집해 方氏가 말하였다. "服은 그 일을 맡아 하는 것이요, 從은 임금을 따름을 이른다."

五十에 命爲大夫하여 服官政하고 七十에 致事니라

쉰 살에 명하여 大夫가 되어 관청의 정무를 맡아 일하고, 일흔 살에는 일을 되돌려 준다.

集說 陳氏曰 服은 猶任也라 上言仕者는 爲士以事人하여 治官府之小事也요 此言服官政者는 爲大夫以長人하여 與聞邦國之大事者也라 致事는 謂致還其職事於君也라

陳氏가 말하였다. "服은 任과 같다. 위에서 말한 仕는 士가 되어 윗사람을 섬겨 관청의 작은 일을 다스림이요, 여기에서 말한 服官政이라는 것은 大夫가 되어 아랫사람들에게 우두머리가 되어, 국가의 큰 일에 참여하여 들음이다. 致事는 그 맡은 일을 임금에게 되돌려 드림을 이른다."

女子十年이어든 不出하며 姆教婉娩聽從하며 執麻枲하며 治絲繭하며 織紝組紃하여 學女事하여 以共(供)衣服하며 觀於祭祀하여 納酒漿籩豆菹醢하여 禮相助奠이니라

여자는 열 살이 되거든 밖에 나가지 않는다. 여스승이 여아에게 말을 상냥하게 하고 용모를 부드럽게 하여 명령을 듣고 따르며, 삼과 숫삼을 잡고 生絲와 누에고치를 다루며, 비단을 짜고 둥근 끈을 짜 여자의 일을 배워 의복을 장만하도록 가

致：돌려줄 치 事：섬길 사 長：우두머리 장 與：참여할 여 姆：여스승 무
婉：순할 완 娩：순할 만 麻：삼 마 枲：모시 시 繭：고치 견 紝：끈 임
組：짤 조 紃：끈 순 漿：초 장 籩：대그릇 변 豆：나무그릇 두 菹：김치 저
醢：젓갈 해 相：도울 상 奠：올릴 전

르치며, 또 제사를 보살펴 술과 초, 籩(대그릇)과 豆(나무그릇), 김치와 젓갈 등을 올려, 禮로써 어른을 도와 제수 올리는 것을 돕도록 가르친다.

集說 陳氏曰 不出은 常處於閨門之內也라 姆는 女師也라 婉은 謂言語요 娩은 謂容貌라 司馬公云 柔順貌라하니 此는 教以女德也라 枲는 麻之有子者라 執麻枲는 績事也요 治絲繭은 蠶事也라 紝은 繒帛之屬이요 組亦織也요 紃은 似條하니 古人以置諸冠服縫中者니 此는 教之學女事也라 納은 進也라 漿은 醋水라 竹曰籩이요 木曰豆요 淹菜曰菹요 肉醬曰醢라 奠은 薦也니 禮相助奠은 謂以禮相長者而助其奠이니 此는 教以祭祀之禮也라

集解 司馬溫公曰 女子六歲면 可習女工之小者요 七歲면 誦孝經論語列女傳之類하여 略曉大意니 蓋古之賢女 無不觀圖史하여 以自鑑戒라 如蠶桑績織裁縫飮食之類는 不惟正是其職이라 蓋必教之早習하여 使知衣食所來之艱難하여 而不敢爲奢靡焉이니 若夫纂繡華巧之物은 則不必習也니라 [1]愚謂 小學之道는 在於早諭教하니 蓋非唯男子爲然이요 而女子亦莫不然也라 故로 自能言으로 即教以應對之緩하고 七年에 即教以男女異席而早其別하고 八年에 即教以出入飮食之讓하고 至于十歲어든 則使不出閨門하며 朝夕에 聽受姆師之教호되 教以女德하고 教以女工하고 教以相助祭祀之禮하여 凡所聞見이 無一不出于正하여 而柔順貞靜之德이 成矣요 迨夫既笄而嫁라 故로 能助相君子而宜其家人하나니 豊城朱氏 所謂孝不衰於舅姑하고 敬不違於夫子하고 慈不遺於卑幼하고 義不咈於夫之兄弟하여 而家道成矣라 世變日下하고 習俗日靡하여 閨門之內에 至或教之習俗樂, 攻歌曲하여 以蕩其思하고 治纂組, 事華靡하여 以壞其質하여 養成驕恣妬悍之性하여 以敗人之家하고 殄人之世者 多矣라 嗚呼라 配匹之際는 生民之始요 萬福之原이니 爲人父母하여 可不戒哉아

집설 陳氏가 말하였다. "不出은 항상 閨門의 안에 거처함이다. 姆는 여스승이다. 婉은 언어를 말하고, 娩은 용모를 말한다. 司馬公은 유순한 모양이라고 하였으니, 이것은 여자

閨 : 안방 규　子 : 씨앗 자　績 : 길쌈 적　蠶 : 누에 잠　繒 : 비단 증　條 : 끈 조
縫 : 꿰맬 봉　進 : 올릴 진　醋 : 초 초　淹 : 담글 엄　醬 : 장 장　薦 : 올릴 천
裁 : 마름질할 재　教 : 하여금 교　艱 : 어려울 간　奢 : 사치할 사
靡 : 사치할 미, 쓰러질 미　纂 : 붉은끈 찬　繡 : 수놓을 수　巧 : 공교할 교
諭 : 가르칠 유　緩 : 느릴 완　迨 : 미칠 태　笄 : 비녀 계　嫁 : 시집보낼 가
舅 : 시아버지 구　姑 : 시어머니 고　遺 : 빠뜨릴 유　咈 : 어길 불　攻 : 다스릴 공
蕩 : 없어질 탕　壞 : 무너뜨릴 괴　驕 : 교만할 교　恣 : 방자할 자　妬 : 질투할 투
悍 : 사나울 한　殄 : 끊을 진　配 : 짝 배　匹 : 짝 필　際 : 즈음 제

의 德을 가르친 것이다. 枲는 삼에 씨가 있는 것이다. 삼과 숫삼을 잡는 것은 길쌈하는 일이고, 생사와 누에고치를 다루는 것은 누에치는 일이다. 紝은 繒帛의 등속이요, 組 또한 짬이요, 紃은 條와 비슷한데, 옛사람이 冠服의 솔기 가운데 놓는 것이니, 이것은 여자의 일을 배우는 것을 가르친 것이다. 納은 드림이다. 漿은 초이다. 대나무로 만든 것을 籩이라 하고, 나무로 만든 것을 豆라 하며, 채소를 담근 것을 菹라 하고, 肉醬을 醢라 한다. 奠은 올림이니, 禮相助奠은 禮로 長者를 도와 그 祭羞를 올림을 돕는 것이니, 이는 제사의 禮를 가르친 것이다."

집해 司馬溫公이 말하였다. "여자가 6세가 되면 여자의 일 중에 작은 것을 익힐 수 있고, 7세면 「孝經」·「論語」·「列女傳」 따위를 외워 大義를 대강 깨달아야 한다. 옛날의 어진 여자들은 圖書나 史書를 보아 스스로 거울로 삼고 경계하지 않는 이가 없었다. 누에치고 뽕따며 길쌈하고 베짜며 재봉하고 음식 만드는 따위는 바로 여인들의 직분일 뿐만 아니라, 반드시 하여금 이것을 일찍부터 익히게 하여 여인들로 하여금 의복과 음식이 온 바의 어려움을 알아 감히 사치하지 못하도록 한 것이다. 수를 놓고 붉은 끈 등의 화려하고 공교한 물건으로 말하면 굳이 익힐 것이 없는 것이다."

내가 생각컨대 "小學의 방법은 일찍 가르침에 있으니, 이는 비단 남자만이 그런 것이 아니요, 여자도 그렇지 않음이 없다. 그러므로 말할 줄 알 때로부터 곧 응대를 느리게 하도록 가르치고, 일곱살에는 곧 남녀가 자리를 달리 함을 가르쳐 그 분별을 일찍부터 하게 하며, 여덟살에는 곧 출입할 때와 음식 먹을 때의 겸양함을 가르치고, 열살에 이르면 閨門을 나가지 않게 하며 조석으로 여스승의 가르침을 받되 여자의 德을 가르치고, 여자의 일을 가르치며, 제사의 禮를 돕는 것을 가르쳐, 무릇 듣고 보는 것이 한결같이 바름에서 나오지 않음이 없어, 유순하고 貞靜한 德이 이루어지며, 이미 비녀를 꽂음에 미쳐 시집갔다. 그러므로 능히 君子(남편)를 도와 그 집안사람들을 화목하게 하였으니, 이는 豊城朱氏가 이른바 효도가 시부모에게 쇠하지 않고, 공경이 남편에게 어기지 않고, 자애가 어린이에게 결여되지 않고, 義가 남편의 형제에게 거슬리지 않아 家道가 이루어진다는 것이다. 세상의 변화가 날로 낮아지고 習俗이 날로 나빠져 규문의 안에서 혹 하여금 俗樂을 익히고 歌曲을 배워 그 생각을 방탕하게 하고, 붉은 끈과 실끈을 다루고 화려함과 사치함을 일삼아 그 바탕을 파괴함에 이르러 교만하고 방자하며 질투하고 사나운 성질을 양성하여 남의 집안을 망치고 남의 대를 끊어놓는 자가 많다. 아! 배필의 즈음은 生民의 시초이며 萬福의 근원이니, 남의 부모가 되어 경계하지 않을 수 있겠는가."

역주 1. 愚謂 : '어리석은 나는 생각컨대'의 뜻으로, 註解者가 자신의 견해를 밝힐 때 겸사로 쓰는 말인바, 여기서는 集解의 著者인 吳訥이 위에 司馬溫公의 말을 인용하고 뒤에 자신의 말을 쓰면서 붙인 것이다.

十有五年而笄하고 二十而嫁니 有故어든 二十三年而嫁니라

열다섯 살이면 비녀를 꽂고, 스무 살이면 시집가나니, 연고가 있으면 스물세 살에 시집간다.

嫁 : 시집갈 가

集說 陳氏曰 笄는 簪也니 婦人은 不冠하고 以簪固髻而已라 故로 曰笄라 故는 謂父母之喪이라

陳氏가 말하였다. "笄는 비녀이니 부인은 관을 쓰지 않고 비녀로 쪽을 단단히 할 뿐이므로 笄라 하였다. 故는 부모의 喪을 이른다."

聘則爲妻요 奔則爲妾이니라

〈六禮를 갖추어〉 맞이하면 妻가 되고 그냥 따라가면 妾이 된다."

集解 妻之爲言은 齊也니 以禮聘問而得與夫敵體也라 奔은 趨也라 妾之爲言은 接也니 得接見君子而不得伉儷也라

○ 奔은 非失禮요 只是分卑耳니라

妻란 말은 가지런하다는 뜻이니, 禮로 빙문하여 남편과 대등한 몸이 된 것이다. 奔은 따라감이다. 妾이란 말은 접한다는 뜻이니, 君子(남편)를 접견할 수는 있으나 대등한 짝은 될 수 없는 것이다.

○ 奔은 禮를 잃은 것이 아니요, 단지 신분이 낮을 뿐이다.

3. 曲禮曰 [1]幼子를 常視毋誑하며 立必正方하며 不傾聽이니라

《禮記 曲禮》

《曲禮》에 말하였다. "어린 자식에게는 항상 속이지 않음을 보여주며, 설 때에는 반드시 방향을 바르게 하며, 귀를 기울여 듣지 않도록 한다."

역주 1. 幼子 常視毋誑 : 《曲禮》의 原文은 '幼子 常視毋誑 童子不衣裘裳 立必正方 不傾聽'으로 되어 있는바, 아래의 '立必正方 不傾聽'은 幼子가 아니고 童子에게 해당됨을 밝혀둔다.

集解 曲禮는 禮記篇名이니 言其節目之委曲也라 視는 與示同이라 毋는 禁止辭라 誑은 欺也라 常示之以不可欺誑者는 習於誠也요 立必正方, 不傾聽者는 習於正也니라

增註 正方은 謂正向 一方이요 傾聽은 謂側耳以聽이라

集成 程子曰 自幼子常視毋誑以上은 皆是教以聖人言動이니라

簪 : 비녀 잠　髻 : 상투 계　聘 : 맞을 빙　奔 : 달아날 분　敵 : 대등할 적
趨 : 달려갈 추　伉 : 짝 항　儷 : 짝 려　誑 : 속일 광　傾 : 기울 경　委 : 곡진할 위
側 : 기울 측

집해 曲禮는 禮記의 편명이니, 그 節目이 委曲(자세함)함을 말한 것이다. 視는 示(보임)와 같다. 毋는 금지하는 말이다. 誑은 속임이다. 항상 어린이에게 속여서는 안됨을 보여 주는 것은 진실을 익히도록 함이요, 설 때에 반드시 방향을 바르게 하고 귀를 기울여 듣지 않게 하는 것은 바르게 익히도록 함이다.

증주 正方은 한 곳을 바로 향함을 이르고, 傾聽은 귀를 기울여 들음을 이른다.

집성 程子가 말씀하였다. "幼子常視毋誑으로부터 이상은 모두 聖人의 언어와 행동을 가르친 것이다."

4. 學記曰 古之敎者는 家有塾하며 [1]黨有庠하며 術[州]有序하며 國有學이니라 《禮記 學記》

《學記》에 말하였다. "옛날의 가르침은 25家에는 塾이 있었으며, 黨에는 庠이 있었으며, 州에는 序가 있었으며, 國中(서울)에는 學(太學)이 있었다."

역주 1. 黨有庠 州有序 : 「孟子」《滕文公上》에는 庠과 序를 小學校의 명칭으로 규정짓고, 夏나라는 校, 商나라는 序, 周나라는 庠이라 칭했다 하여, 이와 다름을 밝혀둔다.

集解 學記는 禮記篇名이라 陳氏謂 古者에 二十五家爲閭하여 同在一巷하여 巷首에 有門하고 門側에 有塾하여 民在家者 朝夕受敎於塾也하니라 五百家爲黨이요 黨之學曰庠이니 敎閭塾所升之人也라 術은 當爲州니 二千五百家爲州요 州之學曰序니 敎黨學所升之人也라 天子所都와 及諸侯國中之學을 謂之國學이니 以敎元子衆子及卿大夫士之子와 與所升俊選之士焉하니라 程子曰 古者에 家有塾하며 黨有庠하며 遂有序하여 蓋未嘗有不入學者하니 八歲에 入小學하고 十五에 擇其俊秀者하여 入大(太)學하며 不可敎者는 歸之于農이어든 [1]三老坐於里門하여 出入에 察其長幼進退揖讓之序하여 觀其所習하니 安得不厚也리오

學記는「禮記」의 편명이다.

陳氏가 말하였다. "옛날에 25家를 閭라 하여 함께 한 마을에 있었는데, 마을 앞에는 문이 있고 문 옆에는 塾이 있어, 백성으로서 집안에 있는 자는 아침 저녁으로 塾에서 가르침을 받았다. 5백家를 黨이라 하고, 黨의 학교를 庠이라 하니, 閭의 塾에서 올라온 사람들을 가르쳤다. 術은 마땅히 州가 되어야 하니, 2천 5백家를 州라 하고 州의 학교를 序라 하니, 黨의 학교에서 올라온 사람들을 가르쳤다. 天子가 도읍하는 곳과 및 諸侯國의 國中의 학교를 國學이라 이르니, 王公의 元子와 衆子 및 卿·大夫·士의 아들과 뽑혀 올라온 바의 우수한 선비들을 가르쳤다."

塾 : 글방 숙 黨 : 마을 당 庠 : 학교 상 術 : 도로 술 閭 : 마을 려
巷 : 골목 항 側 : 곁 측 升 : 오를 승 卿 : 벼슬 경 遂 : 일만이천오백호 수
揖 : 읍할 읍 安 : 어찌 안

程子가 말씀하였다. "옛날에 家에는 塾이 있으며 黨에는 庠이 있으며 遂에는 序가 있어 일찍이 학교에 들어가 배우지 않는 자가 있지 않았다. 그리하여 8세에는 小學에 들어갔고, 15세에는 그 준수한 자를 뽑아 太學에 들어가게 하였으며, 가르칠 수 없는 자는 농업으로 돌려보내거든 三老가 里門에 앉아 출입할 적에 그 長幼와 進退와 揖讓의 차서를 살펴 그 익히는 바를 관찰하였으니, 사람이 어찌 厚하지 않을 수 있겠는가."

역주 1. 三老 : 古代 한 지방의 長老로서 敎育을 관장한 자를 이르는바, 天·地·人의 일을 안다 하여 칭한 이름인데, 한 사람이라 하기도 하고 3명이라 하기도 한다.

5. 孟子曰 人之有道也에 飽食暖衣하여 逸居而無敎면 則近於禽獸일새 聖人이 有憂之하사 使契(설)爲司徒하사 敎以人倫하시니 父子有親하며 君臣有義하며 夫婦有別하며 長幼有序하며 朋友有信이니라 《孟子 滕文公上》

孟子가 말씀하셨다. "사람에게 道理가 있음에 배불리 먹고 따뜻이 입어 편안히 살기만 하고 가르침이 없으면 금수에 가깝게 된다. 그러므로 聖人이 이를 근심하시어 契로 司徒를 삼아 人倫을 가르치게 하셨으니, 父子間에는 친함이 있으며, 君臣間에는 의리가 있으며, 夫婦間에는 분별이 있으며, 長幼間에는 차례가 있으며, 朋友間에는 신의가 있는 것이다."

增註 孟子는 名軻요 字子輿라 聖人은 謂堯也라 契은 臣名也요 司徒는 官名이라

集解 朱子曰 人之有道는 言其皆有秉彝之性也라 倫은 序也라 然無敎면 則亦放逸怠惰而失之라 故로 聖人이 設官而敎以人倫하시니 亦因其固有者而導之耳시니라

증주 孟子는 이름은 軻이고, 字는 子輿이다. 聖人은 堯를 이른다. 契은 신하의 이름이고, 司徒는 관직 이름이다.

집해 朱子가 말씀하였다. "사람에게 도리가 있다는 것은 사람이 모두 秉彝의 性을 가지고 있음을 말한다. 倫은 차례이다. 그러나 가르침이 없으면 또한 放逸하고 怠惰하여 천성을 잃는다. 그러므로 聖人이 관직을 설치하여 人倫을 가르치게 하셨으니, 또한 사람에게 固有한 것을 인하여 인도하였을 뿐이다."

飽 : 배부를 포 暖 : 따뜻할 난 逸 : 편안할 일 禽 : 새 금 獸 : 짐승 수
契 : 사람이름 설 徒 : 무리 도 倫 : 차례 륜 軻 : 수레 가 輿 : 수레 여
堯 : 요임금 요 秉 : 잡을 병 彝 : 떳떳할 이 放 : 놓을 방 怠 : 게으를 태
惰 : 게으를 타

6. 舜命契曰 百姓不親하며 **五品不遜**일새 **汝作司徒**니 **敬敷五教**하되 **在寬**하라 《書經 舜典》

舜임금이 契에게 명령하셨다. "백성이 친하지 않으며 五品이 순하지 않으므로 너를 司徒로 삼노니, 五教를 공경히 펴되 너그러움에 있게 하라."

集說 吳氏曰 舜은 虞帝名이라 契은 卽上章堯所命之臣也라 五品은 父子君臣夫婦長幼朋友五者之名位等級也라 遜은 順也라 敬은 謂敬其事라 敷는 布也라 五教는 謂以上五者當然之理而爲教令也라 百姓이 不相親睦하고 五品이 不相遜順이라 故로 舜命契하여 仍爲司徒하여 使之敬以敷教하되 而又寬裕以待之也시니라

吳氏가 말하였다. "舜은 虞帝의 이름이다. 契은 바로 윗장에 堯임금이 명한 바의 신하이다. 五品은 父子·君臣·夫婦·長幼·朋友 다섯 가지의 名位와 등급이다. 遜은 순함이다. 敬은 그 일을 공경히 함이다. 敷는 폄이다. 五教는 위의 다섯 가지 당연한 도리로써 教令을 삼음을 이른다. 백성이 서로 친하지 않고 五品이 서로 遜順하지 않으므로 舜임금이 契을 명하여 그대로 司徒를 삼아 그로 하여금 공경히 五教를 펴게 하시되 또한 너그러움으로써 대하게 하신 것이다."

命夔曰 命汝典樂하노니 **教胄子**하되 **直而溫**하며 **寬而栗**하며 **剛而無虐**하며 **簡而無傲**니 **詩**는 **言志**요 **歌**는 **永言**이요 **聲**은 **依永**이요 **律**은 **和聲**이니 **八音克諧**하여 **無相奪倫**이라야 **神人以和**하리라

夔에게 명령하셨다. "너를 명하여 典樂을 삼노니, 〈天子와 卿大夫의〉 胄子(맏아들)를 가르치되 곧으면서도 온화하며 너그러우면서도 엄숙하며 강하면서도 사나움이 없으며 간략하면서도 오만함이 없도록 해야 하니, 詩는 뜻을 말한 것이요, 歌는 말을 길게 읊는 것이요, 聲은 길게 읊조림에 따르는 것이요, 律은 읊조리는 소리를 조화시키는 것이니, 八音이 잘어울려 서로 차례를 빼앗지 말아야 神과 사람이 화합할 것이다."

集解 夔는 舜臣名이라 胄는 長也니 胄子는 謂自天子로 至卿大夫之適(嫡)子

舜 : 순임금 순　遜 : 겸손할 손　敷 : 펼 부　寬 : 너그러울 관　虞 : 나라 우　級 : 등급 급
布 : 펼 포　睦 : 화목할 목　仍 : 인할 잉　待 : 대할 대　夔 : 사람이름 기, 공경할 기
典 : 맡을 전　胄 : 맏아들 주　栗 : 엄할 률　虐 : 사나울 학　簡 : 간략할 간
傲 : 오만할 오　克 : 능할 극　諧 : 화할 해　奪 : 빼앗을 탈　倫 : 차례 륜
適 : 맏아들 적

也라 栗은 莊敬也라 無虐無傲二無字는 與毋同이라 聲은 五聲이니 宮商角徵(치)羽也요 [1])律은 十二律이니 黃鍾, 大簇(주), 姑洗(선), 蕤賓, 夷則(칙), 無射(역)은 陽律也요 大呂, 夾鍾, 中呂, 林鍾, 南呂, 應鍾은 陰律也라 [2])八音은 金石絲竹匏土革木也라 蔡氏曰 凡人直者는 必不足於溫이라 故로 欲其溫하고 寬者는 必不足於栗이라 故로 欲其栗하니 所以慮其偏而輔翼之也요 剛者는 必至於虐이라 故로 欲其無虐하고 簡者는 必至於傲라 故로 欲其無傲하니 所以防其過而戒禁之也라 敎冑子者는 欲其如此로되 而其所以敎之之具는 則又專在於樂하니 蓋樂은 可以養人中和之德而救其氣質之偏也라 心之所之를 謂之志라 心有所之면 必形於言이라 故曰詩言志요 旣形於言이면 必有長短之節이라 故曰歌永言이요 旣有長短이면 則必有高下淸濁之殊라 故曰聲依永이요 旣有長短淸濁이면 則又必以十二律和之라야 乃能成文而不亂이니 所謂律和聲也라 人聲旣和어든 乃以其聲으로 被之八音而爲樂이면 則無不諧協하여 而不相侵亂하여 失其倫次하여 可以奏之朝廷하고 薦之郊廟하여 而神人以和矣라 聖人作樂하여 以養情性, 育人材, 事神祇, 和上下하여 其體用功效廣大深切이 乃如此어늘 今皆不復見矣니 可勝歎哉아

夔는 舜임금의 신하 이름이다. 冑는 맏이니, 冑子는 天子로부터 卿大夫의 嫡子까지를 이른다. 栗은 엄숙함이다. 無虐과 無傲의 두 無字는 毋와 같다. 聲은 五聲이니, 宮·商·角·徵·羽요, 律은 12律이니, 黃鍾·大簇·姑洗·蕤賓·夷則·無射은 陽律이요, 大呂·夾鍾·中呂·林鍾·南呂·應鍾은 陰律이다. 八音은 金·石·絲·竹·匏·土·革·木으로 만든 악기의 종류이다.

蔡氏가 말하였다. "무릇 사람은 곧은 자는 반드시 온화함에 부족하므로 그 온화하고자 하고, 너그러운 자는 반드시 엄숙함에 부족하므로 그 엄숙하고자 하니, 그 한쪽으로 편벽될까 염려하여 輔翼하는 것이요, 강한 자는 반드시 사나움에 이르므로 그 사나움이 없고자 하고, 간략한 자는 반드시 오만함에 이르므로 그 오만함이 없고자 하는 것이니, 그 지나침을 막아서 경계하고 금지시키는 것이다. 冑子를 가르치는 자는 그 이와 같이 하고자 하되 그 가르치는 바의 도구는 또한 오로지 음악에 있었으니, 음악은 사람의 中和의 德을 길러서 그 氣質의 편벽됨을 구제할 수 있기 때문이다. 마음이 가는 바를 志라 한다. 마음이 가는 바가 있으면 반드시 말에 나타나므로 詩는 뜻을 말한 것이라 하였고, 이미 말에 나타나면 반드시 長短의 節(리듬)이 있으므로 歌는 말을 길게 읊조리는 것이라 하였고, 이미 長短의 節이 있으면 반드시 高下와 淸濁의 차이가 있으므로 聲은 길게 읊조림을 따르는 것이라 하였고, 이미 長短과 淸濁이 있으면 또한 반드시 12律로 조화하여야 이에 文

毋 : 말 무　徵 : 음률이름 치　簇 : 풍류가락 주　洗 : 씻을 선　蕤 : 늘어질 유
射 : 음률이름 역　呂 : 풍류 려　夾 : 길 협　匏 : 박 포　偏 : 치우칠 편　翼 : 도울 익
殊 : 다를 수　奏 : 연주할 주　薦 : 올릴 천　郊 : 들제사 교　廟 : 사당 묘
祇 : 땅귀신 기

을 이루어 어지럽지 않으니, 이른바 律은 소리를 조화한다는 것이다. 사람의 소리가 이미 화하였으면 이에 그 소리를 八音에 입혀서 음악을 만들면 화합하지 않음이 없어 서로 침해하거나 어지러워 그 차례를 잃지 않아 조정에서도 연주하고 郊祭와 廟祭에도 올려 神과 사람이 화합할 수 있다. 聖人이 음악을 만들어 性情을 함양하고 人材를 육성하며, 鬼神을 섬기고 上下를 화평하게 하여, 그 體用과 功效의 廣大하고 深切함이 마침내 이와 같았는데 지금은 모두 다시 볼 수 없으니, 이루 다 탄식할 수 있겠는가."

역주 1. 律十二律 : 12개월에 맞춘 것으로, 黃鍾은 11월, 大呂는 12월, 大簇는 정월, 夾鍾은 2월, 姑洗은 3월, 仲呂는 4월, 蕤賓은 5월, 林鍾은 6월, 夷則은 7월, 南呂는 8월, 無射은 9월, 應鍾은 10월에 해당하는바, 11·1·3·5·7·9의 홀수는 陽律이고, 12·2·4·6·8·10의 짝수는 陰呂이다. 黃鍾은 직경 3푼, 길이 9치의 대나무에서 나는 소리로, 黃鍾管을 기준하여 길이가 점차 짧아지는데, 길이가 긴 것은 소리가 낮고 짧은 것은 소리가 높게 나온다. 이 黃鍾管은 음률 뿐만 아니라, 古代 度·量·衡의 기본이 되기도 하였다.

2. 八音 : 여덟 가지 소재로 만든 악기에서 나오는 소리로, 金은 종 따위이고, 石은 石磬, 絲는 거문고 따위의 현악기, 竹은 피리 따위의 관악기, 匏는 笙簧, 土는 塤, 革은 북 따위, 木은 柷敔이다.

7. 周禮에 大司徒以鄕三物로 1)敎萬民而賓興之하니 《周禮 地官》

「周禮」에 大司徒가 지방에서 세 가지 일로써 모든 백성들을 가르쳐서 〈우수한 자를〉 賓客으로 삼아 들어 썼다.

역주 1. 賓興之 : 유능한 자를 손님으로 예우하여 등용함을 이른다.

集說 陳氏曰 周禮는 周公所著니 實周家一代之禮也라 大司徒는 敎官之長也라 萬二千五百家爲鄕이라 朱氏曰 物은 猶事也요 興은 猶擧也니 三事告成이어든 鄕大夫擧其賢能而禮賓之하니라

陳氏가 말하였다. "「周禮」는 周公이 지은 것이니, 실로 周나라 王家 한 代의 禮이다. 大司徒는 敎官의 우두머리이다. 1만 2천 5백 家를 鄕이라 한다."

朱氏가 말하였다. "物은 事(일)과 같고 興은 擧(들어씀)와 같으니, 세 가지 일이 이루어졌음을 고하면, 鄕大夫가 그 현명하고 능력이 있는 자를 추천하여 손님으로 예우하였다."

一曰 六德이니 知(智)仁聖義忠和요

첫째는 여섯 가지 德이니, 智와 仁과 聖과 義와 忠과 和이다.

物 : 일 물　興 : 일으킬 흥　著 : 지을 저

集說 朱氏曰 六者는 出於心이라 故曰德이라 知는 別是非요 仁은 無私欲이요 聖은 無不通이요 義는 有斷制라 盡己之心曰忠이요 無所乖戾曰和라

集解 此六者는 雖不容驟語於初學이나 然不先有以敎之하여 識其準的이면 則亦將何以立志哉아

집설 朱氏가 말하였다. "여섯 가지는 마음에서 나오므로 德이라 하였다. 智는 옳고 그름을 구별함이요, 仁은 私欲이 없음이요, 聖은 통하지 않음이 없음이요, 義는 결단과 제재함이 있음이다. 자신의 마음을 다함을 忠이라 하고, 어긋나는 바가 없음을 和라 한다."

집해 이 여섯 가지는 비록 초학자에게 갑자기 말해줄 수는 없으나 먼저 이것을 가르쳐서 그 準的(표준)을 알게 하지 않으면 또한 장차 무엇으로 뜻을 세우겠는가.

二曰 六行이니 孝友睦婣任恤이요

둘째는 여섯 가지 행실이니, 孝와 우애와 친족과의 화목과 외척과의 화목과 믿음과 구휼함이다.

集說 朱氏曰 六者는 體之於身이라 故曰行이라

集解 孝는 謂善事父母요 友는 謂善於兄弟요 睦은 謂親於九族이요 婣은 謂親於外親이요 任은 謂信於朋友요 恤은 謂賑於憂貧也라

집설 朱氏가 말하였다. "여섯 가지는 몸에 體行하므로 行이라 말하였다."

집해 孝는 부모를 잘 섬기는 것이요, 友는 형제간에 잘하는 것이요, 睦은 九族에게 친함이요, 婣은 外親(母族·妻族)에게 친함이요, 任은 朋友間에 미덥게 함이요, 恤은 우환과 가난을 구제함이다.

三曰 六藝니 禮樂射御書數니라

셋째는 六藝니, 禮와 樂과 射(활쏘기)와 御(말몰기)와 書와 數이다.

集解 藝者는 見(현)之於事者也라 禮凡有五하니 一曰吉禮니 事邦國之鬼神祇니 其目十有二라 [1]以禋祀로 祀昊天하고 [2]以實柴로 祀日月星辰(신)하고 [3]以槱燎로 祀司中司命風師雨師하고 [4]以血祭로 祭社稷五祀五嶽하고 [5]以貍沈으로

乖 : 어그러질 괴　戾 : 어그러질 려　驟 : 갑자기 취　準 : 법도 준　的 : 표준 적
睦 : 화목할 목　婣 : 화목할 인　任 : 믿을 임　恤 : 구휼할 휼　體 : 본받을 체
賑 : 진휼할 진　藝 : 재주 예　祇 : 땅귀신 기　禋 : 제사지낼 인　昊 : 하늘 호
柴 : 시제사 시　辰 : 별 신　槱 : 화톳불놓을 유　燎 : 태울 료　司 : 맡을 사
貍 : 살쾡이 리

祭山林川澤하고 6)以疈辜로 祭四方百物하고 7)以肆獻祼으로 享先王하고 8)以饋食으로 享先王하며 與夫春享以祠하고 夏享以禴하고 秋享以嘗하고 冬享以烝也라 二曰凶禮니 哀邦國之憂니 其目有五라 以喪禮로 哀死亡하고 以荒禮로 哀凶札하고 以弔禮로 哀禍災하고 以繪〔禬〕禮로 哀圍敗하고 以恤禮로 哀寇亂也라 三曰賓禮니 親邦國이니 其目有八이라 春見曰朝요 夏見曰宗이요 秋見曰覲이요 冬見曰遇요 時見曰會요 殷見曰同이요 時聘曰問이요 殷覜曰視也라 四曰軍禮니 同邦國이니 其目有五라 9)大師之禮는 用衆也요 10)大均之禮는 恤衆也요 11)大田之禮는 簡衆也요 12)大役之禮는 任衆也요 13)大封之禮는 合衆也라 五曰嘉禮니 親萬民이니 其目有六이라 以飮食之禮로 親宗族兄弟하고 以昏冠之禮로 親成男女하고 以賓射之禮로 親故舊朋友하고 以燕饗之禮로 親四方賓客하고 14)以脤膰之禮로 親兄弟之國하고 以賀慶之禮로 親異姓之國也라 樂凡有六하니 一曰雲門이니 黃帝之樂이니 言其德如雲之所出也요 二曰咸池니 帝堯之樂이니 言其德無所不在也요 三曰大韶니 帝舜之樂이니 言其德能紹堯之道也요 四曰大夏니 大禹之樂이니 言其德能大中國也요 五曰大濩니 成湯之樂이니 言能以寬治民하여 其德能使天下得所也요 六曰大武니 武王之樂이니 言能伐紂除害하여 其德能成武功也라 射凡有五하니 一曰白矢니 言矢貫侯하여 見其鏃白也요 二曰參連이니 言前發一矢하고 後三矢連續而去也요 三曰剡注니 謂羽頭高하고 鏃低而去하여 剡剡然也요 四曰襄尺이니 襄은 作讓하니 謂臣與君射에 不敢並立하여 讓君一尺而退也요 五曰井儀니 謂四矢貫侯하여 如井之容儀也라 御凡有五하니 一曰鳴和鸞이니 和與鸞은 皆鈴也라 和在式(軾)하고 鸞在衡하여 馬動則鸞鳴而和應也요 二曰逐水曲이니 言御車隨水勢之屈曲而不墜也요 三曰過君表니 15)謂君表轅門之類니 言急驅車하여 走而入門에 若少偏이면 則車軸擊門闑而不得入也요 四曰舞交衢니 謂御車在交道에 旋轉이 應於舞節也요 五曰逐禽左니 謂逆驅禽獸使左하여 當人君以射之也라 書凡有六하니 一曰象形이니 謂日月之類니 象以形體也요 二曰會意니 16)謂人言爲信, 止戈爲武니 會人之意也요 三曰轉注니 謂考老之類니 文意

疈 : 쪼갤 벽　辜 : 허물 고　肆 : 늘어놓을 사　祼 : 강신제지낼 관　享 : 제향 향
饋 : 올릴 궤　祠 : 제사 사　禴 : 제사이름 약　嘗 : 가을제사 상　烝 : 겨울제사 증
荒 : 흉년들 황　札 : 일찍죽을 찰　禬 : 푸닥거리 회　覲 : 뵐 근　殷 : 많을 은
聘 : 빙문할 빙　覜 : 뵐 조　田 : 사냥할 전　昏 : 혼인 혼　燕 : 잔치 연　饗 : 잔치 향
脤 : 제사고기 신　膰 : 제사고기 번　賀 : 축하할 하　咸 : 다 함　池 : 못 지
韶 : 풍류이름 소　紹 : 이을 소　濩 : 풍류이름 호　紂 : 사람이름 주　侯 : 과녁 후
鏃 : 화살촉 촉　剡 : 번쩍번쩍할 염　注 : 물댈 주　襄 : 오를 양　鸞 : 방울 란
鈴 : 방울 령　式 : 수레가로댄나무 식　衡 : 멍에막이 형　逐 : 좇을 축　墜 : 떨어질 추
轅 : 끌채 원　驅 : 몰 구　軸 : 수레굴대 축　闑 : 문지방 얼　衢 : 네거리 구　戈 : 창 과

相受하여 左右轉注也요 四曰處事니 謂人在一上爲上하고 人在一下爲下하여 處得其宜也요 五曰假借니 謂令長之類니 一字兩用也요 六曰諧聲이니 謂江河之類니 以水爲形하고 工可爲聲也라 數凡有九하니 17)一曰方田이니 以御田疇界域하고 18)二曰粟布니 以御交貿變易하고 19)三曰衰分이니 以御貴賤廩稅하고 20)四曰少廣이니 以御積冪方圓하고 21)五曰商功이니 以御功程積實하고 22)六曰均輸니 以御遠近勞費하고 23)七曰盈朒이니 以御隱雜互見하고 24)八曰方程이니 以御錯揉正負하고 25)九曰句股니 以御高深廣遠也라

增註 禮以制中하고 樂以道和하고 射以觀德行하고 御以正馳驅하고 書以見心畫하고 數以盡物變하니 皆至理所寓而日用不可缺者也라

집해 藝는 일에 나타나는 것이다. 禮는 무릇 다섯 가지가 있다. 첫째는 吉禮니, 나라의 人鬼와 天神과 地祇를 섬기는 것으로 그 조목이 열두 가지이다. 禋祀로 하늘에 제사하고, 實柴로 日月·星辰에 제사하고, 槱燎(화톳불)로 司中·司命, 風師·雨師에 제사하고, 血祭로 社稷·五祀·五嶽에 제사하고, 貍沈으로 山林·川澤에 제사하고, 副辜로 사방의 온갖 물건의 神에 제사하고, 肆獻祼으로 先王에 제사하고, 饋食으로 先王에 제향하며, 봄에는 祠로써 제사하고, 여름에는 禴으로써 제사하고, 가을에는 嘗으로써 제사하고, 겨울에는 烝으로써 제사하는 것이다. 둘째는 凶禮이니, 나라의 우환을 걱정하는 것으로 그 조목이 다섯 가지가 있다. 喪禮로써 사망한 이를 슬퍼하고, 荒禮로써 凶札(흉년과 질병)을 슬퍼하고, 弔禮로써 災禍를 슬퍼하고, 襘禮로써 圍敗(포위되거나 패전함)를 슬퍼하고, 恤禮로써 寇亂을 슬퍼하는 것이다. 셋째는 賓禮이니, 나라와 친선하는 것으로 그 조목이 여덟 가지가 있다. 봄에 뵙는 것을 朝라 하고, 여름에 뵙는 것을 宗이라 하고, 가을에 뵙는 것을 覲이라 하고, 겨울에 뵙는 것을 遇라 하고, 無時로 뵙는 것을 會라 하고, 여럿이 뵙는 것을 同이라 하며, 때에 따라 방문함을 問이라 하고, 여럿이 방문함을 視라 한다. 넷째는 軍禮이니, 나라를 함께 하는 것으로 그 조목이 다섯 가지가 있다. 大師의 禮는 군중을 동원하고, 大均의 禮는 군중을 구휼하고, 大田의 禮는 군중을 선발하고, 大役의 禮는 군중을 맡기고, 大封의 禮는 군중을 합하는 것이다. 다섯째는 嘉禮이니, 萬民을 친하게 하는 것으로 그 조목이 여섯 가지가 있다. 飮食의 禮로 종족과 형제를 친히 하고, 冠婚(冠禮와 婚禮)의 禮로 남녀를 친히 하며 成人으로 만들고, 賓射(主賓의 활쏘기)의 禮로 故舊와 朋友를 친히 하고 燕饗의 禮로 사방의 빈객(使臣)을 친히 하고, 脤膰의 禮로 형제의 나라를 친히 하고, 賀慶의 禮로 異姓의 나라를 친히 하는 것이다.

樂은 무릇 여섯 가지가 있다. 첫째는 雲門이니, 黃帝의 음악인바, 그 德이 마치 구름이 나오는 것과 같음을 말한다. 둘째는 咸池니, 帝堯의 음악인바, 그 德이 있지 않은 곳이 없음을 말한다. 셋째는 大韶니, 帝舜의 음악인 바, 그 德이 堯의 道를 이었음을 말한다. 넷째는 大夏니, 大禹의 음악인바, 그 德이 중국을 크게 함을 말한다. 다섯째는 大濩니, 成湯의

疇 : 밭두둑 주　域 : 경계 역　粟 : 곡식 속　貿 : 바꿀 무　衰 : 쇠진할 쇠
廩 : 녹미 름　冪 : 덮을 멱　輸 : 실어보낼 수　盈 : 가득할 영　朒 : 줄어들 뉵
錯 : 어그날 착　揉 : 휠 유　股 : 다리 고　馳 : 달릴 치　畫 : 그을 획　寓 : 붙일 우

음악인바, 능히 관대함으로 백성을 다스려, 그 德이 천하로 하여금 살 곳을 얻게 하였음을 말한다. 여섯째는 大武이니, 武王의 음악인바, 능히 紂를 정벌하여 폐해를 없애어 그 德이 武功을 이루었음을 말한다.

射(활 쏘기)는 무릇 다섯 가지가 있다. 첫째는 白矢니, 화살이 과녁을 뚫어 살촉의 흰 것을 봄을 말한다. 둘째는 參連이니, 먼저 한 화살을 발사하고 뒤에 세 화살이 연속해서 나감을 말한다. 셋째는 剡注니, 깃머리는 높고 살촉은 낮게 나가 剡剡然함을 말한다. 넷째는 襄尺이니, 襄은 讓이 되어야 하는 바, 신하가 임금과 활을 쏨에 감히 나란히 서지 못하고 임금에게 한 자쯤 양보하여 물러남을 말한다. 다섯째는 井儀이니, 네 화살이 과녁을 뚫어 마치 井(우물)의 모양과 같음을 말한다.

御(말몰기)는 무릇 다섯가지가 있다. 첫째는 和와 鸞을 울림이니, 和와 鸞은 모두 방울인 바, 和는 수레 앞의 가로대는 나무에 있고 鸞은 멍에에 있어 말이 움직이면 鸞이 울리고 和가 응한다. 둘째는 逐水曲이니, 수레를 몲에 水勢의 굴곡을 따라 떨어지지 않음을 말한다. 셋째는 過君表니, 임금의 자리와 轅門 따위를 이르는바, 급히 수레를 몰아 달려 문에 들어갈 때에 만약 조금만 기울면 수레의 축이 문의 말뚝에 부딪쳐 들어갈 수 없음을 말한다. 넷째는 舞交衢니, 수레를 몰아 교차로에 있을 적에 회전함이 춤추는 가락에 응함을 말한다. 다섯째는 逐禽左니, 짐승을 거슬려 몰아 왼쪽으로 가게 하여 임금에게 당하여 쏘게 함을 말한다.

書(文字)는 무릇 여섯 가지가 있다. 첫째는 象形이니 日・月 따위로 형체를 모방함을 말한다. 둘째는 會意니, 人과 言이 信이 되고, 止와 戈가 武가 되는 것으로 사람의 뜻을 모음을 말한다. 셋째는 轉注니, 考・老 따위로 글자의 뜻을 서로 받아 좌우로 전환하여 붙임을 말한다. 넷째는 處事(指事)니, 人이 一 위에 있으면 上이 되고 人이 一 아래에 있으면 下가 되어 처함이 그 마땅함을 얻음을 말한다. 다섯째는 假借이니, 令・長 따위로 한 글자를 두 가지로 씀을 말한다. 여섯째는 諧聲이니, 江・河 따위로 물을 형체로 삼고, 工・可를 소리(음)로 삼음을 말한다.

數(셈)는 무릇 아홉 가지가 있다. 첫째는 方田이니, 밭두둑의 경계에 쓴다. 둘째는 粟布니, 交易과 變易에 쓴다. 셋째는 衰分이니, 貴賤의 봉급과 세금에 쓴다. 넷째는 少廣이니, 積冪과 方圓에 쓴다. 다섯째는 商功이니, 功程과 積實에 쓴다. 여섯째는 均輸니, 遠近의 勞費에 쓴다. 일곱째는 盈朒이니, 隱雜(나타나 보이지 않는 수)으로 서로 나타냄에 쓴다. 여덟째는 方程이니, 錯揉와 正負에 쓴다. 아홉째는 句股니, 高深과 廣遠에 쓴다.

증주 禮로써 中道에 맞게 하고, 樂으로써 화합을 유도하고, 활쏘기로써 德行을 보고, 말타기로써 馳驅를 바루고, 글쓰기로써 마음씨를 보고, 셈으로써 사물의 변함을 극진히 하니, 모두 지극한 이치가 붙어 있는 바로써 日常生活에 없어서는 안되는 것들이다.

역주 1. 禋祀 : 禋은 정성을 다해 정결히 제사하는 것이며, 또한 煙의 뜻이 있으므로 연기를 피워 올려 제사하는 것이라 한다.

2. 實柴 : 나무 위에 소를 올려놓고 제사하는 것이다.

3. 槱燎 : 화톳불을 피워 제사하는 것이며, 뒤의 司中과 司命은 모두 星宿의 이름이고 風師는 風神이며 雨師는 雨神이다.

4. 血祭 : 희생의 피를 바쳐 제사함을 이른다.

5. 狸沈 : 희생을 땅에 묻어 山林에 제사하고 물에 넣어 川澤에 제사하는 것이다.

6. 副辜 : 희생의 가슴을 갈라 해체하는 것으로 副辜로도 쓴다.
7. 肆獻祼 : 肆는 해체한 희생을 올리는 것이고, 獻은 醴酒를 바치는 것이고, 祼은 鬱鬯酒를 땅에 부어 降神하는 것으로, 제사에는 먼저 降神을 하고 다음에 醴酒와 날고기를 올리고 다음에 해체한 희생(익힌 것)을 올린다.
8. 饋食 : 熟食을 올려 제사함을 이른다.
9. 大師 : 대규모의 병력을 동원함을 이른다.
10. 大均 : 토지의 비옥도와 도로의 거리 등을 헤아려 貢物과 租稅 등을 고르게 부과함을 이른다.
11. 大田 : 대규모의 사냥으로, 고대에는 武藝를 익히기 위하여 四時에 사냥을 행하였다.
12. 大役 : 큰 부역으로 성곽을 축조하거나 궁궐을 축조하는 등의 일을 가리킨다.
13. 大封 : 封은 경계란 뜻으로, 나라의 경계를 바로잡음을 이른다.
14. 脤膰 : 脤은 社稷에 바치는 날고기이고, 膰은 宗廟에 바치는 삶은 고기로, 제사가 끝나면 이들 祭肉을 同姓國에 나누어 주었다.
15. 君表轅門 : 君表는 임금의 자리이고 轅門은 수레를 진열하여 陣을 만들 때에 轅을 서로 향하게 하여 만든 문인바, 위의 過君表는 임금의 자리를 지나감을 이른다.
16. 人言爲信 止戈爲武 : 두 자의 뜻이 모여 글자가 된 것으로, 사람(人)의 말(言)은 信이 되며, 전쟁(戈)을 종식시킴(止)이 武가 된다는 의미인바, 「春秋左傳」에 보인다.
17. 方田 : 土地 측정법의 하나로 변의 길이를 재어 면적을 구하는 방식이다.
18. 粟布 : 본래 粟米로 표기하였는바, 지금의 비례법에 해당한다.
19. 衰分 : 衰는 差等의 뜻으로, 물건의 수량에 따라 세금을 부과하고, 호구에 따라 부역을 할당하며, 物價에 맞추어 貴者와 賤者의 봉급을 지급함을 이른다.
20. 少廣 : 開方法으로 平方根을 구하는 방식이며, 뒤의 積冪은 積은 곱하기이고 冪은 제곱이다.
21. 商功 : 商은 헤아린다는 뜻으로 工事의 功程을 헤아림을 이른다.
22. 均輸 : 수송의 형편을 살펴 고르게 하는 것이다.
23. 盈朒 : 過·不及을 알아내는 算法이다.
24. 方程 : 현재의 多元一次方程式에 해당한다 한다.
25. 句股 : 짧은 쪽을 句, 긴쪽을 股라 하는바, 평탄하지 않은 地面을 계산하는 방식이다.

以鄕八刑으로 糾萬民하니 一曰不孝之刑이요 二曰不睦之刑이요 三曰不婣之刑이요 四曰不弟(悌)之刑이요 五曰不任之刑이요 六曰不恤之刑이요 七曰造言之刑이요 八曰亂民之刑이니라

糾 : 살필 규

지방에 여덟 가지 형벌로써 萬民을 규찰하니, 첫째는 불효하는 형벌이요, 둘째는 친족간에 화목하지 않는 형벌이요, 셋째는 異姓間에 화목하지 않는 형벌이요, 넷째는 공경하지 않는 형벌이요, 다섯째는 붕우간에 믿지 않는 형벌이요, 여섯째는 어려운 사람을 구휼하지 않는 형벌이요, 일곱째는 말을 만드는 형벌이요, 여덟째는 백성을 어지럽히는 형벌이다.

增註 糾는 謂察而正之라 造言은 造爲妖妄之言也요 亂民은 挾邪道以惑民也라

集成 賈氏曰 此不悌는 卽六行之友니 上文은 言友 在睦婣之上하니 專施於兄弟하고 此는 變言弟하여 退在睦婣之下하니 兼施於師長이니라 鄭氏曰 制刑之意는 終不爲卑者而罪其長이라 故로 六行則教兄以友하고 而制刑則謂之不悌하여 使少者不敢陵長也니라

증주 糾는 살펴서 바로잡음을 이른다. 造言은 요망한 말을 조작함이요, 亂民은 邪道를 끼고 백성을 미혹함이다.

집성 賈氏가 말하였다. "여기의 不悌는 곧 六行의 友이니, 윗 글에서는 友를 말함이 睦·婣의 위에 있으니, 오로지 형제간에 시행하였고, 여기에서는 弟로 바꾸어 말하여 睦·婣의 아래에 물러나 있으니, 이는 겸하여 師長에게 시행한 것이다."

鄭氏가 말하였다. "형벌을 제정한 뜻은 끝내 낮은 자를 위하여 그 윗사람을 죄주지 않는다. 그러므로 六行에 있어서는 형에게 우애를 가르치고, 형벌을 제정함에 있어서는 不悌라 말하여, 어린 자로 하여금 감히 어른을 능멸하지 못하게 한 것이다."

8. 王制曰 樂正이 崇四術立四教하여 順先王詩書禮樂하여 以造士하되 春秋에 教以禮樂하고 冬夏에 教以詩書니라 《禮記 王制》

《王制》에 말하였다. "樂正이 네가지 방법을 숭상하여 네가지 가르침을 세워 先王의 詩·書와 禮·樂에 따라 선비를 만들되 봄과 가을에는 禮와 樂을 가르치고, 겨울과 여름에는 詩와 書를 가르쳤다."

集說 吳氏曰 王制는 禮記篇名이라 樂正은 掌教之官이라 崇은 尙也라 術者는 道路之名이니 言詩書禮樂四者之教는 乃入德之路라 故로 言術也라 順은 依也요 造는 成也라 陳氏曰 古人之教 雖曰四時各有所習이나 其實은 亦未必截然棄彼而習此니 [1]恐亦互言耳라 非春秋不可教詩書요 冬夏不可教禮樂也니라

吳氏가 말하였다. "王制는 「禮記」의 편명이다. 樂正은 교육을 관장하는 관원이다. 崇은

妖 : 요망할 요　挾 : 낄 협　崇 : 높일 숭　術 : 방법 술　掌 : 맡을 장　截 : 끊을 절

숭상함이다. 術은 도로의 이름이니, 詩·書와 禮·樂 네 가지의 가르침은 바로 德에 들어가는 길이므로 術이라고 말하였다. 順은 의지함이요, 造는 이룸이다."

陳氏가 말하였다. "옛사람의 가르침이 비록 四時에 각각 익히는 바가 있다고 하였으나 그 실제는 또한 반드시 자른 듯이 저것을 버리고 이것을 익혔던 것은 아니니, 아마도 또한 서로 바꾸어서 말한 것일 뿐인 듯하다. 봄과 가을에는 詩와 書를 가르칠 수 없고, 겨울과 여름에는 禮와 樂을 가르칠 수 없는 것은 아니다."

역주 1. 互言 : 서로 바꾸어 말하는 것으로, 전체를 다 말하지 않고 어느 한 가지 일만을 들어 말함을 이른다. 예를 들면 春秋에도 詩書를 가르치고 冬夏에도 禮樂을 가르치나 이것을 다 말하지 않고 春秋엔 禮樂을, 冬夏엔 詩書를 가르친다고 말한 경우가 그것이다.

9. 弟子職曰 先生施教어시든 弟子是則(칙)하여 溫恭自虛하여 所受是極이니라 《管子 弟子職》

《弟子職》에 말하였다. "선생이 가르침을 베푸시거든 제자는 이를 본받아 온순하고 공손하며 스스로 겸허하게 하여 받은 바를 극진히 해야 한다."

集說 陳氏曰 弟子職은 管子篇名이니 管仲所著者라 先生은 師也라 曰弟子者는 尊師를 如父兄也라 則은 效也라 溫은 和也요 恭은 遜也요 自虛는 心不自滿也라

○ 吳氏曰 虛其心은 使有所容也라 朱子曰 所受是極은 謂受業에 須窮究道理하여 到盡處也라

陳氏가 말하였다. "弟子職은 「管子」의 편명이니, 管仲이 지은 것이다. 선생은 스승이다. 弟子라고 말한 것은 스승을 높이기를 마치 父兄과 같이 하기 때문이다. 則은 본받음이다. 溫은 화함이요, 恭은 공손함이요, 自虛는 마음을 자만하지 않음이다."

○ 吳氏가 말하였다. "그 마음을 겸허히 함은 용납할 곳이 있게 하려는 것이다."
朱子가 말씀하였다. "所受是極은 학업을 받음에 반드시 도리를 궁구하여 지극한 곳에 이름을 말한다."

見善從之하고 聞義則服하며 溫柔孝弟하여 毋驕恃力이니라

善을 보면 따르고, 義를 들으면 실행하며, 온화하고 유순하며 효도하고 공손하여, 교만하여 힘을 믿지 말아야 한다.

管 : 대통 관　服 : 일할 복　柔 : 부드러울 유　驕 : 교만할 교　恃 : 믿을 시

增註 服은 猶行也라

服은 行과 같다.

志毋虛邪하며 行必正直하며 游居有常하되 必就有德이니라

뜻은 헛되고 간사하지 말며, 행실은 반드시 바르고 곧게 하며, 놀고 거처함에 항상 일정한 곳이 있되 반드시 德있는 사람에게 나아가야 한다.

增註 心之所之를 謂之志라 虛는 謂虛僞라 身之所行을 謂之行이라 常은 謂常所라

마음이 가는 바를 志라 한다. 虛는 허위를 이른다. 몸이 행하는 것을 行이라 한다. 常은 일정한 곳을 이른다.

顔色整齊하면 中心必式하나니 夙興夜寐하여 衣帶必飭이니라

안색을 整齊하면 中心이 반드시 경건해지니, 일찍 일어나고 밤늦게 자서 옷과 띠를 반드시 整齊하여야 한다.

集解 整齊는 修治嚴肅之貌라 式은 敬也라
增註 夙은 早요 飭은 整也라

집해 整齊는 닦고 엄숙히 하는 모양이다. 式은 공경함이다.
증주 夙은 일찍이요, 飭은 단정함이다.

朝益暮習하여 小心翼翼이니 一此不懈 是謂學則(칙)이니라

아침에 더 배우고 저녁에 익혀 마음을 조심하여 공경히 할 것이니, 이에 한결같이 하여 게을리 하지 않음을 배우는 법이라 이른다.

集解 益은 增也요 翼翼은 恭敬貌라 言爲弟子者 當專一從事於此而不怠니 是謂爲學之法矣라 愚按 此篇이 明白簡要하니 實弟子職之所當務라 且終篇에 惓惓然以敬爲言하니 豈非當時先王流風善教 猶有存者하여 管子其有所受歟아 學者宜深體之니라

式：공경할 식　夙：일찍 숙　寐：잠잘 매　飭：삼갈 칙　暮：저물 모
翼：공경할 익　懈：게으를 해　增：더할 증　惓：정성스러울 권　歟：의문사 여

益은 더함이요, 翼翼은 공경하는 모양이다. 제자가 된 자는 마땅히 이에 전일하게 종사하여 게을리 하지 않아야 하니, 이를 배우는 법이라 이른다.

나는 상고해보건대, 이 편은 명백하고 簡要하니, 실로 제자의 직분에 마땅히 힘써야 할 바이다. 또 끝편에는 정성스러이 敬을 말하였으니, 어찌 당시에 先王의 流風과 좋은 가르침이 아직 남아있는 것이 있어서, 管子가 그 전수받은 바가 있었던 것이 아니겠는가. 배우는 자는 마땅히 깊이 體行하여야 할 것이다.

10. 孔子曰 弟子入則孝하고 出則弟하며 謹而信하며 汎愛衆하되 而親仁이니 行有餘力이어든 則以學文이니라 《論語 學而》

孔子가 말씀하셨다. "弟子가 집에 들어가서는 효도하고 나와서는 공손하며, 행실을 삼가고 말을 미덥게 하며, 널리 여러 사람을 사랑하되 仁한 자를 가까이 할 것이니, 이것을 행하고 餘力(여가)이 있거든 이를 써서 文을 배워야 한다."

集說 朱子曰 謹者는 行之有常也요 信者는 言之有實也라 汎은 廣也라 衆은 謂衆人이라 親은 近也라 仁은 謂仁者라 餘力은 猶言暇日이라 以는 用也라 文은 謂詩書六藝之文이라 程子曰 爲弟子之職하고 力有餘則學文이니 不修其職而先文은 非爲己之學也니라

朱子가 말씀하였다. "謹은 행실에 떳떳함이 있음이요, 信은 말에 진실함이 있음이다. 汎은 널리이다. 衆은 여러 사람을 이른다. 親은 가까이 함이다. 仁은 仁者를 이른다. 餘力은 暇日이란 말과 같다. 以는 씀이다. 文은 詩·書와 六藝의 글을 이른다."

程子가 말씀하였다. "제자의 직분을 하고 餘力이 있으면 글을 배울 것이니, 그 직분을 닦지 않고 글을 먼저 함은 爲己의 학문이 아니다."

11. 興於詩하며 《論語 泰伯》

詩에서 흥기하며,

增註 此章之首에 當有孔子曰三字어늘 而略之者는 蒙上章也일새니 他皆倣此하니라

集解 朱子曰 興은 起也라 詩本性情하여 有邪有正하여 其爲言이 旣易知요 而吟咏之間에 抑揚反覆하여 其感人이 又易入이라 故로 學者之初에 所以興起其好善惡(오)惡之心而不能自已者는 必於此而得之니라

弟:공경할 제 汎:넓을 범 以:쓸 이 暇:겨를 가 蒙:무릅쓸 몽 倣:같을 방
吟:읊을 음 咏:읊을 영 抑:누를 억 揚:드날릴 양 已:그만둘 이

증주 이 章의 머리에 마땅히 孔子曰이라는 세 글자가 있어야 할 터인데 생략한 것은 上章을 무릎썼기 때문이니, 다른 것도 다 이와 같다.
집해 朱子가 말씀하였다. "興은 興起함이다. 詩는 性情에 근본하여 사악한 것도 있고 바른 것도 있어서 그 말이 이미 알기 쉽고, 노래로 읊는 사이에 抑揚하고 반복하여 사람을 감동시킴이 또한 들어가기 쉽다. 그러므로 배우는 자가 초기에 善을 좋아하고 惡을 미워하는 마음을 흥기시켜 스스로 그칠 수 없게 하는 것은 반드시 이 詩에서 얻어진다."

立於禮하며

禮에 서며,

集解 朱子曰 禮는 以恭敬辭遜爲本하고 而有節文度數之詳하여 可以固人肌膚之會, 筋骸之束이라 故로 學者之中에 所以能卓然自立而不爲事物之所搖奪者는 必於此而得之니라

朱子가 말씀하였다. "禮는 공경하고 사양하는 것을 근본으로 삼고, 節文과 度數의 상세함이 있어 사람의 肌膚의 모임과 筋骸의 묶임을 견고하게 할 수 있다. 이 때문에 배우는 자가 중간에 능히 우뚝이 자립하여 事物에 흔들리고 빼앗김을 당하지 않는 것은 반드시 이 禮에서 얻어진다."

成於樂이니라

음악에서 이룬다.

集說 朱子曰 樂有五聲十二律하여 更(경)唱迭和하여 以爲歌舞八音之節하여 可以養人之性情而蕩滌其邪穢하고 消融其查滓라 故로 學者之終에 所以至於義精仁熟而自和順於道德者는 必於此而得之니 是는 學之成也니라 又曰 按內則에 十歲學幼儀하고 十三學樂誦詩하고 二十而後學禮하니 則此三者는 非小學傳授之次요 乃大學終身所得之難易先後淺深也니라

朱子가 말씀하였다. "음악은 五聲과 十二律이 있어 교대로 노래하고 번갈아 화답하여 歌舞와 八音의 절도를 삼는다. 그리하여 사람의 性情을 함양하며 간사하고 더러운 것을 깨끗히 씻어내고 찌꺼기를 말끔히 사라지게 한다. 그러므로 배우는 자가 끝에 義가 정밀

肌 : 살갗 기　膚 : 피부 부　筋 : 힘줄 근　骸 : 뼈 해　卓 : 우뚝할 탁　搖 : 흔들 요
奪 : 빼앗을 탈　更 : 번가를 경　唱 : 부를 창　迭 : 번가를 질　蕩 : 쓸 탕
滌 : 씻을 척　穢 : 더러울 예　消 : 사라질 소　融 : 녹일 융　查 : 찌꺼기 사
滓 : 찌꺼기 재　淺 : 얕을 천

해지고 仁이 완숙해져서 도덕에 화순해짐에 이르는 것은 반드시 樂에서 얻어지니, 이는 학문의 완성이다."

또 말씀하였다. "《內則》을 살펴보면 '10세에 어린이의 예의를 배우고, 13세에 음악을 배우고 詩를 외우며, 20세 이후에 禮를 배운다.'고 하였으니, 이 세 가지는 小學에서 전수하는 차서가 아니요, 바로 大學에서 종신토록 얻는 바의 難易와 先後와 淺深인 것이다."

12. 樂記曰 禮樂은 不可斯須去身이니라 《禮記 樂記》

《樂記》에 말하였다. "禮와 樂은 斯須(잠시)라도 몸에서 떠나서는 안된다."

集說 吳氏曰 樂記는 禮記篇名이라 斯須는 暫時也라 去는 離也라 眞氏曰 古之君子 以禮樂爲治身心之本이라 故로 斯須不可去之하니라

吳氏가 말하였다. 樂記는「禮記」의 편명이다. 斯須는 잠시이다. 去는 떠남이다."
眞氏가 말하였다. "옛날 군자들은 禮·樂으로써 몸과 마음을 닦는 근본을 삼았다. 그러므로 斯須라도 떠날 수 없는 것이다."

13. 子夏曰 賢賢하되 易(역)色하며 事父母하되 能竭其力하며 事君하되 能致其身하며 與朋友交하되 言而有信이면 雖曰未學이라도 吾必謂之學矣라하리라 《論語 學而》

子夏가 말하였다. "어진이를 어질게 여기되(존경하되) 女色을 좋아하는 마음과 바꿔 하며, 부모를 섬기되 그 힘을 다하며, 임금을 섬기되 그 몸을 바치며, 친구와 사귀되 말함에 성실함이 있으면, 비록 배우지 않았다고 말하더라도 나는 반드시 그를 배웠다고 이르겠다."

集解 朱子曰 子夏는 孔子弟子니 姓卜이요 名商이라 賢人之賢而易其好色之心이면 好善有誠也라 致는 猶委也니 委致其身은 謂不有其身也라 四者는 皆人倫之大者라 而行之必盡其誠이니 學은 求如是而已라 故로 子夏言有能如是之人이면 苟非生質之美인댄 必其務學之至니 雖或以爲未嘗爲學이라도 我必謂之已學也라

朱子가 말씀하였다. "子夏는 孔子의 제자이니, 姓은 卜이요, 이름은 商이다. 사람의 어짐을 어질게 여기되 그 女色을 좋아하는 마음과 바꿔하면 善을 좋아함에 진실함이 있는

斯 : 이 사 暫 : 잠시 잠 竭 : 다할 갈 致 : 바칠 치 卜 : 점 복 委 : 맡길 위
苟 : 만일 구 已 : 이미 이

것이다. 致는 委와 같으니, 자기 몸이라는 생각을 委致한다는 것은 그 몸을 두지 않음을 이른다. 이 네 가지는 모두 人倫의 큰 것으로 행함에 반드시 그 정성을 다하여야 하니, 배움은 이와 같이 함을 구할 뿐이다. 그러므로 子夏는 말하기를 능히 이와 같이 하는 사람이 있으면 만일 타고난 자질이 아름답지 않다면, 반드시 학문을 힘씀이 지극한 것이니, 비록 혹 일찍이 배우지 않았다고 말하더라도, 나는 반드시 이미 배웠다고 이르겠다고 한 것이다."

小學集註 卷之二

明倫 第二

集說 陳氏曰 明은 明之也요 倫은 人倫也라 凡百八章이라

陳氏가 말하였다. "明은 밝힘이요, 倫은 인륜이다. 모두 1백 8章이다"

[1]孟子曰 設爲庠序學校하여 以教之는 皆所以明人倫也라하시니 稽聖經하며 訂賢傳하여 述此篇하여 以訓蒙士하노라

孟子가 말씀하시기를 "庠·序·學·校를 설치하여 가르침은 모두 人倫을 밝히기 위한 것이었다." 하셨으니, 聖人의 經을 상고하고 賢人의 傳을 논평하여, 이 篇을 지어서 어린 선비를 가르치노라.

역주 1. 이 말씀은「孟子」《滕文公上》에 보인다.

集說 朱子曰 [1]庠은 以養老爲義하고 序는 以習射爲義하고 校는 以教民爲義하니 皆鄕學也요 學은 國學也라 倫은 序也라 父子有親, 君臣有義, 夫婦有別, 長幼有序, 朋友有信은 此人之大倫也니 庠序學校는 皆以明此而已라 吳氏曰 稽는 考也요 訂은 平(評)議也라

朱子가 말씀하였다. "庠은 노인을 봉양함을 뜻으로 삼고, 序는 활쏘기를 익힘을 뜻으로 삼고, 校는 백성을 가르침을 뜻으로 삼으니, 모두 지방의 학교이다. 學은 國學(太學)이다. 倫은 차례이다. 父子間에 친함이 있고, 君臣間에 의리가 있고, 夫婦間에 분별이 있고, 長幼間에 차례가 있고, 朋友間에 신의가 있음은 이는 사람의 큰 차례이니, 庠·序·學·校는 모두 이것을 밝힐 뿐이다."

吳氏가 말하였다. "稽는 상고함이요, 訂은 논평함이다."

역주 1. 庠以養老爲義 : 庠은 音이 養과 유사하고 序는 射와 유사하고 校는 教와 같으므로 音의 뜻을 취한 것이다.

庠 : 학교 상　稽 : 상고할 계　訂 : 바로잡을 정　蒙 : 어릴 몽　評 : 논평할 평

1. 內則曰 子事父母하되 [1)]雞初鳴이어든 咸盥漱하며 櫛縰笄總하며 拂髦하며 冠緌纓하며 端韠紳하며 搢笏하며 左右佩用하며 偪屨著(착)綦니라 《禮記 內則》

《內則》에 말하였다. "자식이 父母를 섬기되 새벽에 닭이 처음 울거든 모두 세수하고 양치질하며, 머리를 빗고 치포건을 쓰고 비녀를 꽂고 상투를 하며, 髦에 먼지를 털며, 관을 쓰고, 갓끈을 매어 〈남은 끝을〉 늘어뜨리며, 玄端服을 입고 슬갑을 차고 띠를 매며, 홀을 꽂으며, 左右에 소용품을 차며, 행전을 매고 신을 신고 끈을 맨다.

역주 1. 雞初鳴 : 옛날에는 닭울음으로 시간을 측정하였는바, 지금 우리나라는 보통 2~3시경에 첫닭이 우는데, 이는 너무 이르며 새벽 5시 전후가 타당할 것으로 보인다.

集解 司馬溫公曰 孫事祖父母同이라

集說 陳氏曰 盥은 洗手也요 漱는 漱口也라 櫛은 梳也라 縰는 韜髮作髻者니 黑繒爲之라 笄는 簪也라 總은 束髮飾髻者니 亦繒爲之라 拂髦는 謂拂去髦上之塵이라 緌者는 纓之餘요 纓者는 冠之系라 端은 玄端服也요 韠은 蔽膝也라 紳은 大帶也요 搢은 插也니 插笏於大帶는 所以記事也라 左右佩用은 謂身之兩旁에 [1)]佩紛帨玦捍之類하여 以備用也라 偪은 邪幅也니 纏足至膝者라 屨는 鞋也라 著은 猶結也요 綦는 鞋口帶也라 在首則櫛髮, 加縰, 加笄, 加總, 加髦, 著冠, 結纓, 垂緌하고 在身則服玄端, 著韠, 加紳, 搢笏, 佩用하고 在足則縛偪, 納屨, 著綦하여 各以次第施之라 劉氏曰 髦는 謂子生三月이면 則剪其胎髮爲鬌하여 帶之于首호되 男左女右라가 逮其冠笄也면 則綵飾之하여 加于冠하여 不忘父母生育之恩也니 父母喪則去之니라

집해 司馬溫公이 말하였다. "손자가 조부모를 섬김에도 이와 같다."

집설 陳氏가 말하였다. "盥은 세수함이다. 漱는 입을 가셔냄이다. 櫛은 빗질함이다. 縰는 머리를 감싸 상투를 만드는 것이니, 검은 비단으로 만든다. 笄는 비녀를 꽂음이다. 總

咸 : 다 함 盥 : 세수할 관 漱 : 양치질할 수 櫛 : 빗질할 즐 縰 : 머리싸개 쇄
笄 : 비녀 계 總 : 묶을 총 拂 : 털 불 髦 : 다팔머리 모 緌 : 갓끈 유 纓 : 갓끈 영
韠 : 슬갑 필 紳 : 큰띠 신 搢 : 꽂을 진 笏 : 홀 홀 佩 : 찰 패 偪 : 행전 핍
屨 : 신 구 著 : 신을 착 綦 : 들메끈 기 洗 : 씻을 세 梳 : 빗질할 소 韜 : 쌀 도
繒 : 비단 증 簪 : 비녀 잠 塵 : 티끌 진 蔽 : 가릴 폐 膝 : 무릎 슬 插 : 꽂을 삽
旁 : 곁 방 紛 : 차는수건 분 帨 : 수건 세 玦 : 깍지 결 捍 : 팔찌 한 邪 : 기울 사
幅 : 폭 폭 纏 : 감을 전 鞋 : 신발 혜 緌 : 갓끈 유 縛 : 묶을 박 偪 : 행전 핍
剪 : 자를 전 胎 : 태 태 鬌 : 황새머리 타 逮 : 미칠 체 綵 : 채색 채

은 머리를 묶어 상투를 꾸미는 것이니, 또한 비단으로 만든다. 拂髦는 髦 위의 먼지를 털어버림을 말한다. 緌는 갓끈을 매고 남은 것이요, 纓은 관을 매는 끈이다. 端은 玄端服이요, 韠은 무릎 가리개이다. 紳은 큰 띠요, 搢은 꽂음이니, 홀을 큰 띠에 꽂음은 일을 기록하기 위해서이다. 左右佩用은 몸의 양 옆에 紛·帨와 玦(깍지)과 捍(팔찌) 따위를 차서 사용에 대비하는 것이다. 偪은 邪幅(행전)이니, 다리를 묶어 무릎에 이르는 것이다. 屨는 신이다. 著은 結(맴)과 같고, 綦는 신코에 매는 끈이다. 머리에 있어서는 머리를 빗고, 치포건을 쓰고, 비녀를 꽂고, 상투를 틀고, 髦를 加하고, 관을 쓰고, 갓끈을 매고, 남은 끈을 늘어뜨리며, 몸에 있어서는 玄端服을 입고, 슬갑을 차고, 띠를 매고, 홀을 꽂고, 쓸 것을 차며, 발에 있어서는 행전을 매고, 신을 신고, 신끈을 매어 각각 차례로 시행한다.

劉氏가 말하였다. 髦는 자식이 낳은 지 3개월이 되면, 배냇머리를 잘라 뿔상투를 만들어 머리에 차되 남자는 왼쪽에 차고 여자는 오른쪽에 차다가 관례를 하고 비녀를 꽂음에 이르게 되면 채단으로 꾸며 관위에 가해서 부모가 生育해주신 은혜를 잊지 않는 것이니, 부모가 돌아가시면 제거한다.

역주 1. 紛·帨 : 모두 수건으로, 紛은 그릇을 닦는 행주이고, 帨는 손을 닦는 손수건이다.

婦事舅姑하되 如事父母하여 雞初鳴이어든 咸盥漱하며 櫛縰笄總하며 衣紳하며 左右佩用하며 衿纓, 綦屨니라

며느리가 舅姑(시부모)를 섬기되 친정부모를 섬기듯이 하여 닭이 처음 울거든 모두 세수하고 양치질하며, 머리빗고 치포건을 쓰고 비녀를 꽂고 상투하며, 옷을 입고 띠를 매며, 左右에 소용품을 차며, 향주머니를 매고 신에 끈을 맨다.

集說 陳氏曰 夫之父曰舅요 夫之母曰姑라 衣紳은 著衣而加紳也요 佩用은 紛帨箴(針)管之類라 衿은 結也요 纓은 香囊也니 恐身有穢氣하여 觸尊者라 故로 佩之라

陳氏가 말하였다. "남편의 아버지를 舅라 하고, 남편의 어머니를 姑라 한다. 衣紳은 옷을 입고 띠를 加함이다. 佩用은 紛(행주)·帨(손수건)와 바늘과 바늘통 따위이다. 衿은 맴이요, 纓은 향주머니이니, 몸에 악취가 있어 尊者에게 풍길까 두려우므로 이것을 차는 것이다.

以適父母舅姑之所하되 及所하여 下氣怡聲하여 問衣燠寒하며 疾痛苛癢에 而敬抑搔之하며 出入則或先或後하여 而敬扶持之니라

婦 : 며느리 부　舅 : 시아버지 구　姑 : 시어머니 고　衿 : 띠 금, 맬 금　箴 : 바늘 침
管 : 대통 관　囊 : 주머니 낭　穢 : 더러울 예　觸 : 범할 촉　適 갈 적　怡 : 화할 이
燠 : 따뜻할 욱　痛 : 아플 통　苛 : 옴 가(하)　癢 : 가려울 양　抑 : 누를 억
搔 : 긁을 소　持 : 잡을 지

父母와 舅姑가 계신 곳에 나아가되 계신 곳에 이르러 氣를 내리고 소리를 화하게 하여 옷의 따뜻하고 추움을 여쭈며, 병들어 아프거나 옴으로 가려움에 공손히 만져드리고 긁어드리며, 나가시거나 들어오시면 혹은 앞서기도 하고 혹은 뒤서기도 하여 공손히 부축하고 붙들어 드린다.

集解 適은 往也요 所는 寢室也라 下氣는 低下其氣而不盈也요 怡聲은 怡悅其聲而不厲也라 燠은 熱也니 問衣若燠이면 則將減之하여 使淸也요 寒은 冷也니 問衣若寒이면 則將加之하여 使溫也라 苛는 疥也라 抑은 按也요 搔는 爬也라 疾痛則敬而按之하고 苛癢則敬而爬之하며 出入則或先或後하여 以扶持之하니 皆不離於敬也라

集成 劉氏曰 皆所以撫恤衰病이니 而一出於敬也라

집해 適은 감이요, 所는 침실이다. 下氣는 그 氣를 내려 가득하지 않게 함이요, 怡聲은 그 소리를 화하게 하여 거칠지 않게 함이다. 燠은 따뜻함이니, 옷을 여쭈어 만약 덥다고 하시면 장차 감하여 서늘하게 해드리는 것이요, 寒은 추움이니, 옷을 여쭈어 만약 춥다고 하시면 장차 더하여 따뜻하게 해드리는 것이다. 苛는 옴(피부병)이다. 抑은 만져드림이요, 搔는 긁음이다. 아프면 공손히 만져드리고 가려우면 공손히 긁어드리며, 출입하시면 혹은 앞서기도 하고 혹은 뒤서기도 하여 부축하니, 이는 모두 공경에서 떠나지 않아야 한다.

집성 劉氏(劉彝)가 말하였다. "이는 노쇠하고 병듦을 어루만지고 구휼함이니, 한결같이 공손에서 나와야 한다."

進盥할새 少者는 奉槃하고 長者는 奉水하여 請沃盥하고 盥卒授巾이니라

세수물을 올릴 적에 젊은 자는 대야를 받들고 長者는 물을 받들어 물을 부어 세수하시기를 청하고, 세수를 마치면 수건을 드린다.

增註 槃은 承盥水者요 沃盥은 注水而盥也라 授는 進也요 巾은 拭手者라

槃은 세수물을 받드는 것이요, 沃盥은 물을 부어 세수함이다. 授는 올림이요, 巾은 손을 닦는 것이다.

低：낮을 저 盈：가득할 영 厲：사나울 려 減：덜 감 凊：서늘할 청(정)
冷：찰 랭 疥：옴 개 按：어루만질 안 爬：긁을 파 撫：어루만질 무
盥：씻을 관 槃：대야 반 請：청할 청 沃：물댈 옥 巾：수건 건 注：물댈 주
拭：닦을 식

問所欲而敬進之하되 柔色以溫之하여 父母舅姑必嘗之而後에 退니라

잡수시고 싶어 하는 것을 여쭈어 공손히 올리되 얼굴빛을 온순하게 하여 받들어서 父母와 舅姑가 반드시 맛보신 뒤에 물러나온다.

增註 所欲은 意之所欲食者라
集解 陳氏曰 溫은 承藉之義니 謂以和柔之顔色으로 承藉尊者之意라

증주 所欲은 마음에 먹고 싶어 하는 것이다.
집해 陳氏가 말하였다. "溫은 承藉(받듦)의 뜻이니, 화하고 부드러운 顔色으로써 尊者의 뜻을 받듦을 이른다."

男女未冠笄者 雞初鳴이어든 咸盥漱하며 櫛縰하며 拂髦하며 總角하며 衿纓하여 [1]皆佩容臭하고 昧爽而朝하여 問何食飮矣오하여 若已食則退하고 若未食則佐長者視具니라

남자와 여자로서 아직 관례를 하지 않았거나 비녀를 꽂지 않은 자는 닭이 처음 울거든 모두 세수하고 양치질하며, 머리를 빗고, 치포관을 쓰며, 髦에 먼지를 털며, 머리를 묶어 뿔모양으로 땋으며, 향주머니를 매어 다 容臭를 차고, 昧爽에 부모를 뵈어 무엇을 잡수시고 싶은가를 여쭈어서 만약 이미 잡수셨으면 물러나오고, 만약 아직 잡수시지 않았으면 長者를 도와 음식 장만하는 것을 보살핀다."

역주 1. 皆佩容臭 : 容臭는 香囊(향주머니)으로, 註에는 容을 形容의 뜻으로 풀이하였으나 攷訂에는 「詩經集傳」을 인용하여 '용납하다'의 뜻으로 보았다.

集說 吳氏曰 總角은 束髮爲角也라 臭는 香物也니 助爲形容之飾이라 故로 曰容臭니 以纓佩之라 不佩所用之物하고 而止佩容臭者는 未能卽事也일새라 昧는 晦也요 爽은 明也니 昧爽은 欲明未明之時라 朝는 猶見(현)也라 佐는 助也요 具는 謂膳具니 幼者는 於視膳之事에 未能專之요 特可以佐助長者而已니라

吳氏가 말하였다. "總角은 머리를 묶어 뿔을 만든 것이다. 臭는 향내나는 물건이니, 形容(몸)의 꾸밈을 돕기 때문에 容臭라 하니, 향주머니로써 이것을 찬다. 소용품을 차지 않고 다만 容臭를 차는 것은 어려서 아직 일에 나아갈 수 없기 때문이다. 昧는 어둠이요, 爽은 밝음이니, 昧爽은 날이 밝으려고 하나 아직 밝지 않은 때이다. 朝는 見(뵘)과 같다. 佐

嘗 : 맛볼 상 藉 : 깔 자 昧 : 어두울 매 爽 : 밝을 상 朝 : 뵐 조 卽 : 나아갈 즉
晦 : 어두울 회 見 : 뵐 현 膳 : 반찬 선

는 도움이요, 具는 음식 장만을 이르니, 어린 자는 음식을 장만하는 일에 오로지 할 수가 없고, 다만 長者를 도울 뿐이다.

2. 凡內外雞初鳴이어든 咸盥漱하며 衣服하고 斂枕簟하며 灑掃室堂及庭하여 布席하고 各從其事니라 《禮記 內則》

〈노비로서〉 모든 內外의 사람들은 닭이 처음 울거든 모두 세수하고 양치질하고 옷을 입고 베개와 대자리를 걷으며 室堂과 뜰에 물뿌리고 쓸고서 자리를 펴고 각각 그 일에 종사한다.

集說 陳氏曰 此亦內則之文而不言者는 蒙上章也니 他皆倣此하니라 斂은 收也니 斂枕簟者는 枕席之具를 夜則設之하고 曉則斂之하여 不以私褻之用示人也라 布는 設也요 席은 坐席이라 各從其事는 若女服事于內하고 男服事于外 是矣라

集解 此는 言內外婢僕也라

집설 陳氏가 말하였다. "이 또한 《內則》의 글인데, 말하지 않은 것은 윗章을 이었기 때문이니, 다른 것도 다 이와 같다. 斂은 거둠이니, 斂枕簟은 베개와 자리의 도구를 밤에는 펴고 새벽에는 거두어 사사로이 쓰는 물건을 남에게 보이지 않는 것이다. 布는 폄이요, 席은 앉는 자리이다. 각각 그 일에 종사한다는 것은 여자는 집안에서 일을 하고 남자는 밖에서 일을 하는 것과 같음이 이것이다.

집해 이는 내외의 婢僕(노비)에 대하여 말한 것이다.

3. 父母舅姑將坐어시든 奉席請何鄉(向)하며 將衽이어시든 長者는 奉席請何趾하고 少者는 [1]執牀與坐하며 御者는 擧几하고 斂席與簟하며 縣(懸)衾篋枕하고 斂簟而襡之니라 《禮記 內則》

父母와 舅姑가 장차 앉으려 하시거든 자리를 받들어 어느 쪽으로 향할 것인가를 청하며, 장차 눕는 자리를 고치려 하시거든 長者는 자리를 받들어 발을 어느 쪽으로 뻗으실 것인가를 청하고, 젊은 자는 牀을 잡고 모셔 앉으며, 모시는 자는 안석을 들고 자리와 대자리를 거두며, 이불을 매달고 베개를 상자에 넣고 대자리를 걷어 보로 싸서 둔다.

斂 : 거둘 렴　枕 : 베개 침　簟 : 대자리 점　蒙 : 무릅쓸 몽　倣 : 같을 방　曉 : 새벽 효
褻 : 설만할 설　婢 : 여종 비　僕 : 종 복　衽 : 요 임　趾 : 발 지　牀 : 평상 상
御 : 모실 어　几 : 안석 궤　懸 : 매달 현　篋 : 상자 협　襡 : 싸맬 독

역주 1. 執牀與坐 : 與는 좌우에서 모신다는 뜻으로, 諺解에도 '평상을 잡아 뫼셔 앉으며'로 해석하였음을 밝혀둔다.

集說 陳氏曰 將坐는 朝起時也라 奉坐席에 而鋪者必問何向이라 衽은 臥席也니 將衽은 謂更(경)臥處也라 長者奉此臥席而鋪에 必問足向何所라 牀은 說文云 安身之几坐라하니 非今之臥牀也라 少者執此牀하여 以與之坐라 臥必簟在席上하니 旦起則斂之하고 而簟又以襡韜之者는 以親身恐穢汚也라 衾則束而懸之하고 枕則貯於篋也라

集解 御者擧几懸衾篋枕斂簟而襡之者는 謂寢興而收藏之也라

집설 陳氏가 말하였다. "將坐는 아침에 일어날 때이다. 자리를 받들 때에 자리를 펴는 자가 반드시 어느 쪽으로 향할 것인가를 묻는 것이다. 衽은 눕는 자리이니, 將衽은 눕는 자리를 고침을 이른다. 長者는 이 눕는 자리를 받들어 펼 적에 반드시 발을 어느 곳으로 향할 것인가를 묻는다. 牀은「說文」에 "몸을 편안히 하는 안석자리이다." 하였으니, 지금의 눕는 平牀이 아니다. 젊은 자는 이 牀을 잡고 더불어 앉는다. 누울 적에는 반드시 대자리가 돗자리 위에 있으니, 아침에 일어나면 이것을 걷고 대자리를 또 보로 싸는 것은 몸에 가까이 하여 더럽혀질까 염려해서이다. 이불은 묶어서 매달고 베개는 상자에 넣어 둔다."

집해 모시는 자가 안석을 들고 이불을 매달고 베개를 상자에 넣고 자리를 거두어 보로 싸서 두는 것은 자고 일어나서 거두어 보관함을 이른다.

父母舅姑之衣衾簟席枕几를 不傳하며 杖屨를 祇敬之하여 勿敢近하며 敦(대)牟巵匜를 非餕이어든 莫敢用하며 與恒飮食을 非餕이어든 莫之敢飮食이니라

父母와 舅姑의 옷과 이불과 대자리와 돗자리와 베개와 안석을 옮겨놓지 않으며, 지팡이와 신을 조심하여 감히 가까이 하지 말며, 대접과 밥그릇과 술잔과 물그릇은 남겨주신 음식을 먹는 경우가 아니면 감히 사용하지 않으며, 항상 잡수시는 음식은 남겨주신 음식이 아니면 감히 마시거나 먹지 않는다.

集說 陳氏曰 傳은 移也니 謂此數者를 每日置之有常處하여 子與婦不得輒移他所也라 近은 謂挨偪之也라 敦與牟는 皆盛黍稷之器요 巵는 酒器요 匜는 盛水漿之器니 此四器는 皆尊者所用이니 子與婦非餕其餘어든 無敢用此器也라 與는 及也니 及尊者所常食飮之物을 子與婦非餕餘어든 不敢擅飮食之也라

鋪 : 펼 포　臥 : 누울 와　更 : 고칠 경　韜 : 쌀 도　貯 : 쌓을 저　傳 : 옮길 전
杖 : 지팡이 장　祇 : 공경할 지　敦 : 그릇 대　牟 : 그릇 모　巵 : 술그릇 치
匜 : 술그릇 이　餕 : 남을 준　與 : 및 여　恒 : 항상 항　輒 : 문득 첩　挨 : 밀칠 애
偪 : 핍박할 핍　盛 : 담을 성　黍 : 기장 서　稷 : 피 직　擅 : 제멋대로할 천

陳氏가 말하였다. "傳은 옮김이니 이 몇 가지를 매일 둘 때에 일정한 곳이 있어 아들과 며느리가 함부로 다른 곳으로 옮겨 놓지 않음을 이른다. 近은 밀치고 가까이 함을 이른다. 敦와 牟는 모두 기장과 피를 담는 그릇이요, 巵는 술잔이요, 匜는 물과 漿(음료)을 담는 그릇이니, 이 네 가지 그릇은 모두 尊者가 쓰시는 것이니, 아들과 며느리는 그 남은 것을 남겨주신 경우가 아니면 감히 이 그릇을 쓰지 않는다. 與는 및이니, 및 尊者가 항상 먹고 마시는 바의 물건을 아들과 며느리는 尊者가 남은 것을 남겨 주신 경우가 아니면 감히 마음대로 마시거나 먹지 않는다."

4. 在父母舅姑之所하여 **有命之**어시든 **應唯敬對**하며 **進退周旋**에 **愼齊**(재)하며 **升降出入**에 **揖遊**하며 **不敢噦噫嚔咳欠伸跛倚睇視**하며 **不敢唾洟**니라 《禮記 內則》

父母와 舅姑가 계신 곳에 있으면서 명함이 계시거든 응하기를 빨리하고 공손히 대답하며, 나아가고 물러나며 周旋할 때에 삼가고 엄숙히 하며, 오르고 내리고 나가고 들어옴에 몸을 숙이기도 하고 젖히기도 하며, 감히 구역질하고 트림하며 재채기하고 기침하며 하품하고 기지개켜며 한 발로 기울여 서고 기대거나 곁눈질하여 보지 않으며, 감히 침을 뱉거나 코를 풀지 않는다.

集說 陳氏曰 應唯는 應以速也요 敬對는 對以敬也라 周旋은 周回旋轉也라 愼은 謹愼也요 齊는 齊莊也라 揖은 謂進而前에 其身이 略俯如揖也요 遊는 揚也니 謂退而後에 其身이 微仰而揚也라 噦은 嘔逆聲이요 噫는 食飽聲이요 嚔는 噴嚔요 咳는 咳嗽라 氣乏則欠하고 體疲則伸이라 偏任爲跛요 依物爲倚라 睇視는 傾視也라 唾는 出於口요 洟는 出於鼻라 方氏曰 噦噫嚔咳면 則聲爲不恭이요 欠伸跛倚睇視면 則貌爲不恭이요 唾洟면 則聲貌俱爲不恭矣라 故로 皆不敢爲也라

陳氏가 말하였다. "應唯는 응하기를 빨리 함이요, 敬對는 대답하기를 공손히 함이다. 周旋은 몸을 두루 회전하여 돌림이다. 愼은 謹愼함이요, 齊는 齊莊(엄숙함)이다. 揖은 나아가 앞으로 갈 때에 그 몸을 약간 숙여 읍함과 같이 함이요, 遊는 듦이니, 물러나와 뒤로 갈 때에 그 몸을 약간 우러러 듦을 이른다. 噦은 구역질하는 소리요, 噫는 배불리 먹음에 나는 소리요, 嚔는 재채기요, 咳는 기침이다. 기운이 다하면 하품하고, 몸이 피곤하면 기지개를 켠다. 한 쪽에 몸을 맡기는 것을 跛라 하고, 물건에 기대는 것을 倚라 한다. 睇視는

唯 : 빨리대답할 유　旋 : 주선할 선　齊 : 엄숙할 재　揖 : 읍할 읍　噦 : 구역질할 얼
噫 : 트림할 희　嚔 : 재채기할 체　咳 : 기침할 해　欠 : 하품할 흠　伸 : 기지개켤 신
跛 : 외발로설 피　倚 : 기댈 의　睇 : 흘겨볼 제　唾 : 침뱉을 타　洟 : 콧물 체(이)
俯 : 숙일 부　嘔 : 토할 구　噴 : 뿜을 분　嗽 : 기침할 수　乏 : 다할 핍
疲 : 피로할 피　傾 : 기울 경　鼻 : 코 비

기울게 보는 것이다. 침은 입에서 나오고, 콧물은 코에서 나온다.

方氏가 말하였다. "噦·噫·洟·咳는 소리가 공손하지 못하고, 欠·伸·跛·倚·睇視는 모양이 공손하지 못하고, 唾·洟는 소리와 모양이 모두 공손하지 못하다. 그러므로 모두 감히 하지 않는 것이다.

寒不敢襲하며 癢不敢搔하며 不有敬事어든 不敢袒裼하며 不涉不撅하며 褻衣衾을 不見(현)裏니라

추워도 감히 옷을 껴입지 않으며, 가려워도 감히 긁지 않으며, 공경할 일이 있지 않거든 감히 팔을 드러내지 않으며, 물을 건너지 않거든 옷을 걷지 않으며, 더러운 옷과 이불을 속을 보이지 않게 한다.

集解 襲은 重衣也라 敬事는 謂習射之類라 袒裼은 露臂也라 涉은 涉水也요 撅는 褰起衣裳也라

○ 寒當襲하고 癢當搔로되 而侍坐則不敢者는 皆敬也라

襲은 옷을 거듭 입는 것이다. 敬事는 활쏘기를 익히는 따위를 이른다. 袒裼은 팔을 드러냄이다. 涉은 물을 건넘이요, 撅는 옷을 걷어 올림이다.

○ 추우면 마땅히 껴입어야 하고 가려우면 마땅히 긁어야 하되 어른을 모시고 앉았으면 감히 하지 않는 것은 모두 공경하기 때문이다.

父母唾洟를 不見(현)하며 冠帶垢어든 和灰請漱하며 衣裳垢어든 和灰請澣하며 衣裳綻裂이어든 紉箴(針)請補綴이니라

부모의 침과 콧물을 보이지 않게 하며, 관과 띠에 때가 끼었거든 잿물을 타서 빨기를 청하며, 衣裳에 때가 끼었거든 잿물을 타서 빨기를 청하며, 衣裳이 터지고 찢어졌거든 바늘에 실을 꿰어 깁고 꿰매기를 청한다.

集解 陳氏曰 唾洟不見은 謂卽刷除之하여 不使見示於人也라 [1]漱澣은 皆洗滌之事라 和灰는 如今人用灰湯也라 以線貫箴曰紉이라

襲 : 껴입을 습 癢 : 가려울 양 搔 : 긁을 소 袒 : 웃통벗을 단 裼 : 웃통벗을 석
涉 : 건널 섭 撅 : 걷을 게 褻 : 더러울 설 見 : 드러낼 현 重 : 거듭 중 露 : 드러낼 로
臂 : 팔 비 褰 : 걷을 건 垢 : 때 구 和 : 탈 화 灰 : 재 회 漱 : 빨 수 澣 : 빨 한
綻 : 터질 탄 裂 : 찢을 렬 紉 : 실꿸 닌 箴 : 바늘 침 綴 : 꿰맬 철 刷 : 쓸 솰(쇄)
除 : 제거할 제 洗 : 씻을 세 滌 : 씻을 척 湯 : 끓을 탕 線 : 실 선

陳氏가 말하였다. "침과 콧물을 보이지 않는 것은 곧 쓸고 제거해서 남에게 보이지 않도록 함을 이른다. 漱와 澣은 모두 세탁하는 일이다. 和灰는 지금 사람들이 灰湯을 쓰는 것과 같다. 실을 바늘에 꿰는 것을 紉이라 한다."

역주 1. 漱澣 : 손으로 빠는 것을 漱라 하고 手足을 모두 움직여 빠는 것을 澣이라 한다

少事長하며 賤事貴에 共帥(솔)時니라

젊은이가 어른을 섬기며, 천한 이가 귀한 이를 섬김에 다 이 禮를 따른다.

集解 帥은 循也요 時는 是也니 言少之事長과 賤之事貴에 皆當循是禮也라

帥은 따름이요, 時는 '이것'이니, 젊은이가 어른을 섬김과 천한 이가 귀한 이를 섬김에 모두 마땅히 이 禮를 따라야 함을 말한 것이다.

5. 曲禮曰 凡爲人子之禮는 冬溫而夏凊하며 昏定而晨省하며

《禮記 曲禮》

《曲禮》에 말하였다. "무릇 人子(자식)가 된 禮는 겨울에는 따뜻하게 해드리고, 여름에는 시원하게 해드리며, 어두우면 이부자리를 정해드리고 새벽에는 안부를 살펴야 한다.

集說 陳氏曰 溫以禦其寒하고 凊以致其凉하며 定其衽席하고 省其安否니라

陳氏가 말하였다. "따뜻하게 하여 추위를 막고, 시원하게 하여 서늘함을 이루며, 그 이부자리를 정해 드리고, 그 안부를 살핀다."

出必告하며 反必面하며 所遊를 必有常하며 所習을 必有業하며 恒言에 不稱老니라

나갈 적에는 반드시 아뢰고, 돌아와서는 반드시 얼굴을 뵈며, 가는 곳을 반드시 일정함이 있게 하며, 익히는 바를 반드시 일삼는 것이 있게 하며, 평소 말할 때에 늙었다고 일컫지 않는다."

集說 陳氏曰 出則告違하고 反則告歸하나니 又以自外來에 欲省顏色이라 故

帥 : 따를 솔 時 : 이 시 晨 : 새벽 신 省 : 살필 성 禦 : 막을 어 衽 : 요 임
面 : 뵐 면 違 : 떠날 위

로 言面이라 恒言은 平常言語也라 自以老稱이면 則尊同於父母하고 而父母爲過於老矣라 1)古人所以斑衣娛戲者는 欲安父母之心也니라

集成 呂氏曰 親之愛子至矣라 所遊는 必欲其安하고 所習은 必欲其正이니 苟輕身而不自愛면 非所以養其志也니라

집설 陳氏가 말하였다. "나가면 떠남을 말씀드리고, 돌아오면 돌아왔음을 말씀드린다. 또 밖으로부터 왔을 때에는 안색을 살피고자 하므로 뵙는다고 말한 것이다. 恒言은 평상시의 언어이니, 스스로 늙었다고 일컬으면 존귀함이 부모와 같아지고, 부모는 너무 늙은 것이 된다. 옛사람이 색동옷을 입고 즐겁게 논 것은 부모의 마음을 편안하게 하기 위해서였다."

집성 呂氏가 말하였다. "부모가 자식을 사랑함이 지극하다. 그리하여 놀 때에는 반드시 그 편안하기를 바라고 익힐 때에는 반드시 그 바르기를 바라니, 만약 몸을 가벼이 하여 스스로 아끼지 않는다면, 부모의 뜻을 봉양하는 바가 아니다."

역주 1. 이 내용은 뒤의 《稽古篇》 제14章 老萊子條에 보인다.

6. 禮記曰 孝子之有深愛者는 必有和氣하고 有和氣者는 必有愉色하고 有愉色者는 必有婉容이니 孝子는 如執玉하며 如奉盈하여 洞洞屬屬然하여 如弗勝하며 如將失之니 嚴威儼恪은 非所以事親也니라 《禮記 祭義》

「禮記」에 말하였다. "孝子로서 〈부모에게〉 깊은 사랑이 있는 자는 반드시 和한 기운이 있고, 和한 기운이 있는 자는 반드시 기쁜 기색이 있고, 기쁜 기색이 있는 자는 반드시 온순한 용모가 있으니, 孝子는 玉을 잡은 듯이 하며, 가득 찬 것을 받들 듯이 하여 洞洞(성실)하고 屬屬(專一함)하여 감당하지 못하는 듯이 하며 장차 잃을 듯이 여기니, 엄숙하고 위엄이 있으며 엄연하고 씩씩함은 어버이를 섬기는 바가 아니다."

集解 愉는 和悅之貌요 婉은 順美之貌라 盈은 滿也라 洞洞은 質慤貌요 屬屬은 專一貌라

集說 陳氏曰 勝은 當也니 言敬親을 常如執玉奉盈하여 惟恐不能承當하여 而且將覆墜也라 陳氏曰 和氣, 愉色, 婉容은 皆愛心之所發이요 如執玉, 如奉盈, 如弗勝, 如將失之는 皆敬心之所存이니 愛敬兼至는 乃孝子之道라 故로 嚴威儼

斑 : 아롱질 반　娛 : 즐거울 오　戲 : 희롱할 희　愉 : 화할 유　婉 : 순할 완
盈 : 가득할 영　洞 : 진실할 동　屬 : 조심할 촉　儼 : 엄숙할 엄　恪 : 삼갈 각
慤 : 성실할 각　覆 : 엎을 복　墜 : 떨어질 추

恪하여 使人望而畏之는 是成人之道요 非孝子之道也니라

집해 愉는 和悅한 모양이요, 婉은 순하고 아름다운 모양이다. 盈은 가득함이다. 洞洞은 질박한 모양이요, 屬屬은 專一한 모양이다.

집설 陳氏가 말하였다. "勝은 감당함이니, 어버이를 공경하기를 항상 옥을 잡거나 가득찬 것을 받들 듯이 하여 행여 감당할 수 없어서 장차 전복시키고 떨어뜨릴까 걱정함을 말한 것이다."

陳氏가 말하였다. "和氣와 愉色과 婉容은 모두 사랑하는 마음의 발로이고, 옥을 잡은 듯이 하고 가득찬 것을 받들 듯이 하고 감당하지 못할 듯이 하고 장차 잃을 것 같이 함은 모두 공경하는 마음이 있기 때문이니, 사랑과 공경이 겸하여 지극함은 바로 孝子의 道이다. 그러므로 엄숙하고 위엄이 있으며 엄연하고 씩씩하여 사람으로 하여금 바라보고서 두렵게 함은 이는 成人의 道요 孝子의 道가 아니다."

7. 曲禮曰 凡爲人子者는 居不主奧하며 坐不中席하며 行不中道하며 立不中門하며 《禮記 曲禮》

《曲禮》에 말하였다. "무릇 人子가 된 자는 거처함에 아랫목을 차지하지 않으며, 앉음에 자리 한가운데에 앉지 않으며, 길을 감에 길 한가운데로 가지 않으며, 섬에 문 한가운데에 서지 않는다.

集說 陳氏曰 言爲人子는 謂父在時也라 室西南隅爲奧니 主奧, 中席은 皆尊者之道也라 行道則或左或右하고 [1]立門則避棖闑之中하여 皆不敢迹尊者之所行也라

陳氏가 말하였다. "人子가 되었다고 말함은 부모가 살아계실 때를 이른다. 방의 서남쪽 모퉁이를 奧라 하니, 아랫목을 주장하고 자리 한가운데 앉음은 모두 尊者의 道이다. 길을 가게 되면 혹은 왼쪽으로 가거나 혹은 오른쪽으로 가며, 문에 서게 되면 문설주와 문지방 가운데를 피하여 모두 尊者가 다니는 곳을 감히 따르지 않는다."

역주 1. 棖闑之中 : 옛날에는 큰 일이 있는 경우가 아니면 항상 왼쪽 문짝을 닫아 두었으므로 尊者는 오른쪽 문짝 문설주와 문지방의 가운데로 다녔기 때문에 말한 것이다.

食(사)饗에 不爲槪하며 祭祀에 [1]不爲尸하며

음식을 대접하거나 연향하고 제향함에 한정을 하지 않으며, 祭祀에 시동이 되

奧 : 아랫목 오　隅 : 모퉁이 우　棖 : 문설주 정　闑 : 문지방 얼　迹 : 따를 적
饗 : 연향 향　槪 : 평미레 개, 한량 개　尸 : 시동 시

지 않는다.

역주 1. 不爲尸 : 尸는 尸童으로, 제사에 神主를 대신하여 세우거나 앉히는 童子를 이른다.

集說 陳氏曰 食饗은 如奉親延客及祭祀之類皆是라 不爲槪量은 順親之心而不敢自爲限節也라 呂氏曰 尸는 取主人之子行(항)而已니 若主人之子면 是는 使父北面而事之니 人子所不安이라 故로 不爲也니라

陳氏가 말하였다. "食饗은 어버이를 받들고 손님을 맞이함과 및 제사하는 따위가 다 이것이다. '不爲槪量'은 부모의 마음을 순히 하여 감히 스스로 限節을 하지 않는 것이다."
呂氏가 말하였다. "尸는 主人의 아들 항렬을 취할 뿐이니, 만일 주인의 아들이면 이는 아버지로 하여금 북쪽을 향해 아들을 섬기게 하는 것이니, 자식으로서 불안한 바이므로 하지 않는 것이다."

聽於無聲하며 視於無形하며

소리가 없는 데에서도 듣는 듯이 하며, 형체가 없는 데에서도 보는 듯이 한다.

集解 陳氏曰 先意承志也니 常於心想像하여 似見形聞聲이니 謂父母將有敎使己然이니라

陳氏가 말하였다. "부모의 뜻에 앞서 뜻을 받드는 것이니, 항상 마음속에 상상하여 마치 부모의 모습을 보는 듯이 하며 부모의 목소리를 듣는 듯이 하는 것이니, 부모가 장차 자신을 가르치거나 시킴이 있는 듯이 여김을 이른다."

不登高하며 不臨深하며 不苟訾하며 不苟笑니라

높은 데 올라가지 않으며, 깊은 곳에 임하지 않으며, 구차히 꾸짖지 않으며, 구차히 웃지 않는다."

集解 苟는 苟且요 訾는 毁也라
增註 登高, 臨深은 危道也요 苟訾, 苟笑는 辱道也라 邵氏曰 人子旣當自卑以尊其親이요 又當自重以愛其身也니라

집해 苟는 구차함이요, 訾는 헐뜯음이다.

延 : 맞이할 연　行 : 항렬 항　登 : 오를 등　臨 : 임할 림　訾 : 헐뜯을 자
毁 : 헐뜯을 훼　邵 : 높을 소

증주 높은 데 올라가고 깊은 곳에 임함은 위험해지는 방법이요, 구차히 꾸짖고 구차히 웃음은 욕되는 길이다

邵氏(邵淵)가 말하였다. "자식은 이미 마땅히 자신을 낮추어 그 부모를 높이며, 또 마땅히 자신을 소중히 여겨 그 몸을 아껴야 한다."

8. 孔子曰 父母在어시든 不遠遊하며 遊必有方이니라 《論語 里仁》

孔子가 말씀하셨다. "부모가 계시거든 먼 곳에 가지 않으며, 가되 반드시 일정한 곳이 있어야 한다."

集解 朱子曰 遠遊則去親遠而爲日久하고 定省曠而音問疎하니 不惟己之思親不置라 亦恐親之念我不忘也라 遊必有方은 如已告云之東이어든 卽不敢更適西니 欲親必知己之所在而無憂하고 召己則必至而無失也니라 范氏曰 子能以父母之心爲心이면 則孝矣니라

朱子가 말씀하였다. "멀리 가면 부모를 떠남이 멀고 날짜가 오래되며, 昏定晨省을 비우게 되고 問安이 드물어지니, 단지 자신이 부모를 그리워하여 버려두지 못할 뿐만 아니라, 또한 부모가 나를 생각하여 잊지 않을까 염려해서이다. 가되 반드시 일정한 곳이 있어야 한다는 것은 만일 이미 동쪽으로 간다고 말씀드렸으면 감히 바꾸어 서쪽으로 가지 않는 것이니, 부모가 반드시 자기가 있는 곳을 알아 근심이 없게 하고, 자기를 부르면 반드시 이르러 실수가 없고자 해서이다."

范氏(范祖禹)가 말하였다. "자식이 부모의 마음으로써 자기 마음을 삼는다면 효도이다."

9. 曲禮曰 父母存이어시든 不許友以死니라 《禮記 曲禮》

《曲禮》에 말하였다. "부모가 생존해 계시거든 벗에게 죽음을 허락하지 않는다."

增註 親在而以身許人이면 是는 忘親矣라

○ 父母在而平日에 與友約以同死는 不可也요 若同行에 臨患難이면 則亦不可辭以親在而不救也니라

부모가 계신데 몸을 남에게 허락하면 이는 부모를 잊는 것이다.

○ 부모가 계신데 평일에 친구와 함께 죽기로 약속함은 不可하나, 만약 같이 길을 가다가 환난에 임하면 또한 부모가 계시다고 핑계하여 구원하지 않아서는 안된다.

曠 : 비울 광 置 : 버릴 치 更 : 고칠 경 適 : 갈 적 召 : 부를 소

10. 禮記曰 父母在어시든 不敢有其身하며 不敢私其財니 示民有上下也니라 《禮記 坊記》

「禮記」에 말하였다. "부모가 계시거든 감히 자기 몸을 자기 마음대로 두지 않으며, 감히 그 재물을 사사로이 하지 않으니, 이는 백성들에게 上下가 있음을 보이는 것이다.

集解 有는 猶專也니 不敢有는 言身非己之身이요 父母之身也라 不敢私는 言財非己之財요 父母之財也라 有上下는 謂卑當統於尊也라

有는 專(오로지)과 같으니, 감히 두지 않음은 몸이 자기의 몸이 아니요 부모의 몸임을 말한 것이다. 감히 사사로이 하지 않음은 재물이 자기의 재물이 아니요 부모의 재물임을 말한 것이다. 上下가 있다는 것은 낮은 자는 마땅히 높은 자에게 통솔되어야 함을 말한 것이다.

父母在어시든 饋獻을 不及車馬니 示民不敢專也니라

부모가 계시거든 선물하고 드림을 수레와 말에 미치지 않아야 하니, 이는 백성들에게 감히 제멋대로 하지 못함을 보이는 것이다."

集說 吳氏曰 自此遺彼曰饋요 自下奉上曰獻이라 車馬는 物之重者라 故로 不敢專之以饋獻이니라

吳氏가 말하였다. "이쪽에서 저쪽에 보내는 것을 饋라 하고, 아랫사람으로서 윗사람에게 받들어 올리는 것을 獻이라 한다. 수레와 말은 물건 중에 중한 것이므로, 감히 마음대로 선물하거나 드리지 못하는 것이다."

11. 內則曰 子婦孝者敬者는 父母舅姑之命을 勿逆勿怠니라 《禮記 內則》

《內則》에 말하였다. "아들과 며느리로서 효도하고 공경하는 자는 父母와 舅姑의 명을 거역하지 않고, 태만히 하지 않는다.

集成 方氏曰 惟孝라 故能於命勿逆하고 惟敬이라 故能於命勿怠하니 勿逆은 則以順受之요 勿怠는 則以勤行之니라

專 : 오로지 전 統 : 거느릴 통 饋 : 선물 궤 獻 : 바칠 헌 遺 : 줄 유

方氏가 말하였다. "효도하므로 명을 거역하지 않고, 공경하므로 명령을 게을리 하지 않으니, 거역하지 않음은 순히 받아들이는 것이요, 게을리하지 않음은 부지런히 행하는 것이다."

若飮食(임사)之어시든 雖不嗜라도 必嘗而待하며 加之衣服이어시든 雖不欲이라도 必服而待니라

만일 음식을 마시게 하고 먹게 하시거든 비록 즐기지 않더라도 반드시 맛보고서 부모의 명을 기다리며, 의복을 입게 하시거든 비록 입고 싶지 않더라도 반드시 입고서 부모의 명을 기다린다.

集解 言尊者以飮食衣服與己어든 心雖不好나 必且嘗之著(착)之하여 待尊者察己不好而改命焉然後에 置之也라

尊者가 음식과 의복을 자신에게 주시거든 마음에 비록 좋지 않더라도 반드시 우선 맛보고 입고서 尊者가 자기의 좋아하지 않는 것을 살펴서 다시 명령을 내리기를 기다린 뒤에 버려두어야 한다.

加之事요 人代之어시든 己雖不欲이나 姑與之하여 而姑使之라가 而後復(복)之니라

일을 맡겨 주시고 다른 사람으로 대신하게 하시거든 자신은 비록 하고자 하지 않더라도 우선 그에게 주어서 시키다가 뒤에 그 일을 되돌려 받는다."

集解 陳氏曰 尊者任之以事하여 而己旣爲之矣어늘 或念其勞하여 又使他人代之면 己雖不以爲勞而不欲其代나 然必順尊者之意而姑與之하며 若慮其爲之不如己意라도 姑教使之라가 及其果不能而後에 己復(부)爲之也니라 愚按 人子於是數者에 豈過爲矯情飾僞哉아 蓋委曲以行其意하여 而求無拂乎親之心也니라

陳氏가 말하였다. "尊者가 일을 맡겨서 자기가 이미 하고 있는데, 혹 그 수고로움을 염려하여 또다시 다른 사람으로 대신하게 하시거든, 자신은 비록 수고롭게 여기지 아니하여 그 〈다른 사람으로〉 대신함을 원하지 않더라도 반드시 尊者의 뜻을 순히 하여 우선 그에

飮 : 마시게할 임　食 : 먹일 사　嗜 : 즐길 기　嘗 : 맛볼 상　待 : 기다릴 대　與 : 줄 여
著 : 입을 착　姑 : 우선 고　復 : 회복할 복　果 : 과연 과　矯 : 속일 교　僞 : 거짓 위
委 : 곡진할 위　拂 : 어길 불

게 주며, 만약 그 하는 것이 자기의 뜻과 같지 못할까 염려되더라도 우선 시키다가 그 과연 능히 해내지 못함에 이른 뒤에 자기가 다시 해야 한다."

내 살펴보건대, 자식이 이 몇 가지에 있어 어찌 지나치게 情을 속여 거짓을 꾸미겠는가. 간곡히 그 뜻을 행하여 부모의 마음에 어그러짐이 없기를 구하는 것이다.

12. 子婦는 無私貨하며 無私蓄하며 無私器니 不敢私假하며 不敢私與니라 《禮記 內則》

아들과 며느리는 사사로이 교역하는 물건이 없으며, 사사로이 쌓아놓는 물건이 없으며, 사사로운 기물이 없으니, 감히 사사로이 빌려오지 못하며, 감히 사사로이 주지 못한다.

集解 貨는 交易之物이요 蓄은 藏積之物이라 假는 借人也요 與는 與人也라 此는 言家事統於尊也라

貨는 교역하는 물건이요, 蓄은 쌓아놓는 물건이다. 假는 남에게 빌림이요, 與는 남에게 줌이다. 이는 집안 일이 尊者에게 통솔됨을 말한 것이다.

婦或賜之飮食衣服布帛佩帨茝蘭이어든 則受而獻諸舅姑니 舅姑受之則喜하여 如新受賜하고 若反賜之則辭하되 不得命이어든 如更受賜하여 藏以待乏이니라

며느리는 혹자(친정 형제)가 음식과 의복과 베와 비단과 차는 수건과 茝蘭(香草)을 주거든 받아서 舅姑에게 바쳐야 하니, 舅姑가 받으시거든 기뻐하여 준 것을 새로 받는 것처럼 여기고, 만약 도로 주시거든 사양하되 명령을 얻지 못하거든 준 것을 다시 받는 것처럼 여겨 보관하고 다하기를 기다려야 한다.

集說 陳氏曰 或賜는 謂私親兄弟也라 茝蘭은 皆香草也라 受之則如新受賜하고 不受則如更受賜는 孝愛之至也라 不得命者는 不見許也라 待乏은 待尊者之乏也라

陳氏가 말하였다. "혹자가 주었다는 것은 자기의 私親(친정)의 형제를 이른다. 茝蘭은 모두 향초이다. 받으시거든 준 것을 새로 받은 듯이 여기고, 받지 않으시거든 준 것을 다시 받은 듯이 여김은 효도와 사랑의 지극함이다. 不得命은 허락을 받지 못함이다. 待乏은

貨 : 재화 화　蓄 : 쌓을 축　假 : 빌릴 가　借 : 빌릴 차　帛 : 비단 백　帨 : 수건 세
茝 : 향초 채　蘭 : 난초 란　藏 : 보관할 장　乏 : 다할 핍

尊者의 물건이 다하기를 기다림이다."

婦若有私親兄弟하여 將與之어든 則必復請其故하여 賜而後에 與之니라

며느리가 만약 私親의 형제가 있어 장차 그들에게 물건을 주려고 하거든 반드시 그 옛 것을 다시 청하여 舅姑가 주신 뒤에 주어야 한다.

集解 陳氏曰 故는 卽前者所獻之物而舅姑不受者니 雖藏於私室이나 今必再請於尊者하여 旣許然後에 取以與之也라 司馬溫公曰 人子之身은 父母之身也니 身且不敢自有어든 況敢有私財乎아 若父子異財하여 互相假借면 則是有子富而父母貧者하고 父母飢而子飽者하리니 不孝不義가 孰甚於此리오

陳氏가 말하였다. "故는 바로 전에 바친 바의 물건으로서 舅姑가 받지 않은 것이니, 비록 이것을 자기의 방에 보관했더라도 이제 반드시 尊者에게 다시 청하여 이미 허락한 뒤에 가져다 주어야 한다."

司馬溫公이 말하였다. "人子의 몸은 부모의 몸이다. 몸도 스스로 두지 못하거늘, 하물며 감히 사사로운 재물이 있을 수 있겠는가. 만약 아버지와 자식이 재물을 달리하여 서로 빌린다면, 이는 자식은 부유하면서 부모는 가난하고, 부모는 굶주리면서 자식은 배부른 경우가 있을 것이니, 不孝와 不義가 무엇이 이보다 심하겠는가."

13. 曲禮曰 父召어시든 無諾하며 先生召어시든 無諾하고 唯而起니라

《禮記 曲禮》

《曲禮》에 말하였다. "아버지가 부르시거든 느리게 대답하지 말며, 선생이 부르시거든 느리게 대답하지 말고 빨리 대답하고 일어나야 한다."

集解 唯는 應之速이요 諾은 應之緩이라 呂氏曰 諾은 許而未行也라

唯는 응답이 빠른 것이요, 諾은 응답이 느린 것이다. 呂氏가 말하였다. "諾은 허락만 하고 행하지 않는 것이다."

14. 士相見禮曰 凡與大人言에 始視面하고 中視抱하고 卒視面

互：서로 호　飢：주릴 기　孰：누구 숙　召：부를 소　諾：느리게대답할 낙
唯：빨리대답할 유　緩：느릴 완　抱：가슴 포　卒：마칠 졸

하며 毋改니 衆皆若是니라 《儀禮 士相見禮》

《士相見禮》에 말하였다. "무릇 大人(卿大夫)과 말할 적에 처음에는 얼굴을 보고 중간에는 가슴을 보고 마지막에는 얼굴을 보며 변동함이 없어야 하니, 모든 사람이 다 이와 같이 하여야 한다.

集說 陳氏曰 士相見禮는 儀禮篇名이라 大人은 卿大夫也라 儀禮註云 始視面은 謂觀其顏色可傳言未也라 抱는 懷抱也니 中視抱는 容其思之요 且爲敬也라 卒視面은 察其納己言否也라 毋改는 謂答應之間에 當正容體以待之요 毋自變動이니 爲嫌懈惰不虛心也라

集解 衆은 謂同在是者니 皆當如此也라

집설 陳氏가 말하였다. "士相見禮는 「儀禮」의 편명이다. 大人은 卿大夫이다. 「儀禮」의 註에 이르기를 '始視面은 그 안색이 말을 전할 수 있는가 없는가를 살핌이다. 抱는 가슴이니 中視抱는 그가 생각하도록 용납하고 또 공경하기 위해서이다. 卒視面은 자기의 말을 받아들이는가 받아들이지 않는가를 살핌이다. 毋改는 응답하는 사이에 마땅히 容體를 바로 하여 기다릴 것이요, 스스로 변동함이 없어야 함을 이르니, 게을러지고 마음을 비우지 않을까 혐의해서이다.' 라고 하였다."

집해 衆은 여기에 함께 있는 자를 이르니, 모두 마땅히 이와 같이 해야 한다.

若父則遊目하되 毋上於面하며 毋下於帶니라

부모인 경우에는 눈을 놀리되 얼굴에 올라가지 말며 띠에 내리지 말아야 한다.

集解 子於父에 主孝하고 不純乎敬하여 所視廣也라

增註 因觀安否何如也라 記曰 凡視上於面則敖하고 下於帶則憂라하니라

집해 자식은 아버지에 대해 孝를 주로 하고 恭敬에만 純一하지 않아, 보는 바가 넓은 것이다.

증주 인하여 안부가 어떤가를 살피는 것이다. 「禮記」의 《曲禮》에 말하였다. "무릇 볼 때에 얼굴 위로 올라가면 오만해지고, 띠 아래로 내려가면 근심스럽게 된다."

若不言이어시든 立則視足하고 坐則視膝이니라

만일 말씀하지 않으시거든 서계실 때는 발을 보고, 앉아 계실 때는 무릎을 본다."

毋 : 말 무　嫌 : 혐의할 혐　懈 : 게으를 해　惰 : 게으를 타　上 : 오를 상
下 : 내릴 하　純 : 순수할 순　敖 : 오만할 오　膝 : 무릎 슬

正誤 視足은 伺其行也요 視膝은 伺其起也라

발을 봄은 그 감을 살핌이요, 무릎을 봄은 그 일어남을 살핌이다.

15. 禮記曰 父命呼어시든 唯而不諾하며 手執業則投之하고 食在口則吐之하며 走而不趨니라 《禮記 玉藻》

「禮記」에 말하였다. "부모가 명하여 부르시거든 빨리 대답하고 느리게 대답하지 말며, 손에 일감을 잡고 있으면 던지고, 음식이 입에 있으면 뱉으며, 달려가고 종종걸음하지 말아야 한다.

集解 應氏曰 唯諾은 皆應也로되 而唯速於諾하고 走趨는 皆步也로되 而走速於趨라 投業, 吐食은 急趨父命也라

應氏가 말하였다. "唯와 諾은 모두 응답인데 唯가 諾보다 빠르며, 走와 趨는 모두 걸음인데 走가 趨보다 빠르다. 일감을 던지고 음식을 뱉음은 부모의 명령에 급히 달려가려고 해서이다."

親老어시든 出不易(역)方하며 復(복)不過時하며 親癠어시든 色容不盛이 此孝子之疏節也니라

부모가 늙으시거든 외출함에 방위(장소)를 변경하지 않으며, 돌아옴에 시기를 넘기지 않으며, 부모가 병드시거든 얼굴 모양을 성대하게 하지 않음이 이것이 孝子의 소략한 예절이다.

集解 易은 改也요 復은 反也요 時는 歸期也라 陳氏曰 易方則恐召已而莫知所在也요 過時則恐失期而貽親憂也라 癠는 病也라 方氏曰 孝子之事親이 豈必待老而後如是耶아 蓋以親老者는 尤不可不如是也니라

增註 色容不盛은 有憂色也라

正誤 自父命呼로 至色容不盛五事는 此皆孝子事親疏略之節이니 必若孔子所謂身體髮膚는 受之父母라 不敢毁傷이요 立身行道하여 揚名後世하여 以顯父母라야 爲德之本者니 斯爲至孝也니라

집해 易은 고침이요, 復은 돌아옴이요, 時는 돌아올 시기이다.

伺：엿볼 사 呼：부를 호 投：던질 투 吐：토할 토 走：달릴 주 趨：추창할 추
復：돌아올 복 癠：병들 제 疏：성글 소 貽：끼칠 이 膚：살갗 부 毁：헐 훼

陳氏가 말하였다. "장소를 바꾸면 부모가 자기를 부를 적에 소재지를 알지 못할까 염려해서요, 시기가 지나면 기일을 놓쳐 부모에게 걱정을 끼칠까 염려해서이다. 癠는 병듦이다.

方氏가 말하였다. "孝子가 부모를 섬김에 어찌 반드시 늙음을 기다린 뒤에 이와 같이 하겠는가? 부모가 늙은 자는 더욱 이와 같이 하지 않을 수 없는 것이다."

증주 色容不盛은 근심하는 기색이 있는 것이다.

정오 父命呼로부터 色容不盛에 이르기까지의 다섯 가지 일은, 이는 모두 효자가 부모를 섬기는 소략한 예절이다. 반드시 孔子께서 이른바 '身體와 毛髮과 살은 부모에게서 받았으므로 감히 毀傷하지 말며, 몸을 세우고 도를 행하여 후세에 이름을 드날려 부모를 나타내야 한다.'는 것과 같이 하여야 德의 근본이 되니, 이것이 지극한 효도가 된다.

父沒而不能讀父之書는 手澤이 存焉爾며 母沒而杯圈을 不能飮焉은 口澤之氣存焉爾니라

아버지가 돌아가시면 아버지의 책을 차마 읽지 못함은 손때가 남아 있기 때문이며, 어머니가 돌아가시면 술잔과 그릇을 차마 사용하여 마시지 못함은 입때의 기운이 남아 있기 때문이다."

集說 陳氏曰 不能은 猶不忍也라

集解 方氏曰 書는 書冊也니 君子執以誦習이라 故로 於父에 言之하고 杯圈은 飮食器也니 婦人은 飮食是議라 故로 於母에 言之라 父母亡而澤存焉하니 有所不忍也라

집설 陳氏가 말하였다. "不能은 不忍(차마 못함)과 같다."

집해 方氏가 말하였다. "書는 서책이니, 군자는 이것을 잡아 외우고 익히므로 아버지에게 말하였고, 杯圈은 음식 그릇이니, 부인은 음식을 의논하므로 어머니에게 말하였다. 부모가 돌아가셨어도 손때와 입때가 남아 있으니, 차마 못하는 바가 있는 것이다."

16. 內則曰 1)父母有婢子若庶子庶孫을 甚愛之어시든 雖父母沒이라도 沒身敬之不衰니라 《禮記 內則》

《內則》에 말하였다. "부모가 계집 종의 자식 및 庶子와 庶孫을 매우 사랑하시거든 비록 부모가 돌아가시더라도 몸을 마치도록 〈婢子·庶子·庶孫을〉 공경하여 쇠하지 않아야 한다.

沒：죽을 몰　澤：기름 택　杯：잔 배　圈：그릇 권　忍：차마할 인　冊：책 책
婢：계집종 비　若：및 약　庶：여러 서

역주 1. 庶子庶孫 : 庶는 '무리'라는 뜻으로, 여기에서 말한 庶子·庶孫은 妾의 所生이 아니요, 嫡長子나 嫡長孫이 아닌 자를 범칭한 것이다.

集解 婢子는 賤者所生也라 若은 及也라 沒身은 終身也라

婢子는 미천한 자의 소생이다. 若은 및이다. 沒身은 終身이다.

子有二妾에 父母는 愛一人焉하고 子는 愛一人焉이어든 [1]由衣服飮食과 由執事를 毋敢視父母所愛하여 雖父母沒이라도 不衰니라

아들이 두 첩이 있을 때에 부모는 한 사람을 사랑하고 아들은 다른 한 사람을 사랑하거든 의복과 음식과 일을 집행함에 있어 감히 부모가 사랑하는 첩에 견주지 말아 비록 부모가 돌아가시더라도 쇠하지 않아야 한다."

역주 1. 由衣服飮食 由執事 : 由를 於로 보아 '…에 대하여'로 해석하기도 한다.

集說 由는 自也요 視는 比也라 陳氏曰 不敢以私愛로 違父母之情也라

由는 부터이고, 視는 비교함이다. 陳氏가 말하였다. "감히 사사로운 사랑으로 부모의 뜻을 어기지 못해서이다."

17. 子甚宜其妻라도 父母不說(悅)이어시든 出하고 子不宜其妻라도 父母曰 是善事我라커시든 子行夫婦之禮焉하여 沒身不衰니라 《禮記 內則》

아들이 그 아내가 매우 마땅하더라도 부모가 기뻐하지 않으시거든 내보내며, 아들이 그 아내가 마땅하지 않더라도 부모가 "이가 나를 잘 섬긴다." 하시거든 아들은 夫婦의 禮를 행하여 종신토록 쇠하지 않아야 한다.

集解 應氏曰 父母以爲善이면 子情雖替나 而夫婦之禮를 亦不可不行焉이니 人子之心이 唯知有親而不知有己故也니라

應氏가 말하였다. "부모가 잘한다고 하시면 아들의 情은 비록 쇠하였으나 夫婦의 禮를 또한 행하지 않을 수 없으니, 人子의 마음은 오직 부모가 계신 것만 알고 자신이 있는 것은 모르기 때문이다."

妾 : 첩 첩　視 : 견줄 시　說 : 기쁠 열　替 : 쇠할 체

18. 曾子曰 孝子之養老也는 樂其心하며 不違其志하며 樂其耳目하며 安其寢處하며 以其飮食으로 忠養之니라 《禮記 內則》

曾子가 말씀하였다. "孝子가 늙으신 부모를 봉양함에는 그 마음을 즐겁게 하며, 그 뜻을 어기지 않으며, 그 귀와 눈을 즐겁게 해드리며, 그 잠자리와 거처를 편안하게 해드리며, 음식으로 정성껏 봉양해야 한다.

集解 樂其心은 順適其心하여 使樂而無憂也요 不違其志는 先意迎承하여 使無違逆也라 怡聲以問은 所以樂其耳요 柔色以溫은 所以樂其目이라 昏定以安其寢하고 晨省以安其處也라 忠者는 盡己之謂라

集說 方氏曰 養親之道 雖非卽飮食以能盡이나 亦非舍飮食以能爲니 君子何以處之오 亦曰忠養之而已라 夫養之以物은 止足以養其口體요 養之以忠이면 則足以養其志矣니라

집해 그 마음을 즐겁게 한다는 것은 그 마음을 순히 하고 맞추어서 즐거워 근심이 없게 함이요. 그 뜻을 어기지 않는다는 것은 뜻에 앞서 맞아 받들어 어김이 없게 하는 것이다. 소리를 和悅하게 하여 물음은 그 귀를 즐겁게 하는 것이요, 안색을 부드럽게 하여 받듦은 그 눈을 즐겁게 하는 것이다. 어두우면 이부자리를 정하여 그 잠자리를 편안하게 하고, 새벽이면 안부를 살펴 그 거처함을 편안히 해드린다. 忠은 자기 마음을 다함을 이른다.

집설 方氏가 말하였다. "부모를 봉양하는 도리는 비록 음식에 나아가 극진히 할 수 있는 것이 아니나, 또한 음식을 버리고서 능히 할 수 있는 것이 아니다. 그렇다면 군자는 어떻게 대처해야 하겠는가? 또한 정성껏 봉양할 따름이다. 물건으로써 봉양함은 다만 그 口體를 봉양할 뿐이요, 정성으로 봉양하면 충분히 그 뜻을 봉양할 수 있을 것이다."

是故로 父母之所愛를 亦愛之하며 父母之所敬을 亦敬之니 至於犬馬하여도 盡然이온 而況於人乎아

이러므로 부모가 사랑하신 바를 또한 사랑하며, 부모가 공경하신 바를 또한 공경해야 하니, 개와 말에 이르러도 모두 그렇거든 하물며 사람에게 있어서랴."

集解 眞氏曰 孝子愛敬之心이 無所不至라 故로 父母之所愛者는 雖犬馬之賤이라도 亦愛之하나니 況人乎哉아 姑擧其近者言之하면 若兄若弟는 吾父母之所愛也니 吾其可不愛之乎아 若薄之면 是는 薄吾父母也라 若親若賢은 吾父母之所敬也니 吾其可不敬之乎아 若慢之면 是는 慢吾父母也라 推類而長이면 莫

曾 : 일찍 증 適 : 맞을 적 怡 : 화할 이 舍 : 버릴 사 薄 : 박할 박 慢 : 태만할 만
推 : 밀 추

不皆然이니라

眞氏가 말하였다. "孝子가 부모를 사랑하고 공경하는 마음이 이르지 않는 바가 없다. 그러므로 부모가 사랑하신 바는 비록 개와 말처럼 천한 것이라도 또한 사랑해야 하니, 하물며 사람에게 있어서랴. 우선 그 가까운 것을 들어 말한다면 형이나 동생은 우리 부모가 사랑하신 바이니, 내가 사랑하지 않을 수 있겠는가. 만약 그들을 박대한다면 이는 우리 부모를 박대하는 것이다. 친척이나 어진 사람은 부모가 공경하신 바이니, 내가 공경하지 않을 수 있겠는가. 만약 태만히 한다면 이는 우리 부모에게 태만히 하는 것이다. 類를 미루어 펴나가면 모두 그렇지 않음이 없다."

19. 內則曰 舅沒則姑老니 冢婦所祭祀賓客에 每事를 必請於姑하고 介婦는 請於冢婦니라 《禮記 內則》

《內則》에 말하였다. "시아버지가 돌아가시면 시어머니는 집안 일을 맏며느리에게 물려 주니, 맏며느리는 제사와 빈객을 접대하는 일에 매사를 반드시 시어머니에게 여쭙고, 작은며느리는 맏며느리에게 여쭈어야 한다.

集解 冢婦는 長婦也라 老는 謂傳家事於長婦也라 然이나 長婦不敢專行이라 故로 祭祀賓客은 禮之大者니 亦必稟問而行也니라

冢婦는 長婦(맏며느리)이다. 老는 家事를 長婦에게 전함을 이른다. 그러나 맏며느리가 감히 마음대로 행할 수 없으므로 제사와 빈객은 예절의 큰 것이니, 또한 반드시 여쭙고 물어 시행해야 한다.

舅姑使冢婦어시든 毋怠하며 不友[敢]無禮於介婦니라

舅姑(시부모)가 맏며느리를 부리시거든 게을리 하지 말며, 감히 작은며느리에게 무례하게 하지 말아야 한다.

集解 友는 當作敢이라 使는 以事使之也라 言舅姑以事命冢婦면 則當自任其勞而不可惰慢이요 亦不敢恃舅姑之命而無禮於介婦也라

友는 마땅히 敢이 되어야 한다. 使는 일을 시킴이다. 舅姑가 일을 맏며느리에게 명령하면 마땅히 스스로 그 수고로움을 맡아 게을리 하지 말 것이요, 또한 舅姑의 명령을 믿고서 작은며느리에게 무례하게 하지 말아야 함을 말한 것이다.

冢：맏 총　介：버금 개　稟：여쭐 품　惰：게으를 타　恃：믿을 시

舅姑若使介婦어시든 毋敢敵耦於冢婦니 不敢並行하며 不敢並命하며 不敢並坐니라

舅姑가 만약 작은며느리를 부리시거든 감히 맏며느리에게 대등하게 맞서지 말아야 한다. 감히 나란히 걷지 말며, 감히 나란히 명령을 받거나 내리지 말며, 감히 나란히 앉지 말아야 한다.

集解 敵은 相抗也요 耦는 相並也라

集說 陳氏曰 介婦之與冢婦는 分有尊卑하여 任事에 毋敢敵耦니 不敢比肩而行하며 不敢並受命於尊者하며 不敢並出命於卑者라 蓋介婦는 當請命於冢婦也요 坐次도 亦必異列이니라

集成 項氏曰 此는 謂不得恃舅姑之使令而傲冢婦也라

집해 敵은 서로 맞섬이요, 耦는 서로 나란히 하는 것이다.

집설 陳氏가 말하였다. "작은며느리와 맏며느리는 분수에 높고 낮음이 있어 일을 맡음에 감히 맞서거나 대등하게 하지 말 것이니, 감히 어깨를 나란히 하여 가지 말며, 감히 尊者에게 나란히 명을 받지 말며, 감히 낮은 자에게 나란히 명령을 내리지 말아야 한다. 작은며느리는 마땅히 맏며느리에게 명령을 청해야 하고, 앉는 차례에 있어서도 또한 반드시 서열을 달리해야 한다."

집성 項氏(項安世)가 말하였다. "이는 舅姑의 使令(시키고 명령함)을 믿고서 맏며느리에게 오만히 해서는 안됨을 이른 것이다."

凡婦不命適私室이어든 不敢退하며 婦將有事에 大小를 必請於舅姑니라

모든 며느리들은 자기의 방에 가라고 명령하지 않으시거든 감히 물러가지 말며, 며느리가 장차 사사로운 일이 있을 때에는 크고 작은 일을 반드시 舅姑에게 청해야 한다."

集說 吳氏曰 凡婦는 通冢婦介婦而言이라 私室은 婦室也라 婦侍舅姑에 不命之退어든 不敢退也라 事는 謂私事라 大小를 必請於舅姑者는 不敢隱而專也라

吳氏가 말하였다. "凡婦는 冢婦와 介婦를 통틀어 말한 것이다. 私室은 며느리의 방이다. 며느리가 舅姑를 모시고 있을 적에 물러가라고 명령하지 않으면 감히 물러가지 않는다. 事는 사사로운 일을 이른다. 크고 작은 일을 반드시 舅姑에게 청하는 것은 감히 숨기

敵 : 대등할 적　耦 : 맞설 우　並 : 나란히할 병　抗 : 맞설 항　比 : 나란히할 비
肩 : 어깨 견　列 : 줄 렬　項 : 목 항　傲 : 오만할 오　適 : 갈 적, 맏 적

거나 독단적으로 할 수 없어서이다."

20. 適(嫡)子庶子는 祗事宗子宗婦하여 雖貴富나 不敢以貴富로 入宗子之家하여 雖衆車徒라도 舍於外하고 以寡約入하며 不敢以貴富로 加於父兄宗族이니라 《禮記 內則》

〈小宗의〉 適子와 庶子는 〈大宗의〉 宗子와 宗婦를 공경히 섬겨 비록 존귀하고 부유하더라도 감히 존귀하고 부유함으로써 宗子의 집에 들어가지 아니하여, 비록 수레와 종자가 많더라도 밖에 두고 적고 간략함으로 들어가며, 감히 貴富로써 부형과 종족에게 加하지 말아야 한다.

集解 適子는 謂父及祖之適子니 是小宗也요 庶子는 謂適子之弟라 宗子는 謂大宗子요 宗婦는 謂大宗婦也라 祗는 敬也라 徒는 從人也라 舍는 置也라 寡는 少也요 約은 省(생)也라

增註 言非唯不敢以貴富入宗子之家라 凡父兄宗族에도 皆不敢以此加之라

집해 適子는 아버지 및 할아버지의 適子를 이르니, 이는 小宗이요, 庶子는 適子의 아우이다. 宗子는 大宗子요, 宗婦는 大宗婦를 이른다. 祗는 공경함이다. 徒는 從人(따라온 사람)이다. 舍는 둠이다. 寡는 적음이요, 約은 줄임이다.

증주 비단 貴富로써 宗子의 집에 들어가지 않을 뿐만 아니라, 무릇 부형과 종족에게도 모두 감히 이로써 加하지 않아야 함을 말한 것이다.

21. 曾子曰 父母愛之어시든 喜而弗忘하며 父母惡(오)之어시든 懼而無怨하며 父母有過어시든 諫而不逆이니라 《禮記 祭義》

曾子가 말씀하였다. "부모가 사랑하시거든 기뻐하고 잊지 말며, 부모가 미워하시거든 두려워하고 원망하지 말며, 부모가 과실이 있으시거든 간하되 거스르지 말아야 한다."

集解 朱子曰 諫而不逆은 謂委曲作道理以諫이요 不唐突以觸父母之怒라

朱子가 말씀하였다. "諫而不逆은 간곡히 도리를 들어 간하고 당돌하게 부모의 분노를 촉발시키지 않음을 이른다."

祗 : 공경할 지　衆 : 많을 중　徒 : 무리 도　舍 : 둘 사　寡 : 적을 과　約 : 간략할 약
省 : 덜 생　諫 : 간할 간　突 : 갑작스러울 돌　觸 : 범할 촉

22. 內則曰 父母有過어시든 下氣怡色柔聲以諫이니 諫若不入이어든 起敬起孝하여 說(悅)則復(부)諫이니라 《禮記 內則》

《內則》에 말하였다. "부모가 과실이 있으시거든, 氣를 내리고 얼굴빛을 화하게 하고 목소리를 부드럽게 하여 간할 것이니, 간하여 만일 들어주지 않으시거든 공경을 일으키고 효를 일으켜 기뻐하시면 다시 간해야 한다.

集解 下, 怡, 柔는 皆和順之意니 盖諫은 易至於犯이라 故로 欲和也라 起는 悚然興起之意니 言孝敬之心이 有加無已하여 待親喜則復進言也라

下, 怡, 柔는 모두 화순의 뜻이다. 간함은 범함에 이르기 쉬우므로 화하고자 한 것이다. 起는 悚然히 흥기하는 뜻이니, 효도하고 공경하는 마음이 더함은 있고 그침은 없어서 부모가 기뻐함을 기다려 다시 말씀을 올림을 말한 것이다.

不悅이사도 [1]與其得罪於鄕黨州閭론 寧孰(熟)諫이니 父母怒不悅而撻之流血이라도 不敢疾怨이요 起敬起孝니라

부모가 기뻐하지 않으셔도 부모가 鄕·黨·州·閭에서 죄를 얻게 하기 보다는 차라리 익숙히 간해야 하니, 부모가 노하여 기뻐하지 아니하여 종아리를 쳐 피가 흘러도 감히 미워하거나 원망하지 않고 공경을 일으키며 효도를 일으켜야 한다."

역주 1. 與其得罪於鄕黨州閭 寧孰諫 : 寧(차라리) 앞에 與其가 나올 경우 與는 '…하기 보다는'으로 해석한다.

集解 萬二千五百家爲鄕이라 熟諫은 謂純熟殷勤而諫이라 疾은 惡(오)也라 眞氏曰 不諫이면 是陷其親於不義하여 使得罪於州里니 是以寧熟諫也라 怒而撻之라도 猶不敢疾怨이온 況下於此者乎아

1만 2천 5백 家를 鄕이라 한다. 熟諫은 純熟하고 은근하게 간함을 이른다. 疾은 미워함이다.

眞氏가 말하였다. "간하지 않으면 이는 그 부모를 不義에 빠뜨려 州·里에서 죄를 얻게 하는 것이다. 그러므로 차라리 익숙히 간하는 것이다. 〈부모가〉 노하여 종아리를 때리더라도 오히려 감히 미워하거나 원망하지 않거든 하물며 이보다 낮은 것에 있어서랴."

23. 曲禮曰 子之事親也에 三諫而不聽이어시든 [1]則號泣而隨之

復 : 다시 부　悚 : 두려울 송　閭 : 마을 려　寧 : 차라리 녕　熟 : 익숙할 숙
撻 : 종아리칠 달　疾 : 미워할 질　陷 : 빠질 함

니라 《禮記 曲禮》

《曲禮》에 말하였다. "자식이 부모를 섬김에 세 번 간하여 듣지 않으시면, 울부짖고 울면서 따라야 한다."

역주 1. 號泣而隨之 : 愚伏 鄭經世는 隨之를 父母의 가는 바를 따라다닌다는 뜻으로 보았으나, 뒤의 《善行篇》의 伊川先生家不用浮屠註에 '朱子曰 且以委曲開釋爲先 如不可回 則又不可咈親意也'란 말씀으로 미루어볼 때 父母의 뜻을 따르는 것으로 보는 것이 타당할 듯하다.

增註 將以感動親心하여 庶或見聽也라
○ 父子는 無可去之道라 故로 號泣而隨之而已니라

장차 어버이의 마음을 감동시켜 행여 혹 들어주실까 해서이다.
○ 父子間은 떠날 수 있는 道가 없으므로 울부짖고 울면서 따를 뿐인 것이다.

24. 父母有疾이어든 冠者不櫛하며 行不翔하며 言不惰하며 琴瑟不御하며 食肉不至變味하며 飮酒不至變貌하며 笑不至矧하며 怒不至詈니 疾止어시든 復故니라 《禮記 曲禮》

부모가 병환이 있으시거든 관을 쓴 자는 머리를 빗지 않으며, 다님에 활개치지 않으며, 말함에 게을리하지 않으며, 거문고와 비파를 타지 않으며, 고기를 먹되 입맛이 변함에 이르지 않으며, 술을 마시되 얼굴빛이 변함에 이르지 않으며, 웃되 잇몸이 보이는데 이르지 않으며, 노하되 꾸짖는데 이르지 않아야 하니, 병이 그치시거든 옛날로 돌아간다.

集解 陳氏曰 此는 言養父母疾之禮라 不櫛은 不爲飾也요 不翔은 不爲容也요 不惰는 不及他事也요 琴瑟不御는 以無樂意也라 猶可食肉이로되 但不至厭飫而口味變耳요 猶可飮酒로되 但不至醺酣而顔色變耳라 齒本曰矧이니 笑而見矧은 是大笑也요 怒罵曰詈니 怒而至詈는 是甚怒也니 皆爲忘憂라 故로 戒之라 復故는 復常也라 司馬溫公曰 父母有疾이어시든 子色不滿容하며 捨置餘事하고 專以迎醫合藥爲務也니라

陳氏가 말하였다. "이는 부모의 병환을 봉양하는 禮를 말한 것이다. 빗질하지 않음은 꾸밈을 하지 않음이요, 활개치지 않음은 모양을 내지 않음이요, 게을리하지 않음은 다른

泣 : 울 읍 櫛 : 빗 즐 翔 : 날 상 御 : 모실 어 矧 : 잇몸 신 詈 : 꾸짖을 리
厭 : 싫을 염 飫 : 배부를 어 醺 : 취할 훈 酣 : 취할 감 罵 : 욕할 매 捨 : 버릴 사

일에 미치지 않음이요, 거문고와 비파를 타지 않음은 즐거운 마음이 없기 때문이다. 오히려 고기를 먹되 다만 배불리 먹어 입맛이 변하는 데에 이르지 않을 뿐이요, 오히려 술을 마시되 다만 술에 취하여 얼굴빛이 변하는 데에 이르지 않을 뿐이다. 잇몸을 矧이라 하니, 웃어서 잇몸이 보이면 이는 크게 웃음이요, 노하여 꾸짖음을 詈라 하니, 노하여 꾸짖음에 이르면 이는 심히 노함이다. 이는 모두 걱정을 잊음이 되므로 경계한 것이다. 復故는 평상시로 돌아가는 것이다.

司馬溫公이 말하였다. "부모가 병환이 계시면 자식은 얼굴빛을 가득히 하지 않으며, 다른 일을 버려 두고서 오로지 의원을 맞이하고 약을 조제하는 일로 일을 삼아야 한다."

25. 君이 有疾飮藥이어든 臣先嘗之하며 親이 有疾飮藥이어든 子先嘗之니라 《禮記 曲禮》

임금이 병환이 있어 약을 마시거든 신하가 먼저 맛보며, 부모가 병환이 있어 약을 마시거든 자식이 먼저 맛보아야 한다.

集解 嘗은 謂度(탁)其所堪也라

嘗은 그 감당할 수 있는가를 헤아림을 이른다.

醫不三世어든 不服其藥이니라

의원이 3대를 계승하지 않았거든 그 약을 복용하지 않아야 한다.

集說 呂氏曰 醫三世면 治人多하고 用物熟矣니 功已試而無疑然後에 服之는 亦謹疾之道也라 方氏曰 經之所言은 亦道其常而已니 非傳業而或自得於心者는 未及三世라도 固在所取也니라

呂氏가 말하였다. "의원이 3대를 계승하였으면 사람을 치료함이 많고 약물을 사용함이 익숙하니, 功(효험)을 이미 시험하여 의심이 없은 뒤에 그 약을 복용함은 또한 병을 삼가는 도이다."

方氏가 말하였다. "經文에 말한 것은 또한 그 떳떳함을 말했을 뿐이니, 의술을 전승한 경우가 아니더라도 혹 스스로 마음에 터득한 자이면 3대에 미치지 않았어도 진실로 취할 바에 있는 것이다."

26. 孔子曰 父在에 觀其志요 父沒에 觀其行이니 三年을 無改於父之道라야 可謂孝矣니라 《論語 學而》

嘗 : 맛볼 상　度 : 헤아릴 탁　堪 : 견딜 감　道 : 말할 도

孔子가 말씀하셨다. "아버지가 살아계실 때에는 그(아들) 뜻을 보고, 아버지가 돌아가셨으면 그 행실을 볼 수 있으니, 3년동안 아버지가 행하던 道를 고침이 없어야 孝라고 할 수 있다."

集解 朱子曰 父在엔 子不得自專이나 而志則可知요 父沒然後에 其行을 可見이라 故로 觀此면 足以知其人之善惡이라 然又必能三年無改於父之道라야 乃見其孝니 不然이면 則所行雖善이나 亦不得爲孝矣니라 游氏曰 三年無改는 亦謂在所當改而可以未改者爾니라

朱子가 말씀하였다. "아버지가 생존해 계시면 자식이 독단적으로 할 수 없으나 뜻은 알 수 있고, 아버지가 돌아가신 뒤에는 그의 행실을 볼 수 있다. 그러므로 이를 관찰하면 그 사람의 善惡을 알 수 있는 것이다. 그러나 또한 3년동안 아버지가 행하던 道(일)를 고침이 없어야 그 孝를 볼 수 있으니, 그렇지 않으면 행하는 바가 비록 善하더라도 또한 孝라고 할 수 없는 것이다."

游氏(游酢)가 말하였다. "3년동안 고침이 없다는 것은 또한 마땅히 고쳐야 할 바에 있으나 아직 고치지 않아도 되는 것을 이른다."

27. 內則曰 父母雖沒이나 將爲善에 思貽父母令名하여 必果하며 將爲不善에 思貽父母羞辱하여 必不果니라 《禮記 內則》

《內則》에 말하였다. "부모가 비록 돌아가셨으나 장차 善한 일을 행할 적에는 부모에게 아름다운 명예를 끼침을 생각하여 반드시 결행하며, 장차 善하지 않은 일을 행할 적에는 부모에게 수치와 욕을 끼침을 생각하여 반드시 결행하지 말아야 한다."

集解 貽는 遺也요 果는 決也라

貽는 끼침이요, 果는 결행함이다.

28. 祭義曰 霜露旣降이어든 君子履之하고 必有悽愴之心하나니 非其寒之謂也라 春에 雨露旣濡어든 君子履之하고 必有怵惕之心하여 如將見之니라 《禮記 祭義》

貽 : 끼칠 이　令 : 아름다울 령　果 : 결행할 과　羞 : 부끄러울 수　辱 : 욕될 욕
遺 : 줄 유　履 : 밟을 리　悽 : 슬플 처　愴 : 슬플 창　濡 : 젖을 유　怵 : 두려울 출
惕 : 두려울 척

《祭義》에 말하였다. "서리와 이슬이 이미 내리거든 군자는 이것을 밟고 반드시 서글픈 마음이 있기 마련이니, 그 추움을 말함이 아니다. 봄에 비와 이슬이 이미 적셔주거든 군자는 이것을 밟고 반드시 놀라는 마음이 있어서 장차 부모를 뵈올 듯이 여긴다."

集解 祭義는 禮記篇名이라 履는 踐也라 悽愴은 悲傷貌라 濡는 沾濡也라 怵惕은 驚動貌라 輔氏曰 君子於親에 終身不忘이라 故로 氣序遷改하여 目有所見이면 則心有所感焉이라 秋陰之時에 萬物衰憊하니 履霜露하면 則其心悽愴而悲哀焉하고 春陽之時에 萬物發生하니 履雨露하면 則其心怵惕하여 如將見之也라 方氏曰 經文에 於雨露에 言春하니 則知霜露爲秋矣요 於霜露에 言非其寒하니 則知雨露爲非其溫矣며 於雨露에 言如將見之하니 則知霜露에 爲如將失之矣니 讀者不可不知니라

祭義는 「禮記」의 편명이다. 履는 밟음이다. 悽愴은 悲傷하는 모양이다. 濡는 적심이다. 怵惕은 놀라 움직이는 모양이다.

輔氏(輔廣)가 말하였다. "君子는 부모에 대해 종신토록 잊지 않는다. 그러므로 氣序(절기의 순서)가 바뀌어 눈에 보이는 바가 있으면 마음에 감동되는 바가 있는 것이다. 가을의 음산할 때에는 만물이 쇠하여 시들므로 서리와 이슬을 밟으면 그 마음이 서글퍼져 슬퍼하게 되고, 봄의 따뜻할 때에는 만물이 발생하므로 비와 이슬을 밟으면 그 마음이 놀라 마치 장차 부모를 뵈올 듯이 여기는 것이다."

方氏가 말하였다. "經文에 雨露에 봄이라 말하였으니, 그렇다면 霜露는 가을이 됨을 알 수 있고, 霜露에 그 추워서가 아니라고 말하였으니, 그렇다면 雨露는 그 따뜻해서가 아님을 알 수 있으며, 雨露에 장차 부모를 뵈올 듯이 여긴다고 말하였으니, 그렇다면 霜露에는 장차 잃을 듯이 여김을 알 수 있다. 독자는 이것을 알지 않으면 안된다."

29. 祭統曰 夫祭也者는 必夫婦親之니 所以備外內之官也니 官備則具備니라 《禮記 祭統》

《祭統》에 말하였다. "제사는 반드시 夫婦가 친히 하여야 한다. 이는 바깥과 안의 官(맡은 일)을 갖추기 위해서이니, 官이 갖추어지면 제물도 갖추어진다."

集說 陳氏曰 祭統은 禮記篇名이니 統은 猶本也라 具者는 奉祭之物也라 方氏曰 夫婦親之는 若君制祭에 夫人薦盎하고 君割牲에 夫人薦酒하고 卿大夫相君에 [1]命婦相夫人이니 此外內之官也라 官은 所以執事요 事는 所以具物이라 故

踐 : 밟을 천 沾 : 젖을 점 憊 : 고달플 비 官 : 맡을 관 薦 : 올릴 천 盎 : 동이 앙 割 : 벨 할 牲 : 희생 생

로 曰官備則具備라하니라

陳氏가 말하였다. "祭統은 「禮記」의 편명이니, 統은 本(근본)과 같다. 具는 제사를 받드는 물건이다."

方氏가 말하였다. "夫婦가 친히 한다는 것은 군주가 제사를 관장하면 부인이 술동이를 올리고, 군주가 희생을 베면 부인이 술을 올리고, 卿大夫가 군주를 도우면 命婦(경대부의 妻)가 부인을 돕는 것과 같으니, 이것이 바깥과 안의 官인 것이다. 官은 일을 집행하는 것이요, 일은 제물을 갖추는 것이다. 그러므로 官이 갖추어지면 제물이 갖추어진다고 말한 것이다."

역주 1. 命婦 : 卿大夫의 아내에게 내리는 봉작이다.

30. 君子之祭也에 必身親莅之니 有故어든 則使人이 可也니라

《禮記 祭統》

군자가 제사할 적에 반드시 몸소 친히 임해야 하니, 연고가 있으면 다른 사람을 시키는 것이 可하다.

集說 陳氏曰 莅는 臨也니 必身親臨之者는 致其如在之誠也니라 輔氏曰 有故는 謂疾病或不得已之事니 已旣不克與而時又不可失이면 則使他人攝之可也니라

陳氏가 말하였다. "莅는 임함이니, 반드시 몸소 친히 임한다는 것은 그 조상이 계신 듯이 여기는 정성을 극진히 하려고 해서이다."

輔氏가 말하였다. "有故는 질병이나 혹은 부득이한 일을 이른다. 자기가 이미 참여할 수 없고 제사지낼 때를 또한 놓칠 수 없다면 타인으로 하여금 대행하게 하는 것이 可하다."

31. 祭義曰 1)致齊(재)於內하고 散齊於外하여 齊之日에 思其居處하며 思其笑語하며 思其志意하며 思其所樂(요)하며 思其所嗜하여 齊三日에 乃見其所爲齊者니라 《禮記 祭義》

《祭義》에 말하였다. "안에 致齋하고 밖에 散齋하여, 재계하는 날에 그(조상) 거처하시던 것을 생각하며, 그 웃고 말씀하시던 것을 생각하며, 그 뜻을 생각하며, 그 좋아하시던 것을 생각하며, 그 즐기시던 것을 생각하여, 재계한 지 3일에 마침

莅 : 임할 리 攝 : 대신할 섭 齊 : 재계할 재, 가지런할 제 散 : 흩을 산
樂 : 좋아할 요 嗜 : 즐길 기

내 그 위하여 재계한 분(조상)을 보게 된다.

역주 1. 致齊於內 散齊於外 : 散齊는 산만한 것을 整齊하는 것이며, 致齊는 재계를 지극히 하는 것으로 먼저 散齊를 한 뒤에 致齊를 한다.

集說 陳氏曰 齊(재)之爲言은 齊(제)也니 所以齊不齊而致其齊也라 致齊於內는 若心不苟慮之類요 散齊於外는 若不飮酒, 不茹葷之類라 樂는 好也요 嗜는 欲也라 陳氏曰 五其字及所爲는 皆指親而言이니라

集成 見所爲齊者는 思之熟하여 若見其所爲齊之親也라

집설 陳氏가 말하였다. "齊라는 말은 가지런함이니, 가지런하지 않음을 가지런히 하여 그 재계를 지극히 하는 것이다. 안에 致齊한다는 것은 마음에 구차하게 생각하지 않는 따위와 같은 것이요, 밖에 散齊한다는 것은 술을 마시지 않고 마늘을 먹지 않는 따위와 같은 것이다. 樂는 좋아함이요, 嗜는 하고자 함이다."

陳氏가 말하였다. "다섯 개의 其字 및 所爲는 모두 부모를 가리켜 말한 것이다."

집성 위하여 재계한 분을 본다는 것은 생각함이 익숙하여 위하여 재계하는 바의 조상을 보는 듯한 것이다.

祭之日에 入室하여 僾然必有見乎其位하며 周還(旋)出戶에 肅然必有聞乎其容聲하며 [1]出戶而聽에 愾然必有聞乎其嘆息之聲이니라

제사하는 날에 사당에 들어가 僾然(어렴풋이)히 반드시 조상을 神位에서 봄이 있으며, 周旋하여 사당문을 나옴에 엄숙히 반드시 조상의 거동하는 소리를 들음이 있으며, 문을 나와 들음에 愾然히 반드시 조상의 탄식하는 소리를 들음이 있게 된다.

역주 1. 제사에 侑食을 하기 위해 闔門하고 밖으로 나가 기다릴 때를 가리킨 것이라 한다.

集解 陳氏曰 入室은 入廟室也라 僾然은 彷彿之貌라 見乎其位는 如見親之在神位也라 周旋出戶는 謂薦俎酌獻之時와 行步周旋之間에 或自戶內而出也라 肅然은 儆惕之貌요 容聲은 擧動容止之聲也요 愾然은 太息之聲也라

茹 : 먹을 여 葷 : 훈채 훈 僾 : 어렴풋할 애 還 : 돌 선 愾 : 한숨쉴 개 嘆 : 탄식할 탄
彷 : 비슷할 방 彿 : 비슷할 불 俎 : 제기 조 酌 : 술따를 작 儆 : 경계할 경
惕 : 두려울 척 息 : 숨쉴 식

陳氏가 말하였다. "入室은 사당의 방에 들어감이다. 僾然은 방불한 모양이다. 見乎其位는 조상이 神位에 계심을 보는 듯한 것이다. 周旋出戶는 제기를 올리고 술잔을 올릴 때와 行步하고 周旋하는 사이에 혹 문안으로부터 나옴을 이른다. 肅然은 공경하고 놀라는 모양이요, 容聲은 거동하거나 容止(기거동작)하는 소리이고, 愾然은 크게 한숨쉬는 소리이다."

是故로 先王之孝也는 色不忘乎目하며 聲不絕乎耳하며 心志嗜欲을 不忘乎心하시니 致愛則存하고 致愨則著라 著存을 不忘乎心이어니 夫安得不敬乎리오

이러므로 先王의 효도는 부모의 안색을 눈에 잊지 않으며, 음성을 귀에 끊지 않으며, 心志와 즐기고 하고자 하시던 것을 마음에 잊지 않으셨으니, 사랑을 극진히 하면 존재하고, 정성을 극진히 하면 나타난다. 나타나고 존재함을 마음에 잊지 않으니, 어찌 공경하지 않을 수 있겠는가."

集解 陳氏曰 致愛는 極其愛親之心也요 致愨은 極其敬親之誠也라 存은 以上文三者不忘而言이요 著는 以上文見乎其位以下三者而言이라

正誤 輔氏曰 人之行이 莫大於孝하니 先王이 能存此心이라 故로 父母之容色을 自不忘乎目하고 父母之聲音을 自不忘乎耳하고 父母之心志嗜欲을 自不忘乎心하니 固非勉強所能然也요 亦致吾心之愛敬而已라 故로 曰 致愛則存하고 致愨則著라하니라 著存不忘이면 則洋洋如在하리니 夫安得不敬乎리오

집해 陳氏가 말하였다. "致愛는 부모를 사랑하는 마음을 극진히 함이요, 致愨은 부모를 공경하는 정성을 극진히 함이다. 存은 윗글의 세 가지 잊지 않음을 가지고 말하였고, 著는 윗글의 그 神位에서 봄이 있다는 이하 세 가지를 가지고 말하였다."

정오 輔氏가 말하였다. "사람의 행실은 효도보다 더 큰 것이 없으니, 先王은 능히 이 마음을 보존하였다. 그러므로 부모의 용모와 안색을 자연히 눈에 잊지 않고, 부모의 음성을 자연히 귀에 잊지 않고, 부모의 心志와 좋아하고 하고자 하시던 것을 자연히 마음에 잊지 않는 것이니, 진실로 억지로 힘써 그렇게 하는 것이 아니요, 또한 내 마음의 사랑과 공경을 지극히 할 뿐이다. 그러므로 이르기를 '사랑을 극진히 하면 존재하고 정성을 지극히 하면 나타난다.' 하였다. 나타나고 존재함을 마음에 잊지 않으면 조상의 영혼이 洋洋(충만되고 성대함)히 계신 듯할 것이니, 어찌 공경하지 않을 수 있겠는가."

32. 曲禮曰 君子雖貧이나 不粥(육)祭器하며 雖寒이나 不衣祭服하며 爲宮室에 不斬於丘木이니라 《禮記 曲禮》

愨 : 정성 각 著 : 나타날 저 洋 : 넓을 양 粥 : 팔 육 斬 : 벨 참

《曲禮》에 말하였다. "君子는 비록 가난하나 祭器를 팔지 않으며, 비록 추우나 祭服을 입지 않으며, 집을 지을 적에 丘木(조상의 무덤에 심은 나무)을 베지 않는다."

集解 粥은 賣也요 斬은 伐也라 祭器는 所以奉祭니 粥之則無以祭也요 祭服은 所以接鬼神이니 衣之則褻而不敬也라 丘木은 所以庇其宅兆니 爲宮室而伐之면 則是慢其先而濟其私也라

粥은 팖이요, 斬은 벰이다. 祭器는 제사를 받드는 것이니, 팔면 제사를 지낼 수 없고, 祭服은 귀신을 접하는 것이니, 평소에 입으면 더럽혀져 불경하게 된다. 丘木은 그 宅兆(무덤)를 비호하는 것이니, 집을 짓느라 이것을 베면 이는 그 조상을 업신여기고 그 私慾을 이루는 것이다.

33. 王制曰 大夫는 祭器를 不假니 祭器未成이어든 不造燕器니라

《禮記 王制》

《王制》에 말하였다. "大夫는 제기를 빌리지 않으니, 제기가 이루어지지 않으면 燕器(일상생활하는 기물)를 만들지 않는다."

集解 假는 借也요 造는 爲也라 [1]有田祿者는 必自具祭器也니 未成이면 不造燕器者는 先神而後己也라

假는 빌림이요, 造는 만듦이다. 田祿이 있는 자는 반드시 스스로 제기를 장만하여야 하니, 제기가 이루어지지 않았으면 燕器를 만들지 않는 것은 귀신을 먼저 하고 자신을 뒤에 하는 것이다.

역주 1. 田祿 : 古代에는 녹봉을 土地로 받아 그 수입을 먹었으므로 말한 것이다.

34. 孔子謂曾子曰 身體髮膚는 受之父母라 不敢毁傷이 孝之始也요 立身行道하여 揚名於後世하여 以顯父母 孝之終也니라

《孝經》

孔子가 曾子에게 말씀하셨다. "신체와 모발과 살은 부모에게서 받았으니, 감히 毁傷하지 않는 것이 孝의 시작이요, 몸을 세우고 道를 행하여 후세에 이름을 드날려 부모를 드러나게 하는 것이 孝의 마지막이다.

褻 : 더러울 설　庇 : 비호할 비　兆 : 무덤 조　濟 : 이룰 제　燕 : 사사로울 연
祿 : 녹봉 록　膚 : 살갗 부　毁 : 헐 훼　揚 : 드날릴 양　顯 : 드러낼 현

集說 吳氏曰 此는 言人子之身體髮膚는 皆父母之所遺니 自愛而不敢虧 所以爲孝之始也요 能立身行道하면 則己之名이 揚於後世하고 而父母之名이 亦顯矣리니 所以爲孝之終也라

吳氏가 말하였다. "이는 人子의 신체와 모발과 살은 모두 부모가 남겨주신 것이니, 스스로 아껴 감히 虧損하지 않음이 孝의 시작이 되는 것이요, 능히 몸을 세우고 道를 행하면 자기의 이름이 후세에 드날려지고 부모의 이름이 또한 드러날 것이니, 孝의 마지막이 되는 것이다."

夫孝는 始於事親이요 中於事君이요 終於立身이니라

孝는 부모를 섬김에서 시작되고, 임금을 섬김에서 중간이 되고, 몸을 세움에서 마친다.

增註 此는 孝之終始也라

이는 孝의 終과 始이다.

愛親者는 不敢惡(오)於人이요 敬親者는 不敢慢於人이니 愛敬을 盡於事親하면 而德敎加於百姓하여 刑于四海하리니 此天子之孝也니라

부모를 사랑하는 자는 감히 남을 미워하지 않고, 부모를 공경하는 자는 감히 남에게 함부로 하지 않는다. 사랑과 공경을 부모 섬김에 극진히 하면 德敎가 백성에게 加해져서 四海에 본보기가 될 것이니, 이는 天子의 孝이다.

集解 眞氏曰 孝者는 不出乎愛敬而已니 推愛親之心以愛人하여 而無所疾惡하고 推敬親之心以敬人하여 而無所慢易하면 則躬行於上하여 而德敎自儀法於下하여 天下之人이 無不皆愛敬其親矣리라

眞氏가 말하였다. "孝는 사랑과 공경에서 벗어나지 않을 뿐이니, 부모를 사랑하는 마음을 미루어 남들을 사랑하여 미워하는 바가 없고, 부모를 공경하는 마음을 미루어 남들을 공경하여 함부로 하는 바가 없으면, 몸소 위에서 행하여 德敎가 저절로 아래에 儀法(모범)이 되어, 天下 사람들이 모두 그 부모를 사랑하고 공경하지 않는 이가 없을 것이다.

虧 : 이지러질 휴 刑 : 본받을 형 易 : 소홀히할 이 躬 : 몸 궁 儀 : 법도 의

在上不驕하면 高而不危하고 制節謹度하면 滿而不溢이니 然後에야 能保其社稷하며 而和其民人하리니 此諸侯之孝也니라

위에 있으면서 교만하지 않으면 높아도 위태롭지 않고, 예절에 맞게 하고 법도를 삼가하면 가득해도 넘치지 않는다. 그런 뒤에야 능히 그 社稷을 보존하며 그 人民을 화목하게 할 수 있으니, 이는 諸侯의 孝이다.

增註 制節은 自制於禮節也요 謹度는 謹守法度也라 貴爲國君하니 可謂高矣요 [1]富有千乘하니 可謂滿矣라 高則易危로되 在上不驕라 故로 不危하고 滿則易溢이로되 制節謹度라 故로 不溢이라 社는 土神이요 稷은 穀神이니 惟諸侯得祭之라

制節은 스스로 예절에 맞게 함이요, 謹度는 법도를 삼가 지킴이다. 귀함이 나라의 임금이 되었으니 높다고 이를 만하고, 부유함이 千乘을 소유하였으니 가득하다고 이를 만하다. 높으면 위태롭기가 쉬우나 위에 있으면서 교만하지 않으므로 위태롭지 않고, 가득하면 넘치기 쉬우나 예절에 맞게 하고 법도를 삼가므로 넘치지 않는 것이다. 社는 土地의 神이요, 稷은 곡식의 神이니, 오직 諸侯만이 제사할 수 있다.

역주 1. 富有千乘 : 乘은 兵車(戰車) 1대로, 여기에는 甲士 3명, 步兵 72명, 취사병 25명 등 모두 100명이 따르는바, 天子國은 萬乘을 보유하고 큰 諸侯國은 千乘을 보유하였으므로 말한 것이다.

非先王之法服이어든 不敢服하며 非先王之法言이어든 不敢道하며 非先王之德行이어든 不敢行이니 然後에야 能保其宗廟하리니 此卿大夫之孝也니라

先王의 법도에 맞는 옷이 아니거든 감히 입지 않으며, 先王의 법도에 맞는 말이 아니거든 감히 말하지 않으며, 先王의 德行이 아니거든 감히 행하지 않는다. 그러한 뒤에야 능히 그 종묘를 보존할 수 있으니, 이는 卿大夫의 孝이다.

增註 法은 法度也라 宗은 程子曰 言人宗於此而祭祀也라 [1]卿大夫有家하고 家必有廟라 故로 言保其宗廟라

法은 법도이다. 宗은 程子가 말씀하기를 "사람들이 이것을 종주로 삼아 제사함을 말한다." 하였다. 卿大夫는 家를 소유하고 家에는 반드시 家廟가 있으므로 그 宗廟를 보존한

驕 : 교만할 교 **溢** : 넘칠 일 **稷** : 피 직 **侯** : 제후 후 **乘** : 수레 승 **穀** : 곡식 곡
道 : 말할 도 **廟** : 사당 묘

다고 말한 것이다.

역주 1. 卿大夫有家 : 家는 일반적인 家庭을 의미하는 것이 아니요, 家臣을 소유한 큰 집안을 가리킨 것이다.

以孝事君則忠이요 以敬事長則順이라 忠順을 不失하여 以事其上然後에야 能守其祭祀하리니 此士之孝也니라

孝로써 임금을 섬기면 忠이 되고, 공경으로써 어른을 섬기면 順이 된다. 忠과 順을 잃지 아니하여 그 윗사람을 섬긴 뒤에야 그 제사를 지킬 수 있으니, 이는 士의 孝이다.

集解 移事親之孝以事君이면 則忠矣요 移事親之敬以事長이면 則順矣라 士有祿位하여 以奉祭祀라 故로 曰祭祀라

增註 上은 卽君長也라

집해 부모를 섬기는 孝를 옮겨 임금을 섬기면 忠이 되고, 부모를 섬기는 공경을 옮겨 어른을 섬기면 順이 된다. 士는 祿과 지위를 소유하여 제사를 받들므로 제사라 말하였다.

증주 上은 바로 군주와 장관이다.

用天之道하며 因地之利하여 謹身節用하여 以養父母니 此庶人之孝也니라

하늘의 道를 쓰며 땅의 이로움을 따라 몸을 삼가고 씀을 절약하여 부모를 봉양하여야 하니, 이는 庶人의 孝이다.

集說 吳氏曰 用天之道는 謂順天之生長收藏而耕耘斂穫을 各依其時也요 因地之利는 謂因地之沃衍皐隰而稻粱黍稷을 各隨其宜也라 謹身은 謂守身而不妄爲요 節用은 謂儉用而不妄費니 人能如此면 則身安力足하여 有以奉養其父母矣리라

吳氏가 말하였다. "하늘의 道를 쓴다는 것은 하늘이 낳고 자라고 거두고 감출 때를 순히 하여 밭갈고 김매고 거두고 수확함을 각기 그 철에 의지함이요, 땅의 이로움을 따른다는 것은 땅의 비옥함과 넓음과 높음과 저습함을 인하여 벼와 수수와 기장과 피를 심는 것

移 : 옮길 이　耕 : 밭갈 경　耘 : 김맬 운　斂 : 거둘 렴　穫 : 거둘 확　沃 : 기름질 옥
衍 : 평지 연　皐 : 언덕 고　隰 : 습지 습　稻 : 벼 도　粱 : 조 량　黍 : 기장 서
妄 : 망령될 망　費 : 허비할 비

을 각기 그 마땅함을 따름이다. 謹身은 몸을 지켜 함부로 행동하지 않음이요, 節用은 쓰기를 검소하게 하여 함부로 허비하지 않음을 이른다. 사람이 능히 이와 같이 하면 몸이 편안하고 힘이 넉넉하여 그 부모를 봉양할 수 있을 것이다."

故로 自天子至於庶人히 孝無終始요 而患不及者未之有也니라

그러므로 天子로부터 庶人에 이르기까지 孝에 終과 始가 없고서 禍가 미치지 않는 자는 있지 않다."

增註 孝之終始는 見上文이라 事親而不能有終有始면 災及其身이 必矣니라

孝의 終과 始는 윗 글에 보인다. 어버이를 섬기면서 終과 始가 있지 못하면 재앙이 그 몸에 미침이 틀림 없다.

35. 孔子曰 父母生之하시니 續莫大焉이요 君親臨之하시니 厚莫重焉이로다 是故로 不愛其親이요 而愛他人者를 謂之悖德이요 不敬其親이요 而敬他人者를 謂之悖禮니라 《孝經》

孔子가 말씀하셨다. "부모가 낳아 주셨으니, 계승함이 이보다 더 큼이 없고, 임금과 부모가 임하시니, 은혜의 두터움이 이보다 더 중함이 없다. 그러므로 그 부모를 사랑하지 않고 다른 사람을 사랑하는 것을 悖德(어긋난 德)이라 이르고, 그 부모를 공경하지 않고 다른 사람을 공경하는 것을 悖禮(어긋난 禮)라 이른다."

集說 眞氏曰 父母는 生我者也요 我則嗣續乎父母者니 天性之恩이 孰大焉이리오 君之臨臣과 父之臨子는 所以治而敎之也니 其厚乎我孰重焉이리오 合君親而並言은 以見君臣其義一也요 下文에 獨言親者는 蓋指天性最切者니 知愛敬乎親이면 則知愛敬乎君矣리라 范氏曰 君子愛親而後에 推以愛人하니 是之謂順德이요 敬親而後에 推以敬人하니 是之謂順禮니 苟或反此하면 則爲悖逆而非所以爲孝矣니라

眞氏가 말하였다. "부모는 나를 낳은 자요, 나는 부모를 계승하는 자이니, 天性의 은혜가 무엇이 이보다 크겠는가. 임금이 신하에게 임함과 부모가 자식에게 임함은 다스리고 가르치기 위한 것이니, 그 나에게 두터움이 무엇이 이보다 중하겠는가. 임금과 어버이를 합하여 함께 말함은 군신간도 그 의리가 똑같음을 보인 것이요. 下文에 오직 어버이만 말한 것은 天性의 가장 간절한 것을 가리킨 것이니, 어버이를 사랑하고 공경할 줄을 알면,

---

災 : 재앙 재　續 : 이을 속　悖 : 어그러질 패　嗣 : 이을 사　范 : 성 범

임금을 사랑하고 공경할 줄을 알 것이다."

范氏가 말하였다. "君子는 어버이를 사랑한 뒤에 미루어 남을 사랑하니 이것을 순한 德이라 하며, 어버이를 공경한 뒤에 미루어 남을 공경하니 이것을 순한 禮라 이른다. 만일 혹 이것을 반대로 하면 悖逆이 되어 효도하는 바가 아니다."

36. 孝子之事親에 居則致其敬하고 養則致其樂하고 病則致其憂하고 喪則致其哀하고 祭則致其嚴이니 五者備矣然後에야 能事親이니라 《孝經》

효자가 어버이를 섬김에 평소 거처할 때에는 그 공경을 극진히 하고, 봉양할 때에는 그 즐거움을 극진히 하고, 병환에는 그 근심을 극진히 하고, 초상에는 그 슬픔을 극진히 하고, 제사에는 그 엄숙함을 극진히 하니, 이 다섯 가지가 갖추어진 뒤에야 어버이를 섬길 수 있는 것이다.

增註 致는 極也라 樂은 謂愉色婉容이라 人子事親之心이 自始至終히 無一毫之不盡이라야 可謂孝矣니라

致는 극진히 함이다. 樂은 온화한 얼굴빛과 공손한 모양이다. 人子가 어버이를 섬기는 마음은 처음부터 끝가지 한 털끝만큼이라도 극진하지 않음이 없어야 孝라고 이를 수 있다.

事親者는 居上不驕하며 爲下不亂하며 在醜不爭이니 居上而驕則亡하고 爲下而亂則刑하고 在醜而爭則兵이니 三者를 不除하면 雖日用三牲之養이라도 猶爲不孝也니라

어버이를 섬기는 자는 위에 거해서는 교만하지 않으며, 아래가 되어서는 난을 일으키지 않으며, 동료간에 있어서는 다투지 않아야 한다. 위에 거하면서 교만하면 망하고, 아래가 되어서 난을 일으키면 형벌을 받고, 동료간에 있어서 다투면 병기로써 해치게 되니, 이 세 가지를 제거하지 않으면 비록 날마다 세 가지 짐승의 봉양을 쓰더라도 오히려 不孝가 된다."

集解 驕는 矜肆요 亂은 悖逆이라 醜는 類요 爭은 鬪也라 兵은 以兵刃相加也라 三牲은 牛羊豕也라

致 : 극진할 치　喪 : 초상 상　愉 : 화할 유　婉 : 순할 완　醜 : 무리 추
牲 : 희생 생　猶 : 오히려 유　矜 : 자랑할 긍　肆 : 방자할 사　刃 : 칼날 인
豕 : 돼지 시

增註 三者不除면 災將及親하리니 其爲不孝大矣라 口體之奉이 豈足贖哉리오

집해 驕는 자랑하고 방자함이요, 亂은 패역이다. 醜는 무리요, 爭은 싸움이다. 兵은 병기로써 서로 가함이다. 三牲은 소·양·돼지이다.

증주 세 가지를 제거하지 않으면 재앙이 장차 부모에게 미칠 것이니, 그 불효됨이 크다. 口體의 봉양으로 어찌 족히 贖罪할 수 있겠는가.

37. 孟子曰 世俗所謂不孝者五니 惰其四支(肢)하여 不顧父母之養이 一不孝也요 博奕好飮酒하여 不顧父母之養이 二不孝也요 好貨財, 私妻子하여 不顧父母之養이 三不孝也요 從耳目之欲하여 以爲父母戮이 四不孝也요 好勇鬪狠하여 以危父母 五不孝也니라 《孟子 離婁下》

孟子가 말씀하셨다. "세속의 이른바 不孝라는 것이 다섯 가지이니, 四肢를 게을리 하여 부모의 봉양을 돌보지 않음이 첫째 불효요, 장기를 두고 바둑을 두며 술 마시기를 좋아하여 부모의 봉양을 돌보지 않음이 둘째 불효요, 재물을 좋아하며 처와 자식만을 사랑하여 부모의 봉양을 돌보지 않음이 세째 불효요, 귀와 눈의 욕망을 따라 부모를 욕되게 함이 네째 불효요, 용맹을 좋아하여 싸우고 성내어 부모를 위태롭게 함이 다섯째 불효이다."

集說 陳氏曰 四支는 手足也라 顧는 猶念也라 博은 局戲요 奕은 圍棊라 戮은 羞辱也요 狠은 忿戾也라

陳氏가 말하였다. "四支는 팔과 다리이다. 顧는 念과 같다. 博은 판으로 놀이함이요, 奕은 바둑이다. 戮은 羞辱(치욕)이요, 狠은 忿戾(성냄)이다."

38. 曾子曰 身也者는 父母之遺體也니 行父母之遺體하되 敢不敬乎아 居處不莊이 非孝也며 事君不忠이 非孝也며 莅官不敬이 非孝也며 朋友不信이 非孝也며 戰陳(陣)無勇이 非孝也니 五者를 不遂하면 烖(災)及其親이니 敢不敬乎아 《禮記 祭義》

曾子가 말씀하였다. "내 몸은 부모가 남겨주신 몸이니, 부모가 남겨주신 몸을

贖 : 속죄할 속 顧 : 돌아볼 고 博 : 장기 박 奕 : 바둑 혁 戮 : 욕될 륙
狠 : 사나울 한 局 : 판 국 戲 : 놀이 희 圍 : 에워쌀 위 羞 : 부끄러울 수
戾 : 어그러질 려 莅 : 임할 리 陳 : 진칠 진 遂 : 이룰 수 烖 : 재앙 재

행하되 감히 공경하지 않겠는가. 거처함에 장엄하지 않음이 효가 아니며, 임금을 섬김에 충성하지 않음이 효가 아니며, 벼슬에 임하여 공경하지 않음이 효가 아니며, 친구간에 신의가 없음이 효가 아니며, 싸우거나 진을 칠 때에 용맹이 없음이 효가 아니다. 다섯 가지를 완수하지 못하면 재앙이 그 어버이에게 미치니, 감히 공경하지 않을 수 있겠는가."

集說 吳氏曰 行은 猶奉也라 莅는 臨也라 交兵曰戰이요 制行伍曰陳이라 遂는 成也라 曰莊, 曰忠, 曰敬, 曰信, 曰勇은 皆孝之事也니 五者不遂하면 則不可以爲孝而身及於災矣요 身災則及於親矣니 此는 君子所以不可不敬也니라 或疑奉遺體而曰戰陳無勇은 何哉오 蓋殺身成仁而孝在其中矣니라

吳氏가 말하였다. "行은 奉(받듦)과 같다. 莅는 임함이다. 병기를 맞부딪치는 것을 戰이라 하고, 항오를 짓는 것을 陣이라 한다. 遂는 이룸이다. 莊·忠·敬·信·勇은 모두 孝의 일이니, 다섯 가지를 완수하지 못하면 孝가 될 수 없고 몸이 재앙에 미친다. 몸이 재앙을 당하면 재앙이 어버이에게 미치니, 이것은 君子가 공경하지 않을 수 없는 이유이다. 혹자는 '부모에게 남겨주신 몸을 받들면서 戰陣에 용맹이 없다고 말함은 어째서인가?'하고 의심하니, 이는 몸을 죽여 仁을 이루면 孝가 그 가운데에 있기 때문이다."

39. 孔子曰 五刑之屬이 三千이로되 而罪莫大於不孝하니라 《孝經》

孔子가 말씀하셨다. "다섯 가지 형벌의 종류가 3천 가지인데, 죄는 不孝보다 더 큰 것이 없다."

集說 陳氏曰 五刑은 墨, 劓, 剕, 宮, 大辟也니 墨者는 刺面이요 劓者는 割鼻요 剕者는 刖足이요 宮者는 去勢요 大辟은 死刑也라 按書呂刑에 墨屬千이요 劓屬千이요 剕屬五百이요 宮屬三百이요 大辟之屬二百이니 凡三千條라 刑은 所以罰惡이니 惡莫大於不孝라 故로 罪亦莫大於不孝니라

陳氏가 말하였다. "五刑은 墨·劓·剕·宮·大辟(벽)이다. 墨은 얼굴에 刺字함이요, 劓는 코를 벰이요, 剕는 발을 벰이요, 宮은 거세함이요, 大辟은 사형이다. 「書經」의 《呂刑》에 墨刑의 종류가 천이요, 劓刑의 종류가 천이요, 剕刑의 종류가 5백이요, 宮刑의 종류가 3백이요, 大辟의 종류가 2백 가지로 모두 3천 가지이다. 刑은 악행을 벌주는 것이니, 악행은 불효보다 더 큰 것이 없으므로 죄 또한 불효보다 더 큰 것이 없는 것이다."

伍 : 항오 오　屬 : 붙이 속　墨 : 자자할 묵　劓 : 코벨 의　剕 : 발꿈치벨 비
宮 : 궁형 궁　辟 : 형벌 벽　刺 : 찌를 자, 문신할 자　割 : 벨 할　鼻 : 코 비
刖 : 발꿈치벨 월　罰 : 죄줄 벌

右는 明父子之親하니라

이상은 父子의 친함을 밝힌 것이다.

40. 禮記曰 將適公所할새 宿齊(재)戒하여 居外寢하며 沐浴하고 史進象笏이어든 書思對命이니 既服하고 習容觀玉聲하여 乃出이니라 《禮記 玉藻》

「禮記」에 말하였다. "장차 公所(임금이 계신 곳)에 나아갈 적에는 미리 재계하여 바깥 침실에서 거처하며 목욕하고, 史官이 상아홀을 올리거든 생각한 것과 대답할 것과 〈임금의〉 명령을 쓸 것이다. 이미 朝服을 입고는 容觀(용모와 거동)과 옥소리를 익히고서 이에 나간다."

集說 陳氏曰 適은 往也요 公所는 君所也라 宿은 前期也라 史는 掌文史者라 笏者는 忽也니 書事以備忽忘者라 思는 謂所思告君者요 對는 謂所擬對君者요 命은 謂君命이니 三者를 皆書之於笏은 敬謹之至也라 容觀은 容貌儀觀也요 玉聲은 佩玉之聲也라

陳氏가 말하였다. "適은 감이요, 公所는 임금이 있는 곳이다. 宿은 기한보다 앞섬이다. 史는 문서를 관장하는 자이다. 笏은 잊는다는 뜻이니, 일을 기록하여 잊음에 대비하는 것이다. 思는 임금에게 아뢸 것을 생각함이요, 對는 임금에게 대답할 것을 미리 모의함이요, 命은 군주의 명령이니, 이 세 가지를 모두 홀에 쓰는 것은 공경과 삼감이 지극한 것이다. 容觀은 容貌와 儀觀이요, 玉聲은 패옥의 소리이다."

41. 曲禮曰 凡爲君使者已受命하여는 君言을 不宿於家니라 《禮記 曲禮》

《曲禮》에 말하였다. "무릇 임금의 使者(심부름꾼)가 된 자는 이미 명령을 받고서는 임금의 명령한 말씀을 집에 묵혀두지 않는다.

增註 君言은 卽君命이니 受命卽行은 敬君也라

君言은 바로 임금의 명령이니, 명령을 받고 곧바로 떠남은 임금을 공경함이다.

適 : 갈 적 宿 : 미리 숙, 묵힐 숙 齊 : 재계할 재 沐 : 머리감을 목 浴 : 목욕할 욕
進 : 올릴 진 笏 : 홀 홀 擬 : 헤아릴 의

君言이 至어든 則主人이 出拜君言之辱하고 使者歸어든 則必拜送于門外니라

임금의 말씀이 이르거든 주인은 나가서 임금의 말씀이 욕됨을 절하고, 使者가 돌아가거든 반드시 문 밖에서 절하여 보낸다.

集解 辱은 謂屈辱君命之來也라 至則拜命하고 歸則拜送은 皆敬君也라

辱은 〈자기와 같이 미천한 사람에게〉 임금의 명령이 옴이 임금에게 욕이 됨을 이른다. 이르면 명령에 절하고, 돌아가면 절하여 보냄은 모두 임금을 공경함이다.

若使人於君所어든 則必朝服而命之하고 使者反이어든 則必下堂而受命이니라

만약 임금이 계신 곳에 사람을 심부름보내게 되면 반드시 朝服을 입고 명하며, 使者가 돌아오면 반드시 堂(대청)에서 내려가 명령을 받는다.

增註 反은 還也라 朝服而遣使하고 下堂而受命은 皆敬君也라

集解 陳氏曰 孔子問人於他邦에 再拜而送之하시니 況使人於君所乎아 言朝服而命之면 則知上文拜辱拜送亦朝服也요 言拜辱拜送이면 則知朝服命之亦拜也요 言拜送於門外면 則知拜辱亦於門外也라 [1]此皆互文以見이니 讀者不可不知니라

증주 反은 돌아옴이다. 조복을 입고 使者를 보내며, 堂에서 내려가 명령을 받음은 모두 임금의 명령을 공경함이다.

집해 陳氏가 말하였다. "孔子는 다른 나라에 사람을 보내어 안부를 물을 때에 再拜하고 보내셨으니, 하물며 임금이 계신 곳에 사람을 심부름보냄에 있어서랴. 조복을 입고 명했다고 말했으면, 上文의 拜辱과 拜送도 또한 조복을 입었음을 알 수 있고, 拜辱과 拜送이라고 말했으면, 조복을 입고 명령할 때에도 또한 절했음을 알 수 있으며, 문 밖에서 拜送했다고 말했으면, 拜辱도 또한 문 밖에서 했음을 알 수 있다. 이는 모두 互文으로써 나타낸 것이니, 읽는 자는 알지 않으면 안된다."

역주 1. 互文 : 같은 내용이 두 곳 이상에 나올 경우, 같은 내용을 일일이 쓰지 않고 생략하여 한 가지만 쓰는 것을 가리킨다.

42. 論語曰 君召使擯이어든 色勃如也하시며 足躩如也러시다 《論語

屈 : 굽힐 굴 反 : 돌아올 반 邦 : 나라 방 擯 : 손님맞는사람 빈 勃 : 발끈할 발
躩 : 발굽힐 곽(확)

鄕黨》

「論語」에 말하였다. "임금이 불러 손님 접대하는 일을 시키거든 얼굴빛을 변하셨으며, 발을 서슴거리는 듯이 하셨다.

集說 朱子曰 擯은 主國之君이 所使出接賓者라 勃은 變色貌요 躩은 盤辟貌니 皆敬君命故也라

朱子가 말씀하였다. "擯은 주인된 나라의 임금이 신하로 하여금 나가서 손님을 접대하도록 시킨 자이다. 勃은 낯빛을 변하는 모양이요, 躩은 서슴거리는 모양이니, 모두 임금의 명령을 공경하기 때문이다."

揖所與立하시되 左右手러시니 衣前後襜如也러시다

함께 서 있는 동료의 擯에게 읍하시되 손을 左右로 하셨는데, 옷의 앞뒤가 가지런하셨다.

集說 朱子曰 所與立은 謂同爲擯者也라 [1]擯用命數之半하니 如上公九命이면 則用五人하여 以次傳命이라 揖左人則左其手하고 揖右人則右其手라 襜은 整貌라

朱子가 말씀하였다. "所與立은 함께 擯이 된 자를 이른다. 擯은 命數의 반을 쓰니, 예를 들어 9命인 上公이면, 다섯 사람을 써서 차례로 명을 전한다. 이때에 왼쪽 사람에게 읍할 때에는 그 손을 왼쪽으로 하고, 오른쪽 사람에게 읍할 때에는 그 손을 오른쪽으로 하는 것이다. 襜은 가지런한 모양이다."

역주 1. 擯用命數之半 上公九命則用五人 : 命은 관원의 품계를 나타내는 것으로 一命이 가장 낮으며 점차 올라가 九命에 이르는바, 諸侯國도 公·侯·伯·子·男의 다섯 등급이 있어 上公이 가장 높다. 擯은 命數의 半을 쓰는바, 九命의 公爵인 諸侯國은 5명의 擯을 둔다.

趨進에 翼如也러시다

종종걸음으로 나아갈 때에 날개를 편듯이 하셨다.

集說 朱子曰 疾趨而進에 張拱端好하여 如鳥舒翼이니라

盤 : 돌 반 辟 : 발절 벽 揖 : 읍할 읍 襜 : 옷자락 첨 張 : 베풀 장
拱 : 두손마주잡을 공 舒 : 펼 서 翼 : 날개 익

朱子가 말씀하였다. "빨리 추창하여 나아감에 몸을 펴고 손을 모은 것이 단정하고 아름다워 마치 새가 날개를 편 듯한 것이다."

賓退어든 必復命曰 賓不顧矣라하시다

손님이 물러가거든 반드시 復命하기를 '손님이 돌아보지 않고 잘 갔습니다.'라고 하셨다."

集說 朱子曰 紓君敬也라

朱子가 말씀하였다. "임금의 공경을 풀게 한 것이다."

43. 入公門하실새 鞠躬如也하사 如不容이러시다 《論語 鄕黨》

〈孔子께서〉 公門(궁궐문)에 들어가실 때에는 몸을 굽히시어 용납하지 못할 듯이 하셨다.

集說 朱子曰 鞠躬은 曲身也라 公門高大而若不容은 敬之至也라

朱子가 말씀하였다. "鞠躬은 몸을 굽힘이다. 公門은 높고 큰데도 용납하지 못할 듯이 함은 공경의 지극함이다."

立不中門하시며 行不履閾이러시다

서있을 때에는 문 가운데에 하지 않으시며, 다닐 때에는 문의 한계를 밟지 않으셨다.

集說 朱子曰 中門은 中於門也라 閾은 門限也라 謝氏曰 立中門則當尊하고 行履閾則不恪이라

朱子가 말씀하였다. "中門은 문의 한 가운데 서는 것이다. 閾은 문의 한계이다."
謝氏(謝良佐)가 말하였다. "설 때에 문의 한가운데에 하면 높은 곳을 차지하고, 다닐 때에 문의 한계를 밟으면 조심스럽지 못하다."

過位하실새 色勃如也하시며 足躩如也하시며 其言이 似不足者러시다

임금의 빈 자리를 지나갈 때에 얼굴빛을 변하셨으며, 발을 서슴거리는 듯이 하

紓 : 펼 서　鞠 : 굽힐 국　躬 : 몸 궁　閾 : 문지방 역　恪 : 삼갈 각

셨으며, 그 말이 부족한 듯이 하셨다.

集說 朱子曰 位는 君之虛位니 君雖不在나 過之必敬은 不敢以虛位而慢之也라 言似不足은 不敢肆也라

朱子가 말씀하였다. "位는 임금의 빈 자리이니, 임금이 비록 계시지 않더라도 지나감에 반드시 공경함은 감히 빈 자리라고 해서 소홀히 할 수 없어서이다. 말을 부족한 듯이 함은 감히 함부로 하지 않는 것이다."

攝齊(자)升堂하실새 鞠躬如也하시며 屛氣하사 似不息者러시다

옷자락을 잡고 堂에 오르실 적에 몸을 굽힌 듯이 하셨으며, 숨을 죽여 마치 숨쉬지 않는 것처럼 하셨다.

集說 朱子曰 攝은 摳也요 齊는 衣下縫也라 禮에 將升堂할새 兩手摳衣하여 使去地尺하니 恐躡之而傾跌失容也라 屛은 藏也요 息은 鼻息出入者也니 近至尊에 氣容肅也라

朱子가 말씀하였다. "攝은 잡음이요, 齊는 옷의 아래 꿰맨 곳이다. 禮(曲禮)에 장차 堂에 오르려 할 때는 두 손으로 옷자락을 잡아서 땅에서 한 자쯤 떨어지게 하였으니, 옷을 밟아 몸이 기울고 넘어져 용모를 잃을까 두려워해서이다. 屛은 감춤이요, 息은 코로 숨을 내쉬고 들이쉬는 것이니, 至尊에 가까움에 숨쉬는 모양이 엄숙한 것이다."

出降一等하사는 逞顏色하사 怡怡如也하시며 沒階하사는 趨翼如也하시며 復其位하사는 踧踖如也러시다

나와서 계단의 한 등급을 내려가서는 얼굴빛을 펴시어 화한 듯이 하셨으며, 계단을 다 내려와서는 종종걸음으로 걸어 날개를 편듯이 하셨으며, 제자리로 돌아와서는 踧踖(두려움)해 하셨다.

集說 朱子曰 等은 階之級也라 逞은 放也니 漸遠所尊에 舒氣解顏이라 怡怡는 和悅也라 沒階는 下盡階也라 趨는 走就位也라 踧踖은 恭敬不寧之貌니 復位踧踖은 敬之餘也라

攝 : 잡을 섭　齊 : 옷자락 자　升 : 오를 승　屛 : 감출 병　息 : 숨쉴 식　摳 : 잡을 구
縫 : 꿰맬 봉　躡 : 밟을 섭　傾 : 기울어질 경　跌 : 넘어질 질　逞 : 펼 령
階 : 층계 계　踧 : 삼갈 축　踖 : 삼갈 적　放 : 놓을 방　舒 : 펼 서

朱子가 말씀하였다. "等은 계단의 등급(층)이다. 逞은 폄이니, 높은 분에게서 점점 멀어짐에 기운을 펴고 안색을 푼 것이다. 怡怡는 화하고 기뻐함이다. 沒階는 계단을 내려오기를 다함이다. 趨는 달려가 자리로 나아감이다. 踧踖은 공경하여 편안하지 못한 모양이니, 자리로 돌아와서도 踧踖함은 공경이 남은 것이다."

44. 禮記曰 君賜에 車馬어든 乘以拜賜하고 衣服이어든 服以拜賜니라 《禮記 玉藻》

「禮記」에 말하였다. "임금이 하사함에 수레와 말을 주시거든 타고 가서 주심에 절하고, 의복을 주시거든 입고가서 주심에 절한다.

集成 孔氏曰 凡受君賜에 賜至則拜하며 至明日에 更乘服所賜하고 往至君所하여 又拜하니 重君恩也라

孔氏가 말하였다. "무릇 임금의 하사품을 받음에 하사품이 이르면 절하며, 다음날에 이르러 다시 하사받은 것을 타거나 입고 임금 계신 곳으로 가서 또 절하니, 임금의 은혜를 중하게 여긴 것이다."

君이 未有命이어든 弗敢卽乘服也니라

임금이 명령함이 있지 않거든 수레와 말과 의복을 감히 곧바로 타거나 입지 않는다."

集成 謂非經賜어든 雖有車馬衣服이나 不敢輒乘服也라 若後世에 三品은 雖應服紫하고 五品은 雖應服緋나 必君賜而後服이니라

하사를 거치지 않으면 비록 수레와 말과 의복이 있더라도 감히 곧바로 타거나 입지 않음을 이른다. 후세에 三品은 비록 자주빛 옷을 입을 수 있고, 五品은 비록 붉은색 옷을 입을 수 있으나, 반드시 임금이 하사한 뒤에 입는 것과 같다.

45. 曲禮曰 賜果於君前이어든 其有核者는 懷其核이니라 《禮記 曲禮》

《曲禮》에 말하였다. "임금의 앞에서 과일을 하사하거든 씨가 있는 것은 그 씨를 품에 간직한다."

經 : 지날 경 紫 : 자주색 자 緋 : 붉을 비 核 : 씨 핵 懷 : 품을 회

集說 陳氏曰 敬君賜라 故로 不敢棄核이라

陳氏가 말하였다. "임금이 하사해 주신 것을 공경하므로 감히 씨를 버리지 않는 것이다."

46. 御食於君에 君賜餘어시든 器之漑者는 不寫(瀉)하고 其餘는 皆寫니라 《禮記 曲禮》

임금을 모시고 음식을 먹을 적에 임금이 남은 것을 주거든 그릇을 씻을 수 있는 것은 쏟지 않고, 그 나머지는 모두 다른 그릇에 쏟는다.

集成 呂氏曰 御食은 侍食也라

集解 陳氏曰 君以食之餘者로 賜之어든 若陶器或木器可以洗滌者는 則卽食之하고 或其器是萑竹所織이라 不可洗滌者는 則傳寫於他器而食之하니 不欲口澤之瀆也니라

집성 呂氏가 말하였다. "御食은 군주를 모시고 먹는 것이다."

집해 陳氏가 말하였다. "임금이 음식의 남은 것을 주거든 만일 질그릇이나 혹 나무그릇으로서 씻을 수 있는 것은 〈다른 그릇에 쏟지 않고〉 그대로 먹고, 혹 그 그릇이 갈대나 대로 짠 것이어서 씻을 수 없는 것은 다른 그릇에 옮겨 쏟아서 먹으니, 입때로 더럽히지 않으려고 해서이다."

47. 論語曰 君賜食이어든 必正席先嘗之하시고 君賜腥이어든 必熟而薦之하시고 君賜生이어든 必畜(흌)之러시다 《論語 鄕黨》

「論語」에 말하였다. "임금이 음식을 주거든 반드시 자리를 바로 하여 먼저 맛보시고, 임금이 날고기를 주거든 반드시 익혀서 조상께 올리시고, 임금이 살아있는 것을 주거든 반드시 기르셨다."

集說 朱子曰 食은 恐或餕餘라 故로 不以薦이라 正席先嘗은 如對君也니 言先嘗이면 則餘當以頒賜矣라 腥은 生肉이니 熟而薦之祖考는 榮君賜也라 畜之者는 仁君之惠하여 無故면 不敢殺也라

集成 或問聖人은 席不正不坐하시니 豈必君賜食而後에 正之耶아 朱子曰 席

御：모실 어 漑：씻을 개 寫：쏟을 사 洗：씻을 세 滌：씻을 척 萑：갈대 환
織：짤 직 傳：옮길 전 澤：기름 택 瀆：더럽힐 독 嘗：맛볼 상 腥：날고기 성
薦：올릴 천 畜：기를 휵 餕：남을 준 頒：나눌 반

固正矣나 將坐而又正焉이 所以爲禮也라 曲禮에 主人旣迎賓이면 則請入爲席矣요 賓旣升堂이면 主人이 又跪正席이라하니 豈先爲不正之席이라가 至此然後에 正之哉아 蓋敬愼之至耳니라

집설 朱子가 말씀하였다. "음식은 혹 남은 것을 남겨주는 것일까 두려우므로 조상께 올리지 않는 것이다. 자리를 바로 하여 먼저 맛봄은 임금을 대하듯이 하는 것이니, 먼저 맛본다고 말했으면 나머지는 마땅히 나누어 주었을 것이다. 腥은 날고기이니, 이것을 익혀서 祖考에게 올림은 임금이 하사한 것을 영광스럽게 여긴 것이다. 기르는 것은 임금의 은혜를 사랑하여 연고가 없으면 감히 죽이지 않는 것이다."

집성 혹자가 묻기를 "聖人은 자리가 바르지 않으면 앉지 않으시니, 어찌 반드시 임금이 음식을 하사한 뒤에야 자리를 바르게 한단 말입니까?" 하자, 朱子가 말씀하였다. "자리는 본래 바르나 장차 앉으려 할 때에 또다시 바로잡음이 禮가 되는 것이다. 《曲禮》에 '주인이 이미 손님을 맞이하면 들어가서 자리를 펼 것을 청하고, 손님이 이미 堂에 오르면 주인이 또 무릎꿇고 자리를 바르게 한다.' 하였으니, 어찌 먼저 바르지 못한 자리를 마련해 놓고 있다가 이에 이른 뒤에 바르게 하겠는가. 이는 공경과 삼감이 지극할 뿐이다."

48. 侍食於君에 [1)]君祭어든 先飯이러시다 《論語 鄕黨》

임금을 모시고 음식을 먹음에 임금이 祭를 하거든 孔子께서 먼저 잡수셨다.

역주 1. 君祭 : 祭는 제사가 아니고, 음식을 먹을 때에 처음 음식을 만든 사람에게 감사하는 뜻으로 밥 따위를 조금 덜어 내어 그릇에 담아 놓는 것이며, 식사가 끝나면 다시 이것을 먹어 치운다.

集說 朱子曰 周禮에 王日一擧하나니 膳夫授祭品嘗食이어든 王乃食이라 故로 侍食者君祭면 則已不祭而先飯하여 若爲君嘗食然하니 不敢當客禮也니라

朱子가 말씀하였다. "「周禮」에 왕은 하루에 한번 성찬을 드는데 膳夫(요리사)가 祭할 물건을 주고 음식을 맛보면 왕이 이에 먹는다. 그러므로 모시고 먹는 자는 임금이 祭하면 자기는 祭하지 않고 먼저 밥을 먹어 마치 임금을 위하여 음식을 맛보는 것처럼 하는 것이니, 이는 감히 손님의 禮를 당하지 못해서이다."

49. 疾에 君視之어든 東首하시고 加朝服拖紳이러시다 《論語 鄕黨》

병환에 임금이 문병을 오거든 孔子는 머리를 동쪽으로 하시고, 朝服을 더하고 그 위에 띠를 걸치셨다.

跪 : 꿇어앉을 궤 飯 : 밥 반 擧 : 성찬먹을 거 膳 : 반찬 선 拖 : 걸칠 타
紳 : 큰띠 신

集說 朱子曰 東首는 以受生氣也라 病臥하여 不能著(착)衣束帶하고 又不可以褻服見(현)君이라 故로 加朝服於身하고 又引大帶於上也라

朱子가 말씀하였다. "머리를 동쪽으로 함은 生氣를 받으려고 해서이다. 병으로 누워 옷을 입고 띠를 묶을 수 없으며, 또한 褻服(평상복)으로 임금을 뵐 수 없으므로 조복을 몸에 加하고 그 위에 큰 띠를 걸쳐놓는 것이다."

50. 君이 命召어든 不俟駕行矣러시다 《論語 鄕黨》

임금이 명하여 부르거든 멍에하기를 기다리지 않고 가셨다.

集說 朱子曰 急趨君命하여 行出하면 而駕車隨之니라

朱子가 말씀하였다. "급히 임금의 명령에 달려가서 걸어서 나가면 멍에한 수레가 뒤따라 오는 것이다."

51. 吉月에 必朝服而朝러시다 《論語 鄕黨》

孔子는 吉月(매월 초하루)에 반드시 조복을 입고 조회하셨다.

集說 朱子曰 吉月은 月朔也라 孔子在魯致仕時에 如此하시니라

朱子가 말씀하였다. "吉月은 매월 초하루이다. 孔子가 魯나라에 계시면서 致仕했을 때에 이와 같이 하셨다."

52. 孔子曰 君子事君하되 進思盡忠하며 退思補過하여 將順其美하고 匡救其惡하나니 故로 上下能相親也니라 《孝經》

孔子가 말씀하셨다. "君子가 임금을 섬기되 나아가서는 충성을 다할 것을 생각하며, 물러나서는 임금의 과실을 바로잡을 것을 생각하여 그 아름다운 것을 받들어 따르고 그 나쁜 것을 바로잡는다. 그러므로 윗사람과 아랫사람이 서로 친한 것이다."

集解 眞氏曰 將은 猶承也라 進見(현)其君하면 則思盡己之忠하고 退適私室하면 則思補君之過하여 無一時一念之不在君也라 有善이어든 承順之하여 使益

著 : 입을 착 褻 : 평상복 설 見 : 뵐 현 俟 : 기다릴 사 駕 : 멍에할 가
朔 : 초하루 삭 致 : 돌려줄 치 將 : 받들 장 匡 : 바로잡을 광

進於善하고 有惡이어든 正救之하여 使潛消其惡이니 此는 愛君之至也라 臣以忠愛而親其君이면 則君亦諒其忠愛而親之也라 張氏曰 正君之義는 必先正其身이라 故로 進則思盡己之忠하고 退則思補君之過하여 使己之心으로 無一毫之不盡然後에 君有美則將順之하고 有惡則匡救之니 格君心之非는 亦曰正己而已라하니 二說이 皆通이니라

眞氏가 말하였다. "將은 承(받듦)과 같다. 나아가 그 임금을 뵈면 자기의 충성을 다할 것을 생각하고, 물러나 私室에 가면 임금의 과실을 바로잡을 것을 생각하여, 한 때와 한 생각이라도 임금에게 있지 않음이 없는 것이다. 善이 있으면 받들어 순종하여 더욱 善에 나아가게 하고, 惡이 있으면 바로잡아 속으로 그 惡을 사라지게 하니, 이는 임금을 사랑함이 지극한 것이다. 신하가 충성과 사랑으로써 그 임금을 친히 하면 임금도 또한 그 충성과 사랑을 믿어 그를 친히 한다."

張氏가 말하였다. "임금을 바로잡는 義는 반드시 먼저 자기 몸을 바르게 해야 한다. 그러므로 나아가서는 자기의 충성을 다할 것을 생각하고, 물러와서는 임금의 과실을 바로잡을 것을 생각하여, 자기의 마음으로 하여금 一毫라도 다하지 않음이 없게 한다. 그런 뒤에 임금이 아름다운 일이 있으면 받들어 순히 하고, 나쁜 일이 있으면 바로잡는 것이니, 임금 마음의 잘못을 바로 잡음은 또한 자기를 바로잡을 뿐인 것이다."

이상의 두 說이 모두 통한다.

53. 君使臣以禮하며 臣事君以忠이니라 《論語 八佾》

임금은 신하 부리기를 禮로써 하며, 신하는 임금 섬기기를 충성으로써 해야 한다.

集說 朱子曰 二者는 皆理之當然이니 各欲自盡而已니라

朱子가 말씀하였다. "두 가지는 모두 도리의 당연함이니, 각각 스스로 다하고자 할 뿐이다."

54. 大臣은 以道事君하다가 不可則止니라 《論語 先進》

대신은 道로써 임금을 섬기다가 不可하면 그만 둔다.

集說 朱子曰 以道事君者는 不從君之欲이요 不可則止者는 必行己之志니라

朱子가 말씀하였다. "道로써 임금을 섬긴다는 것은 임금의 욕심을 따르지 않음이요, 不可하면 그만 둔다는 것은 반드시 자기의 뜻을 실행하는 것이다."

潛 : 잠길 잠 消 : 사라질 소 諒 : 믿을 량 格 : 바로잡을 격

55. 子路問事君한대 子曰 勿欺也요 而犯之니라 《論語 憲問》

子路가 임금을 섬김에 대해 묻자, 孔子께서 말씀하셨다. "속이지 말고 범하여 간해야 한다."

集解 子路는 孔子弟子니 姓仲이요 名由요 字子路라 朱子曰 犯은 謂犯顔諫爭이라

集成 西山眞氏曰 僞言不直을 謂之欺요 直言無隱을 謂之犯이니 欺與犯은 正相反이라 禮記에 謂事君에 有犯而無隱이라하니라

집해 子路는 孔子의 제자이니, 성은 仲이요, 이름은 由요, 字는 子路이다. 朱子가 말씀하였다. "犯은 얼굴을 범하여 간쟁함을 이른다."

집성 西山眞氏가 말하였다. "거짓말을 하고 바르지 않음을 欺라 이르고, 곧은 말을 하고 숨기지 않음을 犯이라 이르니, 欺와 犯은 정반대이다. 「禮記」《檀弓》에 '임금을 섬기되 범함은 있고 숨김은 없다.'고 하였다."

56. 鄙夫는 可與事君也與哉아 《論語 陽貨》

비루한 지아비와는 더불어 임금을 섬길 수 있겠는가.

集說 朱子曰 鄙夫는 庸惡陋劣之稱이라

朱子가 말씀하였다. "鄙夫는 용렬하고 악하고 누추함의 칭호이다."

其未得之也엔 患得之하고 旣得之하여는 患失之하나니

그 〈벼슬을〉 얻지 못했을 때에는 얻음을 근심하고, 이미 얻고서는 잃음을 근심하나니

集說 何氏曰 患得之는 謂患不能得之라

何氏가 말하였다. "患得之는 얻지 못함을 근심함을 이른다."

苟患失之면 無所不至矣니라

만일 잃음을 근심하면 이르지 않는 바가 없다.

欺 : 속일 기 犯 : 범할 범 爭 : 간쟁할 쟁 鄙 : 비루할 비 庸 : 용렬할 용
陋 : 더러울 루 劣 : 못날 렬

集說 朱子曰 小則吮癰舐痔하고 大則弑父與君이 皆生於患失而已니라

朱子가 말씀하였다. "작게는 종기를 빨거나 치질을 핥아주고, 크게는 아버지와 임금을 시해함이 모두 잃음을 근심함에서 생길 뿐이다."

57. 孟子曰 責難於君을 謂之恭이요 陳善閉邪를 謂之敬이요 吾君不能을 謂之賊이니라 《孟子 離婁上》

孟子가 말씀하였다. "임금에게 어려운 일을 책함을 恭이라 이르고, 善한 말을 개진하여 惡을 막음을 敬이라 이르고, 우리 임금은 능히 하지 못한다 함을 賊이라 이른다."

集解 范氏曰 人臣이 以難事責於君하여 使其君爲堯舜之君者는 尊君之大也요 開陳善道하여 以禁閉君之邪心하여 唯恐其君或陷於有過之地者는 敬君之至也요 謂其君不能行善道라하여 而不以告者는 賊害其君之甚也니라

范氏가 말하였다. "신하가 어려운 일을 임금에게 책하여 그 임금을 堯舜과 같은 임금으로 만듦은 임금을 공경함이 큰 것이요, 善한 道를 개진하여 임금의 사악한 마음을 막아서 행여 그 임금이 혹 과실이 있는 곳에 빠질까 두려워함은 임금을 공경함이 지극한 것이요, 그 임금이 善한 道를 행할 수 없다 하여 아뢰지 않음은 그 임금을 해침이 심한 것이다."

58. 有官守者는 不得其職則去하고 有言責者는 不得其言則去니라 《孟子 公孫丑下》

官守가 있는 자는 그 직책을 수행할 수 없으면 떠나가고, 言責이 있는 자는 그 말을 들어주지 않으면 떠나간다.

集說 朱子曰 官守는 以官爲守者요 言責은 以言爲責者라

朱子가 말씀하였다. "官守는 관직을 맡고 있는 자요, 言責은 말을 직책으로 삼는 자이다."

59. 王蠋曰 忠臣은 不事二君이요 烈女는 不更(경)二夫니라 《史記 田單列傳》

吮：빨 연 癰：종기 옹 舐：핥을 지 痔：치질 치 弑：시해할 시 責：꾸짖을 책
陳：베풀 진 閉：닫을 폐 賊：해칠 적 蠋：나비애벌레 촉 更：바꿀 경

王蠋이 말하였다. "忠臣은 두 임금을 섬기지 않고, 烈女는 두 남편을 바꾸지 않는다."

集說 陳氏曰 蠋은 [1]齊之畫邑人이라 忠義之臣은 始終一心이라 故不事二君이요 貞烈之女는 始終一志라 故不更二夫라 按通鑑에 燕將樂毅破齊에 聞蠋賢하고 使請蠋한대 蠋拒之以此하고 遂自經死하니라

陳氏가 말하였다. "王蠋은 齊나라의 畫邑 사람이다. 忠義의 신하는 始終 한 마음이므로 두 임금을 섬기지 않고, 貞烈의 여자는 始終 한 뜻이므로 두 남편을 바꾸지 않는다.「通鑑」에 燕나라 장군 樂毅가 齊나라를 격파하고는 王蠋이 어질다는 말을 듣고 사람을 보내어 王蠋을 청하자, 王蠋은 이 말로 거절하고 마침내 스스로 목매어 죽었다."

역주 1. 齊之畫邑 : 齊나라의 西南쪽에 있는 地名으로 ,「孟子」에는 晝邑이 보이는바, 같은 고을로 여겨진다.

右는 明君臣之義하니라

이상은 君臣의 義를 밝혔다.

60. 曲禮曰 男女非有行媒어든 不相知名하며 非受幣어든 不交不親이니라 《禮記 曲禮》

《曲禮》에 말하였다. "남자와 여자가 중매가 왕래하지 않았으면 서로 이름을 알지 않으며, 폐백을 받지 않았으면 사귀지 않고 친하지 않는다.

集說 陳氏曰 行媒는 謂媒氏之往來也요 名은 謂男女之名也라 受幣然後에 親交之禮分定이니라

陳氏가 말하였다. "行媒는 媒氏(官名)가 왕래함을 이르고, 名은 남자와 여자의 이름을 이른다. 폐백을 받은 뒤에야 친하고 사귀는 禮와 분수가 정해진다."

故로 日月以告君하며 齊戒以告鬼神하며 爲酒食(사)以召鄕黨僚友하나니 以厚其別也니라

그러므로 혼인할 날짜와 달을 임금에게 아뢰며, 재계하여 조상의 귀신에게 아

畫 : 그을 획　燕 : 연나라 연　毅 : 굳셀 의　拒 : 막을 거　遂 : 마침내 수
經 : 목맬 경　媒 : 중매 매　幣 : 폐백 폐　食 : 밥 사　僚 : 동료 료

되며, 술과 음식을 만들어 鄕黨의 사람과 동료와 친구를 부르니, 이는 그 분별을 두터이하려고 해서이다.

集說 陳氏曰 日月은 取婦之期니 媒氏書之하여 以告于君이라 鬼神은 謂先祖라 僚는 同官者요 友는 同志者라 厚其別者는 重其有別之禮也라

陳氏가 말하였다. "日月은 아내를 맞이하는 시기이니, 媒氏가 이것을 써서 임금에게 아뢴다. 鬼神은 선조를 이른다. 僚는 벼슬을 함께 하는 자요, 友는 同志이다. 그 분별을 두터이 한다는 것은 男女有別의 禮를 중히 하는 것이다."

取(娶)妻하되 不取同姓이니 故로 買妾에 不知其姓則卜之니라

아내를 맞이하되 同姓을 맞이하지 않는다. 그러므로 첩을 구할 때에 그 姓을 알지 못하면 점을 친다."

集解 陳氏曰 不娶同姓은 爲其近禽獸也라 卜者는 卜其吉凶也라
○ 蓋異姓則吉이요 同姓則凶也라

陳氏가 말하였다. "同姓에게 장가들지 않음은 금수에 가깝기 때문이다. 卜은 그 길흉을 점치는 것이다."
○ 異姓이면 길하고, 同姓이면 흉하다.

61. 士昏禮曰 父醮子에 命之曰 往迎爾相하여 承我宗事하되 勗帥(솔)以敬하여 先妣之嗣니 若則有常하라 子曰 諾다 唯恐不堪이어니와 不敢忘命하리이다 《儀禮 士昏禮》

《士昏禮》에 말하였다. "아버지가 아들에게 醮禮할 때에 훈계하기를 '가서 네 相(내조자)을 맞이하여 우리 종묘의 일을 계승하되 힘써 先導하기를 敬으로써 하여 先妣를 잇게 할 것이니, 너는 떳떳함을 두어라.' 하면, 아들은 '예, 그러겠습니다. 행여 감당하지 못할까 두렵거니와 명령을 잊지 않겠습니다.'라고 한다.

集說 陳氏曰 士昏禮는 儀禮篇名이라 [1]酌而無酬酢曰醮니 蓋醮子以親迎也라 相은 助也니 妻는 所以助夫라 故로 謂之相이라 宗事는 宗廟之事라 勗은 勉也

娶 : 장가들 취 買 : 살 매 卜 : 점칠 복 醮 : 술따를 초 相 : 아내 상 勗 : 힘쓸 욱
帥 : 거느릴 솔 妣 : 어미 비 嗣 : 이을 사 若 : 너 약 諾 : 승낙할 낙 堪 : 견딜 감
酌 : 술따를 작 酬 : 술권할 수 酢 : 술권할 작

요 帥은 倡也니 言當勉帥爾婦以恭敬也라 [2]母曰先妣는 蓋古稱也니 先妣之嗣는 謂婦代姑祭也라 若은 爾也라 有常은 始終不替也라 諾은 應辭라 堪은 能也라

陳氏가 말하였다. "士昏禮는 「儀禮」의 편명이다. 술을 따르기만 하고 수작하지 않음을 醮라 하니, 아들에게 초례하여 친히 아내를 맞이하게 한 것이다. 相은 도움이니, 아내는 남편을 돕는 것이므로 相이라 이른 것이다. 宗事는 종묘의 일이다. 勗은 힘씀이요, 帥은 倡(선도함)이니, 마땅히 힘써 너의 아내를 선도하되 敬으로써 하라는 것이다. 어머니를 先妣라 함은 옛날의 칭호이니, 先妣를 잇는다는 것은 며느리가 시어머니가 맡았던 제사를 대신함을 이른다. 若은 爾(너)이다. 有常은 시종 변하지 않음이다. 諾은 응하는 말이다. 堪은 능함이다."

역주 1. 酬酢 : 손님이 주인의 술잔을 받아 마신 뒤에 다시 술을 부어 主人에게 권함을 酬라 하고, 主人이 다시 손님에게 권함을 酢이라 한다.
2. 母曰先妣 蓋古稱也 : 후대에는 별세한 어머니만을 先妣라 칭하였으나 古代에는 先妣를 생존한 어머니에 대한 칭호로도 썼음을 말한 것이다.

父送女에 命之曰 戒之敬之하여 夙夜無(毋)違命하라

아버지가 딸을 시집보낼 적에 훈계하기를 '경계하고 공경하여 이르나 늦으나 舅姑의 명을 어기지 말라'고 한다.

集說 陳氏曰 夙은 早也요 違는 逆也라 命은 謂舅姑之命이라

陳氏가 말하였다. "夙은 이른 아침이요, 違는 거스림이다. 命은 舅姑의 명을 이른다."

母施衿結帨曰 勉之敬之하여 夙夜無違宮事하라

어머니가 작은 띠를 매주고 수건을 매주며 훈계하기를 '힘쓰고 공경하여 이르나 늦으나 집안 일을 어기지 말라.'고 한다.

集說 陳氏曰 衿은 小帶요 帨는 佩巾이라 違는 乖也라 宮事는 謂閨內之事라

陳氏가 말하였다. "衿은 작은 띠요, 帨는 차는 수건이다. 違는 어긋남이다. 宮事는 집안의 일을 이른다."

庶母及門內하여 施鞶하고 申之以父母之命하여 命之曰 敬恭聽

倡 : 부를 창 替 : 쇠할 체 無 : 말 무 衿 : 맬 금 帨 : 수건 세 乖 : 어그러질 괴
閫 : 문지방 곤 鞶 : 띠 반

하여 宗爾父母之言하여 夙夜無愆하여 視諸衿鞶하라

庶母가 문 안에 이르러 작은 주머니를 매주고 부모의 명령을 거듭하여 훈계하기를 '공경히 들어 네 부모의 말씀을 높여, 이르나 늦으나 잘못이 없게 하여, 이 작은 띠와 주머니를 보라.'고 한다."

集解 庶母는 父之妾也라 鞶은 小囊이니 盛帨巾者라 申은 重也요 宗은 尊也요 愆은 過也라 言當尊爾父母之言하여 早夜無過하고 又當常視此衿鞶하여 以憶父母之言而不忘也라 眞氏曰 夫之道는 在敬身以帥其婦하고 婦之道는 在敬身以承其夫라 故로 父之醮子에 曰勉帥以敬이라하고 親之送女에 曰戒之敬之라하니 夫婦之道 盡於此矣니라

庶母는 아버지의 첩이다. 鞶은 작은 주머니이니, 帨巾을 담는 것이다. 申은 거듭함이요, 宗은 높임이요, 愆은 허물이다. 마땅히 네 부모의 말씀을 높여, 이르나 늦으나 허물이 없게 하고, 또 마땅히 항상 이 작은 띠와 주머니를 보고서 네 부모의 말씀을 기억하여 잊지 말라고 한 것이다.

眞氏가 말하였다. "남편의 도리는 몸을 공경하여 그 아내를 선도함에 있고, 아내의 도리는 몸을 공경하여 그 남편을 받듦에 있다. 그러므로 아버지가 아들에게 초례할 적에 '힘써 선도하기를 공경으로써 하라' 하였고, 어버이가 딸을 시집보낼 적에 '경계하고 공경하라.' 한 것이니, 夫婦의 道가 이에 다하였다."

62. 禮記曰 夫昏禮는 萬世之始也라 取(娶)於異姓은 所以附遠厚別也요 幣必誠하며 辭無不腆은 告之以直信이니 信이 事人也며 信이 婦德也라 一與之齊하면 終身不改하나니 故로 夫死不嫁니라 《禮記 郊特牲》

「禮記」에 말하였다. "婚禮는 만대의 시초이다. 異姓에게 장가듦은 멂을 가깝게 하고 분별을 후하게 하는 것이요, 폐백을 반드시 정성스럽게 올리며 말을 후하지 않음이 없게 함은 곧음과 信으로써 고함이니, 信이 사람을 섬기며, 信이 婦德이다. 한번 남편과 더불어 혼례를 올려 가지런히 하면 종신토록 고치지 않는다. 그러므로 남편이 죽어도 시집가지 않는다.

集成 取異姓者는 所以依附疏遠之道요 厚重分別之義라

宗 : 높일 종　愆 : 허물 건　囊 : 주머니 낭　盛 : 담을 성　帨 : 수건 세
憶 : 생각할 억　幣 : 폐백 폐　腆 : 두터울 전

集解 腆은 厚也며 善也라 齊는 [1]謂共牢而食하여 同尊卑也라 方氏曰 有夫婦而後에 有父子하니 父子는 所以傳世라 故로 曰萬世之始라 幣는 所以將婚姻之意요 辭는 所以通婚姻之情이니 辭無不腆者는 告之以直也요 幣必誠者는 告之以信也라 事人者는 必以信하나니 而婦人은 以事人爲事라 故로 信爲婦德也라 不改는 謂不改而他適也니 以其不可改라 故로 雖夫死而不嫁也라

집성 異姓을 취하는 것은 소원함을 의지하는 道요, 분별을 厚重하게 하는 뜻이다.

집해 腆은 후함이며 善함이다. 齊는 음식을 함께먹어 尊卑를 함께 함을 이른다. 方氏가 말하였다. "夫婦가 있은 뒤에 父子가 있으니, 父子는 대를 전하는 것이다. 그러므로 만대의 시작이라 한 것이다. 폐백은 혼인의 뜻을 받드는 것이요, 말은 혼인의 정을 통하는 것이니, 말이 후하지 않음이 없게 하는 것은 곧음으로써 고함이요, 폐백을 반드시 정성스럽게 올리는 것은 信을 고함이다. 사람을 섬기는 자는 반드시 信으로써 해야 하니, 부인은 사람을 섬김으로써 일을 삼는다. 그러므로 信이 婦德이 되는 것이다. 不改는 고쳐서 다른 데로 시집가지 않음을 이른다. 시집갈 수 없으므로 비록 남편이 죽더라도 시집가지 않는 것이다."

역주 1. 共牢而食 同尊卑也 :「禮記」《郊特牲》에 보이는 내용으로, 牢는 소나 양·돼지의 희생을 뜻하는바, 夫婦가 이들 희생을 한 도마에 놓고 함께 먹음을 이른다.

男子親迎하여 男先於女는 剛柔之義也니 天先乎地하며 君先乎臣이 其義一也니라

남자가 친히 맞이하여 남자가 여자에게 먼저 함은 剛柔의 뜻이니, 하늘이 땅에 먼저 하며, 임금이 신하에게 먼저 함이 그 뜻이 똑같다.

集解 先은 謂倡道(導)也라 馬氏曰 男子親迎而男先於女者는 剛先於柔之義也니 豈獨婚姻之際如此리오 天造始而地代終하고 君主倡而臣主和하니 其義無二也니라

先은 선창하여 인도함을 이른다.

馬氏가 말하였다. "남자가 친히 맞이하여 남자가 여자에게 먼저 함은 剛이 柔에게 먼저 하는 뜻이니, 어찌 다만 혼인의 즈음만이 이와 같겠는가. 하늘이 만들어 시작하면 땅은 대신하여 끝을 맺고, 임금이 선창함을 주장하면 신하는 화답함을 주장하니, 그 義가 두 가지가 없다."

執摯以相見은 敬章別也니 男女有別然後에 父子親하고 父子

牢 : 희생 뢰 適 : 갈 적 剛 : 강할 강 摯 : 폐백 지 章 : 밝을 장

親然後에 義生하고 義生然後에 禮作하고 禮作然後에 萬物安하나니 無別無義는 禽獸之道也니라

폐백을 잡고서 서로 만나봄은 공경하여 분별을 밝힘이니, 男女가 분별이 있은 뒤에 父子가 친하고, 父子가 친한 뒤에 義가 생기고, 義가 생긴 뒤에 禮가 일어나고, 禮가 일어난 뒤에 만물이 편안하니, 男女의 分別이 없고, 父子의 義가 없음은 금수의 道이다."

集解 執摯는 奠雁也라 章은 明也니 行敬以明其別也라 馬氏曰 父子는 出於天性이어늘 而曰男女有別然後父子親은 何也오 蓋男女無別於內하면 則夫婦之道喪하여 而淫辟(僻)之罪多하니 [1]雖父子之親이라도 亦不得而親之也라 男女有別然後에 父子有相親之恩하니 父子有相親之恩하면 則必有相親之義라 故로 義生焉이니 由是推之하여 至於君臣兄弟長幼朋友之際에 皆有義하면 則粲然有文以相接이라 故로 曰義生而後禮作이라 禮作而貴賤有等하고 上下有分하니 此는 萬物所以安也니라 陳氏曰 禽獸知有母而不知有父는 無別故也니라

執摯는 기러기를 올림이다. 章은 밝힘이니, 공경을 행하여 그 분별을 밝힘이다.

馬氏가 말하였다. "부자는 천성에서 나왔는데 남녀가 분별이 있은 뒤에 부자가 친한다고 말함은 어째서인가? 남녀가 안에서 분별이 없으면 부부의 도리가 상실되어 음란한 죄가 많아지니, 비록 부자간의 친함이라도 또한 친할 수가 없다. 남녀가 분별이 있은 뒤에 부자가 서로 친하는 은혜가 있으니, 부자가 서로 친하는 은혜가 있으면 반드시 서로 친하는 義가 있다. 그러므로 義가 생기는 것이니, 이로 말미암아 미루어서 君臣과 兄弟와 長幼와 朋友의 사이에 이르기까지 모두 義가 있으면 찬란히 文이 있어 서로 접할 수 있다. 그러므로 '義가 생긴 뒤에 禮가 일어난다.'고 한 것이다. 禮가 일어나면 貴賤에 등급이 있고, 上下에 분수가 있으니, 이는 만물이 편안해지는 것이다."

陳氏가 말하였다. "금수는 어미가 있음만 알고 아비가 있음을 알지 못함은 분별이 없기 때문이다."

역주 1. 雖父子之親 : 攷訂에는 原註에 '父母之親'으로 되어 있다 하고 母는 子의 誤字라 하였으나 臺本에 바로잡혀 있으므로 다시 표시하지 않았다.

63. 取婦之家三日不擧樂은 思嗣親也니라 《禮記 曾子問》

아내를 맞이한 집에서 3일 동안 음악을 연주하지 않음은 부모를 이음을 생각하기 때문이다.

奠 : 올릴 전 雁 : 기러기 안 喪 : 잃을 상 僻 : 간사할 벽 粲 : 빛날 찬 擧 : 들 거
嗣 : 이을 사

集說 陳氏曰 思嗣親이면 則不無感傷이라 故로 不擧樂이니라

陳氏가 말하였다. "부모를 이음을 생각하면 感傷한 마음이 없을 수 없으므로 음악을 연주하지 않는 것이다."

64. 昏禮不賀는 人之序也니라 《禮記 郊特牲》

혼례에 축하하지 않음은 사람이 〈세대를〉 교대하기 때문이다.

集說 陳氏曰 人之序는 謂相承代之次序也라 方氏曰 在子則代父하고 在婦則代姑라 故로 不賀니라

陳氏가 말하였다. "人之序는 서로 이어 대신하는 차례를 이른다."
方氏가 말하였다. "아들의 입장에서는 아버지를 대신하고, 며느리의 입장에서는 시어머니를 대신하므로 축하하지 않는 것이다."

65. 內則曰 禮는 始於謹夫婦니 爲宮室하되 辨內外하여 男子는 居外하고 女子는 居內하여 深宮固門하여 閽寺(시)守之하여 男不入하고 女不出이니라 《禮記 內則》

《內則》에 말하였다. "禮는 夫婦를 삼가는데서 시작되니, 宮室을 짓되 안과 밖을 구분하여 남자는 밖에 거처하고 여자는 안에 거처하여, 집을 깊숙하게 하고 문을 굳게 닫아 문지기가 지켜서, 남자는 안에 들어가지 않고 여자는 밖에 나오지 않는다.

集說 陳氏曰 夫婦는 人倫之始니 不謹이면 則亂其倫類라 故로 禮始於謹夫婦也라 鄭氏曰 閽은 掌守中門之禁이요 寺는 掌內人之禁令이라

陳氏가 말하였다. "夫婦는 人倫의 시초이니, 삼가지 않으면 그 倫類를 어지럽힌다. 그러므로 禮는 夫婦를 삼가는 데서 시작되는 것이다."
鄭氏가 말하였다. "閽은 中門의 금함을 지킴을 관장하고, 寺는 內人(宮女)의 금령을 관장한다."

男女不同椸枷하여 不敢縣(懸)於夫之楎椸하며 不敢藏於夫之

辨 : 구별할 변　閽 : 문지기 혼　寺 : 내시 시　椸 : 횃대 이　枷 : 횃대 가
縣 : 매달 현　楎 : 횃대 휘

篋笥하며 不敢共湢浴하며 夫不在어든 斂枕篋하며 簟席襡하여 器而藏之니 少事長하며 賤事貴에 咸如之니라

남자와 여자는 옷거는 횃대와 시렁을 함께 하지 아니하여, 감히 남편의 옷걸이와 횃대에 옷을 걸지 않으며, 감히 남편의 상자에 물건을 보관하지 않으며, 감히 욕실을 함께 하여 목욕하지 않는다. 남편이 집안에 있지 않으면 베개를 거두어 상자에 넣으며, 대자리와 돗자리를 보로 싸서 소중히 여겨 보관할 것이니, 젊은이가 어른을 섬기며 천한 이가 귀한 이를 섬김에 모두 이와 같이 한다.

集說 陳氏曰 橫者曰椸요 枷는 與架同이요 植(치)者曰楎니 置衣服之具也라 篋笥는 皆竹爲之하니 貯衣者也라 浴室曰湢이라 吳氏曰 器者는 器重之謂니 斂枕於篋하고 斂簟席於襡하여 器重而藏之니 是는 不特妻事夫之禮라 凡少之事長과 賤之事貴에 皆當如是也니라 臨川吳氏曰 言內外之辨은 非特男女爲然이라 雖夫婦得相親者라도 亦然이니라

陳氏가 말하였다. "가로로 된 것을 椸라 하며, 枷는 架와 같으며, 세워놓는 것을 楎라 하니, 모두 의복을 두는 도구이다. 篋과 笥는 모두 대나무로 만드니, 옷을 담아두는 것이다. 욕실을 湢이라 한다."

吳氏가 말하였다. "器는 소중히 여김을 이르니, 베개를 상자에 거두고, 대자리와 돗자리를 보로 싸서 소중히 보관하니, 이는 비단 아내가 남편을 섬기는 禮일 뿐만 아니라, 무릇 젊은이가 어른을 섬기고 천한 이가 귀한 이를 섬길 적에도 모두 마땅히 이와 같이 하여야 한다."

臨川吳氏(吳澄)가 말하였다. "內外의 분별은 비단 男女만이 그런 것이 아니라, 비록 夫婦로서 서로 친할 수 있는 자라도 또한 그렇게 해야 함을 말한 것이다."

[1]雖婢妾이라도 衣服飮食을 必後長者니라

비록 비첩이라도 의복과 음식을 반드시 〈婢妾중의〉 長者보다 뒤에 해야 한다.

역주 1. 婢妾 : 계집종과 첩으로 보기도 하나 일반적으로 賤妾을 가리킨다.

集說 陳氏曰 長者는 謂婢妾中之長者라 婢妾雖賤이나 亦必有長幼之倫이니라

篋 : 상자 협　笥 : 상자 사　湢 : 목욕간 벽(핍)　浴 : 목욕할 욕　簟 : 대자리 점
襡 : 싸맬 독　器 : 보물로여길 기　咸 : 다 함　植 : 세울 치　貯 : 쌓을 저
婢 : 계집종 비

陳氏가 말하였다. "長者는 婢·妾 중의 長者를 이른다. 婢·妾은 비록 천하나 또한 반드시 長幼의 차례가 있어야 한다."

妻不在어든 妾御莫敢當夕이니라

正妻가 집에 있지 않거든 妾御(첩)가 감히 저녁을 담당하지 않는다."

集解 古者에 妻妾이 各有當御之夕하니 當夕은 當妻之夕也라

옛날에 妻와 妾이 각각 담당하여 모시는 저녁이 있었으니, 當夕은 正妻의 저녁을 담당하는 것이다.

66. 男不言內하고 女不言外하며 非祭非喪이어든 不相授器니 [1]其相授則女受以篚하고 其無篚則皆坐奠之而後에 取之니라 《禮記 內則》

남자는 안의 일을 말하지 않고 여자는 밖의 일을 말하지 않으며, 祭祀나 喪事가 아니면 서로 그릇을 주지 않는다. 서로 그릇을 주게 되면 여자는 광주리로써 받고, 광주리가 없으면 남녀가 모두 앉아서 남자가 그릇을 땅에 놓은 뒤에 여자가 취해간다.

역주 1. 이것은 다른 일로 그릇을 주고 받을 때의 예절을 기록한 것이며, 제사나 상사에는 남녀의 구별을 하지 않고 직접 주고 받는바, 註의 내용은 오류인 듯하다.

正誤 男正位乎外하니 不當言女事요 女正位乎內하니 不當言男事라 男女授受不親이요 惟喪祭에 得以器相授하니 祭嚴喪遽하여 不嫌也라 於喪祭之時에 男以器授女하면 則女以篚受其器하니 女受以篚면 則男所受를 可知라 男以器授女而女無篚受之면 則男跪而以器停之於地而後에 女亦跪而取之하니 女奠男取亦如之니라 [1]陳氏는 以皆坐爲句하니 非是라

남자는 밖에서 자리를 바로 하니, 여자의 일을 말하지 않아야 하고, 여자는 안에서 자리를 바로 하니, 남자의 일을 말하지 않아야 한다. 남자와 여자는 주고 받음을 직접 하지 않고, 오직 상사와 제사에는 그릇을 서로 줄 수 있으니, 제사는 엄숙하고 상사는 급하여 혐의하지 않는 것이다. 상사와 제사 때에 남자가 그릇을 여자에게 주면 여자는 광주리로 그 그릇을 받으니, 여자가 광주리로써 받는다면 남자가 받는 것도 알 수 있다. 남자가 그릇을

御 : 모실 어 當 : 당할 당 篚 : 광주리 비 遽 : 급할 거 嫌 : 혐의할 혐
跪 : 꿇어앉을 궤 停 : 머무를 정

여자에게 주는데 여자가 받을 광주리가 없으면 남자가 꿇어앉아 그릇을 땅에 놓은 뒤에 여자도 또한 꿇어앉아 가져가니, 여자가 땅에 놓으면 남자가 가져갈 때에도 또한 이와 같이 한다. 陳氏는 皆坐를 句로 삼았으니, 옳지 않다.

역주 1. 陳氏以皆坐爲句 : 陳澔의 「禮記集說」에 坐字 밑에 句字가 표시되어 있으므로 말한 것이다.

外內不共井하며 不共湢浴하며 不通寢席하며 不通乞假하며 男女不通衣裳이니라

안과 밖이 우물을 함께 사용하지 않으며, 욕실을 함께 하여 목욕하지 않으며, 잠자리를 통하지 않으며, 빌리고 빌려줌을 통하지 않으며, 남자와 여자가 衣裳을 통하지 않는다.

集解 劉氏曰 不共井은 嫌同汲也요 不共湢浴은 嫌相褻也요 不通寢席은 嫌相親也요 不通乞假는 嫌往來也요 不通衣裳은 惡(오)淆雜也니라

劉氏가 말하였다. "우물을 함께 하지 않음은 함께 물을 길음을 혐의해서요, 욕실을 함께 하여 목욕하지 않음은 서로 설만함을 혐의해서요, 잠자리를 통하지 않음은 서로 가까이함을 혐의해서요, 빌리고 빌려줌을 통하지 않음은 서로 왕래함을 혐의해서요, 衣裳을 통하지 않음은 서로 난잡함을 미워해서이다."

男子入內하여 不嘯不指하며 夜行以燭이니 無燭則止하고 女子出門에 必擁蔽其面하며 夜行以燭이니 無燭則止니라

남자는 안에 들어가서 휘파람불지 않고 손가락질하지 않으며 밤에 다닐 적에는 횃불을 사용하니, 횃불이 없으면 그만둔다. 여자는 문을 나갈 적에 반드시 그 얼굴을 가리며, 밤에 다닐 적에는 횃불을 사용하니, 횃불이 없으면 그만둔다.

集說 陳氏曰 嘯는 謂蹙口出聲이요 指는 謂用手指畫이니 不嘯, 不指는 謂聲容有異하여 駭人視聽也라 以는 用也라 擁은 障也라

陳氏가 말하였다. "嘯는 입을 오무려 소리를 내는 것이요, 指는 손을 사용하여 가리킴을 이른다. 휘파람불지 않고 손가락질하지 않음은 소리와 모양에 다름이 있어 남의 보고

湢 : 목욕간 벽 乞 : 빌 걸 汲 : 물길을 급 褻 : 설만할 설 淆 : 섞일 효 雜 : 섞일 잡
嘯 : 휘파람불 소 指 : 가리킬 지 燭 : 횃불 촉 擁 : 막을 옹 蔽 : 가릴 폐
蹙 : 오무릴 축 畫 : 그을 획 駭 : 놀랄 해 障 : 가릴 장

들음을 놀라게 함을 이른다. 以는 씀이다. 擁은 가림이다."

道路에 男子는 由右하고 女子는 由左니라

길에서 남자는 오른쪽으로 다니고, 여자는 왼쪽으로 다닌다.

集成 劉氏曰 道路之法에 其右는 以行男子하고 其左는 以行女子하니 古之道也니라

劉氏가 말하였다. "도로의 법칙에 그 오른쪽은 남자를 다니게 하고, 그 왼쪽은 여자를 다니게 하니, 옛날의 道이다."

67. 孔子曰 婦人은 伏於人也라 是故로 無專制之義하고 有三從之道하니 在家從父하고 適人從夫하고 夫死從子하여 無所敢自遂也하여 敎令이 不出閨門하며 事在饋食(사)之間而已矣니라 《大戴禮 本命解, 家語》

孔子가 말씀하였다. "부인은 사람에게 복종한다. 그러므로 독단으로 재량하는 義가 없고, 세 가지 따르는 道가 있으니, 집(친정)에 있을 때에는 아버지를 따르고, 남에게 시집가서는 남편을 따르고, 남편이 죽으면 아들을 따라, 감히 스스로 이루는 바가 없어서 가르침과 명령이 閨門을 나가지 않으며 일함은 음식을 마련하는 사이에 있을 뿐이다.

增註 專制, 自遂는 卽下文所謂擅爲獨成也라 饋食는 供饋酒食(사)也라 已는 止也라

專制와 自遂는 바로 아래글에 이른바 제멋대로 하고 독단으로 이룬다는 것이다. 饋食는 술과 밥을 供饋함이다. 已는 뿐이다.

是故로 女及日乎閨門之內하고 不百里而奔喪하며 事無擅爲하며 行無獨成하여 參知而後動하며 可驗而後言하며 晝不遊庭하며 夜行以火하나니 所以正婦德也니라

伏 : 복종할 복　適 : 갈 적　遂 : 이룰 수　饋 : 음식 궤　擅 : 제멋대로할 천
奔 : 달아날 분　參 : 참여할 참　晝 : 낮 주

그러므로 여자는 閨門 안에서 날을 마치고, 〈국경을 넘어〉 백리 먼 길의 초상에 달려가지 않으며, 일을 멋대로 함이 없으며, 행실을 독단으로 이룸이 없어 참여하여 알게 한 뒤에 행동하며, 증거함이 있은 뒤에 말하며, 낮에는 뜰에 나다니지 않으며, 밤에는 〈안에〉 다닐 때에 횃불을 사용하니, 이는 婦德을 바르게 하는 것이다.

集說 陳氏曰 及日은 猶言終日이요 不百里는 [1]猶言不越境이라 參은 使人相參也요 驗은 證據也라 晝居於內而不出中庭하고 夜行於內而必照以火하니 凡此는 皆所以正婦德而使之正也니라

陳氏가 말하였다. "及日은 종일이란 말과 같고, 不百里는 '국경을 넘지 않는다.'는 말과 같다. 參은 사람으로 하여금 서로 참여하게 함이요, 驗은 증거이다. 낮에는 안에 거처하여 뜰 안을 나가지 않고, 밤에는 안에 다닐 때에 반드시 횃불로써 비추니, 무릇 이는 모두 婦德을 바루어서 바르게 하는 것이다."

역주 1. 不越境 : 周代의 諸侯國은 대체로 百里내외였으므로, 친정부모가 百里 이상 먼 外國에서 죽었으면 출가한 여자는 국경을 넘어 喪에 임하지 않았으므로 말한 것이다.

女有五不取하니 逆家子를 不取하며 亂家子를 不取하며 世有刑人이어든 不取하며 世有惡疾이어든 不取하며 喪父長子를 不取니라

여자는 다섯 가지 취하지 않을 것이 있으니, 반역한 집안의 자식을 취하지 않으며, 음란한 집안의 자식을 취하지 않으며, 대대로 형벌을 받은 사람이 있거든 취하지 않으며, 대대로 나쁜 질병이 있거든 취하지 않으며, 아버지를 잃은 長子(맏딸)를 취하지 않는다.

集解 逆家는 爲其逆德也요 亂家는 爲其亂人倫也요 世有刑人은 爲其棄於人也요 世有惡疾은 爲其棄於天也요 喪父長子는 爲其無所受命也니라 或問世有刑人不取하니 如上世不賢而子孫賢이면 則如之何잇가 朱子曰 所謂不取者는 是世世爲惡하여 不能改者요 非指一世而言也니라 眞氏曰 喪父長子不取는 先儒以爲疑하니 若父雖喪而母賢이면 則其教女必有法하리니 又非所拘也니라

반역한 집안은 德을 거스렸기 때문이요, 음란한 집안은 인륜을 어지럽혔기 때문이요, 대대로 형벌을 받은 사람이 있는 집안은 사람들에게 버림을 받았기 때문이요, 대대로 나쁜 질병이 있는 집안은 하늘에게 버림을 받았기 때문이요, 아버지를 잃은 맏딸은 그 가르

越 : 넘을 월 證 : 증명할 증 據 : 의거할 거 儒 : 선비 유

침을 받을 바가 없기 때문이다. 혹자가 "대대로 형벌 받은 사람이 있으면 취하지 않는다고 하니, 만일 윗대에는 어질지 않았으나 자손은 어질면 어찌합니까?"하고 묻자, 朱子가 말씀하였다. "취하지 않는다고 말한 것은 대대로 악행을 하여 고칠 수 없는 자이지, 한 대를 가리켜 말한 것이 아니다."

眞氏가 말하였다. "아버지를 잃은 맏딸을 취하지 않음을 先儒들이 의심하였다. 만약 아버지가 비록 죽었더라도 어머니가 어질면 그 딸을 가르침에 반드시 법도가 있을 것이니, 또한 구애할 바가 아니다."

婦有七去하니 不順父母去하며 無子去하며 淫去하며 妬去하며 有惡疾去하며 多言去하며 竊盜去니라

부인은 일곱 가지 내쫓김이 있으니, 시부모에게 순종하지 않으면 내쫓기며, 자식이 없으면 내쫓기며, 음란하면 내쫓기며, 질투하면 내쫓기며, 나쁜 질병이 있으면 내쫓기며, 말이 많으면 내쫓기며, 도둑질하면 내쫓긴다.

集解 不順父母는 爲其逆德也요 無子는 爲其絶世也요 淫은 爲其亂族也요 妬는 爲其亂家也요 有惡疾은 [1]爲其不可與共(供)粢盛也요 多言은 爲其離親也요 竊盜는 爲其反義也니라

增註 無子, 有惡疾은 命也어늘 而去之는 於義未安이나 必以爲不去면 則無以承宗事繼後世也니 處之亦當以義니 何至於去耶아 此皆可疑니라

집해 시부모에게 순종하지 않음은 德을 거스리기 때문이요, 자식이 없음은 대가 끊기기 때문이요, 음란함은 종족을 어지럽히기 때문이요, 질투함은 집안을 어지럽히기 때문이요, 나쁜 질병이 있음은 함께 粢盛(제수)을 마련할 수 없기 때문이요, 말이 많음은 친족을 이간시키기 때문이요, 도둑질함은 의리에 반대되기 때문이다.

증주 자식이 없음과 나쁜 질병이 있음은 天命인데 내쫓음은 의리에 온당하지 못하다. 그러나 반드시 내쫓지 않는다고 하면 宗廟의 제사를 받들지 못하고 후대를 계승시키지 못하니, 처리하기를 또한 마땅히 義로써 해야 한다. 어찌 내쫓음에 이르겠는가. 이것은 모두 의심할 만하다.

역주 1. 粢盛 : 粢는 黍·稷으로 그릇에 담겨져 있다하여 붙인 이름인데, 여기서는 祭饌을 가리킨 것이다.

有三不去하니 有所取요 無所歸어든 不去하며 與更(경)三年喪이어

淫 : 음란할 음　妬 : 질투할 투　竊 : 훔칠 절　盜 : 훔칠 도　粢 : 곡식 자
盛 : 담을 성　離 : 떨어질 리　更 : 지날 경

든 不去하며 前貧賤後富貴어든 不去니라

세 가지 내쫓지 않는 경우가 있으니, 맞이해 온 곳은 있고 돌아갈 곳이 없거든 내쫓지 않으며, 함께 3년상을 지냈거든 내쫓지 않으며, 전에는 빈천하다가 뒤에 부귀하거든 내쫓지 않는다.

集解 有所取, 無所歸는 謂妻嫁時에 有所受命이러니 後無父兄可與之也요 與更三年喪은 謂曾居舅姑之喪也요 前貧賤後富貴는 謂已娶婦時貧賤而今富貴라 故로 皆不去也니라

맞이해 온 곳은 있고 돌아갈 곳이 없다는 것은 아내가 시집올 때에는 명을 받을 곳이 있었는데 뒤에는 데려다 줄만한 父兄이 없음을 말한다. 함께 3년상을 지냈다는 것은 일찍이 시부모의 상을 살았음을 말한다. 전에는 빈천하다가 뒤에 부귀하다는 것은 자기가 아내를 맞이해 올 때는 빈천했는데 지금은 부귀함을 말한다. 그러므로 모두 내쫓지 않는 것이다.

凡此는 聖人이 所以順(愼)男女之際하며 重婚姻之始也니라

무릇 이것은 "聖人이 남녀의 교제를 신중히 하고, 혼인의 시초를 소중히 하신 것이다.

集解 際는 謂交際之道요 始는 謂正始之義니 總結此章이라

際는 교제의 도리를 이르고, 始는 처음을 바르게 하는 의리를 이른다. 이는 이 章을 총괄하여 끝맺은 것이다.

68. 曲禮曰 寡婦之子非有見(현)焉이어든 弗與爲友니라 《禮記 曲禮》

《曲禮》에 말하였다. "과부의 아들은 드러남이 있지 않거든 함께 친구(제자)를 삼지 않는다."

集說 陳氏曰 有見은 才能卓異也라 若非有好德之實이면 則難以避好色之嫌이라 故로 取友者謹之니라

陳氏가 말하였다. "有見은 재능이 탁이한 것이다. 만약 德을 좋아하는 실상이 없으면 여색을 좋아한다는 혐의를 피하기가 어렵다. 그러므로 벗을 취하는 자가 삼가는 것이다."

嫁 : 시집갈 가　見 : 드러날 현　卓 : 높을 탁

右는 明夫婦之別하니라

이상은 夫婦의 분별을 밝혔다.

69. 孟子曰 孩提之童이 無不知愛其親하며 及其長也하여는 無不知敬其兄也니라 《孟子 盡心上》

孟子가 말씀하였다. "웃을 줄 알고 안아줄 만한 어린아이가 그 어버이를 사랑할 줄 모르는 이가 없으며, 그 장성함에 이르러서는 그 형을 공경할 줄 모르는 이가 없다."

集解 朱子曰 孩提는 二三歲之間에 知孩笑可提抱者라 愛親敬兄은 所謂良知良能也라

朱子가 말씀하였다. "孩提는 2~3세 사이에 웃을 줄 알고 안아줄 만한 자이다. 어버이를 사랑하고 형을 공경함은 이른바 良知·良能이라는 것이다."

70. 徐行後長者를 謂之弟(悌)요 疾行先長者를 謂之不弟니라 《孟子 告子下》

천천히 걸어가 長者보다 뒤에 함을 공경한다 이르고, 빨리 걸어가 長者보다 앞섬을 공경하지 않는다고 이른다.

增註 徐는 緩也라 後長者는 在長者之後也라 疾은 速也라 先長者는 在長者之先也라

徐는 느림이다. 後長者는 長者의 뒤에 있음이다. 疾은 빠름이다. 先長者는 長者의 앞에 있음이다.

71. 曲禮曰 見父之執하여 不謂之進이어든 不敢進하며 不謂之退어든 不敢退하며 不問이어든 不敢對니라 《禮記 曲禮》

《曲禮》에 말하였다. "아버지의 執友(동지)를 보았을 때에 나오라고 명하지 않거든 감히 나아가지 않으며, 물러가라고 명하지 않거든 감히 물러가지 않으며, 묻

孩 : 어릴 해, 웃을 해 提 : 끌 제 抱 : 안을 포 弟 : 공손할 제 疾 : 빠를 질
緩 : 느릴 완 執 : 벗 집

지 않거든 감히 대답하지 않는다."

增註 執은 謂執志同者니 即記所謂執友也라 謂는 猶命也니 敬之를 同於父라

執은 뜻을 가짐이 같은 자이니, 곧 「禮記」에 이른바 執友라는 것이다. 謂는 命과 같으니, 공경하기를 아버지와 같이 하는 것이다.

72. 年長以倍則父事之하고 十年以長則兄事之하고 五年以長則肩隨之니라 《禮記 曲禮》

나이가 많아 곱절이 되면 아버지처럼 섬기고, 10년이 많으면 형처럼 섬기고, 5년이 많으면 〈걸을 때에〉 어깨를 나란히 하되 조금 뒤에 하여 따른다.

集解 肩隨는 並行而差退也라 此는 泛言長少之序요 非謂所親也라
增註 人生이 以十年爲一節하니 倍之則二十年也라

집해 肩隨는 나란히 가되 조금 물러남이다. 이는 어른과 젊은이의 차례를 널리 말한 것이요, 친한 바를 말한 것이 아니다.
증주 인생은 10년을 한 마디(단위)로 삼으니, 倍이면 20년인 것이다.

73. 謀於長者할새 必操几杖以從之니 長者問이어든 不辭讓而對非禮也니라 《禮記 曲禮》

長者에게 나아가 의논할 때에는 반드시 안석과 지팡이를 잡고 따라야 하니, 長者가 묻거든 사양하지 않고 대답하는 것은 禮가 아니다.

集解 謀於長者는 謂往就長者而謀議也라 長者之前에 當執謙虛니 不辭讓은 非事長之道라
集說 應氏曰 操几杖以從은 非謂長者所無也라 執弟子之役에 其禮然耳니라

집해 謀於長者는 어른에게 찾아가서 모의함을 이른다. 어른의 앞에서는 마땅히 겸허한 자세를 가져야 하니, 사양하지 않음은 어른을 섬기는 道가 아니다.
집설 應氏가 말하였다. "안석과 지팡이를 잡고 따름은 長者에게 〈几杖이〉 없어서가 아니라, 제자의 역할을 행함에 그 禮가 그러할 뿐이다."

倍：곱절 배 肩：어깨 견 隨：따를 수 差：조금 차 泛：범범할 범 操：잡을 조 几：안석 궤 杖：지팡이 장

74. 從於先生할새 不越路而與人言하며 遭先生於道하여 趨而進하여 正立拱手하여 先生이 與之言則對하고 不與之言則趨而退니라 《禮記 曲禮》

선생을 따라 갈 때에는 길을 건너가 남과 말하지 않으며, 선생을 길에서 만나면 종종걸음으로 나아가 바로 서서 두 손을 마주 잡고서 선생이 함께 말씀하면 대답하고, 함께 말씀하지 않으면 종종걸음으로 물러간다.

集解 從은 隨行也요 越은 踰也라 戴氏曰 禮無二敬하니 從先生而越路하여 與人言이면 則敬有所分矣니라

從은 수행함이요, 越은 넘음이다. 戴氏(戴溪)가 말하였다. "禮에는 두 가지 공경함이 없으니, 선생을 따라 가면서 길을 건너가 남과 함께 말하면 공경이 분산되는 바가 있다."

從長者而上丘陵이면 則必鄉(向)長者所視니라

長者를 따라 구릉에 올라가면 반드시 長者가 보는 곳을 향해야 한다.

集說 陳氏曰 高而有向背者爲丘요 平而人可陵者爲陵이라 向長者所視는 恐有問則卽所見以對也라 石梁王氏曰 先生은 年德俱高하고 又能敎道(導)人者요 長者는 則直以年爲稱也라

陳氏가 말하였다. "높으면서 향배가 있는 것을 丘라 하고, 평평해서 사람이 능멸하고 올라갈 수 있는 것을 陵이라 한다. 長者의 보는 바를 향함은 행여 물음이 있으면 본 것을 가지고 대답할까 해서이다."

石梁王氏가 말하였다. "先生은 年齒와 德이 모두 높고 또한 사람을 가르치고 인도할 수 있는 자요, 長者는 다만 연치로만 말한 것이다."

75. 長者與之提攜어든 則兩手로 奉長者之手하고 負劍辟(僻)咡詔之어든 則掩口而對니라 《禮記 曲禮》

長者가 함께 손을 잡아 이끌어 주면 두 손으로 長者의 손을 받들고, 長者가 칼을 차듯이 옆에 끼고 입가까지 몸을 기울여 말하면 입을 가리고서 대답한다.

越 : 넘을 월 遭 : 만날 조 拱 : 두손마주잡을 공 踰 : 넘을 유 戴 : 일 대
陵 : 언덕 릉, 능멸할 릉 背 : 등질 배 梁 : 들보 량 俱 : 함께 구 直 : 다만 직
提 : 잡을 제 攜 : 끌 휴 負 : 질 부 劍 : 칼 검 辟 : 치우칠 벽 咡 : 입가 이
詔 : 가르칠 조 掩 : 가릴 엄

集解 提携는 謂牽行이라 奉手는 所以承長者之意라 辟은 偏也요 咡는 口旁也요 詔는 告語也라 掩口而對는 謂以手障口하여 不使氣觸長者也라

集成 呂氏曰 古之佩劍者挾之於旁하니 負劍은 卽佩劍也라 童子之幼者를 長者或旁挾之하면 如負劍然이라 故로 謂之負劍也라

집해 提携는 끌고 감을 이른다. 손을 받듦은 長者의 뜻을 받들기 위해서이다. 辟은 기욺이요, 咡는 입가요, 詔는 말함이다. 입을 가리고 대답하는 것은 손으로 입을 막아서 입기운이 長者에게 닿지 않게 하는 것이다.

집성 呂氏가 말하였다. "옛날에 칼을 차는 자는 옆에 찼으니, 負劍은 바로 칼을 차는 것이다. 동자의 어린 자를 어른이 혹 옆에 끼면 마치 칼을 차는 듯하므로 負劍이라고 이른 것이다."

76. 凡爲長者糞之禮는 必加帚於箕上하며 以袂로 拘而退하여 其塵이 不及長者하고 以箕로 自鄉(向)而扱之니라 《禮記 曲禮》

무릇 長者를 위하여 소제하는 禮는 반드시 비를 쓰레받이 위에 놓으며, 소매로 앞을 가리고 쓸면서 뒤로 물러나 그 먼지가 長者에게 미치지 않게 하고 쓰레받이를 자기쪽으로 향하여 거두어 담는다.

集解 糞은 除穢也라 加帚箕上者는 初持箕往時에 帚置箕上하고 兩手捧箕라가 掃時에 一手捉帚하고 擧一手衣袂하여 以拘障於帚前하여 且掃且移라 故로 云拘而退라 扱은 斂取也니 以箕自向하여 斂取糞穢하여 不以箕向尊長也라 愚按先王立敎에 纖悉畢具하니 觀此章敎子弟糞除之禮하면 可見矣라 人生是時에 自幼穉로 卽日習事長之方하여 安於灑掃使令之役이라 故로 能收其放心하고 養其德性하여 而驕惰無自生矣라 後世엔 此禮不講하고 父母溺愛하여 縱其驕惰하고 凡奉長之禮를 一切委之廝役하니 [1]子張子所謂不能安灑掃應對하여 病根隨所居所接而長이 是也라 近世에 魯齋許先生은 敎貴游子弟에 必先使習灑掃應對之禮하여 以折其驕恣傲慢之氣하여 深得古昔敎人之法하니 吁라 爲人父師하여 有志於敎子弟者는 宜深察焉이니라

牽 : 끌 견 旁 : 곁 방 障 : 가릴 장 觸 : 범할 촉 挾 : 낄 협 糞 : 소제할 분
帚 : 빗자루 추 箕 : 쓰레받이 기 袂 : 소매 메 拘 : 막을 구 塵 : 티끌 진
扱 : 거두어가질 흡 穢 : 더러울 예 持 : 잡을 지 捧 : 받들 봉 捉 : 잡을 착
纖 : 가늘 섬 悉 : 다할 실 畢 : 마칠 필 穉 : 어릴 치 驕 : 교만할 교 溺 : 빠질 닉
縱 : 방종할 종 委 : 맡길 위 廝 : 종 시 齋 : 집 재 折 : 꺾을 절 恣 : 방자할 자
傲 : 거만할 오 吁 : 탄식할 우

糞은 오물을 제거함이다. 비를 쓰레받이 위에 올려놓는 것은 처음 쓰레받이를 가지고 갈 때에 비를 쓰레받이 위에 놓고 두 손으로 쓰레받이를 들고 있다가 쓸 때에는 한 손으로는 비를 잡고 한 손으로는 옷의 소매를 들어 비 앞을 가리고, 한편으로는 쓸면서 한편으로는 옮겨간다. 그러므로 '가리고 물러간다.'고 말한 것이다. 扱은 거두어 담음이니, 쓰레받이를 자기에게 향하게 하고 오물을 거두어 담아 쓰레받이를 長者에게 향하지 않게 하는 것이다.

나는 상고해 보건대, 선왕이 가르침을 세울 때에 자질구레한 것도 모두 갖추어졌으니, 이 章에서 子弟들에게 소제하는 禮를 가르침을 관찰하면 볼 수 있다. 사람이 이 때에는 어릴 적부터 곧 날마다 어른 섬기는 방법을 익혀서 물뿌리고 쓸며 사령하는 일을 편안하게 여겼다. 그러므로 능히 그 放心을 거두고 德性을 길러서 교만하고 게으른 마음이 말미암아 생겨날 수가 없었던 것이다. 후세에는 이 禮를 강구하지 않고 부모가 사랑에 빠져 그 교만하고 게으른 마음을 방종하게 하고, 무릇 어른을 섬기는 禮를 일체 종에게 맡기니, 子張子가 이른바 '灑掃應對를 편안히 여기지 못하여 病根이 거처하는 바와 접하는 바를 따라서 자라난다.'는 것이 이것이다. 근세에 魯齋 許先生(許衡)은 귀족의 자제들을 가르칠 때에 반드시 먼저 灑掃應對의 예절을 익히게 하여, 교만하고 방자하고 오만한 기운을 꺾게 하여 옛날에 사람을 가르치던 법에 깊이 맞았으니, 아! 남의 부모와 스승이 되어 자제의 교육에 뜻을 둔 자는 마땅히 깊이 살펴야 할 것이다.

역주 1. 子張子所謂 : 子張子는 橫渠 張載를 존칭한 것으로 앞의 子字 역시 더욱 높이기 위하여 붙인 것인바, 子程子, 子朱子라 칭하는 경우와 같으며 다음의 내용은 뒤의 《嘉言篇》 제1章에 보인다.

77. 將卽席할새 容毋怍하며 兩手摳衣하여 去齊(자)尺하며 衣毋撥하며 足毋蹶하며 《禮記 曲禮》

장차 자리에 나아갈 때에는 부끄러워하는 용모를 갖지 말며, 두 손으로 옷을 걷어 잡아 〈땅에서〉 옷자락이 한 자쯤 떨어지게 하며, 옷을 휘날리지 말며, 발을 황급하게 하지 말아야 한다.

集成 呂氏曰 怍者는 愧赧不安之貌니 愧赧不安은 失之野也라
集解 劉氏曰 以兩手로 摳衣兩旁하여 免有躡躓失容也라
增註 撥은 發揚貌요 蹶은 行遽貌니 二者는 皆失容이라

집성 呂氏가 말하였다. "怍은 부끄러워하여 불안해 하는 모양이니, 부끄러워하고 불안해 함은 촌스러운 잘못이다."

卽 : 나아갈 즉 怍 : 부끄러울 작 摳 : 잡을 구 齊 : 옷자락 자 撥 : 날릴 발
蹶 : 황급히걸을 궐 愧 : 부끄러울 괴 赧 : 무안할 란 野 : 촌스러울 야 旁 : 곁 방
躡 : 밟을 섭 躓 : 넘어질 지(질) 遽 : 급할 거

집해 劉氏가 말하였다. "두 손으로 옷의 양 옆을 걷어잡아 옷자락을 밟아 넘어져서 容儀를 잃음을 면하게 한다."

증주 撥은 휘날리는 모양이요, 蹶은 황급히 걸어가는 모양이니, 두 가지는 모두 容儀를 잃은 것이다.

先生書策琴瑟이 在前이어든 坐而遷之하여 戒勿越하며

선생의 서책과 금슬이 앞에 있거든 꿇어앉아서 옮겨놓아 조심하여 넘어가지 않는다.

集說 孔氏曰 坐는 亦跪也라 弟子將行에 若遇師諸物이 或當己前이어든 則跪而遷移之하여 戒愼不得踰越이니라

孔氏가 말하였다. "坐는 또한 꿇어앉음이다. 제자가 장차 가려고 할 때에 만약 스승의 여러 물건이 혹 자기 앞에 당함을 만나면, 꿇어앉아 옮겨놓고 조심하여 넘어가지 말아야 한다."

坐必安하며 執爾顏하며 長者不及이어든 毋儳言하며

앉기를 반드시 편안히 하며, 네 顏色을 바르게 하며, 長者가 언급하지 않으면 딴말을 꺼내어 〈長者의 말에〉 끼어들지 않는다.

增註 安은 謂不搖動이라 爾는 指少者라 執顏은 即正顏色也라

集說 陳氏曰 儳은 參錯不齊之貌니 長者言事未竟이면 少者不可擧他事爲言하여 錯雜長者之說이니라

증주 安은 요동하지 않음이다. 爾는 젊은 자를 가리킨다. 執顏은 바로 안색을 바르게 하는 것이다.

집설 陳氏가 말하였다. "儳은 參錯(어긋남)하여 가지런하지 않은 모양이니, 長者가 일을 말함에 아직 끝나지 않았으면, 젊은 자가 다른 일을 들어 말하여 장자의 말을 어긋나고 혼잡하게 해서는 안된다."

正爾容하며 聽必恭하며 毋勦說하며 毋雷同하고 必則(칙)古昔하여 稱先王이니라

策 : 책 책 琴 : 거문고 금 瑟 : 비파 슬 遷 : 옮길 천 儳 : 섞을 참 搖 : 어지러울 요
參 : 어긋날 참 錯 : 어긋날 착 竟 : 마칠 경 勦 : 표절할 초 雷 : 천둥 뢰
則 : 본받을 칙

네 용모를 바르게 하며, 듣기를 반드시 공손히 하며, 남의 말을 제말로 삼지 말며, 부화뇌동하지 말고, 반드시 옛날 것을 본받아 선왕의 법도를 말해야 한다.

集解 陳氏曰 正爾容은 正其一身之容貌也라 聽必恭은 亦謂聽長者之言也라 擥取他人之說하여 以爲己說을 謂之勦說이요 聞人之言而附和之를 謂之雷同이라 惟法則古昔하여 稱述先王이라야 乃爲善耳니라

陳氏가 말하였다. "正爾容은 그 일신의 용모를 바르게 함이다. 듣기를 반드시 공손히 한다는 것은 또한 長者의 말을 듣는 것이다. 다른 사람의 말을 취하여 자기의 말로 삼음을 勦說이라 이르고, 남의 말을 듣고서 부화함을 雷同이라 이른다. 오직 옛날 것을 본받아 선왕의 법을 稱述(말함)하여야 善이 되는 것이다."

78. 侍坐於先生할새 先生이 問焉이어든 終則對하며 請業則起하고 請益則起니라 《禮記 曲禮》

선생을 모시고 앉았을 때에 선생이 물으시면 〈질문이〉 끝나면 대답하며, 학업을 청할 때에는 일어나고, 더 물을 때에는 일어난다.

集解 陳氏曰 問終而後對는 欲盡聞所問之旨요 且不敢雜亂先生之言也라 請業者는 求當習之事요 請益者는 再問未盡之蘊이라 起는 所以致敬也라

陳氏가 말하였다. "질문이 끝난 뒤에 대답함은 묻는 바의 뜻을 다 듣고자 해서요, 또 선생의 말을 감히 혼잡하게 할 수가 없기 때문이다. 請業은 마땅히 익혀야 할 일을 구함이요, 請益은 미진한 쌓임을 다시 묻는 것이다. 일어남은 공경을 극진히 하기 위한 것이다."

79. 尊客之前에 不叱狗하며 讓食不唾니라 《禮記 曲禮》

존귀한 손님 앞에서는 개를 꾸짖지 않으며, 음식을 사양할 때에는 침뱉지 않는다.

集說 方氏曰 不叱狗는 不以至賤駭尊者之聽이라 陳氏曰 不唾는 嫌於似鄙惡(오)主人之饌也라

方氏가 말하였다. "개를 꾸짖지 않음은 지극히 미천한 것으로 존귀한 자의 들음을 놀라지 않게 하려고 해서이다."

擥 : 잡을 람　旨 : 뜻 지　蘊 : 쌓을 온　叱 : 꾸짖을 질　狗 : 개 구　唾 : 침뱉을 타
駭 : 놀랄 해　饌 : 음식 찬

陳氏가 말하였다. "침뱉지 않음은 주인의 음식을 더럽게 여기고 싫어하는 것과 같음을 혐의해서이다."

侍坐於君子할새 君子欠伸하며 撰(선)杖屨하며 視日蚤莫(早暮)어든 侍坐者請出矣니라

군자를 모시고 앉았을 적에 군자가 하품하고 기지개하며, 지팡이와 신을 잡으며, 해가 이른지 저문지를 살피시거든 모시고 앉은 사람은 물러가겠다고 청해야 한다.

集解 君子는 謂有德位者라 氣乏則欠하고 體疲則伸이라 撰은 猶持也라 視日蚤莫는 觀日影也라 凡四者는 皆厭倦之意라 故로 請退以息之也라 一說에 撰은 數(삭)視也라하니 亦通이니라

君子는 덕과 지위가 있는 자이다. 기운이 다하면 하품하고, 몸이 피곤하면 기지개한다. 撰은 持(잡음)와 같다. 視日蚤莫는 해의 그림자를 관찰함이다. 무릇 이 네 가지는 모두 권태를 느끼는 뜻이므로 물러가겠다고 청하여 쉬게 하는 것이다. 一說에 '撰은 자주 보는 것이다.' 하니, 또한 통한다.

80. 侍坐於君子할새 君子問更(경)端이면 則起而對니라 《禮記 曲禮》

군자를 모시고 앉았을 적에 군자가 단서(話題)를 바꾸어 물으면 일어나 대답한다.

集說 問更端이면 起而對者는 因事變更而起敬也니라

단서를 바꾸어 물으면 일어나 대답함은 일이 변경됨을 인하여 공경을 일으킴이다.

81. 侍坐於君子할새 若有告者曰 少間이어든 願有復也라 커든 則左右屛而待니라 《禮記 曲禮》

군자를 모시고 앉았을 적에 만일 아뢰는 자가 "조금 한가하시면 아뢲이 있기를 원하옵니다." 하거든, 곧 좌우로 물러가서 기다린다.

欠 : 하품할 흠 伸 : 기지개켤 신 撰 : 잡을 선 屨 : 신 구 蚤 : 일찍 조 莫 : 저물 모
乏 : 다할 핍 疲 : 피로할 피 持 : 잡을 지 影 : 그림자 영 厭 : 싫을 염 倦 : 게으를 권
數 : 자주 삭 更 : 고칠 경 間 : 한가할 한 復 : 아뢸 복 屛 : 물리칠 병

集說 鄭氏曰 復은 白也니 言欲須少空閒하여 有所白也라 屛은 猶退也라 陳氏曰 居左則屛於左하고 居右則屛於右니라 呂氏曰 屛而待는 不敢干其私也니라

鄭氏가 말하였다. "復은 아룀이니, 잠깐 한가한 틈을 기다려 아뢰는 바가 있고자 함을 말한다. 屛은 退(물러감)와 같다."
陳氏가 말하였다. "왼쪽에 있을 때에는 왼쪽으로 물러가고, 오른쪽에 있을 때에는 오른쪽으로 물러간다."
呂氏가 말하였다. "물러가 기다림은 감히 그 사사로운 일에 간여할 수가 없어서이다."

82. 侍飮於長者할새 酒進則起하여 拜受於尊(樽)所하되 長者辭어든 少者反席而飮하고 長者擧未釂어든 少者不敢飮이니라 《禮記 曲禮》

長者를 모시고 술마실 때에 술이 나오면 일어나, 술통이 있는 곳에 가서 절하고 받되, 長者가 절함을 사양하거든 젊은 자는 제자리로 돌아와서 마시며, 長者가 들되 다 마시지 않았거든 젊은 자는 감히 마시지 않는다.

集解 尊所는 置酒尊之所也라 辭는 止之也라 蓋降席拜受는 少者當然이로되 尊者若止之어든 則還席而飮也라 擧는 猶飮也라 釂는 飮盡酌也라 待長者飮盡而後飮者는 不敢先也라

尊所는 술통을 놓은 곳이다. 辭는 만류함이다. 자리에 내려가 절하고 받음은 젊은 자로서 당연한 것이로되 尊者가 만약 만류하면 제자리로 돌아와서 마신다. 擧는 飮과 같다. 釂는 술을 마셔 다함이다. 長者가 마시기를 다함을 기다려서 뒤에 마심은 감히 먼저 하지 못해서이다.

83. 長者賜어든 少者賤者不敢辭니라 《禮記 曲禮》

長者가 주시거든 젊은 자와 천한 자는 감히 사양하지 않는다.

集解 陳氏曰 辭而後受는 平交之禮요 非少賤事尊貴之道니라
集成 陳氏曰 上之賜也는 以恩하고 下之受也는 以義니 義之所可면 雖長者之賜라도 不敢辭요 義之所不可면 雖君賜라도 有所不受니라

白 : 아뢸 백　須 : 기다릴 수　干 : 간여할 간　尊 : 술단지 준　辭 : 사양할 사
反 : 돌아올 반　釂 : 마실 조(초)　酌 : 술따를 작

집해 陳氏가 말하였다. "사양한 뒤에 받음은 平交間의 禮요, 젊은 이와 천한 이가 존귀한 이를 섬기는 도리가 아니다."
집성 陳氏가 말하였다. "윗사람이 줌은 은혜로써 하고, 아랫사람이 받음은 의리로써 하니, 의리에 可한 것이면 비록 長者가 주더라도 감히 사양할 수가 없고, 의리에 불가하면 비록 임금이 주더라도 받지 않는 경우가 있는 것이다."

84. 御同於長者할새 雖貳나 不辭하며 偶坐不辭니라 《禮記 曲禮》

長者를 모시고 함께 음식을 먹을 적에는 비록 더 내오더라도 사양하지 않으며, 남과 짝하여 앉았으면 사양하지 않는다.

集解 陳氏曰 御는 侍也라 貳는 益物也라 侍食者 雖獲殽饌之重이나 而不辭其多者는 以此饌이 本爲長者設耳일새니라 偶者는 配偶之義니 因其有賓而己亦配偶於坐라 故로 亦不辭也니라

陳氏가 말하였다. "御는 모심이다. 貳는 물건을 더하는 것이다. 모시고 먹는 자가 비록 고기와 음식의 더함을 얻더라도 많음을 사양하지 않음은, 이 음식이 본래 長者를 위하여 베풀어진 것이기 때문이다. 偶는 배우(짝)의 뜻이니, 손님이 있음으로 인하여 자기도 또한 자리에 짝하여 앉았으므로, 또한 사양하지 않는 것이다."

85. 侍於君子하여 不顧望而對 非禮也니라 《禮記 曲禮》

군자를 모시고 있으면서 좌우에 있는 사람들을 돌아보고 바라보지 않고서 대답함은 禮가 아니다.

集說 呂氏曰 顧望而後對者는 不敢先他人言也라 應氏曰 有察言觀色之意하니라

呂氏가 말하였다. "돌아보고 바라본 뒤에 대답함은 감히 다른 사람보다 먼저하여 말할 수가 없어서이다."
應氏가 말하였다. "남의 말을 살피고 얼굴빛을 관찰하는 뜻이 있다."

86. 少儀曰 尊長이 於己에 踰等이어든 不敢問其年하며 燕見(현)에 不將命하며 遇於道하여 見則面하고 不請所之니라 《禮記 少儀》

御：모실 어 貳：더할 이 偶：짝할 우 獲：얻을 획 殽：안주 효 配：짝 배
踰：넘을 유 燕：사사로울 연 將：전할 장

《少儀》에 말하였다. "尊長이 자기보다 등급이 월등히 높거든 감히 그 나이를 묻지 않으며, 私席에서 뵐 때에 사람을 시켜 말을 전달하지 않으며, 길에서 우연히 만나 尊長이 보았으면 뵙되 가는 곳을 묻지 않는다.

集解 少儀는 禮記篇名이라 燕은 私也요 之는 往也라 陳氏曰 踰等은 祖與父之行也라 不敢問年은 嫌若序齒也라 不將命은 謂不使擯者傳命이니 非賓主之禮也일새라 若遇尊長於路하여 尊者見則趨見之하고 不見則隱避하니 不欲煩動之也라 不請所之는 不敢問其所往也라

少儀는「禮記」의 편명이다. 燕은 사사로움이요, 之는 감이다.

陳氏가 말하였다. "踰等은 할아버지나 아버지의 항렬이다. 감히 나이를 묻지 않음은 연치를 차례하는 듯함을 혐의해서이다. 不將命은 擯者로 하여금 명령을 전달하지 않음이니, 이는 賓主의 禮가 아니기 때문이다. 만약 尊長을 우연히 길에서 만나 尊者가 보았으면 달려가 뵙고, 보지 않았으면 숨어 피하니, 이는 長者를 번거롭게 움직이지 않고자 해서이다. 不請所之는 감히 그 가는 바를 묻지 않음이다."

侍坐에 弗使어든 不執琴瑟하며 不畫地하며 手無容하며 不翣也하며 寢則坐而將命이니라

〈尊者를〉 모시고 앉았을 때에 시키지 않거든 琴瑟을 잡지 않으며, 땅을 긋지 않으며, 손으로 장난하지 않으며, 덥더라도 부채질하지 않으며, 어른이 누워 계시면 꿇어앉아 명령을 전달하여야 한다.

集解 翣은 扇也요 坐는 跪也라

集說 陳氏曰 侍坐於尊者에 不使之執琴瑟이면 則不得擅執而鼓之라 無故而畫地도 亦爲不敬이라 手容恭이니 若擧手以爲容이면 亦爲不恭이라 時雖暑熱이나 不得揮扇이요 若當尊長寢臥之時而傳命이면 必跪而言之요 不可直立以臨之也니라

집해 翣은 부채요, 坐는 꿇어앉음이다.

집설 陳氏가 말하였다. "尊者를 모시고 앉았을 때에 尊者가 금슬을 잡게 하지 않으면 제멋대로 잡아서 두드리지 않는다. 연고없이 땅을 긋는 것도 또한 不敬이 된다. 손 모양은 공손해야 하니, 만일 손을 들어 놀리면 이 또한 不恭이 된다. 때가 비록 덥더라도 부채를

擯 : 손님맞는사람 빈　避 : 피할 피　煩 : 번거로울 번　畫 : 그을 획　翣 : 부채질할 삽
扇 : 부채 선　跪 : 꿇어앉을 궤　擅 : 멋대로할 천　鼓 : 두드릴 고　暑 : 더울 서
熱 : 뜨거울 열　揮 : 휘두를 휘

휘둘러서는 안되며, 만일 尊長이 누워 계실 때를 당하여 명령을 전달하게 되면, 반드시 꿇어앉아서 말할 것이요, 꼿꼿이 서서 임해서는 안된다."

侍射則約矢하고 侍投則擁矢하며 勝則洗而以請이니라

長者를 모시고 활을 쏘게 되면 낮은 자는 화살을 〈교대로 쏘지 않고〉 한꺼번에 쏘며, 모시고 投壺를 하게 되면 낮은 자는 화살을 〈땅에 놓치 않고〉 안고 하며, 〈낮은 자가〉 이기면 잔을 씻고 〈상대방에게 술 들기를〉 청한다."

集說 陳氏曰 凡射는 必二人爲耦하니 楅在中庭하고 箭置於楅하여 上耦前取一矢하고 次下耦又進取一矢하여 如是更(경)進하여 各得四矢하나니 若卑者侍射면 則不敢更迭取之하고 但一時并取四矢라 故로 謂之約矢也라 [1]投壺之禮는 亦賓主各四矢니 尊者則委四矢於地하여 一一取而投之하고 卑者는 不敢委於地라 故로 悉擁抱之也라 射與投壺之禮는 勝者之弟子 酌酒置于豐上이어든 其不勝者跪而飮之하니 若卑者得勝이면 則不敢徑酌하고 當前洗爵而請行觴也라

陳氏가 말하였다. "무릇 활을 쏠 때에는 반드시 두 사람이 짝이 되니, 화살통은 뜰 가운데 있고 화살은 화살통에 놓는다. 上耦(첫번째 짝)가 먼저 한 개의 화살을 취하면 다음 下耦가 또 나아가 한 개의 화살을 취한다. 이와 같이 번갈아 나아가서 각각 네 개의 화살을 잡는데, 만일 낮은 자가 어른을 모시고 쏘게 되면 감히 번갈아 취하지 못하고, 다만 일시에 네 개의 화살을 다 취한다. 그러므로 約矢(화살을 묶음)라 한 것이다. 投壺의 禮는 또한 손님과 주인이 각각 네 개의 살로 하니, 尊者는 네 개의 살을 땅에 놓고서 하나하나 집어서 던지지만 낮은 자는 감히 땅에 놓지 못하므로 그것을 모두 품에 안는 것이다. 활쏘기와 投壺의 禮에는 이긴 자의 자제가 술을 따라 술잔을 받치는 그릇 위에 놓으면 이기지 못한 자가 꿇어앉아 술을 마신다. 만일 낮은 자가 이겼으면 감히 곧바로 술을 따르지 못하고, 마땅히 앞에서 술잔을 씻고 잔을 들기를 청하여야 한다."

역주 1. 投壺 : 옛날 座興을 돋우기 위한 놀이의 한 가지로, 연회석에서 주인과 손님이 화살을 항아리에 던져 넣어 승부를 겨루고 이긴 사람이 진 사람에게 벌주를 먹였다.

87. 王制曰 父之齒를 隨行하고 兄之齒를 雁行하고 朋友는 不相踰니라 《禮記 王制》

約 : 묶을 약　投 : 던질 투　擁 : 안을 옹　洗 : 씻을 세　壺 : 호리병 호　耦 : 짝 우
楅 : 화살통 복　箭 : 화살 전　更 : 번가를 경　迭 : 번가를 질　并 : 아우를 병
委 : 놓을 위　酌 : 술따를 작　豐 : 잔대 풍　徑 : 곧바로 경　爵 : 술잔 작
觴 : 술잔 상　齒 : 나이 치　雁 : 기러기 안

《王制》에 말하였다. "아버지의 연치인 자에게는 뒤따라 가고, 형의 연치인 자에게는 조금 쳐져서 기러기처럼 가고, 친구간에는 서로 앞서가지 않는다.

集說 陳氏曰 父之齒, 兄之齒는 謂其人年이 與父等, 或與兄等也라 隨行은 隨其後也요 雁行은 並行而稍後也라 朋友年相若이면 則彼此不可相踰越而有先後니 言並行而齊也라

陳氏가 말하였다. "아버지의 연치와 형의 연치라는 것은 그 사람의 연치가 아버지와 같거나 또는 형과 같음을 이른다. 隨行은 그 뒤를 따름이요, 雁行은 나란히 가되 조금 뒤에 가는 것이다. 붕우가 나이가 서로 비슷하면 피차간에 서로 넘어가서 先後가 있어서는 안 되니, 나란히 가서 가지런히 함을 말한 것이다."

輕任을 幷하고 重任을 分하여 頒(斑)白者不提挈이니라

〈젊은이는〉 가벼운 짐은 혼자 지고 무거운 짐은 나누어 져서 반백이 된 자가 짐을 들지 않게 해야 한다.

集解 任은 擔也라 幷은 獨任之也요 分은 析而二之也라 言輕則少者獨任之하고 重則分任之也라 頒白은 老人頭半白黑者라 提挈은 以手提物也니 不提挈은 少者代之也라

任은 짐이다. 幷은 홀로 멤이요, 分은 나누어 둘로 함이다. 짐이 가벼우면 젊은 자가 홀로 메고, 무거우면 나누어 멤을 말한 것이다. 頒白은 노인의 머리가 반쯤 희고 검은 것이다. 提挈은 손으로 물건을 잡음이니, 잡지 않는다는 것은 젊은 자가 대신하는 것이다.

君子耆老는 不徒行하고 庶人耆老는 不徒食이니라

군자의 노인은 도보로 다니지 않고, 서민의 노인은 맨밥을 먹지 않는다."

集說 吳氏曰 六十曰耆요 七十曰老라 徒는 猶空也라 方氏曰 徒行은 謂無乘而行也요 徒食은 謂無羞而食也라

吳氏가 말하였다. "60세를 耆라 하고 70세를 老라 한다. 徒는 空과 같다."
方氏가 말하였다. "徒行은 수레가 없이 다니는 것이요, 徒食은 반찬이 없이 먹는 것이다."

稍 : 조금 초 任 : 짐 임 頒 : 반쯤셀 반 提 : 끌 제 挈 : 끌 설 擔 : 멜 담
析 : 나눌 석 耆 : 늙을 기 徒 : 한갓 도 羞 : 반찬 수

88. 論語曰 鄕人飮酒에 杖者出이어든 斯出矣러시다 《論語 鄕黨》

「論語」에 말하였다. "〈孔子는〉 시골 사람들과 술을 마실 적에 지팡이 짚은 분이 나가시면 따라 나가셨다."

集說 朱子曰 杖者는 老人也니 六十에 杖於鄕이라 未出이면 不敢先이요 旣出이면 不敢後니라

朱子가 말씀하였다. "杖者는 노인이니, 60세에는 고을에서 지팡이를 짚는다. 노인이 나가지 않았으면 감히 먼저 나가지 않고, 이미 나갔으면 감히 뒤에 남지 않는다."

右는 明長幼之序하니라

이상은 長幼의 차례를 밝혔다.

89. 曾子曰 君子는 以文會友하고 以友輔仁이니라 《論語 顔淵》

曾子가 말씀하셨다. "군자는 글로써 벗을 모으고, 벗으로써 仁을 돕는다."

集說 朱子曰 講學以會友하면 則道益明하고 取善以輔仁하면 則德日進이니라

朱子가 말씀하였다. "학문을 강하여 벗을 모으면 道가 더욱 밝아지고, 善을 취하여 仁을 도우면 德이 날로 진전된다."

90. 孔子曰 朋友는 切切偲偲하고 兄弟는 怡怡니라 《論語 子路》

孔子가 말씀하셨다. "붕우간에는 정성을 다하여 권면하고, 형제간에는 和悅하게 해야 한다."

集說 胡氏曰 切切은 懇到也요 偲偲는 詳勉也요 怡怡는 和悅也라

胡氏(胡寅)가 말하였다. "切切은 정성이 지극함이요, 偲偲는 상세히 권면함이요, 怡怡는 和悅함이다."

91. 孟子曰 責善은 朋友之道也니라 《孟子 離婁下》

孟子가 말씀하였다. "善으로 책함은 붕우간의 도리이다."

輔 : 도울 보 偲 : 자세할 시 懇 : 간곡할 간 到 : 지극할 도

集說 朱子曰 朋友는 當相責以善也니라

集成 程子曰 責善之道는 要使誠有餘而言不足이니 則於人有益而在我者無辱矣니라

집설 朱子가 말씀하였다. "붕우는 마땅히 서로 善으로써 책해야 한다."

집성 程子가 말씀하였다. "責善의 道는 정성은 유여하고 말은 부족하게 해야 하니, 이렇게 하면 남에게도 유익함이 있고 나에게도 욕됨이 없을 것이다."

92. 子貢이 問友한대 孔子曰 忠告而善道之하되 不可則止하여 毋自辱焉이니라 《論語 顔淵》

子貢이 交友에 대해 묻자, 孔子께서 말씀하셨다. "충성으로 말해주고, 善으로 인도하되 불가하면 그만두어 스스로 욕되게 하지 말아야 한다."

集解 子貢은 孔子弟子니 姓端木이요 名賜라 朱子曰 友는 所以輔仁이라 故로 盡其心以告之하고 善其說以道之라 然이나 以義合者也라 故로 不可則止니 若以數(삭)而見疏면 則自辱矣니라

子貢은 孔子의 제자이니, 성은 端木이요, 이름은 賜이다.

朱子가 말씀하였다. "벗은 仁을 돕는 것이므로, 그 마음을 다하여 고해주고 그 말을 선하게 하여 인도한다. 그러나 義로써 합한 자이므로 불가하면 그만두어야 하니, 만일 자주 하다가 소원함을 당하면 스스로 욕되는 것이다."

93. 孔子曰 居是邦也하여 事其大夫之賢者하며 友其士之仁者니라 《論語 衛靈公》

孔子가 말씀하셨다. "그 나라에 거해서는 그 大夫 중에 어진 자를 섬기며, 그 선비 중에 仁한 자를 벗하여야 한다."

集說 朱子曰 賢은 以事言이요 仁은 以德言이라 陳氏曰 事大夫之賢者면 則有所嚴憚하고 友士之仁者면 則有所切磋하니 皆進德之助也니라

朱子가 말씀하였다. "賢은 일로 말하고, 仁은 덕으로 말한 것이다."

陳氏가 말하였다. "大夫 중에 어진 자를 섬기면 두려워하는 바가 있고, 선비 중에 仁한 자를 벗하면 切磋琢磨하는 바가 있으니, 모두 德을 진취함에 도움이 된다."

道 : 인도할 도 數 : 자주 삭 憚 : 꺼릴 탄 切 : 자를 절 磋 : 갈 차

94. 益者三友요 損者三友니 友直하며 友諒하며 友多聞이면 益矣요 友便辟하며 友善柔하며 友便佞하면 損矣니라 《論語 季氏》

유익한 벗이 세 가지가 있고 손해 되는 벗이 세 가지가 있으니, 벗이 바르며, 벗이 성실하며, 벗이 문견이 많으면 유익하고, 벗이 한쪽(외모)만 잘하며, 벗이 유순하기를 잘하며, 벗이 말을 잘하면 손해된다.

集解 諒은 信實也요 善은 猶工也라 朱子曰 友直則聞其過하고 友諒則進於誠하고 友多聞則進於明이니라 便은 習熟也라 便辟은 謂習於威儀而不直이요 善柔는 謂工於媚悅而不諒이요 便佞은 謂習於口語而無聞見之實이니 三者損益이 正相反也니라

諒은 신실함이요, 善은 工(잘함)과 같다.
朱子가 말씀하였다. "벗이 곧으면 그 잘못을 듣게 되고, 벗이 성실하면 성실함에 나아가고, 벗이 聞見이 많으면 밝음에 나아간다. 便은 익숙함이다. 便辟은 威儀에만 익숙하고 곧지 않은 것이요, 善柔는 남을 기쁘게 하는 데만 잘하고 성실하지 않은 것이요, 便佞은 말에만 익숙하고 聞見의 실제가 없는 것이니, 세 가지의 損益은 정반대가 된다."

95. 孟子曰 不挾長하며 不挾貴하며 不挾兄弟而友니 友也者는 友其德也라 不可以有挾也니라 《孟子 萬章下》

孟子가 말씀하셨다. "〈친구를 사귈 때에는〉 연장자임을 藉勢하지 말며, 존귀함을 藉勢하지 말며, 형제가 많음을 藉勢하지 말고 벗해야 하니, 벗이란 그 德을 벗하는 것이니, 藉勢함이 있어서는 안된다."

集解 [1]挾者는 兼有而恃之之稱이라 挾兄弟는 謂已有兄弟之助而不資於人也라 陳氏曰 有挾則取友之意不誠이니 賢者必不與之友矣리라

挾은 소유하고 그것을 믿음을 겸한 칭호이다. 挾兄弟는 자기가 형제의 도움이 있다고 하여 남에게 의뢰하지 않음을 이른다.
陳氏가 말하였다. "藉勢함이 있으면 벗을 취하는 뜻이 성실하지 못하니, 賢者가 반드시 그와 사귀지 않을 것이다."

역주 1. 挾者兼有而恃之 : 挾은 '갖고 있다'의 뜻인데, 여기서는 자신의 연치나 지위, 형제간이 많음을 자세하는 것으로, 兼有而恃之는 그것을 소유하고 믿어 교만함을 이

損 : 덜 손　諒 : 신실할 량　便 : 잘할 편　辟 : 한쪽 벽　善 : 잘할 선　佞 : 말잘할 녕
媚 : 아첨할 미　挾 : 낄 협　資 : 자뢰할 자　藉 : 깔 자

르며 '겸하여 소유하고 믿는다'는 뜻이 아니다.

96. 曲禮曰 君子는 不盡人之歡하며 不竭人之忠하여 以全交니라

《禮記 曲禮》

《曲禮》에 말하였다. "군자는 남이 기쁘게 해주기를 다 바라지 않으며, 남이 충성스럽게 해주기를 다 바라지 않아 사귐을 온전히 한다."

集解 呂氏曰 盡人之歡하고 竭人之忠은 皆責人厚者也니 責人厚而莫之應이면 此는 交所以難全也라 歡은 謂好於我也요 忠은 謂盡心於我也라 好於我者를 望之不深하고 盡心於我者를 不要其必盡이면 則不至於難繼也라

呂氏가 말하였다. "남이 기쁘게 해주기를 다 바라고, 남이 충성스럽게 해주기를 다 바람은, 모두 남에게 바라기를 후히 하는 것이니, 남에게 바라기를 후히 하는데 남이 응해주지 못하면 이는 사귐이 온전하기가 어렵게 되는 것이다. 歡은 나에게 좋게 해줌이요, 忠은 나에게 마음을 다하는 것이다. 나에게 좋게 해주기를 바람이 깊지 않고, 나에게 마음을 다해주기를 요구하지 않는다면, 잇기 어려운 데에 이르지 않을 것이다."

97. 凡與客入者每門에 讓於客하여 客至寢門이어든 主人이 請入爲席然後에 出迎客하되 客이 固辭어든 主人이 肅客而入이니라

《禮記 曲禮》

무릇 客과 함께 들어가는 자는 문마다 客에게 〈먼저 들어가도록〉 양보하여 客이 寢門에 이르거든 主人이 들어가서 자리를 펴겠다고 청한 뒤에 나와 客을 맞이하되, 客이 〈먼저 들어가기를〉 굳이 사양하거든 主人이 客에게 읍하고 들어간다.

集說 陳氏曰 讓於客은 欲客先入也라 爲는 猶布也라 孔氏曰 [1]天子는 五門이요 諸侯는 三門이요 大夫는 二門이라 禮有三辭하니 初曰禮辭요 再曰固辭요 三曰終辭라 呂氏曰 肅客者는 俯手以揖之니 所謂肅拜也라

陳氏가 말하였다. "客에게 사양함은 客이 먼저 들어가게 하고자 함이다. 爲는 布(폄)와 같다"

孔氏가 말하였다. "天子는 다섯 개의 문이요, 諸侯는 세 개의 문이요, 大夫는 두 개의 문이 있다. 禮에 세번 사양함이 있으니, 첫번째를 禮辭라 하고, 두번째를 固辭라 하고, 세번째를 終辭라 한다."

歡：기쁠 환 竭：다할 갈 固：굳을 고 俯：숙일 부 揖：읍할 읍

呂氏가 말하였다. "肅客은 손을 굽혀 읍함이니, 이른바 肅拜라는 것이다."

역주 1. 天子五門 : 天子는 皐門 · 雉門 · 庫門 · 應門 · 路門의 다섯 가지가 있고, 諸侯는 皐門 · 應門 · 路門이 있으며, 大夫는 바깥문과 안문이 있다.

主人은 入門而右하고 客은 入門而左하여 主人은 就東階하고 客은 就西階하되 客若降等이면 則就主人之階니 主人이 固辭然後에 客이 復(부)就西階니라

主人은 문에 들어서 오른쪽으로 가고, 客은 문에 들어서 왼쪽으로 간 다음, 主人은 동쪽 계단으로 나아가고 客은 서쪽 계단으로 나아가되, 客이 만약 等列이 낮으면 主人의 계단으로 올라가니, 主人이 굳이 만류한 뒤에야 客이 다시 서쪽 계단으로 나아간다.

集解 陳氏曰 [1]入右는 所以趨東階요 入左는 所以趨西階라 降等者는 其等列이 卑於主人也라 主人固辭者는 不敢當客之尊己也라

陳氏가 말하였다. "오른쪽으로 들어감은 동쪽 계단으로 향하기 위한 것이요, 왼쪽으로 들어감은 서쪽 계단으로 향하기 위한 것이다. 降等은 그 等列이 主人보다 낮음이다. 主人이 굳이 만류함은 감히 客이 자기를 높여 줌을 감당하지 못해서이다."

역주 1. 入右 所以趨東階 : 동쪽 계단은 오른쪽에 있고 서쪽계단은 왼쪽에 있으므로 말한 것이다. 그러나 《曲禮》註에서는 서로 향해 마주보기 위한 것으로 해석하여, 右階를 오르는 主人은 右足을 먼저 올리고 左足을 합한 뒤에 다시 右足을 올리고 左足을 합하며, 左階를 오르는 客은 左足을 먼저 올리고 右足을 합하면서 右階의 主人과 맞추는 것으로 보았으며, 이는 서로 공경하는 뜻에서라 하였다.

主人이 與客讓登하여 主人이 先登이어든 客이 從之하여 拾[涉]級聚足하여 連步以上하되 上於東階則先右足하고 上於西階則先左足이니라

主人이 客과 올라가기를 사양하여 主人이 먼저 올라가면 客이 뒤따라 가는데 층계를 오를 적에 층계마다 발을 모아 걸음을 연속하여 오르되 동쪽 계단으로 오를 때에는 오른발을 먼저 하고, 서쪽 계단으로 오를 때에는 왼발을 먼저 한다.

集解 鄭氏曰 拾은 當作涉이니 聲之誤也라 陳氏曰 讓登은 欲客先升也니 客

卑 : 낮을 비　拾 : 주을 습　涉 : 건널 섭　級 : 등급 급　聚 : 모을 취　升 : 오를 승

不敢當이라 故로 主人先而客繼之라 拾級은 涉階之級也라 聚足은 後足이 與前足相合也요 連步는 步相繼也라 先右先左는 各順入門之左右也라

鄭氏가 말하였다. "拾은 마땅히 涉이 되어야 하니, 음이 비슷하여 잘못된 것이다."
陳氏가 말하였다. "오르기를 사양함은 客이 먼저 오르게 하고자 함이니, 客이 이것을 감당할 수 없으므로 主人이 먼저 오르고 客이 뒤따르는 것이다. 拾級은 계단의 층계를 건넘이다. 聚足은 뒷발이 앞발과 서로 합함이요, 連步는 걸음이 서로 이어짐이다. 오른발을 먼저 하고 왼발을 먼저 함은, 각기 문에 들어가는 左右를 순히 한 것이다."

98. 大夫士相見에 雖貴賤이 不敵하나 主人敬客이어든 則先拜客하고 客敬主人이어든 則先拜主人이니라 《禮記 曲禮》

大夫와 士가 서로 만나볼 때에 비록 귀천이 대등하지 않으나, 主人이 客을 공경하거든 客에게 먼저 절하고, 客이 主人을 공경하거든 主人에게 먼저 절한다.

集解 孔氏曰 惟賢是敬이요 不計貴賤也라

孔氏가 말하였다. "오직 현자를 공경하는 것이요, 귀천을 따지지 않는다."

99. 主人이 不問이어든 客이 不先擧니라 《禮記 曲禮》

主人이 묻지 않거든 客이 먼저 말을 꺼내지 않는다.

增註 客은 自外至하니 主人이 當先致問이요 客不當先擧言이니라

客은 밖으로부터 왔으니, 主人이 마땅히 먼저 물을 것이요, 客이 먼저 말을 꺼내서는 안 된다.

右는 明朋友之交하니라

이상은 朋友의 사귐을 밝혔다.

100. 孔子曰 君子之事親孝라 故로 忠可移於君이요 事兄弟(悌)라 故로 順可移於長이요 居家理라 故로 治可移於官이니 是以로 行成於內而名立於後世矣니라 《孝經》

敵 : 대등할 적　拜 : 절할 배

孔子가 말씀하셨다. "군자가 부모를 섬김이 효성스러우므로 충성을 임금에게 옮길 수 있고, 형을 섬김이 공경하므로 순함을 장관에게 옮길 수 있고, 집에서 거처함이 잘 다스려지므로 다스림을 관청에 옮길 수 있다. 그러므로 행실이 집안에서 이루어지고, 이름이 後世에 세워지는 것이다."

集解 長은 謂職位在己上者라 夫孝弟는 爲百行之源이라 故로 事親孝則可移爲事君之忠矣요 事兄弟則可移爲事長之順矣라 家者는 國之本이니 能齊其家則可移爲居官之治矣라 行成於內는 [1]猶言不出家而成敎也라

長은 직위가 자기보다 위에 있는 자를 이른다. 孝와 弟는 百行의 근원이다. 그러므로 부모 섬기기를 효성스럽게 하면 옮겨서 임금을 섬기는 충성을 할 수 있고, 형을 섬기기를 공손하게 옮겨서 장관을 섬기는 순함을 할 수 있는 것이다. 집안은 나라의 근본이니, 그 집안을 가지런히 하면 옮겨서 관청에 처하는 다스림을 할 수 있는 것이다. 행실이 집안에서 이루어진다는 것은 집안을 나가지 않고서 가르침을 이룬다.'는 것과 같다.

역주 1. 「大學」에 '君子不出家而成敎於國 孝者所以事君也 弟者所以事長也 慈者所以使衆也'라고 보인다.

101. 天子有爭臣七人이면 雖無道나 不失其天下하고 諸侯有爭臣五人이면 雖無道나 不失其國하고 大夫有爭臣三人이면 雖無道나 不失其家하고 士有爭友면 則身不離於令名하고 父有爭子면 則身不陷於不義니라 《孝經》

天子가 간쟁하는 신하 일곱 사람이 있으면 비록 無道하나 그 천하를 잃지 않고, 諸侯가 간쟁하는 신하 다섯 사람이 있으면 비록 無道하나 그 나라를 잃지 않고, 大夫가 간쟁하는 신하 세 사람이 있으면 비록 無道하나 그 집안을 잃지 않고, 선비가 간쟁하는 친구가 있으면 몸이 훌륭한 이름에서 떠나지 않고, 아버지가 간쟁하는 자식이 있으면 몸이 不義에 빠지지 않는다.

集說 陳氏曰 爭은 諫也라 父有爭子는 通上下言이라 不義는 卽無道也라

陳氏가 말하였다. "爭은 간쟁함이다. 아버지가 간쟁하는 자식이 있다는 것은 上下를 통틀어 말한 것이다. 不義는 바로 無道함이다."

源 : 근원 원　爭 : 간쟁할 쟁　令 : 아름다울 령　陷 : 빠질 함

故로 當不義면 則子不可以弗爭於父며 臣不可以弗爭於君이니라

그러므로 不義를 당하면 자식은 아버지에게 간쟁하지 않을 수 없으며, 신하는 임금에게 간쟁하지 않을 수 없는 것이다.

集解 范氏曰 子不爭則陷父於不義하고 臣不爭則陷君於無道니라

范氏가 말하였다. "자식이 간쟁하지 않으면 아버지를 不義에 빠뜨리고, 신하가 간쟁하지 않으면 임금을 無道에 빠뜨린다."

102. 禮記曰 事親하되 有隱而無犯하며 左右就養이 無方하며 服勤至死하며 致喪三年이니라 《禮記 檀弓》

「禮記」에 말하였다. "부모를 섬기되 은미하게 간함은 있으나 범함은 없으며, 좌우로 나아가 봉양함이 일정한 방소가 없으며, 부지런히 일하여 (근로의 일을 행하여) 죽음에 이르며, 喪을 3년동안 지극히 한다.

增註 隱은 微諫也요 犯은 犯顏以諫也라 親者는 仁之所在니 有過而犯則傷恩이라 故로 有隱而無犯이라 左右는 卽方也니 或左或右하여 近就而奉養之하여 無一定之方하니 言事事皆當理會也라 服勤은 服行勤勞之事也라 黃氏曰 於勤에 言至死하니 則勤無時或已矣니라

集解 致喪은 極其哀毁之節也라

증주 隱은 은미하게 간함이요, 犯은 얼굴을 범하여 간하는 것이다. 어버이는 仁이 있는 곳이니, 허물이 있다고 하여 범하면 은혜를 상하게 된다. 그러므로 은미하게 간하고 범함이 없는 것이다. 左右는 방소이니, 혹은 왼쪽으로 혹은 오른쪽으로 가까이 나아가 봉양하여 일정한 방소가 없으니, 일마다 모두 마땅히 理會(알아서 처리)함을 말한다. 服勤은 근로의 일을 부지런히 행함이다.

黃氏가 말하였다. "수고로움에 있어 죽음에 이른다고 말하였으니, 수고로움을 어느 때이든 혹시라도 그침이 없는 것이다."

집해 致喪은 그 슬퍼하고 훼손하는 예절을 지극히 하는 것이다.

事君하되 有犯而無隱하며 左右就養이 有方하며 服勤至死하며 方喪三年이니라

隱 : 숨을 은 就 : 나아갈 취 服 : 일할 복 致 : 다할 치 會 : 알 회 方 : 견줄 방

임금을 섬기되 범함은 있고 은미하게 간함은 없으며, 좌우로 나아가 봉양함이 일정한 방소가 있으며, 부지런히 일하여 죽음에 이르며, 부모의 3년상에 비견한다.

增註 君者는 義之所在니 有過而隱이면 則近於容悅이라 故로 有犯而無隱이라 左右就養有方은 言當各盡職守也라

集解 方喪은 比方於親喪也라

증주 임금은 義가 있는 곳이니, 허물이 있음에 숨기면 아첨에 가까우므로, 범함은 있고 은미하게 간함은 없는 것이다. 좌우로 나아가 봉양함이 일정한 방소가 있다는 것은 마땅히 각각 맡은 직책을 다하는 것이다.

집해 方喪은 부모의 상에 비견함이다.

事師하되 無犯無隱하며 左右就養이 無方하며 服勤至死하며 心喪三年이니라

스승을 섬기되 범함도 없고 숨김도 없으며, 좌우로 나아가 봉양함이 일정한 방소가 없으며, 부지런히 일하여 죽음에 이르며, 心喪 3년을 한다."

集解 師者는 道之所在라 諫必不見拒니 不必犯也요 過則當疑問이니 不必隱也라 心喪者는 身無衰(최)麻之服而心有哀戚之情也라

스승은 道가 있는 곳이다. 간하더라도 반드시 거절을 당하지 않을 것이니 굳이 범할 것이 없고, 허물이 있으면 마땅히 의심하여 물어야 하니, 굳이 숨길 것이 없다. 心喪은 몸에 衰麻의 상복은 없으나 마음에 哀戚(슬퍼함)하는 情이 있는 것이다.

103. 欒共(恭)子曰 民生於三이라 事之如一이니 父生之하시고 師教之하시고 君食(사)之하시나니 非父면 不生이요 非食면 不長이요 非教면 不知니 生之族也라 故로 一事之하여 唯其所在에 則致死焉이니라 《國語 晉語》

欒共子가 말하였다. "사람은 세분에게서 살게 되었으니, 이들을 섬기기를 한결같이 하여야 한다. 아버지는 나를 낳아 주시고, 스승은 나를 가르쳐 주시고, 임금은 나를 먹여 주셨으니, 아버지가 아니면 낳지 못하고, 〈임금이〉 먹여줌이 아니면

容 : 꾸밀 용 衰 : 상복 최 麻 : 삼 마 戚 : 슬퍼할 척 欒 : 둥글 란 食 : 먹일 사

자라지 못하고, 〈스승이〉 가르쳐줌이 아니면 알지 못하니, 낳아 주신 것과 똑같다. 그러므로 한결같이 섬겨서 오직 그 있는 곳에 죽음을 다해야 한다.

集說 吳氏曰 欒共子는 晉大夫니 名成이요 諡曰共이라 族은 類也라 言於君父師三者에 事之를 當如一이라 父生我하시고 師教我하시고 君食我者也니 非父則不生이요 非食則不長이요 非教則不知니 此는 食之教之 所以與生之一類也라 一事之는 卽所謂事之如一也라 所在致死는 謂在君爲君하고 在父爲父하고 在師爲師也라

增註 食는 養也라 君父師는 皆人之所由生也라 故로 曰民生於三이라하니라

집설 吳氏가 말하였다. "欒共子는 晉나라의 대부이니, 이름은 成이요, 시호는 共이다. 族은 종류이다. 임금과 아버지와 스승 세 분에 대하여 섬기기를 마땅히 한결같이 해야 함을 말한 것이다. 아버지는 나를 낳아 주시고, 스승은 나를 가르쳐 주시고, 임금은 나를 먹여주신 자이니, 아버지가 아니면 낳지 못하고, 먹여줌이 아니면 자라지 못하고, 가르쳐 줌이 아니면 알지 못하니, 이는 먹여주고 가르쳐 준 것이 낳아주신 것과 한 종류인 것이다. 한결같이 섬긴다는 것은 곧 이른바 섬기기를 한결같이 한다는 것이다. 있는 바에 죽음을 다한다는 것은 임금에게 있을 때에는 임금을 위하고, 아버지에게 있을 때에는 아버지를 위하고, 스승에게 있을 때에는 스승을 위하는 것이다."

증주 食는 길러줌이다. 임금과 아버지와 스승은 모두 사람이 말미암아 살게 되는 바이다. 그러므로 사람은 세 분에 의해서 산다고 말한 것이다.

報生以死하며 報賜以力이 人之道也니라

살게 함에 보답할 적에는 죽음으로써 하며, 물건을 줌에 보답할 적에는 힘으로써 함이 사람의 道이다.

集解 陳氏曰 報生以死는 謂君父師也요 報賜以力은 謂他人之有賜於我者를 則亦以力報之也라

陳氏가 말하였다. "報生以死는 임금과 아버지와 스승을 이르고, 報賜以力은 타인으로서 나에게 물건을 줌이 있는 자에게는 또한 힘으로써 보답함을 이른다."

104. 晏子曰 君令臣共(恭)하며 父慈子孝하며 兄愛弟敬하며 夫和妻柔하며 姑慈婦聽이 禮也니라 《左傳 昭公二十六年》

諡 : 시호 시　賜 : 하사할 사　晏 : 늦을 안　慈 : 사랑할 자

晏子가 말하였다. "임금은 명령하고 신하는 공손하며, 아버지는 자애하고 자식은 효도하며, 형은 사랑하고 아우는 공경하며, 남편은 화하고 아내는 유순하며, 시어머니는 사랑하고 며느리는 순종함이 禮이다.

集說 陳氏曰 晏子는 齊大夫니 名嬰이라 聽은 猶從也라 眞氏曰 此十者는 皆禮之當然이라

陳氏가 말하였다. "晏子는 齊나라의 大夫이니, 이름은 嬰이다. 聽은 從(따름)과 같다."
眞氏가 말하였다. "이 열 가지는 모두 禮의 당연함이다."

君令而不違하며 臣共(恭)而不貳하며 父慈而教하며 子孝而箴하며 兄愛而友하며 弟敬而順하며 夫和而義하며 妻柔而正하며 姑慈而從하며 婦聽而婉이 禮之善物也니라

임금은 명령하되 道에 어긋나지 않게 하며, 신하는 공손하되 마음을 둘로 하지 않으며, 아버지는 사랑하되 가르치며, 자식은 효도하되 간하며, 형은 사랑하되 〈돕기를〉 벗과 같이 하며, 아우는 공경하되 순종하며, 남편은 화하되 의로우며, 아내는 유순하되 바르게 하며, 시어머니는 사랑하고 〈며느리를〉 따르며, 며느리는 순종하고 〈시어머니에게〉 온순하게 함이 禮의 좋은 일이다."

集說 陳氏曰 箴은 諫也라 從은 不自專也라 婉은 順也요 物은 猶事也라 眞氏曰 君以出令爲職이나 要必不違於理然後에 人心服而令行이요 臣之事君은 以恭爲本이나 然必忠誠不二然後에 可貴라 父慈而不能教면 則敗其子하고 子孝而不能箴이면 則陷父於不義라 兄能愛弟矣로되 必有切磋之益하여 如朋友之相資하고 弟能敬兄矣로되 必有和順之美하여 使情意之相親이라 夫之於妻에 雖貴和樂이나 必以義而帥(솔)其妻하고 妻之於夫에 雖貴柔順이나 必以正而事其夫라 君臣以下는 皆以二德相濟어늘 姑之於婦에 一於慈而從하고 婦之於姑에 一於聽而婉者는 蓋婦姑相與專主於和柔也일새라 此十者는 於禮에 爲至善이니라

陳氏가 말하였다. "箴은 간함이다. 從은 스스로 오로지 하지 않음이다. 婉은 순함이요. 物은 事와 같다."
眞氏가 말하였다. "임금은 명령을 냄을 직무로 삼으나, 요점은 반드시 도리에 어긋나지 않게 한 뒤에 인심이 복종하여 명령이 행해진다. 신하가 임금을 섬김은 공손함을 근본으

嬰 : 어릴 영　貳 : 둘로할 이　箴 : 경계할 잠(침)　婉 : 순할 완　物 : 일 물
違 : 어길 위　敗 : 패할 패　帥 : 거느릴 솔　濟 : 구제할 제

로 삼으나 반드시 충성하고 두 마음을 품지 않은 뒤에야 귀할 수 있는 것이다. 아버지가 사랑하기만 하고 가르치지 않으면 그 자식을 실패하게 하고, 자식이 효도하기만 하고 간하지 않으면 아버지를 不義에 빠뜨린다. 형은 아우를 사랑하되 반드시 절차탁마하는 유익함이 있어 붕우가 서로 자뢰하듯이 하고, 아우는 형을 공경하되 반드시 화순한 아름다움이 있어 情意가 서로 친하게 해야 한다. 남편은 아내에 대하여 비록 화함을 귀하게 여기나 반드시 義로써 그 아내를 선도하고, 아내는 남편에 대하여 비록 유순함을 귀하게 여기나 반드시 올바름으로써 그 남편을 섬겨야 한다. 君臣 이하는 모두 두 가지 德으로 서로 구제하는데, 시어머니가 며느리에 대해서는 사랑하고 따름을 한결같이 하고, 며느리가 시어머니에 대해서는 순종하고 공손히 함을 한결같이 함은, 며느리와 시어머니는 서로 더불어 화목하고 유순함을 오로지 주장하기 때문이다. 이 열 가지는 禮에 있어 지극히 좋음이 된다."

105. 曾子曰 親戚이 不說(悅)이어든 不敢外交하며 近者不親이어든 不敢求遠하며 小者를 不審이어든 不敢言大니라 《大戴禮 曾子疾病, 說苑》

曾子가 말씀하셨다. "친척이 기뻐하지 않거든 감히 外人과 사귀지 않으며, 가까운 친척이 친하지 않거든 감히 먼 사람을 구하지 않으며, 작은 것을 살피지 못했거든 감히 큰 것을 말하지 않는다.

集說 吳氏曰 親戚은 謂父兄이요 外는 謂外人이니 言不能奉親戚使之懽悅이면 則豈敢交之於外乎아 近은 卽親戚이요 遠은 卽外人이니 言近者不能相親이면 又豈敢求之於遠者乎아 小는 謂孝弟之道니 以家而言也요 大는 謂治平之道니 以國與天下而言也라 言小者를 不能審察이면 又豈敢言其大者乎아 曾子敎人에 當及時以盡孝弟라 故로 先言此三者하여 以起下文之意하시니라

吳氏가 말하였다. "친척은 父兄을 이르고, 外는 外人을 이르니, 친척을 받들어 기뻐하게 하지 못했으면 어찌 감히 外人과 사귈 수 있겠는가. 近은 친척이요, 遠은 바로 外人이니, 가까운 친척을 서로 친하게 하지 못했으면 또 어찌 감히 먼 外人에게 구하겠는가. 小는 孝弟의 道를 이르니 집안의 일로써 말한 것이요, 大는 治平의 도리를 이르니 나라와 천하의 일로써 말한 것이다. 작은 일을 살피지 못했으면 또한 어찌 감히 그 큰 것을 말하겠는가. 曾子는 사람을 가르침에 마땅히 때에 미쳐 孝弟를 다하게 하였다. 그러므로 먼저 이 세 가지를 말씀하여 아랫글의 뜻을 일으키신 것이다.

故로 人之生也에 1)百歲之中에 有疾病焉하며 有老幼焉하니 故로

戚：겨레 척 審：살필 심

君子思其不可復(복)者而先施焉하나니 親戚이 旣沒이면 雖欲孝나 誰爲孝며 年旣耆艾면 雖欲悌나 誰爲悌리오 故로 孝有不及하며 悌有不時라하니 其此之謂歟인저

그러므로 사람이 삶에 백세 가운데 질병이 있으며, 노년기와 유년기가 있다. 그러므로 군자는 다시 돌아올 수 없음을 생각하여 먼저 베푸는 것이다. 친척이 이미 죽으면 비록 효도하고자 하나 누구를 위하여 효도하며, 나이가 이미 늙으면 비록 공경하고자 하나 누구를 위하여 공경하겠는가. 그러므로 '효도는 미치지 못함이 있으며, 공경은 때가 아님이 있다.' 하셨으니, 그 이것을 말함일 것이다."

역주 1. 百歲之中 有疾病焉 有老幼焉 : 百歲는 반드시 1백세를 가리키는 것이 아니고 보통 一生을 말하는바, 사람은 그 가운데 질병으로 앓기도 하고 너무 어리거나 너무 늙어 父母나 어른을 섬길 수 없는 기간이 있으므로 말한 것이다.

集說 吳氏曰 六十曰耆니 稽久之稱也요 五十曰艾니 言髮之蒼白者如艾之色也라 人壽는 以百歲爲期나 然其間에 有疾病老幼之變하여 不能常也라 故로 君子思其不可復爲者하여 及時而先行之也라 若親沒則養不逮하고 己老則兄不存이니 雖欲行孝悌나 不可得也니라

吳氏가 말하였다. "60세를 耆라 하니, 오래됨을 칭한 것이요, 50세를 艾라 하니, 머리털의 蒼白함이 쑥색과 같기 때문이다. 사람의 壽命은 백세를 기한으로 삼는다. 그러나 그 사이에 疾病과 老幼의 변화가 있어 일정하지 못하다. 그러므로 군자는 그 다시 할 수 없음을 생각하여 때에 미쳐 먼저 행하는 것이다. 만일 어버이가 죽었으면 봉양이 미치지 못하고, 자기가 늙었으면 형이 생존해 있지 않을 것이니, 비록 孝悌를 행하고자 하더라도 될 수 없는 것이다."

106. 官怠於宦成하며 病加於小愈하며 禍生於懈惰하며 孝衰於妻子하나니 察此四者하여 愼終如始니 詩曰 靡不有初나 鮮克有終이라하니라 《說苑 敬愼》

벼슬은 벼슬이 이루어짐에 게을러지며, 병은 조금 나음에 더하며, 재앙은 게으름에서 생겨나며, 효도는 처자식에게서 쇠하니, 이 네 가지를 살펴서 끝을 삼가 처음과 같이 해야 한다. 「詩經」에 이르기를 "시작은 있지 않은 이가 없으나, 끝이

耆 : 늙을 기 艾 : 늙을 애 稽 : 오랠 계 艾 : 쑥 애 逮 : 미칠 체 宦 : 벼슬 환
愈 : 나을 유 懈 : 게으를 해 靡 : 아닐 미 鮮 : 드물 선

있는 이가 드물다." 하였다.

集說 吳氏曰 宦成은 官已遂也요 小愈는 病稍減也라 臨事而懈惰면 則禍生於所忽矣요 孝衰於妻子면 則溺愛而忘親矣라 詩는 大雅蕩之篇이라 靡는 無也요 鮮은 少也요 克은 能也라 有始無終은 人之常情이니 能察能愼이면 斯免矣니라

吳氏가 말하였다. "宦成은 벼슬이 이미 이루어진 것이요, 小愈는 병이 조금 덜한 것이다. 일을 당하여 게을리하면 화가 소홀히 한 곳에서 생기고, 효도가 처자식에게서 쇠하면 사랑에 빠져 부모를 잊는다. 詩는 大雅《蕩篇》이다. 靡는 없음이요, 鮮은 적음이요, 克은 능함이다. 시작은 있으나 끝이 없음은 사람의 常情이니, 능히 살피고 능히 삼간다면 이를 면할 것이다."

107. 荀子曰 人有三不祥하니 幼而不肯事長하며 賤而不肯事貴하며 不肖而不肯事賢이 是人之三不祥也니라 《荀子 非相》

荀子가 말하였다. "사람은 세 가지 不祥(不吉)이 있으니, 어리면서 어른을 섬기기를 즐기지 않으며, 천하면서 귀한 이를 섬기기를 즐기지 않으며, 불초하면서 어진이를 섬기기를 좋아하지 않음이 이것이 사람의 세 가지 不祥이다."

集說 陳氏曰 荀子는 名況이니 戰國時人이라 祥은 吉也라 三者는 皆凶德이니 有一於是하면 災及其身矣라

陳氏가 말하였다. "荀子는 이름이 況이니, 戰國時代 사람이다. 祥은 길함이다. 세 가지는 모두 흉한 德이니, 이중에 하나라도 있으면 재앙이 그 몸에 미치게 된다."

108. 無用之辯과 不急之察을 棄而不治니 若夫君臣之義와 父子之親과 夫婦之別은 則日切磋而不舍也니라 《荀子 天論》

쓸데 없는 말과 급하지 않은 살핌(일)을 버려두고 다스리지 말아야 한다. 그러나 君臣間의 의리와 父子間의 친함과 夫婦間의 분별로 말하면, 날마다 갈고 닦아 버리지 말아야 한다.

增註 治는 理也라 舍는 亦棄也라 切以刀鋸하고 磋以鑢鐋하니 皆治骨角之事

遂：이룰 수 溺：빠질 닉 雅：바를 아 蕩：움직일 탕 荀：풀이름 순
祥：상서로울 상 肯：즐길 긍 肖：닮을 초, 어질 초 辯：말씀 변 察：살필 찰
磋：갈 차 舍：버릴 사 鋸：톱 거 鑢：줄 려 鐋：줄 탕

라 無用之言而辯之하고 不急之務而察之는 非惟無益이요 反害於心이라 故로 當棄而不理라 若夫三綱之道는 乃人倫之大者니 則當朝夕講習하여 如切如磋하여 已精而益求其精이요 不可舍也니라

治는 다스림이다. 舍는 또한 버림이다. 절단할 때에는 칼과 톱을 쓰고 갈 때에는 줄을 쓰니, 모두 뼈와 뿔을 다루는 일이다. 쓸데없는 말을 말하고 급하지 않은 일을 살핌은 다만 무익할 뿐만 아니라, 도리어 마음에 해롭다. 그러므로 마땅히 버리고 다스리지 말아야 한다. 三綱의 道로 말하면 바로 人倫의 큰 것이니, 마땅히 朝夕으로 강습하여 절단하는 듯이 하고 가는 듯이 하여 이미 정하면서도 더욱 그 정하기를 구할 것이요, 버려서는 안된다.

右는 通論이라

이상은 通論이다.

反 : 도리어 반　綱 : 벼리 강

小學集註 卷之三

敬身 第三

集說 陳氏曰 敬身者는 敬以持身也라 凡四十六章이라

陳氏가 말하였다. "敬身은 공경하여 몸을 가짐이다. 모두 46章이다."

[1]孔子曰 君子無不敬也나 敬身이 爲大하니라 身也者는 親之枝也니 敢不敬與아 不能敬其身이면 是는 傷其親이요 傷其親이면 是는 傷其本이니 傷其本이면 枝從而亡이라하시니 仰聖模하며 景賢範하여 述此篇하여 以訓蒙士하노라

孔子가 말씀하시기를 "군자가 공경하지 않음이 없으나 몸을 공경함이 가장 크다. 몸은 부모의 가지이니, 감히 공경하지 않을 수 있겠는가. 그 몸을 공경하지 않으면 이는 그 어버이를 상함이요. 그 어버이를 상하면 이는 그 뿌리를 상함이니, 그 뿌리를 상하면 가지도 따라서 망한다."하셨다. 聖人의 법을 우러르며 賢人의 법을 향하여, 이 篇을 지어 어린 선비를 가르치노라.

역주 1. 이 말씀은「禮記」《哀公問》에 보인다.

集說 方氏曰 身之於親에 猶木之有枝하고 親之於身에 猶木之有本하여 相須而共體하니 此所以不敢不敬也라 陳氏曰 仰은 猶慕也요 景은 猶向也라 聖賢之言이 爲天下後世法이라 故曰模範이라

方氏가 말하였다. "몸은 어버이에게 있어 나무에 가지가 있음과 같고, 어버이는 자신에게 있어 마치 나무에 뿌리가 있음과 같아, 서로 필요로 하고 體를 함께 하니, 이 때문에 감히 공경하지 않을 수 없는 것이다."

陳氏가 말하였다. "仰은 사모함과 같고, 景은 향함과 같다. 聖賢의 말씀은 천하와 후세의 法이 되므로 模範이라고 말한 것이다."

仰 : 우러를 앙 模 : 법 모 景 : 우러러볼 경 範 : 법 범 須 : 필요할 수

1. [1]丹書曰 敬勝怠者는 吉하고 怠勝敬者는 滅하며 義勝欲者는 從하고 欲勝義者는 凶하니라 《大戴禮 武王踐阼》

丹書에 말하였다. "공경이 태만함을 이기는 자는 길하고, 태만함이 공경을 이기는 자는 멸하며, 의리가 욕심을 이기는 자는 순하고, 욕심이 의리를 이기는 자는 흉하다."

역주 1. 丹書 : 周武王이 즉위할 때에 姜太公이 올린 경계 말씀이라 한다.

集解 丹書는 見大戴禮하니라 敬者는 主一無適之謂요 怠는 惰慢이라 滅은 亡也라 義者는 天理之公이요 欲者는 人欲之私라 從은 順也라 眞氏曰 [1]師尙父(보)之告武王에 不出敬與義之二言하니 蓋敬則萬善俱立하고 怠則萬善俱廢하며 義則理爲之主하고 欲則物爲之主하니 吉凶存亡之所由分也니라

丹書는「大戴禮」에 보인다. 敬은 하나를 주장하고 다른 데로 감이 없음을 이르고, 怠는 게으르고 함부로 함이다. 滅은 망함이다. 義는 天理의 공정함이요, 欲은 人欲의 사사로움이다. 從은 순탄함이다.

眞氏가 말하였다. "太師인 尙父가 武王에게 아뢸 때에 敬과 義의 두 말씀에서 벗어나지 않았으니, 敬하면 모든 善이 다 확립되고, 게으르면 모든 善이 다 폐해지며, 의로우면 이치가 주장이 되고, 욕심을 부리면 물건이 주장이 되니, 吉과 凶, 存과 亡이 이로 말미암아 나누어지는 것이다."

역주 1. 師尙父 : 周武王의 師傅인 姜太公 呂尙으로, 尙父는 그의 존칭이다.

2. 曲禮曰 毋不敬하여 儼若思하며 安定辭하면 安民哉인저 《禮記 曲禮》

《曲禮》에 말하였다. "敬하지 않음이 없어 엄숙히 생각하는 듯이 하며 말을 안정되게 하면, 백성을 편안하게 할 것이다.

集解 毋는 禁止辭라 眞氏曰 毋不敬者는 謂身心內外不可使有一毫之不敬也라 其容貌를 必端嚴而若思하고 其言辭를 必安定而不遽하여 以此臨民이면 民有不安者乎아 此雖四言이나 而修身治國之道略備하니 其必聖賢之遺言歟인저

毋는 금지하는 말이다. 眞氏가 말하였다. "毋不敬은 몸과 마음, 안과 밖이 一毫라도 공경하지 않음이 있지 않음을 이른다. 그 용모를 반드시 단정히 하고 엄숙히 하여 생각하듯

丹 : 붉을 단　滅 : 멸할 멸　戴 : 일 대　適 : 갈 적　俱 : 함께 구　毋 : 말 무
儼 : 엄숙할 엄　毫 : 터럭 호　遽 : 급할 거　歟 : 의문사 여

이 하고, 그 말을 반드시 안정되게 하여 급박하지 않아서 이로써 백성에게 임한다면 백성이 편안하지 않을 자가 있겠는가. 이는 비록 네 마디 말이나, 몸을 닦고 나라를 다스리는 방법이 대략 갖추어졌으니, 그 반드시 聖賢이 남기신 말씀일 것이다."

敖(傲)不可長이며 欲不可從(縱)이며 志不可滿이며 樂(락)不可極이니라

오만함을 키워서는 안되며, 욕심을 방종하게 해서는 안되며, 뜻을 자만하게 해서는 안되며, 즐거움을 극도로 해서는 안된다.

集解 應氏曰 敬之反爲傲요 情之動爲欲이라 志滿則溢하고 樂極則反이라 馬氏曰 敖不可長者는 欲消而絶之也요 欲不可縱者는 欲克而止之也요 志不可滿者는 欲損而抑之也요 樂不可極者는 欲約而歸於禮也라

應氏가 말하였다. "敬의 반대가 傲이고, 情의 동함이 欲이다. 뜻은 자만하면 넘치고, 즐거움은 극에 이르면 뒤집힌다."

馬氏가 말하였다. "오만함을 키워서는 안된다는 것은 사라지게 하여 끊고자 함이요, 욕심을 방종하게 해서는 안된다는 것은 이겨 그치고자 함이요, 뜻을 자만하게 해서는 안된다는 것은 덜어서 억제하고자 함이요, 즐거움을 극도로 해서는 안된다는 것은 묶어서 禮로 돌아가고자 함이다."

賢者는 狎而敬之하고 畏而愛之하며 愛而知其惡하고 憎而知其善하며 積而能散하며 安安而能遷하나니라

賢者는 친하면서도 공경하고, 두려워하면서도 사랑하며, 사랑하면서도 그 악함을 알고, 미워하면서도 그 선함을 알며, 재물을 쌓되 능히 흩어주며, 편안함을 편안히 여기되 義에 옮긴다.

集解 朱子曰 此는 言賢者는 於其所狎에 能敬之하고 於其所畏에 能愛之하고 於其所愛에 能知其惡하고 於其所憎에 能知其善하며 雖積財而能散施하고 雖安安而能徙義하여 可以爲法이니 與上下文禁戒之辭로 不同이니라 應氏曰 安安者는 隨所安而安也니 安者는 仁之順이요 遷者는 義之決이니라

朱子가 말씀하였다. "이는 賢者는 그 친한 바에도 능히 공경하고, 그 두려워하는 바에

敖：거만할 오 縱：방종할 종 滿：가득할 만 溢：넘칠 일 反：뒤집힐 반
消：사라질 소 抑：누를 억 約：묶을 약 狎：친압할 압 憎：미워할 증 徙：옮길 사

도 능히 사랑하며, 그 사랑하는 바에도 능히 그 악함을 알고, 그 미워하는 바에도 능히 그 선함을 알며, 비록 재물을 쌓더라도 능히 흩어 베풀고, 비록 편안함을 편안히 여기더라도 능히 義에 옮겨 法이 될 수 있음을 말하였으니, 위아래 글의 금지하고 경계한 말과는 같지 않다"

應氏가 말하였다. "安安은 편안한 바에 따라 편안히 여김이니, 편안히 여김은 仁의 순함이요, 옮김은 義의 결단이다."

臨財毋苟得하며 臨難毋苟免하며 狠毋求勝하며 分毋求多니라

재물에 임하여 구차히 얻으려 하지 말며, 난에 임하여 구차히 면하려 하지 말며, 다툼에 이김을 구하지 말며, 나눔에 많음을 구하지 말라.

集說 陳氏曰 苟는 苟且요 狠은 鬪狠이요 分은 分財라 陳氏曰 毋苟得은 見利思義也요 毋苟免은 [1]守死善道也요 狠毋求勝은 忿思難也요 分毋求多는 不患寡而患不均也니라

陳氏가 말하였다. "苟는 구차함이요, 狠은 싸움이요, 分은 재물을 나눔이다."

陳氏(陳澔)가 말하였다. "구차히 얻지 말라는 것은 이익을 보면 義를 생각함이요, 구차히 면하지 말라는 것은 죽음으로 善한 道를 지킴이요, 다툼에 이김을 구하지 말라는 것은 분할 때에 후환을 생각함이요, 나눔에 많음을 구하지 말라는 것은 적음을 걱정하지 않고, 고르지 못함을 걱정한다는 것이다."

역주 1. 守死善道 : 「論語」《泰伯》에 보이는 말로, 朱子는 '죽음으로 지키되 道를 잘하여야 한다.'로 해석하였으나 여기서는 集說의 本義에 따라 위와 같이 해석하였다.

疑事를 毋質하여 直而勿有니라

의심스런 일을 질정하지 말아, 곧게 의견을 개진하기만 하고 〈선입견을〉 두지 말라."

集解 朱子曰 [1]兩句連說이 爲是하니 疑事毋質은 卽少儀所謂毋身質言語也라 直而勿有는 謂陳我所見하여 聽彼決擇이요 不可據而有之하여 專務強辨이라

朱子가 말씀하였다. "두 句를 이어서 설명함이 옳다. 疑事毋質은 곧 《少儀》에 이른바 몸소 언어를 질정하지 말라는 것이다. 直而勿有는 나의 소견을 진술하여 상대방이 결단하여 선택하도록 내버려둘 것이요, 점거하고 선입견을 두어 오로지 강변을 힘써서는 안됨을

臨 : 임할 림　苟 : 구차할 구　難 : 어려울 난　狠 : 다툴 한　鬪 : 싸울 투　寡 : 적을 과
質 : 질정할 질　是 : 옳을 시　陳 : 베풀 진　據 : 점거할 거

이른다.

역주 1. 兩句連說爲是 : 疑事毋質과 直而勿有를 연결하여 설명함이 옳다는 뜻으로, '疑事毋質하여'로 해석하여야 함을 말한 것이다.

3. 孔子曰 非禮勿視하며 非禮勿聽하며 非禮勿言하며 非禮勿動이니라 《論語 顔淵》

孔子가 말씀하셨다. "禮가 아니면 보지 말며, 禮가 아니면 듣지 말며, 禮가 아니면 말하지 말며, 禮가 아니면 동하지 말라."

集說 朱子曰 非禮者는 己之私也라 勿者는 禁止之辭니 是는 人心之所以爲主而勝私復(복)禮之機也라 私勝則動容周旋이 無不中禮하여 而日用之間에 莫非天理之流行矣리라

朱子가 말씀하였다. "非禮는 자신의 私慾이다. 勿은 금지하는 말이니, 이는 사람의 마음이 주장이 되어서 私慾을 이기고 禮로 돌아가는 기틀이다. 私慾을 이기면 動容과 周旋이 禮에 맞지 않음이 없어 일상생활하는 사이에 天理의 流行 아님이 없을 것이다."

4. 出門如見大賓하고 使民如承大祭하며 己所不欲을 勿施於人이니라 《論語 顔淵》

문을 나감에는 큰 손님을 뵙듯이 하고, 백성을 부림에는 큰 제사를 받들듯이 하며, 자기가 원하지 않는 것을 남에게 베풀지 말아야 한다.

集說 朱子曰 敬以持己하고 恕以及物이면 則私意無所容而心德全矣니라 陳氏曰 出門如見大賓하고 使民如承大祭는 敬以持己也요 己所不欲을 勿施於人은 恕以及物也니라

朱子가 말씀하였다. "공경하여 자기 몸을 갖고 恕하여 남에게 미치면, 私慾이 용납될 곳이 없어 마음의 德이 온전해진다."

陳氏가 말하였다. "문을 나감에 큰 손님을 뵙듯이 하고 백성을 부림에 큰 제사를 받들듯이 한다는 것은 공경하여 자기 몸을 갖는 것이요, 자기가 하고자 하지 않는 것을 남에게 베풀지 말라는 것은 恕하여 남에게 미치는 것이다."

旋 : 주선할 선 中 : 맞을 중 使 : 부릴 사 承 : 받들 승 持 : 잡을 지
恕 : 용서할 서

5. 居處恭하며 執事敬하며 與人忠을 雖之夷狄이라도 不可棄也니라 《論語 子路》

거처함을 공손히 하며, 일을 집행함을 공경히 하며, 남과 더불기를 성실히 함을 비록 夷狄의 지방에 가더라도 버려서는 안된다.

集解 之는 往也라 夷는 東夷요 狄은 北狄이라 朱子曰 恭主容하고 敬主事하니 恭見(현)於外하고 敬主乎中이라 之夷狄不可棄는 勉其固守而勿失也라

之는 감이다. 夷는 東夷(동쪽 오랑캐)이고, 狄은 北狄(북쪽 오랑캐)이다.
朱子가 말씀하였다. "恭은 용모를 주장하고 敬은 일을 주장하니, 恭은 외모에 나타나고 敬은 心中에 주장한다. 夷狄에 가더라도 버리지 말라는 것은 힘써 그 굳게 지키고 잃지 말 것을 권면한 것이다."

6. 言忠信하며 行篤敬이면 雖蠻貊之邦이라도 行矣어니와 言不忠信하며 行不篤敬이면 雖州里나 行乎哉아 《論語 衛靈公》

말이 忠信하고 행실이 후덕하고 공경스러우면 비록 蠻貊(오랑캐)의 나라라도 뜻이 행해질 수 있거니와 말이 忠信하지 못하고 행실이 후덕하고 공경스럽지 못하면 비록 자기가 사는 州와 마을이라도 뜻이 행해질 수 있겠는가.

集說 陳氏曰 盡己之謂忠이요 以實之謂信이라 篤은 厚也라 蠻은 南蠻이요 貊은 北狄이라 二十五家爲里라

陳氏가 말하였다. "자신을 다함을 忠이라 이르고, 성실히 함을 信이라 이른다. 篤은 후함이다. 蠻은 南蠻이요, 貊은 北狄이다. 25가호를 里라 한다."

7. 君子有九思하니 視思明하며 聽思聰하며 色思溫하며 貌思恭하며 言思忠하며 事思敬하며 疑思問하며 忿思難하며 見得思義니라 《論語 季氏》

君子가 아홉 가지 생각함이 있으니, 봄에는 밝음을 생각하며, 들음에는 귀밝음을 생각하며, 얼굴빛은 온화함을 생각하며, 용모는 공손함을 생각하며, 말은 성실함을 생각하며, 일은 공경함을 생각하며, 의심스러울 때에는 물음을 생각하며, 분할 때에는 후환을 생각하며, 이익을 보면 義를 생각하는 것이다.

夷 : 오랑캐 이　狄 : 오랑캐 적　棄 : 버릴 기　篤 : 도타울 독　蠻 : 오랑캐 만
貊 : 오랑캐 맥　邦 : 나라 방　聰 : 귀밝을 총　貌 : 모양 모　忿 : 성낼 분

集說 朱子曰 視無所蔽則明無不見하고 聽無所壅則聰無不聞이라 色은 見(현)於面者요 貌는 擧身而言이라 思問則疑不蓄하고 思難則忿必懲하고 思義則得不苟니라

朱子가 말씀하였다. "봄에 가리는 것이 없으면 밝아서 보지 못함이 없고, 들음에 막는 것이 없으면 귀밝아서 듣지 못함이 없다. 色은 얼굴에 나타나는 것이요, 貌는 몸 전체를 들어 말하는 것이다. 물음을 생각하면 의심이 쌓이지 않고, 후환을 생각하면 분이 반드시 징계되며, 義를 생각하면 얻음을 구차스럽게 하지 않는다."

8. 曾子曰 君子所貴乎道者三이니 動容貌에 斯遠暴慢矣며 正顔色에 斯近信矣며 出辭氣에 斯遠鄙倍(背)矣니라 《論語 泰伯》

曾子가 말씀하셨다. "君子가 道를 귀하게 여기는 것이 세 가지이니, 용모를 움직임에는 포악함과 오만함을 멀리하며, 얼굴빛을 바로함에는 성실에 가깝게 하며, 말을 냄에는 비루함과 도리에 어긋남을 멀리한다."

集說 朱子曰 貴는 猶重也라 容貌는 擧一身而言이라 暴는 粗厲也요 慢은 放肆也라 信은 實也니 正顔色而近信이면 則非色莊也라 辭는 言語요 氣는 聲氣也라 鄙는 凡陋也요 倍는 與背同하니 謂背理也라 言道雖無所不在나 然君子所重者는 在此三事而已라 是皆修身之要요 爲政之本이니 學者 所當操存省察而不可有造次顚沛之違者也라

正誤 人之容貌는 鮮得和平이니 稟氣之剛者는 多失之粗厲하고 稟氣之柔者는 多失之放肆라 故로 於動容貌之時에 卽當遠夫粗厲放肆而必致身於和平이요 人之顔色은 鮮得表裏如一이니 務於外飾者는 色雖厲而內則荏이라 故로 於正顔色之時에 卽當近乎信實而不可務乎色莊이요 人之辭氣는 鮮得適中이니 言之甚近者는 凡陋不足聽이요 論之甚高者는 荒誕不可詰이라 故로 於出辭氣之時에 卽當遠乎凡陋背理而必發言之無弊니 [1]此朱子改先註修身之驗하여 爲修身之要之意니 深得曾子切已用功之旨시니라

집설 朱子가 말씀하였다. "貴는 重과 같다. 용모는 한 몸을 들어 말한 것이다. 暴는 거

壅 : 막을 옹　蓄 : 쌓을 축　懲 : 징계할 징　暴 : 사나울 포　倍 : 배반할 배
粗 : 거칠 조(추)　厲 : 사나울 려　放 : 방자할 방　肆 : 방자할 사　莊 : 장엄할 장
陋 : 더러울 루　顚 : 넘어질 전　沛 : 넘어질 패　違 : 떠날 위　鮮 : 드물 선
稟 : 받을 품　飾 : 꾸밀 식　厲 : 엄숙할 려　荏 : 부드러울 임　適 : 맞을 적
荒 : 거칠 황　誕 : 거짓 탄　詰 : 꾸짖을 힐　旨 : 뜻 지

침이요. 慢은 방자함이다. 信은 성실이니, 얼굴빛을 바룸에 성실에 가까우면 얼굴빛만 엄숙히 함이 아니다. 辭는 言語요, 氣는 聲氣(목소리의 억양)이다. 鄙는 범상하고 비루함이요. 倍는 背와 같으니, 도리에 위배됨을 이른다. 道는 비록 있지 않은 곳이 없으나 군자가 귀중히 여기는 것은 이 세 가지 일에 있을 뿐이다. 이는 모두 몸을 닦는 요점이요 정치를 하는 근본이니, 배우는 자가 마땅히 잡아 보존하고 성찰하여 造次와 顚沛의 때라도 떠남이 있어서는 안되는 것이다."

정오 사람의 용모는 화평한 이가 드무니, 氣의 강함을 타고난 자는 거침에 잃음이 많고, 氣의 유약함을 타고난 자는 방자함에 잃음이 많다. 그러므로 용모를 움직일 때에 마땅히 저 거침과 방자함을 멀리하여 반드시 몸을 화평함에 이르게 해야 한다. 사람의 안색은 表裏가 똑같은 이가 드무니, 외모를 꾸미기에 힘쓰는 자는 얼굴빛은 비록 엄숙하나 마음은 나약하다. 그러므로 얼굴빛을 바르게 할 때에는 마땅히 信實(성실)함에 가깝게 할 것이요, 얼굴빛만 엄숙히 하기에 힘써서는 안된다. 사람의 辭氣는 適中한 이가 드무니, 말이 심히 천근한 것은 凡陋하여 들을 수가 없고, 의논이 심히 높은 것은 荒誕하여 따질 수가 없다. 그러므로 辭氣를 낼 때에는 마땅히 凡陋함과 背理를 멀리하여 반드시 발언함에 폐단이 없게 해야 하는 것이다. 이는 朱子께서 옛 註에 몸을 닦는 효험이라고 했던 해석을 고쳐서 몸을 닦는 요점으로 만든 뜻이니, 曾子가 자신에게 간절히 하여 공부하는 뜻을 깊이 얻으신 것이다.

역주 1. 朱子改先註修身之驗 爲修身之要 : 朱子는 원래 「論語集註」에서 '是皆修身之驗'이라고 하였다가 뒤에 '是皆修身之要'로 고쳤으므로 말한 것이다.

9. 曲禮曰 禮는 不踰節하며 不侵侮하며 不好狎이니 修身踐言을 謂之善行이니라 《禮記 曲禮》

《曲禮》에 말하였다. "禮는 절도를 넘지 않으며, 남을 침해하거나 업신여기지 않으며, 친압하기를 좋아하지 않으니, 몸을 닦고 말을 실천함을 善한 행실이라 이른다."

集說 陳氏曰 踰節則招辱하고 侵侮則忘讓하고 好狎則忘敬이니 三者는 皆叛禮之事라 不如是면 則有以持其莊敬純實之誠하여 而遠於恥辱矣리라 吳氏曰 三者는 皆非禮니 惟能修治其身하여 以踐行其言이 是爲善行也니라

陳氏가 말하였다. "절도를 넘으면 욕을 부르며, 침해하고 업신여기면 겸양을 잊으며, 친압함을 좋아하면 敬을 잊으니, 세 가지는 모두 禮를 위반하는 일이다. 이와 같이 하지 않으면 그 莊敬과 純實한 誠을 잡음이 있어서 치욕에서 멀어질 것이다."

吳氏가 말하였다. "세 가지는 모두 禮가 아니니, 오직 그 몸을 닦고 다스려 그 말을 실천함이 이것이 善한 행실이다."

踰 : 넘을 유　侮 : 업신여길 모　招 : 부를 초　叛 : 배반할 반

10. 樂記曰 君子姦聲亂色을 不留聰明하며 淫樂慝禮를 不接心術하며 惰慢邪辟(僻)之氣를 不設於身體하여 使耳目鼻口와 心知百體로 皆由順正하여 以行其義니라 《禮記 樂記》

《樂記》에 말하였다. "君子는 간사한 소리와 어지러운 색을 聰明(귀와 눈)에 머물지 않으며, 음란한 음악과 사특한 禮를 心術(마음)에 접하지 않으며, 태만하고 사벽한 氣를 신체에 베풀지 아니하여, 귀와 눈과 코와 입과 마음의 知覺과 온갖 몸으로 하여금 모두 순하고 바름을 말미암아 그 義를 행하여야 한다."

集解 眞氏曰 君子之所以自養者는 無他라 內外交致其功而已라 故로 姦聲亂色을 不留聰明者는 所以養其外也요 淫樂慝禮를 不接心術者는 所以養其內也라 外無聲色之誘면 則內亦正矣요 內無淫慝之惑이면 則外亦正矣라 惰慢之氣는 自內出者也요 邪僻之氣는 自外入者也니 二者를 不得設於身體하면 則外而耳目鼻口, 四肢百體와 內而心知가 皆由順正하여 以行其義니 [1]顏子四勿之功을 可庶幾也리라

眞氏가 말하였다. "君子가 스스로 기르는 바는 다른 데 있지 않고, 안팎으로 번갈아 그 功을 지극히 할 뿐이다. 그러므로 간사한 소리와 어지러운 색을 聰明에 머물지 않음은 그 밖을 기르는 것이요, 음란한 음악과 사특한 禮를 心術에 접하지 않음은 그 안을 기르는 것이다. 밖으로 聲色의 유혹이 없으면 안이 또한 바루어지고, 안으로 淫樂과 慝禮의 혹함이 없으면 밖도 또한 바루어진다. 태만한 氣는 안으로부터 나오고, 사벽한 氣는 밖으로부터 들어오니, 이 두 가지를 신체에 베풀지 않으면 밖으로는 耳目口鼻·四肢·百體와 안으로는 마음의 지각이 모두 순하고 바름을 따라 그 義를 행하게 되니, 顏子의 四勿 공부를 거의 할 수 있을 것이다."

역주 1. 顏子四勿之功 : 四勿은 非禮勿視·非禮勿聽·非禮勿言·非禮勿動을 가리킨 것으로 本篇의 제3章에 보이는바, 이는 원래 仁을 묻는 顏淵에게 克己復禮할 것을 강조하고 그 조목을 열거한 孔子의 말씀이다.

11. 孔子曰 君子食無求飽하며 居無求安하며 敏於事而愼於言이요 就有道而正焉이면 可謂好學也已니라 《論語 學而》

孔子가 말씀하셨다. "君子는 음식을 먹음에 배부름을 구하지 않으며, 거처함에

姦 : 간사할 간 留 : 머무를 류 慝 : 사특할 특 辟 : 사벽할 벽 鼻 : 코 비
誘 : 유혹할 유 惑 : 미혹할 혹 肢 : 팔다리 지 顏 : 얼굴 안 敏 : 민첩할 민
就 : 나아갈 취

편안함을 구하지 않으며, 일(행동)에는 민첩하되 말을 삼가고, 道가 있는 사람에게 나아가 바로잡으면 배움을 좋아한다고 이를 만하다."

集說 朱子曰 不求安飽者는 志有在而不暇及也라 敏於事者는 [1]勉其所不足이요 愼於言者는 不敢盡其所有餘也라 然猶不敢自是而必就有道之人하여 以正其是非하면 則可謂好學矣니라

朱子가 말씀하였다. "편안함과 배부름을 구하지 않는 것은 뜻이 다른데 있어 여기에 미칠 겨를이 없어서이다. 일에 민첩히 한다는 것은 그 부족한 바를 힘씀이요, 말을 삼간다는 것은 그 有餘한 바를 감히 다하지 않는 것이다. 그러나 오히려 감히 스스로 옳다고 생각하지 않고, 반드시 道가 있는 사람에게 나아가 그 옳고 그름을 바로잡는다면 배움을 좋아한다고 이를 만하다."

역주 1. 勉其所不足…不敢盡其所有餘也 : 不足은 行을 가리키며 有餘는 言을 가리킨 것으로, 「中庸」의 '有所不足 不敢不勉 有餘 不敢盡 言顧行 行顧言〔不足한 것은 힘쓰지 않을 수 없고 有餘한 것은 다하지 아니하여 言은 行을 돌아보고 行은 言을 돌아봄〕'에서 원용한 것이다.

12. 管敬仲曰 畏威如疾은 民之上也요 從懷如流는 民之下也요 見懷思威는 民之中也니라 《國語 晉語》

管敬仲이 말하였다. "하늘의 위엄을 두려워하기를 질병과 같이 여기는 자는 사람 중에 상등이요, 은혜로 회유함에 따르기를 물흐르듯이 하는 자는 사람 중에 하등이요, 회유함을 보고 하늘의 위엄을 생각하는 자는 사람 중에 중등이다."

集說 吳氏曰 管敬仲은 齊大夫니 名夷吾라 威者는 謂天之威也라 言民能畏天之威를 如畏疾病이면 自然不敢爲惡이니 此는 民之上者也라 懷者는 謂人以恩惠懷之也니 因人懷己하여 而不顧禮義之是非하고 從之를 如水流下하면 此는 民之下者也요 若見人懷己而能思畏天威하여 不敢輕易從之면 此는 民之中者也라

吳氏가 말하였다. "管敬仲은 齊나라 大夫이니, 이름은 夷吾이다. 威는 하늘의 위엄을 이른다. 사람이 하늘의 위엄을 두려워하기를 질병을 두려워하듯이 하면 자연히 악한 짓을 하지 않을 것이니, 이는 사람 중에 상등인 자이다. 懷는 타인이 은혜로 회유함을 이른다. 남이 자신을 회유함으로 인하여 禮義의 옳고 그름을 돌아보지 않고 따르기를 마치 물이 아래로 흘러가듯이 하면 이는 사람 중에 하등인 자이다. 만일 남이 자기를 회유하려 함을 보고 하늘의 위엄을 두려워할 것을 생각하여 감히 가볍게 따르지 않으면 이는 사람 중에

暇 : 겨를 가 威 : 위엄 위 懷 : 품을 회 顧 : 돌아볼 고

중등인 자이다."

右는 明心術之要하니라

이상은 心術의 요점을 밝혔다.

13. 冠義曰 凡人之所以爲人者는 禮義也니 禮義之始는 在於正容體하며 齊顔色하며 順辭令이니 容體正하며 顔色齊하며 辭令順而後에 禮義備하나니 以正君臣하며 親父子하며 和長幼니 君臣正하며 父子親하며 長幼和而後에 禮義立이니라 《禮記 冠義》

《冠義》에 말하였다. "무릇 사람이 사람이 된 까닭은 禮義가 있기 때문이니, 禮義의 시작은 容體를 바루며, 안색을 가지런히 하며, 辭令(말과 명령)을 순히 함에 있다. 容體가 바르며, 안색이 가지런하며, 辭令이 순한 뒤에야 禮義가 구비되니, 이것으로써 君臣을 바루며, 父子를 친하게 하며, 長幼를 화하게 한다. 그리하여 君臣이 바루어지며, 父子가 친하며, 長幼가 화한 뒤에 禮義가 확립되는 것이다."

集說 吳氏曰 冠義는 禮記篇名이라 此는 言人之所以爲人而異於禽獸者는 以其有禮義也니 禮以飾身하고 義以制事는 人之道也라 其始則在乎正容體, 齊顔色, 順辭令而已니 及夫容體正而遠暴慢하고 顔色齊而近信하고 辭令順而遠鄙倍(背)면 則人道全而禮義備矣라 禮義旣備에 由是以正君臣, 親父子, 和長幼니 及夫君臣正而上下之分定하고 父子親而慈孝之道隆하고 長幼和而遜順之意洽이면 則人道正而禮義立矣니라

吳氏가 말하였다. "冠義는 「禮記」의 편명이다. 이는 사람이 사람이 되어 금수와 다른 까닭은 그 禮義가 있기 때문임을 말하였으니, 禮로써 몸을 꾸미고 義로써 일을 제재함은 사람의 도리이다. 그 시초는 용체를 바루며, 안색을 가지런히 하며, 辭令을 순하게 하는데 있을 뿐이니, 용체가 바루어져 거칠과 거만함을 멀리하며, 안색이 가지런해져 信에 가까우며, 辭令이 순하여 비루함과 도리에 어긋남을 멀리함에 이르면, 사람의 도리가 온전해져 禮義가 갖추어진다. 禮義가 이미 갖추어짐에 이로 말미암아 君臣을 바루며, 父子를 친하게 하며, 長幼를 화하게 하니, 君臣이 바루어져 上下의 분수가 정해지고, 父子가 친하여 慈孝의 도가 융성해지고, 長幼가 화하여 遜順의 뜻이 화함에 이르면, 사람의 도리가 바루어져 예의가 확립된다."

暴 : 사나울 포　隆 : 높을 륭　遜 : 겸손할 손　洽 : 화할 흡

14. 曲禮曰 毋側聽하며 毋噭應하며 毋淫視하며 毋怠荒하며 遊毋倨하며 立毋跛하며 坐毋箕하며 寢毋伏하며 [1]斂髮毋髢하며 冠毋免하며 勞毋袒하며 暑毋褰裳이니라 《禮記 曲禮》

《曲禮》에 말하였다. "귀를 기울여 듣지 말며, 고함쳐 응답하지 말며, 곁눈질하여 보지 말며, 태만하고 방종하지 말며, 다닐 때에 거만하지 말며, 설 때에 한 쪽 발에 의지하지 말며, 앉을 때에 두 다리를 뻗어 키처럼 하지 말며, 잘 때에 엎드리지 말며, 머리털을 싸맬 때에 다리 모양으로 하지 말며, 관을 벗지 말며, 수고로워도 웃통을 벗지 말며, 더워도 아랫도리를 걷지 말아야 한다."

역주 1. 斂髮毋髢 : 옛날 사람들은 머리를 중요시하여 치포건 따위로 머리를 잘 감싸서 늘어지지 않게 하였으므로 말한 것이다.

集說 陳氏曰 聽必恭이니 側耳以聽은 非恭也요 應答之聲은 宜和平이니 高急者는 悖戾之所發也라 淫視는 流動邪眄也요 怠荒은 謂容止縱慢也라 遊는 行也요 倨는 傲慢也라 立當兩足整齊니 不可偏任一足也라 箕는 謂兩展其足하여 狀如箕舌也라 伏은 覆也라 髢는 孔氏謂髲也니 垂如髲也라

集解 免은 去冠也요 袒은 露臂也라 褰은 揭也니 以暑熱褰裳은 亦爲不敬也라

집설 陳氏가 말하였다. "들을 때에는 반드시 공손해야 하니, 귀를 기울여 들음은 공손함이 아니다. 응답하는 소리는 마땅히 화평해야 하니, 높고 급함은 悖戾에서 나오는 것이다. 淫視는 流動하고 곁눈질하여 보는 것이요, 怠荒은 행동거지가 방종하고 태만함이다. 遊는 다님이요, 倨는 오만함이다. 설 때에는 마땅히 두 발을 가지런히 해야 하니, 몸을 한쪽 발에 치우치게 맡겨서는 안된다. 箕는 그 발을 양쪽으로 뻗어서 모양이 마치 키의 혓바닥과 같은 것이다. 伏은 엎어짐이다. 髢는 孔氏가 이르기를 '다리이니, 머리를 늘어뜨리기를 마치 다리와 같게 함이다.' 하였다."

집해 免은 관을 벗음이요, 袒은 팔뚝을 드러냄이다. 褰은 걷어 올림이니, 덥다고 하여 아랫도리를 걷음은 또한 不敬이 된다.

15. 登城不指하며 城上不呼하며 《禮記 曲禮》

성에 올라가 손가락질 하지 않으며, 성 위에서 고함치지 않는다.

側 : 기울 측　噭 : 부르짖을 교　倨 : 거만할 거　跛 : 기우듬히설 피
箕 : 다리뻗고앉을 기　斂 : 거둘 렴　髢 : 다리 체　袒 : 웃통벗을 단　褰 : 걷을 건
悖 : 어그러질 패　戾 : 어그러질 려　眄 : 곁눈질할 면　縱 : 방종할 종　展 : 펼 전
髲 : 다리 피　露 : 드러낼 로　臂 : 팔뚝 비　揭 : 걷을 게

集說 陳氏曰 有所指면 則惑見者하고 有所呼면 則駭聞者니라

陳氏가 말하였다. "손짓하는 바가 있으면 보는 사람을 의혹하게 하고, 고함치는 바가 있으면 듣는 사람을 놀라게 한다."

將適舍할새 求毋固하며

장차 관사에 갈 때에 주인에게 요구하기를 굳이 하지 말라.

集解 戴氏曰 就館者誠不能無求於主人이나 然執平日之所欲하여 而必求於人이면 則非爲客之義니라

戴氏가 말하였다. "관사에 나아가는 자는 진실로 주인에게 요구함이 없을 수 없으나 평소에 하고자 하던 바를 고집하여 굳이 남에게 요구한다면, 손님이 된 義가 아니다."

將上堂할새 聲必揚하며 戶外에 有二屨어든 言聞則入하고 言不聞則不入하며

장차 堂에 오를 때에 소리를 반드시 드높이며, 문 밖에 두 켤레의 신이 있거든 말소리가 들리면 들어가고, 말소리가 들리지 않으면 들어가지 않는다.

集解 陳氏曰 揚其聲者는 使內人知之也라

集成 饒氏曰 二屨在戶外면 知有客이니 言不聞이면 恐有私議하니 須廻避不入이니라

집해 陳氏가 말하였다. "그 소리를 드높임은 안에 있는 사람으로 하여금 알게 함이다."

집성 饒氏가 말하였다. "두 짝의 신이 문 밖에 있으면 손님이 있음을 알 수 있으니, 말소리가 들리지 않으면 사사로운 논의가 있을까 두려우니, 모름지기 회피하여 들어가지 않아야 한다."

將入戶할새 視必下하며 入戶奉扃하며 視瞻毋回하며 戶開亦開하며 戶闔亦闔하되 有後入者어든 闔而勿遂니라

장차 문에 들어가려 할 때에는 시선을 반드시 아래로 내리며, 문에 들어갈 때에는 빗장(문고리가 있는 부분)을 받들며, 시선을 돌리지 말며, 문이 열려 있었으면

惑 : 의혹할 혹 駭 : 놀랄 해 適 : 갈 적 揚 : 드날릴 양 屨 : 신 구 廻 : 돌 회
扃 : 빗장 경 瞻 : 볼 첨 回 : 돌 회 闔 : 닫을 합

또한 열어 두고, 문이 닫혀 있었으면 또한 닫되, 뒤에 들어오는 자가 있거든 닫더라도 완전히 닫지 말아야 한다.

集解 視下者는 不擧目也라 扃은 門關之木이니 入戶之時에 兩手捧戶置扃之處요 不敢放手排闔也라

集說 陳氏曰 視瞻을 不爲回轉은 嫌於干人之私也요 開闔을 皆如前은 不違主人之意也라 遂는 闔之盡也니 嫌於拒從來者라 故勿遂라

집해 시선을 아래로 내림은 눈을 위로 들지 않는 것이다. 扃은 문을 잠그는 나무이니, 문에 들어갈 때에 두 손으로 문에 빗장을 설치한 곳을 받들 것이요, 감히 손을 함부로 하여 문을 밀쳐서는 안된다.

집설 陳氏가 말하였다. "시선을 돌리지 않음은 남의 사사로움을 관여할까 혐의해서요, 열고 닫음을 모두 전과 같이 함은 주인의 뜻을 어기지 않음이다. 遂는 닫기를 완전히 함이니, 뒤따라 오는 자를 막음에 혐의되므로 완전히 닫지 않는 것이다."

毋踐屨하며 毋踖席하며 摳衣趨隅하여 必愼唯諾이니라

남의 신을 밟지 말며, 남의 자리를 밟지 말며, 옷을 걷어잡고 자리 모퉁이로 나아가 반드시 응답하는 것을 삼가해야 한다.

集解 踐屨는 謂踏他人之屨也요 踖席은 謂躡他人之席也라 摳衣는 謂兩手提衣니 與攝齊(자)同義라 趨隅는 由席角而升坐也라 唯諾은 應辭니 言旣坐定이면 又當謹於應對也라

踐屨는 타인의 신을 밟는 것이요, 踖席은 타인의 자리를 밟는 것이다. 摳衣는 두 손으로 옷을 잡는 것이니, 攝齊(옷자락을 잡음)와 뜻이 같다. 趨隅는 자리 모퉁이를 따라 자리로 올라가는 것이다. 唯諾은 응답하는 말이니, 이미 좌정을 하였으면 또 응대함에 삼가야 함을 말한 것이다.

16. 禮記曰 君子之容은 舒遲니 見所尊者하고 齊(재)遬이니라

《禮記 玉藻》

「禮記」에 말하였다. "君子의 용모는 펴지고 느려야 하니, 존경할 바의 사람을 보고는 더욱 공경하고 삼가야 한다."

捧 : 받들 봉　排 : 밀칠 배　闔 : 문 달　轉 : 돌 전　踖 : 밟을 적　摳 : 잡을 구
隅 : 모퉁이 우　踏 : 밟을 답　躡 : 밟을 섭　提 : 잡을 제　攝 : 잡을 섭
齊 : 옷자락 자　舒 : 펼 서　遲 : 더딜 지　齊 : 공경할 재　遬 : 공경할 속

集解 陳氏曰 舒遲는 閑雅之貌라 齊는 如夔夔齊慄之齊요 遬者는 謹而不放之謂니 見所尊者則加敬이라

陳氏가 말하였다. "舒遲는 閑雅한 모양이다. 齊는 夔夔齊慄(공경하고 삼가함)의 齊와 같고, 遬은 삼가하여 함부로 하지 않음을 이르니, 존경할 바의 사람을 보면 더욱 공경하는 것이다."

足容重하며 手容恭하며 目容端하며 口容止하며 聲容靜하며 頭容直하며 氣容肅하며 立容德하며 色容莊이니라

발 모양은 무겁게 하며, 손 모양은 공손하게 하며, 눈 모양은 단정하게 하며, 입 모양은 그치며, 소리 모양은 고요하게 하며, 머리 모양은 곧게 하며, 숨쉬는 모양은 엄숙하게 하며, 서있는 모양은 덕스럽게 하며, 얼굴 모양은 장엄하게 해야 한다."

集解 陳氏曰 重은 不輕擧移也요 恭은 毋慢弛也요 端은 毋邪視也요 止는 不妄動也요 靜은 不噦咳也요 直은 不傾顧也요 肅은 似不息也요 德은 謂中立不倚하여 儼然有德之氣象也요 莊은 矜持之貌也라 朱子曰 [1]足容重以下는 皆敬之目이니 卽此是涵養本原也라

陳氏가 말하였다. "重은 가볍게 들어 옮기지 않음이요, 恭은 태만하거나 해이함이 없음이요, 端은 곁눈질하여 보지 않음이요, 止는 망령되이 움직이지 않음이요, 靜은 구역질하거나 기침하지 않음이요, 直은 기울여 돌아보지 않음이요, 肅은 숨쉬지 않는 듯이 함이요, 德은 한 가운데에 서고 몸을 기울이지 아니하여 엄연히 德이 있는 기상을 이름이요, 莊은 긍엄하게 잡는 모양이다.
朱子가 말씀하였다. "足容重 이하는 모두 敬의 조목이니, 이는 근본을 함양하는 것이다."

역주 1. 臺本에는 足敬重以下皆容之目이라 하여 敬과 容이 바뀌어 있는 것을 바로잡았다.

17. 曲禮曰 坐如尸하며 立如齊(재)니라 《禮記 曲禮》

《曲禮》에 말하였다. "앉아 있을 때에는 尸童과 같이 하고, 서있을 때에는 재계하듯이 하여야 한다."

雅 : 바를 아　夔 : 공경할 기　慄 : 엄숙할 률　肅 : 엄숙할 숙　弛 : 느슨할 이
噦 : 구역질할 얼　咳 : 기침할 해　傾 : 기울어질 경　倚 : 기댈 의
矜 : 자랑할 긍　容 : 모양 용　涵 : 담글 함　尸 : 시동 시

集說 孔氏曰 尸居神位에 坐必矜莊하니 坐法을 必當如尸之坐요 人之倚立에 多慢不恭하니 雖不齊나 亦當如祭前之齊니라

孔氏가 말하였다. "시동은 神位에 있을 때에 앉음을 반드시 장엄하게 하니, 앉는 법은 반드시 시동의 앉음과 같이 하여야 할 것이요, 사람이 기대어 서있을 때에는 흔히 거만하여 공손하지 못하니, 비록 재계하지 않더라도 또한 마땅히 제사지내기 전에 재계할 때와 같이 해야 한다."

18. 少儀曰 不窺密하며 不旁狎하며 不道舊故하며 不戲色하며

《禮記 少儀》

《少儀》에 말하였다. "은밀한 곳을 엿보지 말며, 두루 친압하지 말며, 남의 옛 잘못을 말하지 말며, 희롱하는 기색을 두지 말아야 한다.

集解 窺密은 謂窺覘人隱密之處也라 旁은 泛及也니 旁狎은 謂泛與人褻狎也라 道는 言也니 道舊故는 謂言故舊之非也라 戲는 弄也니 戲色은 謂嬉笑侮慢之容也라

窺密은 남의 은밀한 곳을 엿보는 것이다. 旁은 널리 미침이니, 旁狎은 널리 사람을 설압(공경하지 않고 함부로 대함)함을 이른다. 道는 말함이니, 道舊故는 옛날의 비행을 말하는 것이다. 戲는 희롱함이니, 戲色은 장난하고 웃으며, 업신여기고 함부로 하는 모양이다."

毋拔來하며 毋報往하며

갑작스레 오지 말며, 갑작스레 가지 말라.

集成 拔, 報는 皆疾也니 人來往은 當有宿漸이요 不可猝也니라

集說 朱子曰 來往은 只是向背之意니 此兩句文義는 猶云其就義若渴則其去義若熱이니 言人見有箇好事하고 火急歡喜去做하면 這樣人은 不耐久라 少間에 心懶意闌이면 則速去之矣니 [1]所謂其進銳者는 其退速也니라

窺 : 엿볼 규　密 : 은밀할 밀　旁 : 너를 방　狎 : 친압할 압
覘 : 엿볼 점　泛 : 넓을 범　褻 : 설만할 설　弄 : 희롱할 롱　嬉 : 장난할 희
拔 : 빠를 발　報 : 빠를 보　疾 : 빠를 질　宿 : 미리 숙　漸 : 점점 점
猝 : 갑작스러울 졸　渴 : 목마를 갈　歡 : 기쁠 환　做 : 지을 주　這 : 이 자
様 : 모양 양　耐 : 견딜 내　懶 : 게으를 라(란)　闌 : 다할 란　銳 : 날랠 예

집성 拔과 報는 모두 빠름이니, 사람의 오고감은 마땅히 미리하고 점점하여야 할 것이요, 갑작스럽게 해서는 안된다.

집설 朱子가 말씀하였다. "來와 往은 다만 향하고 등지는 뜻일 뿐이다. 이 두 句의 글뜻은 '義에 나아가기를 목마를 때에 물을 보고 달려가듯이 하면 義에서 떠나기를 뜨거운 것을 만졌을 때와 같이 한다.'고 말함과 같으니, 사람이 좋은 일을 보고는 화급히 기뻐하여 빨리 하면 이러한 사람은 오래 견디지 못한다. 그리하여 조금 지나 마음이 게을러지고 뜻이 다하면 곧 빨리 떠나나니, 이른바 그 나아감이 빠른 자는 그 물러감이 속하다는 것이다."

역주 1. 이 내용은「孟子」《盡心上》에 보인다.

毋瀆神하며 毋循枉하며 毋測未至하며

神을 모독하지 말며, 잘못을 따르지 말며, 아직 오지 않은 일을 예측하지 말라.

集說 陳氏曰 神不可瀆이니 必敬而遠之라 言行過而邪枉이면 當改以從直이니 後復循襲이면 是는 [1]二〔貳〕過矣라 君子以誠自處하며 亦以誠待人이요 不逆料其將然也니 未至而測之면 雖中이나 亦僞니라

陳氏가 말하였다. "神은 모독해서는 안되니, 반드시 공경하고 멀리해야 한다. 말과 행실이 지나치고 잘못되었으면 마땅히 고쳐서 바른 것을 따라야 하니, 뒤에 다시 因循하면 이는 허물을 거듭하는 것이다. 君子는 誠으로써 스스로 처하며 또한 誠으로써 남을 대하고, 장차 그렇게 되리라고 미리 헤아리지 않으니, 아직 이르지 않았는데 예측하면 비록 맞더라도 또한 거짓이다."

역주 1. 二過 : 攷訂에 의거하여 貳過로 바로잡았다

毋訾衣服成器하며 毋身質言語니라

의복과 만들어진 기물을 나무라지 말며, 몸소 의심스러운 말을 질정하지 말아야 한다."

集說 陳氏曰 訾는 毁其不善也라 曲禮의 疑事毋質이 與此質字義同하니 謂言語之際에 疑則闕之요 不可自我質正이니 恐有失誤也라

瀆 : 더럽힐 독 枉 : 굽을 왕 測 : 헤아릴 측 襲 : 인습할 습 待 : 대할 대
逆 : 미리 역 料 : 헤아릴 료 僞 : 거짓 위 訾 : 헐뜯을 자 質 : 질정할 질
闕 : 빠뜨릴 궐

陳氏가 말하였다. "訾는 그 不善함을 훼방하는 것이다. 《曲禮》의 '疑事毋質'이란 質字가 이 質字와 뜻이 같으니, 말을 하는 즈음에 의심나면 빼놓을 것이요, 자신이 질정해서는 안됨을 이르니, 실수나 오류가 있을까 두려워해서이다."

19. 論語曰 車中에 不內顧하시며 不疾言하시며 不親指러시다 《論語 鄕黨》

「論語」에 말하였다. "孔子는 수레 안에서 안을 돌아보지 않으셨으며, 말을 빨리 하지 않으셨으며, 친히 손짓하지 않으셨다."

集說 朱子曰 內顧는 回視也니 禮曰 顧不過轂이라하니라 三者는 皆失容이요 且惑人이니라

朱子가 말씀하였다. "內顧는 돌아봄이니, 「禮記」에 이르기를 '돌아봄은 수레바퀴통을 지나지 않는다.' 하였다. 세 가지는 모두 容儀를 잃고 또 남을 의혹하게 한다."

20. 曲禮曰 凡視上於面則敖요 下於帶則憂요 傾則姦이니라 《禮記 曲禮》

《曲禮》에 말하였다. "무릇 시선은 상대방의 얼굴 위로 올라가면 교만하고, 띠 아래로 내려가면 근심스럽게 되고, 기울면 간사하게 된다."

集說 呂氏曰 上於面者는 其氣驕하니 知其不能以下人矣요 下於帶者는 其神奪이니 知其憂在乎心矣요 視流則容側이니 必有不正之心이 存乎胸中矣니 此는 君子之所以愼也니라

呂氏가 말하였다. "시선이 상대방의 얼굴 위로 올라가는 자는 그 氣가 교만하니, 남에게 자기 몸을 낮추지 못함을 알 수 있고, 띠 아래로 내려가는 자는 그 정신이 빼앗겨서이니, 그 근심이 마음에 있음을 알 수 있고, 시선을 곁눈질하면 모양이 기우니, 반드시 부정한 마음이 가슴 속에 있는 것이니, 이는 君子가 삼가는 바이다."

21. 論語曰 孔子於鄕黨에 恂恂如也하사 似不能言者러시다 《論語 鄕黨》

「論語」에 말하였다. "孔子는 鄕黨(지방)에 계실 때에 信實하게 하시어 말을 잘

轂 : 수레바퀴통 곡　敖 : 오만할 오　奪 : 빼앗을 탈　胸 : 가슴 흉　恂 : 신실할 순

하지 못하는 것처럼 하셨다.

集說 朱子曰 恂恂은 信實之貌라 似不能言者는 謙卑遜順하여 不以賢知(智)先人也라 鄕黨은 父兄宗族之所在라 故로 孔子居之에 其容貌辭氣如此하시니라

朱子가 말씀하였다. "恂恂은 신실한 모양이다. 말을 잘하지 못하는 것처럼 한다는 것은 겸손하고 공손하여 어짐과 지혜로써 남에게 加하지 않음이다. 향당은 부형과 종족이 계신 곳이므로 孔子께서 거처할 때에 그 용모와 辭氣가 이와 같으셨다."

其在宗廟朝廷하사는 便便言하시되 唯謹爾러시다

종묘와 조정에 계셔서는 말을 명확히 하시되 다만 삼가셨다.

集說 朱子曰 便便은 辯也라 宗廟는 禮法之所在요 朝廷은 政事之所出이니 言不可以不明辯이라 故로 必詳問而極言之하시되 但謹而不放爾시니라

朱子가 말씀하였다. "便便은 말을 잘함이다. 종묘는 예법이 있는 곳이요, 조정은 정사가 나오는 곳이니, 말을 분명하게 하고 잘하지 않을 수 없다. 그러므로 반드시 자세히 묻고 극진히 말씀하시되 다만 삼가하여 함부로 하지 않았을 뿐이다."

朝에 與下大夫言에 侃侃如也하시며 與上大夫言에 誾誾如也러시다

조정에서 下大夫와 말할 때에는 강직하게 하셨으며, 上大夫와 말할 때에는 온화하면서도 간쟁하셨다."

集說 朱子曰 此는 君未視朝時也라 王制에 [1]諸侯上大夫卿이요 下大夫五人이라 許氏說文에 侃侃은 剛直也요 誾誾은 和悅而諍也라

朱子가 말씀하였다. "이는 임금이 아직 조회를 보지 않을 때이다. 《王制》에 '제후의 上大夫는 卿이요, 下大夫는 다섯 사람'이라고 하였다. 許氏의 「說文」에 '侃侃은 강직함이요, 誾誾은 화열하면서도 간쟁함이다.'라고 하였다."

역주 1. 諸侯上大夫卿 下大夫五人 : 원래 「禮記」《王制》에는 '諸侯之上大夫卿 下大夫上士

遜 : 겸손할 손 便 : 말잘할 편 辯 : 말잘할 변 放 : 함부로할 방 侃 : 강직할 간
誾 : 화할 은 諍 : 간쟁할 쟁

中士下士凡五等'이라 하였고, 그 뒤에 '天子三公 九卿 二十七大夫 八十一元士 大國三卿 皆命於天子 下大夫五人'이라 하였는데, 이것을 축약하여 쓴 것이다.

22. 孔子는 食不語하시며 寢不言이러시다 《論語 鄕黨》

孔子는 음식을 먹을 때에 말씀하지 않았으며, 잠잘 때에 말씀하지 않으셨다.

集說 朱子曰 答述曰語요 自言曰言이라 范氏曰 聖人은 存心不他하여 當食而食하고 當寢而寢하니 言語는 非其時也니라

朱子가 말씀하였다. "答述(남의 말에 답함)하는 것을 語라 하고, 스스로 말함을 言이라 한다."

范氏가 말하였다. "聖人은 마음을 둠에 딴 곳에 하지 않아, 먹을 때를 당해서는 먹고, 잠잘 때를 당해서는 자니, 言語는 제 때가 아니다."

23. 士相見禮曰 與君言엔 言使臣하며 與大人言엔 言事君하며 與老者言엔 言使弟子하며 與幼者言엔 言孝悌于父兄하며 與衆言엔 言忠信慈祥하며 與居官者言엔 言忠信이니라 《儀禮 士相見禮》

《士相見禮》에 말하였다. "임금과 말할 때에는 신하 부림을 말하며, 大人(경대부)과 말할 때에는 임금 섬김을 말하며, 노인과 말할 때에는 子弟 부림을 말하며, 어린 자와 말할 때에는 父兄에게 孝悌함을 말하며, 일반인들과 말할 때에는 忠信과 慈愛와 善함을 말하며, 관직에 있는 자와 말할 때에는 忠信을 말해야 한다."

集說 陳氏曰 大人은 卿大夫也라 老者는 人之父兄이요 幼者는 人之子弟라 衆은 謂庶人이요 [1]居官者는 謂上士至庶人在官者라 言使臣則以禮하고 言事君則以忠하고 言使弟子則以慈愛라 祥은 猶善也라

陳氏가 말하였다. "大人은 경대부이다. 老者는 남의 父兄이요, 幼者는 남의 子弟이다. 衆은 庶人을 이르고, 居官者는 上士로부터 서인으로서 관직에 있는 자까지를 이른다. 신하를 부릴 때에는 禮로써 해야 함을 말하고, 임금을 섬길 때에는 忠으로써 해야 함을 말하고, 자제를 부릴 때에는 慈愛로써 해야 함을 말한 것이다. 祥은 善과 같다."

역주 1. 居官者 : 庶人으로서 관직에 있는 자란, 각 관서의 胥吏나 잡급직을 말하는바, 앞에서 이미 卿大夫인 大人을 말하였으므로 여기에서 말한 '관직에 있는 자'는 上士로부터 庶人으로서 관직에 있는 자까지를 이른 것이다.

祥 : 착할 상

24. 論語曰 席不正이어든 不坐러시다 《論語 鄕黨》

「論語」에 말하였다. "孔子는 자리가 바르지 않으면 앉지 않으셨다."

集說 謝氏曰 聖人은 心安於正이라 故로 於位之不正者엔 雖小나 不處시니라

謝氏가 말하였다. "聖人은 마음이 바름에 편안하므로 자리가 바르지 않은 것에는 비록 하찮은 것이라도 처하지 않으신 것이다."

25. 子見齊衰(자최)者하시고 雖狎이나 必變하시며 見冕者與瞽者하시고 雖褻이나 必以貌하시며 《論語 鄕黨》

孔子는 齊衰(상복)를 입은 자를 보시고는 비록 절친한 사이라도 반드시 얼굴빛을 변하시며, 면류관을 쓴 벼슬아치와 눈먼 봉사를 보시고는 비록 사사로이 만나더라도 반드시 禮貌를 하셨다.

集解 齊衰는 喪服이라 狎은 謂素親狎이요 變은 謂變色이라 冕은 有爵者요 瞽는 無目者라 褻은 謂燕見이요 貌는 謂禮貌라 范氏曰 聖人之心은 哀有喪하며 尊有爵하며 矜不成人이니라

齊衰는 상복이다. 狎은 평소에 친압한 자를 이르고, 變은 얼굴빛을 변함을 이른다. 冕은 관작이 있는 자요, 瞽는 눈이 없는 자이다. 褻은 사사로이 만나봄을 이르고, 貌는 禮貌를 이른다.
范氏가 말하였다. "聖人의 마음은 喪이 있는 이를 슬퍼하고, 관작이 있는 이를 높이고, 不成人(불구자)을 불쌍히 여긴다."

凶服者를 式之하시며 式負版者러시다

〈수레를 타고 가다가〉 凶服(상복)한 자를 보시면 수레의 가로댄 나무에 머리를 숙여 경례하셨으며, 지도나 호적판을 지고 가는 자를 만나면 경례하셨다.

集說 朱子曰 式은 車前橫木이니 有所敬則俯而憑之라 負版은 持邦國圖籍者라 式此二者는 哀有喪하고 重民數也라 人惟萬物之靈而王者之所天也라 故로 [1]周禮에 獻民數於王이어든 王拜受之라하니 況其下者敢不敬乎아

齊：상복 자　衰：상복 최　冕：면류관 면　瞽：소경 고　褻：사사로울 설
素：평소 소　爵：벼슬 작　燕：편안할 연　矜：불쌍할 긍　式：공경할 식
負：질 부　版：널 판　憑：기댈 빙

朱子가 말씀하였다. "式은 수레 앞에 가로댄 나무이니, 공경할 상대가 있으면 여기에 몸을 숙여 기댄다. 負版은 나라의 지도와 호적을 가지고 있는 자이니, 이 두 사람에게 경례함은 喪이 있음을 슬퍼하고, 백성의 수를 소중히 해서이다. 사람은 만물의 영장으로서 王者가 하늘로 떠받드는 바이다. 그러므로 「周禮」에 '백성의 수를 왕에게 바치면 왕이 절하고 받는다.' 하였으니, 하물며 그 아래인 자가 감히 공경하지 않겠는가."

역주 1. 周禮獻民數於王 : 「周禮」《秋官》에 '3년마다 백성의 숫자를 호적에 써서 임금에게 올렸다' 하였다.

26. 禮記曰 若有疾風迅雷甚雨어든 則必變하여 雖夜나 必興하여 衣服冠而坐니라 《禮記 玉藻》

「禮記」에 말하였다. "만약 빠른 바람과 급한 우뢰와 심한 비가 있거든 반드시 얼굴빛을 변하여 비록 밤이라도 반드시 일어나 옷을 입고 관을 쓰고 앉아 있는다."

集說 陳氏曰 迅은 疾也라 變은 謂變其容色이요 興은 起也니 必變必興은 皆所以敬天之怒라

陳氏가 말하였다. "迅은 빠름이다. 變은 그 容色을 변함이요, 興은 일어남이니, 반드시 얼굴빛을 변하고 반드시 일어남은 모두 하늘의 노여움을 공경하는 것이다."

27. 論語曰 寢不尸하시며 居不容이러시다 《論語 鄕黨》

「論語」에 말하였다. "孔子는 잠잘 때에 죽은 사람처럼 하지 않으셨으며, 집안에 거처하실 때에는 모양을 내지 않으셨다."

集說 朱子曰 尸는 謂偃臥似死人也라 居는 居家요 容은 容儀라 范氏曰 寢不尸는 非惡(오)其類於死也라 惰慢之氣를 不設於身體하여 雖舒布其四體나 而亦未嘗肆耳요 居不容은 非惰也라 但不若奉祭祀見賓客而已니 申申夭夭是也니라

朱子가 말씀하였다. "尸는 쓰러져 누워 죽은 사람과 같음을 이른다. 居는 집안에 거처함이요, 容은 容儀이다."

范氏가 말하였다. "잘 때에 시체 모양을 하지 않음은 그 죽음과 같음을 미워함이 아니요, 게으르고 태만한 기운을 신체에 베풀지 아니하여 비록 그 四體(四肢)를 펴더라도 또한 일찍이 함부로 하지 않는 것이다. 거처할 때에 容儀를 꾸미지 않음은 태만히 함이 아니

迅 : 빠를 신　尸 : 주검 시　容 : 꾸밀 용　偃 : 누울 언　類 : 닮을 류　肆 : 방자할 사
申 : 펼 신　夭 : 화평할 요

요, 다만 제사를 받들거나 빈객을 만나볼 때와 같이 하지 않을 뿐이니, 申申과 夭夭가 이것이다."

28. 子之燕居에 申申如也하시며 夭夭如也러시다 《論語 述而》

孔子께서 한가히 계실 때에는 申申(활짝 폄)하게 하시며, 夭夭(얼굴빛을 화하게 함)하게 하셨다.

集說 朱子曰 燕居는 閑暇無事之時라 楊氏曰 申申은 其容舒也요 夭夭는 其色愉也라 程子曰 今人은 燕居之時에 不怠惰放肆면 必太嚴厲하나니 唯聖人이야 便自有中和之氣니라

朱子가 말씀하였다. "燕居는 한가하여 일이 없는 때이다."
楊氏가 말하였다. "申申은 그 용모가 펴진 것이요, 夭夭는 그 얼굴빛이 화한 것이다."
程子가 말씀하였다. "지금 사람들은 한가히 거처할 때에 게으르거나 放肆하지 않으면 반드시 너무 엄격하니, 오직 聖人이라야 곧 中和의 기운이 있는 것이다."

29. 曲禮曰 並坐不橫肱하며 授立不跪하며 授坐不立이니라 《禮記 曲禮》

《曲禮》에 말하였다. "함께 앉았을 때에는 팔을 옆으로 뻗지 않으며, 서있는 사람에게 물건을 줄 때에는 무릎꿇지 않으며, 앉아있는 사람에게 물건을 줄 때에는 서지 않는다."

集說 陳氏曰 橫肱則妨並坐者라 不跪不立은 皆謂不便於受者라

陳氏가 말하였다. "팔뚝을 옆으로 뻗으면 함께 앉은 사람에게 방해가 된다. 무릎꿇지 않고 서지 않음은 모두 받는 사람에게 불편함을 이른다."

30. 入國不馳하며 入里必式이니라 《禮記 曲禮》

國都에 들어가서는 수레를 달리지 않으며, 마을에 들어가서는 반드시 경례한다.

集說 陳氏曰 入國不馳는 恐車馬躪轢人也라

愉 : 화할 유　厲 : 사나울 려　便 : 문득 변　肱 : 팔뚝 굉　跪 : 무릎꿇을 궤
妨 : 해로울 방　便 : 편할 편　馳 : 달릴 치　躪 : 밟을 린　轢 : 칠 력

集成 馬氏曰 [1]石慶이 入里門不下車한대 而其父責之하고 張湛이 望里門則步에 而君子多之하니 則入里必式者는 父母國之道也니라

집설 陳氏가 말하였다. "國都에 들어가서 수레를 달리지 않음은 수레와 말이 사람들을 칠까 두려워해서이다."

집성 馬氏가 말하였다. "石慶이 마을의 문에 들어와 수레에서 내려오지 않자, 그의 아버지가 꾸짖었으며 張湛은 마을의 문이 바라보이면 걸어갔는데, 君子들이 이를 훌륭하게 여겼으니, 마을에 들어가서 반드시 경례함은 부모 고장에서의 도리이다."

역주 1. 石慶과 張湛에 대한 일은 뒤의《善行篇》제43章과 제56章에 각각 보인다.

31. 少儀曰 執虛하되 如執盈하며 入虛하되 如有人이니라 《禮記 少儀》

《少儀》에 말하였다. "빈 그릇을 잡되 가득차 있는 그릇을 잡듯이 하며, 빈 방에 들어 가되 사람이 있는 방에 들어가듯이 해야 한다."

集說 陳氏曰 執虛器를 如執盈滿之器하고 入虛室을 如入有人之室은 敬心常存也라

陳氏가 말하였다. "빈 그릇을 잡기를 마치 가득찬 그릇을 잡듯이 하며, 빈 방에 들어가기를 마치 사람이 있는 방에 들어가듯이 함은 공경하는 마음이 항상 있어서이다."

32. 禮記曰 古之君子는 必佩玉하니 右徵(치)角하고 左宮羽하여 《禮記 玉藻》

「禮記」에 말하였다. "옛날 君子는 반드시 玉을 찼으니, 오른쪽에는 徵와 角의 소리가 나는 玉을 차고, 왼쪽에는 宮과 羽의 소리가 나는 玉을 찼다.

集解 陳氏曰 徵角宮羽는 以玉聲所中言也라 徵爲事하고 角爲民이라 故在右하니 右爲動作之方也요 宮爲君하고 羽爲物하니 君道는 宜靜이요 物道는 宜積이라 故在左하니 左乃無事之方也라 不言商者는 [1]或以西方肅殺之音이라 故遺之歟아

陳氏가 말하였다. "徵·角·宮·羽는 옥소리에 맞는 것을 말한 것이다. 徵는 일이 되고, 角은 백성이 된다. 그러므로 오른쪽에 있으니, 오른쪽은 동작하는 곳이요. 宮은 임금

湛 : 즐거울 담　盈 : 가득할 영　徵 : 풍류소리 치　遺 : 빠뜨릴 유

이 되고, 羽는 물건이 되니, 임금의 道는 고요하여야 하고, 물건의 道는 쌓여야 하므로 왼쪽에 있으니, 왼쪽은 곧 일이 없는 곳이다. 商을 말하지 않은 것은 혹 西方의 肅殺(날씨가 추워서 죽임)하는 소리이므로 뺐는가 보다."

역주 1. 西方肅殺之音 : 肅殺은 날씨가 추워져 草木을 죽이는 것으로, 宮·商·角·徵·羽의 五聲을 五行에 배합하면 宮은 土로 中央에 해당하고 商은 金으로 西方에, 角은 木으로 東方에, 徵는 火로 南方에, 羽는 水로 北方에 해당하는바, 五聲 중에 商만이 빠졌으므로 말한 것이다.

趨以采齊(자)하고 行以肆夏하며 周還(旋)中規하고 折還中矩하며 進則揖之하고 退則揚之하나니 然後에 玉瑲鳴也라 故로 君子는 在車則聞鸞和之聲하고 行則鳴佩玉하나니 是以로 非辟(僻)之心이 無自入也니라

달려감에는 《采齊》에 맞추고, 걸어감에는 《肆夏》에 맞추며, 두루 돌 때에는 規(원을 그리는 자)에 맞게 하고, 꺾어서 돌 때에는 矩(곡척)에 맞게 하며, 나아감에는 읍하듯이 하고 물러나옴에는 몸을 드니, 그런 뒤에 옥소리가 쟁쟁히 울린다. 그러므로 君子는 수레에 있으면 鸞和의 소리를 듣고, 걸어가면 佩玉소리가 울린다. 그러므로 그릇되고 사벽한 마음이 들어오지 못하는 것이다."

集解 [1]采齊, 肆夏는 皆詩篇名이라 規者는 爲圓之器也요 矩者는 爲方之器也라 朱子曰 周旋은 是直去却回來니 其回轉處에 欲其圓如規也요 折旋은 是直去了復(부)橫去니 其橫轉處에 欲其方如矩也라 陳氏曰 趨時에 歌采齊之詩하여 以爲節하고 行時에 歌肆夏之詩하여 以爲節이라 進而前이면 則其身略俯如揖然하고 退而後면 則其身微仰이라 故로 曰揚之라 進退俯仰이 皆得其節이라 故로 佩玉之鳴이 瑲然可聽也라 鸞和는 鈴也라 方氏曰 心은 內也어늘 而言入은 何哉오 蓋心雖在內나 有物探之而出하나니 及其久也엔 則與物俱入이라 故로 以入言焉이니라

采齊와 肆夏는 모두 詩의 편명이다. 規는 圓型을 만드는 기구이고, 矩는 方型을 만드는 기구이다.

朱子가 말씀하였다. "周旋은 곧바로 갔다가 그대로 물러나 돌아옴이니, 그 회전하는 곳에 둥긂이 規와 같고자 하고, 折旋은 곧바로 갔다가 다시 옆으로 가는 것이니, 옆으로 도

齊 : 옷자락 자 規 : 그림쇠 규 折 : 꺾을 절 矩 : 곡척 구 揖 : 읍할 읍
瑲 : 옥소리 쟁 鸞 : 방울 란 和 : 방울 화 辟 : 간사할 벽 圓 : 둥글 원
方 : 모날 방 鈴 : 방울 령 探 : 찾을 탐

는 곳에 방정함이 곡척과 같고자 한다."

陳氏가 말하였다. "달려갈 때에는《采齊》의 詩를 노래하여 이것으로 절도를 삼고, 걸어갈 때에는《肆夏》의 詩를 노래하여 이것으로 절도를 삼는다. 나아가 앞으로 감에는 그 몸을 약간 숙여 읍하는 듯하고 물러나 뒤로 감에는 그 몸을 약간 젖힌다. 그러므로, 몸을 든다고 말한 것이다. 進退와 俯仰이 모두 그 절도를 얻으므로, 佩玉의 울림이 쟁쟁하여 들을 만한 것이다. 鸞과 和는 방울이다."

方氏가 말하였다. "마음은 안에 있는데 들어온다고 말함은 어째서인가? 마음이 비록 안에 있으나, 물건이 탐색하면 나가니, 그 오램에 미쳐서는 물건과 함께 들어온다. 그러므로 들어온다고 말한 것이다."

역주 1. 采齊 肆夏 : 현재 두 詩 모두「詩經」에 보이지 않으므로 모두 逸詩(散佚된 詩)라 하며, 一說에 肆夏는「詩經」周頌의《時邁》라 한다.

33. 射義曰 射者는 進退周還(旋)을 必中禮니 內志正하고 外體直然後에 持弓矢審固하며 持弓矢審固然後에 可以言中이니 此可以觀德行矣니라 《禮記 射義》

《射義》에 말하였다. "활쏘는 자는 나아가고 물러나고 周旋함을 반드시 禮에 맞게 하여야 하니, 안의 뜻이 바르고 밖의 몸이 곧은 뒤에야 활과 화살을 잡음이 세심하고 견고하며, 활과 화살을 잡음이 세심하고 견고한 뒤에야 과녁을 맞춘다고 말할 수 있으니, 이 활쏘기에서 德行을 볼 수 있다."

集說 吳氏曰 射義는 禮記篇名이라 進退者는 升降之節이요 周還者는 揖讓之容이라 中禮는 合乎射之禮節也라 內志正然後에 持弓矢審하고 外體直然後에 持弓矢固하니 唯固也라 故其力能至하고 唯審也라 故其巧能中이니 於此而觀이면 則其德行을 可見矣니라

吳氏가 말하였다. "射義는「禮記」의 篇名이다. 進退는 오르고 내리는 절도요, 周還은 읍하고 사양하는 모양이다. 中禮는 활쏘는 예절에 합함이다. 안의 뜻이 바른 뒤에야 활과 화살을 잡음이 세심하고, 밖의 몸이 곧은 뒤에야 활과 화살을 잡음이 견고하다. 견고하기 때문에 그 힘이 능히 이르고, 세심하기 때문에 그 공교함이 능히 맞추는 것이니, 여기에서 관찰하면 그 德行을 볼 수 있다."

右는 明威儀之則하니라

이상은 威儀의 법칙을 밝힌 것이다.

旋 : 돌 선　審 : 자세할 심

34. 士冠禮에 始加할새 祝曰 令月吉日에 始加元服하노니 棄爾幼志하고 順爾成德하면 壽考維祺하여 介爾景福하리라 《儀禮 士冠禮》

《士冠禮》에 처음 치포관을 씌울 때에 다음과 같은 祝辭를 한다. "좋은 달 길한 날에 처음으로 너에게 元服(冠)을 加하노니, 너의 어린 마음을 버리고, 너의 德 이룸을 순히 하면 壽考로 길하여 너의 큰 복을 크게 하리라."

集解 士冠禮는 儀禮篇名이라 禮에 男子二十而冠하니 將冠이면 則筮日筮賓하고 及冠이면 則有三加之禮也라 始加에 用緇布冠이라 祝者는 賓所祝之辭也라 令, 吉은 皆善也라 [1)]元服은 首服也요 幼志는 童心也요 祺는 祥也라 介, 景은 皆大也라 言當月日之善하여 加爾首服하노니 爾當棄其童幼之心하고 順成爾德하면 則必有壽考之祥하여 而大受其大福矣라

士冠禮는 「儀禮」의 편명이다. 禮에 남자는 20세에 冠禮를 하니, 장차 관례를 하게 되면 날을 점치고 빈객을 점치며, 관례식에 이르면 三加(세번 관을 씌움)하는 禮가 있으니, 처음 加할 때는 치포관을 사용한다. 祝은 빈객이 축원하는 바의 말이다. 令과 吉은 모두 좋음이다. 元服은 머리에 쓰는 모자요, 幼志는 어린 마음이요, 祺는 상서로움이다. 介와 景은 모두 큼이다. 달과 날의 좋은 때를 당하여 너에게 首服(元服)을 加하노니, 너는 마땅히 어릴 적의 마음을 버리고 너의 德을 순히 이루면 반드시 壽考의 길함이 있어 그 큰 복을 크게 받으리라고 말한 것이다.

역주 1. 元服 首服也 : 元은 '머리'를 가리키므로 諺解本에 머리에 쓰는 관으로 해석하였으나 芝村 李喜朝는 元과 首를 모두 '첫번째'로 보아야 한다고 하였다. 그러나 「漢書」의 顔師古注에는 '元 首也 故謂冠爲元服'이라 하여 諺解本의 해석과 같음을 밝혀둔다.

再加할새 曰 吉月令辰(신)에 乃申爾服하노니 敬爾威儀하여 淑愼爾德이면 眉壽萬年하여 永受胡福하리라

두번째 皮弁을 가할 때에 다음과 같은 祝辭를 한다. "좋은 달 좋은 때에 너에게 옷(冠)을 거듭 加하노니, 너의 威儀를 공경하여 너의 德을 잘 삼가면, 眉壽를 만년토록 누려서 길이 큰 복을 받으리라."

祝 : 빌 축 令 : 좋을 령 元 : 으뜸 원 維 : 어조사 유 祺 : 길할 기 介 : 클 개
景 : 클 경 筮 : 점칠 서 緇 : 검을 치 祥 : 길할 상 辰 : 때 신 申 : 거듭할 신
淑 : 잘할 숙 眉 : 눈썹 미 胡 : 멀 호

集說 陳氏曰 再加엔 用皮弁이라 辰은 時也라 申은 重也라 有威而可畏를 謂之威요 有儀而可象을 謂之儀라 淑은 善也라 眉壽는 老人이 以秀眉爲壽徵也라 胡는 猶遐也라 言當時月之吉하여 重加爾服하노니 爾當敬爾威儀하여 而善謹爾德이면 則必有眉壽萬年하여 而永享遐福矣라

陳氏가 말하였다. "두 번째 加할 때에는 皮弁을 사용한다. 辰은 때이다. 申은 거듭함이다. 위엄이 있어서 두려워할 만함을 威라 하고, 예의가 있어서 본받을 만함을 儀라 한다. 淑은 잘함이다. 眉壽는 노인은 긴 눈썹으로써 장수할 징조를 삼는다. 胡는 遐(멂)와 같다. 때와 달의 좋음을 당하여 너에게 옷(冠)을 거듭 加하노니, 너는 마땅히 네 威儀를 공경하여 네 德을 잘 삼가면, 반드시 眉壽를 만년토록 누려서 길이 복을 누릴 것이라고 말한 것이다.

三加할새 曰 以歲之正과 以月之令에 咸加爾服하나니 兄弟具在하여 以成厥德하면 黃耈無疆하여 受天之慶하리라

세 번째 爵弁을 가할 때에 다음과 같은 祝辭를 한다. "해가 좋고 달이 좋을 때에 너에게 옷(冠)을 모두 加하노니, 형제가 모두 있어 그 德을 이루면 黃耈가 무궁하여 하늘의 경사를 받으리라."

集說 吳氏曰 三加엔 用爵弁이라 正은 猶善也라 咸은 悉也라 黃은 謂髮白而變黃이요 耈는 老人面凍梨色이 如浮垢하니 皆壽徵也라 無疆은 猶言無窮也라 言當歲月之正하여 悉加爾以三者之服하노니 當爾兄弟無故之時하여 以成就其德이니 爾德既成이면 則必有無窮之壽하여 而受天之福慶矣라

吳氏가 말하였다. "세 번째 加할 때에는 爵弁을 사용한다. 正은 善(좋음)과 같다. 咸은 다이다. 黃은 머리털이 희었다가 황색으로 변함이요, 耈는 노인의 얼굴이 언 배빛이어서 때가 떠있는 듯한 것이니, 모두 장수할 징조이다. 無疆은 無窮이란 말과 같다. 해와 달의 좋은 때를 당하여 너에게 세 가지 옷(冠)을 다 加하노니, 마땅히 너의 형제가 무고할 때에 그 德을 성취하여야 하니, 네 德이 이미 이루어지면 반드시 무궁한 수명이 있어서 하늘의 복과 경사를 받게 되리라고 말한 것이다."

35. 曲禮曰 爲人子者는 父母存이어든 冠衣를 不純(준)素하며 孤子當室하여는 冠衣를 不純采니라 《禮記 曲禮》

弁 : 고깔 변　重 : 거듭 중　象 : 본받을 상　徵 : 징조 징　遐 : 멀 하　正 : 좋을 정
耈 : 늙은이 구　疆 : 다할 강　凍 : 얼 동　浮 : 뜰 부　垢 : 때 구　純 : 선두를 준
素 : 흴 소　采 : 채색 채

《曲禮》에 말하였다. "자식된 자는 부모가 생존해 계시거든 冠과 옷을 흰색으로 선두르지 않으며, 孤子가 집안을 맡아서는 冠과 옷을 채색으로 선두르지 않는다."

集說 孔氏曰 冠純은 冠飾也요 衣純은 領緣也라 呂氏曰 [1]當室은 謂爲父後者니 不純采者는 雖除喪이나 猶純素也라 惟當室者行之요 非當室者면 不然也니라

孔氏가 말하였다. "冠純은 관의 꾸밈이요, 衣純은 목에 선두름이다."
呂氏가 말하였다. "當室은 아버지의 후계자가 된 자를 이른다. 채색으로 선두르지 않음은 비록 상을 벗더라도 그대로 흰색으로 선두르는 것이다. 오직 집안을 맡은 자만이 이것을 행하고, 집안을 맡은 자가 아니면 그렇게 하지 않는다."

역주 1. 當室 謂爲父後者 : 嫡長子로서 아버지가 별세한 뒤에 戶主가 되어 집안을 맡은 자를 이른다.

36. 論語曰 君子는 不以紺緅로 飾하시며 《論語 鄕黨》

「論語」에 말하였다. "君子(孔子)는 감색과 붉은색으로 옷깃을 선두르지 않으셨다.

集說 朱子曰 君子는 謂孔子라 紺은 深靑揚赤色이니 齊(재)服也요 緅는 絳色이니 三年之喪에 [1]以飾練服者라 飾은 領緣也라

朱子가 말씀하였다. "君子는 孔子를 이른다. 紺은 짙은 청색에 적색을 띤 것이니, 재계할 때의 의복이다. 緅는 붉은색이니, 3년상에 練服을 꾸미는 것이다. 飾은 목에 선두름이다."

역주 1. 練服 : 깨끗이 마전한 삼베로 만든 喪服으로 小祥 때에 입는다.

紅紫로 不以爲褻服이러시다

홍색과 자주색으로 褻服(평복)을 만들지 않으셨다.

集說 朱子曰 紅紫는 間色이니 不正이요 且近於婦人女子之服也라 褻服은 私居服也니 言此則不以爲朝祭之服을 可知니라

領 : 옷깃 령 緣 : 선두를 연 紺 : 감색 감 緅 : 보라빛 추 揚 : 날릴 양
絳 : 붉을 강 練 : 연복 련 褻 : 평상복 설

朱子가 말씀하였다. "홍색과 자주색은 중간색으로 바르지 않고, 또 부인과 여자의 옷에 가깝기 때문이다. 褻服은 사사로이 거처할 때의 옷이다. 이것을 말했으면 홍색과 자주색으로 朝服과 祭服을 만들지 않았음을 알 수 있다."

當暑하사 袗絺綌을 必表而出之러시다

더울 때를 당해서는 가는 葛布와 굵은 葛布로 만든 홑옷을 반드시 겉에다 입으셨다."

集說 朱子曰 袗은 單也라 葛之精者曰絺요 麤者曰綌이라 表而出之는 謂先著(착)裏衣하고 表絺綌而出之於外니 欲其不見體也라

朱子가 말씀하였다. "袗은 홑이다. 葛布의 정밀한 것을 絺라 하고, 거친 것을 綌이라 한다. 表而出之는 먼저 속옷을 입고 葛布옷을 겉에 입어서 밖에 나오게 하는 것이니, 몸이 보이지 않게 하고자 함이다."

37. 去喪하시고 無所不佩러시다 《論語 鄕黨》

상복을 벗으시고는 패물을 차지 않는 것이 없으셨다.

集說 朱子曰 君子無故면 玉不去身하나니 觿礪之屬을 亦皆佩也니라

朱子가 말씀하였다. "君子는 연고가 없으면 玉을 몸에서 제거하지 않으니, 뿔송곳이나 숫돌 따위도 모두 차는 것이다."

38. 孔子는 羔裘玄冠으로 不以弔러시다 《論語 鄕黨》

孔子는 검은 염소갖옷과 검은 관으로 조문하지 않으셨다.

集說 陳氏曰 羔裘는 用黑羊皮爲之라 玄은 黑色이라 朱子曰 喪主素하고 吉主玄하니 弔必變服은 所以哀死니라

陳氏가 말하였다. "羔裘는 검은 양가죽을 사용하여 만든 것이다. 玄은 흑색이다."
朱子가 말씀하였다. "喪에는 흰색을 주장하고, 吉事에는 검정색을 주장하니, 弔問에 반드시 옷을 바꿈은 죽은 이를 슬퍼하기 위해서이다."

袗 : 홑옷 진　絺 : 가는갈포 치　綌 : 굵은갈포 격　葛 : 칡 갈　麤 : 거칠 추
著 : 입을 착　裏 : 속 리　觿 : 뿔송곳 휴　礪 : 숫돌 려　羔 : 염소 고　裘 : 갖옷 구
弔 : 조문할 조

39. 禮記曰 童子는 不裘不帛하며 不屨絇니라 《禮記 玉藻》

「禮記」에 말하였다. "동자는 갖옷을 입지 않고, 비단옷을 입지 않으며, 신코에 끈을 매지 않는다."

集解 不裘不帛은 爲太溫也라 絇는 卽屨頭之綦니 用以爲行戒者라 不屨絇는 未習行戒也일새라

갖옷을 입지 않고 비단옷을 입지 않음은 너무 따뜻하기 때문이다. 絇는 신코의 끈이니, 이것을 사용하여 다닐 때에 경계하는 것이다. 신코에 끈을 매지 않음은 〈童子는〉 다닐 때에 경계함을 익히지 않아서이다.

40. 孔子曰 士志於道而恥惡衣惡食者는 未足與議也니라 《論語 里仁》

孔子가 말씀하셨다. "선비가 道에 뜻을 두고서, 나쁜 옷과 나쁜 음식을 부끄러워 하는 자는 더불어 道를 의논할 수 없다.

集解 朱子曰 心欲求道로되 而以口體之奉不若人으로 爲恥면 其識趣之卑陋甚矣니 何足與議於道哉아 愚謂 惡衣는 謂麤舊衣服이요 惡食은 謂疏食(사)菜羹之類라 漢志에 謂學以居位曰士라 然四民中에 有志於學者를 亦得稱爲士也라 夫衣取蔽形이요 食取充腹이니 貴賤上下各有其制라 士之仕者列於公卿大夫後하여 其祿俸有限하니 未仕者所入이 豈能豐洽이리오 乃恥惡衣惡食而欲求華麗甘肥하여 以徇時濟欲이면 其不至於昧天理, 喪廉恥하여 取非義以充之者幾希矣라 故로 先儒謝氏有曰 恥惡衣惡食은 學者之大病이니 善心不存이 蓋原於此라하니 嗚呼라 有志爲士者는 尙其戒哉인저

朱子가 말씀하였다. "마음에 道를 구하고자 하면서 口體의 봉양이 남만 못함을 부끄러워 하면 그 식견과 취향의 비루함이 심하니, 어찌 함께 道를 의논할 수 있겠는가."
나는 생각하건대, 惡衣는 거칠고 오래된 의복을 이르고, 惡食은 거친 밥과 나물국 따위를 이른다. 漢志(「漢書」《食貨志》)에 배워서 벼슬자리에 있는 자를 士라 하였다. 그러나 四民(士·農·工·商) 가운데에 배움에 뜻을 둔 자를 또한 士라고 칭할 수 있는 것이다. 옷은 형체를 가림을 취하고 음식은 배를 채움을 취하니, 貴賤과 上下가 각각 그 제도가 있

帛 : 비단 백 屨 : 신 구 絇 : 신코 구 太 : 심할 태 綦 : 결메끈 기 趣 : 취향 취
羹 : 국 갱 蔽 : 가릴 폐 腹 : 배 복 俸 : 녹봉 봉 洽 : 화할 흡 肥 : 기름질 비
徇 : 따를 순 濟 : 이룰 제 喪 : 잃을 상 廉 : 청렴할 렴 充 : 채울 충 希 : 드물 희
謝 : 사양할 사 原 : 근원 원 嗚 : 탄식할 오

다. 선비로서 벼슬하는 자는 公·卿·大夫의 뒤에 서열되어 있어서 그 녹봉에 한계가 있으니, 벼슬하지 않는 자는 수입이 어찌 능히 풍족할 수 있겠는가. 그런데 마침내 나쁜 옷과 나쁜 음식을 부끄러워 하여, 화려하고 달고 살찐 것을 구하고자 하여 시속을 따르고 욕심을 이루고자 하면 天理를 모르고 廉恥를 잃어 義가 아닌 것을 취하여 채우는데 이르지 않을 자가 거의 드물다. 그러므로 先儒인 謝氏가 이르기를 '나쁜 옷과 나쁜 음식을 부끄러워 함은 배우는 자의 큰 병통이니, 善한 마음을 보존하지 못함이 여기에서 근원한다.' 하였다. 아! 선비에 뜻을 둔 자는 부디 그 경계할지어다.

右는 明衣服之制하니라

이상은 衣服의 제도를 밝힌 것이다.

41. 曲禮曰 共食不飽하며 共飯不澤手하며 《禮記 曲禮》

《曲禮》에 말하였다. "함께 음식을 먹을 때에는 배부르려 하지 말며, 함께 밥을 먹을 때에는 손때를 묻지 않게 한다.

集解 食者는 所食이 非一品이요 飯者는 所食이 止飯而已라 共食而求飽는 非讓道也라

集成 張子曰 不澤手는 必有物以取之하여 不使濡其手니라

집해 食은 먹는 것이 한 가지 물품이 아닌 것이요, 飯은 먹는 것이 다만 밥 뿐인 것이다. 함께 음식을 먹으면서 배부름을 구함은 겸양의 도리가 아니다.

집성 張子가 말씀하였다. "손때를 묻지 않게 한다는 것은 반드시 물건(젓가락 따위)으로 음식물을 취하여 손을 젖지 않게 함이다."

毋摶飯하며 毋放飯하며 毋流歠하며

밥을 뭉치지 말며, 밥을 크게 뜨지 말며, 길게 흘려 마시지 말라.

集解 取飯作摶이면 則易得多하니 是欲爭飽也라 [1]放飯은 大飯也요 流歠은 長飲也라

밥을 뜨면서 뭉치면 많이 얻기가 쉬우니, 이는 배부름을 다투고자 함이다. 放飯은 밥을 크게 뜸이요, 流歠은 길게 마심이다.

역주 1. 放飯 : 古代에는 손으로 밥을 먹었는바, 옛 註釋에는 손에 묻은 밥을 그릇에 떨어

澤 : 기름 택 濡 : 젖을 유 摶 : 뭉칠 단 放 : 클 방 歠 : 마실 철

버리는 것이라 하였다.

毋咤食하며 毋齧骨하며 毋反魚肉하며 毋投與狗骨하며 毋固獲하며

음식을 당하여 혀를 차지 말며, 뼈를 깨물지 말며 〈먹다 남은〉 생선이나 고기를 그릇에 되돌려놓지 말며, 개에게 뼈를 던져주지 말며, 〈먹고 싶은 것을〉 굳이 얻으려 하지 말라.

集說 陳氏曰 咤食은 謂當食而叱咤라하고 孔氏는 謂以舌口中作聲이라하니라 毋咤는 恐似於氣之怒也요 毋齧은 嫌其聲之聞也라 毋反魚肉은 不以所餘反於器니 鄭云 謂已歷口하여 人所穢也라 毋投與狗骨은 不敢賤主人之物也라 固獲은 謂必欲取之也라

陳氏는 "咤食은 음식을 당하고서 질타하는 것이다". 하였고, 孔氏는 "혀로 입 속에서 소리를 내는 것이다." 하였다. 혀를 차지 말라는 것은 氣가 노여워함과 같음을 두려워해서요, 뼈를 깨물지 말라는 것은 그 소리가 들림을 혐의해서이다. 먹다 남은 魚肉을 되돌려놓지 말라는 것은 먹다 남은 것을 도로 그릇에 되돌려놓지 않음이니, 鄭氏는 "이미 입을 거쳐서 사람들이 더럽게 여기기 때문이다." 하였다. 개에게 뼈를 던져주지 말라는 것은 주인의 물건을 천히 할 수 없어서이다. 固獲은 반드시 취하고자 함을 이른 것이다.

毋揚飯하며 飯黍毋以箸하며

밥을 헤젓지 말며, 기장 밥을 먹을 적에는 젓가락을 쓰지 말라.

集解 揚은 謂散其熱氣니 嫌於欲食之急也라 毋以箸는 貴其匕之便也라

揚은 그 더운 기운을 흩는 것이니, 먹기를 급히 하고자 함을 혐의해서이다. 젓가락을 사용하지 말라는 것은 숟가락의 편리함을 귀중하게 여겨서이다.

毋嚃羹하며 毋絮(처)羹하며 毋刺(척)齒하며 毋歠醢니 客이 絮羹이어든 主人이 辭不能亨(烹)하고 客이 歠醢어든 主人이 辭以窶하며

咤 : 입맛다실 타　齧 : 깨물 설　反 : 되돌릴 반　狗 : 개 구　獲 : 얻을 획
叱 : 꾸짖을 질　歷 : 지날 력　穢 : 더러울 예　黍 : 기장 서　箸 : 젓가락 저
匕 : 숟가락 비　嚃 : 훅들이마실 탑　絮 : 간맞출 처　刺 : 찌를 자(척)　醢 : 육장 해
烹 : 삶을 팽　窶 : 가난할 구

국을 들여 마시지 말며, 국을 조미하지 말며, 이를 쑤시지 말며, 젓국을 마시지 말 것이니, 손님이 국을 조미하면 주인이 잘 요리하지 못했음을 사례하고, 손님이 젓국을 마시면 주인이 가난함을 사례한다.

集解 陳氏曰 羹之有菜는 宜用梜이요 不宜以口嚃取食之也라 絮는 就器中調和也라 口容止니 不宜以物刺於齒也라 醢宜醎하니 歠之는 以其味淡也라 客或有絮羹者면 則主人以不能烹飪爲辭하고 客或有歠醢者면 則主人以貧窶乏味爲辭니라

陳氏가 말하였다. "국에 나물이 있는 것은 젓가락을 사용하여야 하고 입으로 들여마셔 취해서는 안된다. 絮는 그릇 속에 나아가 調和(간을 맞춤)함이다. 입 모양은 그쳐야 하니, 물건으로 이를 쑤심은 마땅하지 않다. 젓국은 짜야 하니, 들여마심은 그 맛이 싱겁기 때문이다. 손님 중에 혹 국을 간맞추는 자가 있으면 주인은 잘 요리하지 못했다고 사례하고, 손님 중에 혹 젓국을 들여마시는 자가 있으면 주인은 가난하여 맛이 없다고 사례한다."

濡肉은 齒決하고 乾肉은 不齒決하며 毋嘬炙(자)니라

젖은 고기는 이로 끊고, 마른 고기는 이로 끊지 않으며, 불고기를 한꺼번에 먹지 말아야 한다.

集說 陳氏曰 濡肉은 [1]殽胾之類요 乾肉은 [2]脯脩之類라 決은 斷也니 不齒決이면 則當治之以手也라 孔氏曰 火灼曰炙라 一擧而併食曰嘬니 是는 貪食也라

陳氏가 말하였다. "젖은 고기는 殽와 胾 따위요, 마른 고기는 脯와 脩 따위이다. 決은 끊음이다. 이로 끊지 않는다면 마땅히 손으로 다루어야 하는 것이다."
孔氏가 말하였다. "불에 구운 것을 炙(불고기)라 한다. 한 번에 들어 한꺼번에 먹는 것을 嘬라 하니, 이는 음식을 탐하는 것이다."

역주 1. 殽胾 : 殽는 뼈채 함께 삶은 고기이며, 胾는 잘게 썰은 고기이다.
2. 脯脩 : 脯는 調味를 하지 않은 것이고, 脩는 생강·계피 등의 양념을 가하여 만든 것이다.

42. 少儀曰 侍食於君子면 則先飯而後已니 毋放飯하며 毋流歠하며 小飯而亟之하며 數(삭)噍하여 毋爲口容이니라 《禮記 少儀》

梜 : 젓가락 협　醎 : 짤 함　淡 : 담박할 담　飪 : 익힐 임　乏 : 다할 핍　決 : 끊을 결
嘬 : 한입에넣을 최　炙 : 고기구이 자(적)　殽 : 고기 효　胾 : 썰은고기 자　脯 : 포 포
脩 : 포 수　灼 : 구울 작　併 : 아우를 병　亟 : 빠를 극　噍 : 씹을 초

《少儀》에 말하였다. "君子를 모시고 먹을 때에는 먼저 밥먹고 나중에 끝낸다. 밥을 크게 뜨지 말며, 길게 흘려 마시지 말며 조금씩 먹어 빨리 삼키며, 자주 씹어, 입놀리는 모양을 내지 말아야 한다."

增註 君子는 [1]三達尊之稱이라

集說 陳氏曰 先飯은 猶嘗食之禮也요 後已는 猶勸食之意也라 放飯流歠은 見前이라 小飯이면 則無噦噎之患이라 亟之는 謂速咽下니 備或有見問之言也라 數噍毋爲口容은 言數數嚼之하여 不得弄口以爲容也라

증주 君子는 三達尊을 칭한다.

집설 陳氏가 말하였다. "먼저 밥먹는 것은 시험삼아 먹어보는 禮와 같이 하는 것이요, 뒤에 끝내는 것은 밥먹기를 권하는 뜻과 같은 것이다. 放飯과 流歠은 앞에 보인다. 밥을 조금씩 먹으면 구역질하거나 목이 메일 염려가 없게 된다. 亟之는 밥을 빨리 삼켜 내려 보냄을 이르니, 혹시라도 묻는 말이 있을까 해서이다. 자주 씹어 입 모양을 내지 말라는 것은 자주 자주 씹어서 입을 크게 놀려 모양을 내지 않음을 말한다."

역주 1. 三達尊 : 達尊은 누구나 공통적으로 높이는 것으로, 연치와 작위, 學德을 가리키는바, 「孟子」《公孫丑下》에 '鄕黨莫如齒 朝廷莫如爵 輔世長民莫如德'이라고 보인다.

43. 論語曰 食(사)不厭精하시며 膾不厭細하시며 《論語 鄕黨》

「論語」에 말하였다. "〈孔子는〉 밥은 정한 것을 싫어하지 않으셨으며, 회는 가는 것을 싫어하지 않으셨다.

集說 朱子曰 食는 飯也요 精은 鑿也라 牛羊與魚之腥을 聶而切之爲膾라 食精則能養人이요 膾麤則能害人이라 不厭은 言以是爲善이요 非謂必欲如是也라

朱子가 말씀하였다. "食는 밥이요. 精은 쌀을 정하게 대낀 것이다. 소와 양과 魚物의 날것을 저며서 자른 것을 膾라 한다. 밥이 정하면 사람을 기르고, 회가 거칠면 사람을 해친다. 싫어하지 않음은 이것을 좋아한다는 말이요, 반드시 이와 같고자 함을 이른 것은 아니다."

食(사)饐而餲와 魚餒而肉敗를 不食하시며 色惡不食하시며 臭惡

噦 : 구역질할 얼　噎 : 목멜 열　咽 : 삼킬 연　嚼 : 씹을 작　弄 : 희롱할 롱
膾 : 회 회　鑿 : 찧을 착　腥 : 날고기 성　聶 : 저밀 섭　切 : 자를 절　麤 : 거칠 추
饐 : 쉴 의(애)　餲 : 쉴 애　餒 : 문드러질 뇌　臭 : 냄새 취

不食하시며 失飪不食하시며 不時不食하시며

밥이 상하여 쉰 것과 魚物이 문드러지고 肉類가 부패한 것을 먹지 않으셨으며, 색깔이 나쁜 것을 먹지 않으셨으며, 냄새가 나쁜 것을 먹지 않으셨으며, 요리가 잘못된 것을 먹지 않으셨으며, 때가 안된 것을 먹지 않으셨다.

集說 朱子曰 饐는 飯傷熱濕也요 餲는 味變也라 魚爛曰餒요 肉腐曰敗라 色惡臭惡은 未敗而色臭變也라 飪은 烹調生熟之節也라 不時는 五穀不成, 果實未熟之類라 此數者는 皆足以傷人이라 故로 不食이라

朱子가 말씀하였다. "饐는 밥이 열과 습기에 상한 것이요, 餲는 맛이 변한 것이다. 어물이 문드러진 것을 餒라 하고, 육류가 부패한 것을 敗라 한다. 빛깔이 나쁘고 냄새가 나쁜 것은 부패하지는 않았으나 색깔과 냄새가 변한 것이다. 飪은 날 것과 익은 것을 조리하는 절도이다. 不時는 五穀이 익지 않았거나 과실이 未熟한 따위이다. 이 몇 가지는 모두 사람을 상할 수 있으므로 먹지 않으신 것이다."

割不正이어든 不食하시며 不得其醬이어든 不食하시며

벤 것이 바르지 않거든 먹지 않으셨으며, 그 장을 얻지 못하거든 먹지 않으셨다.

集說 朱子曰 割肉不方正者를 不食은 造次不離於正也라 [1]食肉用醬이 各有所宜하니 不得則不食은 惡(오)其不備也라 此二者는 無害於人이요 但不以嗜味而苟食耳니라

朱子가 말씀하였다. "고기를 썬 것이 방정하지 않은 것을 먹지 않음은 造次(잠시)라도 바름에서 떠나지 않으려 해서이다. 고기를 먹을 때에는 장을 사용함이 각각 마땅한 바가 있으니, 이것을 얻지 못하면 먹지 않음은 구비되지 않음을 싫어해서이다. 이 두 가지는 사람에게 해는 없고, 다만 맛을 즐겨 구차히 먹지 않을 뿐이다."

역주 1. 食肉用醬 各有所宜 : 古代의 醬은 여러 가지여서 알기가 어려운바, 「禮記」《內則》에 보면 '생선회에는 겨자장을 먹고, 생선에는 卵醬을 먹으며, 고라니나 자라·닭고기등에는 젓갈장을 먹는다.' 하였다.

肉雖多나 不使勝食(사)氣하시며 唯酒無量하시되 不及亂하시며

飪 : 익힐 임 濕 : 젖을 습 爛 : 문드러질 란 腐 : 썩을 부 烹 : 삶을 팽 醬 : 장 장
嗜 : 즐길 기

육류가 비록 많더라도 밥 기운을 이기지 않게 하셨으며, 오직 술은 일정한 양이 없으시되 어지러움에 이르지 않게 하셨다.

集說 朱子曰 食(식)은 以穀爲主라 故로 不使肉勝食(사)氣하며 酒는 以爲人合懽이라 故로 不爲量이요 但以醉爲節而不及亂耳니라

朱子가 말씀하였다. "음식은 곡식을 주장하므로 고기로 하여금 밥 기운을 이기지 않게 한 것이다. 술은 사람들과 기쁨을 합하는 것이므로 일정한 양을 정하지 않고, 다만 취하는 것을 節(기준)로 삼아 어지러움에 미치지 않을 뿐이다."

沽酒市脯를 不食하시며

사온 술과 사온 포를 먹지 않으셨다.

集說 朱子曰 沽, 市는 皆買也니 恐不精潔하여 或傷人也라

朱子가 말씀하였다. "沽와 市는 모두 사옴이니, 정결하지 못하여 혹 사람을 상할까 염려해서이다."

不撤薑食하시며 不多食이러시다

생강 먹는 것을 그치지 않으셨으며, 많이 먹지 않으셨다.

集解 朱子曰 薑은 通神明, 去穢惡이라 故로 不撤이라 不多食은 適可而止也라

朱子가 말씀하였다. "생강은 神明을 통하고 더러운 것과 나쁜 것을 제거한다. 그러므로, 그치지 않은 것이다. 많이 먹지 않음은 可함에 맞게 하고 그치는 것이다."

44. 禮記曰 君無故어든 不殺牛하며 大夫無故어든 不殺羊하며 士無故어든 不殺犬豕니 君子는 遠庖廚하여 凡有血氣之類를 弗身踐〔翦〕也하나니라 《禮記 玉藻》

「禮記」에 말하였다. "군주가 연고가 없으면 소를 잡지 않으며, 大夫가 연고가 없으면 양을 잡지 않으며, 士가 연고가 없으면 개와 돼지를 잡지 않는다. 君子는

懽 : 기쁠 환　沽 : 살 고　市 : 살 시　脯 : 포 포　潔 : 깨끗할 결　撤 : 치울 철
薑 : 생강 강　豕 : 돼지 시　庖 : 푸주간 포　廚 : 부엌 주　翦 : 죽일 전

푸주간과 부엌을 멀리하여 무릇 혈기가 있는 종류를 몸소 죽이지 않는다."

集說 陳氏曰 故는 謂祭祀及賓客饗食(사)之禮也라 庖는 宰殺之所요 廚는 烹飪之所라 身은 親也라 踐은 當作翦이니 殺也라

陳氏가 말하였다. "故는 제사와 빈객에게 음식을 대접하는 禮이다. 庖는 도살하는 곳이요, 廚는 익히는 곳이다. 身은 친히이다. 踐은 마땅히 翦이 되어야 하니, 죽임이다."

45. 樂記曰 豢豕爲酒 非以爲禍也언마는 而獄訟益繁은 則酒之流生禍也라 是故로 先王이 因爲酒禮하사 一獻之禮에 賓主百拜하여 終日飮酒하되 而不得醉焉하니 此先王之所以備酒禍也시니라 《禮記 樂記》

《樂記》에 말하였다. "돼지를 길러 잡고 술을 만들어 먹는 것이 禍를 만듦이 아니건마는 獄訟이 더욱 많아짐은 술의 流弊가 禍를 낳기 때문이다. 그러므로 先王이 인하여 酒禮를 만들어, 한번 술을 올리는 禮에 빈객과 주인이 백 번 절하여, 종일토록 술을 마시되 취하지 않게 하였다. 이는 先王께서 술의 禍를 대비하신 것이다."

集說 吳氏曰 豢은 養也요 爲는 猶造也라 獄訟益繁은 謂小人乘醉相侵하여 以致獄訟滋多也라 [1]一獻은 士之饗禮也라 百拜는 言多也라 一獻之禮而賓主至於百拜하여 終日飮酒호되 而終不得醉하니 其所以備飮酒之禍者至矣니라

吳氏가 말하였다. "豢은 기름이요, 爲는 造(만듦)와 같다. 獄訟이 더욱 많아진다는 것은 小人들이 취기를 타고 서로 침해하여 獄訟이 더욱 많아짐을 이른다. 一獻은 士가 燕饗하는 禮이다. 百拜는 많음을 이른다. 한 번 술을 燕饗하는 禮에 손님과 주인이 백 번 절함에 이르러 종일토록 술을 마셔도 끝내 취하지 않게 하였으니, 이는 飮酒의 禍를 대비함이 지극한 것이다."

역주 1. 一獻士之饗禮 : 饗은 귀한 손님에게 연향을 베푸는 것으로, 天子의 九獻으로 부터 士의 一獻까지 아홉 가지의 등급이 있다.

46. 孟子曰 飮食之人을 則人賤之矣나니 爲其養小以失大也니

饗 : 연향 향　宰 : 고기저밀 재　豢 : 기를 환　獄 : 감옥 옥　繁 : 번거로울 번
滋 : 더욱 자

라 《孟子 告子上》

孟子가 말씀하셨다. "음식을 밝히는 사람을 사람들이 천하게 여기니, 작은 것을 기르고 큰 것을 잃기 때문이다."

集解 飮食之人은 專養口體者也라 小는 謂口體요 大는 謂心志라

飮食之人은 오로지 口體만을 기르는 자이다. 小는 口體를 이르고, 大는 心志를 이른다.

右는 明飮食之節하니라

이상은 飮食의 예절을 밝힌 것이다.

小學集註 卷之四

稽古第四

集說 陳氏曰 稽는 考也라 此篇은 考虞夏商周聖賢已行之跡하여 以證前篇立敎, 明倫, 敬身之言也라 凡四十七章이라

陳氏가 말하였다. "稽는 고찰함이다. 이 篇은 虞·夏·商·周의 聖賢들이 이미 행한 자취를 고찰하여 앞 편의 立敎·明倫·敬身의 말을 증명하였다. 모두 47章이다."

[1]孟子道性善하시되 言必稱堯舜이러시니 其言曰 舜은 爲法於天下하사 可傳於後世어시늘 我는 猶未免爲鄕人也하니 是則可憂也라 憂之如何오 如舜而已矣라하시니 摭往行하며 實前言하여 述此篇하여 使讀者로 有所興起하노라

孟子께서 性이 善함을 말씀하시되, 말씀마다 반드시 堯·舜을 일컬으셨다. 그 말씀에 "舜은 천하에 법이 되시어 後世에 전해질 수 있으셨는데, 나는 아직도 鄕人이 됨을 면치 못하니, 이것은 근심할 만한 일이다. 근심한다면 어찌 해야 하는가? 舜과 같이 할 뿐이다."라고 하셨다. 지나간 행적을 뽑고 옛날 분들의 말씀을 실증하여, 이 편을 지어 읽는 자들로 하여금 흥기하는 바가 있게 하노라.

역주 1. 앞 부분은「孟子」《滕文公上》에 보이며, '其言曰' 이하는《離婁下》에 보인다.

集說 朱子曰 道는 言也라 性者는 人所稟於天以生之理也니 渾然至善하여 未嘗有惡하니 人與堯舜으로 初無少異로되 但衆人은 汨於私欲而失之하고 堯舜則無私欲之蔽하여 而能充其性爾라 故로 孟子每道性善而必稱堯舜以實之하시니 欲人知仁義不假外求하고 聖人可學而至하여 而不懈於用力也시니라

朱子가 말씀하였다. "道는 말함이다. 性은 사람이 하늘에게 받고서 태어난 이치이니, 완전히 지극히 善하여 일찍이 惡함이 있지 않다. 일반인들도 堯·舜과 더불어 당초에 조

稽 : 상고할 계 虞 : 우나라 우 跡 : 자취 적 證 : 증명할 증 道 : 말할 도
堯 : 요임금 요 舜 : 순임금 순 猶 : 오히려 유 摭 : 뽑을 척 稟 : 받을 품
渾 : 온전할 혼 汨 : 빠질 골 充 : 채울 충 假 : 빌릴 가 懈 : 게으를 해

금도 차이가 없었으나, 다만 일반인은 사욕에 빠져 性을 잃었고, 堯·舜은 사욕의 가림이 없어서 능히 그 性을 채웠을 뿐이다. 그러므로 孟子는 매양 性의 善함을 말씀하시되 반드시 堯·舜을 일컬어 실증하셨으니, 사람들에게 仁·義는 밖에서 구할 필요가 없고 聖人도 배워서 이를 수 있음을 알아, 힘을 쓰는데 게으르지 않게 하고자 하신 것이다."

1. 太任은 文王之母시니 摯任氏之中(仲)女也러시니 王季娶以爲妃하시니라 《列女傳》

太任은 文王의 어머니이시니, 摯나라 任氏의 둘째 따님이셨는데, 王季가 맞이하여 后妃로 삼으셨다.

集說 吳氏曰 任은 姓也니 太任은 尊稱之也라 文王은 姬姓이요 名昌이니 周國之君也라 摯는 國名이요 中女는 次女也라 王季는 周太王子니 名季歷이니 文王父也라

吳氏가 말하였다. "任은 姓이니, 太任은 존칭한 것이다. 文王은 姬姓으로, 이름은 昌이니, 周나라의 임금이다. 摯는 나라 이름이요, 中女는 둘째 딸이다. 王季는 周나라 太王의 아들로, 이름은 季歷이니, 文王의 아버지이다."

太任之性이 端一誠莊하사 惟德之行하더시니 及其娠文王하사 目不視惡色하시며 耳不聽淫聲하시며 口不出敖(傲)言이러시니 生文王而明聖하여 太任이 教之以一而識百이러시니 卒爲周宗하시니 君子謂太任이 爲能胎教라하니라

太任의 성품이 단정하고 한결같으며 성실하고 장엄하여 오직 德을 행하셨다. 文王을 잉태함에 이르러 눈으로는 나쁜 색깔을 보지 않았으며, 귀로는 음란한 소리를 듣지 않았으며, 입으로는 오만한 말을 내지 않으셨는데, 文王을 낳음에 총명하고 聖스러워, 太任이 하나를 가르치면 백을 아시더니, 끝내 周나라의 宗이 되시었다. 君子는 '太任이 胎教를 하였다.'고 말하였다.

集解 端은 謂正而不邪요 一은 謂純而不二요 誠은 謂眞實無妄이요 莊은 謂容貌端嚴이라 蓋太任이 天性에 備此四德이라 故로 見(현)於躬行者 皆本於德性之自然이라

摯 : 공경할 지　仲 : 버금 중　季 : 끝 계　妃 : 왕비 비　姬 : 성 희　端 : 바를 단
娠 : 아이밸 신　淫 : 음란할 음　敖 : 오만할 오　胎 : 태 태

集成 宗은 謂有德有功하여 爲百世不遷之廟라

增註 此는 摭太任之行하여 [1]以實首篇胎教之言이니 後皆倣此하니라 然或詳或略하여 未必盡同하니 讀者宜求其大意焉이니라

집해 端은 바르고 사벽하지 않음을 이르고, 一은 순수하여 두 가지로 하지 않음을 이르며, 誠은 진실하여 망녕됨이 없음을 이르고, 莊은 용모가 단정하고 엄숙함을 이른다. 太任은 천성이 이 네 가지 德을 갖추었다. 그러므로 몸소 행함에 나타난 것이 모두 德性의 자연스러움에 근본하였다.

집성 宗은 德이 있고 功이 있어서 百世가 되도록 옮기지 않는 사당이 됨을 이른다.

증주 이는 太任의 행적을 뽑아 首篇의 태교의 말을 실증하였으니, 이 뒤도 모두 이와 같다. 그러나 혹 상세하고 혹 간략하여 반드시 다 똑같지는 않으니, 읽는 자가 마땅히 그 大意를 찾아야 한다.

역주 1. 首篇胎教之言 : 앞의《立教篇》제1章「列女傳」의 내용을 가리킨 것이다.

2. 孟軻之母其舍近墓러니 孟子之少也에 嬉戲에 爲墓間之事하여 踊躍築埋어시늘 孟母曰 此는 非所以居子也라하고 乃去舍市하니 其嬉戲에 爲賈衒이어시늘 孟母曰 此는 非所以居子也라하고 乃徙舍學宮之旁하니 其嬉戲에 乃設俎豆하여 揖讓進退어시늘 孟母曰 此는 眞可以居子矣로다하고 遂居之하니라 《溫公家範, 列女傳》

孟軻의 어머니는 그 집이 무덤과 가까웠는데, 孟子가 어려서 놀 때에 무덤 사이의 일을 하여, 뛰며 무덤을 봉축하고 매장하는 것을 흉내내었다. 孟子의 어머니는 말씀하기를 "이 곳은 자식을 살게 할 곳이 아니다." 하고, 곧 떠나 시장에 거처하였는데, 그가 놀 때에 장사가 물건을 파는 시늉을 하자, 孟子의 어머니는 말씀하기를 "이 곳은 자식을 살게 할 곳이 아니다." 하고, 마침내 이사하여 學宮(학교)의 옆에 거처하니, 그가 놀 때에 곧 祭器를 늘어놓고, 읍하고 사양하며 나아가고 물러가는 모습을 흉내내었다. 孟子의 어머니는 말씀하기를 "이 곳은 참으로 자식을 살게 할만한 곳이다." 하고, 마침내 이 곳에 거처하였다.

增註 軻는 孟子名이라 舍는 居也라

集解 賈는 商賈요 衒은 衒鬻이라 俎豆는 祭器也라 揖讓進退는 禮之容也라

倣 : 같을 방　軻 : 수레 가　墓 : 무덤 묘　嬉 : 놀이 희　踊 : 뛸 용　躍 : 뛸 약
築 : 쌓을 축　埋 : 묻을 매　舍 : 머물 사　賈 : 장사 고　衒 : 팔 현　旁 : 곁 방
俎 : 제기 조　豆 : 나무그릇 두　鬻 : 팔 육

증주 軻는 孟子의 이름이다. 舍는 거처함이다.

집해 賈는 商賈(장사)이고, 衒은 물건을 파는 것이다. 俎豆는 祭器이다. 揖讓進退는 예의의 모습이다.

孟子幼時에 問東家殺猪는 何爲오 母曰 欲啖汝니라 旣而悔曰 吾聞古有胎敎라하니 今適有知而欺之면 是는 敎之不信이라하고 乃買猪肉하여 以食(사)之하니라

孟子가 어렸을 때에 물으시기를 "동쪽 집에서 돼지를 잡음은 무엇하려는 것입니까?" 하시자, 어머니는 "너에게 먹이려는 것이다." 하고 대답하였다. 어머니는 조금 뒤에 후회하기를 "내 듣건대 옛날에는 태교가 있었다고 하는데, 지금 바야흐로 앎이 있거늘 속이면 이는 不信(거짓말)을 가르치는 것이다." 하고, 마침내 돼지고기를 사서 먹였다.

集說 陳氏曰 啖은 食也니 欲啖汝는 戱答之也라 適은 猶方也라 買肉食之는 以實前言也라

陳氏가 말하였다. "啖은 먹임이니, '너에게 먹이려는 것이다.' 한 것은 농담으로 대답한 것이다. 適은 方(지금 막)과 같다. 고기를 사서 먹임은 앞의 말을 실증한 것이다."

旣長就學하여 遂成大儒하시니라

이미 자라 배움에 나아가 드디어 큰 유학자가 되시었다.

增註 趙氏曰 孟子夙喪父하고 幼被慈母三遷之敎하며 長師孔子之孫子思하사 [1]通五經하고 著書七篇하시니라

趙氏가 말하였다. "孟子는 일찍이 아버지를 여의고, 어려서는 慈母의 세 번 이사하는 교육을 받았으며, 자라서는 孔子의 손자인 子思를 스승으로 삼으시어, 五經을 통달하고, 책 7篇을 지으셨다."

역주 1. 五經 : 「易經」·「詩經」·「書經」·「禮經」·「春秋」를 이른다.

3. 孔子嘗獨立이어시늘 鯉趨而過庭하더니 曰 學詩乎아 對曰 未也로이다 不學詩면 無以言이라하여시늘 鯉退而學詩하니라 《論語 季氏》

猪 : 돼지 저 啖 : 먹일 담 汝 : 너 여 悔 : 뉘우칠 회 適 : 마침 적 買 : 살 매
食 : 먹일 사 就 : 나아갈 취 夙 : 일찍 숙 鯉 : 잉어 리

孔子가 일찍이 혼자 서계셨는데, 아들 鯉가 종종걸음으로 뜰을 지나가자, 孔子께서 "詩를 배웠느냐?" 하고 물으셨다. 鯉가 "아직 못했습니다." 하고 대답하자, 孔子는 "詩를 배우지 않으면 남과 말을 할 수 없다." 하셨으므로 鯉는 물러나 詩를 배웠다.

集解 鯉는 孔子之子伯魚也라 朱子曰 事理通達而心氣和平이라 故能言이라

鯉는 孔子의 아들 伯魚이다. 朱子가 말씀하였다. "事理를 통달하고 心氣가 화평하므로 말을 잘하게 된다."

他日에 又獨立이어시늘 鯉趨而過庭하더니 曰 學禮乎아 對曰 未也로이다 不學禮면 無以立이라하여시늘 鯉退而學禮하니라

다른 날 또 혼자 서계셨는데, 鯉가 종종걸음으로 뜰을 지나가자, 孔子께서 "禮를 배웠느냐?" 하고 물으셨다. 鯉가 "아직 못했습니다." 하고 대답하자, 孔子는 "禮를 배우지 않으면, 몸을 세울 수 없다." 하셨으므로 鯉는 물러나와 禮를 배웠다.

集解 朱子曰 品節詳明而德性堅定이라 故能立이라

朱子가 말씀하였다. "品節(등급에 따른 절도)이 자세하고 명확하며, 德性이 굳게 정해지므로 몸을 세우게 된다."

4. 孔子謂伯魚曰 女(汝)爲周南召南矣乎아 人而不爲周南召南이면 其猶正墻面而立也與인저 《論語 陽貨》

孔子가 伯魚에게 말씀하셨다. "너는「詩經」의 周南과 召南을 배웠느냐? 사람으로서 周南과 召南을 배우지 않으면, 마치 바로 얼굴을 담에 대하고 서 있는 것과 같을 것이다."

集解 朱子曰 爲는 猶學也라 周南召南은 詩首篇名이니 所言이 皆修身齊家之事라 正墻面而立은 言卽其至近之地로되 而一物無所見하고 一步不可行이라

朱子가 말씀하였다. "爲는 學과 같다. 周南·召南은「詩經」首篇의 이름이니, 내용이 모두 몸을 닦고 집안을 가지런히 하는 일이다. 正墻面而立은 지극히 가까운 곳에 나아가되 한 물건도 볼 수 없고 한 걸음도 갈 수 없음을 말한 것이다."

墻 : 담장 장

右는 立敎라

이상은 가르침을 세움이다.

5. 虞舜이 父頑母嚚하며 象傲어늘 克諧以孝하사 烝烝乂하여 不格姦하시니라 《書經 堯典》

虞舜이 아버지는 완악하고 어머니는 간사하며 〈이복 동생인〉 象은 오만하였는데, 능히 효도로써 화하게 하시어, 점점 나아가 善으로 다스려 간악함에 이르지 않게 하시었다.

集解 蔡氏曰 虞는 氏요 舜은 名也라 舜父는 號瞽瞍라 心不則(칙)德義之經이 爲頑이라 母는 舜後母也라 口不道忠信之言이 爲嚚이라 象은 舜異母弟名이라 傲는 驕慢也라 諧는 和也요 烝은 進也요 乂는 治也요 格은 至也라 言舜不幸遭此로되 而能和以孝하사 使之進進以善自治하여 而不至於大爲姦惡也라

蔡氏(蔡沈)가 말하였다. "虞는 氏이고, 舜은 이름이다. 舜의 아버지는 瞽瞍라고 칭호하였다. 마음에 德義의 떳떳함을 본받지 않음을 頑이라 한다. 母는 舜의 後母(계모)이다. 입으로 忠信의 말을 하지 않는 것을 嚚이라 한다. 象은 舜의 어머니가 다른 동생의 이름이다. 傲는 교만함이다. 諧는 화함이요, 烝은 나아감이요, 乂는 다스림이요, 格은 이름이다. 舜이 불행히 이런 경우를 만났으나, 능히 효도로써 화하시어 나아가고 나아가 善으로써 스스로 다스려, 크게 간악함에 이르지 않게 하심을 말한 것이다."

6. 萬章이 問曰 舜往于田하사 號泣于旻天하시니 何爲其號泣也잇고 孟子曰 怨慕也시니라 我竭力耕田하여 共(恭)爲子職而已矣로니 父母之不我愛는 [1]於我에 何哉오하시니라 《孟子 萬章上》

萬章이 묻기를 "舜이 밭에 가셔서 하늘을 부르며 우셨으니, 어째서 그처럼 부르며 우신 것입니까?" 孟子께서 다음과 같이 대답하셨다. "자신을 원망하고 사모하셔서였다. 나는 '힘을 다해 밭을 갈아 공손히 자식된 직분을 할 따름이니, 父母가 나를 사랑하지 않음은 나에게 무슨 잘못이 있어서인가?'라고 하심이었다.

역주 1. 於我何哉 : 朱子는 '나에게 무슨 죄가 있어서인가'로 해석하였으나, 茶山 丁若鏞은 '나에게 무슨 상관이 있는가'로 해석하였다. 그러나 이 글은 「孟子」를 축약하

頑 : 완악할 완 嚚 : 어리석을 은 克 : 능할 극 諧 : 화할 해 烝 : 나아갈 증
乂 : 다스릴 예 格 : 이를 격 姦 : 간악할 간 蔡 : 채나라 채 瞽 : 소경 고
瞍 : 소경 수 遭 : 만날 조 號 : 부르짖을 호 泣 : 울 읍 旻 : 하늘 민 竭 : 다할 갈

여 썼으므로 뜻이 제대로 통하지 않는바, 자세한 것은 「孟子集註」의 本文과 譯註를 참고하기 바란다.

集說 朱子曰 萬章은 孟子弟子라 舜往于田은 耕歷山時也라 仁覆(부)閔下를 謂之旻天이라 號泣于旻天은 呼天而泣也니 事見(현)虞書大禹謨篇하니라 怨慕는 怨己之不得其親而思慕也라 於我何哉는 自責不知己有何罪耳니 非怨父母也라

朱子가 말씀하였다. "萬章은 孟子의 제자이다. 舜이 밭에 가심은 歷山에서 밭을 갈 때이다. 仁으로 아래를 감싸주어 가엾게 여김을 旻天이라 한다. 號泣于旻天은 하늘을 부르며 운 것이니, 이 사실이 「書經」의 虞書《大禹謨篇》에 보인다. 怨慕는 자기가 그 어버이에게 사랑을 얻지 못함을 원망하며 사모한 것이다. 於我何哉는 자신에게 무슨 죄가 있는지 알지 못함을 자책했을 뿐이니, 부모를 원망한 것이 아니다."

帝使其子九男二女로 百官牛羊倉廩을 備하여 以事舜於畎畝之中하시니 天下之士多就之者어늘 帝將胥天下而遷之焉이러시니 爲不順於父母라 如窮人無所歸러시다

堯임금이 자기의 자식 9男, 2女로 하여금 百官과 소·양과 창고를 갖추어, 舜을 밭두둑 가운데에서 섬기게 하시니, 천하의 선비들이 찾아오는 자가 많으므로, 堯임금은 장차 천하의 인심을 보아 그에게 황제의 자리를 옮겨주려 하시었다. 그러나 舜은 부모에게 순하지 못했기 때문에 마치 곤궁한 사람이 돌아갈 곳 없는 것처럼 여기셨다.

集說 朱子曰 帝는 堯也라 史記云 二女妻之하여 以觀其內하고 九男事之하여 以觀其外라하고 又言一年에 所居成聚하고 二年成邑하고 三年成都라하니 是는 天下之士就之也라 胥는 相視也라 遷之는 移以與之也라 如窮人無所歸는 言其怨慕迫切之甚也라

朱子가 말씀하였다. "帝는 堯이다. 史記에 '두 딸을 시집보내어 그 안을 살피게 하고, 아홉 아들로 섬기게 하여 그 밖을 살피게 했다.' 하였으며, 또 '1년만에 사는 곳이 촌락을 이루고, 2년만에 邑을 이루고, 3년만에 都를 이루었다.' 하였으니, 이는 천하의 선비가 찾아간 것이다. 胥는 봄이다. 遷之는 옮겨 줌이다. 마치 곤궁한 사람이 돌아갈 곳 없는 것처럼 여겼다는 것은 怨慕의 박절함이 심함을 말한 것이다."

覆 : 덮을 부 閔 : 불쌍히여길 민 謨 : 가르침 모 倉 : 곳집 창 廩 : 곳집 름
畎 : 밭두둑 견 畝 : 밭이랑 무(묘) 胥 : 볼 서 窮 : 곤궁할 궁 妻 : 시집보낼 처
聚 : 마을 취 相 : 볼 상 迫 : 핍박할 박

天下之士悅之는 人之所欲也어늘 而不足以解憂하시며 好色은 人之所欲이어늘 妻帝之二女하시되 而不足以解憂하시며 富는 人之所欲이어늘 富有天下하시되 而不足以解憂하시며 貴는 人之所欲이어늘 貴爲天子하시되 而不足以解憂하시니 人悅之와 好色과 富貴에 無足以解憂者요 惟順於父母라야 可以解憂러시다

천하의 선비가 좋아함은 사람의 바라는 바이거늘 근심을 풀 수 없으셨으며, 아름다운 여색은 사람의 바라는 바이거늘 堯임금의 두 딸을 아내로 삼았으되 근심을 풀 수 없으셨으며, 부유함은 사람의 바라는 바이거늘 부유함이 천하를 소유하였으되 근심을 풀수 없으셨으며, 귀함은 사람의 바라는 바이거늘 귀함이 天子가 되었으되 근심을 풀 수 없으셨다. 사람들이 좋아함과 아름다운 여색과 富와 貴에 근심을 풀 수 없으셨고, 오직 부모에게 순하여야 근심을 풀 수 있으셨다.

集說 朱子曰 孟子推舜之心如此하여 以解上文之意하시니라 極天下之欲이로되 不足以解憂요 而惟順於父母라야 可以解憂라하시니 孟子眞知舜之心哉신저

朱子가 말씀하였다. "孟子께서 舜의 마음을 추측하시기를 이와 같이 하여 윗글의 뜻을 해석하신 것이다. '천하의 바램을 극진히 하여도 근심을 풀 수 없으셨고, 오직 부모에게 순하여야 근심을 풀 수 있으셨다.'고 하셨으니, 孟子는 참으로 舜의 마음을 아셨도다!"

人이 少則慕父母하고 知好色則慕少艾하고 有妻子則慕妻子하고 仕則慕君하고 不得於君則熱中이니 大孝는 終身慕父母하나니 五十而慕者를 予於大舜에 見之矣로라

사람이 어릴 때에는 부모를 사모하고, 여색을 좋아할 줄 알면 젊고 아름다운 소녀를 사모하고, 妻子가 있으면 처자를 사모하고, 벼슬하면 임금을 사모하고, 임금에게 뜻을 얻지 못하면 속이 탄다. 그러나 큰 효도는 종신토록 부모를 사모하니, 50세가 되도록 사모한 자를 나는 大舜에게서 보았노라."

集說 朱子曰 言常人之情은 因物有遷이로되 惟聖人은 爲能不失其本心也라 艾는 美好也라 不得은 失意也요 熱中은 躁急心熱也라 言五十者는 舜攝政時年五十也니 五十而慕면 則其終身慕를 可知矣라 此章은 言舜不以得衆人之所欲으로 爲己樂하고 而以不順乎親之心으로 爲己憂하시니 非聖人之盡性이면 其孰能之리오

好 : 아름다울 호 艾 : 예쁠 애 予 : 나 여 躁 : 조급할 조 攝 : 섭정할 섭

朱子가 말씀하였다. "일반인의 情은 사물에 따라 옮겨가지만, 오직 聖人은 그 본심을 잃지 않음을 말하였다. 艾는 아름다움이다. 不得은 뜻을 잃음이요, 熱中은 조급하여 속이 뜨거워짐이다. 五十이라고 말한 것은 舜이 攝政할 때 나이가 50이었다. 50세에도 부모를 사모했다면, 종신토록 사모함을 알 수 있다. 이 章은 舜이 일반인의 원하는 바를 얻음으로써 자기의 즐거움을 삼지 않고, 부모의 마음에 순하지 못함으로써 자기의 근심을 삼았음을 말하였으니, 性을 다한 聖人이 아니라면 그 누가 이에 능하겠는가."

7. 揚子曰 事父母하되 自知不足者는 其舜乎신저 不可得而久者는 事親之謂也니 孝子는 愛日이니라 《法言 至孝》

揚子가 말하였다. "부모를 섬기되 스스로 부족함을 안 자는 舜이실 것이다. 오래 할 수 없는 것은 부모 섬김을 말하니, 효자는 부모 섬길 날짜를 아낀다."

增註 揚子는 名雄이니 西漢人이라 自知不足者는 謂雖已順其親이나 而其心이 常若不足也라 愛日者는 惜此日之易過하고 懼來日之無多하여 而不得久事其親也라

揚子는 이름이 雄이니, 西漢 때 사람이다. 스스로 부족함을 안다는 것은 비록 이미 어버이에게 순하더라도, 그 마음이 항상 부족한 듯이 여김을 말한다. 날짜를 아낀다는 것은 날이 쉽게 지나감을 애석해 하고, 올 날이 많지 않아, 오랫동안 부모를 섬길 수 없을까 두려워함이다.

8. 文王之爲世子에 朝於王季하시되 日三하더시니 鷄初鳴而衣服하사 至於寢門外하사 問內豎之御者曰 今日安否何如오 內豎曰 安이어든 文王이 乃喜하시며 及日中又至하사 亦如之하시며 及莫(暮)又至하사 亦如之러시다 《禮記 文王世子》

文王이 世子로 있을 때에 王季를 뵈옵되 하루에 세 번 하셨는데, 닭이 처음 울면 옷을 입고 寢門 밖에 이르러, 內豎(內侍)로서 그 날을 맡은 자에게 "오늘의 安否가 어떠하신가?" 하고 물어, 內豎가 "편안하십니다."라고 대답하면 文王이 이에 기뻐하셨으며, 한낮이 되면 또 이르시어 역시 그렇게 하셨으며, 저녁이 되면 또 이르시어 역시 그렇게 하셨다.

集解 陳氏曰 內豎는 內庭之小臣이라 御는 是直日者라 世子朝父母에 惟朝夕二禮어늘 今文王日三은 聖人過人之行也니라

揚 : 드날릴 양 愛 : 아낄 애 雄 : 클 웅 惜 : 아낄 석 豎 : 내시 수 直 : 번들 직

陳氏가 말하였다. "內豎는 안 뜰의 작은 신하이다. 御는 곧 日直한 자이다. 世子가 부모를 뵙는 것은, 오직 아침·저녁의 두 禮 뿐인데, 지금 文王이 하루에 세 번 하신 것은 聖人이 일반인들보다 더한 행실인 것이다."

其有不安節이어시든 則內豎以告文王하여든 文王이 色憂하사 行不能正履하더시니 王季復膳然後에 亦復初러시다 食上에 必在視寒暖之節하시며 食下어든 問所膳하시고 命膳宰曰 末有原이라하여시든 應曰 諾然後에 退하더시다

그 편치 않으신 때가 있어 內豎가 文王에게 알리면, 文王은 얼굴빛에 근심하시어, 걸음을 똑바로 걷지 못하셨는데, 王季가 음식을 회복한 뒤에야 文王도 또한 처음(예전)대로 하시었다. 음식을 올릴 적에 반드시 차고 더움의 적절함을 살펴보시며, 상을 물리거든 잡수신 바를 물으시고, 膳宰(궁중 요리사)에게 명령하기를 "〈남은 것을〉 거듭 올리지 말라."고 하시거든, "예"하고 응답 한 뒤에야 물러가시었다.

集解 陳氏曰 不安節은 謂有疾하여 不能循其起居飮食之常時也라 食上은 進膳於親也라 在는 察也라 食下는 食畢而徹也라 問所膳은 問所食之多寡也라 末은 猶勿也요 原은 再也니 謂所食之餘를 不可再進也라

陳氏가 말하였다. "不安節은 병이 있어 그 起居와 음식이 평상시를 따를 수 없음을 이른다. 食上은 음식을 어버이에게 올림이다. 在는 살핌이다. 食下는 먹기를 마치고 상을 치움이다. 問所膳은 먹은 바의 많고 적음을 묻는 것이다. 末은 勿과 같고, 原은 다시이니, 먹던 것의 나머지를 다시 올려서는 안됨을 이른다."

9. 文王이 有疾이어시든 武王이 不說(脫)冠帶而養하더시니 文王一飯이어시든 亦一飯하시며 文王再飯이어시든 亦再飯이러시다 《禮記 文王世子》

文王이 병이 있으시면, 武王이 관과 띠를 벗지 않고 봉양하셨는데, 文王이 한 번 밥을 잡수시면 武王도 한 번 밥을 잡수셨으며, 文王이 두 번 밥을 잡수시면 武王도 두 번 밥을 잡수셨다.

履 : 신 리　復 : 회복할 복　膳 : 반찬 선　在 : 살필 재　暖 : 따뜻할 난
宰 : 요리할 재　末 : 없을 말　原 : 거듭할 원　循 : 따를 순　畢 : 마칠 필
徹 : 거둘 철　脫 : 벗을 탈

集說 吳氏曰 武王은 名發이니 文王之子라 武王이 爲親疾하여 跬步不離하고 不敢脫冠帶以自適也라 人之飮食이 或疏或數(삭)하여 時其饑飽어늘 今武王은 以親疾로 志不在於飮食하사 一飯, 再飯을 惟親之視요 不敢如平時私適其欲也시니라

吳氏가 말하였다. "武王은 이름이 發이니, 文王의 아들이다. 武王은 부친의 병때문에 반걸음도 떠나지 않고, 감히 관과 띠를 벗어 스스로 편안하게 하지 않으신 것이다. 사람의 먹고 마심은 혹 드물게 하기도 하고 혹 자주하기도 하여 그 주림과 배부름에 때맞춰 하는 것인데, 지금 武王은 어버이의 병환 때문에 뜻이 음식에 있지 않아, 한 번 밥을 먹고 두 번 밥을 먹는 것을 오직 어버이에 견줄 뿐이었고, 감히 평시와 같이 사사로이 그 욕구에 맞추지 않으신 것이다."

10. 孔子曰 武王, 周公은 其達孝矣乎신저 夫孝者는 善繼人之志하며 善述人之事者也니라 《中庸》

孔子가 말씀하셨다. "武王과 周公은 세상 사람들이 모두 칭찬하는 효도이실 것이다. 孝란 것은 사람(어버이)의 뜻을 잘 계승하며, 사람의 일을 잘 따라 행하는 것이다.

增註 周公은 名旦이니 文王之子요 武王之弟也라 志者는 事之未成者也요 繼는 則續而成之라 事者는 志之已成者也요 述은 則循而行之라

集解 朱子曰 達은 通也니 言武王周公之孝는 乃天下之人이 通謂之孝也라 武王은 纘大(太)王王季文王之緖하사 以有天下하시고 而周公은 成文武之德하사 以追崇其先祖하시니 此는 繼志述事之大者也라

증주 周公은 이름이 旦이니, 文王의 아들이요, 武王의 아우이다. 志는 일이 아직 완성되지 않은 것이고, 繼는 이어 이룸이다. 事는 뜻이 이미 이루어진 것이고, 述은 따라서 행함이다.

집해 朱子가 말씀하였다. "達은 通(공통)이니, 武王과 周公의 효도는 천하 사람들이 공통으로 효도라고 이름을 말한 것이다. 武王은 太王·王季·文王의 전통을 이어 천하를 소유하셨고, 周公은 文王과 武王의 德을 이루어 그 선조를 미루어 높이셨으니, 이는 뜻을 계승하고 일을 따라 행함이 큰 것이다."

踐其位하여 行其禮하며 奏其樂하며 敬其所尊하며 愛其所親하며

跬 : 반걸음 규 數 : 자주 삭 饑 : 주릴 기 述 : 좇을 술 續 : 이을 속 纘 : 이을 찬
緖 : 실마리 서 追 : 좇을 추 崇 : 높일 숭 奏 : 연주할 주

事死如事生하며 事亡如事存이 孝之至也니라

그(先王) 자리를 〈이어〉 밟아 그 禮를 행하고, 그 음악을 연주하며, 그 높이시던 바를 공경하고, 그 친히 하시던 바를 사랑하며, 죽은 사람 섬기기를 산 사람 섬기듯이 하고, 없어진 사람 섬기기를 생존한 사람 섬기듯이 함이 효도의 지극함이다."

集解 朱子曰 踐은 猶履也라 其는 指先王也요 所尊, 所親은 先王之祖考와 子孫臣庶也라 始死를 謂之死요 [1]旣葬則曰反而亡焉이라하니 皆指先王也라 此는 繼志述事之意也라

朱子가 말씀하였다. "踐은 履(밟음)와 같다. 其는 先王을 가리킨 것이요, 所尊과 所親은 先王의 祖考와 자손과 신하들이다. 처음 죽었을 때를 死라 말하고, 이미 장례를 치르면 돌아가 없어졌다고 말하니, 死와 亡은 모두 先王을 가리킨 것이다. 이것은 모두 뜻을 계승하고 일을 따라 행하는 뜻이다."

역주 1. 旣葬則曰反而亡焉 : 亡은 '없다'의 뜻으로, 사람이 처음 죽어서 빈소에 있을 때에는 그래도 棺을 볼 수 있으나 이미 장례를 지내면 시신이 땅속으로 들어가 볼 수가 없으므로 말한 것이다.

11. 淮南子曰 周公之事文王也에 行無專制하시며 事無由己하시며 身若不勝衣하시며 言若不出口하시며 有奉持於文王에 洞洞屬屬하사 如將不勝하시며 如恐失之하시니 可謂能子矣로다

《淮南子 氾論》

「淮南子」에 말하였다. "周公이 文王을 섬기실 적에 행실은 독단으로 결정함이 없으셨으며, 일은 자기에게 말미암음이 없으셨으며, 몸은 옷을 이기지 못하는 듯이 조심하셨으며, 말은 입에 내지 못하는 듯이 삼가하셨다. 文王에게 물건을 받들어 올려 잡음에 洞洞하고 屬屬하시어 장차 이기지 못하는 듯이 하시며, 잃을까 두려워하는 듯이 하셨으니, 아들의 도리를 잘했다고 이를 만하다."

集解 淮南子는 漢淮南王劉安所編이라 行無專制는 所行을 必稟命也요 事無由己는 凡事를 不專決也라 身若不勝衣는 持身之謹하여 若怯懦也요 言若不出

履 : 밟을 리 考 : 아버지 고 葬 : 장사지낼 장 淮 : 물이름 회 專 : 마음대로할 전
洞 : 진실할 동 屬 : 전일할 촉 劉 : 묘금도 류 編 : 엮을 편 稟 : 받을 품
怯 : 겁낼 겁 懦 : 나약할 나

口는 出言을 常謹愼也라 至若奉物於父하여는 則又極乎質慤專一之心하여 常如不勝而有所失墜者하시니 可謂能盡子道矣로다

「淮南子」는 漢나라 淮南王 劉安이 엮은 것이다. 行無專制는 행하는 바를 반드시 명령을 받는 것이요. 事無由己는 모든 일을 독단적으로 결정하지 않는 것이다. 身若不勝衣는 몸 갖기를 삼가하여 겁내고 나약한 듯이 하는 것이요, 言若不出口는 말을 냄을 항상 조심하는 것이다. 어버이에게 물건을 받들어 올림에 있어서는 또한 성실하고 專一한 마음을 극진히 하여, 항상 이기지 못해 실추하는 바가 있는 듯이 하셨으니, 아들의 도리를 다했다고 이를 만하다.

12. 孟子曰 曾子養曾晳하실새 必有酒肉하더시니 將徹할새 必請所與하시며 問有餘어든 必曰有라하더시다 曾晳이 死어늘 曾元이 養曾子하되 必有酒肉하더니 將徹할새 不請所與하며 問有餘어시든 曰 亡(無)矣라하니 將以復(부)進也라 此는 所謂養口體者也니 若曾子則可謂養志也니라 《孟子 離婁上》

孟子가 말씀하셨다. "曾子가 曾晳을 봉양하실 적에 반드시 술과 고기가 있었는데, 장차 밥상을 물리려 할 때에 반드시 줄 곳을 여쭈시며, 〈曾晳이〉 남은 것이 있느냐고 물으면 반드시 '있다.'고 하셨다. 曾晳이 죽자, 曾元이 曾子를 봉양하되, 반드시 술과 고기가 있었는데, 장차 밥상을 물리려 할 때에 줄 곳을 묻지 않았으며, 〈曾子가〉 남은 것이 있느냐고 물으시면 '없다.'고 하였으니, 이는 장차 다시 올리려고 해서였다. 이것은 이른바 口體만을 봉양한다는 것이니, 曾子와 같이 한다면 부모의 뜻을 봉양한다고 이를 만하다.

集說 朱子曰 曾晳은 名點이니 曾子父也요 曾元은 曾子子也라 曾子養其父할새 每食에 必有酒肉이러시니 食畢將徹去할새 必請於父曰 此餘者를 與誰오하며 或父問此物尙有餘否어든 必曰有라하시니 恐親意更(갱)欲與人也라 曾元은 不請所與하고 雖有나 言無하니 其意將以復進於親이요 不欲其與人也라 此는 但能養父母之口體而已요 曾子則能承順父母之志而不忍傷之也시니라

朱子가 말씀하였다. "曾晳은 이름이 點이니, 曾子의 아버지이며, 曾元은 曾子의 아들이다. 曾子는 그 아버지를 봉양할 적에 매양 식사에 반드시 술과 고기가 있었는데, 식사를 마치고 장차 상을 치울 때에 반드시 아버지에게 여쭙기를 '이 남은 것을 누구에게 주시겠

慤 : 성실할 각　墜 : 떨어질 추　曾 : 일찍 증　晳 : 흴 석　否 : 아닐 부　更 : 다시 갱
忍 : 차마할 인

습니까?'라고 하셨으며, 혹 아버지가 묻기를 '이 물건이 아직도 남았느냐?'고 하면 반드시 '있다.'고 하셨으니, 이는 어버이의 뜻이 다시 다른 사람에게 주려고 하시는가 해서였다. 曾元은 줄 곳을 묻지 않았으며, 비록 있더라도 '없다.'고 말하였으니, 그 뜻이 장차 어버이에게 다시 올리고 다른 사람에게 주지 않으려고 해서였다. 이것은 다만 부모의 口體만을 봉양했을 따름이요, 曾子로 말하면 부모의 뜻을 잘 받들어 순종해서 차마 상하지 않게 하신 것이다."

事親을 若曾子者可也니라

부모 섬기기를 曾子와 같이 하는 것이 可하다.(괜찮다)

集說 朱子曰 言當如曾子之養志요 不可如曾元의 但養口體니라 程子曰 子之身에 所能爲者는 皆所當爲니 無過分之事也라 故로 事親을 若曾子면 可謂至矣로되 而孟子止曰可也라하시니 豈以曾子之孝爲有餘哉리오

朱子가 말씀하였다. "마땅히 曾子와 같이 뜻을 봉양해야 할 것이요, 曾元과 같이 다만 口體만을 봉양해서는 안됨을 말한 것이다."

程子가 말씀하였다. "자식의 몸에 할 수 있는 것은 모두 마땅히 해야 할 바이니, 분수에 지나치는 일은 없다. 그러므로 부모 섬기기를 曾子와 같이 하면 지극하다고 이를 만한데도 孟子는 다만 '可하다.'고 하셨으니, 어찌 曾子의 효도를 有餘하다고 하겠는가?"

13. 孔子曰 孝哉라 閔子騫이여 人不間於其父母昆弟之言이로다 《論語 先進》

孔子가 말씀하셨다. "효성스럽다. 閔子騫이여! 사람들이 그 부모 형제의 칭찬하는 말에 흠잡지 않도다."

集解 閔子騫은 孔子弟子니 名損이라 胡氏曰 父母兄弟稱其孝友에 人皆信之하여 無異辭者는 蓋其孝友之實이 有以積於中而著於外라 故로 夫子嘆而美之하시니라

閔子騫은 孔子의 弟子이니, 이름은 損이다. 胡氏가 말하였다. "부모 형제가 효도하고 우애한다고 칭찬함에 사람들이 모두 그 말을 믿어 다른 말이 없었던 것은 그 효도와 우애의 실상이 속에 쌓여서 밖에 드러남이 있었기 때문이었다. 그러므로 孔子께서 감탄하여 찬미하신 것이다."

騫: 이지러질 건 　間: 흠잡을 간 　昆: 형 곤

14. 老萊子孝奉二親하더니 行年七十에 作嬰兒戲하여 身著(착)五色斑斕之衣하며 嘗取水上堂할새 詐跌仆臥地하여 爲小兒啼하며 弄雛於親側하여 欲親之喜하니라 《高士傳》

老萊子는 두 어버이를 효성으로 봉양하였다. 그는 나이 70세에 아이들의 장난을 하여 몸에 오색 무늬의 옷을 입었으며, 일찍이 물을 떠가지고 堂에 오르다가 거짓으로 넘어져 땅에 엎어져 어린아이의 울음소리를 냈으며, 새새끼를 부모 곁에서 희롱하여, 부모를 기쁘게 하고자 하였다.

集說 吳氏曰 老萊子는 楚人이니 孝事二親하여 年老而爲嬰兒之事於親旁하니 蓋恐親見子之老而生悲感이라 故로 爲是以娛其心也하니라

吳氏가 말하였다. "老萊子는 楚나라 사람이니, 두 어버이를 효성으로 섬겨, 나이가 늙었으나 어린아이의 일을 부모 곁에서 하였으니, 이는 어버이가 자식이 늙음을 보고 슬픈 감회를 일으킬까 두려워해서였다. 그러므로 이런 짓을 하여 그 마음을 즐겁게 한 것이다."

15. 樂正子春이 下堂而傷其足하고 數月不出하여 猶有憂色하더니 門弟子曰 夫子之足이 瘳矣로되 數月不出하사 猶有憂色은 何也잇고 《禮記 祭義》

樂正子春이 堂에서 내려오다가 그 발을 다치고 수개 월동안 나가지 않고서 아직도 근심하는 기색이 있었다. 문하의 제자가 물었다. "선생님의 발이 나으셨는데도 수개 월동안 나가지 않고서, 아직도 근심하는 기색이 있음은 어째서입니까?"

集解 樂正은 姓이요 子春은 名이니 曾子弟子라 瘳는 愈也라

樂正은 姓이요 子春은 이름이니, 曾子의 弟子이다. 瘳는 나음이다.

樂正子春曰 [1]善하다 如爾之問也여 善하다 如爾之問也여 吾는 聞諸曾子하고 曾子는 聞諸夫子하시니 曰 天之所生과 地之所養에 惟人이 爲大하니 父母全而生之하시니 子全而歸之라야 可謂孝

萊 : 명아주 래　嬰 : 어릴 영　著 : 입을 착　斑 : 아롱질 반　斕 : 얼룩얼룩할 란
跌 : 넘어질 질　仆 : 넘어질 부　啼 : 울 제　雛 : 병아리 추　娛 : 즐거울 오
瘳 : 나을 추　愈 : 나을 유

矣니 不虧其體하며 不辱其身이면 可謂全矣라하시니 故로 君子는 頃[跬]步而不敢忘孝也하나니 今予忘孝之道라 予是以有憂色也로라 一擧足而不敢忘父母라 是故로 道而不徑하며 舟而不游하여 不敢以先父母之遺體로 行殆하며 一出言而不敢忘父母라 是故로 惡言이 不出於口하며 忿言이 不反於身하나니 不辱其身하며 不羞其親이면 可謂孝矣니라

樂正子春이 말하였다. "좋다. 너의 질문이여! 좋다. 너의 질문이여! 나는 曾子에게 들었고, 曾子는 夫子(孔子)에게 들으셨으니, '하늘이 낳는 바와 땅이 기르는 바에 오직 사람이 위대하다. 부모가 온전하게 낳아주셨으니, 자식이 온전하게 돌아가야 孝라고 이를 수 있다. 그 體(四肢)를 훼손하지 않고, 그 몸을 욕되지 않게 하면 온전하다고 말할 만하다.' 하셨다. 그러므로 君子는 반 걸음과 한 걸음에도 감히 효도를 잊지 않는다. 그런데 지금 나는 효도의 도리를 잊었다. 내가 이 때문에 근심하는 기색이 있는 것이다. 한 번 발을 드는 데에도 감히 부모를 잊지 않는다. 그러므로 다니기를 큰 길로 하고 지름길로 하지 않으며, 건너기를 배로 하고 헤엄치지 아니하여, 감히 先父母(돌아가신 父母)가 남겨주신 몸으로써 위태로운 짓을 행하지 않으며, 한 번 말을 내놓는 데에도 감히 부모를 잊지 않는다. 그러므로 나쁜 말이 입에서 나오지 않으며, 남의 성낸 말이 자신에게 돌아오지 않는 것이다. 그 몸을 욕되게 하지 않으며, 그 부모에게 수치를 끼치지 않으면, 孝라고 이를 만하다."

역주 1. 善 如爾之問也 : 日本의 學者 宇野精一은 如를 然으로 보아 '善如 爾之問也'로 句讀하였다.

集說 吳氏曰 善은 美也니 重言之者는 亟稱之하여 以美其問也라 惟人爲大는 記에 作無人爲大하니 言無如人最爲大니 蓋天地之性에 人爲貴也라 不虧其體는 所以全其形이요 不辱其身은 所以全其德이라 道는 大路也요 徑은 路之小而捷者라 游는 浮水也라

集成 頃은 當爲跬니 一擧足이 爲跬요 再擧足이 爲步라

집설 吳氏가 말하였다. "善은 아름다움이니, 거듭 말한 것은 자주 일컬어 그 질문을 찬미한 것이다. 惟人爲大는 「禮記」에 '無人爲大'로 되어 있으니, 사람처럼 위대한 것이 없다

虧 : 이지러질 휴　跬 : 반걸음 규　徑 : 지름길 경　舟 : 배 주　游 : 헤엄칠 유
殆 : 위태로울 태　忿 : 성낼 분　反 : 돌아올 반　羞 : 부끄러울 수　重 : 거듭 중
亟 : 자주 기　捷 : 빠를 첩　浮 : 뜰 부

는 말이니, 天地의 性에 사람이 귀한 것이다. 그 몸을 훼손하지 않음은 그 형체를 온전히 하는 것이요, 그 몸을 욕되지 않게 함은 그 德을 온전히 하는 것이다. 道는 큰 길이요, 徑은 길이 작으면서 빠른 것이다. 游는 물에 뜸이다."

집성 頃은 마땅히 跬로 써야 하니, 한 번 발을 드는 것을 跬라 하고, 두 번 발을 드는 것을 步라 한다.

16. 伯兪有過어늘 其母笞之한대 泣이어늘 其母曰 他日笞에 子未嘗泣이라가 今泣은 何也오 對曰 兪得罪에 笞常痛이러니 今母之力이 不能使痛이라 是以泣하노이다 《說苑 建本》

伯兪가 잘못이 있으므로 그 어머니가 매를 때리자, 울었다. 그의 어머니가 말하기를 "다른 날에 매를 때릴 때에는 네가 일찍이 울지 않다가 이제 욺은 어째서냐?" 하자, 伯兪는 대답하기를 "제가 죄를 얻어 매를 맞음에 항상 아프더니, 지금은 어머니의 힘이 아프게 하지 못합니다. 그러므로 우는 것입니다." 하였다.

集說 陳氏曰 伯兪는 姓韓이요 名兪라 笞는 捶擊也라 泣은 涕出而無聲也라 伯兪之泣은 悲母力之衰耳니 事見說苑하니라

陳氏가 말하였다. "伯兪는 姓이 韓이요, 이름이 兪이다. 笞는 회초리로 때림이다. 泣은 눈물은 나오면서 울음 소리가 없음이다. 伯兪가 운 것은 어머니의 힘이 쇠함을 슬퍼해서일 뿐이니, 이 사실이 「說苑」에 보인다."

故로 曰 父母怒之어시든 不作於意하며 不見(현)於色하여 深受其罪하여 使可哀憐이 上也요 父母怒之어시든 不作於意하며 不見於色이 其次也요 父母怒之어시든 作於意하며 見於色이 下也니라

그러므로 나(劉向)는 이렇게 말한다. "부모가 노여워 하시거든, 뜻에 일으키지 않으며 얼굴빛에 나타내지 아니하여, 깊이 그 죄를 받아 부모로 하여금 가엾게 여기도록 함이 상등이요, 부모가 노여워 하시거든 뜻에 일으키지 않으며, 얼굴빛에 나타내지 않음이 그 다음이요, 부모가 노여워 하시거든 뜻에 일으키며, 얼굴빛에 나타냄이 하등이다."

集說 陳氏曰 故曰以下는 劉向論也라

兪 : 맑을 유 笞 : 매질할 태 泣 : 울 읍 捶 : 회초리 추 涕 : 눈물 체
苑 : 동산 원 憐 : 불쌍할 련

陳氏가 말하였다. "故曰 이하는 劉向의 논평이다."

17. 公明宣이 學於曾子하되 三年을 不讀書어늘 曾子曰 宣아 爾居參之門이 三年이로되 不學은 何也오 《說苑 反質》

公明宣이 曾子에게 배웠는데, 3년동안 글을 읽지 않자, 曾子가 말씀하셨다. "宣아! 네가 나의 문하에 있은 지가 3년이로되, 배우지 않음은 어째서인가?"

集說 陳氏曰 公明은 姓이요 宣은 名이니 曾子弟子라

陳氏가 말하였다. "公明은 姓이요, 宣은 이름이니, 曾子의 제자이다."

公明宣曰 安敢不學이리잇고 宣이 見夫子居庭호니 親在어시든 叱咤之聲이 未嘗至於犬馬하실새 宣이 說(悅)之하여 學而未能하며 宣이 見夫子之應賓客하니 恭儉而不懈惰하실새 宣이 說之하여 學而未能하며 宣이 見夫子之居朝廷하니 嚴臨下而不毁傷하실새 宣이 說之하여 學而未能하니 宣이 說此三者하여 學而未能이니 宣이 安敢不學而居夫子之門乎리잇고

公明宣이 말하였다. "어찌 감히 배우지 않았겠습니까? 제가 夫子(曾子)께서 뜰에 계심을 보니, 부모가 계시면 꾸짖는 소리가 개와 말에 이른 적이 없으시므로, 저는 이것을 기뻐하여 배웠으나 능하지 못합니다. 제가 夫子께서 빈객을 응접하심을 보니, 공손하고 검소하여 태만하지 않으시므로, 저는 이것을 기뻐하여 배웠으나 능하지 못합니다. 제가 夫子께서 조정에 계심을 보니, 아랫사람에게 엄격히 임하시면서도 毁傷하지 않으시므로, 저는 이것을 기뻐하여 배웠으나 능하지 못합니다. 제가 이 세 가지를 기뻐하여 배웠으나 능하지 못하오니, 제가 어찌 감히 배우지 않으면서 夫子의 문하에 있겠습니까?"

集說 吳氏曰 夫子는 謂曾子라 叱咤는 怒聲也라 恭은 莊也요 儉은 節制也라

吳氏가 말하였다. "夫子는 曾子를 이른다. 叱咤는 성내는 소리이다. 恭은 장엄함이요, 儉은 절제함이다."

宣 : 펼 선　叱 : 꾸짖을 질　咤 : 꾸짖을 타　安 : 어찌 안

18. 少連, 大連이 善居喪하여 三日不怠하며 三月不解(懈)하며 期悲哀하며 三年憂하니 東夷之子也니라 《禮記 雜記》

少連과 大連이 거상하기를 잘하여 부모가 죽은 지 3일 동안 게을리 하지 않았으며, 3개월 동안〈빈소에서〉게을리 하지 않았으며, 1년 동안 슬퍼하였으며, 3년 동안 근심하였으니, 東夷族의 자식이었다.

集說 陳氏曰 三日은 親始死時也라 不怠는 謂哀痛之切하여 雖不食而能自力以致其禮也라 三月은 親喪在殯時也라 解는 與懈同하니 倦也라 憂는 謂憂戚憔悴라 陳氏曰 此는 孔子之言也라

集解 聖人이 非特稱其能行孝道요 而又稱其能變夷俗也시니라

집설 陳氏가 말하였다. "3일은 부모가 처음 죽었을 때이다. 不怠는 애통함이 간절하여 비록 먹지 않으나, 자력으로 그 禮를 극진히 함을 이른다. 3월은 부모의 시신이 빈소에 있을 때이다. 解는 懈와 같으니, 게으름이다. 憂는 걱정하여 초췌함을 말한다."

陳氏가 말하였다. "이는 孔子의 말씀이다."

집해 聖人이 다만 능히 효도를 행함을 칭찬했을 뿐만이 아니요, 또 오랑캐의 풍속을 잘 변화시켰음을 칭찬하신 것이다.

19. 高子皐之執親之喪也에 泣血三年하여 未嘗見(현)齒하니 君子以爲難하니라 《禮記 檀弓》

高子皐가 부모의 상을 집행함에 피눈물을 3년동안 흘려 일찍이 이를 드러내고 웃은 적이 없으니, 君子가 어려운 일이라고 칭찬하였다.

集解 子皐는 名柴니 孔子弟子라 孔氏曰 人涕淚는 必因悲聲而出하나니 血出則不由聲也라 子皐悲無聲호되 其涕亦出하여 如血之出이라 故云泣血이라 不見齒는 謂不笑也라

子皐는 이름이 柴이니, 孔子의 제자이다. 孔氏가 말하였다. "사람이 눈물을 흘림은 반드시 슬픈 소리에 인하여 나오는데, 피가 나오는 것은 소리에 말미암지 않는다. 高子皐는 슬퍼하여 소리가 없으면서도 또한 그 눈물이 나와 마치 피가 나오는 듯하였다. 그러므로 泣血이라고 말한 것이다. 이를 드러내지 않았다는 것은 웃지 않음을 이른다."

殯 : 빈소 빈 倦 : 게으를 권 戚 : 근심할 척 憔 : 파리할 초 悴 : 파리할 췌
特 : 다만 특 皐 : 언덕 고 柴 : 섶 시 涕 : 눈물 체 淚 : 눈물 루

20. 顏丁이 善居喪하여 始死에 皇皇焉如有求而弗得하며 旣殯에 望望焉如有從而弗及하며 旣葬에 慨然如不及其反而息하니라 《禮記 檀弓》

顏丁이 居喪하기를 잘하여, 〈부모가〉 처음 죽었을 때에는 皇皇해 하여 구함이 있되 얻지 못하는 듯이 여기며, 이미 빈소를 차리고는 望望然히 따르되 미치지 못하는 듯이 여기며, 이미 장례하고는 慨然히 그 돌아올 때에 미치지 못하여 기다리는 듯이 하였다.

集說 陳氏曰 顏丁은 魯人이라 皇皇은 猶栖栖也라 望望은 往而不顧之貌요 慨는 感悵之意라 始死엔 形可見也요 旣殯엔 柩可見也로되 葬則無所見矣라 如有從而弗及은 似有可及之處也요 葬後則不復(부)如有所從矣라 故로 但言如不及其反이라 又云而息者는 息은 猶待也니 不忍決忘其親하여 猶且行且止하여 以待其親之反也니라

陳氏가 말하였다. "顏丁은 魯나라 사람이다. 皇皇은 栖栖(경황이 없음)와 같다. 望望은 가고 돌아보지 않는 모양이요, 慨는 感悵하는 뜻이다. 처음 죽었을 때는 형체를 볼 수 있고, 이미 빈소를 차리고서는 관을 볼 수 있으나, 장례를 하면 볼 수가 없다. 따르되 미치지 못하는 듯이 여김은 따를 만한 곳이 있을 듯함이요, 장례한 뒤에는 다시 따를 바가 없으므로, 다만 '그 미치지 못하는 듯이 여긴다.'고 한 것이다. 또 而息이라고 말한 것은 息은 待(기다림)와 같으니, 그 부모를 결연히 잊지 못해서 오히려 가기도 하고 멈추기도 하면서, 그 부모의 돌아옴을 기다리는 것이다."

21. 曾子有疾하사 召門弟子曰 啓予足하며 啓予手하라 詩云 戰戰兢兢하여 如臨深淵하며 如履薄冰이라하니 而今而後에야 吾知免夫와라 小子아 《論語 泰伯》

曾子가 병환이 드시자, 문하의 제자들을 불러 말씀하셨다. "〈이불 속의〉 내 발을 열어 보며, 내 손을 열어 보아라. 「詩經」에 이르기를 '두려워하고 조심하여 깊은 연못에 임한 듯이 여기며, 얇은 얼음을 밟는 듯이 여긴다.'고 하였다. 지금 이후에야 나는 〈몸이 손상됨에서〉 벗어날 수 있음을 알겠노라. 小子들아!"

顏 : 얼굴 안　皇 : 허둥지둥할 황　弗 : 아니 불　慨 : 슬퍼할 개　息 : 한탄할 식
栖 : 깃들일 서　悵 : 슬플 창　柩 : 널 구　召 : 부를 소　啓 : 열 계　戰 : 두려워할 전
兢 : 조심할 긍　淵 : 못 연　薄 : 얇을 박

集說 朱子曰 啓는 開也라 曾子平日에 以爲身體는 受於父母하니 不敢毁傷이라 故로 於此에 使弟子開其衾而視之하시니라 詩는 小旻之篇이라 戰戰은 恐懼요 兢兢은 戒謹이라 臨淵은 恐墜요 履冰은 恐陷也라 曾子以其所保之全으로 示門人하시고 而言其所以保之之難이 如此하여 至於將死而後에 知其得免於毁傷也하시니라 小子는 門人也니 語畢而又呼之하여 以致反覆丁寧之意하시니 其警之也深矣로다 范氏曰 身體도 猶不可虧也어든 況虧其行하여 以辱其親乎아

朱子가 말씀하였다. "啓는 엶이다. 曾子는 평일에 '신체는 부모에게서 받았으니, 감히 훼상하지 말아야 한다.'고 말씀하셨다. 그러므로 이 때에 제자로 하여금 그 이불을 열고 보게 하신 것이다. 詩는 《小旻篇》이다. 戰戰은 두려워함이요, 兢兢은 조심함이다. 연못에 임함은 떨어질까 두려워함이요, 얼음을 밟음은 빠질까 두려워함이다. 曾子는 그 보존한 바의 온전함을 문인들에게 보여주시고, '그 보존하는 바의 어려움이 이와 같아서, 장차 죽음에 이른 뒤에야 훼상됨에서 면할 수 있음을 알겠다.'고 하신 것이다. 小子는 門人이니, 말씀을 마치고 또 불러서 정녕하고 반복한 뜻을 극진히 하셨으니, 그 경계함이 깊도다."

范氏가 말하였다. "신체도 오히려 훼손해서는 안되거든 하물며 그 행실을 훼손하여 그 부모를 욕되게 하겠는가."

22. 箕子者는 紂의 親戚也라 紂始爲象箸어늘 箕子嘆曰 彼爲象箸하니 必爲玉杯로다 爲玉杯면 則必思遠方珍怪之物而御之矣리니 輿馬宮室之漸이 自此始하여 不可振也로다 《史記 宋微子世家》

箕子는 紂王의 친척이다. 紂王이 처음 상아 젓가락을 만들자, 箕子가 한탄하며 말씀하였다. "저가 상아 젓가락을 만들었으니, 반드시 옥 술잔을 만들 것이다. 옥 술잔을 만들면, 반드시 먼 지방의 진기한 물건들을 생각하여 사용할 것이니, 수레와 말과 궁실을 사치하게 하는 버릇이 이로부터 시작되어 구제할 수 없으리라."

集說 陳氏曰 箕는 國名이요 子는 爵也니 箕子는 紂諸父라 紂는 商王受也라 御는 用也요 振은 救也라

陳氏가 말하였다. "箕는 나라 이름이요, 子는 작위이니, 箕子는 紂王의 諸父(숙부)이다. 紂는 商나라 임금 受이다. 御는 사용함이요, 振은 구제함이다."

衾：이불 금　旻：하늘 민　墜：떨어질 추　陷：빠질 함　毁：헐 훼　致：극진할 치
覆：반복할 복　警：경계할 경　虧：이지러질 휴　箕：키 기　紂：주임금 주
箸：젓가락 저　杯：잔 배　怪：괴이할 괴　御：쓸 어　輿：수레 여　漸：점점 점
振：구원할 진

紂爲淫泆이어늘 箕子諫하신대 紂不聽而囚之러니 人或曰 可以去矣라하여늘 箕子曰 爲人臣하여 諫不聽而去면 是는 彰君之惡而自說(悅)於民이니 吾不忍爲也라하시고 乃被髮佯狂而爲奴하사 遂隱而鼓琴하여 以自悲하시니 故로 傳之曰 箕子操라하니라

紂王이 탐욕스럽고 방탕한 짓을 하므로 箕子가 간언하였으나, 紂王은 들어주지 않고 그를 가두었다. 어떤 사람이 말하기를 "떠날 만하다."고 하자, 箕子는 말씀하시기를 "남의 신하가 되어 간함에 들어주지 않는다고 하여 떠나간다면, 이는 군주의 악행을 드러내고 스스로 백성들에게 기쁨을 받는 것이니, 나는 차마 할 수 없다."하시고, 머리를 풀어헤치고 거짓 미친 체하여 노예가 되었으며, 마침내 숨어 거문고를 연주하면서 스스로 슬퍼하셨다. 그러므로 이 곡조를 전해오기를 箕子操라 한다.

集說 陳氏曰 淫은 貪慾이요 泆은 放蕩이니 如嬖妲己, 爲酒池肉林之類라 囚는 拘繫也니 傳曰 囚箕子以爲奴라하니라 彰은 著也라 操는 琴曲也라

陳氏가 말하였다. "淫은 탐욕이요, 泆은 방탕이니, 妲己를 총애함과 酒池肉林을 만든 따위와 같은 것이다. 囚는 구속함이니, 傳(論語)에 이르기를 '箕子를 가두어 노예로 삼았다.'고 하였다. 彰은 드러남이다. 操는 거문고 곡조이다."

王子比干者는 亦紂之親戚也라 見箕子諫不聽而爲奴하고 則曰 君有過而不以死爭이면 則百姓은 何辜오하고 乃直言諫紂한대 紂怒曰 吾聞聖人之心에 有七竅라하니 信有諸乎아하고 乃遂殺王子比干하여 刳視其心하니라

王子 比干도 또한 紂王의 친척이었다. 箕子가 간언하였으나 듣지 않고 노예로 삼음을 보고는, 말하기를 "임금이 잘못이 있는데도 죽음으로써 간쟁하지 않으면, 우리 백성들은 무슨 죄인가?" 하고, 이에 직언으로 紂王에게 간언하였다. 紂王은 노하여 말하기를 "내 듣건대 聖人의 심장에는 일곱 개의 구멍이 있다고 하는데, 진실로 있는가?"하고, 이에 마침내 왕자 比干을 죽여, 배를 갈라 그 심장을 보았

泆 : 방탕할 일　囚 : 가둘 수　彰 : 드러낼 창　被 : 헤칠 피　佯 : 거짓 양　狂 : 미칠 광
奴 : 종 노　遂 : 마침내 수　鼓 : 두드릴 고　琴 : 거문고 금　操 : 곡조 조
蕩 : 방탕할 탕　嬖 : 사랑할 폐　妲 : 계집이름 달　池 : 못 지　拘 : 구속할 구
繫 : 맬 계　著 : 드러낼 저　爭 : 간할 쟁　辜 : 허물 고　竅 : 구멍 규　信 : 진실로 신
諸 : 어조사 저　刳 : 가를 고

다.

集說 陳氏曰 王子比干은 亦紂諸父라 辜는 罪也니 何辜는 言無辜而被虐也라 刳는 剖也라

陳氏가 말하였다. "王子 比干도 또한 紂王의 諸父이다. 辜는 죄이니, 何辜는 죄가 없으면서 포악함을 받음을 말한다. 刳는 가름이다."

微子曰 父子는 有骨肉하고 而臣主는 以義屬이라 故로 父有過어든 子三諫而不聽이면 則隨而號之하고 人臣이 三諫而不聽이면 則其義可以去矣라하고 於是에 遂行하니라

微子가 말하였다. "父子는 骨肉의 친함이 있고, 신하와 군주는 의리로써 연결되었다. 그러므로 아버지가 과실이 있거든, 자식이 세 번 간해도 들어주지 않으면 따르며 울부짖고, 신하가 세 번 간언해도 들어주지 않으면 그 義가 떠나갈 만하다."하고, 마침내 떠나갔다.

集說 吳氏曰 微는 國名이라 微子는 紂庶兄이라 屬은 聯續也라 去는 所以存宗祀라

吳氏가 말하였다. "微는 나라 이름이다. 微子는 紂王의 庶兄이다. 屬은 연속함이다. 떠나간 것은 종묘 제사를 보존하기 위함이다."

[1)]孔子曰 殷有三仁焉하니라

孔子가 말씀하셨다. "殷나라에 세 仁人이 있었다."

역주 1. 이 내용은「論語」《微子》에 보인다.

集解 朱子曰 三人之行이 不同이나 而同出於至誠惻怛之意라 故로 不咈乎愛之理하여 而有以全其心之德也니라 楊氏曰 此三人者各得其本心이라 故로 同謂之仁하시니라

朱子가 말씀하였다. "세 사람의 행실이 같지 않으나, 똑같이 지성스럽고 슬퍼하는 뜻에서 나왔다. 그러므로 사랑하는 이치(仁)에 어긋나지 않아 그 마음의 德을 온전히 함이 있

虐 : 사나울 학　剖 : 쪼갤 부　微 : 작을 미　屬 : 이을 속　聯 : 이을 련　祀 : 제사 사
殷 : 은나라 은　怛 : 슬퍼할 달　咈 : 어길 불

는 것이다."

楊氏가 말하였다. "이 세 사람은 각각 그 본심을 얻었으므로, 똑같이 仁者라고 말씀한 것이다."

23. 武王이 伐紂어시늘 伯夷叔齊叩(扣)馬而諫한대 左右欲兵之러니 太公曰 此는 義人也라하고 扶而去之하니라 《史記 伯夷列傳》

武王이 紂王을 정벌하자, 伯夷와 叔齊는 말고삐를 잡고 간언하였다. 좌우에 있던 사람들이 병기로 죽이려고 하자, 太公은 "이들은 의로운 사람이다." 하고, 부축하여 가게 하였다.

集解 伯夷, 叔齊는 孤竹君之二子라 叩는 通作扣하니 說文云 牽馬也라 武王伐紂어늘 夷齊以爲非義而諫之하니라 兵은 猶殺也라 太公은 呂望也라

伯夷와 叔齊는 孤竹國 임금의 두 아들이다. 叩는 扣와 통용되니, 「說文」에 말을 끄는 것이라고 하였다. 武王이 紂王을 치자, 伯夷와 叔齊는 義가 아니라고 생각하여 간언하였다. 兵은 殺(죽임)과 같다. 太公은 呂望이다.

武王이 已平殷亂하시니 天下宗周어늘 而伯夷叔齊恥之하여 義不食周粟이라하여 隱於首陽山하여 採薇而食之하다가 遂餓而死하니라

武王이 이미 殷나라의 어지러움을 평정하시니, 천하에서는 周나라를 받들었으나 伯夷와 叔齊는 부끄러워 하여, 의리상 周나라의 곡식(俸祿)을 먹지 않겠다 하여, 수양산에 숨어서 고비를 캐어 먹다가 마침내 굶어 죽었다.

集解 首陽은 卽雷首山이니 在河東하니라 程子曰 伯夷叔齊遜國而逃하고 諫伐而餓로되 終無怨悔라 故로 孔子以爲賢也하시니라

首陽은 곧 雷首山이니, 河東에 있다. 程子가 말씀하였다. "伯夷와 叔齊는 나라를 사양하여 도망하였고, 정벌하는 것을 간언하다가 굶어 죽었으나, 끝내 원망과 후회가 없었으므로 孔子께서 어질다고 말씀하셨다."

24. 衛靈公이 與夫人夜坐러니 聞車聲轔轔하여 至闕而止라가 過

叩 : 두드릴 고 扣 : 당길 구 兵 : 죽일 병 牽 : 끌 견 呂 : 성 려 粟 : 녹 속
採 : 캘 채 薇 : 고사리 미 餓 : 굶주릴 아 遜 : 사양할 손 逃 : 도망할 도
衛 : 위나라 위 靈 : 신령할 령 轔 : 수레소리 린 闕 : 대궐 궐

闕復(부)有聲하고 公問夫人曰 知此爲誰오 夫人曰 此는 蘧伯玉也로소이다 公曰 何以知之오 夫人曰 妾聞하니 禮에 [1]下公門하며 式路馬는 所以廣敬也니 夫忠臣與孝子는 不爲昭昭信(伸)節하며 不爲冥冥惰行하나니 蘧伯玉은 衛之賢大夫也라 仁而有智하고 敬於事上하니 此其人이 必不以闇昧廢禮라 是以知之하노이다 公이 使人視之하니 果伯玉也러라 《列女傳》

衛靈公이 부인과 함께 밤에 앉아 있었는데, 수레 소리가 덜커덩거리며 대궐 문에 이르러 그쳤다가 대궐문을 지나 다시 소리가 남을 듣고, 靈公이 부인에게 묻기를 "이 사람이 누구인지 알겠오?" 하니, 부인은 "이 사람은 蘧伯玉입니다." 하고 대답하였다. 靈公이 "무엇으로 아시오?" 하고 묻자, 부인은 다음과 같이 대답하였다. "첩은 듣자오니, 禮에 公門(대궐문)에서는 수레에서 내리며 路馬(임금의 수레를 끄는 말)를 보고 경례함은 공경을 넓히는 것이라 합니다. 忠臣과 孝子는 밝게 드러난다고 하여 절개를 펴지 않고, 어둡다고 하여 행실을 태만히 하지 않습니다. 蘧伯玉은 衛나라의 어진 大夫입니다. 어질면서도 지혜가 있고, 윗사람을 섬김에 공경하니, 이는 그 사람이 반드시 어둡다고 하여 예절을 폐하지는 않을 것입니다. 이 때문에 아는 것입니다." 靈公이 사람을 시켜 살펴 보았더니, 과연 蘧伯玉이었다.

역주 1. 下公門 式路馬 : 이 내용은 「禮記」《曲禮》에 보인다.

集解 衛靈公은 名元이요 [1]夫人은 南子니 宋女也라 闕은 公門이라 蘧伯玉은 衛大夫니 名瑗이라 下公門은 言至君門에 下車以過也요 式路馬는 謂見君路車所駕之馬하면 憑式(軾)以致敬也라 昭昭는 顯明也요 信은 與伸同하니 言當顯明之時하면 則伸其節義하니 欲人之共知也라 冥冥은 隱暗也요 惰는 怠慢也니 言當隱暗之際하면 則怠慢其所行하니 欺人之不見也라 伯玉이 當時에 稱其仁智敬上하니 豈以冥冥之時而廢禮乎아 此는 南子所以知之也니라

衛나라 靈公은 이름이 元이요, 부인은 南子이니, 宋나라 여자이다. 闕은 公門(대궐문)이다. 蘧伯玉은 衛나라의 大夫이니, 이름은 瑗이다. 公門에서 내림은 임금이 계신 문에 이르러 수레를 내려 지나감이요, 路馬에 경례함은 군주의 路車에 멍에 하는 말을 보면 式(軾)에 고개를 숙여 공경을 극진히 함을 이른다. 昭昭는 드러나 밝음이요, 信은 伸과 같으니, 드러나고 밝은 때를 당하면 그 節義를 폄이니, 사람들이 모두 알게 하려고 해서이다.

誰 : 누구 수 蘧 : 만족할 거 式 : 공경할 식 昭 : 밝을 소 伸 : 펼 신 冥 : 어둘 명
闇 : 어둘 암 昧 : 어둘 매 廢 : 폐할 폐 瑗 : 구슬 원 駕 : 멍에맬 가 憑 : 의지할 빙

冥冥은 은미하고 어두움이요, 惰는 태만함이니, 은미하고 어두운 때를 당하면 그 행하는 바를 태만히 함이니, 사람들이 보지 않는 데에서 속이는 것이다. 蘧伯玉은 당시에 그 仁하고 지혜로우며 윗사람을 공경한다고 일컬어졌으니, 어찌 어두운 때라고 하여 禮를 폐하겠는가? 이는 南子가 그임을 안 이유이다.

역주 1. 夫人南子宋女 : 南子는 宋나라 임금의 딸로, 南子의 子는 宋나라의 國姓을 나타낸 것이다.

25. 趙襄子殺智伯하고 漆其頭하여 以爲飮器러니 智伯之臣豫讓이 欲爲之報仇하여 乃詐爲刑人하여 挾匕首하고 入襄子宮中하여 塗厠이러니 左右欲殺之한대 襄子曰 智伯이 死無後어늘 而此人이 欲爲報仇하니 眞義士也라 吾謹避之耳니라 《史記 刺客列傳, 戰國策》

趙襄子가 智伯을 죽이고 그 머리뼈에 옻칠을 하여 음료수 그릇을 만들었다. 智伯의 신하 豫讓은 智伯을 위하여 원수를 갚고자 하여, 이에 거짓으로 형벌 받은 사람인 것처럼 꾸며, 비수를 끼고 襄子의 집안으로 들어가 뒷간의 벽을 바르고 있었는데, 〈발각되어〉 좌우에 있던 자들이 그를 죽이려고 하자, 襄子는 말하기를 "智伯이 죽고 후손도 없거늘, 이 사람이 그를 위하여 원수를 갚고자 하니, 참으로 의로운 선비이다. 내가 삼가 피할 뿐이다." 하였다.

集解 襄子는 名無恤이요 智伯은 名瑤니 皆晉大夫라 飮器는 韋昭云 飮酒之具라하고 晉灼云 溲溺之器라하고 呂氏春秋云 漆智伯頭하여 爲溲杯라하니 未詳孰是라 刑人은 有罪被刑而執賤役者라 匕首는 短劒也니 其首類匕라

增註 塗厠은 謂以泥墁溷厠之墻壁이라

집해 襄子는 이름이 無恤이요, 智伯은 이름이 瑤이니, 모두 晉나라의 대부이다. 飮器는 韋昭는 "술 마시는 도구"라 하였고, 晉灼은 "溲溺器(소변 누는 그릇)"라 하였고, 「呂氏春秋」에는 "智伯의 머리뼈를 칠하여 오줌 그릇을 만들었다." 하였으니, 어느 것이 옳은지 자세치 않다. 刑人은 죄가 있어 형벌을 받아 천한 일을 하는 자이다. 匕首는 단검이니, 그 머리가 숟가락과 같다.

증주 塗厠은 진흙으로 뒷간의 담벽을 바름을 이른다.

趙 : 조나라 조　襄 : 오를 양　漆 : 옻 칠　豫 : 기쁠 예　仇 : 원수 구　詐 : 거짓 사
挾 : 낄 협　匕 : 비수 비　塗 : 칠할 도　厠 : 측간 측　避 : 피할 피　恤 : 구휼할 휼
瑤 : 구슬 요　韋 : 가죽 위　灼 : 밝을 작　溲 : 오줌 수　溺 : 오줌 뇨　杯 : 잔 배
孰 : 누구 숙　類 : 닮을 류　泥 : 진흙 니　墁 : 흙손질할 만　溷 : 뒷간 혼
墻 : 담장 장　壁 : 벽 벽

讓이 又漆身爲癩하고 呑炭爲啞하여 行乞於市하니 其妻는 不識也로되 其友識之하고 爲之泣曰 以子之才로 臣事趙孟이면 必得近幸하리니 子乃爲所欲爲 顧不易邪아 何乃自苦如此오 [1]讓曰 委質爲臣이요 而求殺之면 是는 二心也라 吾所以爲此者는 將以愧天下後世之爲人臣而懷二心者也하노라

豫讓은 또다시 몸에 옻칠하여 문둥이가 되고, 숯을 삼켜 벙어리가 되어 시장에 다니며 구걸하니, 그의 아내는 알아보지 못했으나 그의 친구가 알아보고서 豫讓을 위해 울면서 말하기를 "그대의 재주로 趙孟(趙襄子)을 신하가 되어 섬기면, 반드시 가까이 하고 총애함을 얻을 것이니, 그대가 비로소 행하고자 하는 바를 행함이 도리어 쉽지 않겠는가? 어찌하여 마침내 스스로 고생하기를 이와 같이 하는가?" 하니, 豫讓은 다음과 같이 말하였다. "몸을 바쳐 신하가 되고서 죽이기를 구한다면, 이는 두 마음을 갖는 것이다. 내가 이와 같은 일을 하는 까닭은 장차 천하 후세에 신하가 되어 두 마음 품는 자를 부끄럽게 하기 위해서이다."

역주 1. 委質爲臣 : 質은 贄와 통하므로 폐백을 바치고 신하가 된 것으로 보아 음을 '지'로 읽기도 하며, 몸을 바쳐 신하가 되었다고 해석하기도 한다.

集說 陳氏曰 爲癩爲啞而行乞은 欲人不識하여 得以殺襄子也라 趙孟은 卽襄子라 顧는 猶反也라 爲所欲爲는 謂欲殺襄子하여 以報主仇也라 委質은 猶屈膝也라

陳氏가 말하였다. "문둥이가 되고 벙어리가 되어 다니며 구걸한 것은 사람들이 알아 보지 못하게 하여 襄子를 죽이고자 함이다. 趙孟은 곧 襄子이다. 顧는 反(도리어)과 같다. 행하고자 하는 바를 행한다는 것은 襄子를 죽여 주인의 원수를 갚고자 함을 이른다. 委質은 "무릎을 꿇는다."는 말과 같다.

後에 又伏於橋下하여 欲殺襄子어늘 襄子殺之하니라

뒤에 또 다리 밑에 잠복하여 襄子를 죽이고자 하므로, 襄子는 그를 죽였다.

集解 胡氏曰 君子爲名譽而爲善이면 則其善必不誠이요 人臣爲利祿而効忠

癩 : 문둥병 뢰(라) 呑 : 삼킬 탄 炭 : 숯 탄 啞 : 벙어리 아 乞 : 빌 걸 幸 : 고일 행
顧 : 도리어 고 邪 : 어조사 야 委 : 바칠 위 質 : 폐백 지 愧 : 부끄러울 괴
懷 : 품을 회 反 : 도리어 반 屈 : 굽힐 굴 膝 : 무릎 슬 橋 : 다리 교 譽 : 기릴 예
効 : 바칠 효

이면 則其忠必不盡이니 使智伯有後而讓也 爲之報仇면 其心을 未可知也어니와 智伯이 無後矣어늘 而讓也 不忘國士之遇하여 以死許之而其志愈篤하니 [1]則無所爲而爲之者니 眞可謂義士矣라 然이나 襄子知其如此而殺之하니 何以爲人臣之勸哉아

胡氏가 말하였다. "군자가 명예를 위하여 善行을 하면 그 善行이 반드시 성실하지 못하고, 신하가 이익과 녹봉을 위하여 충성을 바치면 그 충성이 반드시 극진하지 못하니, 가령 智伯이 후손이 있는데 豫讓이 그를 위하여 원수를 갚으려 했다면 그 마음을 알 수 없다. 그러나 智伯이 후손이 없는데도 豫讓은 國士로 대접받은 것을 잊지 않고 죽음으로써 허여하여 그 뜻이 더욱 독실하였으니, 위한 바가 없이 행한 자이니, 참으로 義士라고 이를 만하다. 그러나 襄子는 그 이와 같음을 알면서도 죽였으니, 어떻게 신하들을 권면하게 하겠는가?"

역주 1. 無所爲而爲之 : 어떤 목적을 위함이 없이 하는 것으로 南軒 張栻은 義와 利의 구별에 있어 '위한 바가 없이 한 것을 義라 하고 위한 바가 있이 한 것을 利라 한다.〔無所爲而爲之 謂之義 有所爲而爲之 謂之利〕' 하였다.

26. 王孫賈事齊閔王하다가 王出走어늘 賈失王之處러니 其母曰 女(汝)朝去而晩來면 則吾倚門而望하고 女莫(暮)出而不還이면 則吾倚閭而望이러니 女今事王하다가 王出走어시늘 女不知其處하니 女尙何歸오 《戰國策 齊策》

王孫賈가 齊나라 閔王을 섬기다가 閔王이 패하여 도망하자, 王孫賈는 王이 있는 곳을 잃게 되었다. 〈그가 집으로 돌아오자〉, 그의 어머니가 말하였다. "네가 아침에 나가 늦게 오면 나는 문에 기대어 기다리고, 네가 저녁에 나가서 돌아오지 않으면 나는 마을 문에 기대어 기다렸다. 네가 이제 임금을 섬기다가 임금이 패주하셨는데, 너는 그 계신 곳을 알지 못하니, 너는 어찌 그러고서도 돌아왔느냐?"

集解 王孫은 姓이요 賈는 名이니 齊大夫라 閔王은 名地라 燕將樂毅破齊한대 閔王走莒하니라 門은 謂家之門이요 閭는 謂巷之門이라 母謂賈曰 汝當往報其仇니 汝何爲而歸耶아

王孫은 姓이요, 賈는 이름이니, 齊나라 大夫이다. 閔王은 이름이 地이다. 燕나라 장군 樂毅가 齊나라를 격파하자, 閔王은 莒땅으로 도망하였다. 門은 집의 문을 이르고, 閭는 마

遇 : 만날 우 愈 : 더욱 유 賈 : 성 가 倚 : 기댈 의 閭 : 마을문 려 尙 : 오히려 상
毅 : 굳셀 의 莒 : 땅이름 거 巷 : 골목 항

을의 문을 이른다. 어머니가 王孫賈에게 이르기를 "너는 마땅히 가서 그 원수를 갚아야 하니, 네 어찌하여 돌아왔느냐?" 한 것이다.

王孫賈乃入市中하여 曰 淖齒亂齊國하여 殺閔王하니 欲與我誅齒者는 [1]袒右하라한대 市人從之者四百人이어늘 與誅淖齒하여 刺而殺之하니라

王孫賈는 이에 시장 가운데로 들어가 말하기를 "淖齒가 齊나라를 어지럽혀 閔王을 시해하였으니, 나와 함께 淖齒를 토벌하고자 하는 자는 오른쪽 어깨를 내어 보이라."하였다. 시장 사람들이 따르는 자가 4백 명이었으므로, 王孫賈는 이들과 함께 淖齒를 토벌하여 찔러 죽였다."

역주 1. 袒右 : 오른쪽 어깨를 드러내어 찬성의 의사를 표시하는 행위이다.

集解 淖는 姓이요 齒는 名이니 楚人이니 爲齊相하여 因亂而殺閔王하니라

淖는 성이요, 齒는 이름이니, 楚나라 사람으로 齊나라 정승이 되었는데, 난리를 인하여 閔王을 시해하였다.

27. 臼季使過冀할새 見冀缺耨커늘 其妻饁之하되 敬하여 相待如賓하고 與之歸하여 言諸文公曰 敬은 德之聚也니 能敬이면 必有德이니 德以治民하나니 君請用之하소서 臣聞하니 出門如賓하며 承事如祭는 仁之則(칙)也라호이다 文公이 以爲下軍大夫하니라 《左傳僖公三十二年》

臼季가 사신이 되어 冀땅을 지나다가 冀땅의 郤缺이 김매는데, 그의 아내가 들밥을 내오되 공경하여 서로 대하기를 손님과 같이 함을 보고, 함께 돌아와 文公에게 다음과 같이 말하였다. "敬은 德의 모임이니, 능히 공경하면 반드시 德이 있는 것입니다. 德으로써 백성을 다스리니, 군주께서는 청컨대 그를 등용하소서. 臣은 듣자오니, 문을 나감에 손님을 뵙듯이 하고, 일을 받듦에 제사를 모시듯이 함은 仁의 법칙이라 하였습니다." 文公은 郤缺을 下軍大夫로 삼았다.

集說 陳氏曰 臼季는 晉大夫니 名胥臣이요 文公은 晉君이니 名重耳라 冀는

淖 : 진흙 뇨　誅 : 벨 주　刺 : 찌를 척(자)　臼 : 절구 구　冀 : 바랄 기
缺 : 빠뜨릴 결　耨 : 김맬 누　饁 : 들밥내갈 엽　聚 : 모을 취　胥 : 서로 서

邑名이라 缺은 郤缺也라 耘苗曰耨요 野饋曰饁이라 人能敬則心存하고 心存則理得이라 故로 敬은 德之聚也요 修己면 可以安百姓이라 故로 曰德以治民이라 出門如賓, 承事如祭는 敬也니 敬以持己면 則私意無所容而心德全矣라 故로 曰仁之則也라

陳氏가 말하였다. "臼季는 晉나라 大夫이니, 이름은 胥臣이요, 文公은 晉나라 군주이니, 이름은 重耳이다. 冀는 고을의 이름이다. 缺은 郤缺이다. 곡식의 싹을 김매는 것을 耨라 하고, 들에서 밥을 먹이는 것을 饁이라 한다. 사람이 능히 공경하면 마음이 보존되고, 마음이 보존되면 이치에 맞으므로, 敬은 德의 모임인 것이다. 몸을 닦으면 백성을 편안히 할 수 있으므로, 德으로써 백성을 다스린다고 한 것이다. 문을 나감에 손님을 뵙 듯이 하고 일을 받듦에 제사를 모시듯이 함은 공경이니, 공경으로써 몸을 잡으면 사사로운 뜻이 용납될 곳이 없어서 마음의 德이 온전해진다. 그러므로 仁의 법칙이라고 한 것이다."

28. 公父(甫)文伯之母는 季康子之從祖叔母也라 康子往焉이어늘 闖門而與之言하고 皆不踰閾한대 仲尼聞之하시고 以爲別於男女之禮矣라하시니라 《國語 魯語》

公父文伯의 어머니는 季康子의 從祖叔母였는데, 季康子가 찾아가자, 門(寢門)을 열고서 함께 말하며, 모두 문지방을 넘지 않았다. 仲尼(孔子)는 이 말씀을 들으시고 "男女의 禮를 구별했다."고 하셨다.

集解 公父文伯은 魯大夫니 名歜이요 其母는 敬姜也라 季康子는 魯卿이니 名肥라 闖는 開也요 閾은 門限也라 敬姜이 以從祖母之尊으로 與從孫相見에 而不踰閾하니 可謂能別矣라

正誤 從祖叔母는 謂祖父昆弟之妻라

집해 公父文伯은 魯나라의 大夫이니, 이름이 歜이요, 그의 어머니는 敬姜이다. 季康子는 魯나라의 卿이니, 이름은 肥이다. 闖는 엶이요, 閾은 문의 한계(문지방)이다. 敬姜은 從祖母의 높음으로서 從孫과 서로 만나봄에도 문지방을 넘지 않았으니, 남녀간의 구별을 잘했다고 이를 만하다.

정오 從祖叔母는 할아버지 형제의 아내를 이른다.

29. 衛共(恭)姜者는 衛世子共伯之妻也라 共伯이 蚤死어늘 共

郤 : 성 극 耘 : 김맬 운 苗 : 싹 묘 饋 : 밥먹일 궤 承 : 받들 승 闖 : 열 위
踰 : 넘을 유 閾 : 문지방 역 尼 : 그칠 니 魯 : 노나라 노 歜 : 사람이름 촉
限 : 한계 한 姜 : 성 강 蚤 : 일찍 조

姜이 守義러니 父母欲奪而嫁之어늘 共姜이 不許하고 作柏舟之詩하여 以死自誓하니라 《毛詩 鄘風柏舟序》

衛나라 共姜은 衛나라 世子 共伯의 아내이다. 共伯이 일찍 죽자, 共姜은 절의를 지켰는데, 부모가 그의 뜻을 빼앗아 改嫁시키려 하였다. 共姜은 이를 허락하지 않고《柏舟詩》를 지어 죽음으로써 스스로 맹세하였다.

集解 姜은 齊姓이니 嫁共伯이라 故曰共姜이라 共伯은 名餘라

姜은 齊나라 姓(國姓)이니, 共伯에게 시집갔으므로 共姜이라고 하였다. 共伯은 이름이 餘이다.

30. 蔡人妻는 宋人之女也라 既嫁而夫有惡疾이어늘 其母將改嫁之러니 女曰 夫之不幸은 乃妾之不幸也니 奈何去之리오 適人之道는 一與之醮하면 終身不改하나니 不幸遇惡疾하나 彼無大故하고 又不遣妾하니 何以得去리오하고 終不聽하니라 《列女傳》

蔡나라 사람의 아내는 宋나라 사람의 딸이었다. 이미 시집갔는데, 남편이 나쁜 병이 있으므로 그의 어머니가 장차 개가시키려고 하자, 딸은 말하기를 "남편의 불행은 바로 저의 불행이니, 어찌 떠나겠습니까? 남에게 시집가는 도리는 한 번 더불어 혼례를 하면 종신토록 고치지 않습니다. 불행히 나쁜 병을 만났으나, 저(남편)가 큰 연고가 없고, 또한 첩을 보내지도 않으니, 제가 어찌 떠날 수 있겠습니까?" 하고, 끝내 듣지 않았다.

集說 陳氏曰 婦人自稱曰妾이라 酌而無酬酢曰醮니 蓋婚禮에 贊者三酌婿婦而不酬酢也라

陳氏가 말하였다. "부인이 자칭하기를 妾이라 한다. 술을 따라만 주고 酬酢하지 않는 것을 醮라 하니, 혼례에는 贊者가 신랑과 신부에게 세 번 술을 따르기만 하고, 酬酢하지 않는다."

31. 萬章問曰 象이 日以殺舜爲事어늘 立爲天子則放之는 何

奪 : 빼앗을 탈　嫁 : 시집갈 가　柏 : 잣나무 백　誓 : 맹세할 서　鄘 : 용나라 용
蔡 : 채나라 채　適 : 시집갈 적　醮 : 초례 초　遣 : 보낼 견　酌 : 술따를 작
酬 : 술권할 수　酢 : 술권할 작　贊 : 도울 찬　婿 : 신랑 서　放 : 내칠 방

也잇고 孟子曰 封之也어늘 或曰放焉이라하나니 仁人之於弟也에 不藏怒焉하며 不宿怨焉이요 親愛之而已矣니라《孟子 萬章上》

萬章이 물었다. "象은 날마다 舜임금을 죽이려고 일삼았는데, 舜임금이 즉위하여 天子가 되어서는 그를 〈죄주지 않고 한 곳에〉 방치함은 어째서입니까?" 孟子가 말씀하셨다. "그를 봉해주신 것인데, 혹자는 방치했다고 말하는 것이다. 仁人은 동생에 대하여 노여움을 감춰두지 않으며, 원망을 묵혀 두지 않고, 친애할 뿐이다."

集說 朱子曰 放은 猶置也니 置之於此하여 使不得去也라 萬章이 疑舜何不誅之오한대 孟子言舜實封之어시늘 而或者誤以爲放也라하시니라 藏怒는 謂藏匿其怒요 宿怨은 謂留蓄其怨이라

朱子가 말씀하였다. "放은 置(한 곳에 留置함)와 같으니, 이 곳에 가둬두어 떠나가지 못하게 하는 것이다. 萬章은 '舜임금이 어찌하여 죄주지 않았는가?' 하고 의심하였는데, 孟子는 '舜임금이 실제는 그를 봉해 주신 것인데, 혹자가 잘못 방치했다고 한 것이다.' 하셨다. 藏怒는 그 노여움을 감춤이요, 宿怨은 그 원망을 쌓아두는 것이다."

32. 伯夷叔齊는 孤竹君之二子也라 父欲立叔齊러니 及父卒에 叔齊讓伯夷한대 伯夷曰 父命也라하고 遂逃去어늘 叔齊亦不肯立而逃之한대 國人이 立其中子하니라《史記 伯夷列傳》

伯夷와 叔齊는 孤竹國 임금의 두 아들이었다. 아버지가 아우인 叔齊를 후계자로 세우려 하였는데, 아버지가 죽자, 叔齊는 伯夷에게 사양하였다. 伯夷가 말하기를 "아버지의 명령이다." 하고 마침내 도망가자, 叔齊도 또한 즉위하려 하지 않고 도망가니, 나라 사람들은 그 가운데 아들을 세웠다.

增註 孤竹은 國名이라

集解 朱子曰 伯夷는 以父命爲尊하고 叔齊는 以天倫爲重하여 其遜國也 皆求所以合乎天理之正而卽乎人心之安矣니라

증주 孤竹은 나라 이름이다.

집해 朱子가 말씀하였다. "伯夷는 아버지의 명령을 존중하였고, 叔齊는 天倫을 중시하

封 : 봉할 봉　藏 : 감출 장　宿 : 묵힐 숙　置 : 둘 치　誤 : 잘못 오　匿 : 숨길 닉
留 : 머물 류　蓄 : 쌓을 축　卒 : 죽을 졸　逃 : 도망할 도　肯 : 즐길 긍
遜 : 사양할 손　卽 : 나아갈 즉

여, 그 나라를 사양함이 모두 天理의 바름에 합치되고 人心의 편안함에 나아가는 바를 구하였다."

33. 虞芮之君이 相與爭田하여 久而不平이러니 乃相謂曰 西伯은 仁人也라 盍往質焉이리오하고 乃相與朝周할새 入其境하니 則耕者讓畔하고 行者讓路하며 入其邑하니 男女異路하고 班白이 不提挈하며 入其朝하니 士讓爲大夫하고 大夫讓爲卿이어늘 二國之君이 感而相謂曰 我等은 小人이라 不可以履君子之庭이라하고 乃相讓하여 以其所爭田으로 爲閒田而退하니 天下聞而歸之者四十餘國이러라 《家語 好生》

虞나라와 芮나라의 임금이 서로 토지를 다투어 오랫동안 和平하지 못하였다. 이에 서로 말하기를 "西伯은 어진 사람이니, 어찌 그를 찾아가서 바로잡지 않겠는가" 하고, 이에 서로 함께 周나라로 조회를 갔다. 그리하여 그 국경에 들어가니, 밭가는 자들은 밭의 경계를 양보하고, 길가는 자들은 길을 양보하였으며, 그 도읍에 들어가니, 남녀가 길을 달리하고, 머리가 반백이 된 자가 짐을 들고 다니지 않았으며, 그 조정에 들어가니, 士는 大夫가 되기를 사양하고, 大夫는 卿이 되기를 사양하였다. 두 나라의 임금은 감동하여 서로 말하기를 "우리들은 小人이다. 君子의 조정을 밟을 수 없다." 하고, 이에 서로 사양하여, 다투던 바의 토지를 閒田(공한지)으로 삼고 물러가니, 천하에서는 이 말을 듣고 文王에게 돌아간 자가 40여 나라가 되었다.

集說 陳氏曰 虞, 芮는 皆國名이라 西伯은 周文王也라 盍은 何不也라 質은 正也라 畔은 田界也라

陳氏가 말하였다. "虞와 芮는 모두 나라 이름이다. 西伯은 周나라 文王이다. 盍은 어찌 아니이다. 質은 질정함이다. 畔은 밭의 경계이다."

34. 曾子曰 以能으로 問於不能하며 以多로 問於寡하며 有若無하며 實若虛하며 犯而不校를 昔者에 吾友嘗從事於斯矣러니라 《論語 泰伯》

芮 : 나라이름 예　盍 : 어찌아니 합　質 : 질정할 질　境 : 경계 경　畔 : 밭두둑 반
班 : 반쯤셀 반　提 : 들 제　挈 : 끌 설　校 : 계교할 교

曾子가 말씀하셨다. "능함으로써 능하지 못한 이에게 물으며, 많음으로써 적은 이에게 물으며, 있으면서도 없는 듯이 여기며, 꽉찼으면서도 빈듯이 여기며, 잘못을 범하여도 따지지 않는 것을 옛날에 내 친구가 일찍이 이에 종사하였다."

集說 朱子曰 校는 計校也라 友는 馬氏以爲顏淵이라하니 是也라 顏子之心은 惟知義理之無窮하고 不見物我之有間이라 故로 能如此시니라

朱子가 말씀하였다. "校는 계교함이다. 友는 馬氏가 顏淵이라고 하였으니, 그 말이 옳다. 顏子의 마음은 오직 義理의 무궁함만을 알고 남과 나와의 간격이 있음을 보지 않았다. 그러므로 능히 이와 같으셨던 것이다."

35. 孔子曰 晏平仲은 善與人交로다 久而敬之온여 《論語 公冶長》

공자가 말씀하셨다. "晏平仲은 사람들과 사귀기를 잘한다. 사귄 지 오래되어도 공경하는구나!"

集說 朱子曰 晏平仲은 齊大夫니 名嬰이라 程子曰 人交久則敬衰하나니 久而能敬은 所以爲善이니라

朱子가 말씀하였다. "晏平仲은 齊나라의 大夫이니, 이름이 嬰이다."
程子가 말씀하였다. "사람은 사귐이 오래되면 공경이 쇠하는데, 오래되어도 능히 공경함은 잘함이 되는 것이다."

右는 明倫이라

이상은 人倫을 밝힌 것이다.

36. 孟子曰 伯夷는 目不視惡色하며 耳不聽惡聲하더니라 《孟子 萬章下》

孟子가 말씀하셨다. "伯夷는 눈으로는 나쁜 색을 보지 않으며, 귀로는 나쁜 소리를 듣지 않았다."

增註 惡色은 非禮之色이요 惡聲은 非禮之聲이라

惡色은 禮가 아닌 색이요, 惡聲은 禮가 아닌 소리이다.

晏：늦을 안 嬰：어릴 영

37. 子游爲武城宰러니 子曰 女(汝)得人焉爾乎아 曰 有澹臺滅明者하니 行不由徑하며 非公事어든 未嘗至於偃之室也니이다 《論語 雍也》

子游가 武城의 邑宰가 되었는데, 孔子가 "너는 人物을 얻었느냐?"하고 물으시자, 다음과 같이 대답하였다. "澹臺滅明이란 자가 있는데, 다닐 때에는 지름길을 따르지 않으며, 공적인 일이 아니면 일찍이 저의 집에 이른 적이 없습니다."

集說 朱子曰 子游는 孔子弟子니 姓言이요 名偃이라 武城은 魯下邑이라 澹臺는 姓이요 滅明은 名이요 字는 子羽라 徑은 路之小而捷者라 公事는 [1]如飮射讀法之類라 不由徑이면 則動必以正하여 而無見小欲速之意를 可知요 非公事어든 不見邑宰면 則其有以自守하여 而無枉己徇人之私를 可見矣니라

朱子가 말씀하였다. "子游는 孔子의 제자이니, 姓은 言이요, 이름은 偃이다. 武城은 魯나라의 下邑이다. 澹臺는 姓이요, 滅明은 이름이요, 字는 子羽이다. 徑은 길이 작으면서 빠른 것이다. 公事는 鄕飮酒와 鄕射禮와 讀法과 같은 따위이다. 지름길을 따르지 않으면, 행동을 반드시 올바름으로써 하여 작은 이익을 보거나 빨리 하려는 뜻이 없음을 볼 수 있고, 공적인 일이 아니면 邑宰를 만나지 않는다면, 스스로 지킴이 있어 자기 몸을 굽혀 남을 따르는 사사로움이 없음을 볼 수 있다."

역주 1. 飮射讀法之類 : 飮은 古代에 한 지방의 老少가 함께 모여 술을 마시며 인사를 나누는 鄕飮酒이고, 射는 지방의 활쏘기 대회인 鄕射이며, 讀法은 守令이 1년에 한 번씩 지방의 백성들을 모아놓고 政令과 法律을 읽어주던 제도이다.

38. 高柴自見孔子로 足不履影하며 啓蟄不殺하며 方長不折하더니 [1]衛輒之難에 出而門閉어늘 或曰 此에 有徑이라한대 子羔曰 吾聞之하니 君子不徑이라호라 曰 此에 有竇라한대 子羔曰 吾聞之하니 君子不竇라호라 有間이요 使者至하여 門啓而出하니라 《家語 弟子行》

高柴는 孔子를 뵘으로부터 발로는 〈남의〉 그림자를 밟지 않았으며, 〈겨울 잠을 깨어〉 처음 나온 벌레를 죽이지 않았으며, 〈초목이〉 막 자라는 것을 꺾지 않았다. 衛나라 임금 輒의 난리에 성문을 나가려고 하였으나, 문이 닫혀 있었다. 혹자가 "여기에 지름길이 있다."고 하자, 子羔는 "나는 들으니, 君子는 지름길로 가지 않

宰 : 읍재 재　澹 : 담박할 담　徑 : 지름길 경　偃 : 누울 언　捷 : 빠를 첩
枉 : 굽을 왕　徇 : 따를 순　柴 : 섶 시　蟄 : 숨을 칩　折 : 꺾을 절　輒 : 문득 첩
羔 : 염소 고　竇 : 구멍 두

는다." 하고 거절하였다. "여기에 구멍이 있다."고 하자, 子羔는 "나는 들으니, 君子는 구멍으로 빠져 나가지 않는다." 하고 거절하였다. 조금 뒤에 使者가 이르러 문이 열려 나왔다.

역주 1. 衛輒之難 : 이 내용은「家語」《致思》에 보인다.

集解 不履影은 謂與人同行에 不踐其影也라 啓蟄은 蟄蟲初出也요 方長은 草木初生也라 竇는 孔隙也라 有間은 少頃也라 朱子曰 不徑, 不竇는 安平時엔 可也어니와 若有寇盜患難이면 如何守此하여 以殘其軀리오 [1]觀聖人微服過宋하면 可見矣니라

增註 輒은 衛君名이라 難은 [2]謂輒以兵拒父時也라

집해 不履影은 남과 동행할 때에 그의 그림자를 밟지 않음이다. 啓蟄은 겨울잠을 자던 벌레가 처음 나온 것이요. 方長은 草木이 처음 자라나는 것이다. 竇는 구멍의 틈이다. 有間은 少頃(잠깐)이다.

朱子가 말씀하였다. "지름길로 가지 않고 구멍으로 나가지 않음은 평안할 때는 可하거니와 만일 도적이나 환난이 있으면 어찌 이를 지켜 그 몸을 죽이겠는가. 聖人(孔子)께서 微服(미천한 복장)으로 宋나라를 지나갔던 것을 보면 이것을 알 수 있다."

증주 輒은 衛나라 임금의 이름이다. 難은 輒이 군대로써 아버지를 막을 때를 이른다.

역주 1. 聖人微服過宋 : 聖人은 孔子를 이르며 微服은 미천한 복장으로, 孔子는 宋나라의 司馬인 向魋가 자신을 살해하려 하자, 미천한 복장으로 변장하고 지나가 무사하였는바, 이 내용이「孟子」《萬章上》에 보인다.

2. 以兵拒父 : 아버지는 衛나라 靈公의 世子인 蒯聵를 가리킨다. 蒯聵가 죄를 짓고 晉나라로 도망하였는데, 靈公이 죽고 蒯聵의 아들 輒이 대신 즉위하였으나 蒯聵가 제후왕의 자리를 차지하기 위해 晉나라의 병력을 이끌고 입국하자, 輒은 병력을 동원하여 아버지의 입국을 저지하려 하였다.

39. 南容이 三復白圭어늘 孔子以其兄之子로 妻之하시니라 《論語 先進》

南容이 白圭라는 내용이 있는 詩를 〈날마다〉 세 번 외워 반복하자, 孔子는 그 형의 딸자식을 그에게 시집보내셨다.

集說 朱子曰 南容은 孔子弟子라 居南宮하니 名縚요 又名适이요 字子容이요

蟲 : 벌레 충 孔 : 구멍 공 隙 : 틈 극 頃 : 잠깐 경 寇 : 도적 구 殘 : 멸할 잔
軀 : 몸 구 拒 : 막을 거 圭 : 옥 규 縚 : 끈 도 适 : 이를 괄

諡敬叔이라 詩大雅抑之篇曰 白圭之玷은 尙可磨也어니와 斯言之玷은 不可爲也라하니 南容이 一日三復此言이라 事見(현)家語하니 蓋深有意於謹言也라 此는 邦有道에 所以不廢요 邦無道에 所以免禍라 故로 孔子以兄子妻之하시니라

朱子가 말씀하였다. "南容은 孔子의 제자이다. 南宮에 거처하였으니, 이름은 縚요, 또 다른 이름은 适이며 字는 子容이요, 시호는 敬叔이다.「詩經」大雅《抑篇》에 이르기를 '白圭(흰옥)의 티는 오히려 갈아 없앨 수 있거니와, 이 말의 잘못은 다스릴 수 없다.' 하였는데, 南容이 하루에 이 말을 세 번 반복하였다. 이 사실이「家語」《弟子行》에 보이니, 말을 삼가하는데 깊이 뜻을 둔 것이다. 이는 나라에 道가 있을 때에 버려지지 않고, 나라에 道가 없을 때에 화를 면할 수 있는 것이다. 그러므로 孔子께서 그 형의 딸을 시집보내신 것이다."

40. 子路는 無宿諾이러라 《論語 顔淵》

子路는 승낙한 것을 묵혀 둠이 없었다.

集說 朱子曰 宿은 留也니 猶宿怨之宿이니 急於踐言하여 不留其諾也라

朱子가 말씀하였다. "宿은 묵혀 둠이니, 宿怨의 宿字와 같으니, 말을 실천함에 급하여 그 승낙한 것을 묵혀 두지 않은 것이다."

41. 孔子曰 衣敝縕袍하여 與衣狐貉者로 立而不恥者는 其由也與인저 《論語 子罕》

孔子가 말씀하셨다. "해진 솜옷을 입고서, 여우나 담비 가죽옷을 입은 자와 함께 서 있으면서도 부끄러워 하지 않는 자는 그 仲由일 것이다."

集說 朱子曰 敝는 壞也요 縕은 枲著也요 袍는 衣有著者也니 蓋衣之賤者라 狐貉은 以狐貉之皮爲裘하니 衣之貴者라 子路之志如此하니 則能不以貧富動其心하여 而可以進於道矣라 故로 夫子稱之하시니라

朱子가 말씀하였다. "敝는 해짐이요, 縕은 삼으로 솜을 둔 것이요, 袍는 옷에 솜을 둔 것이니, 옷의 천한 것이다. 狐貉은 여우나 담비의 가죽으로 갖옷을 만든 것이니, 옷의 귀한 것이다. 子路의 뜻이 이와 같았으니, 가난함과 부함으로써 그 마음을 움직이지 아니하며, 道에 나아갈 수 있다. 그러므로 夫子가 칭찬하신 것이다."

諡 : 시호 시　玷 : 옥티 점　磨 : 갈 마　敝 : 해질 폐　縕 : 솜옷 온　袍 : 솜옷 포
狐 : 여우 호　貉 : 담비 학　壞 : 무너질 괴　枲 : 모시 시　著 : 솜둘 저　裘 : 갖옷 구

42. 鄭子臧이 出奔宋이러니 好聚鷸冠이어늘 鄭伯이 聞而惡(오)之하여 使盜殺之한대 君子曰 服之不衷은 身之災也라 詩曰 彼己之子여 不稱其服이라하니 子臧之服이 不稱也夫인저 《左傳 僖公二十四年》

鄭나라 子臧이 宋나라로 망명갔었는데, 물총새 깃털을 모아 만든 관을 좋아하였다. 鄭伯(鄭文公)은 그 말을 듣고 미워하여 도적(자객)을 시켜 살해하자, 군자는 이렇게 논평하였다. "의복이 걸맞지 않음은 몸의 재앙이다. 「詩經」에 이르기를 '저 사람이여! 그 옷이 걸맞지 않는다.' 하였으니, 子臧의 옷이 걸맞지 않았다"

集說 陳氏曰 子臧은 鄭伯之子라 鷸은 翠鳥니 聚鷸冠者는 聚其羽以爲冠也라 詩는 曹風侯人之篇이라 己는 詩作其하니 語辭라

集解 衷은 中也라

집설 陳氏가 말하였다. "子臧은 鄭伯(鄭文公을 가리킴)의 아들이다. 鷸은 翠鳥(물총새)이니, 聚鷸冠은 그 깃을 모아 관을 만든 것이다. 詩는 曹風《侯人篇》이다. 己는 詩經에 其로 되어 있으니, 어조사이다."

집해 衷은 알맞음이다.

43. 公父(甫)文伯이 退朝하여 朝其母할새 其母方績이러니 文伯曰 以歜之家而主猶績乎잇가 其母嘆曰 魯其亡乎인저 使僮子備官이오 而未之聞耶온여 《國語 魯語》

公父文伯이 조정에서 물러나 그의 어머니를 뵈었는데, 그의 어머니는 막 길쌈을 하고 있었다. 文伯이 말하기를 "저의 집으로서 主母께서 오히려 길쌈을 하신단 말입니까." 하자, 그의 어머니는 한탄하며 다음과 같이 말하였다. "魯나라는 망하겠구나! 어린애로 하여금 관직을 갖추게 하고서 이것을 듣지(알지) 못하였다.

集說 陳氏曰 其母는 卽敬姜也라 績은 緝麻也라 歜은 文伯名이라 主는 主母也라 僮子는 目文伯이라 國將亡이면 則任非人이니 文伯이 富貴而驕라 故로 敬姜이 深嘆之也라

臧 : 착할 장　奔 : 달아날 분　鷸 : 물총새 휼　衷 : 알맞을 충　災 : 재앙 재
稱 : 걸맞을 칭　翠 : 푸를 취　曹 : 조나라 조　績 : 길쌈 적　歜 : 사람이름 촉
僮 : 아이 동　緝 : 이을 즙　麻 : 삼 마

陳氏가 말하였다. "其母는 곧 敬姜이다. 績은 삼을 잇는 것이다. 歜은 文伯의 이름이다. 主는 主母이다. 僮子는 文伯을 가리킨다. 나라가 장차 망하려면 나쁜 사람을 임명하니, 文伯은 부귀하여 교만하므로, 敬姜이 깊이 한탄한 것이다."

居하라 吾語女(汝)하리라 [1]民이 勞則思하나니 思則善心生하고 逸則淫하나니 淫則忘善하고 忘善則惡心生하나니라 沃土之民이 不材는 淫也요 瘠土之民이 莫不嚮(向)義는 勞也니라

앉거라. 내 너에게 말해 주겠다. 사람은 수고로우면 생각하게 되니, 생각하면 선한 마음이 일어나며, 편안하면 음탕해지니, 음탕하면 善함을 잊으며, 善함을 잊으면 악한 마음이 생겨난다. 비옥한 토지의 백성이 재능이 없음은 음탕하기 때문이요, 척박한 토지의 백성이 義를 향하지 않음이 없음은 수고롭기 때문이다.

역주 1. 民勞則思 : 사람이 수고로우면 검약을 생각하게 됨을 말한 것이다.

集說 吳氏曰 居語女者는 止而與之語也라 勞는 勤勞也요 逸은 安逸也라 沃은 肥饒也요 瘠은 瘦薄也라

吳氏가 말하였다. "앉거라. 너에게 말한다는 것은 앉게 하여 더불어 말한 것이다. 勞는 근로이고, 逸은 안일이다. 沃은 肥饒(비옥)함이요, 瘠은 瘦薄함이다."

是故로 王后親織玄紞하고 公侯之夫人은 加以紘綖하고 卿之內子는 爲大帶하고 命婦는 成祭服하고 列士之妻는 加之以朝服하고 自庶士以下는 皆衣其夫하나니 社而賦事하며 烝而獻功하여 男女効績하여 愆則有辟이 古之制也니라

그러므로 王后는 친히 면류관의 앞뒤에 드리우는 끈을 짜고, 公侯의 夫人은 면류관을 매는 끈과 면류관 덮개를 더 만들고, 卿의 內子는 〈그 외에〉 큰 띠를 만들고, 命婦는 祭服을 완성하고, 列士의 아내는 朝服을 더 만들고, 庶士로부터 그 이하는 모두 그 남편을 입힌다. 社祭(봄제사)를 지내고서 일을 맡겨주며, 烝祭(겨울제사)를 지내고서 일을 바쳐, 남녀가 공적을 힘써서, 잘못이 있으면 형벌을 받는 것이 옛날의 제도이다.

居 : 앉을 거　沃 : 비옥할 옥　材 : 재목 재　瘠 : 척박할 척　嚮 : 향할 향
紞 : 면류관늘임 담　紘 : 끈 굉　綖 : 면류관덮개 연　賦 : 줄 부　烝 : 겨울제사 증
効 : 바칠 효　績 : 공 적　愆 : 허물 건　辟 : 형벌 벽

集解 玄은 黑色이요 紞은 冠之垂於前後者니 古者에 王后親織하여 以奉于王하니라 紘은 纓之無緌者요 綖은 冕之上覆(부)者니 諸侯夫人은 比王后에 又加此二者焉이라 內子는 卿之妻요 大帶는 緇帶也니 蓋卿之妻는 比諸侯夫人에 又增是帶焉이라 命婦는 大夫之妻요 祭服은 玄衣纁裳이니 蓋大夫之妻는 不特爲紘綖大帶요 而必全成其夫之祭服也라 列士는 元士也니 元士之妻는 不獨成其祭服이요 而又加以朝服焉이라 庶士는 下士也니 自下士로 至於庶人之妻는 則莫不紡織績紝하여 以供其夫所衣之服焉하며 至若春日社祭之時엔 則各賦其農桑之事하고 冬日烝祭之時엔 則各獻其穀粟布帛之功이라 績은 功也요 愆은 過也요 辟은 罪也라 男女各効其職하여 以成其功하고 苟或有過면 則治以罪하니 此皆古昔之制度也라

玄은 흑색이요. 紞은 관의 앞뒤에 드리우는 것이니, 옛날에 王后가 친히 짜서 王에게 바쳤다. 紘은 갓끈에 늘어진 끈이 없는 것이요, 綖은 면류관의 위를 덮는 것이니, 諸侯의 夫人은 王后에 비하여 또 이 두 가지를 더 만든다. 內子는 卿의 아내요, 大帶는 검은 띠이니, 卿의 아내는 諸侯의 夫人에 비하여 또 이 띠를 더 만든다. 命婦는 大夫의 아내요, 祭服은 검은 웃옷에 붉은 치마이니, 大夫의 아내는 다만 紘·綖·大帶를 만들 뿐만 아니라, 반드시 그 남편의 祭服을 완전히 만든다. 列士는 元士이니, 元士의 아내는 다만 그 祭服을 완성할 뿐만 아니라, 또한 朝服을 더 만든다. 庶士는 下士이니, 下士로부터 庶人의 아내에 이르기까지는 실을 짜거나 옷감을 짜서 그 남편이 입는 의복을 갖추지 않음이 없다. 봄날 社祭하는 때에 이르면 각각 農業과 蠶業의 일을 부여받고, 겨울날 烝祭하는 때에는 각각 곡식과 布帛의 공적을 바친다. 績은 공적이요, 愆은 잘못이요, 辟은 죄이다. 남녀가 각각 그 직책을 힘써 공적을 이루고, 만일 혹 잘못이 있으면 죄로써 다스리니, 이는 모두 옛날의 제도이다.

吾冀而朝夕修我曰 必無廢先人이라하더니 爾今曰 胡不自安고하니 以是로 承君之官이면 予懼穆伯之絶嗣也하노라

나는 네가 아침저녁으로 나를 경계하여 이르기를 '반드시 돌아가신 아버지를 실추시킴이 없어야 합니다.'라고 말하기를 기대했었는데, 너는 지금 '어찌하여 스스로 편안히 계시지 않습니까?'라고 말하니, 이로써 임금의 관직을 받든다면, 나는 〈너의 아버지〉 穆伯의 후손이 끊길까 두렵노라."

集說 吳氏曰 冀는 欲也요 而는 汝也라 修는 猶飭也요 廢는 猶墜也라 先人은

緌 : 갓끈 유　冕 : 면류관 면　覆 : 덮을 부　緇 : 검을 치　增 : 더할 증　纁 : 분홍빛 훈
裳 : 치마 상　特 : 다만 특　紡 : 길쌈 방　紝 : 끈 임　桑 : 뽕나무 상　冀 : 바랄 기
而 : 너 이　胡 : 어찌 호　穆 : 화목할 목　飭 : 삼갈 칙

謂穆伯이니 文伯之父也요 君은 魯君也라 敬姜이 以爲居位而苟求安逸은 敗亡之道也라 故로 旣歷陳古制하여 以告其子하고 而復言此以責之하니 其警之也深矣로다

吳氏가 말하였다. "冀는 하고자 함이요. 而는 너이다. 修는 飭(경계함)과 같고, 廢는 墜(실추)와 같다. 先人은 穆伯을 이르니, 文伯의 아버지요, 君은 魯나라 임금이다. 敬姜은 지위에 있으면서 구차히 안일을 구함은 敗亡의 道라고 생각하였다. 그러므로 이미 지나간 옛 제도를 일일이 나열하여 그 아들에게 말해 주고, 다시 이것을 말하여 꾸짖었으니, 그 경계함이 깊도다."

44. 孔子曰 賢哉라 回也여 一簞食(사)와 一瓢飮으로 在陋巷을 人不堪其憂어늘 回也不改其樂하니 賢哉라 回也여 《論語 雍也》

孔子가 말씀하셨다. "어질도다. 顏回여! 한 대그릇의 밥과 한 표주박의 음료로 누추한 골목에서 삶을 남들은 그 근심을 견디내지 못하는데, 顏回는 그 樂을 변치 않으니, 어질도다. 顏回여!"

集說 朱子曰 回는 姓顏이요 字子淵이니 孔子弟子라 簞은 竹器요 食는 飯也요 瓢는 瓠也라 顏子之貧如此로되 而處之泰然하여 不以害其樂이라 故로 夫子再言賢哉回也하여 以深嘆美之하시니라

朱子가 말씀하였다. "回는 姓은 顏이요, 字는 子淵이니, 孔子의 제자이다. 簞은 대나무 그릇이요, 食는 밥이요, 瓢는 바가지이다. 顏子의 가난함이 이와 같은데도 대처하기를 태연히 하여 그 樂을 해치지 않았다. 그러므로 夫子께서 두 번이나 '어질도다, 顏回여!'라고 말씀하여, 깊이 감탄하고 찬미하신 것이다."

右는 敬身이라

이상은 몸을 공경함이다.

45. 衛莊公이 娶于齊東宮得臣之妹하니 曰莊姜이라 美而無子러니 [1](其娣)戴嬀生桓公이어늘 莊姜이 以爲己子하니라 《左傳 隱公三年》

陳 : 베풀 진 簞 : 소쿠리 단 瓢 : 표주박 표 陋 : 더러울 루 巷 : 골목 항
堪 : 견딜 감 瓠 : 박 호 泰 : 편안할 태 妹 : 누이 매 娣 : 손아래누이 제
戴 : 일 대 嬀 : 성 규

衛나라 莊公이 齊나라 東宮 得臣의 누이동생에게 장가드니, 莊姜이라 하였다. 아름다웠으나 아들이 없었는데, 戴嬀가 桓公을 낳자, 莊姜이 자기의 아들로 삼았다.

역주 1. 其娣戴嬀 : 원래 「左傳」에는 '莊姜美而無子' 뒤에 '또 다시 陳나라의 厲嬀에게 장가들어 孝伯을 낳았으나 일찍 죽었으며 그 여동생 戴嬀가…〔又娶于陳 曰厲嬀 生孝伯 早死 其娣戴嬀…〕'로 되어 있어 戴嬀는 莊姜의 여동생이 아니라 厲嬀의 여동생임을 알 수 있다. 이 때문에 諺解에는 '其娣'를 빼고 해석하지 않았으므로 諺解를 따라 衍文으로 처리하였다.

集說 陳氏曰 莊公은 衛君이니 名揚이요 諡曰莊이라 東宮은 太子宮이요 得臣은 太子名이라 姜은 齊姓이요 嬀는 陳姓이라 莊, 戴는 皆諡也라 娣는 女弟之從嫁者라 桓公은 名完이라

陳氏가 말하였다. "莊公은 衛나라 임금이니, 이름은 揚이요, 시호는 莊이다. 東宮은 태자의 궁이요, 得臣은 태자의 이름이다. 姜은 齊나라 성이요, 嬀는 陳나라 성이다. 莊과 戴는 모두 시호이다. 娣는 여동생으로서 시집올 때에 따라온 자이다. 桓公은 이름이 完이다."

公子州吁는 嬖人之子也라 有寵以好兵이어늘 公이 弗禁하니 莊姜이 惡(오)之하니라

公子 州吁는 莊公이 사랑하는 첩의 아들이다. 총애가 있어 〈총애를 믿고서〉 병장기를 쓰기를 좋아하였는데, 莊公이 금지시키지 않으니, 莊姜이 州吁를 미워하였다.

集說 陳氏曰 嬖人은 莊公幸妾也라

陳氏가 말하였다. "嬖人은 莊公의 총애하는 첩이다."

石碏이 諫曰 臣聞愛子호되 敎之以義方하여 弗納於邪니 驕奢淫泆은 所自邪也라 四者之來는 寵祿이 過也니이다

石碏이 다음과 같이 간하였다. "臣은 듣자오니, 자식을 사랑하되 의로운 방법으로 가르쳐 사악한데 들어가지 않게 해야 한다고 하였습니다. 교만과 사치와 탐욕

吁 : 탄식할 우 嬖 : 사랑할 폐 寵 : 총애할 총 碏 : 사람이름 작 奢 : 사치할 사
泆 : 방탕할 일

과 방탕은 말미암아 사악하게 되는 것이니, 네 가지가 옴은 총애와 복록이 지나치기 때문입니다.

集解 石碏은 衛大夫라 義方은 爲義之方也라 納은 入也라 邪者는 惡逆之謂라

石碏은 衛나라 大夫이다. 義方은 義를 하는 방법이다. 納은 들어감이다. 邪는 악행과 패역을 이른다.

夫寵而不驕하며 驕而能降하며 降而不憾하며 憾而能眕者는 鮮矣니이다

총애를 받으면서도 교만하지 않으며, 교만하면서도 능히 낮추며, 낮추면서도 한하지 않으며, 한하면서도 자중하는 자는 적습니다.

集說 吳氏曰 寵은 愛也요 憾은 恨也요 眕은 重也요 鮮은 少也라 言得君寵愛而不驕矜하며 已驕而能自降其心하며 強降其心而不憾恨하며 有憾恨之心而能自重其身이니 能如是者少矣라

吳氏가 말하였다. "寵은 사랑함이요, 憾은 한함이요, 眕은 진중함이요, 鮮은 적음이다. 임금의 총애를 얻으면서도 교만하지 않으며, 이미 교만하면서도 능히 스스로 그 마음을 낮추며, 그 마음을 억지로 낮추면서도 한하지 않으며, 한하는 마음이 있으면서도 그 몸을 자중하여야 하니, 이와 같이 하는 자가 적음을 말한 것이다."

且夫賤妨貴하며 少陵長하며 遠間親하며 新間舊하며 小加大하며 淫破義는 所謂六逆也요 君義臣行하며 父慈子孝하며 兄愛弟敬은 所謂六順也니이다

미천한 자가 존귀한 자를 해치며, 젊은 자가 長者를 능멸하며, 소원한 자가 친근한 자를 이간질하며, 새로운 사람이 옛사람을 이간질하며, 작은 자가 큰 자에게 가하며, 음탕함이 義를 파괴함은 이른바 여섯 가지 패역이요, 임금은 의롭고 신하는 행하며, 아버지는 사랑하고 자식은 효도하며, 형은 사랑하고 아우는 공경함은 이른바 여섯 가지 순함입니다.

集說 吳氏曰 妨은 害也요 陵은 犯也요 間은 離也요 破는 壞也라

憾 : 한할 감 眕 : 성낼 진 鮮 : 드물 선 矜 : 자랑할 긍 妨 : 해로울 방
間 : 이간질할 간 破 : 부술 파

吳氏가 말하였다. "妨은 해침이요, 陵은 범함이요, 間은 이간질함이요, 破는 파괴이다."

去順效逆이 所以速禍也니 君人者將禍를 是務去어늘 而速之하시니 無乃不可乎잇가

六順을 버리고 六逆을 본받음이 화를 부르는 것입니다. 백성들에게 임금노릇하는 자는 장차 화를 힘써 제거해야 할 터인데 화를 부르시니, 불가하지 않겠습니까?"

集說 吳氏曰 順은 卽六順이요 逆은 卽六逆也라 速은 召也라 莊公이 溺愛嬖人之子하여 使恃寵弄兵而弗之禁하니 是는 去順而效逆也라 其後에 州吁弑桓公하고 爲石碏所誅하니 豈非速禍之明驗乎아

吳氏가 말하였다. "順은 곧 六順이요, 逆은 곧 六逆이다. 速은 부름이다. 莊公은 총애하는 첩의 자식을 사랑함에 빠져 그로 하여금 총애를 믿고서 병장기를 장난하게 하고 금하지 않았으니, 이는 순함을 버리고 패역을 본받은 것이다. 그 뒤 州吁는 桓公(完)을 시해하고, 石碏에게 죽임을 당하였으니, 어찌 화를 부른다는 명확한 증험이 아니겠는가."

46. 劉康公, 成肅公이 會晉侯하여 伐秦이러니 成子受脤于社하되 不敬이어늘 《左傳 成公十三年》

劉邑의 康公과 成邑의 肅公이 晉侯와 회합하여 秦나라를 정벌하였는데, 成子(成肅公)가 社에서 祭肉을 받을 적에 공경하지 않았다.

集說 吳氏曰 劉, 成은 皆邑名이요 康, 肅은 皆諡라 晉侯는 晉厲公이니 名州蒲라 脤은 祭社之肉이니 [1]盛以脤器라 故曰脤이라 凡出兵則宜于社하나니라

吳氏가 말하였다. "劉와 成은 모두 고을 이름이요, 康과 肅은 모두 시호이다. 晉侯는 晉나라 厲公이니, 이름은 州蒲이다. 脤은 社에 제사지낸 고기이니, 脤器에 담기 때문에 脤이라 말한다. 무릇 군대를 출동할 때에는 社에서 宜제사를 지낸다."

역주 1. 脤器 : 脤은 원래 蜃에서 온 것인바, 蜃器는 자개로 꾸민 그릇으로 지금의 羅鈿 그릇이다.

速 : 부를 속 溺 : 빠질 닉 恃 : 믿을 시 弄 : 희롱할 롱 效 : 본받을 효
弑 : 죽일 시 脤 : 제사고기 신 厲 : 사나울 려 蒲 : 부들 포 盛 : 담을 성
宜 : 제사 의

劉子曰 吾聞之하니 民이 受天地之中하여 以生하니 所謂命也라 是以로 有動作禮義威儀之則(칙)하니 以定命也라 能者는 養之以福하고 不能者는 敗以取禍하나니라

劉子는 다음과 같이 말하였다. "나는 들으니, 사람이 天地의 中(이치)를 받아 태어나니, 이른바 命이다. 이때문에 동작과 예의와 위의의 법칙이 있으니, 이로써 命을 안정시킨다. 이것(동작·예의·위의의 법칙)을 잘하는 자는 길러서 복을 받고, 잘하지 못하는 자는 패하여 화를 취한다.

集解 眞氏曰 劉子所言之中은 [1]卽成湯降衷之衷이니 是謂天命之性也라 人之動作禮義威儀는 非可以強爲也니 天地有自然之中而人得之以生이라 故로 動作禮義威儀皆有自然之則하니 過之도 非中也요 不及도 亦非中也라 動作은 以身言이요 禮義는 以理言이요 威儀는 以著於外者言이라 能循其則者는 順天地之命者也라 故로 曰養之以福이요 不能循其則者는 逆天地之命者也라 故로 曰敗以取禍라 然이나 所謂能不能者는 豈有他哉리오 亦曰敬與不敬而已矣니라

增註 天地之理를 人得之以生하니 所謂在天爲命이요 在人爲性者也라 動作禮義威儀 各有當然之則하니 聖人所以定其性而使弗失也니라

집해 **眞氏가 말하였다. "劉子가 말한 바의 中은 곧 '成湯이 衷을 내려주었다'는 衷이니,** 이것은 하늘이 명해준 性을 이른다. 사람의 동작과 예의와 위의는 억지로 할 수 있는 것이 아니다. 天地에는 자연의 中이 있는바, 사람이 이것을 얻어 태어났다. 그러므로 동작·예의·위의에는 모두 자연의 법칙이 있으니, 이를 지나침도 중도가 아니요, 미치지 못함도 또한 중도가 아니다. 동작은 몸으로써 말하였고, 예의는 이치로써 말하였고, 위의는 외면에 드러나는 것으로써 말하였다. 능히 그 법칙을 따르는 자는 天地의 命을 순종하는 자이므로 '길러 복을 받는다.'고 하였고, 능히 그 법칙을 따르지 못하는 자는 天地의 命을 거스르는 자이므로 '패하여 화를 취한다.'고 말하였다. 그러나 이른바 능함과 능하지 못함은 어찌 다른 것이 있겠는가. 또한 敬과 不敬일 뿐이다."

증주 天地의 이치를 사람이 얻어서 태어나니, 이른바 하늘에 있어서는 命이라 하고, 사람에게 있어서는 性이라고 하는 것이다. 동작과 예의와 위의에는 각각 당연한 법칙이 있으니, 聖人은 그 性을 안정시켜 잃지 않게 하였다.

역주 1. 成湯降衷之衷 : 「書經」《湯誥》는 商王 成湯의 말씀을 기록한 것인데, 여기에 '훌륭하신 上帝가 衷를 下民에 내려 주었다.[惟皇上帝 降衷于下民]'라 하였는바, 여기의 衷은 하늘이 인간에게 명해준 仁義禮智의 性을 가리킨다.

則 : 본받을 칙 衷 : 맞을 충

是故로 君子는 勤禮하고 小人은 盡力하나니 勤禮는 莫如致敬이요 盡力은 莫如敦篤이니 敬在養神이요 篤在守業이니라 國之大事는 在祀與戎하니 祀有執膰하며 戎有受脤이 神之大節也어늘 今成子惰하니 棄其命矣라 其不反乎인저

이러므로 君子는 禮를 부지런히 하고 小人은 힘을 다하니, 禮를 부지런히 함은 恭敬을 지극히 하는 것보다 더한 것이 없고, 힘을 다함은 돈독히 하는 것보다 더한 것이 없다. 공경은 神을 봉양함에 있고 돈독함은 業을 지킴에 있다. 나라의 큰 일은 제사와 전쟁에 있으니, 제사에는 제육을 잡으며, 전쟁에는 제육을 받음이 神을 섬기는 큰 예절인데, 이제 成子는 태만히 하였으니, 그 命을 버린 것이다. 그는 〈이번 출전에서〉 돌아오지 못할 것이다."

集說 陳氏曰 君子, 小人은 以位言之라 敦篤은 亦敬也라 膰은 祭肉이니 執膰, 受脤은 皆交神之大節이라 惰는 謂受脤不敬이라 君子勤禮以奉祀하고 小人盡力以務農은 皆養之以福者也어늘 成子以君子而受脤不敬하니 有取禍之道라 故로 劉子逆知其不反이러니 其後에 果卒于瑕하니라

集解 眞氏曰 夫敬之一言은 堯舜禹湯文武以來傳心之要法이니 春秋之世는 去聖人未遠하여 名卿賢大夫猶有聞焉이라 故로 呂成公曰 劉子之言은 乃三代老師宿儒傳道之淵源이라하니 信矣夫인저

집설 陳氏가 말하였다. "君子와 小人은 지위로써 말하였다. 敦篤은 또한 공경함이다. 膰은 제사 고기이니, 제육을 잡고 제육을 받음은 모두 神과 교제하는 큰 예절이다. 惰는 제육을 받음에 공경하지 않음을 이른다. 군자는 禮를 부지런히 하여 제사를 받들고, 소인은 힘을 다하여 농사에 힘쓰니, 이는 모두 길러 복을 취하는 것이다. 그런데 成子는 군자로서 제육을 받음에 공경하지 않았으니, 화를 취하는 도가 있었다. 그러므로 劉子는 미리 그가 돌아오지 못할 줄을 알았던 것인데, 그후 成子는 과연 瑕땅에서 죽었다."

집해 眞氏가 말하였다. "敬이란 글자는 堯, 舜, 禹, 湯, 文王·武王 이래로 마음으로 전수해준 중요한 법이니, 春秋시대는 聖人과의 시간적 거리가 멀지 않아 유명한 卿과 어진 大夫가 그래도 이에 대해 들음이 있었다. 그러므로 呂成公(呂祖謙)이 말하기를 '劉子의 말은 바로 三代의 老師·宿儒들이 道를 전수해준 淵源이다.'라고 하였으니, 그 말이 맞도다."

47. 衛侯在楚러니 北宮文子見令尹圍之威儀하고 言於衛侯曰

戎 : 싸움 융 膰 : 제사고기 번 脤 : 제사고기 신 瑕 : 옥티 하 淵 : 못 연
源 : 근원 원 圍 : 에워쌀 위

令尹이 其將不免이러이다 詩云 敬愼威儀라 維民之則(칙)이라하니 令尹이 無威儀하니 民無則焉이라 民所不則이요 以在民上하니 不可以終이니이다 《左傳 襄公三十一年》

衛나라 임금이 楚나라에 있었는데, 北宮文子가 令尹인 圍의 위의를 보고 衛侯에게 말하였다. "令尹은 그 장차 화를 면하지 못할 것입니다. 「詩經」에 이르기를 '위의를 공경하고 삼가하는지라, 백성의 법이 된다.' 하였는데, 令尹은 위의가 없으니, 백성들이 본받을 것이 없습니다. 백성들이 본받지 못할 바이면서 백성의 위에 있으니, 좋게 끝마치지 못할 것입니다."

集說 吳氏曰 衛侯는 襄公이니 名惡이라 文子는 衛大夫니 名佗요 北宮은 其姓也라 令尹은 楚上卿執政者니 名圍라 免은 謂免於禍라 詩는 大雅抑之篇이라 則은 法也라 不可以終은 言不可以善保其終也라

吳氏가 말하였다. "衛侯는 襄公이니, 이름이 惡이다. 文子는 衛나라 大夫이니, 이름은 佗요, 北宮은 그 姓이다. 令尹은 楚나라의 上卿으로 정권을 잡은 자이니, 이름은 圍이다. 免은 화를 면함을 이른다. 詩는 大雅《抑篇》이다. 則은 법이다. 不可以終은 그 끝을 잘 보전하지 못함을 말한다."

公曰 善哉라 何謂威儀오 對曰 有威而可畏를 謂之威요 有儀而可象을 謂之儀니 君이 有君之威儀하면 其臣이 畏而愛之하고 則(칙)而象之라 故로 能有其國家하여 令聞이 長世하며 臣이 有臣之威儀하면 其下畏而愛之라 故로 能守其官職하여 保族宜家하나니 順是以下皆如是라 是以로 上下能相固也니이다

公이 말하기를 "좋도다! 무엇을 威儀라 이르는가." 하자, 北宮文子는 다음과 같이 대답하였다. "위엄이 있어 두려워할 만함을 威라 이르고, 예의가 있어 본받을 만함을 儀라 합니다. 임금이 임금의 위의가 있으면, 그 신하가 두려워하면서도 사랑하고 본받아 그대로 따릅니다. 그러므로 능히 그 국가를 보유하여 훌륭한 명성이 후세에 오래갑니다. 신하가 신하의 위의가 있으면, 그 아랫사람들이 두려워하면서도 사랑합니다. 그러므로 그 관직을 잘 지켜 종족을 보존하고 집안을 화목하게 합니다. 이를 따라 그 이하가 모두 이와 같습니다. 그러므로 윗사람과 아랫사람이 서로 안정되는 것입니다.

佗 : 다를 타　象 : 본받을 상　令 : 아름다울 령　聞 : 알려질 문

集說 吳氏曰 此는 衛侯問而文子答也라 令聞長世는 謂善名이 久垂於世也라 是는 指君臣而言이라 皆如是는 謂皆有威儀也라 固는 安固也라 此는 言君臣之有威儀而其效如此라

吳氏가 말하였다. "이는 衛侯가 물음에 文子가 대답한 것이다. 令聞長世는 훌륭한 명성이 세상에 오랫동안 드리워짐을 이른다. 是는 君臣을 가리켜 말한 것이다. 다 이와 같다는 것은 모두 위의가 있음을 말한다. 固는 편안하고 견고함이다. 이는 임금과 신하가 위의가 있으면 그 효험이 이와 같음을 말한 것이다."

衛詩曰 威儀棣棣라 不可選也라하니 言君臣上下父子兄弟內外大小皆有威儀也니이다

衛詩에 이르기를 '위의가 풍부하고 익숙한지라, 선별할 것이 없다.' 하였으니, 君臣과 上下와 父子와 兄弟와 內外와 大小가 모두 위의가 있음을 말한 것입니다.

集解 詩는 邶風柏舟之篇이라 棣棣는 富而閑習之貌요 選은 簡擇也니 言威儀無一不善하여 不可得而簡擇取舍也라
增註 此盖借引하여 以爲人皆不可無威儀耳라

집해 詩는 邶風《柏舟篇》이다. 棣棣는 풍부하고 익숙한 모양이요, 選은 간택함이니, 위의가 한 가지라도 좋지 않음이 없어 간택하여 취하고 버릴 것이 없음을 말한 것이다.
증주 이는 詩를 빌려 인용하여 사람은 모두 위의가 없어서는 안됨을 말한 것이다.

周詩曰 朋友攸攝이 攝以威儀라하니 言朋友之道는 必相敎訓以威儀也니이다

周詩에 이르기를 '붕우간에 檢束하는 것은, 위의로 검속한다.' 하였으니, 붕우간의 도리는 반드시 서로 위의로써 가르쳐 주어야 함을 말한 것입니다.

集解 詩는 大雅旣醉之篇이라 攝은 檢也라

詩는 大雅《旣醉篇》이다. 攝은 검속(단속)이다.

故로 君子는 在位可畏하며 施舍可愛하며 進退可度하며 周旋可

垂 : 드리울 수 棣 : 익숙할 체 選 : 가릴 선 邶 : 패나라 패 簡 : 가릴 간
舍 : 버릴 사 攸 : 바 유 攝 : 검속할 섭 檢 : 검속할 검 度 : 법도 도

則하며 容止可觀하며 作事可法하며 德行可象하며 聲氣可樂하며 動作有文하며 言語有章하여 以臨其下하나니 謂之有威儀也니이다

그러므로 군자는 지위에 있으면 두려울 만하며, 쓰이거나 버려짐에 사랑할 만하며, 나아가고 물러남이 법도가 될 만하며, 두루 돎에 법칙이 될 만하며, 용모와 행동거지가 볼 만하며, 일을 함에 법이 될 만하며, 덕행이 본받을 만하며, 말소리가 즐거워할 만하며, 동작에 文(예의)이 있으며, 언어에 법이 있어, 이로써 그 아랫사람에게 임합니다. 이것을 일러 위의가 있다고 하는 것입니다."

集解 施는 用也요 舍는 不用也라 度는 法度也라 眞氏曰 自古之論威儀者 未有若文子之備也라 蓋威는 非徒事嚴猛而已라 正衣冠, 尊瞻視하여 儼然人望而畏之니 夫是之謂威也요 儀는 非徒事容飾而已라 動容周旋이 無不中禮니 夫是之謂儀也라 當是時하여 令尹圍專楚國之政하고 有簒奪之心하여 形諸威儀하니 必有僭偪于上者라 故로 文子見而知其不終이러니 未幾에 果以簒奪得國하니 是爲靈王이라 其後에 亦復被弑而不能終也하니라

施는 쓰임이요, 舍는 쓰이지 않음이다. 度는 법도이다. 眞氏가 말하였다. "예로부터 위의를 논한 자가 北宮文子처럼 갖추어진 것은 있지 않다. 威는 한갓 엄숙과 사나움을 일삼는 것이 아니라, 의관을 바르게 하고 시선을 높게 하여 엄연히 사람들이 바라보고 두려워함이니, 이것을 威라고 이르며, 儀는 한갓 용모의 꾸밈을 일삼는 것이 아니라, 動容과 周旋함이 禮에 맞지 않음이 없음이니, 이것을 儀라고 이른다. 이 때를 당하여 令尹인 圍가 楚나라의 정권을 독단하고 찬탈할 마음을 두어, 이것이 위의에 나타났으니, 반드시 윗사람에게 참람하고 핍박함이 있었을 것이다. 그러므로 北宮文子가 보고 그가 잘 마치지 못할 줄을 알았는데, 얼마 안있다가 과연 찬탈하여 나라를 얻으니, 이가 靈王이다. 그후에 또 다시 시해를 당하여 잘 마치지 못하였다."

右는 通論이라

이상은 通論이다.

章：문채 장 徒：한갓 도 猛：사나울 맹 瞻：볼 첨 簒：빼앗을 찬
奪：빼앗을 탈 形：나타날 형 僭：참람할 참 偪：핍박할 핍

小學集註 卷之五

詩曰 天生烝民하시니 有物有則(칙)이로다 民之秉彝라 好是懿德이라하여늘 [1]孔子曰 爲此詩者여 其知道乎인저 故로 有物必有則이니 民之秉彝也라 故로 好是懿德이라하시니 歷傳記하며 接見聞하여 述嘉言하며 紀善行하여 爲小學外篇하노라

「詩經」에 이르기를 "하늘이 뭇사람을 내시니, 사물이 있으면 법칙이 있도다. 사람이 떳떳한 성품을 간직하고 있으므로 이 아름다운 德을 좋아한다." 하였는데, 孔子는 말씀하시기를 "이 詩를 지은 자는 道를 알 것이다. 그러므로 사물이 있으면 반드시 법칙이 있는 것이니, 사람이 떳떳한 성품을 간직하고 있으므로 이 아름다운 德을 좋아하는 것이다." 하셨다. 傳記를 일일이 살펴보며 견문을 접하여, 아름다운 말을 기술하며 善한 행실을 기록하여, 「小學」의 外篇을 만들었다.

역주 1. 孔子曰 : 이 내용은 「孟子」《告子上》에 보인다.

集說 朱子曰 詩는 大雅烝民之篇이라 烝은 衆也요 物은 事也요 則은 法也요 彝는 常也요 懿는 美也라 有物必有法은 如有耳目則有聰明之德하고 有父子則有慈孝之心하니 是는 民所秉執之常性也라 故로 人之情이 無不好此懿德者니라 吳氏曰 歷考前代之傳記하고 承接近代之見聞하여 凡言之善者則述之하고 行之善者則紀之하여 而爲小學之外篇也라

朱子가 말씀하였다. "詩는 大雅《烝民篇》이다. 烝은 많음이요, 物은 일이요, 則은 법이요, 彝는 떳떳함이요, 懿는 아름다움이다. 사물이 있으면 반드시 법이 있으니, 이는 마치 귀와 눈이 있으면 밝게 듣고 밝게 보는 덕이 있으며, 아버지와 아들이 있으면 사랑하고 효도하는 마음이 있음과 같으니, 이는 사람이 잡고 있는 바의 떳떳한 性이다. 그러므로 사람의 情이 이 아름다운 덕을 좋아하지 않는 이가 없는 것이다."

吳氏가 말하였다. "前代의 傳記를 일일이 고찰하고 근대의 견문을 이어 접하여, 무릇 말의 善한 것이면 기술하고 행실의 善한 것이면 기록하여, 「小學」의 外篇을 만들었다."

烝 : 많을 증　秉 : 잡을 병　彝 : 떳떳할 이　懿 : 아름다울 의　紀 : 기록할 기

嘉言 第五

集說 吳氏曰 嘉言은 善言也니 此篇은 述漢以來賢者所言之善言하여 以廣立教明倫敬身也라 凡九十一章이라

吳氏가 말하였다. "嘉言은 좋은 말이니, 이 篇은 漢나라 이래로 賢者가 말한 바의 훌륭한 말을 기술하여 立教·明倫·敬身을 넓혔다. 모두 91章이다."

1. 橫渠張先生曰 教小兒하되 先要安詳恭敬이니 今世에 學不講하여 男女從幼便驕惰壞了하여 到長益凶狠하나니 只爲未嘗爲子弟之事라 則於其親에 已有物我하여 不肯屈下하여 病根常在하여 又隨所居而長하여 至死只依舊하나니라 《張子全書 橫渠語錄》

橫渠張先生이 말씀하였다. "어린 아이를 가르치되 먼저 안정되고 상세하며 공손하고 공경함을 요하니, 지금 세상에는 학문을 강하지 않아, 남녀가 어릴 때부터 곧 교만하고 나태함으로 파괴되어, 장성함에 이르면 더욱 포악하고 사나워지니, 이는 다만 일찍이 子弟의 일을 하지 않았기 때문이다. 그리하여 그 부모에게 이미 남과 내가 있어 자신을 굽혀 낮추기를 즐거워 하지 아니하여, 병근이 항상 있어 또 거처하는 바를 따라 자라나, 죽음에 이르도록 다만 옛것을 따른다.

集說 吳氏曰 橫渠는 地名이니 在鳳翔郿縣하니라 先生은 名載요 字子厚라 安은 謂安靜이요 詳은 謂詳審이요 恭은 謂恭莊이요 敬은 謂敬畏니 此四者는 教童幼之所當先也라 驕惰者는 矜傲怠慢之謂요 凶狠者는 暴惡麤戾之謂라 親은 謂父母也라 物我는 猶言彼此也라 病根은 卽驕惰也라

吳氏가 말하였다. "橫渠는 지명이니, 鳳翔의 郿縣에 있다. 先生은 이름은 載요, 字는 子厚이다. 安은 안정됨이요, 詳은 詳審(자세하고 살핌)함이요, 恭은 공손하고 씩씩함이요, 敬은 공경하고 두려워함이니, 이 네 가지는 어린이를 가르침에 마땅히 먼저 해야 할 바이다. 驕惰는 오만하고 태만함을 이르고, 凶狠은 포악하고 거침을 이른다. 親은 부모를 이른

渠 : 도랑 거 詳 : 자세할 상 便 : 곧 변 狠 : 사나울 한 物 : 남 물 肯 : 즐길 긍
屈 : 굽힐 굴 依 : 따를 의 翔 : 날개 상 郿 : 고을이름 미 矜 : 자랑할 긍
傲 : 오만할 오 麤 : 거칠 추 戾 : 어그러질 려

다. 物我는 彼此라는 말과 같다. 病根은 바로 교만함과 나태함이다."

爲子弟則不能安灑掃應對하고 接朋友則不能下朋友하고 有官長則不能下官長하고 爲宰相則不能下天下之賢이니라

子弟가 되어서는 灑掃와 應對를 편안히 여기지 못하고, 朋友를 접하게 되면 朋友에게 자신을 낮추지 못하고, 官長이 있으면 官長에게 낮추지 못하고, 재상이 되어서는 천하의 어진이에게 낮추지 못한다.

增註 安은 謂安意爲之요 下는 謂屈己下之라 此는 言病根이 隨所居而長也라

安은 뜻을 편안히 함이요, 下는 자기 몸을 굽혀 낮추는 것이다. 이는 병근이 거처하는 바에 따라 자라남을 말한 것이다.

甚則至於徇私意하여 義理都喪也하나니 只爲病根不去하여 隨所居所接而長이니라

심하면 사사로운 뜻을 따라 의리를 모두 잃는데 이른다. 이는 다만 병근이 제거되지 아니하여 거처하는 바와 접하는 바를 따라 자라났기 때문이다.

集解 徇은 以身從物之謂라

集成 葉氏曰 後世에 小學旣廢하고 父母愛踰於禮하여 恣之驕惰而莫爲禁止하니 病根旣立에 隨寓隨長하여 卒至盡失其良心하니 蓋有自來라 學者所當察其病源하여 力加克治하면 則舊習日消하고 而道心日長矣리라

집해 徇은 몸으로 사물을 따름을 이른다.

집성 葉氏가 말하였다. "후세에 小學의 가르침이 이미 폐지되고 부모는 사랑이 禮에 지나쳐, 교만하고 나태하도록 내버려두어 금지하지 않으니, 병근이 이미 섬에 붙여 있는 곳에 따라 자라나서 마침내는 그 良心을 다 잃는 데 이르는 바, 이는 유래가 있다. 배우는 자는 마땅히 그 병의 근원을 살펴 힘써 이겨 다스림을 가하여야 하니, 이렇게 하면 舊習이 날로 사라지고 道心이 날로 자랄 것이다."

2. 楊文公家訓曰 童穉之學은 不止記誦이라 養其良知良能이니 當以先入之言으로 爲主니라 《楊文公家訓》

徇 : 따를 순　都 : 모두 도　喪 : 잃을 상　踰 : 넘을 유　恣 : 방자할 자　寓 : 붙일 우
消 : 사라질 소　穉 : 어릴 치

「楊文公家訓」에 말하였다. "어린이의 배움은 기억하고 외움에 그칠 것이 아니라, 그 良知와 良能을 길러야 하니, 마땅히 먼저 들어가는 말로 주장을 삼아야 한다.

集說 吳氏曰 文公은 名億이요 字大年이니 浦城人이라 良知者는 本然之知요 良能者는 本然之能이니 愛親敬長이 是也라 程子曰 人之幼也에 知思未有所主하니 則當以格言至論으로 日陳於前하여 使盈耳充腹하여 久自安習하여 若固有之者면 後雖有讒說搖惑이나 不能入也니라

吳氏가 말하였다. "文公은 이름은 億이요, 字는 大年이니, 浦城 사람이다. 良知는 본연의 앎이요, 良能은 본연의 능함이니, 어버이를 사랑하고 어른을 공경함이 그것이다."
程子가 말씀하였다. "사람이 어렸을 때에는 지식과 생각이 주장하는 바가 있지 않으니, 마땅히 格言(바른 말)과 지극한 의논을 날마다 앞에서 말하여 귀에 가득하고 뱃속에 차게 하여, 오래하여 저절로 편안히 익혀져서 고유한 것처럼 되면 뒤에 비록 나쁜 말로 흔들고 미혹함이 있더라도 능히 들어가지 않는다."

日記故事하여 不拘今古하되 必先以孝弟忠信禮義廉恥等事니 如黃香의 扇枕과 陸績의 懷橘과 叔敖의 陰德과 子路의 負米之類를 只如俗說이면 便曉此道理니 久久成熟하면 德性이 若自然矣리라

날마다 옛 일을 기억하게 하여 지금과 옛날 것을 구애하지 않되, 반드시 孝弟忠信과 禮義廉恥 등의 일을 먼저하여야 한다. 예를 들면 黃香이 부모의 베개에 부채질 함과 陸績이 귤을 품음과 叔敖의 陰德과 子路가 부모를 위해 쌀을 져온 것과 같은 따위를 다만 속세의 말과 같이 하면 곧 이 도리를 깨우칠 것이니, 오래오래 하여 성숙해지면 德性이 마치 자연스러움과 같아질 것이다."

集說 吳氏曰 故事는 已往之事也라 善事父母爲孝요 善事兄長爲弟라 盡己之謂忠이요 以實之謂信이라 禮者는 天理之節文이요 義者는 人心之裁制라 廉은 卽辭讓之心이니 禮之發也요 恥는 卽羞惡之心이니 義之發也라 黃香扇枕之類는 卽孝弟等事也라 德性은 謂仁義禮智之性而爲本心之德者也라 講說之熟이면 則德性이 自然而成矣리라

浦：물가 포 格：바를 격 腹：배 복 讒：참소 참 搖：흔들 요 拘：구애할 구
扇：부채 선 枕：베개 침 橘：감귤 귤 負：질 부 曉：깨우칠 효
羞：부끄러울 수

○ 黃香은 字文強이니 盡心養親하여 暑則扇枕席하고 冬則以身溫被하니라 陸績은 字公紀니 年六歲에 見袁術한대 術出橘이어늘 績懷三枚라가 拜辭墮地한대 術曰 陸郞이 作賓客而懷橘乎아하니 績跪答曰 欲歸遺母라하니 術이 大奇之하니라 叔敖는 蔿氏요 名艾니 爲兒時에 出遊라가 見兩頭蛇하고 殺而埋之하고 歸而泣이어늘 母問其故한대 對曰 聞見兩頭蛇者死라하니 嚮者見之하니 恐去母而死也니이다 母曰 蛇今安在오 曰 恐他人又見하여 殺而埋之矣니이다 母曰 吾聞有陰德者는 天報以福이라하니 汝不死也리라하더니 及長에 爲楚相하니라 子路嘗曰 昔事二親에 常食藜藿하고 爲親負米百里之外러니 親沒之後에 爲楚大夫하여 從車百乘이요 [1]積粟萬鍾이며 累茵而坐하고 列鼎而食하니 雖欲食藜藿하고 爲親負米인들 何可得也리오하니라

吳氏가 말하였다. "故事는 이미 지나간 일이다. 부모를 잘 섬김을 孝라 하고, 형과 어른을 잘 섬김을 弟라 한다. 자기 마음을 다함을 忠이라 이르고, 진실히 함을 信이라 이른다. 禮는 天理의 節文이며, 義는 人心의 裁制이다. 廉은 곧 사양하는 마음이니 禮에서 나온 것이요, 恥는 곧 부끄러워하고 미워하는 마음이니 義에서 나온 것이다. 黃香이 베개에 부채질한 따위는 바로 孝弟 등의 일이다. 德性은 仁義禮智의 性으로 本心의 德이 된 것을 이른다. 강하고 말하기를 익숙히 하면 德性이 자연히 이루어질 것이다."

○ 黃香은 字가 文強이니, 마음을 다해 부모를 봉양하여 여름이면 베개에 부채질해드리고, 겨울이면 몸으로 이불을 따듯하게 해드렸다. 陸績은 字가 公紀이니, 나이 6세에 袁術을 뵙자, 袁術이 귤을 내왔다. 陸績은 귤 세 개를 품속에 간직했다가 하직하려고 절을 할 때에 귤이 땅에 떨어졌다. 袁術이 "陸郞은 손님이 되어서 귤을 품에 넣었는가?" 하자, 陸績은 무릎 꿇고 대답하기를 "돌아가 어머니에게 드리려고 하였습니다." 하니, 袁術은 크게 기특하게 여겼다. 叔敖는 蔿氏이고 이름은 艾이다. 어렸을 때에 나가 놀다가 머리가 두 개인 뱀을 보고 죽여 묻고는 집에 돌아와서 울었다. 어머니가 그 이유를 묻자, 대답하기를 "들건대 머리가 두 개인 뱀을 본 사람은 죽는다고 하는데, 조금 전에 제가 그것을 봤으니, 어머니를 버리고 죽을까 두렵습니다." 하였다. 어머니가 "뱀이 지금 어디에 있느냐?" 하고 묻자, "다른 사람이 또 볼까 염려되어 죽여 묻었습니다." 하였다. 어머니는 "내 들으니, 陰德이 있는 자는 하늘이 복으로 보답해 준다고 하였으니, 너는 죽지 않을 것이다." 하였다. 그는 장성하여 楚나라의 정승이 되었다. 子路는 일찍이 말하기를 "옛날 두 어버이를 섬길 적에는 항상 명아주잎과 콩잎 국만을 먹었으며, 어버이를 위해 백리 밖에서 쌀을 져왔었는데, 어버이가 돌아가신 뒤에 楚나라 大夫가 되어 따르는 수레가 백 대나 되고 쌓인 곡식이 萬鍾이나 되며, 자리를 겹으로 깔고 앉고 여러 솥을 벌려 놓고 밥을 먹게 되니, 이제 비록 명아주잎과 콩잎을 먹으면서 부모를 위하여 쌀을 져오고자 하나 어찌 될 수

被 : 이불 피　袁 : 옷깃 원　枚 : 낱개 매　墮 : 떨어질 타　郞 : 사내 랑
跪 : 꿇어앉을 궤　蔿 : 고을이름 위　艾 : 쑥 애　蛇 : 뱀 사　嚮 : 지난번 향
安 : 어찌 안　藜 : 명아주 려　藿 : 콩잎 곽　沒 : 죽을 몰　粟 : 곡식 속
鍾 : 되이름 종　累 : 여러 루, 포갤 루　茵 : 깔개 인　鼎 : 솥 정

있겠는가." 하였다.

역주 1. 積粟萬鍾 : 鍾은 古代의 量名으로 1鍾은 6斛 4斗에 해당한다.

3. 明道程先生曰 憂子弟之輕俊者는 只教以經學念書요 不得令作文字니라 子弟凡百玩好皆奪志하나니 至於書札하여는 於儒者事에 最近이언마는 然이나 [1]一向好著(착)이면 亦自喪志니라 《二程全書 遺書》

明道程先生이 말씀하였다. "子弟의 가볍고 준수함을 염려하는 자는 오직 經學과 글을 읽도록 가르칠 것이요, 글을 짓게 해서는 안된다. 자제들의 온갖 좋아함은 모두 뜻을 빼앗으니, 글씨와 편지에 이르러는 儒者의 일에 가장 가까우나 한결같이 좋아하면 또한 스스로 뜻을 잃게 된다.

역주 1. 一向好著 : 一向은 한결같이이며 著은 어조사로, 한결같이 그것만을 좋아함을 이른다.

集說 陳氏曰 先生은 名顥요 字伯淳이니 河南人이라 文潞公이 題其墓曰 明道先生이라하니라 蓋少年之輕浮俊秀者는 惟教以學經讀書하면 則可以收其放心하여 而於道에 知所向이니 若使作文字하면 則心愈放而離道遠矣리라 奪志는 謂奪其求道之志라 書는 習字요 札은 簡札이니 書札은 固儒者之一事로되 若專攻乎此하면 亦喪其求道之志也니라

陳氏가 말하였다. "先生은 이름은 顥요, 字는 伯淳이니, 河南 사람이다. 文潞公(文彦博)이 그의 墓에 쓰기를 明道先生이라 하였다. 소년으로서 輕浮(가볍고 떠있음)하고 준수한 자는 오직 經學과 책을 읽도록 가르치면 그 放心을 거두어 道에 향할 바를 알게 되니, 만약 글을 짓게 하면 마음이 더욱 방탕해져서 道를 떠남이 멀어질 것이다. 奪志는 道를 구하는 뜻을 빼앗음이다. 書는 習字요, 札은 簡札이니, 습자와 간찰은 진실로 儒者의 한 가지 일이나 만일 이것을 전공한다면 또한 그 道를 구하는 뜻을 잃게 된다."

4. 伊川程先生曰 教人호되 未見意趣면 必不樂(요)學이니 且教之歌舞니라 [1]如古詩三百篇은 皆古人이 作之하니 如關雎之類는 正家之始라 故로 用之鄉人하며 用之邦國하여 日使人聞之하니

只 : 다만 지　念 : 욀 념　玩 : 완미할 완　札 : 편지 찰　顥 : 클 호　潞 : 물이름 로
浮 : 뜰 부　愈 : 더욱 유　攻 : 다스릴 공　趣 : 취향 취　樂 : 좋아할 요　雎 : 중경이 저

此等詩는 其言이 簡奧하여 今人이 未易曉하니 別欲作詩하여 略言敎童子灑掃應對事長之節하여 令朝夕歌之하노니 似當有助니라 《二程全書 遺書》

伊川程先生이 말씀하였다. "사람을 가르치되 意趣를 보게 하지 못하면 반드시 배움을 좋아하지 않으니, 우선 노래와 춤을 가르쳐야 한다. 古詩 3백 편 같은 것은 모두 옛사람이 지은 것이니,《關雎》와 같은 따위는 집안을 바로잡는 시초이다. 그러므로 이것을 지방 사람들에게 사용하고 국가에도 사용하여 날마다 사람들로 하여금 듣게 하였으니, 이들 詩는 그 말이 간략하면서도 심오하여 지금 사람들이 쉽게 깨닫지 못한다. 나는 따로 詩를 지어 동자들로 하여금 灑掃應對하며 어른을 섬기는 예절을 간략히 말하여, 아침 저녁으로 노래하게 하고자 하니, 이렇게 하면 마땅히 도움이 있을 듯하다."

역주 1. 古詩三百篇 : 古詩는「詩經」을 가리키는바, 모두 311편인데 보통 3백 편이라고 말한다.

集說 陳氏曰 伊川은 地名이라 先生은 名頤요 字正叔이니 明道先生之弟라 趣는 指趣也요 樂는 喜好也라 關雎는 周南國風이니 詩之首篇이라 關雎等詩는 爲敎於閨門之內하니 乃正家之始라 故로 當時에 上下通用之라 簡奧者는 辭簡約而意深奧也라 以灑掃等事로 編爲韻語하여 令朝夕詠歌之하면 庶見意趣而好學矣리라 朱子曰 嘗疑曲禮에 衣毋撥, 足毋蹶, 將上堂 聲必揚, 將入戶 視必下等語는 皆古人敎小兒之語也로라

陳氏가 말하였다. "伊川은 지명이다. 선생은 이름은 頤요, 字는 正叔이니, 明道先生의 아우이다. 趣는 지취이고, 樂는 좋아함이다.《關雎》는 周南 國風이니,「詩經」의 머리편이다.《關雎》 등의 詩는 閨門 안에서 가르쳤으니, 바로 집안을 바로잡는 시초이다. 그러므로 당시에 上下가 통용하였다. 簡奧는 말이 간략하면서도 뜻이 심오한 것이다. 물뿌리고 쓰는 등의 일을 엮어 韻文으로 만들어, 아침저녁으로 읊고 노래하게 하면 거의 意趣를 보아 배움을 좋아하게 될 것이다."

朱子가 말씀하였다. "나는 일찍이《曲禮》에 '옷을 휘날리지 말며, 발을 움직이지 말며, 장차 堂에 오를 때에는 소리를 반드시 드높이며, 장차 문에 들어갈 때에는 반드시 시선을 아래로 내리라'는 등의 말은 모두 옛사람이 어린이를 가르치는 말이라고 의심하였다."

5. 陳忠肅公曰 幼學之士는 先要分別人品之上下니 何者是

奧 : 심오할 오　頤 : 턱 이　閨 : 안방 규　編 : 엮을 편　韻 : 운치 운　撥 : 뿌릴 발
蹶 : 넘어질 궤(궐)

聖賢所爲之事며 何者是下愚所爲之事오하여 向善背惡하여 去彼取此 此幼學所當先也니라 《了翁集, 呂東萊辨志錄》

陳忠肅公이 말하였다. "幼學(어린 학생)의 선비는 먼저 人品의 높고 낮음을 분별하여야 하니, 어느 것이 聖賢이 하는 바의 일이며, 어느 것이 下愚(지극히 어리석은 사람)가 하는 바의 일인가 하여, 善을 향하고 惡을 배척하여 저것(下愚의 일)을 버리고 이것(聖賢의 일)을 취하는 것이 이것이 幼學이 마땅히 먼저 해야 할 바이다.

集說 吳氏曰 公은 名瓘이요 字瑩中이요 號了翁이며 忠肅은 諡也니 延平人이라 言所當向而取者는 上品聖賢也요 所當背而去者는 下品下愚也라

吳氏가 말하였다. "公은 이름은 瓘이요, 字는 瑩中이요, 호는 了翁이며, 忠肅은 시호이니, 延平 사람이다. 마땅히 향하여 취해야 할 것은 上品의 聖賢이요, 마땅히 배척해서 버려야 할 것은 下品의 下愚이다."

顔子孟子는 亞聖也라 學之雖未至나 亦可爲賢人이니 今學者若能知此면 則顔孟之事를 我亦可學이니라

顔子와 孟子는 亞聖(孔子 다음의 聖人)이다. 그들을 배워 비록 이르지 못하더라도 또한 賢人은 될 수 있으니, 오늘날 배우는 자가 만일 이를 안다면 顔子와 孟子의 일을 나도 또한 배울 수 있다.

增註 此下는 言聖賢之事를 當向而取也라 亞는 次也라 學之는 謂學顔孟이라

이 이하는 聖賢의 일을 마땅히 향하여 취해야 함을 말한 것이다. 亞는 버금이다. 學之는 顔子와 孟子를 배움을 이른다.

言溫而氣和면 [1]則顔子之不遷을 漸可學矣요 過而能悔하며 又不憚改면 則顔子之不貳를 漸可學矣리라

말이 온화하고 기운이 화하면 顔子가 〈노여움을 제3자에게〉 옮기지 않았던 것을 점차 배울 수 있고, 잘못이 있음에 뉘우치며 또 고치기를 꺼리지 않으면 顔子가 〈잘못을〉 다시 하지 않았던 것을 점차 배울 수 있을 것이다.

瓘 : 옥 관　瑩 : 옥돌 영　翁 : 늙은이 옹　亞 : 버금 아　漸 : 점점 점　憚 : 꺼릴 탄
貳 : 다시 이

역주 1. 顔子之不遷 : 不遷은 不遷怒의 줄임말이며, 뒤의 不貳는 不貳過의 줄임말로 「論語」《雍也》에 '有顔回者好學 不遷怒 不貳過'라고 보인다.

集說 朱子曰 遷은 移也요 貳는 復(부)也니 怒於甲者를 不移於乙하고 過於前者를 不復於後니라

朱子가 말씀하였다. "遷은 옮김이요, 貳는 다시 함이니, 甲에게 노한 것을 乙에게 옮기지 않고, 앞에서 잘못한 것을 뒤에 다시 하지 않는 것이다."

[1]知埋鬻之戲不如俎豆하고 念慈母之愛至於三遷하여 自幼至老히 不厭不改하여 終始一意하면 則我之不動心이 亦可以如孟子矣리라

매장하고 물건 파는 놀이가 제사지내는 놀이만 못함을 알고, 慈母의 사랑이 세 번 이사함에 이르렀음을 생각하여, 어려서부터 늙을 때까지 배우기를 싫어하지 않고 지킴을 고치지 않아 처음부터 끝까지 뜻을 한결같이 하면 나의 不動心이 또한 孟子와 같아질 것이다.

增註 埋는 墓間之事요 鬻은 市中之事요 俎豆는 學宮之事니 此則三遷之敎也라 不厭은 謂學不倦이요 不改는 謂守不變이라

埋는 무덤 사이의 일이요, 鬻은 시장 안의 일이요, 俎豆는 學宮(학교)의 일이니, 이것은 곧 세번 이사한 가르침이다. 不厭은 배우기를 게을리 하지 않음이요, 不改는 지킴을 변하지 않음을 이른다.

역주 1. 埋鬻之戲不如俎豆 : 埋는 매장이고 鬻은 물건을 파는 것이며, 俎豆는 祭器인바, 이 내용은 앞의《稽古篇》제2章에 자세히 보인다.

若夫立志不高면 則其學이 皆常人之事라 語及顔孟이면 則不敢當也하여 其心에 必曰 我爲孩童이어니 豈敢學顔孟哉리오하리니 此人은 不可以語上矣니라 先生長者 見其卑下하고 豈肯與之語哉리오 先生長者 不肯與之語하면 則其所與語 皆下等人也

鬻 : 팔 육　俎 : 제기 조　豆 : 나무그릇 두　倦 : 게으를 권　孩 : 어릴 해

라 言不忠信이 下等人也요 行不篤敬이 下等人也요 過而不知悔 下等人也요 悔而不知改 下等人也니 聞下等之語하고 爲下等之事하면 譬如坐於房舍之中하여 四面이 皆墻壁也니 雖欲開明이나 不可得矣리라

만약 뜻을 세움이 높지 못하면 그 배움은 모두 常人(보통 사람)의 일이다. 말이 顔子와 孟子에 미치면 감히 감당하지 못하여, 그 마음에 반드시 생각하기를 '나는 어린 아이이니, 어찌 감히 顔子와 孟子를 배우겠는가?' 할 것이니, 이런 사람은 上等을 말해줄 수 없다. 先生과 長者는 그의 뜻이 卑下함을 보고, 어찌 그와 더불어 말하기를 즐겨하겠는가? 先生과 長者가 더불어 말하기를 즐겨하지 않는다면 그가 함께 말하는 바는 모두 下等人일 것이다. 말이 忠信하지 못함이 下等人이요, 행실이 독후하고 공경하지 않음이 下等人이요, 잘못을 저지르고서 뉘우칠 줄을 알지 못하는 것이 下等人이요, 뉘우치되 고칠 줄을 모르는 것이 下等人이니, 下等人의 말을 듣고 下等人의 일을 행하면, 비유하건대 마치 방 가운데에 앉아서 사면이 모두 담벽인 것과 같으니, 비록 열어 밝게 하고자 하나 될 수 없을 것이다."

增註 此는 言下愚之事를 當背而去也라 下等之語와 下等之事는 皆蔽塞人心之墻壁也니 開而明之는 在立志以學聖賢而已니라

集解 言僞而行薄하고 恥過而遂非면 所聞所行이 無一不歸於下愚之習이라 耳目壅塞하고 中心昏蔽하여 一物無所見하고 一步不可行이니 欲求開明이나 何可得哉리오

증주 이는 下愚의 일을 마땅히 배척하여 버려야 함을 말한 것이다. 下等의 말과 下等의 일은 모두 사람의 마음을 가리고 막는 장벽이니, 이것을 열어서 밝힘은 뜻을 세워 聖賢을 배움에 달려 있을 뿐이다.

집해 말이 거짓되고 행실이 경박하며 잘못을 부끄러워하고 잘못을 이루면, 듣는 바와 행하는 바가 하나라도 下愚의 익힘에 돌아가지 않음이 없을 것이다. 귀와 눈이 막히고 中心이 어두워져 한 사물도 보이는 바가 없고 한 걸음도 갈 수가 없을 것이니, 열어 밝게 하기를 구하고자 하나 어찌 될 수 있겠는가.

6. 馬援의 兄子嚴敦이 並喜譏議而通輕俠客하더니 援이 在交趾

譬：비유할 비 房：방 방 塞：막을 색 薄：박할 박 遂：이룰 수 壅：막을 옹
昏：어두울 혼 援：당길 원 俠：호협할 협 趾：발꿈치 지

하여 還書誡之曰 吾欲汝曹聞人過失하고 如聞父母之名하여 耳可得聞이언정 口不可得言也하노라 《後漢書 馬援列傳》

馬援의 형의 아들(조카)인 嚴과 敦이 모두 비판하고 논평하기를 좋아하고, 경박하고 호협한 사람들과 교제하였다. 馬援이 交趾에 있으면서 글을 보내어 다음과 같이 훈계하였다. "나는 너희 무리들이 남의 과실을 듣고 부모의 이름을 들은 것처럼 하여, 귀로 들을지언정 입으로는 말하지 않기를 바라노라.

集說 吳氏曰 馬援은 字文淵이니 茂陵人이라 嚴,敦은 援兄二子名이라 譏는 譏誚요 議는 議論이라 俠은 謂以權力俠輔人이라

吳氏가 말하였다. "馬援은 字는 文淵이니, 茂陵 사람이다. 嚴과 敦은 馬援의 형의 두 아들 이름이다. 譏는 비판하여 꾸짖음이요, 議는 논평함이다. 俠은 권세와 힘으로써 사람을 돕는 것을 이른다.

好議論人長短하며 妄是非政法이 此吾所大惡(오)也니 寧死언정 不願聞子孫有此行也하노라

남의 장단점을 논평하기를 좋아하며 政事와 法을 함부로 시비함은, 이것은 내가 크게 미워하는 바이니, 차라리 죽을지언정 자손이 이러한 행실이 있음을 듣기를 원하지 않노라.

集解 好議論人長短이면 則招怨惡(오)矣요 妄是非政法이면 則犯憲章矣라 寧死不欲聞此者는 甚戒之之辭也라

남의 장단점을 논평하기를 좋아하면 원망과 미움을 부르고, 정사와 법을 함부로 시비하면 憲章(법률)에 저촉된다. 차라리 죽을지언정 이것을 듣고자 하지 않는다는 것은 심히 경계하는 말이다.

龍伯高는 敦厚周愼하여 口無擇言하며 謙約節儉하며 廉公有威하니 吾愛之重之하여 願汝曹効之하노라

龍伯高는 敦厚(후덕함)하고 치밀하고 삼가하여 입에 가릴 말이 없으며, 謙約하고 절제하고 검박하며, 청렴하고 공평하고 위엄이 있으니, 나는 그를 애지중지하

誡：경계할 계　曹：무리 조　茂：성할 무　誚：꾸짖을 초　妄：망녕될 망
寧：차라리 녕　招：부를 초

여 너희들이 본받기를 원하노라.

集解 伯高는 名述이니 京兆人이라 敦厚는 敦篤而重厚也요 周愼은 周密而謹愼也라 口無擇言이면 則言無口過矣요 謙約節儉이면 則不爲驕奢矣요 廉公有威면 則不爲私褻矣니 此與好譏議事豪俠者相反이라 故로 欲其效之也하니라

伯高는 이름은 述이니, 京兆사람이다. 敦厚는 돈독하고 후중함이요, 周愼은 주밀하고 근신함이다. 입에 가릴 말이 없으면 말에 입의 잘못이 없을 것이요, 謙約하고 절제하고 검박하면 교만함과 사치함을 하지 않을 것이요, 청렴하고 공평하고 위엄이 있으면 사사로움과 설만함을 하지 않을 것이니, 이는 비판하고 논평하기를 좋아하며 호협을 일삼는 자와 서로 반대이다. 그러므로 그 본받고자 한 것이다.

杜季良은 豪俠好義하여 憂人之憂하며 樂人之樂하여 淸濁에 無所失하여 父喪致客에 數郡이 畢至하니 吾愛之重之어니와 不願汝曹効也하노라

杜季良은 豪俠하여 義를 좋아해서 남의 근심을 근심하며 남의 즐거움을 즐거워하여, 淸流에나 濁流에나 잃은 바가 없어, 아버지의 초상에 문상객이 옴에 몇 고을이 모두 왔으니, 나는 그를 애지중지하지만 너희들이 본받기를 바라지는 않노라.

集說 吳氏曰 季良은 名保라 人有憂에 己亦爲之憂하고 人有樂에 己亦爲之樂하여 不辨淸濁하고 待之를 皆無所失이라 故로 父喪致客에 而數郡이 畢至하니 此正通輕俠客之事라 故로 不欲其効之也하니라

吳氏가 말하였다. "季良은 이름은 保이다. 남이 근심스런 일이 있으면 자기 또한 그를 위하여 근심해주고, 남이 즐거운 일이 있으면 자기 또한 그를 위하여 즐거워 해주어, 淸濁(좋은 사람과 나쁜 사람)을 구별하지 않고 대하기를 모두 잘못하는 바가 없었다. 그러므로 아버지의 상에 문상객이 옴에 몇 고을이 다 왔으니, 이는 바로 경박한 협객과 교제하는 일이므로, 그를 본받기를 바라지 않은 것이다."

効伯高不得이라도 猶爲謹勅之士니 所謂刻鵠不成이라도 尙類鶩者也어니와 効季良不得이면 陷爲天下輕薄子니 所謂畫虎不

奢 : 사치할 사 褻 : 설만할 설 豪 : 호걸 호 杜 : 막을 두 畢 : 다 필 待 : 대할 대
勅 : 삼갈 칙 刻 : 새길 각 鵠 : 고니 곡 鶩 : 따오기 목 畫 : 그림 화

成이면 反類狗者也니라

龍伯高를 본받다가 되지 못하더라도 오히려 삼가고 조심하는 선비는 될 것이니, 이른바 '고니를 조각하다가 이루지 못하더라도 그래도 오리를 닮는다.'는 것이다. 杜季良을 본받다가 되지 못하면 천하의 경박한 사람에 빠질 것이니, 이른바 '호랑이를 그리다가 이루지 못하면 도리어 개를 닮는다.'는 것이다."

集解 謹勅은 謂能修檢이요 輕薄은 謂不厚重이라 鵠鶩은 皆鳥而略相似하고 虎狗는 皆獸而大不同이라 故로 刻鵠類鶩은 人猶不以爲非어니와 畫虎類狗면 則人爭笑而招辱矣라 終篇에 以此設喩하니 所以深警之也라

謹勅은 능히 닦고 단속함이요, 輕薄은 후중하지 않음을 이른다. 고니와 오리는 모두 새인데 대략 서로 비슷하고, 범과 개는 모두 짐승인데 크게 다르다. 그러므로 고니를 조각하다가 오리를 닮는 것은 사람들이 그래도 그르다고 하지 않으나, 호랑이를 그리다가 개를 닮으면 사람들이 다투어 비웃어서 욕을 부른다. 끝 편에 이로써 비유를 하였으니, 깊이 경계한 것이다.

7. 漢昭烈이 將終에 勅後主曰 勿以惡小而爲之하며 勿以善小而不爲하라 《三國志 蜀志 先主傳註》

漢나라 昭烈帝가 장차 죽으려 할 때에 後主에게 경계하여 말하였다. "惡이 작다 하여 하지 말며, 善이 작다 하여 하지 않지 말라."

集解 昭烈은 漢帝니 名備요 字玄德이라 勅은 戒也라 後主는 昭烈之子니 名禪이라 勿以惡小而爲之는 謂禍之所生이 不在大요 勿以善小而不爲는 謂慶之所積이 由於小라 朱子曰 善必積而後成이요 惡雖小而可懼라하시니 亦此意也니라

昭烈은 漢(蜀漢)나라의 황제이니, 이름은 備요, 字는 玄德이다. 勅은 경계함이다. 後主는 昭烈의 아들이니, 이름은 禪이다. 惡이 작다 하여 하지 말라는 것은 화의 생기는 바가 큰 데 있지 않음을 말한 것이요, 善이 작다 하여 하지 않지 말라는 것은 경사의 쌓이는 바가 작은 데 말미암음을 말한 것이다. 朱子가 말씀하기를 "善은 반드시 쌓인 뒤에 이루어지고, 惡은 비록 작더라도 두려워해야 한다." 하였으니, 또한 이러한 뜻이다.

8. 諸葛武侯戒子書曰 君子之行은 靜以修身이요 儉以養德이니

檢：검속할 검 喩：비유할 유 勅：경계할 칙 禪：봉선할 선 葛：칡 갈

非澹泊이면 無以明志요 非寧靜이면 無以致遠이니라 《武侯全書》

諸葛武侯가 아들을 경계하는 글에 말하였다. "군자의 행실은 고요함으로 몸을 닦고, 검소함으로 德을 기르니, 담박함이 아니면 뜻을 밝힐 수 없고, 안정함이 아니면 원대함을 이룰 수 없다.

集說 吳氏曰 武侯는 名亮이요 字孔明이요 諸葛은 其姓也라 躬耕南陽이러니 昭烈이 三顧而後에 起爲丞相하니 諡忠武라 子는 名瞻이요 字思遠이라 靜은 謂安靜이요 儉은 謂儉約이니 澹泊은 卽儉也요 寧靜은 卽靜也라 言靜則心不逐於物而可以修身이요 儉則心不汨於欲而可以養德이니 非澹泊이면 則必昏昧而無以明其志也요 非寧靜이면 則必躁動而無以致其遠也라

吳氏가 말하였다. "武侯는 이름은 亮이요, 字는 孔明이요, 諸葛은 그의 姓이다. 몸소 南陽에서 밭을 갈았는데, 昭烈帝가 세 번 찾아간 뒤에 일어나 丞相이 되었으니, 시호는 忠武이다. 아들은 이름은 瞻이요, 字는 思遠이다. 靜은 안정이요, 儉은 검약이니, 澹泊은 곧 검소함이요, 寧靜은 곧 고요함이다. 고요하면 마음이 외물을 좇지 않아 몸을 닦을 수 있고, 검소하면 마음이 욕심에 빠지지 않아 德을 기를 수 있으니, 담박함이 아니면 반드시 어두워서 그 뜻을 밝힐 수 없고, 안정함이 아니면 반드시 조급하게 움직여서 그 원대함을 이룰 수 없음을 말한 것이다.

夫學은 須靜也요 才는 須學也라 非學이면 無以廣才요 非靜이면 無以成學이니 慆慢則不能硏精이요 險躁則不能理性이니라 年與時馳하며 意與歲去하여 遂成枯落이어든 悲歎窮廬인들 將復(부)何及也리오

배움은 모름지기 안정하여야 하고, 재주는 모름지기 배워야 한다. 배움이 아니면 재주를 넓힐 수 없고, 안정이 아니면 배움을 이룰 수 없으니, 게으르면 정밀한 것을 연구할 수 없고, 거칠고 조급하면 성품을 다스릴 수 없다. 나이는 때와 함께 달리며 뜻은 해와 함께 가버려서 마침내 枯落(마르고 시듦)을 이루거든 궁색한 오두막에서 슬피 한탄한들 장차 다시 어찌 미칠 수 있겠는가."

集說 吳氏曰 須는 猶欲也요 慆慢은 猶云怠慢也라 硏은 究也라 險躁는 猶云躁妄也라 理는 治也라 枯落은 猶物之枯槁搖落也라 言學須欲靜而才須欲學也

澹：담박할 담　泊：담박할 박　亮：밝을 량　丞：정승 승　瞻：볼 첨　逐：좇을 축
汨：빠질 골　躁：성급할 조　慆：방자할 도　險：험할 험　枯：마를 고
廬：오두막 려　槁：마를 고

니 才非學이면 則拘於氣質而才無以廣이요 學非靜이면 則逐於物欲而學無以成이며 怠慢則理之精微를 不能硏究하고 躁妄則己之德性을 不能理治라 年與時而俱馳하고 意與歲而俱往하여 遂與草木同枯落하여 而學無所成矣면 雖悲歎인들 將復何及哉리오 眞氏曰 孔明此書는 眞格言也니라

吳氏가 말하였다. "須는 欲과 같고, 慆慢은 태만함과 같다. 硏은 궁구함이다. 險躁는 躁妄(조급하고 경망함)과 같다. 理는 다스림이다. 枯落은 물건이 말라 떨어짐과 같다. 배움은 모름지기 안정하고자 하고 재주는 모름지기 배우고자 하니, 재주는 배움이 아니면 기질에 얽매여 재주를 넓힐 수 없고, 배움은 안정함이 아니면 물욕을 좇아 배움을 이룰 수 없으며, 태만하면 이치의 精微함을 연구할 수 없고, 조급하고 경망하면 자기의 德性을 다스릴 수 없다. 나이는 때와 함께 달리고 뜻은 해와 함께 가버려, 마침내 草木과 더불어 시들어 떨어져 배움을 이루는 바가 없으면, 비록 슬피 한탄한들 장차 다시 어찌 미칠 수 있겠는가."

眞氏가 말하였다. "孔明의 이 글은 진실로 格言이다."

9. 柳玭이 嘗著書하여 戒其子弟曰 壞名災己하며 辱先喪家 其失尤大者五니 宜深誌之니라 《柳氏家訓》

柳玭이 일찍이 글을 지어 그 자제들을 다음과 같이 경계하였다. "명예를 무너뜨리고 자신을 해치며, 선조를 욕되게 하고 집안을 망치는 것에 그 과실이 더욱 큰 것이 다섯 가지가 있으니, 마땅히 깊이 기억해야 한다.

集說 陳氏曰 玭은 字直淸이니 唐柳公綽之孫이요 仲郢之子라 壞는 敗也라 誌는 記也라

陳氏가 말하였다. "玭은 字는 直淸이니, 唐나라 柳公綽의 손자요, 仲郢의 아들이다. 壞는 무너짐이다. 誌는 기억함이다."

其一은 自求安逸하며 靡甘澹泊하여 苟利於己어든 不恤人言이니라

그 첫째는 스스로 안일함을 구하며 담박함을 좋아하지 아니하여, 만일 자기에게 이로우면 남의 말을 근심하지 않는 것이다.

玭 : 옥 변(빈) 壞 : 무너질 괴 誌 : 기억할 지 綽 : 너그러울 작 郢 : 땅이름 영
靡 : 아닐 미 恤 : 근심할 휼

增註 此는 言不勤儉之失이라 靡는 不也요 恤은 憂也라

이는 부지런하고 검소하지 않은 과실을 말한 것이다. 靡는 아님이요, 恤은 근심함이다.

其二는 不知儒術하며 不悅古道하여 懵前經而不恥하고 論當世而解頤하여 身旣寡知요 惡(오)人有學이니라

그 둘째는 儒術(선비의 학문)을 알지 못하고, 古道를 기뻐하지 아니하여, 옛날 經書를 모르면서도 부끄러워하지 않고, 당세를 논평함에는 입이 벌어져서 자신은 이미 지식이 적고 남이 배움이 있는 것을 미워하는 것이다.

增註 此는 言不好學之失이라 懵은 無知貌라 頤는 口旁也니 人笑則口旁解라 言其於前聖之經에 無所知而不恥하고 於當世之事에 妄議之爲笑也라

이는 배움을 좋아하지 않는 과실을 말한 것이다. 懵은 無知한 모양이다. 頤는 입가이니, 사람이 웃으면 입가가 풀어진다. 옛 聖人의 經書에 대해 아는 것이 없으면서도 부끄러워하지 않고, 당세의 일에 대하여 함부로 논평하며 웃음을 말한 것이다.

其三은 勝己者를 厭之하고 佞己者를 悅之하여 唯樂(요)戲談하고 莫思古道하여 聞人之善하고 嫉之하며 聞人之惡하고 揚之하여 浸漬頗僻하여 銷刻德義하면 簪裾徒在인들 廝養何殊리오

그 셋째는 자기보다 나은 자를 싫어하고, 자기에게 아첨하는 자를 기뻐하여, 오직 농담을 좋아하고, 古道를 생각하지 아니하여, 남의 선함을 듣고는 질투하며, 남의 악함을 듣고는 들추어내어 편벽되고 사벽함에 빠져 德과 義를 깎아 없애면, 한갓 衣冠만 있은들 廝養(노복)과 무엇이 다르겠는가.

集說 陳氏曰 此는 言不好善之失이라 嫉은 妬也라 頗僻은 謂偏頗邪僻之行이라 浸漬頗僻은 漸染於惡也요 銷刻德義는 斲喪其善也라 簪裾는 猶言衣冠이라 廝養은 謂奴僕이라 徒는 空也요 殊는 異也라

陳氏가 말하였다. "이는 善을 좋아하지 않는 과실을 말한 것이다. 嫉은 질투이다. 頗僻은 편벽되고 사벽한 행실을 이른다. 편벽되고 사벽함에 빠진다는 것은 惡에 물듦이요, 德

懵 : 어둘 몽 頤 : 턱 이 旁 : 곁 방 勝 : 나을 승 佞 : 아첨할 녕 嫉 : 미워할 질
浸 : 빠질 침 漬 : 담글 지 頗 : 치우칠 파 銷 : 녹일 소 簪 : 비녀 잠 裾 : 옷깃 거
徒 : 한갓 도 廝 : 종 시 殊 : 다를 수 妬 : 질투할 투 染 : 물들 염 斲 : 깎을 착

義를 깍아 없앤다는 것은 그 善을 깍아서 없앰이다. 簪裾는 衣冠이란 말과 같다. 廝養은 노복을 이른다. 徒는 空(한갓)이요, 殊는 다름이다."

其四는 崇好優游하며 耽嗜麴蘗하여 以啣盃로 爲高致하고 以勤事로 爲俗流하나니 習之易荒이라 覺已難悔니라

그 넷째는 한가히 노는 것을 숭상하고 좋아하며 술을 즐기고 좋아하여, 술잔을 마시는 것을 고상한 운치로 여기고, 일을 부지런히 하는 것을 속된 무리로 여기니, 익힘이 거칠어지기 쉬워 깨달아도 이미 뉘우치기 어렵다.

增註 此는 言好宴樂(락)之失이라 崇은 尙也라

集解 優游는 閑逸自如之謂라 麴蘗은 酒也라 高致는 謂高尙之風致요 勤事는 勤於事業也라 言好逸嗜酒하여 自以爲高하고 反鄙勤事者하여 爲流俗하니 此心旣荒이라 雖知而不能悔也라

증주 이는 잔치하고 즐기기를 좋아하는 과실을 말한 것이다. 崇은 높임이다.

집해 優游는 한가하고 편안하여 자기 마음대로 함을 이른다. 麴蘗은 술이다. 高致는 고상한 풍치요, 勤事는 일에 부지런함이다. 편안함을 좋아하고 술을 즐겨 스스로 고상하다고 여기고, 도리어 일을 부지런히 하는 것을 비루하게 여겨 流俗이라 하니, 이 마음이 이미 거칠어져서 비록 알더라도 뉘우치지 못한다.

其五는 急於名宦하여 匿近權要하여 一資半級을 雖或得之라도 衆怒羣猜하여 鮮有存者니라

그 다섯째는 현달한 벼슬에 급급하여 은밀히 권세가 있어 요직을 맡은 자를 가까이 하여 한 품계와 반 등급을 비록 혹 얻는다 하더라도 뭇사람들이 성내고 무리들이 시기하여, 보존하는 자가 드물다.

集說 陳氏曰 此는 言好奔競之失이라 名宦은 顯仕也라 匿近은 陰附也요 權要는 有權而當要路者라 資는 猶品也라 猜는 恨也요 鮮은 少也라 言雖或得官이나 終必失之也라

陳氏가 말하였다. "이는 경쟁을 좋아하는 과실을 말한 것이다. 名宦은 현달한 벼슬이

耽：즐길 탐　嗜：즐길 기　麴：누룩 국　蘗：누룩 얼　啣：머금을 함　盃：잔 배
致：운치 치　宦：벼슬 환　匿：숨길 닉　資：품계 자　級：등급 급　羣：무리 군
猜：시기할 시　奔：달릴 분　競：다툴 경　陰：몰래 음

다. 匿近은 은밀히 붙는 것이요, 權要는 권세가 있어 요직를 맡은 자이다. 資는 品(품계)과 같다. 猜는 한함이요, 鮮은 적음이다. 비록 벼슬을 얻더라도 끝내 반드시 잃게 됨을 말한 것이다."

余見名門右族이 莫不由祖先의 忠孝勤儉하여 以成立之하고 莫不由子孫의 頑率奢傲하여 以覆墜之하나니 成立之難은 如升天하고 覆墜之易는 如燎毛라 言之痛心하니 爾宜刻骨이니라

내가 보니, 名門右族들은 선조의 忠孝와 勤儉으로 말미암아 성립하지 않음이 없었고, 자손의 완악하고 경솔하고 사치하고 오만함으로 말미암아 전복되고 실추되지 않음이 없었다. 성립하기 어려움은 하늘에 오름과 같고, 전복되고 실추되기 쉬움은 털을 태움과 같다. 말을 하면 마음이 아프니, 너희들은 마땅히 뼈에 새겨 명심하여야 할 것이다."

集解 右族은 族之貴者니 蓋古人은 以右爲尊也라 夫忠孝勤儉者는 先世成家之本이요 頑率奢傲者는 後人敗家之由라 升天은 喩至難하고 燎毛는 喩至易라 刻骨은 欲其記之不忘也라

增註 刻骨은 猶言銘心이라

집해 右族은 宗族이 귀한 것이니, 옛사람은 오른쪽을 높였다. 忠孝와 勤儉은 先代가 집안을 이룩한 근본이요, 완악하고 경솔하고 사치하고 오만함은 後人들이 집안을 망치는 이유이다. 升天은 지극히 어려움을 비유한 것이고, 燎毛는 지극히 쉬움을 비유한 것이다. 뼈에 새김은 기억하여 잊지 않고자 함이다.

증주 刻骨은 銘心이라는 말과 같다.

10. 范魯公質이 爲宰相이러니 從子杲嘗求奏遷秩이어늘 質이 作詩曉之하니라 《宋史 范質列傳, 宋文鑑》

范魯公 質이 재상이 되었는데, 從子(조카)인 杲가 일찍이 아뢰어 품계를 올려 주기를 요구하자, 范質이 詩를 지어 깨우쳤다.

集解 質은 字文素니 大名人이라 周平章事러니 事宋하여 封魯國公하니라 從子는 兄之子요 杲는 名也라 遷秩은 陞品也라

質은 字가 文素이니, 大名 사람이다. 周나라에서 平章事를 지냈는데, 宋나라를 섬겨 魯

頑：완악할 완 率：거칠 솔 燎：태울 료 杲：높을 고 秩：품계 질 陞：오를 승

國公에 봉해졌다. 從子는 형의 아들이요, 杲는 이름이다. 遷秩은 품계를 올림이다.

其略曰 戒爾學立身하노니 莫若先孝悌라 怡怡奉親長하여 不敢生驕易라 戰戰復(부)兢兢하여 造次必於是하라

그 대략에 말하였다. "너에게 몸 세움을 배우는 것을 경계하노니, 孝悌를 먼저 함만 같음이 없다. 화열하게 父母와 長者를 받들어 감히 교만하거나 함부로 하는 마음을 내지 말아야 한다. 두려워하고 다시 조심하여 造次에도 반드시 이에 하라.

集解 怡怡는 和悅也라 驕는 驕傲요 易는 慢易라 戰戰은 恐懼요 兢兢은 戒謹이라 造次는 急遽苟且之時라

增註 孝悌者는 立身之本이니 是는 指孝悌也라

집해 怡怡는 和悅함이다. 驕는 교만함이요. 易는 慢易(不敬)이다. 戰戰은 두려워함이요, 兢兢은 경계하고 삼감이다. 造次는 급하고 구차한 때이다.

증주 孝悌는 몸을 세우는 근본이니, 〈造次必於是의〉 是는 孝悌를 가리킨다.

戒爾學干祿하노니 莫若勤道藝라 嘗聞諸格言하니 [1]學而優則仕라하니 不患人不知요 惟患學不至니라

너에게 녹 구함을 배우는 것을 경계하노니, 道와 藝를 부지런히 함만 같음이 없다. 일찍이 格言을 들으니, 배우고 여력이 있으면 벼슬한다 하였으니, 남이 알아주지 않음을 근심하지 말고, 오직 배움이 지극하지 못함을 근심하여야 한다.

역주 1. 學而優則仕 : 배우고 여력이 있으면 벼슬한다는 뜻으로, 「論語」《子張》에 '仕而優則學 學而優則仕'라고 보인다.

集解 道는 謂當行之理요 藝는 則禮樂射御書數之法也라 格言은 至言이요 優는 有餘力也니 戒以當勤道藝而不患人之不知也라

道는 마땅히 행해야 할 도리를 이르고, 藝는 곧 禮·樂·射·御·書·數의 법이다. 格言은 지극한 말이요, 優는 餘力이 있음이다. 마땅히 道藝를 부지런히 하고, 남이 알아주지 않음을 근심하지 말아야 함을 경계한 것이다.

戒爾遠恥辱하노니 恭則近乎禮라 自卑而尊人하며 先彼而後己

易 : 소홀히할 이　兢 : 삼갈 긍　遽 : 급할 거　干 : 구할 간

니 相鼠與茅鴟에 宜鑑詩人刺니라

너에게 치욕을 멀리함을 경계하노니, 공손하면 禮에 가깝다. 자신을 낮추고 남을 높이며, 상대방을 먼저하고 자기를 뒤에 할 것이니,《相鼠》와《茅鴟》에서 마땅히 詩人의 풍자를 보아야 한다.

集說 朱子曰 恭은 致敬也요 禮는 節文也니 致恭而中其節이면 則能遠恥辱矣라 陳氏曰 自卑尊人과 先彼後己는 皆致恭之事也라 相鼠는 詩篇名이라 其辭曰 相鼠有體하니 人而無禮아 人而無禮는 胡不遄死오하니라 茅鴟는 逸詩也니 二詩는 皆刺無禮也라 鑑은 照也요 刺는 譏諷也라

朱子가 말씀하였다. "恭은 공경을 지극히 함이요, 禮는 節文이니, 공손을 지극히 하되 그 절도에 맞게 하면, 치욕을 멀리할 수 있다."

陳氏가 말하였다. "자신을 낮추고 남을 높임과 상대방을 먼저하고 자기를 뒤에 함은 모두 공손을 지극히 하는 일이다. 相鼠는「詩經」의 篇名이다. 그 말에 이르기를 '쥐를 보건대 四體(四肢)가 있으니, 사람으로서 禮가 없단 말인가. 사람으로서 禮가 없으면 어찌 빨리 죽지 않는가?' 하였다. 茅鴟는 逸詩이니, 두 詩는 모두 禮가 없음을 풍자한 것이다. 鑑은 비춰봄이요, 刺는 비판하여 풍자함이다."

戒爾勿放曠하노니 放曠이 非端士라 周孔이 垂名教어시늘 齊梁이 尙淸議하니 [1]南朝稱八達하여 千載穢靑史하니라

너에게 放曠하지 말 것을 경계하노니, 放曠함은 단정한 선비가 아니다. 周公과 孔子가 名敎를 남기셨거늘 齊나라와 梁나라 때에 淸議(淸虛한 담론)를 숭상하니, 南朝에서는 八達이라고 일컬어, 천년동안 靑史(역사책)를 더럽혔다.

역주 1. 南朝 : 北朝와 대칭한 것으로, 晉나라 말기 五胡에 쫓겨 揚子江 이남 지역으로 遷都한 후 붙여진 이름인데, 齊·梁 이외에도 宋·陳이 이에 속한다.

集說 陳氏曰 放은 放蕩이요 曠은 踈曠이라 端士는 正士也라 周孔은 謂周公孔子也라 齊梁은 皆都江南이라 故로 又稱南朝라 淸議는 淸虛之談也라 八達은 謂晉胡母輔之, 謝鯤, 阮放, 畢卓, 羊曼, 桓彝, 阮孚, 光逸이니 八人이 終日淸談酣飮而爲達也라 當時에 雖稱之나 而無禮無法하여 得罪名教하여 其姓名이 久

相 : 볼 상 鼠 : 쥐 서 茅 : 띠 모 鴟 : 올빼미 치 刺 : 풍자할 자 胡 : 어찌 호
遄 : 빠를 천 逸 : 빠질 일 照 : 비칠 조 曠 : 빌 광 載 : 해 재 穢 : 더러울 예
鯤 : 곤어 곤 阮 : 성 완(원) 卓 : 우뚝할 탁 曼 : 길 만 彝 : 떳떳할 이
孚 : 믿을 부 酣 : 취할 감

汚史册하니 亦可賤矣라 古史以竹이라 故曰青史라

增註 名敎는 謂人倫之敎니 有實有名也라

집설 陳氏가 말하였다. "放은 방탕함이요, 曠은 소홀함이다. 端士는 바른 선비이다. 周孔은 周公과 孔子를 이른다. 齊나라와 梁나라는 모두 江南에 도읍하였다. 그러므로 또 南朝라고도 칭한다. 淸議는 청허한 담론이다. 八達은 晉나라의 胡毋輔之·謝鯤·阮放·畢卓·羊曼·桓彝·阮孚·光逸을 이르니, 여덟 사람은 종일토록 청허한 담론을 하고 술을 마시면서 통달했다고 여겼다. 당시에 비록 이들을 일컬었으나, 禮도 없고 法도 없어 名敎에 죄를 얻어 그들의 姓名이 오랫동안 역사책을 더럽혔으니, 또한 천히 여길 만하다. 옛날의 史記는 대나무를 썼다. 그러므로 青史라고 한 것이다."

증주 名敎는 인륜의 가르침을 이르니, 실질이 있고 명분이 있기 때문에 칭한 것이다.

戒爾勿嗜酒하노니 狂藥非佳味라 能移謹厚性하여 化爲凶險類하나니 古今傾敗者를 歷歷皆可記니라

너에게 술을 즐기지 말 것을 경계하노니, 미치게 하는 약이요, 아름다운 맛이 아니다. 삼가고 돈후한 성품을 바꾸어, 화하여 흉하고 음험한 무리가 되게 하니, 古今에 패망한 자를 일일이 모두 기억할 수 있다.

集說 陳氏曰 酒能亂性하니 是狂藥也라 古今에 以之而傾覆喪敗者多矣니라

陳氏가 말하였다. "술은 성품을 어지럽히니, 이는 미치게 하는 약이다. 古今에 이로써 전복시키고 패망한 자가 많다."

戒爾勿多言하노니 多言이 衆所忌라 苟不愼樞機면 災厄이 從此始라 是非毁譽間에 適足爲身累니라

너에게 말을 많이 하지 말 것을 경계하노니, 말이 많음은 여러 사람이 꺼리는 바이다. 진실로 樞機를 삼가지 않으면 災厄이 이로부터 시작된다. 옳다 그르다 하며 헐뜯고 칭찬하는 사이에 다만 족히 몸에 누가 될 뿐이다.

增註 戶之開闔은 由於樞하고 弩之張弛는 由於機하고 人之禍福榮辱은 由於言이라 故로 比言於樞機라 以言而是非毁譽人하여 皆取禍召辱하니 祇足自累而已니라

傾 : 기울어질 경　樞 : 지도리 추　機 : 기틀 기　厄 : 재앙 액　適 : 다만 적　累 : 욕될 루
闔 : 닫을 합　弩 : 쇠뇌 노　張 : 당길 장　弛 : 풀어질 이　祇 : 다만 지

集解 毁者는 稱人之惡而損其眞이요 譽者는 揚人之善而過其實이니라

증주 문의 여닫음은 지도리에 말미암고, 활의 당김과 풀어놓음은 오늬에 말미암고, 사람의 禍福과 榮辱은 말에 말미암는다. 그러므로, 말을 樞機에 비유한 것이다. 말로써 사람들을 옳다 그르다 하며 헐뜯고 칭찬하여 모두 禍를 취하고 辱을 부르니, 다만 스스로 누가 될 뿐이다.

집해 毁는 남의 惡을 말하면서 그 진실을 깎아내림이요, 譽는 남의 善을 드러내면서 그 실제보다 지나치게 함이다.

擧世重交游하여 擬結金蘭契하나니 忿怨이 容易生하여 風波當時起라 所以君子心은 汪汪淡如水니라

온 세상이 교유를 중시하여 金蘭契를 맺음에 견주는데, 성냄과 원망이 용이하게 생겨나서 풍파가 當時(당장)에 일어난다. 그러므로 君子의 마음은 깊고 넓어 담박함이 물과 같은 것이다.

集說 吳氏曰 易曰 二人同心이면 其利斷金이요 同心之言은 其臭如蘭이라하니라 契는 合也라 風波는 比忿怨이라 言世人結交에 多以金蘭自比로되 不知一言不合이면 則忿怨之生이 速如風波之起矣라 汪汪은 深廣貌라 記曰 君子之交는 如水하고 小人之交는 如醴하여 君子는 淡以成하고 小人은 甘以壞라하니라

吳氏가 말하였다. "「周易」에 이르기를 '두 사람이 마음을 함께 하면 그 예리함이 쇠를 끊고, 마음을 함께 하는 말은 그 향취가 난초와 같다.' 하였다. 契는 합함이다. 風波는 분노와 원망을 비유한 것이다. 세상 사람들이 교분을 맺음에 金蘭으로 스스로 비유하지만 한 마디 말이 합하지 않으면 성냄과 원망이 생겨남이 마치 풍파가 일어나는 것처럼 빠름을 알지 못한다. 汪汪은 깊고 넓은 모양이다. 「禮記」《表記》에 이르기를 '군자의 사귐은 물과 같고, 소인의 사귐은 단술과 같아, 군자는 담박함으로 이루고 소인은 단 것으로 무너진다.'하였다."

擧世好承奉하여 昂昂增意氣하나니 不知承奉者 以爾爲玩戲니라 所以古人疾이 籧篨與戚施(이)니라

온 세상이 받들어 주는 것을 좋아하여 으시대면서 의기를 돋구나니, 떠받드는 자가 너를 노리개로 여김을 알지 못한다. 그러므로 옛사람의 미워하기를 籧篨(새가슴)와 戚施(곱사등이)처럼 한 것이다.

擬 : 비길 의 契 : 맺을 계 汪 : 넓을 왕 利 : 날카로울 리 臭 : 냄새 취
醴 : 단술 례 昂 : 높을 앙 籧 : 새가슴 거 篨 : 새가슴 저 施 : 곱사등이 시(이)

集說 吳氏曰 疾은 憎惡(오)也라 籧篨는 不能俯하니 疾之醜者也요 戚施는 不能仰하니 亦醜疾也라 世人이 好承奉하여 自以爲得하니 不知人之玩弄嬉戲하여 不出中心之敬也라 以籧篨戚施二者로 爲比하니 盖深惡之也라

吳氏가 말하였다. "疾은 증오이다. 籧篨는 몸을 굽히지 못하는 것이니, 병 중에 추악한 것이요, 戚施는 우러러보지 못하는 것이니, 또한 추악한 병이다. 세상 사람들이 떠받들어 주는 것을 좋아하여 스스로 자득했다고 여기니, 남들이 놀리고 희롱하여 마음 속의 공경에서 나온 것이 아님을 알지 못한다. 籧篨와 戚施 두 가지로 비유하였으니, 깊이 미워한 것이다."

擧世重游俠하여 俗呼爲氣義라 爲人赴急難하여 往往陷囚繫하나니 所以馬援書 殷勤戒諸子니라

온 세상이 游俠(협객)을 중시하여 세속에서는 기개있고 의리있다고 일컫는다. 남을 위하여 급하고 어려운 일에 달려가 왕왕 갇히고 구속됨에 빠진다. 이 때문에 馬援의 글에 은근히 여러 자제들을 경계한 것이다.

增註 游俠之徒 輕身以徇人하여 似乎有氣有義而非正이라 故로 馬援之書曰 寧死언정 不願聞子孫有此行也라하니라

游俠의 무리는 몸을 가벼이 하고 남을 위해 희생하여 기개있고 의리있는 것 같으나 바른 것이 아니다. 그러므로 馬援의 글에 "차라리 죽을지언정 자손에게 이러한 행실이 있음을 듣기를 원하지 않는다."고 하였다.

擧世賤淸素하여 奉身好華侈라 肥馬衣輕裘하여 揚揚過閭里하나니 雖得市童憐이나 還爲識者鄙니라

온 세상이 淸素(淸白)함을 천하게 여겨 몸을 봉양함에 화려함과 사치함을 좋아한다. 살찐 말에 가벼운 갖옷을 입고서 의기양양하여 마을을 지나가니, 비록 시장 아이들에게 좋아함을 받으나 도리어 識者들에게는 천하게 여겨진다.

增註 揚揚은 自得之意라 憐은 猶愛也요 鄙는 猶賤也라

揚揚은 자득해 하는 뜻이다. 憐은 愛와 같고, 鄙는 賤과 같다.

俯 : 구부릴 부　醜 : 추악할 추　赴 : 달려갈 부　囚 : 가둘 수　徇 : 따를 순
寧 : 차라리 녕　侈 : 사치할 치　裘 : 갖옷 구　閭 : 이문 려

我本羈旅臣으로 遭逢堯舜理하여 位重才不充이라 戚戚懷憂畏하여 深淵與薄冰을 蹈之唯恐墜하노니 爾曹當憫我하여 勿使增罪戾어다 閉門斂蹤跡하여 縮首避名勢하라 勢位難久居니 畢竟何足恃리오

나는 본래 나그네로 붙여 있는 신하로서 堯·舜의 다스림을 만나 지위는 무겁고 재주는 충분하지 못하다. 근심스레 걱정과 두려움을 품어 깊은 연못과 얇은 얼음을 밟음에 행여 떨어질까 두려워하니, 너희들은 마땅히 나를 민망히 여겨 죄를 더하게 하지 말라. 문을 닫고 종적을 감추어 목을 움츠리고 명예와 권세를 피하라. 권세와 지위는 오래 있기가 어려우니, 필경 어찌 족히 믿겠는가.

集說 陳氏曰 羈는 寄也요 旅는 寓也라 理는 治也라 質이 既相周하고 復(부)相宋이라 故로 自謂羈旅之臣이라 戚戚은 憂畏意라 若蹈淵冰은 言憂畏之甚也라 戾는 亦罪也니 戒其勿求遷秩以增罪戾하고 而又欲其深自斂避也라 畢竟은 終也니 蓋富貴無常하여 終不足恃也라

陳氏가 말하였다. "羈는 붙여 삶이요, 旅는 우거함이다. 理는 다스림이다. 范質은 이미 周나라에서 정승노릇을 하였고 다시 宋나라에서 정승이 되었다. 그러므로 스스로 羈旅의 신하라고 이른 것이다. 戚戚은 근심하고 두려워하는 뜻이다. 연못과 얼음을 밟듯이 함은 근심과 두려움이 심함을 말한다. 戾도 또한 죄이다. 품계를 올려주기를 구하여 죄를 더하게 하지 말 것을 경계하고, 또한 깊이 스스로 감추어 피하게 하고자 한 것이다. 畢竟은 끝이니, 富貴는 無常하여 끝내 믿을 수가 없는 것이다."

物盛則必衰요 有隆還有替니 速成不堅牢하고 亟走多顚躓(지)하나니라 灼灼園中花는 早發還先萎요 遲遲澗畔松은 鬱鬱含晚翠라 賦命有疾徐하니 青雲難力致라 寄語謝諸郎하노니 躁進徒爲耳니라

사물은 성하면 반드시 쇠하고, 융성함이 있으면 다시 폐함이 있으니, 속히 이루면 견고하지 못하고, 빨리 달리면 넘어짐이 많다. 활짝 핀 정원 안의 꽃은 일찍 피

羈 : 타관살이할 기　旅 : 나그네 려　遭 : 만날 조　理 : 다스릴 리　戚 : 근심할 척
蹈 : 밟을 도　憫 : 불쌍할 민　戾 : 어그러질 려　蹤 : 자취 종　縮 : 오무릴 축
恃 : 믿을 시　寄 : 붙일 기　相 : 도울 상　還 : 다시 환　替 : 폐할 체　牢 : 굳을 뢰
亟 : 빠를 극　躓 : 넘어질 지(질)　灼 : 고울 작　萎 : 시들 위　澗 : 시내 간
鬱 : 울창할 울　翠 : 푸를 취

나 도리어 먼저 시들고, 더디게 자라는 시냇가의 소나무는 울창하게 늦도록 푸르름을 머금는다. 품부받은 命에 빠르고 늦음이 있으니, 靑雲은 힘으로 이루기 어렵다. 말을 붙여 諸郞들에게 이르노니, 조급히 나아감은 헛된 짓일 뿐이다."

集說 陳氏曰 隆은 興也요 替는 廢也라 亟은 急也라 顚躓는 蹉跌也라 萎는 枯也라 疾은 速也요 徐는 遲也라 靑雲은 比名位之高顯也라 躁는 急也요 徒는 空也라

陳氏가 말하였다. "隆은 일어남이요, 替는 폐함이다. 亟은 빠름이다. 顚躓는 넘어짐이다. 萎는 시듦이다. 疾은 빠름이요, 徐는 느림이다. 靑雲은 이름과 지위가 높고 드러남을 비유한 것이다. 躁는 조급함이요, 徒는 헛됨이다."

11. 康節邵先生이 誡子孫曰 上品之人은 不敎而善하고 中品之人은 敎而後善하고 下品之人은 敎亦不善하나니 不敎而善이 非聖而何며 敎而後善이 非賢而何며 敎亦不善이 非愚而何오

《邵子全書》

康節邵先生이 자손을 훈계하여 말하였다. "上品의 사람은 가르치지 않아도 善하고, 中品의 사람은 가르친 뒤에 善하고, 下品의 사람은 가르쳐도 또한 善하지 못하니, 가르치지 않아도 善함은 聖人이 아니고 무엇이며, 가르친 뒤에 善함은 賢人이 아니고 무엇이며, 가르쳐도 또한 善하지 못함은 어리석은 사람이 아니고 무엇이겠는가?

集解 先生은 名雍이요 字堯夫요 康節은 諡也니 河南人이라 熊氏曰 不敎而善은 生而知之者也요 敎而後善은 學而知之者也요 敎亦不善은 困而不學者也니라

선생은 이름은 雍이요, 字는 堯夫이며, 康節은 시호이니, 河南 사람이다.
熊氏가 말하였다. "가르치지 않아도 善함은 나면서부터 아는 자요, 가르친 뒤에 善함은 배워서 아는 자요, 배워도 또한 善하지 못함은 곤해도 배우지 않는 자이다."

是知善也者는 吉之謂也요 不善也者는 凶之謂也니라

이에 善이라는 것은 길함을 이르고, 不善이라는 것은 흉함을 이름을 알 수 있다.

蹉 : 넘어질 차　跌 : 넘어질 질　邵 : 높을 소　雍 : 화할 옹

增註 爲善者는 爲吉人이요 爲惡者는 爲凶人이라

善을 행하는 자는 길한 사람이 되고, 惡을 행하는 자는 흉한 사람이 된다.

吉也者는 目不觀非禮之色하며 耳不聽非禮之聲하며 口不道非禮之言하며 足不踐非禮之地하여 人非善不交하며 物非義不取하며 親賢如就芝蘭하며 避惡如畏蛇蝎하나니 或曰 不謂之吉人이라도 則吾不信也하리라

길한 자는 눈으로는 禮 아닌 色을 보지 않으며, 귀로는 禮 아닌 소리를 듣지 않으며, 입으로는 禮 아닌 말을 말하지 않으며, 발로는 禮 아닌 곳을 밟지 아니하여, 사람이 善한 사람이 아니면 사귀지 않으며, 물건이 의로운 것이 아니면 취하지 않으며, 어진 사람 가까이하기를 지초와 난초에 나아가듯이 하며 악한 사람을 피하기를 뱀과 전갈을 두려워하듯이 하니, 이와 같다면 혹자가 그를 길한 사람이라고 이르지 않더라도 나는 믿지 않겠다.

增註 此一節은 言爲善者爲吉人이라

이 한 節은 善을 행하는 자는 吉人이 됨을 말한 것이다.

凶也者는 語言이 詭譎하며 動止陰險하며 好利飾非하며 貪淫樂禍하여 疾良善如讐隙하며 犯刑憲如飮食하여 小則隕身滅性하고 大則覆宗絶嗣하나니 或曰 不謂之凶人이라도 則吾不信也하리라

흉한 자는 말이 어긋나고 속이며, 행동거지가 음험하며, 이익을 좋아하고 잘못을 꾸미며, 음란함을 탐하고 화를 좋아하여, 선량한 사람 미워하기를 원수 같이 하고, 형벌과 법을 범하기를 물마시거나 밥먹듯이 하여, 작게는 몸을 죽이고 생명을 멸하며, 크게는 宗族을 전복시키고 후사를 끊어지게 한다. 이와 같다면 혹자가 그를 흉한 사람이라고 이르지 않더라도 나는 믿지 않겠다.

增註 此一節은 言爲惡者爲凶人이라

이 한 節은 惡을 행하는 자는 凶人이 됨을 말한 것이다.

就 : 나아갈 취 芝 : 지초 지 蛇 : 뱀 사 蝎 : 전갈 갈 讐 : 원수 수 隙 : 틈 극
隕 : 죽일 운 覆 : 엎을 복 嗣 : 후사 사

傳에 有之하니 曰 吉人은 爲善하되 惟日不足이어늘 凶人은 爲不善하되 亦惟日不足이라하니 汝等은 欲爲吉人乎아 欲爲凶人乎아

傳에 이런 말이 있으니, 이르기를 '길한 사람은 善을 하되 날로 부족하게 여기거늘 흉한 사람은 不善을 하되 또한 날로 부족하게 여긴다.' 하였으니, 너희들은 길한 사람이 되고자 하느냐? 흉한 사람이 되고자 하느냐?"

集解 吉人爲善以下四句는 今見書泰誓篇하니라 惟日不足은 言終日爲之而猶以爲不足也라 上旣歷陳善惡吉凶禍福之明驗하고 終篇則使其自擇而取舍之하니 其警之也深矣로다

吉人爲善 이하의 네 句는 이제「書經」의《泰誓篇》에 보인다. 惟日不足은 종일토록 행하고도 오히려 부족하게 여김을 말한다. 위에서는 이미 善惡에 대한 길흉·화복의 분명한 증험을 일일히 말하였고, 終篇에서는 스스로 선택하여 취하고 버리게 하였으니, 그 경계함이 깊다.

12. 節孝徐先生이 訓學者曰 諸君이 欲爲君子而使勞己之力하며 費己之財인댄 如此而不爲君子는 猶可也어니와 不勞己之力하며 不費己之財어늘 諸君은 何不爲君子오 鄕人賤之하고 父母惡(오)之인댄 如此而不爲君子는 猶可也어니와 父母欲之하고 鄕人榮之어늘 諸君은 何不爲君子오 《童蒙訓, 宋史隱逸傳》

節孝 徐先生이 배우는 사람에게 훈계하여 말하였다. "제군이 군자가 되려고 하되 가령 자기의 힘을 수고롭게 하며 자기의 재물을 허비해야 한다면, 이와 같아서 군자가 되지 않음은 오히려 괜찮거니와, 자기의 힘을 수고롭게 하지 않으며 자기의 재물을 허비하지 않거늘 제군은 어찌하여 군자가 되려고 하지 않는가. 마을 사람들이 천시하고 부모가 미워한다면, 이와 같아서 군자가 되지 않음은 오히려 괜찮거니와 부모가 그것을 바라고 마을 사람들이 그것을 영광으로 여기거늘 제군은 어찌하여 군자가 되려 하지 않는가."

集解 先生은 名積이요 字仲車요 節孝는 諡也니 山陽人이라

先生은 이름은 積이요, 字는 仲車이며 節孝는 시호이니, 山陽 사람이다.

誓 : 맹세할 서 陳 : 베풀 진 費 : 허비할 비

又曰 言其所善하며 行其所善하며 思其所善이면 如此而不爲君子는 未之有也요 言其不善하며 行其不善하며 思其不善이면 如此而不爲小人은 未之有也니라

또 말하였다. "그 善한 바를 말하며, 그 善한 바를 행하며, 그 善한 바를 생각하면, 이와 같이 하고서도 君子가 되지 않는 사람은 있지 않다. 그 不善(惡)을 말하며, 그 不善을 행하며, 그 不善을 생각하면, 이와 같이 하고서도 小人이 되지 않는 사람은 있지 않다."

集說 君子小人之分이 在乎口之所言, 身之所行, 心之所思而已니 言行은 見乎外하고 心思는 在乎中하니 三者皆善이면 則爲君子也必矣요 三者皆不善이면 則豈不爲小人哉리오

君子와 小人의 구분은 입의 말하는 바와 몸의 행하는 바와 마음의 생각하는 바에 달려 있을 뿐이다. 말과 행실은 밖에 나타나고, 心思(마음과 생각)는 속에 있으니, 세 가지가 모두 善하면 君子가 됨이 틀림없고, 세 가지가 모두 不善하면 어찌 小人이 되지 않겠는가?

13. 胡文定公이 與子書曰 立志를 以明道希文으로 自期待하며

《胡氏傳家訓》

胡文定公이 아들에게 주는 글에 말하였다. "뜻을 세움은 明道와 希文으로 스스로 기약하며,

集解 公은 名安國이요 字康侯요 文定은 諡也니 建安人이라 三子니 寅은 字明仲이요 寧은 字和仲이요 宏은 字仁仲이라 明道는 程純公也니 朱子稱其十四五歲에 便學聖人이라하고 鄒文忠公이 稱其得志면 能使萬物各得其所라하고 藍田呂氏稱其自任之重하여 寧學聖人而未至언정 不欲以一善成名하며 寧以一物不被澤으로 爲己病이언정 不欲以一時之利로 爲己功이라하니 此明道之志라 希文은 范文正公也니 [1]朱子稱其自做秀才時로 其志便以天下爲己任이라하고 歐陽文忠公이 稱其少有大節하여 於富貴貧賤毁譽歡戚에 無一動其心하여 嘗曰 士當先天下之憂而憂하고 後天下之樂而樂이라하니 此文正公之志也니 宜乎胡公教子에 立志를 以二公自期待焉이니라

希 : 바랄 희　寅 : 범 인　宏 : 클 굉　鄒 : 고을이름 추　藍 : 쪽빛 람　做 : 될 주
歐 : 성 구, 칠 구　歡 : 기쁠 환

公은 이름은 安國이요, 字는 康侯이며, 文定은 시호이니, 建安 사람이다. 아들이 셋이었으니, 寅은 字가 明仲이요, 寧은 字가 和仲이요, 宏은 字가 仁仲이다. 明道는 程純公(程顥)이다. 朱子는 그가 14~15세에 곧 聖人을 배웠다고 칭찬하였고, 鄒文忠公(鄒浩)은 그가 뜻을 얻으면 능히 만물로 하여금 각각 제자리를 얻게 할 것이라고 칭찬하였으며, 藍田呂氏(呂大臨)는 그가 自任하기를 무겁게 하여, 차라리 聖人을 배우다가 이르지 못할지언정 한 가지 善함으로써 명성을 이루고자 하지 않았으며, 차라리 한 사물이라도 은택을 입지 못함을 자기의 병으로 삼을지언정 한때의 이익으로써 자기의 공을 삼으려고 하지 않았다고 칭찬하였으니, 이는 明道의 뜻이다. 希文은 范文正公(范仲淹)이다. 朱子는 그가 秀才가 되었을 때부터 그 뜻이 곧 천하로써 자기의 임무를 삼았다고 칭찬하였으며, 歐陽文忠公(歐陽脩)은 그가 어려서부터 큰 절개가 있어 부귀와 빈천, 비방과 칭찬, 기쁨과 슬픔에 조금도 그 마음을 동요하지 않았으며, 일찍이 말하기를 "선비는 마땅히 천하가 근심하기에 앞서 근심하고, 천하가 즐거워한 뒤에 즐거워해야 한다."라고 하였으니, 이는 文正公의 뜻이었다. 胡公이 자식을 가르침에 뜻 세움을 두 公으로써 스스로 기약하게 함이 당연하다 하겠다.

역주 1. 秀才 : 원래는 인재를 등용하는 科目이었으나 후대에는 과거에 응시하는 선비를 범칭하는 말로 쓰였다.

立心을 以忠信不欺로 爲主本하며

마음을 세움은 忠信과 속이지 않음으로써 주장과 근본을 삼으며,

集說 陳氏曰 心者는 身之主也라 不欺는 卽忠信之謂라 人不忠信이면 則事皆無實하여 爲惡則易하고 爲善則難이라 故로 立心을 必以是爲主本焉이니라

陳氏가 말하였다. "마음은 몸의 주장이다. 속이지 않음은 곧 忠信을 이른다. 사람이 忠信하지 않으면 일이 모두 실상이 없어 惡을 하기는 쉽고 善을 하기는 어렵다. 그러므로 마음을 세움은 반드시 이것으로써 주장과 근본을 삼아야 하는 것이다."

行己를 以端莊淸愼으로 見操執하며

몸을 행함은 단정하고 장엄하고 청렴하고 근신함으로써 操執을 보이며,

增註 操, 執은 皆守也니 端正莊肅하고 淸白謹愼은 惟有守者能之니라

操와 執은 모두 지킴이니, 端正·莊肅·淸白·謹愼은 오직 지킴이 있는 자라야 능히 할 수 있다.

臨事에 以明敏果斷으로 辨是非하며

일에 임해서는 明敏하고 果斷함으로써 옳고 그름을 분별하며,

集說 熊氏曰 事有是非하니 惟明敏이라야 可以立見이요 惟果斷이라야 可以早決이라

熊氏가 말하였다. "일에는 옳고 그름이 있으니, 오직 明敏해야 즉시 알 수 있고, 果斷性이 있어야 일찍 결단할 수 있다."

又謹三尺하여 考求立法之意而操縱之하면 斯可爲政이 不在人後矣리라

또 三尺(법률)을 삼가 법을 세운 뜻을 상고하고 찾아 조종하면, 정치를 함이 남보다 뒤에 있지 않을 것이다.

增註 此는 言爲政之方이라 操縱은 謂本法意, 原人情하여 而適寬嚴之宜也라
集解 三尺은 古者에 以三尺竹簡으로 書法律이라 故로 稱法律爲三尺하니라

증주 이는 정치하는 방법을 말한 것이다. 操縱은 법의 뜻에 근본하고 人情에 근원하여, 관대함과 엄함의 마땅함에 알맞게 함을 이른다.
집해 三尺은 옛날에 3척(尺)의 竹簡에 법률을 썼기 때문에 법률을 일컬어 三尺이라고 한 것이다.

汝勉之哉어다 治心修身을 以飮食男女로 爲切要니 從古聖賢이 [1]自這裏做工夫하시니 其可忽乎아

너희들은 힘쓸지어다. 마음을 다스리고 몸을 닦음은 음식과 남녀로써 절실하고 긴요함을 삼아야 하니, 예로부터 聖賢이 이 속으로부터 공부를 하셨으니, 소홀히 할 수 있겠는가."

역주 1. 自這裏做工夫 : 這裏는 음식에 대한 욕망과 色慾을 가리킨 것으로, 이러한 욕심을 절제하여 心身을 닦는 工夫로 삼았음을 말한 것이다.

增註 飮食男女는 人之大欲이 存焉하니 一念之偏에 不能自克이면 則陷其身

果 : 결행할 과　早 : 일찍 조　尺 : 자 척　縱 : 풀어놓을 종　適 : 맞을 적
簡 : 대쪽 간　這 : 이 자　裏 : 속 리　做 : 지을 주

於惡而不可振矣라 故로 治心修身을 必以是爲切要하니 古之聖賢이 如禹之菲飮食과 湯之不邇聲色이 皆從此做工夫者也라

음식과 남녀는 사람의 큰 욕망이 있으니, 한번 생각이 치우침에 스스로 이겨내지 못하면, 그 몸을 악에 빠뜨려 구제할 수 없다. 그러므로 마음을 다스리고 몸을 닦음은 반드시 이것을 절실하고 긴요한 것으로 삼으니, 옛날의 聖賢 중에 禹王이 음식을 박하게 한 것과 湯王이 聲色을 가까이 하지 않은 것과 같은 것은 모두 이로부터 공부를 한 것이다.

14. 古靈陳先生이 爲仙居令하여 敎其民曰 爲吾民者는 父義母慈하며 兄友弟恭하며 子孝하며 夫婦有恩하며 男女有別하며 子弟有學하며 鄕閭有禮하며 貧窮患難에 親戚相救하며 婚姻死喪에 隣保相助하며 無墮農業하며 無作盜賊하며 無學賭博하며 無好爭訟하며 無以惡陵善하며 無以富呑貧하며 行者讓路하며 耕者讓畔하며 斑白者不負戴於道路하면 則爲禮義之俗矣리라

《葉祖洽所撰 陳先生行狀》

古靈 陳先生이 仙居令이 되어 그 백성들을 다음과 같이 가르쳤다. "나의 백성이 된 자들은 아버지는 의롭고 어머니는 사랑하며, 형은 우애하고 아우는 공손하며, 자식은 효도하며, 부부간에 은혜가 있으며, 남녀간에 분별이 있으며, 자제는 배움이 있으며, 마을에는 예절이 있으며, 빈궁과 환난이 있을 적에 친척이 서로 구원하며, 혼인과 상사에 隣保(이웃마을)가 서로 도우며, 농업을 폐하지 말며, 도적이 되지 말며, 도박을 배우지 말며, 다투거나 송사하는 것을 좋아하지 말며, 악으로써 선을 능멸하지 말며, 부유함으로써 가난한 자를 겸병하지 말며, 길가는 자는 길을 양보하며, 밭가는 자는 밭두둑을 양보하며, 머리가 반백이 된 자가 길에서 지거나 이는 일이 없으면 禮義의 풍속이 될 것이다."

集說 陳氏曰 古靈은 地名이니 在福州하니라 先生은 名襄이요 字述古라 仙居는 台州屬邑이라 義는 謂能正其家라 有恩은 謂貧窮相守니 若棄妻不養하며 夫亡改嫁면 是無恩也라 有禮는 謂歲時相往來及燕飮序齒之類요 患難은 謂水火盜賊之類라 墮는 廢墜也라 賭는 博財也요 博은 局戲也라 陵은 侵欺也요 呑은 兼幷也라 讓路는 謂少避長, 輕避重之類요 讓畔은 謂地有界畔하여 不相侵奪也라 朱子

振 : 떨칠 진 菲 : 박할 비 邇 : 가까울 이 閭 : 마을 려 墮 : 떨어뜨릴 타
賭 : 노름 도 呑 : 삼킬 탄 斑 : 반쯤셀 반 戴 : 일 대 襄 : 오를 양 局 : 판 국

曰 古靈諭俗一文은 平正簡易하여 許多事를 都說盡하니 可見他一箇大胸襟이 包得許多也니라

陳氏가 말하였다. "古靈은 지명이니, 福州에 있다. 先生은 이름은 襄이요, 字는 述古이다. 仙居는 台州에 속한 읍이다. 義는 그 집안을 바로잡음을 이른다. 有恩은 가난하고 곤궁함에 서로 지켜줌을 이르니, 만약 아내를 버리고 양육하지 않으며 남편이 죽음에 개가한다면 이는 은혜가 없는 것이다. 有禮는 歲時에 서로 왕래하고, 또 잔치하여 마실 적에 나이로 차서하는 따위를 이르고, 환난은 수해·화재·도적 따위를 이른다. 墮는 폐하고 실추함이다. 賭는 재물을 내기함이요, 博은 장기판으로 놀이하는 것이다. 陵은 침해하고 업신여김이요, 呑은 兼幷함이다. 讓路는 어린이가 어른을 피하고 가벼운 짐을 진 자가 무거운 짐을 진 자를 피하는 따위를 이르고, 讓畔은 땅에 경계두둑이 있어서 서로 침해하여 빼앗지 않음을 이른다."

朱子가 말씀하였다. "古靈이 세속을 敎諭한 글은 平正하고 간이하여 허다한 일들을 모두 다 말하였으니, 저 한 개의 큰 흉금이 수많은 것을 포괄하였음을 알 수 있다."

右는 廣立教라

이상은 立教를 넓힌 것이다.

15. 司馬溫公曰 凡諸卑幼는 事無大小히 毋得專行하고 必咨稟於家長이니라 《溫公家儀》

司馬溫公이 말하였다. "모든 낮은 자와 어린이는 일에 크고 작음이 없이 독단적으로 행하지 말고 반드시 家長에게 상의하고 여쭈어야 한다."

集說 陳氏曰 公은 姓司馬요 名光이요 字君實이니 陝州夏縣人이라 贈溫國公하고 諡文正이라 咨는 謀也라

陳氏가 말하였다. "公은 姓은 司馬요, 이름은 光이요, 字는 君實이니, 陝州의 夏縣 사람이다. 溫國公에 추증되었고, 시호는 文正이다. 咨는 상의함이다."

16. 凡子受父母之命에 必籍記而佩之하여 時省而速行之하고 事畢則返命焉이니라 《溫公家儀》

諭 : 가르칠 유 胸 : 가슴 흉 襟 : 회포 금 咨 : 물을 자 稟 : 여쭐 품
陝 : 땅이름 섬 贈 : 줄 증 返 : 돌아올 반

무릇 자식이 부모의 명령을 받음에 반드시 장부에 기록하여 차고서 때로 살펴 빨리 행하고 일을 마치면 복명해야 한다.

增註 籍은 簿也라 佩는 謂服於身이라 省은 察也며 視也라
集解 返命은 復命也라

증주 籍은 장부이다. 佩는 몸에 참을 이른다. 省은 살핌이며 봄이다.
집해 返命은 복명이다.

或所命이 有不可行者어든 則和色柔聲하여 具是非利害而白之하여 待父母之許然後에 改之하고 若不許라도 苟於事에 無大害者어든 亦當曲從이니 若以父母之命 爲非하여 而直行己志하면 雖所執이 皆是라도 猶爲不順之子니 況未必是乎아

혹 명령하신 바가 행할 수 없는 것이 있으면, 얼굴빛을 온화하게 하고 목소리를 부드럽게 하여, 시비와 이해를 갖추어 아뢰어 부모의 허락을 기다린 뒤에 그것을 고치고, 만일 허락하지 않으시더라도 만일 일에 있어 큰 해가 없는 것이면, 또한 마땅히 굽혀 따라야 한다. 만일 부모의 명령을 그르다 하여 곧바로 자기의 뜻을 행한다면, 비록 집행하는 바가 모두 옳더라도 오히려 순하지 못한 자식이 되니, 하물며 반드시 옳지는 않음에 있어서랴.

增註 備陳是非利害之兩端而稟白之하여 欲父母自喩也라

시비와 이해의 두 끝을 갖추어 진술하여 아뢰어, 부모께서 스스로 깨우치고자 한 것이다.

17. 橫渠先生曰 舜之事親에 有不悅者는 爲父頑母嚚하여 不近人情이니 若中人之性이 其愛惡(오)若無害理어든 必姑順之니라 《張子全書 橫渠雜記》

橫渠先生이 말씀하였다. "舜임금이 부모를 섬김에 〈부모가〉 기뻐하지 않음이 있었던 것은 아버지는 완악하고 어머니는 어리석어 인정에 가깝지 않아서이니, 〈부모가〉 만약 중등 사람의 성품이어서 그 사랑하고 미워함이 만약 이치에 해로

簿：장부 부 **復**：복명할 복 **渠**：도랑 거 **頑**：완악할 완 **嚚**：어리석을 은
姑：우선 고

움이 없다면, 반드시 우선 부모에게 순종해야 한다.

集解 舜이 盡事親之道하시니 宜得親之悅矣로되 而親猶不悅者는 爲其頑嚚하여 不近人情也일새라 然이나 舜克諧以孝하사 終至瞽瞍底豫하니 況中人之性者는 人子可不姑順從以悅其心乎아

舜임금이 부모 섬기는 도리를 다하셨으니, 마땅히 부모의 기뻐함을 얻어야 할 터인데, 부모가 오히려 기뻐하지 않았던 것은 완악하고 어리석어서 인정에 가깝지 않았기 때문이었다. 그러나 舜임금이 능히 효도로써 화하게 하여 마침내 瞽瞍가 기뻐함에 이르게 하였으니, 하물며 부모가 중등 사람의 성품인 자라면 자식이 우선 순종하여 그 마음을 기쁘게 하지 않을 수 있겠는가.

若親之故舊所喜를 當極力招致하며 賓客之奉을 當極力營辦하여 務以悅親爲事요 不可計家之有無니라 然이나 又須使之不知其勉強勞苦니 苟使見其爲而不易면 則亦不安矣시리라

만약 부모의 친구로서 좋아하시는 분이 있으면 마땅히 힘을 다하여 초청하며, 빈객을 받들기를 마땅히 힘을 다하여 장만하여 힘써 부모를 기쁘게 하기를 일삼을 것이요, 집안에 있고 없음을 따져서는 안된다. 그러나 모름지기 부모로 하여금 그 힘써 수고함을 알지 못하게 하여야 하니, 만일 그 하는 것이 쉽지 않음을 보게 한다면 또한 불안해 하실 것이다."

集解 故舊所喜는 謂親之故舊中所喜者요 賓客之奉은 謂酒殽之類라

故舊所喜는 부모의 친구 중에 좋아하시는 분을 이른다. 賓客之奉은 술과 안주 따위를 이른다.

18. 羅仲素論瞽瞍底(지)豫而天下之爲父子者定하여 云只爲天下에 無不是底(저)父母라하여늘 《伊洛淵源錄》

羅仲素가 '瞽瞍가 기뻐함에 이르자, 천하의 父子된 자가 안정되었다.'는 말을 논하여 말하기를 "다만 천하에 옳지 않은 부모가 없다고 여겼기 때문이다." 하였다.

集說 陳氏曰 仲素는 名從彥이니 豫章人이라 底는 致也요 豫는 悅樂也라 定者

諧：화할 해 瞽：소경 고 瞍：소경 수 底：이를 지, 어조사 저 豫：기쁠 예
辦：장만할 판 殽：안주 효 彥：선비 언

는 子孝父慈하여 各止其所而無不安其位之意也라 [1]孟子嘗曰 舜盡事親之道而瞽瞍底豫하니 瞽瞍底豫而天下之爲父子者定이라하시니 羅氏讀之하고 而謂云只爲天下에 無不是底父母라하니 蓋孝子之心이 與親爲一하니 凡親之過 皆己之過라 自不見父母有不是處니라

陳氏가 말하였다. "仲素는 이름은 從彥이니, 豫章 사람이다. 底는 이름이다. 豫는 기뻐함이다. 定은 자식이 효도하고 부모가 사랑하여 각각 제자리에 그쳐 그 자리에 편안하지 않음이 없는 뜻이다. 孟子가 일찍이 말씀하시기를 '舜임금이 부모 섬기는 도리를 다함에 瞽瞍가 기뻐함에 이르렀으니, 瞽瞍가 기뻐함에 이르자, 천하의 父子된 자가 안정되었다.' 라고 하였다. 羅氏는 이것을 읽고 이르기를 '다만 천하에 옳지 않은 부모가 없다고 여겼기 때문이다.' 하였으니, 이는 효자의 마음은 부모와 하나가 되니, 모든 부모의 과실을 다 자기의 과실로 여기므로, 스스로 부모에게 옳지 않은 곳이 있음을 보지 못하는 것이다."

역주 1. 이 내용은「孟子」《離婁上》에 보인다.

了翁이 聞而善之曰 唯如此而後에야 天下之爲父子者定이니 彼臣弑其君하며 子弑其父는 常始於見其有不是處耳니라

了翁이 이 말을 듣고 훌륭하게 여겨 말하기를 "오직 이와 같은 뒤에야 천하의 父子된 자가 안정될 것이니, 저 신하가 그 임금을 시해하며 자식이 그 부모를 시해함은 항상 그 옳지 않은 곳이 있음을 보는 데에서 비롯된다." 하였다.

集說 陳氏曰 了翁은 陳忠肅公也라 了翁이 聞羅氏之言하고 又推其極而言之하니 盖臣子弑逆이 常起於一念之差하여 以君父所爲不是也하니 若知天下無不是底君父면 惡(오)有弑逆之事哉리오 眞氏曰 罪己而不非其親者는 仁人孝子之心也요 怨親而不反諸己者는 亂臣賊子之心也니라

陳氏가 말하였다. "了翁은 陳忠肅公(陳瓘)이다. 了翁이 羅氏의 말을 듣고 또 그 極을 미루어 말한 것이니, 신하와 자식이 시해하거나 반역함은 항상 한 생각이 어그러져 임금과 부모의 하는 바를 옳지 않게 생각하는 데서 기인하니, 만약 천하에 옳지 않은 임금과 부모가 없음을 안다면, 어찌 시해하고 반역하는 일이 있겠는가."

眞氏가 말하였다. "자기에게 죄를 돌리고 그 부모를 그르다고 여기지 않음은 仁人과 孝子의 마음이요, 부모를 원망하고 자기 몸에 반성하지 않음은 亂臣과 賊子의 마음이다."

19. 伊川先生曰 [1]病臥於牀에 委之庸醫를 比之不慈不孝니 事

翁 : 늙은이 옹　弑 : 시해할 시　牀 : 평상 상　庸 : 용렬할 용

親者 亦不可不知醫니라 《二程全書 外書》

伊川先生이 말씀하였다. "병들어 침상에 누워 있는데, 용렬한 의원에게 맡김을 사랑하지 않고 효도하지 않음에 견주니, 부모를 섬기는 자는 또한 의술을 알지 않으면 안된다."

역주 1. 病臥於牀 委之庸醫 比之不慈不孝 : 集說에는 병들어 침상에 누워있는 것을 부모와 자식으로 간주하였으나, 沙溪 金長生은 本人으로 보아야 함을 강조하고, 「二程粹言」에 '身病臥於牀'으로 되어 있음을 밝혔는바, 앞의 攷訂에 자세히 보인다.

集說 陳氏曰 委는 猶付託也라 夫病은 死生所係어늘 而委之庸醫면 未有不致害者也라 故로 子有疾而委之庸醫를 比之不慈요 親有疾而委之庸醫를 比之不孝니 子能知醫면 則可以養親이라 故로 曰事親者 亦不可不知醫라하니라

陳氏가 말하였다. "委는 付託(맡김)과 같다. 병은 죽고 사는 것이 매여있는 바인데, 용렬한 의원에게 맡기면 해를 부르지 않는 자가 있지 않다. 그러므로 자식이 병이 있는데 용렬한 의원에게 맡김을 사랑하지 않음에 견주고, 부모가 병이 있는데, 용렬한 의원에게 맡김을 不孝에 견주니, 자식이 능히 의술을 알면 부모를 봉양할 수 있다. 그러므로 '부모를 섬기는 자는 또한 의술을 알지 않으면 안된다'고 한 것이다."

20. 橫渠先生이 嘗曰 事親奉祭를 豈可使人爲之리오

《張子全書 橫渠語錄》

橫渠先生이 일찍이 말씀하였다. "부모를 섬김과 제사를 받듦을 어찌 남으로 하여금 하게 할 수 있겠는가."

集說 陳氏曰 事父母, 奉祭祀를 皆當親爲之니라 葉氏曰 使人代爲면 孝敬之心이 安在哉오

陳氏가 말하였다. "부모를 섬김과 제사를 받듦을 모두 마땅히 친히 해야 한다."
葉氏가 말하였다. "남으로 하여금 대신하게 하면 효도와 공경의 마음이 어디에 있겠는가."

21. 伊川先生曰 冠昏喪祭는 禮之大者어늘 今人이 都不理會하나니 [1]豺獺이 皆知報本이어늘 今士大夫家多忽此하여 厚於奉養

係 : 맬 계 會 : 알 회 豺 : 승냥이 시 獺 : 수달 달

而薄於先祖하니 甚不可也니라 《二程全書 遺書, 近思錄》

伊川先生이 말씀하였다. "冠禮·婚禮·喪禮·祭禮는 예절 중에 큰 것인데도 지금 사람들은 모두 알지 못한다. 승냥이와 수달도 모두 근본에 보답할 줄 알거늘 지금 사대부의 집안들은 이를 소홀히 하는 이가 많아, 부모 봉양에는 후하면서 先祖에게는 박하게 하니, 심히 不可하다."

역주 1. 豺獺皆知報本 : 豺는 승냥이이고 獺은 수달이며 報本은 하늘이나 조상에게 제사하는 것으로, 諺解에 승냥이 밑에 '구월이면 짐승을 잡아 하늘에게 제사하는 짐승'이라 夾註하였고, 수달 밑에 '정월이면 물고기를 잡아 하늘에게 제사하는 짐승'이라고 夾註하였다.

集說 陳氏曰 冠以責成人하고 昏以承宗事하고 喪以愼終하고 祭以追遠이라 理會는 謂講而行之라 孟春에 獺祭魚하고 季秋에 豺祭獸하여 皆有報本之意하니 可以人而不如獸乎아 此字는 指報本言이라 奉養은 謂奉養其親이라

陳氏가 말하였다. "冠禮로써 成人으로서의 도리를 책하고, 婚禮로써 宗事를 계승하고, 喪禮로써 초상을 삼가고, 祭禮로써 먼 조상을 추모한다. 理會는 강구하여 행함을 이른다. 孟春(正月)에는 수달이 물고기로 제사하고, 季秋(九月)에는 승냥이가 짐승으로 제사하여, 모두 근본에 보답하는 뜻이 있으니, 사람으로서 짐승만도 못해서야 되겠는가. 〈多忽此의〉 此字는 근본에 보답함을 가리켜 말한 것이다. 奉養은 그 부모를 봉양함을 이른다."

某嘗修六禮大略하되 家必有廟하고 廟必有主하여 月朔에 必薦新하며 [1]時祭를 用仲月하며 冬至에 祭始祖하며 立春에 祭先祖하며 季秋에 祭禰하며 [2]忌日에 遷主하여 祭於正寢이니 凡事死之禮를 當厚於奉生者니라

내가 일찍이 六禮의 대략을 닦았는데, 집안에는 반드시 사당이 있고, 사당에는 반드시 神主가 있어, 매월 초하루에는 반드시 새로운 물건을 바치며, 時祭(사철의 제사)는 仲月을 쓰며, 冬至에는 始祖를 제사하며, 立春에는 先祖를 제사하며 季秋에는 아버지의 사당에 제사하며, 忌日에는 神主를 옮겨 正寢(안방, 또는 대청)에서 제사하도록 하였으니, 무릇 죽은 사람 섬기는 禮를 마땅히 산 사람을 섬기는 것보다 후하게 해야 한다.

역주 1. 時祭用仲月 : 仲月은 仲春(2월)·仲夏(5월)·仲秋(8월)·仲冬(11월)으로, 이 네 달에 擇日하여 四時祭를 지낸다.

朔 : 초하루 삭　薦 : 올릴 천　禰 : 아비사당 녜

2. 忌日遷主 : 忌日에는 사당에 모셔져 있는 해당 神主를 正寢으로 옮겨 제사함을 이른다.

集說 陳氏曰 六禮는 冠, 昏, 喪, 祭, 鄕飮酒, 士相見之禮라 主는 木主니 所以依神也라 新은 謂新物也라 禰는 父廟也라 遷은 徙也라 正寢은 猶正堂也라 月朔은 一月之始요 四時는 天道之變이요 冬至는 陽生之始요 立春은 物生之始요 季秋는 物成之始요 忌日은 親之死日이니 君子於此에 必有悽愴怵惕之心이라 故로 因之而行追遠之禮하니 此는 言祭禮之大略이니라 司馬溫公曰 國家時祭를 用孟月하니 私家不敢用이라 故로 用仲月이니라 朱子曰 始祖之祭는 似國家之禘하고 先祖之祭는 似祫하니 古無此러니 伊川이 以義起하시니 某當初에 也祭러니 後來覺得僭하여 今不敢祭也하노라

陳氏가 말하였다. "六禮는 冠禮・婚禮・喪禮・祭禮・鄕飮酒禮・士相見禮이다. 主는 나무로 만든 神主이니, 神이 의탁하는 것이다. 新은 새로운 물건이다. 禰는 아버지의 사당이다. 遷은 옮김이다. 正寢은 正堂(대청)과 같다. 月朔은 한 달의 시초요, 四時는 天道가 변하는 계절이요, 冬至는 陽이 나오는 시초요, 立春은 물건이 나오는 시초요, 季秋는 물건이 이루어지는 시초요, 忌日은 부모가 죽은 날이니, 君子가 이에 있어 반드시 슬퍼하고 두려워하는 마음이 있으므로, 인하여 먼 조상을 추모하는 禮를 행하니, 이는 祭禮의 대략을 말한 것이다."

司馬溫公이 말하였다. "국가의 時祭는 孟月을 쓰니, 私家에서는 감히 쓰지 못한다. 그러므로 仲月을 쓰는 것이다."

朱子가 말씀하였다. "始祖의 제사는 국가의 禘祭와 같고, 先祖의 제사는 祫祭와 같으니, 옛날에는 이것이 없었는데, 伊川이 義로써 일으키셨다. 나도 당초에는 또한 제사했었으나 뒤에 참람함을 깨달아 이제는 감히 제사하지 않는다."

人家能存得此等事數件하면 雖幼者라도 可使漸知禮義니라

사람의 집에서 능히 이러한 일 몇 가지를 보존한다면, 비록 어린 자라도 점차 禮義를 알게 될 것이다."

增註 存은 謂行之久而不廢也라

存은 행하기를 오래하여 폐하지 않음을 이른다.

徙 : 옮길 사　悽 : 슬플 처　愴 : 슬플 창　怵 : 두려울 출　惕 : 두려울 척
禘 : 큰제사 체　祫 : 합제사 협　也 : 또 야　僭 : 참람할 참　件 : 일 건

22. 司馬溫公曰 冠者는 成人之道也니 成人者는 將責爲人子며 爲人弟며 爲人臣이며 爲人少者之行也니 將責四者之行於人이어니 其禮를 可不重與아 《溫公書儀》

司馬溫公이 말하였다. "관을 씀은 成人(완성한 사람)의 道이니, 成人이란 것은 장차 아들이 되며, 동생이 되며, 신하가 되며, 젊은이가 된 자의 행실을 책임지우려는 것이다. 장차 네 가지의 행실을 사람에게 책임지우려 하니, 그 禮를 중히 하지 않을 수 있겠는가.

集解 所謂成人者는 非謂膚革이 異於童稺也라 將責以孝悌忠順之行也니 豈不重乎哉아

이른바 成人이란 것은 살과 가죽이 어렸을 때와 다름을 이르는 것이 아니요, 장차 孝悌와 忠順의 행실을 책임지우려 하는 것이니, 어찌 중히 하지 않을 수 있겠는가.

冠禮之廢久矣니 近世以來로 人情이 尤爲輕薄하여 生子猶飮乳에 已加巾帽하고 有官者는 或爲之製公服而弄之라 過十歲猶總角者蓋鮮矣니 彼責以四者之行인들 豈能知之리오 故로 往往에 自幼至長히 愚騃如一하니 由不知成人之道故也니라

冠禮가 폐해진 지 오래이니, 근세 이래로 인정이 더욱 경박하여 아들을 낳으면 아직 젖을 먹는데도 이미 두건과 모자를 씌우고, 관작이 있는 자는 혹 그를 위해 관복을 지어 입혀 희롱한다. 열 살이 지나도록 아직도 총각을 하고 있는 자가 적으니, 저들을 네 가지의 행실로써 책한들 어찌 알겠는가. 그러므로 왕왕 어릴때부터 장성함에 이르도록 어리석음이 한결같으니, 이는 成人의 道를 알지 못하기 때문이다.

集解 巾帽는 士庶所服者라 有官은 謂宋世에 因父祖任朝官하여 或郊祀覃恩하고 或遺表恩澤하여 子孫이 雖在襁褓나 得授以官이라 故로 製公服而戲弄之也라 鮮은 少也요 騃는 癡也라

巾과 帽는 士庶人이 착용하는 것이다. 有官은 宋나라 시대에 아버지와 할아버지가 조정의 관직에 임명됨으로 인하여, 혹 〈天子가〉 교외에서 천지에 제사하고 은혜가 미치거나

膚 : 살갗 부　革 : 가죽 혁　乳 : 젖 유　帽 : 모자 모　騃 : 어리석을 애　覃 : 뻗칠 담
襁 : 포대기 강　褓 : 포대기 보　癡 : 어리석을 치

혹 遺表(임종의 상소)로 은택을 받아 자손이 비록 포대기 속에 있으나 관작을 줌을 이른다. 그러므로 관복을 지어 입혀 희롱한 것이다. 鮮은 적음이요, 騃는 어리석음이다.

古禮에 雖稱二十而冠하나 然世俗之弊를 不可猝變이니 若敦厚好古之君子 俟其子年十五以上이 能通孝經論語하여 粗知禮義之方然後에 冠之면 斯其美矣니라

옛날의 禮에 비록 스무살이 되어야 冠禮를 한다고 하였으나 세속의 폐단을 갑자기 바꿀 수 없으니, 만약 돈후하여 옛것을 좋아하는 군자가 그 아들의 나이가 열다섯 이상으로서 능히 「孝經」과 「論語」를 통하여 대략 禮義의 방향을 알기를 기다린 뒤에 冠禮를 한다면, 그 아름다울 것이다."

集解 猝은 急也라 溫公이 以古禮를 急難盡復이니 若子弟年十五以上으로 能通孝經論語하여 略知禮義然後에 冠之可也라하니라

猝은 급함이다. 溫公은 古禮를 갑자기 다 회복하기 어려우니, 만약 자제의 나이가 열다섯 이상으로서 능히 「孝經」과 「論語」를 통하여 대략 禮義를 안 뒤에 관례를 한다면 가하다고 한 것이다.

23. 古者에 父母之喪엔 既殯하고 食粥하며 [1]齊衰(최)엔 疏食(사)水飲하고 不食菜果하며 《溫公書儀》

옛날에 부모의 상에는 이미 빈소를 하고서 죽을 먹었으며, 齊衰의 상에는 〈빈소를 하고서〉 거친 밥과 물을 마셨고, 채소와 과일은 먹지 않았다.

역주 1. 齊衰 : 원래 아버지 喪에는 斬衰三年을, 어머니 喪에는 齊衰三年을 입으나 여기서는 父母喪을 제외한 기타의 齊衰服을 가리킨 것이다.

增註 衰는 喪服也니 緝其旁及下際曰齊衰라 言父母之喪엔 既殯에 始食粥하나니 若齊衰之喪엔 既殯에 得疏食水飲하여 異於父母之喪也라

集解 疏食는 謂以麤米爲飯이요 水飲은 謂不食漿酪也라

증주 衰는 상복이니, 그 가장자리와 아랫단을 꿰맨 것을 齊衰라 한다. 부모의 상에는 빈소를 한 뒤에야 비로소 죽을 먹으니, 만약 齊衰의 상에는 빈소를 한 뒤에 거친 밥을 먹

猝 : 갑자기 졸 俟 : 기다릴 사 粗 : 대강 조(추) 殯 : 빈소 빈 粥 : 죽 죽
緝 : 꿰맬 즙 際 : 가 제 麤 : 거칠 추 漿 : 장 장 酪 : 타락 락

고 물을 마셔 부모의 상과 다름을 말한 것이다.

집해 疏食는 거친 쌀로 밥을 지음을 이른다. 水飮은 漿(술의 일종)과 우유를 먹지 않음을 이른다.

父母之喪에 旣虞卒哭하여는 疏食水飮하고 不食菜果하며 期而小祥하고 食菜果하며 又期而大祥하고 食醯醬하며

父母의 喪에는 虞祭와 卒哭祭를 지낸 뒤에야 거친 밥을 먹고 물을 마시고 채소와 과일은 먹지 않았으며, 期年에 小祥을 지내고 채소와 과일을 먹었으며, 또 期年에 大祥을 지내고 식초와 장을 먹었다.

集說 吳氏曰 虞는 祭名이니 葬之日에 日中而虞하고 [1]遇柔日再虞하고 遇剛日三虞하니 虞之爲言은 安也라 以魂氣無所不之라 故로 三祭以安之라 三虞後에 遇剛日曰卒哭이니 自是로 哀至不哭하되 猶朝夕哭也라 期는 周年也요 祥은 吉也니 自喪至此 凡十三月이니 爲初忌日也요 又期而大祥하니 自喪至此 凡二十五月이니 爲第二忌日也라 醯는 醋也라

吳氏가 말하였다. "虞는 제사 이름이니, 장삿날 안에 初虞祭를 지내고, 柔日을 만나 再虞祭를 지내고, 剛日을 만나 三虞祭를 지내니, 虞란 말은 편안함이다. 魂氣는 가지 않는 곳이 없으므로 세 번 제사하여 편안하게 하는 것이다. 三虞祭 뒤에 剛日을 만나 지내는 제사를 卒哭이라 하니, 이로부터는 슬픔이 지극해도 곡하지 않으나 그래도 아침저녁 곡을 한다. 期는 1주년이요, 祥은 길함이니, 초상으로부터 이에 이르기까지는 모두 13개 월이니, 첫 忌日이 되며, 또 1주년이 되면 大祥이니, 초상으로부터 이에 이르기까지는 모두 25개 월이니, 두번째 忌日이 된다. 醯는 식초이다."

역주 1. 遇柔日再虞 遇剛日三虞 : 日辰이 天干의 홀수에 해당하는 甲·丙·戊·庚·壬이 든 날을 剛日이라 하고, 짝수에 해당하는 乙·丁·己·辛·癸가 든 날을 柔日이라 한다.

中月而禫하고 禫而飮醴酒하나니 始飮酒者는 先飮醴酒하고 始食肉者는 先食乾肉이니 古人이 居喪에 無敢公然食肉飮酒者하니라

한 달을 건너 禫祭를 지내고, 禫祭를 지내고서 단술을 마시니, 〈상을 마치고〉 처음 술을 마시는 자는 먼저 단술을 마시고, 처음 고기를 먹는 자는 먼저 말린 고기를 먹었다. 옛사람은 居喪中에 감히 공공연하게 고기를 먹거나 술을 마신 자가

虞 : 우제 우 醯 : 식초 혜 醬 : 장 장 醋 : 식초 초 禫 : 담제 담 醴 : 단술 례
乾 : 마를 건(간)

없었다.

集說 陳氏曰 中月은 間一月也라 禫은 祭名이니 大祥之後에 間一月而禫하니 禫者는 澹澹然平安之意라 自喪至此 凡二十七月也라 酒一宿熟曰醴니 醴酒는 味薄이요 乾肉은 味澁也니 始飮酒食肉而先飮醴酒食乾肉者는 以人子之心이 哀情未盡하여 不忍遽御醇厚之味也니라

陳氏가 말하였다. "中月은 한달을 사이함이다. 禫은 제사 이름이다. 大祥의 뒤에 한 달을 건너 禫祭를 지내니, 禫은 담담히 평안한 뜻이다. 초상으로부터 이에 이르기까지는 모두 27개 월이다. 술을 한 번 재워 익힌 것을 醴라 하니 醴酒는 맛이 싱겁고, 乾肉은 맛이 떫으니, 처음 술을 마시고 고기를 먹음에 먼저 醴酒를 마시고 乾肉을 먹는 것은 자식의 마음이 슬픈 정이 다하지 않아 차마 갑자기 순후한 맛을 먹지 못해서이다."

漢昌邑王이 奔昭帝之喪할새 居道上하여 不素食이어늘 霍光이 數其罪而廢之하니라

漢나라 昌邑王이 昭帝의 초상에 달려갈 적에 도중에 있으면서 素食(蔬食)을 하지 않자, 霍光이 그 죄를 나열하여 폐하였다.

集說 吳氏曰 昌邑王은 名賀요 霍光은 字子孟이라 昭帝崩無子하여 賀嗣位러니 淫昏無度한대 光이 時爲大將軍하여 奏太后하고 廢賀爲海昏侯하니라

吳氏가 말하였다. "昌邑王은 이름이 賀요, 霍光은 字가 子孟이다. 昭帝가 죽고 아들이 없어 賀가 帝位를 이었는데, 음란하고 어두워 법도가 없으니, 霍光이 당시 大將軍이 되어 太后에게 아뢰고 賀를 폐위하여 海昏侯로 삼았다."

晉阮籍이 負才放誕하여 居喪無禮어늘 何曾이 面質籍於文帝坐曰 卿은 敗俗之人이라 不可長也라하고 因言於帝曰 公이 方以孝治天下而聽阮籍이 以重哀로 飮酒食肉於公座하니 宜擯四裔하여 無令汚染華夏라하니라

晉나라 阮籍이 재주를 믿고 방탕하여 상중에 있으면서 禮가 없었다. 何曾이 文帝가 앉은 자리에서 阮籍을 대면하여 질정하여 말하기를 "卿은 풍속을 무너뜨리

澁 : 떫을 삽 遽 : 갑자기 거 御 : 사용할 어 醇 : 도타울 순 霍 : 나라이름 곽
數 : 수죄할 수 崩 : 죽을 붕 誕 : 허탄할 탄 質 : 바를 질 擯 : 물리칠 빈
裔 : 변방 예

는 사람이니, 이러한 짓을 키워서는 안된다."하고, 인하여 文帝에게 말하기를 "公께서는 지금 효도로써 천하를 다스리고 계신데, 阮籍이 중한 슬픔으로서 公席에서 술을 마시고 고기를 먹는 것을 허용해 주시니, 마땅히 四裔(四方 변경)에 물리쳐 華夏(中國)를 오염시키지 말게 하소서." 하였다.

集說 吳氏曰 阮籍은 字嗣宗이요 何曾은 字穎考라 質은 謂正言之라 文帝는 司馬昭也라 時爲晉公이러니 後에 其子武帝立하여 始上尊號하니라 卿은 指籍이요 公은 指昭也라 聽은 猶許也라 重哀는 謂親喪이라 擯은 斥也라 四裔는 四夷요 華夏는 中國也라

吳氏가 말하였다. "阮籍은 字가 嗣宗이요, 何曾은 字가 穎考이다. 質은 바르게 말함을 이른다. 文帝는 司馬昭이니, 당시에는 晉公이었는데 뒤에 그 아들 武帝(司馬炎)가 즉위하여 비로소 尊號를 올렸다. 卿은 阮籍을 가리키고, 公은 司馬昭를 가리킨다. 聽은 許(허락함)와 같다. 重哀는 부모의 상을 이른다. 擯은 물리침이다. 四裔는 사방의 오랑캐요, 華夏는 중국이다."

宋廬陵王義眞이 居武帝憂하여 使左右로 買魚肉珍羞하여 於齋內에 別立廚帳이러니 會長史劉湛이 入이어늘 因命臑[暖]酒炙車(차)螯한대 湛이 正色曰 公이 當今에 不宜有此設이니라 義眞曰 [1]旦이 甚寒하니 長史는 事同一家니 望不爲異하노라 酒至어늘 湛이 起曰 旣不能以禮自處하고 又不能以禮處人이라하니라

宋나라 廬陵王 義眞이 武帝의 喪中에 있으면서 좌우 사람들로 하여금 생선과 고기와 진귀한 음식을 사오게 하여 齋室 안에 따로 廚帳(휘장을 친 주방)을 세웠다. 마침 長史 劉湛이 들어오자, 인하여 술을 데우고 車螯(바다조개)를 굽도록 명령하였다. 劉湛이 正色하고 말하기를 "公이 지금 이런 것을 설치해서는 안됩니다." 하자, 義眞이 말하기를 "아침 날씨가 매우 차가우니 長史는 일이 한 집안이나 마찬가지이니, 이상히 여기지 말기 바라오." 하였다. 술이 이르자, 劉湛은 일어나며 말하였다. "이미 능히 禮로써 자처하지 못하고, 또 능히 禮로써 남을 대하지도 못하십니다."

역주 1. 旦을 諺解에는 李太祖의 諱를 피하여 同義異音인 朝의 音을 따라 '됴'라고 표기하였다.

穎 : 이삭 영 斥 : 내칠 척 廬 : 오두막 려 羞 : 반찬 수 齋 : 집 재 廚 : 부엌 주
湛 : 편안할 침 暖 : 따뜻할 난 炙 : 구울 자(적) 螯 : 조개 오

集解 陳氏曰 義眞은 宋武帝裕之子라 居憂는 卽居喪이라 珍羞는 美食이라 湛은 字弘仁이라 吳氏曰 臑는 當作煗이니 古暖字라 炙은 燒也요 車螯는 海蛤也라

陳氏가 말하였다. "義眞은 宋나라 武帝 裕의 아들이다. 居憂는 즉 居喪이다. 珍羞는 아름다운 음식이다. 湛은 字가 弘仁이다."

吳氏가 말하였다. "臑는 마땅히 煗이 되어야 하니, 暖의 古字이다. 炙은 구움이다. 車螯는 바다조개이다."

隋煬帝爲太子하여 居文獻皇后喪할새 每朝에 令進二溢米而私令外로 取肥肉脯鮓하여 置竹筒中하여 以蠟閉口하고 衣襆으로 裹而納之하니라

隋나라 煬帝가 太子가 되어 文獻皇后의 상에 거할 적에 매일 아침 두 줌의 쌀을 올리게 하고는 사사로이 외부 사람에게 살찐 고기와 포와 식혜를 취하여 대통 속에 넣어 밀랍으로 통의 입구를 막고 보자기로 싸서 들여오게 하였다.

集解 煬帝는 名廣이라 文獻皇后는 文帝后獨孤氏也라 [1]溢은 謂二十四分升之一也라 衣襆은 卽今之袱也라

增註 溢은 一手所握也라

집해 煬帝는 이름이 廣이다. 文獻皇后는 文帝의 后인 獨孤氏이다. 溢은 한 되의 24분의 1을 이른다. 衣襆은 바로 오늘날의 보자기이다.

증주 溢은 한 손으로 쥐는 것이다.

역주 1. 溢謂二十四分升之一 : 攷訂에는 「儀禮」註를 인용하여 24냥을 1溢이라 하고, 謂字 밑에 '一升'이 빠진 것으로 보아 1升에다가 24분의 1升을 더한 것으로 해석하였다. 溢은 보통 鎰과 통하는바 20냥, 또는 24냥을 가리키므로 위의 해석이 옳을 듯하나, 다만 「儀禮」에 父母의 喪中에 있는 자는 아침과 저녁으로 각각 1溢米의 죽을 먹는다 하였으며, 隋煬帝 역시 이것을 흉내내기 위하여 이렇게 한 것임을 감안할 때 24냥은 너무 많고 24분의 1升은 너무 적으므로 增註의 一手所握으로 보는 것이 타당하겠다.

湖南楚王馬希聲이 葬其父武穆王之日에 猶食雞臛이어늘 其官屬潘起譏之曰 昔에 阮籍이 居喪에 食蒸肫(豚)하더니 何代無

煗 : 따뜻할 난 燒 : 불사를 소 蛤 : 대합조개 합 煬 : 별쬘 양 溢 : 한움큼 일
脯 : 포 포 鮓 : 생선식혜 자 筒 : 대통 통 蠟 : 밀초 랍 襆 : 수건 복 裹 : 쌀 과
握 : 쥘 악 臛 : 국 학 潘 : 쌀뜨물 반 譏 : 기록할 기 蒸 : 찔 증 肫 : 돼지 돈

賢이리오하니라

湖南의 楚王 馬希聲이 그의 아버지 武穆王을 장사지내는 날에 오히려 닭고기 국을 먹자, 그의 관속 潘起가 기롱하기를 "옛날에 阮籍이 喪中에 삶은 돼지고기를 먹었으니, 어느 시대인들 어진이가 없겠는가?" 하였다.

集說 吳氏曰 五代에 馬殷이 據湖南長沙之地하니 武穆王은 卽殷也라 雞臛은 雞肉羹也요 蒸肫은 蒸熟猪也라 何代無賢은 反辭以譏之也라

吳氏가 말하였다. "五代시대에 馬殷이 湖南의 長沙 땅에 웅거하였으니, 武穆王은 바로 馬殷이다. 雞臛은 닭고기 국이요, 蒸肫은 삶은 돼지고기이다. 어느 시대인들 어진이가 없겠느냐는 것은 말을 뒤집어 기롱한 것이다."

然則五代之時에 居喪食肉者를 人猶以爲異事하니 是流俗之弊 其來甚近也니라 今之士大夫는 居喪에 食肉飮酒를 無異平日하고 又相從宴集하여 靦然無愧어든 人亦恬不爲怪하나니 禮俗之壞를 習以爲常하니 悲夫라

그렇다면 五代시대에는 居喪中에 고기를 먹는 자들을 사람들이 오히려 이상한 일로 여겼으니, 이 流俗의 폐단이 그 유래가 매우 가까운 것이다. 지금 士大夫들은 居喪하는 때에 고기를 먹고 술을 마시기를 평일과 다름 없이 하고, 또 서로 따라 잔치하고 모여 버젓이 부끄러움이 없거든 사람들도 또한 편안하게 여기고 괴이하게 여기지 않는다. 禮俗이 무너짐에 익숙해져서 보통으로 여기니, 슬프다!

集說 陳氏曰 承上文潘起之譏而言이라 五代는 梁, 唐, 晉, 漢, 周也라 靦은 面見人之貌라 恬은 安也요 怪는 異也라

陳氏가 말하였다. "윗 글의 潘起의 기롱을 이어 말한 것이다. 五代는 梁·唐·晉·漢·周이다. 靦은 대면하여 사람을 보는 모양이다. 恬은 편안함이요, 怪는 괴이함이다."

乃至鄙野之人하여는 或初喪未斂에 親賓이 則齎酒饌往勞之어든 主人이 亦自備酒饌하여 相與飮啜하여 醉飽連日하고 及葬하여

羹 : 국 갱　猪 : 돼지 저　宴 : 잔치 연　靦 : 부끄러울 전　愧 : 부끄러울 괴
恬 : 편안할 염　怪 : 괴이할 괴　鄙 : 변두리 비　齎 : 가져갈 재　饌 : 음식 찬
啜 : 마실 철

亦如之하며 甚者는 初喪에 作樂以娛尸하고 及殯葬하여 則以樂導輀車而號泣隨之하며 亦有乘喪卽嫁娶者하니 噫라 習俗之難變과 愚夫之難曉 乃至此乎여

이에 鄙野(무식한 시골)의 사람에 이르러서는 혹 初喪에 斂도 하기 전에 친구와 빈객이 술과 안주를 가지고 가서 위로하면, 주인이 또한 스스로 술과 안주를 갖추어 서로 함께 마셔 술에 취하고 배불리 먹기를 연일하며 장례에 이르러서도 또한 이와 같이 하며, 심한 자는 초상에 음악을 연주하여 시신을 즐겁게 하고, 빈소하고 장례함에 이르러서는 음악으로 상여를 인도하게 하고는 울부짖고 따라가며, 또한 상중을 틈타 곧 시집가고 장가가는 자도 있다. 슬프다! 습속을 변화시키기 어려움과 어리석은 사람을 깨우치기 어려움이 마침내 여기에 이르렀구나.

集說 輀車는 喪車也라

輀車는 喪車(상여)이다.

凡居父母之喪者는 大祥之前에 皆未可飮酒食肉이니 若有疾이어든 [1]暫須食飮하되 疾止어든 亦當復(복)初니라 必若素食이 不能下咽하여 久而羸憊하여 恐成疾者는 可以肉汁及脯醢或肉少許로 助其滋味언정 不可恣食珍羞盛饌及與人燕樂이니 是則雖被衰(최)麻나 其實은 不行喪也니라 唯五十以上에 血氣旣衰하여 必資酒肉扶養者는 則不必然耳니라

무릇 부모의 상중에 있는 자는 大祥 전에 모두 술을 마시거나 고기를 먹어서는 안되니, 만약 병이 있거든 잠시 모름지기 고기를 먹고 술을 마시되, 병이 그치면 또한 마땅히 처음대로 돌아가야 한다. 반드시 만일 素食이 목으로 잘 넘어가지 않아 오래되어 여위고 파리하여 병이 될까 염려되는 자는 고기즙과 포와 젓갈 혹은 고기 조금으로 그 입맛을 돋울지언정 마음대로 진수성찬을 먹거나 남과 잔치하며 즐겨서는 안되니, 이는 비록 衰麻(喪服)을 입었다 하더라도 그 실제는 喪禮를 행하지 않는 것이다. 오직 50세 이상으로서 혈기가 이미 쇠하여 반드시 술과 고기에 의지하여 부양할 자는 반드시 그렇게 하지 않아도 된다.

역주 1. 暫須 : 諺解를 따라 '잠시 모름지기'로 해석하였으나, 須를 須臾(잠시)로 보아 暫

娛 : 즐길 오　輀 : 상여 이　暫 : 잠시 잠　咽 : 목구멍 인　羸 : 파리할 리
憊 : 고달플 비　汁 : 즙 즙　醢 : 육장 해　許 : 쯤 허　滋 : 맛있을 자

과 같은 뜻으로 보기도 한다.

集解 羸는 瘦也요 憊는 疲也니 有病瘦憊하여 恐致傷生이라 故로 權食肉汁及乾脯肉醬하여 以助滋補하나니 若肆意饗食珍美殽饌하고 及預宴席이면 則與無喪之人으로 何異哉리오

羸는 여윔이요, 憊는 피곤함이니, 병이 있어 여위고 피곤하여 생명을 상함에 이를까 염려되므로, 權道(임시 방편)로 고기즙과 말린 포와 肉醬을 먹어 입맛을 돋군다. 만약 마음대로 진귀하고 아름다운 고기와 반찬을 먹거나 잔치하는 자리에 참예한다면, 喪이 없는 사람과 무엇이 다르겠는가.

其居喪에 聽樂及嫁娶者는 國有正法하니 此不復(부)論하노라

居喪中에 음악을 듣거나 혼인하는 자는 나라에 올바른 법이 있으니, 여기서는 다시 거론하지 않는다."

增註 法은 謂法律이라

法은 법률을 이른다.

24. 父母之喪에 中門外에 擇樸陋之室하여 爲丈夫喪次하고 斬衰엔 寢苫하며 枕塊하며 不脫絰帶하며 不與人坐焉하고 婦人은 次於中門之內別室하되 撤去帷帳衾褥華麗之物이니라 《溫公書儀》

부모의 상에는 中門 밖에 소박하고 좁은 방을 가려서 丈夫의 喪次를 만들고, 斬衰(斬衰의 喪)에는 거적에서 자며, 흙덩이를 베며, 首絰과 腰絰을 벗지 않으며, 남과 함께 앉지 않는다. 부인은 中門 안의 별실에 머물되, 휘장과 이불과 요 등의 화려한 물건을 철거한다.

集解 樸은 樸素요 陋는 隘陋라 斬衰는 以極麤麻布爲之하고 下邊不緝也라 苫은 藁薦이요 塊는 土墼이라

增註 麻在首曰絰이요 在腰曰帶라 撤은 亦去也라 皆哀痛之至하여 有所不安

瘦 : 파리할 수 疲 : 고달플 피 權 : 권도 권 饗 : 연향 향 殽 : 안주 효 預 : 참여할 예
樸 : 질박할 박 次 : 머무를 차 苫 : 거적 점 塊 : 흙덩이 괴 絰 : 수질 질 撤 : 거둘 철
帷 : 휘장 유 衾 : 이불 금 褥 : 요 욕 隘 : 좁을 애 緝 : 꿰맬 즙 藁 : 짚 고
薦 : 자리 천 墼 : 벽돌 격 腰 : 허리 요

而然이니라

집해 樸은 소박함이요, 陋는 좁음이다. 斬衰는 극히 거친 삼베로 만들고 아랫단을 꿰매지 않은 것이다. 苫은 짚 자리요, 塊는 흙으로 만든 벽돌이다.

증주 삼이 머리에 있는 것을 絰이라 하고, 허리에 있는 것을 帶라 한다. 撤 또한 버림이다. 이는 모두 애통이 지극하여 편안치 못한 바가 있어서 그렇게 하는 것이다.

男子無故어든 不入中門하며 婦人이 不得輒至男子喪次니라

남자는 연고가 없으면 中門에 들어가지 않으며, 부인은 갑자기 남자의 喪次에 이르지 않는다.

增註 居喪에 內外之辨이 當然也라

상중에 내외의 분별이 당연한 것이다.

晉陳壽遭父喪하여 有疾이어늘 使婢丸藥하더니 客이 往見之하고 鄕黨이 以爲貶議하니 坐是沈滯하여 坎坷終身하니 嫌疑之際는 不可不愼이니라

晉나라 陳壽는 아버지 상을 당하여 병이 있으므로 종을 시켜 환약을 짓게 하였는데, 客이 가서 보고, 고을 사람들이 貶議(비평)하였다. 그는 이에 연좌되어 침체하여 불우하게 몸을 마쳤으니, 혐의를 받을 즈음은 삼가지 않으면 안된다.

集解 陳壽는 字承祚니 巴西人이라 貶議는 謂貶抑而論議也라 沈滯는 淹滯也요 坎坷는 不遇也라

陳壽는 字가 承祚이니, 巴西 사람이다. 貶議는 깎아 내려 논의함을 이른다. 沈滯는 머물러 막힘이요, 坎坷는 불우함이다.

25. 父母之喪에 不當出이니 若爲喪事及有故하여 不得已而出이어든 則乘樸馬하고 布裹鞍轡니라 《溫公書儀》

부모의 상중에는 마땅히 외출하지 말아야 하니, 만약 상사나 및 연고가 있어 부득이하여 외출하게 되면, 치장하지 않은 말을 타고 베로 안장과 고삐를 감싼다.

婢：계집종 비 貶：깎을 폄 坐：죄입을 좌 滯：막힐 체 坎：고생할 감
坷：고생할 가 祚：복 조 巴：땅이름 파 淹：막힐 엄 鞍：안장 안 轡：고삐 비

集解 樸馬는 樸素之馬라

樸馬는 소박한 말이다.

26. 世俗이 信浮屠誑誘하여 凡有喪事에 無不供佛飯僧하여 云爲死者하여 滅罪資福하여 使生天堂하여 受諸快樂이니 不爲者는 必入地獄하여 剉燒舂磨하여 受諸苦楚라하나니 殊不知死者形旣朽滅하고 神亦飄散하니 雖有剉燒舂磨라도 且無所施니라 又況佛法이 未入中國之前에 人固有死而復(복)生者하니 何故로 都無一人이 誤入地獄하여 [1]見所謂十王者耶오 此其無有而不足信也 明矣니라 《溫公書儀》

세속이 浮屠(佛敎)의 속임과 유혹을 믿어, 무릇 상사가 있음에 부처를 공양하고 중을 먹이지 않는 이가 없다. 그리고 이르기를 "죽은 자를 위하여 죄를 없애고 복을 도와 천당에 살게 하여 모든 쾌락을 받게 한다. 이렇게 하지 않는 자는 반드시 지옥에 들어가 칼에 베어지고 불에 태워지고 방아에 찧어지고 맷돌에 갈려 모든 고초를 받는다." 한다. 이는 죽은 자는 형체가 이미 썩어 없어졌고 정신도 이미 날아가 흩어졌으니, 비록 베고 태우고 찧고 가는 일이 있더라도 또한 베풀 곳이 없음을 전혀 알지 못하는 것이다. 또한 하물며 佛法이 아직 중국에 들어오지 않았던 과거에도 사람들이 진실로 죽었다가 도로 살아난 자가 있었는데, 무슨 까닭으로 도무지 한 사람도 잘못 지옥에 들어가 이른바 十王(시왕)을 보았다는 자가 없는가? 이는 그 있지 않아서 믿을 것이 못됨이 분명하다.

역주 1. 十王 : 佛家에서 말하는 冥界의 열 王, 곧 秦廣王·初江王·宋帝王·五官王·閻羅王·變成王·泰山王·平等王·都市王·轉輪王인데, 佛家에서는 중국식 발음을 따라 '시왕'으로 읽는다.

集解 浮屠는 釋氏也라 刀剉火燒와 碓舂磑磨는 極言其苦之甚也라

增註 形은 形體요 神은 神魂이라 佛法入中國이 始於漢明帝하니 前此之時에 人死而復生者固有矣로되 未嘗聞有入地獄見十王者하니 以未有佛法惑人이요 本無天堂地獄故也라 後世에 有死而復生하여 云入地獄見十王者는 乃佛法所惑

屠 : 죽일 도　誑 : 속일 광　誘 : 꾈 유　快 : 쾌할 쾌　獄 : 감옥 옥　剉 : 벨 좌
燒 : 불사를 소　舂 : 방아찧을 용　磨 : 갈 마　朽 : 썩을 후　飄 : 나부낄 표
碓 : 방아 대　磑 : 맷돌 년　魂 : 혼 혼

耳니라

집해 浮屠는 釋氏(佛家)이다. 칼에 베어지고 불에 태워지고, 방아에 찧어지고, 맷돌에 갈림은 그 괴로움의 심함을 극도로 말한 것이다.

증주 形은 형체요, 神은 혼백이다. 佛法이 중국에 들어온 것이 漢나라 明帝 때에 비롯되었으니, 이 이전에 사람이 죽었다가 도로 살아난 자가 진실로 있었으나 일찍이 지옥에 들어가 十王을 보았다는 자가 있다는 말을 듣지 못하였으니, 〈불법이 중국에 들어오기 전에는〉 불법이 사람을 미혹시킴이 없어서였고, 본래 천당과 지옥이 없기 때문이다. 후세에 죽었다가 도로 살아나 지옥에 들어가 十王을 보았다고 이르는 자는 곧 불법에 미혹된 것일 뿐이다.

27. 顔氏家訓曰 吾家巫覡符章을 絶於言議는 汝曹所見이니 勿爲妖妄하라 《顔氏家訓》

「顔氏家訓」에 말하였다. "우리 집안에서 무당과 부적을 言議에서 끊음은 너희들이 본 바이니, 요망한 짓을 하지 말라."

集說 陳氏曰 顔氏는 名之推니 北朝人이니 作家訓하니라 巫는 女巫요 覡은 男巫요 符章은 卽書符拜章之術이니 皆妖怪妄誕之事也라

陳氏가 말하였다. "顔氏는 이름이 之推이니, 北朝(北齊) 때 사람이니, 家訓을 지었다. 巫는 여자 무당이요, 覡은 남자 무당이요, 符章은 곧 부적을 써서 글에 절하는 주술이니, 모두 요괴스럽고 허탄한 일이다."

28. 伊川先生曰 人無父母면 生日에 當倍悲痛이니 更(갱)安忍置酒張樂(악)하여 以爲樂(락)이리오 若具慶者는 可矣니라 《二程全書 遺書》

伊川先生이 말씀하였다. "사람이 부모가 없으면 생일에 마땅히 갑절로 비통해야 할 것이니, 또 어찌 차마 술자리를 마련하고 풍악을 벌여 즐거워 할 수 있겠는가. 만일 父母가 모두 생존해 계신 자라면 괜찮다."

集解 人子生日에 思念父母鞠育之劬勞하면 益增悲痛이니 又安忍宴樂哉아 具慶은 謂二親俱存也라

巫：무당 무　覡：박수무당 격　符：부적 부　妖：요사스러울 요　誕：허탄할 탄
鞠：기를 국　劬：수고로울 구

자식이 생일에 부모께서 길러주신 노고를 생각하면 더욱 더 비통해지니, 또 어찌 차마 잔치하여 즐길 수 있겠는가. 具慶은 두 어버이가 모두 살아계심을 이른다.

29. 呂氏童蒙訓曰 事君如事親하며 事官長如事兄하며 與同僚如家人하며 待羣吏如奴僕하며 愛百姓如妻子하며 處官事如家事然後에야 能盡吾之心이니 如有毫末不至면 皆吾心이 有所未盡也니라 《童蒙訓》

呂氏의 「童蒙訓」에 말하였다. "임금 섬기기를 부모를 섬기듯이 하며, 官長(上官) 섬기기를 형을 섬기듯이 하며, 동료를 대하기를 집안 사람처럼 하며, 여러 아전을 대하기를 노복처럼 하며, 백성 사랑하기를 처자식과 같이 하며, 관청의 일 처리하기를 집안의 일처럼 한 뒤에야 나의 마음을 다한 것이니, 만일 털끝만큼이라도 지극하지 못함이 있으면 모두 나의 마음이 다하지 못한 바가 있는 것이다."

集說 陳氏曰 呂氏는 名本中이요 字居仁이니 宋正獻公之曾孫이니 作童蒙訓하니라 盡吾之心은 致其誠而已라

陳氏가 말하였다. "呂氏는 이름은 本中이요, 字는 居仁이니, 宋나라 正獻公(呂公著)의 曾孫으로 「童蒙訓」을 지었다. 나의 마음을 다했다는 것은 그 정성을 다할 뿐이다."

30. 或問 簿는 佐令者也니 簿所欲爲를 令或不從이어든 奈何잇고 伊川先生曰 當以誠意動之니 今에 令與簿不和는 只是爭私意니라 《二程全書 遺書》

或者가 묻기를 "簿는 令(守令)을 돕는 자이니, 簿가 하고자 하는 것을 令이 혹 따르지 않으면 어찌 합니까?" 하자, 伊川先生이 말씀하였다. "마땅히 誠意로써 令을 감동시켜야 한다. 이제 令과 簿가 화합하지 않음은 다만 이 사사로운 뜻을 다투어서이다.

集解 [1]簿者는 縣之佐요 令者는 縣之長이라 誠意動之者는 盡誠心以感之也라

簿는 縣의 보좌관이요, 令은 縣의 우두머리이다. 誠意動之는 誠心을 다하여 감동시킴이다.

僚 : 동료 료 毫 : 터럭 호 佐 : 도울 좌

역주 1. 簿者縣之佐 : 簿는 主簿로, 陶菴 李縡는 "오늘날 牧使 밑에 있는 判官과 같은 것이다." 하였다.

令은 是邑之長이니 若能以事父兄之道로 事之하여 過則歸己하고 善則惟恐不歸於令하여 積此誠意하면 豈有不動得人이리오

令은 고을의 우두머리이니, 만약 능히 부모를 섬기는 도리로 섬겨, 과실은 자기에게 돌리고, 잘한 것은 행여 令에게 돌아가지 않을까 두려워 하여, 이러한 誠意를 쌓는다면 어찌 사람을 감동시키지 못함이 있겠는가."

集解 推事親事兄之道하여 以事令이요 又能引過於己하고 推功歸之하여 積誠之久하면 彼豈有不感動者乎아

集成 葉氏曰 過則歸己하고 善則歸令은 非曰姑爲此以悅人이라 蓋事長之道當如是也니라

집해 부모를 섬기고 형을 섬기는 도리를 미루어 令을 섬길 것이요, 또 과실을 자기에게 끌어당기고 공을 미루어 令에게 돌려, 성의를 쌓음이 오래 되면 저 어찌 감동하지 않을 자가 있겠는가.

집성 葉氏가 말하였다. "과실은 자기에게 돌리고 잘한 것은 令에게 돌림은 우선 이렇게 하여 사람을 기쁘게 하려는 것이 아니라, 웃사람을 섬기는 도리가 마땅히 이와 같아야 하는 것이다."

31. 明道先生曰 一命之士 苟存心於愛物이면 於人에 必有所濟니라 《二程全書 明道行狀》

明道先生이 말씀하였다. "一命의 선비(벼슬아치)가 만일 사물을 사랑하는 데에 마음을 두면, 사람에 있어 반드시 구제하는 바가 있을 것이다."

集解 熊氏曰 周禮에 一命受職이라하니 卽今之第九品也라 一命雖小나 誠能以愛物爲心이면 則惠利亦有以及人矣니라

增註 一命도 猶然이어든 況居大位者乎아

집해 熊氏가 말하였다. "「周禮」에 '一命에 직책을 받는다.' 하였으니, 곧 지금의 第 9品이다. 一命은 비록 작으나 진실로 능히 사물을 사랑하는 것으로써 마음을 삼는다면, 은혜와 이익이 또한 사람들에게 미침이 있을 것이다."

증주 一命도 오히려 그러한데 하물며 높은 지위에 있는 사람이랴."

32. 劉安禮問臨民한대 明道先生曰 使民으로 各得輸其情이니라 問御吏한대 曰 正己以格物이니라 《二程全書 明道行狀》

劉安禮가 백성을 대하는 도리를 묻자, 明道先生이 말씀하기를 "백성으로 하여금 각각 그들의 情을 다하게 하여야 한다." 하였다. 아전을 거느리는 도를 묻자, 말씀하기를 "자신을 바르게 하여 남을 바루어야 한다." 하였다.

集說 陳氏曰 [1]安禮는 字〔名〕立之니 明道弟子라 輸는 猶盡也라 平易近民하여 使下情으로 各得上達이면 則所以處之者 自無不當矣라 御는 治也요 格은 正也라 范氏曰 未有己不正而能正人者니라

陳氏가 말하였다. "安禮는 이름이 立之이니, 明道의 제자이다. 輸는 盡(다함)과 같으니 평이하게 하여 백성들을 가까이 하여, 아랫사람의 情으로 하여금 윗사람에게 도달되게 하면 처하는 바가 저절로 마땅하지 않음이 없게 된다. 御는 다스림이요, 格은 바름이다."

范氏가 말하였다. "자신이 바르지 않으면서 능히 남을 바르게 하는 자는 있지 않다."

역주 1. 원주에는 '安禮字立之'로 되어 있으나 攷訂에 의거하여 바로잡았다.

33. 伊川先生曰 居是邦하여 不非其大夫 此理最好하니라 《二程全書 遺書》

伊川先生이 말씀하였다. "이 고을에 거하면서 그 大夫를 비방하지 않음이 이 도리가 가장 좋다."

集說 [1]朱氏〔子〕曰 下訕上則無忠敬之心이라하시니 不非之者는 謂不議其過惡也라

朱子가 말씀하기를 "아랫사람이 윗사람을 헐뜯으면 충성하고 존경하는 마음이 없다." 하셨으니, 비방하지 않는다는 것은 그 과실과 악을 논의하지 않음을 이른다.

역주 1. 원주에는 '朱氏曰'로 되어 있으나 攷訂에 의거하여 바로잡았다.

34. 童蒙訓曰 當官之法이 唯有三事하니 曰淸曰愼曰勤이니 知此三者면 則知所以持身矣니라 《童蒙訓》

「童蒙訓」에 말하였다. "관직을 맡는 법이 오직 세 가지가 있으니, 청렴함과 신중함과 근면함이다. 이 세 가지를 알면 몸가질 바를 알 것이다."

輸：바칠 수　格：바로잡을 격　訕：비방할 산

集解 淸은 謂淸廉不汚요 愼은 謂謹守禮法이요 勤은 謂勤於職業이니 能是三者면 則能修己而可以治人矣리라

淸은 청렴하여 더럽지 않음을 이르고, 愼은 예와 법을 삼가 지킴을 이르고, 勤은 직업에 부지런함을 이르니, 이 세 가지에 능하면 자기몸을 닦아 남을 다스릴 수 있을 것이다.

35. 當官者는 凡異色人을 皆不宜與之相接이니 巫祝尼媼之類를 尤宜疎絶이니 要以淸心省(생)事爲本이니라 《童蒙訓》

관직을 맡은 자는 무릇 색다른 사람을 모두 더불어 서로 접촉하지 말아야 하니, 여자무당과 남자무당, 여승과 중매장이 따위를 더욱 마땅히 멀리 하여 끊어야 한다. 요컨대 마음을 맑게 하고 일을 생략함으로써 근본을 삼아야 한다.

集說 陳氏曰 異色人은 謂不務常業之人이라 巫祝은 皆事鬼神者라 尼는 女僧이요 媼은 牙婆也라

增註 此輩를 一接之면 內則伺意以納賄하고 外則誑人以行私하여 善敗事害政이라 故로 當一切禁絶이니라 淸心은 謂不以物欲累心이요 省事는 謂不作無益之事라

집설 陳氏가 말하였다. "異色人은 일정한 직업에 힘쓰지 않는 사람을 이른다. 巫와 祝은 모두 귀신을 섬기는 자이다. 尼는 여승이요, 媼은 중매하는 노파이다."

증주 이러한 무리를 한번 접촉하면, 안으로는 뜻을 살펴 뇌물을 바치고, 밖으로는 사람을 속여 사욕을 행하여, 일을 망치고 정사를 해치기를 잘한다. 그러므로 마땅히 일체 금하여 끊어야 한다. 淸心은 물욕으로 마음을 얽매지 않음을 이르고, 省事는 무익한 일을 일으키지 않음을 이른다.

36. 後生少年이 乍到官守하여 多爲猾吏所餌하여 不自省察하여 所得이 毫末而一任之間에 不復(부)敢擧動하나니 大抵作官嗜利하면 所得이 甚少하나 而吏人所盜는 不貲矣니 以此被重譴하니 良可惜也니라 《童蒙訓》

後生少年이 官守(관청)에 부임하여 흔히 교활한 아전의 미끼에 걸려들어, 스스

尼 : 여승 니 媼 : 할미 온 省 : 덜 생 牙 : 중매장이 아 婆 : 할미 파 伺 : 엿볼 사
賄 : 뇌물 회 誑 : 속일 광 乍 : 잠깐 사 猾 : 교활할 활 餌 : 미끼 이 抵 : 대저 저
貲 : 헤아릴 자 譴 : 허물 견 良 : 진실로 량

로 살피지 못하여 얻는 것은 털끝만한데 한(온) 任期 동안에 〈아전에게 제압당하여〉 다시 감히 거동하지 못하게 된다. 대저 관원이 되어 이익을 좋아하면 얻는 것은 매우 적고 아전들이 도둑질하는 것은 헤아릴 수가 없다. 이로써 무거운 견책을 당하니, 진실로 애석해할 만하다.

集說 陳氏曰 猾은 狡猾이요 餌는 釣餌라 不敢擧動은 爲吏所制也라 不貲는 不可量也라 譴은 罪責也라

陳氏가 말하였다. "猾은 교활함이요, 餌는 낚시의 미끼이다. 감히 거동하지 못함은 아전에게 제압을 당하는 것이다. 不貲는 헤아릴 수 없음이다. 譴은 죄책이다."

37. 當官者는 先以暴怒爲戒하여 事有不可어든 當詳處之니 必無不中이어니와 若先暴怒면 只能自害니 豈能害人이리오 《童蒙訓》

벼슬을 맡은 자는 우선 갑자기 성냄을 경계하여, 일에 不可함이 있거든 마땅히 자세히 처리하여야 하니, 이렇게 하면 반드시 맞지 않음이 없거니와 만약 먼저 갑자기 성내면 다만 자신을 해칠 뿐이니, 어찌 남에게 해롭겠는가.

增註 暴怒는 怒之暴也요 中은 中理也라

暴怒는 성내기를 갑자기 함이요, 中은 이치에 맞음이다.

38. 當官處事에 但務著(착)實이니 如塗擦文字하며 追改日月하며 重易押字 萬一敗露하면 得罪反重이요 亦非所以養誠心事君不欺之道也니라 《童蒙訓》

벼슬을 맡아 일을 처리함에 다만 착실함을 힘쓸 것이니, 예컨대 〈공문서의〉 글자를 개칠하고 긁어내며, 추후에 날짜를 고치며, 押字(수결)의 글자를 거듭 고친 일 같은 것이 만일 실패하여 탄로되면, 죄를 얻음이 도리어 무겁고, 또한 성실한 마음을 길러 임금을 섬김에 속이지 않는 바의 도리가 아니다.

集解 著實은 謂不作僞라 擦는 挑取也니 塗擦文字는 謂塗挑舊字也요 追改日月은 謂去舊判而換之也요 重易押字는 謂去舊署而改之也라 非惟得罪라 實

狡：교활할 교 釣：낚시 조 當：맡을 당 暴：갑자기 폭 著：붙을 착
塗：바를 도 擦：긁을 제 押：수결 압 露：드러날 로 挑：후빌 도 換：바꿀 환
署：서명할 서

且欺心이니 豈事上之道哉아

著實은 거짓을 하지 않음을 이른다. 擦는 긁어냄이니, 塗擦文字는 옛글자를 개칠하고 긁어냄이요, 추후에 날짜를 고치는 것은 옛결재를 없애서 바꾸는 것이요, 押字를 거듭 고치는 것은 옛날의 서명을 없애어 고치는 것이다. 이는 죄를 얻을 뿐만 아니라, 진실로 또한 마음을 속이는 것이니, 어찌 윗사람을 섬기는 도리이겠는가.

39. 王吉上疏曰 夫婦는 人倫大綱이요 夭壽之萌也니 世俗이 嫁娶太蚤하여 未知爲人父母之道而有子라 是以로 敎化不明而民多夭하나니라 《漢書 王吉傳》

王吉의 상소에 말하였다. "夫婦는 人倫의 큰 근본이요, 요절과 장수의 싹이니, 세속에서 시집가며 장가드는 것을 너무 일찍하여 사람의 부모된 도리를 알지도 못하면서 자식을 둔다. 그러므로 교화가 밝아지지 못하고, 백성들이 요절하는 이가 많다."

集說 陳氏曰 吉은 字子陽이니 瑯邪(야)人이라 夭壽는 命之短長也라 萌은 芽也라 古者에 二十而嫁하고 三十而娶러니 後世에 反是하여 嫁娶太蚤라 故로 民多夭하고 未知爲人父母之道而有子라 故로 敎化不明하나니라

陳氏가 말하였다. "王吉은 字가 子陽이니, 瑯邪 사람이다. 夭壽는 수명의 짧음과 긺이다. 萌은 싹이다. 옛날에는 20세에 시집가고, 30세에 장가들었는데, 후세에는 이와 반대여서 시집가고 장가들기를 너무 일찍하므로 백성들이 요절하는 자가 많고 사람의 부모된 도리를 알지도 못하면서 자식을 두므로 교화가 밝지 못한 것이다."

40. 文中子曰 婚娶而論財는 夷虜之道也라 君子不入其鄕하나니 古者에 男女之族이 各擇德焉이요 不以財爲禮하더니라 《中說 事君》

文中子가 말하였다. "혼인에 재물을 논함은 오랑캐의 도이다. 군자는 그러한 마을에 들어가지 않나니, 옛날에는 남자와 여자의 종족이 각각 德을 가렸고, 재물로 禮를 삼지 않았었다."

集說 陳氏曰 文中子는 姓王이요 名通이요 字仲淹이니 隋之大儒也라 門人이

夭 : 요절할 요　萌 : 싹 맹　太 : 너무 태　蚤 : 일찍 조　瑯 : 옥돌 랑　邪 : 땅이름 야
芽 : 싹 아　虜 : 오랑캐 로　淹 : 적실 엄

私諡曰文中子라하니라 南方曰夷요 北方曰虜라 不入其鄕은 不與之共處也라 德은 謂男女之性行이요 財는 謂男之聘財와 女之資裝이라

陳氏가 말하였다. "文中子는 성은 王이고 이름은 通이요, 字는 仲淹이니, 隋나라의 대유학자이다. 문인들이 사사로이 시호하기를 文中子라고 하였다. 남쪽 오랑캐를 夷라 하고, 북쪽 오랑캐를 虜라 한다. 그 고을에 들어가지 않음은 그들과 함께 거처하지 않는 것이다. 德은 남녀의 성품과 행실을 이르고, 財는 남자가 맞이하러 가는 재물과 여자가 장만하는 혼수품을 이른다."

41. 早婚少聘은 教人以偸요 妾媵無數는 教人以亂이니라 且貴賤有等하니 一夫一婦는 庶人之職也니라 《中說 魏相》

일찍 혼인하고 어려서 아내를 맞이함은 사람들에게 경박함을 가르치는 것이요, 첩과 잉첩이 수없이 많음은 사람들에게 음란함을 가르치는 것이다. 또 귀천에 차등이 있으니, 한 남편에 한 아내는 庶人의 직분이다.

集說 陳氏曰 偸는 薄也라 媵은 從嫁者라 亂은 眞氏謂內或陷子弟於惡하고 外或生僮僕之變이 是也라 等은 謂妾媵之等數라

陳氏가 말하였다. "偸는 박함이다. 媵은 시집올 때 따라온 자이다. 亂은 眞氏가 '안으로는 혹 子弟를 惡에 빠뜨리고, 밖으로는 혹 종들의 변을 일으킨다.'고 한 것이 이것이다. 等은 첩과 잉첩의 등수를 이른다."

42. 司馬溫公曰 凡議婚姻에 當先察其婿與婦之性行과 及家法何如요 勿苟慕其富貴니라 《溫公書儀》

司馬溫公이 말하였다. "무릇 혼인을 의논함에 마땅히 먼저 그 사위와 며느리의 성품과 행실 및 가법이 어떠한가를 살펴야 할 것이요, 다만 그 부귀만을 흠모하지 말아야 한다.

增註 婦家曰婚이요 婿家曰姻이라 苟는 但也라
集解 婚姻之道는 不但擇婿婦之德이라 尤須審其父祖以來之家法也니라

증주 며느리의 집안을 婚이라 하고, 사위의 집안을 姻이라 한다. 苟는 다만이다.
집해 婚姻의 道는 다만 사위와 며느리의 德만을 가릴 뿐만 아니라, 더욱 모름지기 그

聘 : 맞이할 빙　裝 : 차릴 장　偸 : 경박할 투　媵 : 잉첩 잉　僮 : 종 동　僕 : 종 복
婿 : 사위 서　審 : 살필 심

父祖 이래의 家法을 살펴야 한다.

壻苟賢矣면 今雖貧賤이나 安知異時에 不富貴乎리오 苟爲不肖면 今雖富盛이나 安知異時에 不貧賤乎리오

사위가 진실로 어질다면 지금은 비록 빈천하나 다른 때에 부귀하지 않을 줄을 어찌 알겠는가. 진실로 不肖하다면 지금은 비록 부유하고 번성하나 다른 때에 빈천하지 않을 줄을 어찌 알겠는가.

增註 此는 言壻之性行을 當察也라 苟는 誠也라

이는 사위의 성품과 행실을 마땅히 살펴야 함을 말한 것이다. 苟는 진실로이다.

婦者는 家之所由盛衰也니 苟慕一時之富貴而娶之하면 彼挾其富貴하여 鮮有不輕其夫而傲其舅姑하여 養成驕妬之性이니 異日爲患이 庸有極乎리오

며느리는 집안의 성쇠가 말미암는 바이니, 다만 한 때의 부귀를 흠모하여 맞이해 오면, 저가 그 부귀함을 藉勢하여 그 남편을 가벼이 여기고 그 舅姑를 업신여겨, 교만과 질투의 습성을 양성하지 않는 자가 드무니, 다른날 근심이 됨이 어찌 끝이 있겠는가.

增註 此는 言婦之性行을 當察也라 婦賢則家道盛하고 不賢則家道衰라 故로 曰所由盛衰라하니라

이는 며느리의 성품과 행실을 마땅히 살펴야 함을 말한 것이다. 며느리가 어질면 家道가 번성하고, 어질지 않으면 家道가 쇠퇴한다. 그러므로 성쇠가 말미암는 바라고 말한 것이다.

借使因婦財以致富하며 依婦勢以取貴라도 苟有丈夫之志氣者면 能無愧乎아

借使(가령) 아내의 재물을 이용하여 부를 이루고, 아내의 세력에 의지하여 귀함을 취하더라도, 진실로 장부의 뜻과 기개가 있는 자라면 부끄러움이 없겠는가.

苟：진실로 구　挾：낄 협　妬：질투할 투　庸：어찌 용

集說 陳氏曰 富貴有命하여 不可必得이니 假使因依於婦而得之인들 豈丈夫之所爲乎아

陳氏가 말하였다. "부귀는 命이 있어 반드시 얻을 수는 없으니, 가령 아내를 인하고 의지하여 얻을 수 있다 한들 어찌 장부가 할 바이겠는가."

43. 安定胡先生曰 嫁女를 必須勝吾家者니 勝吾家면 則女之事人이 必欽必戒니라 娶婦를 必須不若吾家者니 不若吾家면 則婦之事舅姑 必執婦道니라 《宋名臣言行錄》

安定胡先生이 말하였다. "딸 시집보내기를 반드시 내 집보다 나은 자에게 해야 하니, 내 집보다 나으면 딸이 사람을 섬김이 반드시 공경하고 반드시 경계한다. 며느리 맞이하기를 반드시 모름지기 내 집만 못한 자에게 해야 하니, 내 집만 못하면 며느리가 舅姑를 섬김이 반드시 며느리의 道를 지킨다.

集說 陳氏曰 安定은 地名이라 先生은 名瑗이요 字翼之니 泰州人이라 欽은 欽敬이요 戒는 戒謹이라 吳氏曰 女婦之性은 大率畏慕富盛而厭薄貧賤이니라

陳氏가 말하였다. "安定은 지명이다. 선생은 이름은 瑗이요, 字는 翼之이니, 泰州 사람이다. 欽은 공경함이요, 戒는 근신함이다."
吳氏가 말하였다. "부녀자들의 습성은 대체로 부유하고 번성함을 두려워하고 사모하며 빈천을 싫어하고 박하게 여긴다."

44. 或問 孀婦를 於理에 似不可取(娶)니 如何오 伊川先生曰 然하다 凡取는 以配身也니 若取失節者하여 以配身이면 是는 已失節也니라 《二程全書 遺書》

혹자가 묻기를 "과부를 맞이함이 도리에 옳지 않을 듯하니 어떻습니까?" 하자, 伊川先生이 말씀하였다. "그렇다. 무릇 아내를 취함은 자신을 짝하는 것이니, 만약 절개를 잃은 자를 취하여 몸을 짝하면 이것은 자신이 절개를 잃는 것이다."

集解 娶婦는 共承宗廟하여 以傳嗣續이니 若娶失節者하여 爲配하면 則與己之失節로 同矣니라

아내를 맞이함은 함께 종묘를 받들어 嗣續(후사)을 전하기 위한 것이니, 만약 절개를

欽 : 공경할 흠　瑗 : 구슬 원　孀 : 과부 상　配 : 짝 배　嗣 : 후사 사

잃은 자를 맞이하여 짝을 삼는다면 자기가 절개를 잃은 것과 똑같다.

又問 或有孤孀이 貧窮無託者어든 可再嫁否아 曰 只是後世에 怕寒餓死故로 有是說이라 然이나 餓死事는 極小하고 失節事는 極大하니라

또 묻기를 "혹 외로운 과부가 빈궁하고 의탁할 곳이 없거든 改嫁를 해도 됩니까?"하자, 다음과 같이 대답하였다. "다만 이는 후세에 추위와 굶주림으로 죽을까 두려우므로, 이러한 말이 있는 것이다. 그러나 굶어 죽는 일은 지극히 작고, 절개를 잃는 일은 지극히 큰 것이다."

集解 餓死極小는 謂人誰不死리오 欲求守節이 有甚於求生也라 失節極大는 謂失身再嫁하면 中心羞愧하여 無以自立於天地之間이니 雖生이나 何益哉리오

굶어 죽음이 지극히 작다는 것은 사람이 누구인들 죽지 않겠는가. 절개를 지키기를 구하고자 함이 삶을 구하는 것보다 심함이 있음을 이른 것이다. 절개를 잃음이 지극히 크다는 것은 절개를 잃어 개가하면 마음 속에 부끄러워 스스로 天地 사이에 설 수가 없을 것이니, 비록 살더라도 무슨 이익이 있겠는가.

45. 顔氏家訓曰 婦는 主中饋라 唯事酒食(사)衣服之禮耳니 國不可使預政이며 家不可使幹蠱니 如有聰明才智識達古今이라도 正當輔佐君子하여 勸其不足이니 必無牝雞晨鳴하여 以致禍也니라 《顔氏家訓》

「顔氏家訓」에 말하였다. "부인은 규중에서 음식을 올리는 일을 주장하므로 오직 술과 밥과 의복의 禮를 일삼을 뿐이니, 나라에서는 정치에 참여하지 않게 하고, 집에서는 일을 주관하지 않게 하여야 한다. 만약 총명하며 재능이 있고 지혜로워 고금을 통달함이 있더라도, 바로 마땅히 남편을 보좌하여 그 부족함을 권면해야 하니, 반드시 암닭이 새벽에 울어 화를 부르는 일이 없어야 한다."

增註 進食曰饋니 居中饋食을 婦人主之라 幹은 猶主也요 蠱는 事也라 牝雞晨鳴은 婦人預政幹蠱之喩也니 婦人이 預政幹蠱하면 則有敗亡之禍矣니라

怕 : 두려울 파　餓 : 굶주릴 아　饋 : 음식 궤　幹 : 주간할 간　牝 : 암컷 빈
晨 : 새벽 신　喩 : 비유할 유

음식을 올리는 것을 饋라 하니, 규중에서 음식을 올리는 것을 부인이 주관한다. 幹은 主(주장)와 같고, 蠱는 일이다. 암닭이 새벽에 운다는 것은 부인이 정치에 참여하고 집안에 일을 주관함을 비유한 것이니, 부인이 정치에 참여하거나 일을 주관하면 패망의 화가 있다.

46.江東婦女는 略無交遊하여 其婚姻之家 或十數年間에 未相識者요 唯以信命贈遺로 致慇懃焉하나니라 《顔氏家訓》

江東의 부녀자들은 조금도 교제함이 없어, 혼인한 집안끼리도 혹 십수년 동안 서로 알지 못하는 자가 있고, 오직 서신과 말을 전하고 물건을 보내는 것으로써 은근함을 다한다.

增註 略無交遊는 絶不與外人往還也라 信命以言하고 贈遺以物하니 皆所以通慇懃之意라

略無交遊는 전혀 외인과 왕래하지 않는 것이다. 信命은 말로 하고 贈遺는 물건으로 하니, 모두 은근한 뜻을 통하는 것이다.

鄴下風俗은 專以婦持門戶하여 爭訟曲直하며 造請逢迎하며 代子求官하며 爲夫訴屈하나니 此乃恒代之遺風乎인저

鄴下의 풍속은 오로지 부녀자로써 집안을 유지하게 하여 曲直을 다투어 송사하며, 나가 뵙고 맞이하며, 아들을 대신해 관직을 구하며, 남편을 위해 억울함을 호소하니, 이것은 바로 恒·代 지방의 遺風이다.

集說 陳氏曰 鄴下는 古之相州라 [1]造請은 [謂]謁人於外요 逢迎은 謂延客於家라 恒代는 燕趙之間地名이라

集成 陳氏曰 千里不同風하니 其氣有剛柔하고 百里不同俗하니 其習有善惡하니라

집설 陳氏가 말하였다. "鄴下는 옛날의 相州이다. 造請은 사람을 밖에서 뵈옴이요, 逢迎은 손님을 집에서 맞이함을 이른다. 恒·代는 燕·趙 사이의 지명이다."

집성 陳氏가 말하였다. "천리 거리에는 풍습이 같지 않으니, 그 기운에 剛柔가 있고, 백리 거리에는 풍속이 같지 않으니, 그 관습에 善惡이 있다."

信 : 소식 신　慇 : 은근할 은　懃 : 은근할 근　鄴 : 땅이름 업　訟 : 송사 송
訴 : 하소연할 소　恒 : 항상 항

역주 1. 造請〔謂〕謁人於外 : 원주에는 謂字가 빠진 것을 攷訂에 의거하여 보충하였다.

47. 夫有人民而後에 有夫婦하고 有夫婦而後에 有父子하고 有父子而後에 有兄弟하니 一家之親은 此三者而已矣니 自茲以往으로 至于九族히 皆本於三親焉이라 故로 於人倫에 爲重也니 不可不篤이니라 《顔氏家訓》

人民이 있은 뒤에 夫婦가 있고, 夫婦가 있은 뒤에 父子가 있고, 父子가 있은 뒤에 兄弟가 있으니, 한 집안의 친속은 이 세 가지일 뿐이다. 이로부터 나아가 九族에 이르기까지 모두 三親에 근본한다. 그러므로 人倫에 있어 중요한 것이니, 돈독하게 하지 않을 수 없다.

集說 陳氏曰 三親은 夫婦, 父子, 兄弟也요 九族은 高曾祖父已身子孫曾玄九者及旁親也라 篤은 厚也라 三親이 於人倫爲重하니 不厚면 則無所不薄矣니라

陳氏가 말하였다. "三親은 夫婦·父子·兄弟요. 九族은 高祖·曾祖·祖·父와 자신 및 子·孫·曾孫·玄孫의 아홉 가지 친족과 방계의 친족이다. 篤은 두터움이다. 三親이 人倫에 있어 중요하니, 이들에게 후하게 하지 않는다면 박하지 않음이 없을 것이다."

兄弟者는 分形連氣之人也니 方其幼也에 父母左提右挈하며 前襟後裾하여 食則同案하고 衣則傳服하며 學則連業하고 遊則共方하니 雖有悖亂之人이라도 不能不相愛也니라

兄弟는 형체를 나누고 혈기를 연한 사람이니, 그 어릴 적에는 부모가 왼쪽에서 잡아주고 오른쪽에서 이끌어주며, 앞에서 옷깃을 당기고 뒤에서 옷섶을 잡아주어, 먹을 때는 밥상을 함께 하고, 옷을 입을 때는 옷을 물려 주며, 배울 때에는 수업을 연하고, 놀 때에는 장소를 같이 하니, 비록 패역하고 어지럽히는 사람이 있더라도 서로 사랑하지 않을 수 없다.

集解 兄弟는 同出於父母라 故로 形分而氣同이니라

兄弟는 부모에게서 같이 나왔으므로 형체는 나누어졌으나 혈기는 같다.

茲 : 이 자 挈 : 끌 설 襟 : 옷깃 금 裾 : 옷자락 거 案 : 밥상 안

及其壯也하여는 各妻其妻하며 各子其子하니 雖有篤厚之人이라도 不能不少衰也니라

그 장성함에 미쳐서는 각각 그 아내를 아내로 사랑하며 각각 그 자식을 자식으로 사랑하니, 비록 돈후한 사람이 있더라도 조금은 쇠하지 않을 수 없는 것이다.

集說 吳氏曰 及其有室家也하여는 則各妻其妻하고 有嗣息也하여는 則各子其子하여 物我相形하여 偏私漸起하니 雖有純篤謹厚之人이라도 而親愛之情이 不能不衰替也니라

吳氏가 말하였다. "그 室家를 둠에 미쳐서는 각각 자기 아내를 아내로 사랑하며, 뒤를 이을 자식을 둠에 미쳐서는 각각 자기 자식을 자식으로 사랑하여, 남과 내가 서로 생겨나서 편벽됨이 점차 일어나니, 비록 순수하고 돈독하고 삼가고 후한 사람이 있더라도 친애하는 情이 쇠하지 않을 수 없다."

娣姒之比兄弟면 則疎薄矣니 今使疎薄之人而節量親厚之恩이면 猶方底而圓蓋라 必不合矣니 唯友悌深至하여 不爲傍人之所移者라야 免夫인저

동서간을 형제간에 비하면 소원하고 박하니, 이제 소원하고 박한 사람들로 하여금 친후한 은혜를 절제하고 헤아리게 한다면, 마치 밑은 모나고 뚜껑은 둥근 것과 같아서 반드시 맞지 않을 것이니, 오직 우애와 공경이 깊고 지극하여 곁사람에게 옮김을 당하지 않는 자라야 면할 수 있을 것이다.

集說 吳氏曰 娣姒는 謂兄弟之妻니 長婦曰姒요 幼婦曰娣라 節量은 謂節制量度(탁)也라 傍人은 則娣姒也라

吳氏가 말하였다. "娣姒는 형제의 아내를 이르니, 맏며느리를 姒라 하고, 작은 며느리를 娣라 한다. 節量은 절제하고 헤아림이다. 傍人은 娣와 姒이다."

48. 柳開仲塗曰 皇考治家하시되 孝且嚴이러시니 [1]旦望에 弟婦等이 拜堂下畢하고 卽上手低面하여 聽我皇考訓誡하더니 曰 人家

壯：장성할 장 息：자식 식 偏：치우칠 편 替：쇠할 체 娣：손아래동서 제
姒：손윗동서 사 底：밑 저 蓋：뚜껑 개 傍：곁 방 度：헤아릴 탁 塗：바를 도
低：낮을 저 考：아버지 고

兄弟無不義者언마는 盡因娶婦入門하여 異姓이 相聚하여 爭長競短하여 漸漬日聞하며 偏愛私藏하여 以致背戾하여 分門割戶하여 患若賊讐하나니 皆汝婦人所作이니라 男子剛腸者幾人이 能不爲婦人言所惑고 吾見이 多矣니 若等은 寧有是耶리오하여시든 退則惴惴하여 不敢出一語爲不孝事하니 開輩抵此賴之하여 得全其家云이로라 《柳仲塗撰叔母穆夫人墓誌》

柳開 仲塗가 말하였다. "皇考(先親)께서 집안을 다스리시되 효성스럽고 또 엄격하시었다. 초하루와 보름에 자제와 며느리들이 대청 아래에서 배알을 마치고는 곧 손을 들고 얼굴을 숙이고서 우리 皇考의 훈계를 들었는데 말씀하시기를 '사람의 집에 형제들이 의롭지 않은 자가 없건마는 모두 아내를 맞이하여 집안에 들임으로 말미암아 異姓이 서로 모여 장점과 단점을 다투어 차츰 참소하는 말이 날로 들리며, 편벽되이 사랑하고 사사로이 저축하여 등지고 어긋남에 이르러 집안을 나누고 쪼개어 근심하기를 도적과 원수처럼 여기나니, 이는 모두 너희 부인들이 만드는 것이다. 남자로서 心腸이 강한 자 몇 사람이 능히 부인의 말에 미혹 당하지 않을 수 있겠는가? 내가 본 것이 많으니, 너희들은 어찌 이런 일이 있을 수 있겠느냐.'라고 하시면 〈자제와 며느리들이〉 물러나와서는 두려워하여 감히 불효하는 일을 한 마디도 입 밖에 내지 못하였으니, 우리들이 지금에 이르도록 그 말씀에 힘입어 집안을 보전할 수 있었다."

역주 1. 旦望 : 宣政殿訓義本에는 李太祖(李成桂)의 一名이 旦이므로 避諱하여 '朝望'으로 되어 있는 것을 바로잡았으며, 註에도 '朝謂朔朝'로 되어 있는 것을 역시 바로잡았다.

集說 陳氏曰 開는 字仲塗니 大名人이라 父沒에 稱皇考라 旦은 謂朔旦이라 上手는 擧手也라 漸漬는 謂譖言이 如水之浸潤不驟也라 偏愛는 各有所厚也요 私藏은 各有所蓄也라 若은 汝也라 惴惴는 恐懼之貌라 抵此는 猶言至今이라 云은 語辭라

陳氏가 말하였다. "開는 字가 中塗이니, 大名 사람이다. 아버지가 돌아가시면 皇考라 일컫는다. 旦은 초하루날 아침을 이른다. 上手는 손을 드는 것이다. 漸漬는 참소하는 말을 마치 물이 점점 젖어듦과 같이 하여 갑자기 하지 않음을 이른다. 偏愛는 각기 후히 하는

競 : 다툴 경 漬 : 젖을 지 戾 : 어그러질 려 割 : 벨 할 腸 : 창자 장 若 : 너 약
寧 : 어찌 녕 惴 : 두려울 췌 抵 : 이를 저 賴 : 힘입을 뢰 譖 : 참소할 참
浸 : 빠질 침 潤 : 젖을 윤 驟 : 갑자기 취 蓄 : 쌓을 축

바가 있는 것이요, 私藏은 각기 저축하는 바가 있는 것이다. 若은 너이다. 惴惴는 두려워하는 모양이다. 抵此는 至今이라는 말과 같다. 云은 어조사이다.”

49. 伊川先生曰 今人이 多不知兄弟之愛로다 且如閭閻小人이 得一食하면 必先以食(사)父母하나니 夫何故오 以父母之口重於己之口也요 得一衣하면 必先以衣父母하나니 夫何故오 以父母之體重於己之體也라 至於犬馬하여도 亦然하니 待父母之犬馬를 必異乎己之犬馬也로되 獨愛父母之子는 却輕於己之子하여 甚者는 至若仇敵하여 擧世皆如此하니 惑之甚矣니라 《二程全書 遺書》

伊川先生이 말씀하였다. “지금 사람들은 많이 형제의 우애를 알지 못한다. 우선 예를 들면 여염집의 소인(백성)이 한 음식을 얻으면 반드시 먼저 부모에게 먹이니, 무슨 까닭인가? 부모의 입이 자기의 입보다 중하기 때문이다. 한 옷을 얻으면 반드시 먼저 부모에게 입히니, 무슨 까닭인가? 부모의 몸이 자기의 몸보다 중하기 때문이다. 개와 말에 이르러서도 또한 그러하니, 부모의 개와 말을 대하기를 반드시 자기의 개와 말보다 다르게 한다. 그런데 다만 부모의 자식(형제)를 사랑하는 것은 도리어 자기의 자식보다 가벼이 하여, 심한 자는 원수처럼 여김에 이르러 온 세상이 다 이와 같으니, 미혹됨이 심하다.”

增註 夫愛父母之口體犬馬를 重於己之口體犬馬者는 天理之明也요 愛父母之子를 輕於己之子者는 人欲之蔽也니 推其所明而達之於其所蔽하면 則盡道矣니라

부모의 口體와 犬馬를 사랑하기를 자기의 口體와 犬馬보다 중하게 함은 天理의 밝음이요, 부모의 자식을 사랑하기를 자기의 자식보다 가벼이 함은 人欲에 가리워진 것이니, 그 밝은 것을 미루어 그 가리운 것에 이르게 하면 道를 다하게 된다.

50. 橫渠先生曰 斯干詩에 言兄及弟矣 式相好矣요 [1]無相猶矣라하니 言兄弟宜相好요 不要相學이니 猶는 似也라 人情은 大抵患在施之不見報則輟이라 故로 恩不能終하나니 不要相學이요

閻：마을 염　食：먹일 사　却：도리어 각　仇：원수 구　干：물가 간
猶：같을 유, 도모할 유　輟：그칠 철

己施之而已니라 《張子全書 橫渠經說》

橫渠先生이 말씀하였다. "「詩經」《斯干詩》에 이르기를 '형과 동생은 서로 사랑할 것이요, 서로 같아져서는 안된다.'고 하였으니, 이는 형제가 마땅히 서로 사랑할 것이요, 나쁜 점을 서로 본받지 말아야 한다는 말이다. 猶는 같음이다. 사람의 情은 대체로 병통이 은혜를 베풀고도 보답을 받지 못하면 그치는데 있다. 그러므로 은혜를 끝까지 하지 못하는 것이니, 서로 본받고자 하지 말고 자신이 은혜를 베풀 뿐이다."

역주 1. 無相猶矣 : 朱子는 「詩經集傳」에서 猶를 猷로 보아 서로 해치려고 도모하는 것으로 해석하여 張子의 견해를 따르지 않았으나, 張子의 이 말은 그 뜻이 좋다 하여 함께 수록하였다.

集解 斯干은 小雅篇名也라 斯는 此也라 干은 水涯也라 好는 愛也며 和也라 輟은 止也라 朱子曰 此는 築室既成에 宴飮以落之하고 因歌其事也라 不要相學은 言不要相學其不好處也니 如兄能友其弟로되 弟却不恭其兄이어든 兄豈可學弟之不恭而遂忘其友리오 但當盡其友而已요 如弟能恭其兄이로되 兄却不友其弟어든 弟豈可學兄之不友而遂忘其恭이리오 但當盡其恭而已니라

增註 式은 語辭라

집해 斯干은 小雅 篇名이다. 斯는 이것이다. 干은 물가이다. 好는 사랑하며 화함이다. 輟은 그침이다.

朱子가 말씀하였다. "이는 집짓기를 이미 완성하고 잔치하여 술마시면서 낙성식을 할 때에 인하여 그 일을 노래한 것이다. 不要相學은 그 좋지 않은 점을 서로 배우고자 하지 말아야 한다는 말이니, 만일 형이 그 동생에게 우애하되 동생이 그 형에게 공손하지 않은들 형이 어찌 동생의 공손하지 않음을 본받아 마침내 그 우애함을 잊을 수 있겠는가. 다만 마땅히 그 우애를 다할 뿐이다. 만일 동생이 그 형에게 공손하되 형이 그 동생에게 우애하지 않은들 동생이 어찌 형의 우애하지 않음을 본받아 마침내 그 공손함을 잊을 수 있겠는가. 다만 마땅히 그 공손함을 다할 뿐이다.

증주 式은 어조사이다.

51. 伊川先生曰 近世淺薄하여 以相歡狎으로 爲相與하며 [1]以無圭角으로 爲相歡愛하나니 如此者 安能久리오 若要久인댄 須是恭敬이니 君臣朋友皆當以敬爲主也니라 《二程全書 遺書》

涯 : 물가 애　築 : 쌓을 축　宴 : 잔치 연　落 : 이룰 락　狎 : 친압할 압

伊川先生이 말씀하였다. "근세에 인정이 박해져서 서로 기뻐하고 친압함을 서로 친함으로 여기며, 圭角(모남)이 없는 것을 서로 기뻐하고 사랑함으로 여기니, 이와 같은 것이 어찌 오래 가겠는가. 만약 오래 가기를 바란다면 모름지기 공경해야 하니, 군신간과 붕우간에는 모두 마땅히 공경을 주장으로 삼아야 한다."

역주 1. 圭角 : 圭는 옛날의 信標로 모양이 위는 둥글고 아래는 각(모)져 있으므로, 사람의 예의범절에 비유한 것이다.

增註 歡狎은 謂歡好而褻狎也요 無圭角은 謂去方而爲圓也라

歡狎은 기뻐하고 좋아하며 설압함을 이르고, 圭角이 없다는 것은 모가 없어 둥글게 됨을 이른다.

52. 橫渠先生曰 今之朋友는 擇其善柔以相與하여 拍肩執袂하여 以爲氣合하고 一言不合이어든 怒氣相加하나니 朋友之際는 欲其相下不倦이라 故로 於朋友之間에 主其敬者라야 日相親與하여 得效最速하나니라 《張子全書 橫渠語錄》

橫渠先生이 말씀하였다. "오늘날의 붕우들은 유순하기를 잘하는 사람을 가려 서로 친하여 어깨를 치고 옷소매를 붙잡으면서 의기가 투합했다고 여기고, 한 마디 말이라도 합하지 않으면 怒氣를 서로 가하니, 붕우간에는 그 서로 낮추기를 게을리하지 않고자 해야 한다. 그러므로 붕우 사이에는 그 공경을 주장하는 자라야 날로 서로 친하여 효력을 얻음이 가장 빠르게 된다."

增註 善柔는 謂善爲柔媚요 氣合은 謂意氣相合이요 相下는 謂彼此相讓이라 效는 卽忠告善道之益也라

善柔는 부드럽게 아첨하기를 잘함을 이르고, 氣合은 의기가 서로 투합함을 이른다. 相下는 피차가 서로 겸양함을 이른다. 效는 곧 충심으로 말해 주고 善으로 이끌어주는 이익이다.

53. 童蒙訓曰 同僚之契와 交承之分이 有兄弟之義하니 至其子孫하여 亦世講之하니 前輩는 專以此爲務하더니 今人은 知之者蓋少矣니라 又如舊擧將과 及嘗爲舊任按察官者를 後에 已官이

褻 : 설만할 설　拍 : 칠 박　肩 : 어깨 견　袂 : 소매 메　媚 : 아첨할 미　僚 : 동료 료
契 : 맺을 계　擧 : 천거할 거　按 : 살필 안

雖在上이나 前輩皆辭避하여 坐下坐하니 風俗이 如此면 安得不厚乎리오 《童蒙訓》

「童蒙訓」에 말하였다. "동료의 합함과 신·구임이 교대하는 즈음은 형제간의 의리가 있으니, 그 자손에 이르러서도 또한 대대로 이를 강해야 한다. 선배들은 전적으로 이것을 일삼았었는데, 지금 사람들은 그것을 아는 자가 적다. 또 옛날에 자기를 추천해준 분과 일찍이 전임 按察官이었던 분에게는 뒤에 자기의 관직이 비록 그 위에 있더라도 선배들은 모두 겸양하고 회피하여 아랫자리에 앉았으니, 풍속이 이와 같으면 어찌 후하지 않겠는가."

集解 契는 合也라 交承은 新舊交代也라 分은 際也라 擧將은 擧主也라

契는 합함이다. 交承은 신·구임이 교대하는 것이다. 分은 즈음이다. 擧將은 추천해 준 사람이다.

54. 范文正公이 爲參知政事時에 告諸子曰 吾貧時에 與汝母로 養吾親할새 汝母躬執爨而吾親甘旨未嘗充也러니 今而得厚祿하니 欲以養親이나 親不在矣요 汝母亦已早世하니 吾所最恨者라 忍令若曹로 享富貴之樂也아 《宋名臣言行錄》

范文正公이 참지정사가 되었을 때에 여러 아들에게 말하였다. "내가 가난할 때에 네 어머니와 함께 우리 어버이를 봉양하였는데 네 어머니가 몸소 불을 때어 밥을 지었으나 우리 어버이는 달고 맛있는 음식을 일찍이 충족하지 못하였다. 그런데 지금은 후한 녹봉을 얻으니, 어버이를 봉양하고자 하나 어버이가 계시지 않고, 네 어머니가 또한 일찍 죽었으니, 내가 가장 한스럽게 여기는 바이다. 차마 너희들로 하여금 부귀의 즐거움을 누리게 할 수 있겠느냐.

集說 陳氏曰 公은 名仲淹이요 字希文이니 蘇州吳縣人이라 公이 二歲而孤하니 親은 謂母也라 爨은 炊爨也요 甘旨는 美味也라 早世는 早沒也요 若曹는 汝輩也라

陳氏가 말하였다. "公은 이름은 仲淹이요, 字는 希文이니, 蘇州 吳縣 사람이다. 公은 두 살에 아버지를 여위었으니, 親은 어머니를 이른다. 爨은 불을 때어 밥을 지음이요, 甘旨는 아름다운 맛이다. 早世는 일찍 죽음이요, 若曹는 너희 무리이다."

躬 : 몸 궁 爨 : 불땔 찬 享 : 누릴 향 淹 : 적실 엄 蘇 : 소생할 소 炊 : 밥지을 취 輩 : 무리 배

吾吳中宗族이 甚衆하니 於吾에 固有親疎어니와 然吾祖宗視之면 則均是子孫이니 固無親疎也라 苟祖宗之意에 無親疎면 則饑寒者를 吾安得不恤也리오 自祖宗來로 積德百餘年而始發於吾하여 得至大官하니 若獨享富貴而不恤宗族이면 異日에 何以見祖宗於地下며 今何顔入家廟乎리오 於是에 恩例俸賜를 常均於族人하고 幷置義田宅云하니라

吳지방에 사는 우리 종족이 매우 많으니, 나에게 있어서는 진실로 가깝고 멂이 있으나 우리 조상이 보시면 똑같은 자손이니, 본래 가깝고 멂이 없다. 진실로 조상의 뜻에 가깝고 멂이 없다면, 굶주리고 추위에 떠는 자들을 내 어찌 구제하지 않을 수 있겠는가. 조상으로부터 이래로 덕을 쌓은 지 백여 년만에 비로소 나에게서 發效하여 큰 벼슬에 이르렀으니, 만약 나 혼자만이 부귀를 누리고 종족을 구제하지 않는다면 다른 날 어떻게 祖宗(조상)을 지하에서 뵐 수 있겠으며, 이제 무슨 낯으로 집안의 사당에 들어갈 수 있겠느냐." 이에 은전으로 받은 물품과 녹봉으로 하사받은 것을 항상 族人들에게 골고루 나누어 주고, 아울러 義田과 義宅을 설치하였다.

增註 恩例는 異數也요 俸賜는 常典也라

集解 范氏義莊(庄)에 人日食米一升하고 歲衣縑一匹하며 嫁娶喪葬에 皆有給하니라

증주 恩例는 특별히 내리는 대우요, 俸賜는 일정한 법이다.

집해 范氏의 義莊에서는 一人當 하루에 쌀 한 되를 먹고, 한 해에 비단 한 필을 입게 하였으며, 시집가고 장가가며 상례와 장례에 모두 주는 것이 있었다.

55. 司馬溫公曰 凡爲家長은 必謹守禮法하여 以御羣子弟及家衆이니 分之以職하고 授之以事하여 而責其成功하며 制財用之節하여 量入以爲出하며 稱家之有無하여 以給上下之衣食과 及吉凶之費하되 皆有品節而莫不均一하며 裁省(생)冗費하고 禁止奢華하여 常須稍存贏餘하여 以備不虞니라 《溫公家儀》

均 : 고를 균 饑 : 주릴 기 恤 : 구휼할 휼 俸 : 녹봉 봉 幷 : 아우를 병
莊 : 별장 장 縑 : 비단 겸 御 : 통솔할 어 稱 : 알맞을 칭 冗 : 쓸데없을 용
贏 : 남을 영 虞 : 헤아릴 우

司馬溫公이 말하였다. "무릇 집안의 어른이 되어서는 반드시 禮와 法을 삼가 지켜서 여러 자제와 집안의 비복들을 어거하여야 한다. 직임을 나누어 주고 일을 맡겨 주어 그 성공을 책임지우며, 財用의 절도를 제정하여 수입을 헤아려 지출하며, 家產의 有無에 맞추어 윗사람과 아랫사람의 의복과 음식 및 吉事와 凶事의 비용을 지급하되, 모두 品節이 있어 균일하지 않음이 없게 하며, 쓸데없는 비용을 재제하여 줄이며, 사치와 화려함을 금지하여, 항상 모름지기 조금 여유를 남겨두어 뜻밖의 일에 대비하여야 한다."

集說 陳氏曰 禮는 先王之禮요 法은 國家之法이라 御는 統也라 家衆은 婢僕輩也라 職은 如主庖廩掌田園之類요 事는 如治產業給征役之類라 量入以出은 入多則出多하고 入少則出少也요 稱家以給은 有則豐하고 無則儉也라 吉凶은 謂冠婚喪祭之事라 品節은 言其當이요 均一은 言其平이라 冗은 雜也라 贏은 剩也라 備는 防也라 不虞는 謂不可虞度(탁)之事니 如水火盜賊之類라 此는 皆制財用之節也라

陳氏가 말하였다. "禮는 先王의 禮이고, 法은 國家의 法이다. 御는 통솔이다. 家衆은 계집종과 사내종의 무리이다. 職은 부엌과 창고를 주관하고 농지와 전원을 관장하는 것과 같은 따위요, 事는 산업을 다스리고 征役(부역)의 일을 주는 것과 같은 따위이다. 수입을 헤아려 지출함은 수입이 많으면 지출을 많게 하고, 수입이 적으면 지출을 적게 함이다. 가산을 헤아려서 줌은 있으면 풍성하게 하고, 없으면 검소하게 함이다. 吉凶은 관례·혼례·상례·제례의 일을 이른다. 品節은 그 마땅하게 함을 말하고, 均一은 그 공평하게 함을 말한다. 冗은 잡됨이다. 贏은 남음이다. 備는 예방이다. 不虞는 헤아릴 수 없는 일을 이르니, 수재나 화재, 도적과 같은 따위이다. 이는 모두 財用의 절도를 제정한 것이다.

右는 廣明倫이라

이상은 明倫을 넓힌 것이다.

56. 董仲舒曰 仁人者는 正其誼(義)하고 不謀其利하며 明其道하고 不計其功이니라 《漢書 董仲舒傳》

董仲舒가 말하였다. "仁人(仁者)은 그 義를 바루고 그 이익을 도모하지 않으며, 그 道를 밝히고 그 功을 따지지 않는다."

集解 仲舒는 廣川人이라 仁者는 心之德이니 仁人者는 心無私欲而有其德者

庖：푸주간 포　廩：곳집 름　剩：남을 잉　董：성 동

也라 義者는 心之制, 事之宜요 道者는 事物當然之理也라

增註 朱子曰 道는 是大綱說이요 義는 是就一事上說이라 正誼면 未嘗不利요 明道면 豈必無功이리오 但不先以功利爲心耳니라

집해 仲舒는 廣川 사람이다. 仁은 마음의 德이니, 仁者는 마음에 사욕이 없어 그 德을 간직한 자이다. 義는 마음의 제재이며 일의 마땅함이요, 道는 사물의 당연한 이치이다.

증주 朱子가 말씀하였다. "道는 큰 강령으로 말한 것이요, 義는 한 가지 일에 나아가 말한 것이다. 義를 바루면 일찍이 이롭지 않음이 없으며, 道를 밝히면 어찌 반드시 공이 없겠는가. 다만 우선 공과 이익을 마음에 생각하지 않을 뿐이다."

57. 孫思邈曰 膽欲大而心欲小하며 智欲圓而行欲方이니라

《唐書 隱逸列傳》

孫思邈이 말하였다. "담은 크고자 하되 마음은 작고자 하며, 지혜는 둥글고자 하되 행실은 방정하고자 해야 한다."

集解 思邈은 京兆人이라 朱子曰 膽大는 [1]是千萬人吾往之意요 心小는 只是畏敬이니 蓋志不大則卑陋요 心不小則狂妄이며 圓而不方이면 則流於譎詐하고 方而不圓이면 則執而不通矣니라 葉氏曰 膽大則敢於有爲하고 心小則密於察理하며 智圓則通而不滯하고 行方則正而不流也니라

思邈은 京兆 사람이다.

朱子가 말씀하였다. "담이 크다는 것은 곧 천만 사람이 있더라도 내가 간다는 뜻이요, 마음이 작다는 것은 다만 두려워하고 공경함이니, 뜻이 크지 않으면 비루하고, 마음이 작지 않으면 狂妄하며, 둥글기만 하고 방정하지 않으면 속임수에 흐르고, 방정하기만 하고 둥글지 않으면 집착하여 통하지 못한다."

葉氏가 말하였다. "담이 크면 큰 일을 함에 용감하고, 마음이 작으면 이치를 살핌에 정밀하며, 지혜가 둥글면 통하여 막히지 않고, 행실이 방정하면 바루어서 흐르지 않는다."

역주 1. 千萬人吾往 : 천만 사람이 있더라도 두려움 없이 가서 상대한다는 뜻으로, 「孟子」《公孫丑上》에 '自反而縮 雖千萬人 吾往矣'라고 보인다.

58. 古語云 從善은 如登이요 從惡은 如崩이라하니라 《國語 周語》

옛말에 이르기를 "善을 따름은 높은데 오르는 것과 같고, 惡을 따름은 아래로 떨어지는 것과 같다." 하였다.

邈 : 멀 막 膽 : 쓸개 담 譎 : 속일 휼 詐 : 속일 사 滯 : 막힐 체 崩 : 무너질 붕

集說 陳氏曰 古語는 國語라 升高曰登이요 墜下曰崩이라 朱子曰 善者는 天命所賦之本然이요 惡者는 物欲所生之邪穢라 眞氏曰 從善如登은 善難進也요 從惡如崩은 惡易陷也니 進於善이면 則爲聖爲賢하여 而日趨於高明하고 陷於惡이면 則爲愚爲不肖하여 而日淪於汚下矣니라

陳氏가 말하였다. "古語는 「國語」이다. 높은데 오름을 登이라 하고, 아래로 떨어짐을 崩이라 한다.

朱子가 말씀하였다. "善은 天命으로 부여해 준 바의 본연이요, 惡은 物欲에서 나온 바의 사악함과 더러움이다."

眞氏가 말하였다. "善을 따름은 높은데 오르는 것 같다는 것은 善은 나아가기 어려움이요, 惡을 따름은 아래로 무너지는 것과 같다는 것은 惡은 빠지기 쉬움이니, 善에 나아가면 聖人이 되고 賢人이 되어 날로 高明한 데로 나아가고, 惡에 빠지면 어리석은 자가 되고 不肖한 자가 되어 날로 더럽고 낮은 데로 빠진다."

59. 孝友先生朱仁軌隱居養親하더니 嘗誨子弟曰 終身讓路하여도 不枉百步하며 終身讓畔하여도 不失一段이니라 《唐書 隱逸列傳》

孝友先生 朱仁軌가 은거하며 어버이를 봉양하였는데, 일찍이 자제들을 다음과 같이 훈계하였다. "종신토록 길을 양보해도 백보를 굽히지 않으며, 종신토록 밭두둑을 양보해도 한 뙈기를 잃지 않는다."

集解 仁軌는 字德容이니 亳州人이라 路는 行路요 畔은 田界也라 言人이 終身讓路라도 而終無百步之枉하고 終身讓畔이라도 而終無一段之失也라

集成 李氏曰 不枉不失은 蓋引而進之之諭니 非計功謀利之謂也니라

집해 仁軌는 字가 德容이니, 亳州 사람이다. 路는 길이요, 畔은 밭 경계이다. 사람이 종신토록 길을 양보해도 끝내 백보의 굽힘이 없고, 종신토록 밭두둑을 양보해도 끝내 한 뙈기의 잃음이 없음을 말한 것이다.

집성 李氏가 말하였다. "굽히지 않고 잃지 않는다는 것은 이끌어 나아가게 하려는 가르침이니, 공을 따지고 이익을 도모함을 이름이 아니다."

60. 濂溪周先生曰 聖希天이요 賢希聖이요 士希賢이니 《通書》

穢：더러울 예　淪：빠질 륜　軌：법도 궤　枉：굽을 왕　段：조각 단
亳：땅이름 박　濂：물이름 렴

濂溪周先生이 말씀하였다. "聖人은 하늘(天道)를 바라고, 賢人은 聖人을 바라고, 선비는 賢人을 바란다.

集說 吳氏曰 濂溪는 地名이라 先生은 名敦頤요 字茂叔이니 道州人이라 朱子曰 希는 望也라

吳氏가 말하였다. "濂溪는 지명이다. 先生은 이름은 敦이요, 字는 茂叔이니, 道州 사람이다."
朱子가 말씀하였다. "希는 바람이다."

伊尹顏淵은 大賢也라 [1)]伊尹은 恥其君不爲堯舜하며 一夫不得其所하면 若撻于市하고 顏淵은 不遷怒하며 不貳過하며 三月不違仁하니라

伊尹과 顏淵은 大賢이다. 伊尹은 그 임금을 堯舜과 같은 聖君이 되게 하지 못함을 부끄러워하였으며, 한 사람이라도 살 곳을 얻지 못하면 마치 시장에서 종아리를 맞는 것처럼 여겼다. 顏淵은 성냄을 옮기지 않았으며, 과실을 거듭하지 않았으며, 3개월 동안 仁을 떠나지 않았다.

역주 1. 이 내용은「書經」《說命》에 "옛날 先賢인 保衡(伊尹)이 우리의 先王이신 湯王을 진작시켜 말하기를 '내가 우리 임금을 堯舜과 같은 聖君으로 만들지 못하면 그 마음에 부끄러워하기를 시장에서 종아리를 맞는 것처럼 여겼다.' 하였으며, 한 사람이라도 살 곳을 얻지 못하면 '이는 나의 잘못이다.' 라고 말했다.[昔先正保衡 作我先王 乃曰 予不克俾厥后 惟堯舜 其心愧恥 若撻于市 一夫不獲則曰時予之辜]"고 보인다.

集解 伊는 姓이요 尹은 字也요 名摯니 相湯伐桀하니라 若撻于市는 言恥之甚也라 朱子曰 遷은 移也요 貳는 復也라 三月은 言其久라 仁者는 心之德이니 不違仁者는 無私欲而有其德也라 此는 皆賢人之事也라

伊는 姓이요, 尹은 字요, 이름은 摯이니, 湯王을 도와 桀王을 쳤다. 시장에서 종아리를 맞는 것처럼 여겼다는 것은 부끄러움의 심함을 말한 것이다.
朱子가 말씀하였다. "遷은 옮김이요, 貳는 다시함이다. 3월은 그 오램을 말한다. 仁은 마음의 德이니, 仁을 떠나지 않았다는 것은 사욕이 없어 그 德을 간직한 것이다. 이는 모두 賢人의 일이다."

撻 : 종아리칠 달 違 : 떠나갈 위 桀 : 횃대 걸

志伊尹之所志하며 學顏淵之所學하면

伊尹이 뜻했던 것을 뜻하고, 顏淵이 배웠던 것을 배우면

集解 朱子曰 此는 言士希賢也라

朱子가 말씀하였다. "이는 선비가 賢人을 바람을 말한 것이다."

過則聖이요 及則賢이요 不及則亦不失於令名하리라

더하면 聖人이 되고, 미치면 賢人이 되고, 미치지 못하더라도 또한 아름다운 이름을 잃지 않을 것이다."

集成 朱子曰 三者는 隨其用力之淺深하여 以爲所至之遠近이라 不失令名은 以其有爲善之實也라

朱子가 말씀하였다. "세 가지는 그 힘씀의 얕고 깊음에 따라 이르는 경지의 遠近을 삼은 것이다. 아름다운 이름을 잃지 않는 것은 善을 행한 실상이 있기 때문이다."

61. 聖人之道는 入乎耳, 存乎心하여 蘊之爲德行이요 行之爲事業이니 彼以文辭而已者는 陋矣니라 《通書》

聖人의 道는 귀로 들어가 마음에 두어, 쌓여서 德行이 되고 행하여 事業이 되니, 저 文辭(문장)만을 할 뿐인 자는 비루하다.

集解 蘊은 積也라 聖人之道는 入耳存心하여 積於中하여 爲德行者는 道之體也요 發於外하여 爲事業者는 道之用也라 若夫文은 所以載道니 苟徒騁葩藻하여 以爲文辭면 則其卑陋甚矣니라

蘊은 쌓임이다. 聖人의 道는 귀로 들어가 마음에 두어, 속에 쌓여서 德行이 되는 것은 道의 體요, 밖에 나타나서 事業이 되는 것은 道의 用이다. 글은 道를 싣는 것이니, 만일 한갓 아름다운 것으로만 치달려서 文辭만을 하면 그 비루함이 심하다.

62. [1]仲由는 喜聞過라 令名이 無窮焉하더니 今人은 有過어든 不喜人規하나니 如護疾而忌醫하여 寧滅其身而無悟也하니 噫라 《通書》

令 : 아름다울 령　蘊 : 쌓일 온　規 : 타이를 규　噫 : 탄식할 희　寧 : 차라리 녕

仲由는 과실을 듣기를 기뻐하였기 때문에 아름다운 명예가 무궁하였는데, 지금 사람들은 과실이 있으면 남의 타일러줌을 기뻐하지 않으니, 이는 마치 병을 비호하고 의사를 꺼려하여, 차라리 그 몸을 멸망시킬지언정 깨달음이 없음과 같으니, 아! 슬프다.

역주 1. 仲由喜聞過 : 仲由는 孔子의 제자인 子路의 이름으로, 「孟子」《公孫丑上》에 '子路는 사람들이 자신의 잘못을 말해주면 기뻐하였다.〔子路人告之以有過則喜〕'고 보인다.

集說 朱子曰 喜其得聞而改之라 陳氏曰 規는 規諫이요 悟는 悔悟라 噫는 傷痛聲이라

朱子가 말씀하였다. "그것을 듣고서 고침을 기뻐한 것이다."
陳氏가 말하였다. "規는 타이르고 간함이요, 悟는 뉘우쳐 깨달음이다. 噫는 상심하여 애통해하는 소리이다."

63. 明道先生曰 聖賢千言萬語는 只是欲人이 將已放之心約之하여 使反復入身來니 自能尋向上去하여 [1]下學而上達也니라

《二程全書 遺書》

明道先生이 말씀하였다. "聖賢의 천 마디 말씀과 만 마디 말씀은 다만 사람들이 이미 놓아버린 마음을 가져다가 거두어서, 돌이켜 몸에 들어오게 하고자 할 뿐이니, 스스로 능히 찾아 위를 향해 가서 아래로 배우며 위로 통달하게 된다."

역주 1. 下學而上達 : 이 내용은 「論語」《憲問》에 보인다.

集說 陳氏曰 約은 猶收也라 下學而上達은 下學人事而上達天理也라 朱子曰 所謂反復入身來는 不是將已縱出底하여 收拾轉來라 只是知求면 則心便在하니 便是反復入身來니라 又曰 能求放心이면 則志氣淸明하고 義理昭著하여 而可以上達이니라

集成 朱子曰 求放心은 乃爲學根本田地니 能如此向上하여 更做窮理工夫라야 方見所存之心, 所具之理 不是兩事라 隨應自然中節이 方是儒者事業이니라

집설 陳氏가 말하였다. "約은 收(거둠)와 같다. 아래로 배우며 위로 통달함은 아래로 人事(사람의 일)를 배우면서 위로 天理를 통달함이다."

尋 : 찾을 심 將 : 가질 장 縱 : 풀어놓을 종 底 : 어조사 저

朱子가 말씀하였다. "이른바 돌이켜서 몸에 들어오게 한다는 것은 이미 풀어놓아서 나간 것을 가져와 거두어 돌아오게 하는 것이 아니요, 다만 구할 줄 알면 마음이 곧 있으니, 곧 이것이 돌이켜 몸에 들어오게 하는 것이다." 또 말씀하였다. "능히 놓아버린 마음을 구하면, 志氣가 청명해지고 의리가 밝게 드러나서 위로 통달할 수 있다."

집성 朱子가 말씀하였다. "放心을 구함이 바로 학문을 하는 근본 터전이니, 능히 이와 같이 위를 향해가고, 다시 窮理工夫를 하여야 바야흐로 보존한 바의 마음과 갖춘 바의 이치가 두 가지 일이 아니라, 응함에 따라 자연히 절도에 맞는 것이 바야흐로 儒者의 일임을 볼 수 있다."

64. 心은 要在腔子裏니라 《二程全書 遺書》

마음은 腔子 안에 간직해야 한다.

集說 朱子曰 心之爲物이 至虛至靈하여 神妙不測하여 常爲一身之主하여 以提萬事之綱하니 而不可有頃刻之不存者也니 一不自覺而馳騖飛揚하여 以徇物欲於軀殼之外하면 則一身無主하고 萬事無綱하여 雖其俯仰顧眄之間이나 蓋已不自覺其身之所在矣니라 又曰 敬이면 便在腔子裏니라

朱子가 말씀하였다. "마음이란 물건은 지극히 虛하고 지극히 신령스러워 신묘함을 헤아릴 수 없어, 항상 한 몸의 주장이 되어 모든 일의 기강을 잡으니, 잠깐이라도 보존하지 않아서는 안되는 것이다. 한 번 스스로 깨닫지 못하여 마음이 치달리고 드날려 몸 밖에서 물욕을 따른다면, 한 몸이 주장이 없고 모든 일이 기강이 없어서 비록 그 俯仰하고 돌아보는 사이라도 이미 스스로 그 몸이 있는 곳을 깨닫지 못한다." 또 말씀하였다. "敬을 하면 곧 腔子 속에 있게 된다."

65. 伊川先生曰 只整齊嚴肅이면 則心便一이니 一則自無非辟(僻)之干이니라 《二程全書 遺書》

伊川先生이 말씀하였다. "다만 〈외면을〉 整齊하고 엄숙히 하면, 마음이 곧 專一해지니, 專一해지면 저절로 사악함의 범함이 없게 된다."

集解 整齊嚴肅은 如正衣冠尊瞻視之類라 一은 專一也라

增註 盧氏曰 外面이 整齊嚴肅이면 則內面便一이요 內面一이면 則外面이 便無非辟之干이니라

腔：창자 강 裏：속 리 提：들 제 騖：달릴 무 軀：몸 구 殼：껍질 각
眄：곁눈질할 면 干：범할 간 盧：성 로

집해 정제와 엄숙은 의관을 바르고 시선을 높이 하는 따위와 같은 것이다. 一은 專一함이다.

증주 盧氏가 말하였다. "외면이 整齊하고 엄숙하면, 내면이 곧 專一해지니, 내면이 專一해지면, 외면에 곧 사악함의 범함이 없게 된다."

66. 伊川先生이 甚愛表記에 君子莊敬日彊, 安肆日偸之語하더시니 蓋常人之情은 纔放肆則日就曠蕩하고 自檢束則日就規矩니라 《二程全書 外書》

伊川先生이《表記》의 "군자가 장엄하고 공경하면 날로 강해지고, 안일하고 방자하면 날로 게을러진다."는 말을 매우 좋아하셨으니, 보통 사람의 마음은 잠깐만 방사하면 날로 曠蕩한 데로 나아가고, 스스로 검속하면 날로 規矩(법도)로 나아간다.

集解 表記는 禮記篇名이라 偸는 惰也라 周氏曰 莊敬엔 可以言君子어니와 安肆에 亦言君子者는 盖謂雖爲君子나 果莊敬則日入於彊하고 或安肆則日入於偸矣니라

表記는「禮記」의 篇名이다. 偸는 게으름이다.
周氏(周諝)가 말하였다. "장엄과 공경에는 군자라고 말할 수 있거니와 안일과 방사에도 또한 군자라고 말한 것은 비록 군자라 하더라도 과연 장엄하고 공경하면 날로 강함에 들어가고, 혹 안일하고 방사하면 날로 게으름에 들어감을 이른 것이다."

67. 人於外物奉身者엔 事事要好하되 只有自家一箇身與心은 却不要好하나니 苟得外物好時면 [1]却不知道自家身與心이 已自先不好了也니라 《二程全書 雜著》

사람이 외물로 몸을 봉양함에 있어서는 일마다 좋게 하고자 하되 다만 자신의 한 몸과 마음에 있어서는 도리어 좋게 하려고 하지 않는다. 만일 외물이 좋은 것을 얻었을 때에는 도리어 자신의 몸과 마음이 이미 스스로 먼저 좋지 않게 된다는 것을 알지 못한다.

역주 1. 知道 : 道는 虛字로서 知得과 같은 말이다.

彊 : 강할 강 肆 : 방자할 사 偸 : 경박할 투 纔 : 겨우 재 曠 : 빌 광
蕩 : 방탕할 탕 箇 : 낱 개 却 : 도리어 각

集說 陳氏曰 外物之奉身者는 如飮食衣服宮室之類라 身不好는 謂身不檢이요 心不好는 謂心不收라

陳氏가 말하였다. "외물로서 몸을 봉양하는 것은 음식·의복·궁실 따위와 같은 것이다. 몸을 좋게 하지 않는다는 것은 몸을 단속하지 않음을 이르고, 마음을 좋게 하지 않는다는 것은 마음을 거두지 않음을 이른다."

68. 伊川先生曰 顔淵이 問克己復禮之目한대 孔子曰 非禮勿視하며 非禮勿聽하며 非禮勿言하며 非禮勿動이라하시니 《二程全書 雜著》

伊川先生이 말씀하였다. "顔淵이 사욕을 이겨 禮로 돌아가는 조목을 묻자, 孔子께서 말씀하시기를 '禮가 아니면 보지 말며, 禮가 아니면 듣지 말며, 禮가 아니면 말하지 말며, 禮가 아니면 동하지 말아야 한다.' 하셨으니,

集說 朱子曰 克은 勝也요 己는 謂身之私欲也라 復은 反也요 禮者는 天理之節文也라 目은 條件也라 非禮者는 己之私也라 勿者는 禁止之辭니 是은 人心之所以爲主而勝私復禮之機也니라

朱子가 말씀하였다. "克은 이김이요, 己는 몸의 사욕을 이른다. 復은 돌아감이요, 禮는 天理의 節文이다. 目은 條件(조목)이다. 禮가 아닌 것은 몸의 사욕이다. 勿은 금지하는 말이니, 이는 사람의 마음이 주장이 되어 사욕을 이겨 禮로 돌아가는 기틀이다."

四者는 身之用也라 由乎中而應乎外하나니 制乎外는 所以養其中也라 顔淵이 事斯語하니 所以進於聖人이니 後之學聖人者는 宜服膺而勿失也니라 因箴以自警하노라

네 가지는 몸의 用이다. 中(마음)에 말미암아 밖에 응하나니, 밖을 제재함은 그 마음을 기르는 것이다. 顔淵이 이 말씀에 종사하였으니, 이 때문에 聖人의 경지에 나아간 것이다. 뒤에 聖人을 배우는 자는 마땅히 가슴에 두어 잃지 말아야 한다. 인하여 箴을 지어 스스로 경계하노라."

增註 視聽言動은 皆身之用이니 由心而出者也라 非禮勿視聽言動은 所以制外而養心也라 事는 從事也라 服은 著(착)也요 膺은 胸也니 奉持而著之心胸之間

克 : 이길 극 服 : 둘 복 膺 : 가슴 응 箴 : 경계할 잠 著 : 둘 착 胸 : 가슴 흉

也라 朱子曰 由中應外는 泛言其理如此耳요 制外養中은 方是說做工夫處니라

集解 進於聖人은 進步幾及之意라

증주 보고 듣고 말하고 움직임은 모두 몸의 用이니, 마음에 말미암아 나오는 것이다. 禮가 아니면 보지도 듣지도 말하지도 동하지도 말라는 것은 밖을 제재하여 마음을 기르는 것이다. 事는 종사함이다. 服은 둠이요, 膺은 가슴이니, 받들어 잡아 가슴 속에 둠이다.

朱子가 말씀하였다. "마음에 말미암아 밖에 응한다는 것은 그 이치가 이와 같음을 널리 말한 것이요, 밖을 제재하여 마음을 기른다는 것은 바야흐로 공부할 곳을 말한 것이다."

집해 聖人에 나아간다는 것은 진보하여 거의 미친다는 뜻이다.

其視箴曰 心兮本虛하니 應物無迹이라 操之有要하니 視爲之則이라 蔽交於前하면 其中則遷이니 制之於外하여 以安其內니라 克己復禮하면 久而誠矣리라

그 視箴에 말하였다. '마음은 본래 虛하니, 사물에 응함에 자취가 없다. 그것을 잡는데 요점이 있으니, 보는 것을 법칙으로 삼는다. 가리움이 앞에서 교차하면 마음이 옮겨지니, 밖에서 제재하여 그 마음을 편안하게 해야 한다. 사욕을 이겨 禮로 돌아가면 오래되면 저절로 될 것이다.'

增註 心之體는 本自虛明이요 而其用則隨物而應하여 無有形迹하니 操而存之之要는 以視爲則而已라 蓋物欲之蔽 交接於前하면 則心隨之以遷하나니 此는 非禮之視를 所以當制也라 誠者는 從容不勉者也라 朱子曰 人之視聽言動이 視最在先하니 爲操心之準則(칙)이니라

마음의 體는 본래 스스로 허하고 밝으며, 그 用은 사물에 따라 응하여 형체와 자취가 없으니, 이것을 잡아 보존하는 요점은 보는 것을 법칙으로 삼을 뿐이다. 물욕의 가리움이 앞에서 교차하면 마음이 따라서 옮겨가니, 이는 禮가 아닌 봄을 마땅히 제재해야 하는 까닭이다. 誠은 조용하여 힘쓰지 않는 것이다.

朱子가 말씀하였다. "사람의 보고 듣고 말하고 동하는 것 중에 보는 것이 가장 앞에 있으니, 이는 마음을 잡는 준칙이 되기 때문이다."

其聽箴曰 人有秉彝는 本乎天性이언마는 知誘物化하여 遂亡其正하나니라 卓彼先覺은 知止有定이라 閑邪存誠하여 非禮勿聽하나니라

泛：너를 범 迹：자취 적 準：표준 준 閑：막을 한

그 聽箴에 말하였다. '사람이 秉彝가 있음은 천성에 근본하였건만 지각이 외물에 유인되어 변화해서 마침내 그 바름을 잃는다. 높은 저 선각자는 그칠 곳을 알아 정함이 있다. 사악함을 막고 진실을 보존하여 禮가 아니면 듣지 않는다.'

增註 性은 卽理也라 人之秉彝는 乃得於天之正理也니 聽非禮하면 則心之知爲物所引誘하여 與之俱化而正理遂亡矣라 惟彼先覺之人은 卓然自立하여 知其所當止하여 而志有定向이라 故로 能防閑其邪妄於外하고 而存其實理於內하여 自然非禮勿聽也하나니라

性은 곧 理이다. 사람의 秉彝는 바로 하늘에서 얻은 正理이니, 禮가 아닌 것을 들으면 마음의 지각이 외물에게 유인당하여 그와 더불어 함께 화하여 正理가 마침내 망실된다. 오직 저 선각자는 卓然히 자립하여 마땅히 그칠 곳을 알아서 뜻이 정한 방향이 있다. 그러므로 능히 그 사악과 망녕됨을 밖에서 막고, 그 진실한 이치를 안에 보존하여, 자연히 禮가 아니면 듣지 않게 되는 것이다.

其言箴曰 人心之動이 因言以宣하나니 發禁躁妄이라사 內斯靜專하나니라 [1]矧是樞機라 興戎出好하나니 吉凶榮辱이 惟其所召니라 傷易(이)則誕이요 傷煩則支하며 己肆物忤하고 出悖來違하나니 非法不道하여 欽哉訓辭하라

그 言箴에 말하였다. '사람 마음의 동함은 말로 인하여 펴지게 되니, 발언함에 조급하고 망녕됨을 금해야 마음이 이에 고요하고 전일해진다. 하물며 말은 樞機라서 전쟁을 일으키기도 하고 우호를 내기도 하니, 길흉과 영욕은 오직 말이 부르는 것이다. 말을 쉽게 함에 손상되면 허탄해지고, 번다함에 손상되면 지리해지며, 자신이 함부로 하면 남이 거스르고, 나가는 것이 어그러지면 돌아오는 것이 어긋나니, 법도가 아니면 말하지 말아 훈계하신 말씀을 공경할지어다.'

역주 1. 樞機 : 樞는 문의 지도리이고 機는 쇠뇌의 오늬를 먹이는 곳으로, 위의 제10章에 보이는바, 「周易」《繫辭傳》의 '言行君子之樞機 樞機之發 榮辱之主也'에 근거하였으며, 원래는 言과 行을 모두 말하였으나 후대에는 일반적으로 言만을 가리켜 말하였다.

增註 宣은 布也라 人心이 有動於內면 因言以宣於外하나니 所謂言者는 心之聲也라 發은 發言也라 言不煩躁則心安靜하고 言不妄誕則心專一이라 矧은 況也

宣 : 베풀 선 矧 : 하물며 신 戎 : 싸움 융 召 : 부를 소 誕 : 허탄할 탄
忤 : 거스를 오 煩 : 번거로울 번

라 樞機는 喩言이니 說見(현)范魯公詩하니라 戎은 兵也요 好는 善也니 謂言能興戎出好하고 且召吉凶榮辱也라 傷於輕易則妄誕하고 傷於煩多則支離하며 己放肆則忤於人하고 出者逆則來者違하니 四者는 言之病也라

宣은 폄이다. 사람의 마음이 안에서 동함이 있으면 말로 인하여 밖에 펴지게 되니, 이른바 말은 마음의 소리라는 것이다. 發은 발언이다. 말이 번다하고 조급하지 않으면 마음이 안정되고, 말이 망녕되고 허탄하지 않으면 마음이 전일해진다. 矧은 하물며이다. 樞機는 말을 비유한 것이니 해설이 范魯公의 詩에 보인다. 戎은 전쟁이요, 好는 우호이니, 말은 전쟁을 일으키고 우호를 내며, 또한 길흉과 영욕을 부름을 이른 것이다. 가볍고 쉽게 함에 손상되면 망녕되고 허탄해지고, 번다함에 손상되면 지리하며, 자신이 함부로 하면 남이 거스르고, 나가는 말이 거슬리면 오는 말이 어긋나니, 네 가지는 말의 병통이다.

其動箴曰 哲人은 [1]知幾하여 誠之於思하고 志士는 勵行이라 守之於爲하나니 順理則裕요 從欲惟危니 造次克念하여 戰兢自持하라 習與性成하면 聖賢同歸하리라

그 動箴에 말하였다. '哲人은 기미를 알아 생각에 성실하게 하고, 志士는 행실에 힘써 행위에 지킨다. 이치를 따르면 넉넉하고 욕심을 따르면 위태로우니, 造次에도 능히 생각하여 두려워하고 조심하여 스스로 지켜라. 습관이 천성과 더불어 이루어지면 聖賢과 똑같이 돌아갈 것이다.'

역주 1. 知幾 : 幾는 마음이 처음 동하는 것으로 善惡이 이때에 나누어진다 한다.

增註 思者는 動於心也니 惟知幾之哲人이 能誠之요 爲者는 動於身也니 惟勵行之志士能守之라 二者雖不同이나 然皆順理則安裕하고 從欲則危險也라

集解 朱子曰 程子之箴이 發明親切하니 學者尤宜深玩이니라

증주 思는 마음에 동함이니, 오직 기미를 아는 哲人만이 성실하게 할 수 있고, 爲는 몸에 동함이니, 오직 행실을 힘쓰는 志士만이 지킬 수 있다. 두 가지가 비록 같지 않으나 모두 이치에 따르면 편안하고 넉넉하며, 욕심을 따르면 위험하게 된다.

집해 朱子가 말씀하였다. "程子의 箴은 發明함이 친절하니, 배우는 자는 더욱 마땅히 깊이 완미해야 한다."

69. 伊川先生이 言 人有三不幸하니 少年登高科 一不幸이요 席

哲 : 밝을 철 勵 : 힘쓸 려 裕 : 넉넉할 유 兢 : 두려워할 긍 險 : 험할 험
玩 : 완미할 완 科 : 과거 과 席 : 깔 석

父兄之勢하여 爲美官이 二不幸이요 有高才能文章이 三不幸也니라 《二程全書 遺書》

伊川先生이 말씀하였다. "사람에게는 세 가지 불행이 있으니, 少年으로 高科에 오름이 첫째 불행이요, 부형의 권세를 빌어 좋은 벼슬을 함이 둘째 불행이요, 높은 재주가 있어 文章을 잘함이 셋째 불행이다."

增註 幸은 猶慶也라 少年登高科者는 學未優하고 藉勢爲美官者는 人不稱하고 有高才能文章者는 恒無德以將之하니 此三者는 皆不足以致遠이라 故로 謂之不幸이니라

幸은 慶(경사)과 같다. 少年으로 高科에 오르는 자는 학문이 넉넉하지 못하고, 세력을 빌어 좋은 벼슬을 하는 자는 인품이 걸맞지 않고 높은 재주가 있어 문장을 잘하는 자는 항상 德으로 이어감이 없으니, 이 세 가지는 모두 원대함을 이룰 수 없다. 그러므로 그것을 불행이라고 한 것이다.

70. 橫渠先生曰 學者捨禮義하면 則飽食終日하여 無所猷爲하여 與下民一致라 所事不踰衣食之間과 燕遊之樂耳니라 《張子全書 正蒙》

橫渠先生이 말씀하였다. "배우는 자가 禮義를 버리면 배불리 먹고 날을 보내어, 도모하여 하는 것이 없어 하등의 사람과 똑같아지니, 일삼는 바가 옷과 밥의 사이와 잔치하고 노는 즐거움에 지나지 않는다."

集說 陳氏曰 捨는 棄也라 猷爲는 謀猷作爲也라 一致는 猶言同歸라 踰는 過也라

陳氏가 말하였다. "捨는 버림이다. 猷爲는 도모하고 作爲함이다. 一致는 똑같이 돌아간다는 말과 같다. 踰는 지남이다.

71. 范忠宣公이 戒子弟曰 人雖至愚라도 責人則明하고 雖有聰明이라도 恕己則昏하나니 爾曹는 但常以責人之心으로 責己하고 恕己之心으로 恕人이면 不患不到聖賢地位也리라 《宋名臣言行錄》

藉 : 깔 자　將 : 받들 장　捨 : 버릴 사　猷 : 꾀할 유　踰 : 넘을 유　恕 : 용서할 서

范忠宣公이 子弟를 경계하여 말하였다. "사람이 비록 지극히 어리석더라도 남을 꾸짖는 데에는 밝고, 비록 총명함이 있더라도 자기를 용서하는 데에는 어둡다. 너희들은 다만 항상 남을 꾸짖는 마음으로 자신을 꾸짖고 자기를 용서하는 마음으로 남을 용서한다면, 聖賢의 경지에 이르지 못함을 근심하지 않을 것이다."

集說 陳氏曰 公은 名純仁이요 字堯夫요 忠宣은 諡也니 文正公之子라 朱子曰 [1]恕는 是推去的이니 於己에 不當下恕字라 若欲修潤其語인댄 當曰以愛己之心愛人이니라 吳氏曰 恕字之義를 范公이 蓋以寬恕爲言也니라

陳氏가 말하였다. "公은 이름은 純仁이요, 字는 堯夫이며 忠宣은 시호이니, 文正公(范仲淹)의 아들이다."

朱子가 말씀하였다. "恕는 이 미루어가는 것이니, 자신에 대해 恕字를 놓음은 마땅치 않다. 만약 그 말을 수식하고자 한다면, 마땅히 '자기를 사랑하는 마음으로 남을 사랑하라.'고 말해야 한다."

吳氏가 말하였다. "恕字의 뜻을 范公은 아마도 관대히 용서하는 것으로 말씀한 듯하다."

역주 1. 恕是推去的 : 恕字가 원래는 推己及人의 뜻으로, 자기 마음을 미루어 자신이 하기 싫은 것은 남에게 하지 않고, 자신이 하고자 하는 일만을 남에게 하는 것인데, 여기서는 '남을 용서한다'는 뜻으로 썼기 때문에 말한 것이다.

72. 呂滎公이 嘗言 後生初學은 且須理會氣象이니 氣象好時엔 百事是當하나니 氣象者는 辭令容止輕重疾徐에 足以見之矣니 不惟君子小人이 於此焉分이라 亦貴賤壽夭之所由定也니라

《呂滎公雜志, 童蒙訓》

呂滎公이 일찍이 말하였다. "後生의 初學者들은 우선 모름지기 氣象을 理會하여야 하니, 氣象이 좋을 때에는 모든 일이 마땅하게 된다. 氣象은 말과 행동거지의 가벼움과 무거움, 빠름과 느림에서 족히 볼 수 있으니, 다만 군자와 소인이 여기에서 나누어질 뿐만 아니라, 또한 貴賤과 壽夭가 이것으로 말미암아 정해지는 것이다."

增註 理會는 謂省察矯揉之라 辭令은 出諸口하고 容止는 見(현)諸身하니 乃德之符也라 故로 端重安徐者는 爲君子, 爲貴, 爲壽요 輕浮躁疾者는 爲小人,

---

潤 : 윤택할 윤　寬 : 너그러울 관　滎 : 물이름 형　象 : 모양 상　疾 : 빠를 질
矯 : 바로잡을 교　揉 : 바로잡을 유　符 : 부절 부

爲賤, 爲夭니라

理會는 살펴서 바로잡음을 이른다. 辭令은 입에서 나오고, 容止는 몸에 나타나니, 바로 德의 상징이다. 그러므로 바르고 무겁고 편안하고 느리게 하는 자는 君子가 되고 귀하게 되고 장수하게 되며, 가볍고 들뜨고 조급하고 빠른 자는 小人이 되고 천하게 되고 요절하게 되는 것이다.

73. [1]攻其惡이요 無攻人之惡이니 盖自攻其惡이면 日夜에 且自點檢하여 絲毫不盡이라도 則慊於心矣니 豈有工夫點檢他人耶리오 《呂榮公雜志, 童蒙訓》

자신의 惡을 다스리고, 남의 惡을 다스리지 말 것이니, 스스로 자기의 惡을 다스리면 밤낮으로 우선 스스로 점검하여 조금이라도 다하지 못하더라도 마음에 만족스럽지 못하게 되니, 어찌 공부가 타인을 점검할 겨를이 있겠는가.

역주 1. 攻其惡 無攻人之惡 : 이 내용은 「論語」《顔淵》에 보인다.

集說 陳氏曰 攻은 專治也니 攻其惡無攻人之惡은 孔子之言也라 盖는 發語辭라 士之檢身에 一念之惡을 未盡去면 卽有愧於心矣니 何暇責人哉아

陳氏가 말하였다. "攻은 전적으로 다스림이니, 자기 惡을 다스리고 남의 惡을 다스리지 말라는 것은 孔子의 말씀이다. 盖는 발어사이다. 선비가 몸을 검속함에 한 생각의 惡을 다 제거하지 못하면 곧 마음에 부끄러움이 있으니, 어느 겨를에 남을 꾸짖겠는가."

74. 大要前輩作事는 多周詳하고 後輩作事는 多闕略하니라 《呂榮公雜志, 童蒙訓》

대저 선배들이 일을 함은 주밀하고 상세함이 많고, 후배들이 일을 함은 빠뜨리고 간략함이 많다.

集解 大要는 猶言大抵라

增註 周則無闕하고 詳則不略이라 用心勤密이면 則作事多周詳하고 用心踈怠면 則作事多闕略이니라

집해 大要는 '대저'라는 말과 같다.

攻 : 다스릴 공 點 : 점검할 점 慊 : 서운할 겸 暇 : 겨를 가 周 : 두루 주
闕 : 빠질 궐

증주 주밀하면 빠뜨리는 것이 없고, 상세하면 간략하지 않다. 마음을 씀이 부지런하고 정밀하면 일을 함에 주밀하고 자세함이 많고, 마음을 씀이 성글고 나태하면 일을 함에 빠뜨리고 간략함이 많다.

75. 恩讎分明此四字는 非有道者之言也요 無好人三字는 非有德者之言也니 後生은 戒之하라 《呂滎公雜志, 童蒙訓》

은혜와 원수를 분명히 한다[恩讎分明]는 이 네 글자는 道가 있는 자의 말이 아니요, 좋은 사람이 없다[無好人]는 세 글자는 德이 있는 자의 말이 아니니, 後生들은 경계하라."

集解 [1]孔子曰 以德報德이요 以直報怨이라하시니 若有怨에 必思報復이면 豈有道者哉아 [2]孟子云 人性皆善하니 人皆可以爲堯舜이라하시니 若鄙薄當世하여 以爲無好人이라하면 豈有德者哉아 此後生小子所當戒也니라

孔子가 말씀하시기를 "德으로써 德을 갚고, 곧음으로써 원한을 갚는다." 하셨으니, 만일 원한이 있음에 반드시 보복할 것을 생각한다면, 어찌 道가 있는 자이겠는가? 孟子가 말씀하시기를 "사람의 본성이 모두 善하니 사람마다 모두 堯舜이 될 수 있다." 하셨으니, 만일 당세를 비루하고 박하게 여겨 좋은 사람이 없다고 한다면 어찌 德이 있는 자이겠는가? 이는 後生小子가 마땅히 경계하여야 할 바이다.

역주 1. 孔子曰 : 이 내용은「論語」《憲問》에 보인다.
2. 孟子云 : 이 내용은「孟子」《告子下》에 보인다.

76. [1]張思叔座右銘曰 凡語를 必忠信하며 凡行을 必篤敬하며 飮食을 必愼節하며 字畫을 必楷正하며 《宋名臣言行錄》

張思叔의 좌우명에 말하였다. "모든 말을 반드시 성실하게 하며, 모든 행실을 반드시 돈후하고 공경하게 하며, 음식을 반드시 삼가고 절제하며, 글자의 획을 반드시 해정하게 하며,

역주 1. 座右銘 : 자리의 오른쪽에 써놓고 항상 경계하는 金言으로, 또한 座左銘이라고도 하는바, 左右는 몸에 가까운 곳을 의미한다.

集說 陳氏曰 思叔은 名繹이요 河南人이니 伊川弟子라 銘者는 自警之辭라 愼은 謂不苟食이요 節은 謂不恣食이라 楷는 謂不草率이요 正은 謂不偏邪라

楷 : 바를 해　繹 : 실마리 역　恣 : 마음대로할 자　草 : 거칠 초　率 : 거칠 솔

陳氏가 말하였다. "思叔은 이름이 繹이요, 河南 사람이니, 伊川의 제자이다. 銘은 스스로 경계하는 말이다. 愼은 구차히 먹지 않음을 이르고, 節은 마음대로 먹지 않음을 이른다. 楷는 흘려쓰거나 거칠게 쓰지 않음을 이르고, 正은 한쪽으로 치우치지 않음을 이른다."

容貌를 必端莊하며 衣冠을 必肅整하며 步履를 必安詳하며 居處를 必正靜하며

용모를 반드시 단정하고 장엄하게 하며, 의관을 반드시 엄숙하고 가지런하게 하며, 걸음걸이를 반드시 편안하고 자상하게 하며, 거처함을 반드시 바르고 고요하게 하며,

集解 容貌는 擧一身而言이요 端莊은 端正莊嚴也라 衣冠은 所以正容儀요 肅整者는 嚴肅齊整也라 足容重이라 故로 當貴乎安詳이요 居處恭이라 故로 必在乎正靜也라

용모는 한 몸을 들어 말한 것이요, 端莊은 단정하고 장엄함이다. 의관은 容儀를 바르게 하는 것이요, 肅整은 엄숙하고 정제함이다. 발 모양은 무거워야 한다. 그러므로 마땅히 편안하고 자상함을 귀하게 여기는 것이요, 거처함은 공손해야 한다. 그러므로 반드시 바르고 고요함에 있어야 하는 것이다.

作事을 必謀始하며 出言을 必顧行하며 常德을 必固持하며 然諾을 必重應하며 見善如已出하며 見惡如已病이니

일을 함을 반드시 시작을 도모하며, 말을 냄을 반드시 행실을 돌아보며, 떳떳한 德을 반드시 굳게 잡으며, 승낙하는 것을 반드시 신중히 응하며, 善을 보면 마치 자기에게서 나온 것처럼 여기고, 惡을 보면 마치 자기의 병처럼 여겨야 한다.

集說 陳氏曰 事謀於始則無後悔하고 言顧其行則非空言이라 常德은 平常之德이니 持之固則不失이요 然諾은 皆應辭니 應之重則思踐이라 如已出은 冀已亦有是善也요 如已病은 恐已亦有是惡也라

陳氏가 말하였다. "일은 시작에 도모하면 후회가 없고, 말은 그 행실을 돌아보면 빈 말이 아니다. 常德은 平常의 德이니, 잡기를 굳게 하면 잃지 않을 것이요, 然과 諾은 모두 응답하는 말이니, 응답하기를 신중히 하면 실천을 생각하게 된다. 자기에게서 나온 것처럼 여김은 자기도 또한 이러한 善이 있기를 바라는 것이요, 자기의 병처럼 여김은 자기도 또

顧 : 돌아볼 고　冀 : 바랄 기

한 이러한 惡이 있을까 염려함이다."

凡此十四者를 我皆未深省이라 書此當坐隅하여 朝夕視爲警하노라

무릇 이 열네 가지를 내가 깊이 살피지 못하였다. 이를 자리 모퉁이에 해당되는 곳에 써붙여 아침저녁으로 보고 경계하노라."

集解 熊氏曰 座右銘凡十四言은 不過卽其日用言動之間, 出入起居之際하니 大要는 以敬爲主라 曰愼節, 曰楷正, 曰端莊, 曰肅整, 曰安詳, 曰正靜, 曰固持, 曰重應이 非敬이면 其能然乎아 作事謀始는 一動不忘敬也요 出言顧行은 一語不忘敬也니 程門敎人에 以敬爲先하니 思叔此銘을 學者所當佩服而深省也니라

熊氏가 말하였다. "좌우명의 모두 열네 가지 말은 그 일상생활하는 言行의 사이와 출입하고 기거하는 즈음에 나아감에 지나지 않으니, 큰 요점은 敬을 주장으로 삼는다. 愼節·楷正·端莊·肅整·安詳·正靜·固持·重應은 敬이 아니면 능히 그렇게 할 수 있겠는가? 일을 함에 시작을 도모함은 한 가지 행동이라도 敬을 잊지 않음이요, 말을 냄에 행실을 돌아봄은 한 마디 말이라도 敬을 잊지 않음이다. 程子의 문하에서 사람을 가르침에 敬으로써 우선을 삼았으니, 思叔의 이 좌우명을 배우는 자들은 마땅히 가슴속에 간직하여 깊이 살펴야 한다."

77. 胡文定公曰 人이 須是一切世味에 淡薄이라야 方好하니 不要有富貴相이니라 [1]孟子謂堂高數仞과 食前方丈과 侍妾數百人을 我得志不爲라하시니 學者須先除去此等이요 常自激昂하여야 便不到得墜墮니라 《胡氏傳家錄》

胡文正公이 말하였다. "사람이 모름지기 일체 세상의 맛에 담박해야 바야흐로 좋으니, 富貴相(富貴의 氣象)이 있음을 요하지 않는다. 孟子가 말씀하시기를 '堂의 높이가 몇 길인 것과 음식이 앞에 사방 한 길쯤 진열된 것과 시중드는 첩이 수백 명인 것을 나는 뜻을 얻더라도 하지 않겠다.' 하셨으니, 배우는 자는 모름지기 먼저 이러한 것들을 제거하고 항상 스스로 격앙(분발)해야만 곧 타락함에 이르지 않을 것이다.

佩:찰 패 相:모양 상 仞:길 인 丈:길 장 激:부딪칠 격 昻:높을 앙

역주 1. 이 내용은「孟子」《盡心下》에 보인다.

集解 世味는 如飮食衣服居室之類라 淡薄은 謂食取充腹하고 衣取蔽形하고 居室은 取蔽風雨也라 富貴相은 卽所謂堂高數仞, 食前方丈, 侍妾數百人之類라 八尺曰仞이라 方丈은 謂食饌列於前者 方一丈也라 除去此等은 卽富貴相也라

增註 激昂은 猶奮發也라 墜, 墮는 皆落也라 不以富貴爲事하고 常自激昂而爲善이면 則不淪於汚下矣리라

집해 世味는 음식·의복·거실과 같은 따위이다. 淡薄은 음식은 배를 채움을 취하고, 옷은 몸을 가림을 취하고, 거실은 비바람을 가림을 취함을 이른다. 富貴相은 곧 이른바 堂의 높이가 몇 길이 되고, 음식이 앞에 사방 한 길쯤 진열되고, 시중드는 첩이 수백 명인 따위이다. 여덟 자를 仞이라 한다. 方丈은 음식을 앞에 진열해 놓은 것이 사방 한 길쯤 되는 것을 이른다. 이러한 것들을 제거한다는 것은 바로 富貴相이다.

증주 激昂은 분발함과 같다. 墜와 墮는 모두 떨어짐이다. 부귀를 일삼지 않고, 항상 스스로 분발하여 善을 행하면 비루하고 낮은데로 빠지지 않을 것이다."

[1]嘗愛諸葛孔明이 當漢末하여 躬耕南陽하여 不求聞達하더니 後來에 雖應劉先主之聘하여 宰割山河하여 三分天下하여 身都將相하여 手握重兵하니 亦何求不得이며 何欲不遂리오마는 乃與後主言하되 成都에 有桑八百株와 薄田十五頃하니 子孫衣食이 自有餘饒요 臣身在外하여 別無調度라 不別治生하여 以長尺寸하오니 若死之日에 不使廩有餘粟하고 庫有餘財하여 以負陛下라하더니 及卒에 果如其言하니 如此輩人은 眞可謂大丈夫矣로다

항상 사랑하노니, 諸葛孔明이 漢나라 말기를 당하여 몸소 南陽에서 밭갈며 명예와 영달을 구하지 않았는데, 後來에 비록 劉先主의 초빙에 응하여, 山河를 宰割(분할)하여 천하를 셋으로 나누어 몸이 장수와 정승의 자리에 있어 손에 중요한 병권을 잡았으니, 또한 무엇을 구한들 얻지 못하며, 무엇을 하고자 한들 이루지 못하겠는가마는 마침내 後主와 더불어 말하되, '成都에 뽕나무 8백 그루와 척박한 농지 15頃이 있어 자손의 衣食이 스스로 여유가 있으며, 臣은 몸이 밖에 있어 따로 경영하고 헤아림이 없었기 때문에, 별달리 生業을 다스려 한 자나 한 치도 늘

饌 : 음식 찬　奮 : 떨칠 분　淪 : 빠질 륜　聘 : 부를 빙　宰 : 주관할 재　握 : 쥘 악
桑 : 뽕나무 상　頃 : 이랑 경　廩 : 곳집 름　陛 : 계단 폐

리지 않았습니다. 만일 臣이 죽는 날에 곡간에 남은 곡식이 있고 창고에 남은 재물이 있어 폐하를 저버리는 일이 없게 하겠습니다.'라고 하더니, 죽을 때에 이르러 과연 그 말과 같았으니, 이와 같은 사람은 진실로 대장부라고 이를 만하다."

역주 1. 嘗愛 : 嘗은 常과 通하므로, '항상'으로 해석하였다.

集說 陳氏曰 南陽은 地名이라 先主는 漢昭烈也니 嘗三顧武侯於草廬之中하니라 宰는 宰制요 割은 分割이라 三分天下는 謂昭烈居蜀하고 曹操居中原하고 孫權居江南하여 分天下爲三國也라 都는 猶居也요 握은 猶掌也라 成都는 郡名이라 百畝爲頃이라 饒는 亦餘也라 躬耕南陽하여 若將終身이러니 及爲將相하여는 志惟興漢하니 孟子稱大丈夫는 貧賤不能移하며 富貴不能淫이라하시니 武侯有之矣로다

集解 調度는 營計也라

집설 陳氏가 말하였다. "南陽은 지명이다. 先主는 漢나라 昭烈皇帝이니, 일찍이 草廬(초막) 가운데에서 諸葛武侯를 세 번 찾아보았다. 宰는 나누고 제어함이요. 割은 분할이다. 三分天下는 昭烈이 蜀에 있고 曹操가 중원에 있고, 孫權이 강남에 있어, 천하를 나누어 세 나라로 만든 것을 이른다. 都는 居와 같고, 握은 掌(관장함)과 같다. 成都는 고을 이름이다. 百畝를 頃이라 한다. 饒는 또한 남음이다. 몸소 南陽에서 농사지어 장차 일생을 마칠듯이 여기더니, 장수와 재상이 됨에 이르러서는 오직 漢나라를 일으키는데 뜻을 두었으니, 孟子가 대장부를 일컬어 '빈천이 〈그 절개를〉 옮기지 못하고, 부귀가 〈그 마음을〉 음탕하게 하지 못한다.'고 하셨는데, 武侯에게 그것이 있었다.

집해 調度는 경영하고 헤아림이다.

78. 范益謙座右戒曰 一은 不言朝廷利害邊報差除요 二는 不言州縣官員長短得失이요 三은 不言衆人所作過惡이요 四는 不言仕進官職趨時附勢요 五는 不言財利多少厭貧求富요 六은 不言淫媟戲慢評論女色이요 七은 不言求覓人物干索酒食이니라 《東萊辨志錄》

范益謙의 座右戒에 말하였다. "첫째는 조정의 이해와 변방의 보고와 관원의 임명을 말하지 말 것이요. 둘째는 州縣 관원의 장단점과 득실을 말하지 말 것이요, 셋째는 여러 사람이 저지른 과실과 나쁜 일을 말하지 말 것이요. 넷째는 관직에

廬 : 오두막 려　蜀 : 땅이름 촉　掌 : 맡을 장　邊 : 변방 변　差 : 가릴 차
媟 : 친압할 설　覓 : 찾을 멱　干 : 구할 간　索 : 찾을 색

나아감과 때에 따라 권세에 아부함을 말하지 말 것이요. 다섯째는 財利의 많고 적음과 가난을 싫어하고 富를 구함을 말하지 말 것이요. 여섯째는 음탕하고 친압하고 희롱하고 불경함과 여색에 대한 평론을 말하지 말 것이요. 일곱째는 남에게 물건을 요구하거나 술과 음식을 찾는 것을 말하지 말 것이다."

集說 陳氏曰 益謙은 名冲이라 利害는 謂事有利有害也라 邊報는 邊境之報也라 差는 差使요 除는 除官이라 無心失理爲過요 有心悖理爲惡이라 媟은 狎也라 淫, 媟, 戱, 慢은 皆邪僻之事요 覓, 干, 索은 皆求也라

陳氏가 말하였다. "益謙은 이름이 冲이다. 利害는 일에 이로움이 있고 해로움이 있음을 이른다. 邊報는 변경의 보고이다. 差는 差使요, 除는 관직을 제수함이다. 無心히 이치를 잃는 것을 過라 하고, 有心히 이치를 어기는 것을 惡이라 한다. 媟은 친압함이다. 淫·媟·戱·慢은 모두 邪僻한 일이요, 覓·干·索은 모두 찾음이다."

又曰 一은 人附書信이어든 不可開拆沈滯며

또 말하였다. "첫째는 남이 書信을 부탁하거든 뜯어보거나 지체시키지 말며,

集解 熊氏曰 發人私書하고 拆人信物이면 甚者는 至爲仇怨이니 凡人所附書物을 當爲附至요 及人託往問訊干求 若或悖理어나 或己力不及이어든 則當至誠辭之요 苟已諾其言이면 則須與達之也니라

增註 開拆則干人之私요 沈滯則誤人之託이니라

집해 熊氏가 말하였다. "남의 사사로운 글을 열어보거나 남의 물건을 뜯어보면 심한 경우에는 원수가 됨에 이르니, 무릇 남이 부탁한 바의 편지와 물건은 마땅히 부쳐 이르게 해야 한다. 그리고 남이 부탁하여 보내어서 문안하고 요구하는 일 중에 만약 혹 이치에 어긋나거나 혹 자신의 힘이 미칠 수 없는 것이면 마땅히 지성으로 사양할 것이요, 만일 이미 그 말을 승낙하였으면 모름지기 전해주어 도달시켜야 한다."

증주 열어보거나 뜯어보면 남의 사사로움을 범하고 지체시키면 타인의 부탁을 그르치는 것이다.

二는 與人並坐에 不可窺人私書며

둘째는 남과 함께 앉았을 때에 남의 사사로운 글을 훔쳐보지 말며,

冲：온화할 충　境：경계 경　拆：터질 탁　滯：막힐 체　訊：물을 신　窺：엿볼 규

增註 窺는 竊視也라

集解 熊氏曰 凡見人得私書에 切不可往觀及注目竊視요 若幷坐에 目力可及이면 則移身以避하며 或置几案이어든 亦不當取觀이니 若其人令看이라야 方可一視로되 書中之事를 亦不可於他處說也니라

증주 窺는 훔쳐봄이다.

집해 熊氏가 말하였다. "무릇 남이 사사로운 글을 받은 것을 보면 절대로 가서 보거나 또는 주목하여 훔쳐보지 말 것이요, 만약 나란히 앉아 있을 적에 시력이 미치게 되면 몸을 옮겨 피하며, 혹 책상에 놓아두었거든 또한 마땅히 취하여 보지 말아야 한다. 만약 그 사람이 보게 하여야 비로소 한 번 볼 수 있으나, 글 속의 일을 또한 다른 곳에 말해서는 안된다."

三은 凡入人家에 不可看人文字며

세째는 무릇 남의 집에 들어감에 남의 글을 보지 말며,

集解 熊氏曰 文字는 如書簡及記事錢穀簿册之類니 凡入人家에 切不可飜看也니라

熊氏가 말하였다. "文字는 서간 및 일을 기록한 것과 돈·곡식을 치부한 책과 같은 따위이니, 무릇 남의 집에 들어감에 절대로 이런 것들을 뒤쳐 보아서는 안된다."

四는 凡借人物에 不可損壞不還이며

네째는 무릇 남의 물건을 빌림에 훼손시키거나 돌려 주지 않지 말며,

集說 熊氏曰 凡借人書册器用에 當須愛護를 過於己物하여 畢卽歸還이요 切不可損壞及沈沒也니라

熊氏가 말하였다. "무릇 남의 서책과 용기를 빌리면 마땅히 모름지기 아끼고 보호하기를 자기의 물건보다 더하게 하여 끝나면 곧 되돌려 줄 것이요, 절대로 훼손시키거나 침몰시켜서는 안된다."

五는 凡喫飮食에 不可揀擇去取며

다섯째는 무릇 음식을 먹음에 가려서 버리거나 취하지 말며,

竊：훔칠 절 **注**：모을 주 **几**：안석 궤 **案**：책상 안 **看**：볼 간 **穀**：곡식 곡
簿：장부 부 **飜**：뒤칠 번 **喫**：먹을 긱(끽) **揀**：가릴 간

增註 謂揀擇하여 以去其不可意者而取其可意者라

集解 熊氏曰 凡飮食은 若非生硬臭惡與犯己宿疾之物이면 皆可食也니 豈有不可食而揀擇哉아

증주 가려서 그 뜻에 마땅하지 않은 것을 버리고 그 뜻에 마땅한 것을 취함을 이른다.

집해 熊氏가 말하였다. "무릇 음식은 만약 설익었거나 냄새가 나쁜 것과 자기의 오랜 병에 저촉되는 음식물이 아니면 모두 먹을 수 있으니, 어찌 먹을 수 없다 하여 가릴 것이 있겠는가."

六은 與人同處에 不可自擇便利며

여섯째는 남과 함께 거처할 때에 스스로 편리함을 가려 취하지 말며,

集解 熊氏曰 凡與人同處에 夏則先擇涼處하고 冬則先擇暖處하며 及共飮食에 多取先取는 皆無德之一端也니라

熊氏가 말하였다. "무릇 남과 함께 거처할 때에 여름이면 먼저 시원한 곳을 가리고, 겨울이면 따뜻한 곳을 가리며, 함께 음식을 먹을 때에 많이 취하거나 먼저 취함은 모두 德이 없는 한 가지 일이다."

七은 見人富貴하고 不可歎羨詆毁니

일곱째는 남의 부귀를 보고, 감탄하고 부러워하거나 헐뜯지 말 것이니,

集解 見人富貴하고 若生歎羨이면 則有貪欲之心이요 若加詆毁면 則有妬嫉之意니 皆非君子之爲也니라

남의 부귀를 보고 만약 감탄하고 부러워함을 낸다면 탐욕하는 마음이 있는 것이요, 만약 헐뜯음을 가한다면 질투하는 뜻이 있는 것이니, 모두 君子의 행실이 아니다."

凡此數事를 有犯之者면 足以見用意之不肖니 於存心修身에 大有所害라 因書以自警하노라

무릇 이 몇 가지 일을 범하는 경우가 있으면 마음씀의 어질지 못함을 충분히 볼 수 있으니, 마음을 보존하고 몸을 닦음에 크게 해로운 바가 있다. 이로 인하여 이 글을 써서 스스로 경계하노라."

硬：딱딱할 경　宿：묵을 숙　羨：부러워할 선　詆：비방할 저

集說 吳氏曰 以上數者는 雖若細事나 然於存心修身에 甚有所害라 故로 書之以戒也라

吳氏가 말하였다. "이상의 몇 가지는 비록 작은 일인 것 같으나, 마음을 보존하고 몸을 닦음에 매우 해로운 바가 있다. 그러므로 써서 경계한 것이다."

79. 胡子曰 今之儒者 移學文藝干仕進之心하여 以收其放心而美其身이면 則何古人之不可及哉리오 父兄이 以文藝令其子弟하고 朋友以仕進相招하여 往而不返하면 則心始荒而不治하여 萬事之成이 咸不逮古先矣니라 《胡氏知言》

胡子가 말하였다. "지금의 儒者들이 문예를 배워 벼슬에 나아가기를 구하는 마음을 옮겨서 그 放心을 거두어 그 몸을 아름답게 한다면, 어찌 古人을 미칠 수 없겠는가. 父兄이 문예로써 그 자제들에게 명령하고, 朋友들이 벼슬에 나아가는 것으로써 서로 불러, 가서 돌아오지 않으면 마음이 비로소 거칠어져 다스려지지 않아서 萬事의 이룸이 다 옛사람에게 미치지 못하게 되는 것이다."

集解 胡子는 名宏이요 字仁仲이라

增註 言今之儒者學文藝而干仕進하여 其用心最勤하니 能移此心하여 以存心修身이면 雖古人이나 亦可及也라 往而不返은 謂心馳逐於文藝仕進而不知返也라 心者는 萬事之本이니 心旣荒이라 故로 萬事之成이 皆不及古之人矣니라

집해 胡子는 이름은 宏이요, 字는 仁仲이다.

증주 지금의 儒者들은 문예를 배워 벼슬에 나아가기를 구하여 그 마음을 씀이 가장 부지런하니, 능히 이 마음을 옮겨 마음을 보존하고 몸을 닦는다면 비록 옛사람이라도 또한 따라갈 수 있음을 말한 것이다. 가고 돌아오지 않음은 마음이 문예와 벼슬길에 나가는 데에 치달려 좇아가서 돌아올 줄을 모름을 이른다. 마음은 모든 일의 근본이니, 마음이 이미 거칠어졌으므로 萬事의 이루어짐이 다 옛사람에게 미치지 못하는 것이다."

80. 顔氏家訓曰 夫所以讀書學問은 本欲開心明目하여 利於行耳니라 《顔氏家訓》

「顔氏家訓」에 말하였다. "책을 읽고 학문을 하는 까닭은 본래 마음을 열고 눈을 밝혀 행함에 편리하고자 해서이다.

令 : 명령할 령 逮 : 미칠 체 宏 : 클 굉

集解 熊氏曰 夫學은 在乎知行二者而已니 能知而不能行이면 與不學同이라 然欲行之인댄 必先知之也라 故로 必讀書學問하여 開心明目而後에 可利於行耳니라

熊氏가 말하였다. "배움은 知와 行 두 가지에 있을 뿐이니, 능히 알기만 하고 행하지 못하면 배우지 않은 것과 같다. 그러나 행하고자 하면 반드시 먼저 알아야 한다. 그러므로 반드시 책을 읽고 학문을 하여 마음을 열고 눈을 밝힌 뒤에야 행함에 편리한 것이다."

未知養親者는 欲其觀古人之先意承顏하며 怡聲下氣하며 不憚劬勞하여 以致甘腝(軟)하고 惕然慙懼하여 起而行之也니라

부모를 봉양할 줄을 알지 못하는 자는 古人들이 〈부모의〉 뜻에 앞서 안색을 받들며, 목소리를 화하게 하고 기운을 낮추며, 수고를 꺼리지 아니하여 달고 연한 음식을 바쳤던 것을 보고, 惕然(놀라 움직이는 모양)히 부끄러워하고 두려워하여 흥기하여 행하고자 해야 한다.

集解 人子養親에 先意而承順顏色하며 怡聲而低下其氣는 所謂養志也요 不憚己之疲勞하여 以營奉甘軟之飮食은 所謂養口體也니 此皆古人之所行者니 今因讀書學問而知之라 故로 必惕然慙懼하여 興起而必欲行之也니라

자식이 부모를 봉양할 적에는 뜻에 앞서 안색을 받들어 따르며 목소리를 화하게 하고 기운을 낮춤은 이른바 뜻을 봉양한다는 것이요, 자신의 피로함을 꺼리지 않고 달고 연한 음식을 장만하여 바침은 이른바 口體를 봉양한다는 것이니, 이는 모두 古人이 행했던 것인데, 이제 책을 읽고 학문함을 인하여 알았다. 그러므로 반드시 惕然히 부끄러워하고 두려워하여 흥기하여 행하고자 하는 것이다.

未知事君者는 欲其觀古人之守職無侵하며 見危授命하며 不忘誠諫하여 以利社稷하고 惻然自念하여 思欲效之也니라

임금을 섬길 줄을 알지 못하는 자는 古人들이 직책을 맡아 침해함이 없으며, 위태로움을 보고 목숨을 바치며, 지성으로 간함을 잊지 않아 社稷을 이롭게 했던 것을 보고, 측은하게 스스로 생각하여 본받고자 함을 생각하고자 해야 한다.

增註 守職은 有官守者修其職하고 有言責者盡其忠也라 見危授命은 知有君

憚 : 꺼릴 탄 劬 : 수고로울 구 腝 : 연할 연 軟 : 부드러울 연 惕 : 두려울 척
慙 : 부끄러울 참 侵 : 침략할 침 授 : 줄 수 惻 : 슬퍼할 측

而不知有身也라

守職은 관리로서 맡은 직책이 있는 자는 그 직책을 닦고, 말할 책임이 있는 자는 그 충성을 다하는 것이다. 위태로움을 보고 목숨을 바침은 임금이 있음만 알고 자신이 있음을 알지 못하는 것이다.

素驕奢者는 欲其觀古人之恭儉節用하며 卑以自牧하며 禮爲敎本하며 敬者身基하고 瞿然自失하여 斂容抑志也니라

본래 교만하고 사치한 자는 古人들이 공손하고 검소하여 씀을 절약하며, 몸을 낮춤으로 자처하며, 禮로써 가르침의 근본을 삼으며, 공경으로써 몸의 터전을 삼은 것을 보고, 놀라 自失하여 용모를 거두고 뜻을 억제하고자 해야 한다.

增註 自牧은 自處也라 禮以律人하고 敬以立己라 瞿然은 自失貌라 收斂其容하고 抑下其志면 則不驕奢矣라

自牧은 자처함이다. 禮로써 남을 다스리고, 敬으로써 자신을 세운다. 瞿然은 스스로 잃은 모양이다. 그 용모를 거두고 그 뜻을 낮추면 교만하고 사치하지 않게 된다.

素鄙悋者는 欲其觀古人之貴義輕財하며 少私寡慾하며 忌盈惡(오)滿하며 賙窮恤匱하고 赧然悔恥하여 積而能散也니라

본래 비루하고 인색한 자는 古人들이 의리를 귀하게 여기고 재물을 가볍게 여기며, 사사로움을 적게 하고 욕심을 줄이며, 가득찬 것을 꺼리고 충만한 것을 싫어하며, 곤궁한 사람들을 도와주고 없는 사람들을 불쌍히 여겼던 것을 보고, 얼굴을 붉혀 뉘우치고 부끄러워하여 〈재물을〉 쌓되 흩어주고자 해야 한다.

集說 陳氏曰 盈則溢이라 故可忌요 滿則覆이라 故可惡라 匱는 乏也라 赧然은 慚而面赤之貌라 積財而能散施면 則不鄙悋矣라

陳氏가 말하였다. "차면 넘친다. 그러므로 꺼리는 것이요, 충만하면 엎어진다. 그러므로 미워하는 것이다. 匱는 궁핍함이다. 赧然은 부끄러워 얼굴이 붉어진 모양이다. 재물을 쌓되 능히 흩어서 베풀면 비루하거나 인색하지 않게 된다."

牧：기를 목 瞿：놀랄 구 斂：거둘 렴 抑：누를 억 悋：인색할 린
盈：가득할 영 賙：구휼할 주 匱：다할 궤 赧：무안할 란 乏：다할 핍

素暴悍者는 欲其觀古人之小心黜己하며 齒弊舌存하며 含垢藏疾하며 尊賢容衆하고 苶然沮喪하여 若不勝衣也니라

본래 사납고 강한 자는 古人들이 小心하고 자신을 억제하며, 이는 빠져도 혀는 남아 있으며, 남의 오점을 감싸주고 남의 과실을 숨겨주며, 어진 사람을 높이고 대중을 포용했던 것을 보고, 맥없이 沮喪되어 마치 입고 있는 옷도 감당하지 못할 듯이 하고자 해야 한다.

集說 陳氏曰 暴는 猛暴也요 悍은 強悍也라 黜己는 自退抑也라 齒弊舌存은 喩強死而弱生也라 含垢는 謂包含人之垢穢요 藏疾은 謂藏隱人之過惡이라 苶然은 沮喪貌니 謂自沮喪其暴悍之氣也라

陳氏가 말하였다. "暴는 사나움이요, 悍은 강하고 굳셈이다. 黜己는 스스로 겸퇴하고 억제함이다. 이는 빠져도 혀는 남는다는 것은 강한 것은 죽고 약한 것은 생존함의 비유이다. 含垢는 남의 오점을 감싸줌을 이르고, 藏疾은 남의 과실과 악을 숨겨줌을 이른다. 苶然은 저상된 모습이니, 스스로 그 사납고 강한 기운을 저상시킴을 이른다."

素怯懦者는 欲其觀古人之達生委命하며 強毅正直하며 立言必信하며 求福不回하고 勃然奮厲하여 不可恐懼也니라

본래 비겁하고 나약한 자는 그 옛사람이 생사의 이치에 통달하여 천명에 맡기며, 굳세고 정직하며, 말을 세움에 반드시 성실하게 하며, 복을 구함에 간사하지 않은 것을 보고, 발연히 떨치고 힘써 두려워함이 없고자 해야 한다.

集說 陳氏曰 怯은 畏怯也요 懦는 懦弱也라 達生委命은 謂通達生死之常理而付之於命也라 毅는 強忍也라 不回는 不爲回邪之行也라 勃然은 奮厲貌니 謂奮發振厲하여 以去其怯懦也라

陳氏가 말하였다. "怯은 두려워하고 겁냄이요, 懦는 나약함이다. 達生委命은 生死의 떳떳한 이치에 통달하여 천명에 맡김을 이른다. 毅는 강인함이다. 不回는 간사한 행위를 하지 않는 것이다. 勃然은 떨치고 힘쓰는 모양이니, 분발하고 떨쳐 힘써서 그 비겁하고 나약함을 제거하는 것이다."

歷玆以往으로 百行이 皆然하니 縱不能淳이나 去泰去甚하면 學之

悍 : 사나울 한 黜 : 내칠 출 弊 : 닳을 폐 垢 : 때 구 苶 : 고달플 날 沮 : 막을 저
猛 : 사나울 맹 怯 : 겁낼 겁 懦 : 나약할 나 毅 : 굳셀 의 勃 : 분발할 발
厲 : 힘쓸 려 縱 : 비록 종 淳 : 순박할 순 泰 : 심할 태

所知 施無不達하리라 世人이 讀書하되 但能言之하고 不能行之하나니 武人俗吏 所共嗤詆 良由是耳니라

이것을 지난 이후로 모든 행실이 다 그러하니, 비록 순전하지는 못하더라도 지나친 것을 없애고 심한 것을 없애면 배워 아는 것을 시행함에 통달하지 않음이 없을 것이다. 세상 사람들은 글을 읽되 다만 그것을 말하기만 하고 행하지 못하니, 武人과 俗吏들에게 함께 조소와 비방을 받는 것은 진실로 이 때문이다.

增註 玆는 指上文六者而言이라 皆然은 謂皆如此取法古人也라 人能勇於力行이면 雖或未至盡善이나 而氣習之偏駁泰甚者를 亦必克而去之니 學之所知者를 能力行之하여 自無不達也라 達은 卽周子所謂行之利也라

玆는 윗 글의 여섯 가지를 가리켜 말한 것이다. 皆然은 모두 이와 같이 옛사람에게서 법을 취함을 이른다. 사람이 능히 힘써 행함에 용감하면 비록 혹 다 善함에는 이르지 못하더라도 기질과 습관의 편벽됨과 잡됨이 지나치고 심한 것을 또한 반드시 이겨서 제거할 것이니, 이렇게 하면 배워서 아는 것을 능히 힘써 행하여 스스로 통달하지 않음이 없을 것이다. 達은 곧 周子가 이른바 행함이 쉽다는 것이다.

又有讀數十卷書하고 便自高大하여 凌忽長者하며 輕慢同列하여 人이 疾之如讐敵하며 惡(오)之如鴟梟하나니 如此면 以學求益이어늘 今反自損하니 不如無學也니라

또 수십 권의 책을 읽고는 곧 스스로 높고 큰 체하여 長者를 능멸하고 소홀히 여기며, 同列들을 경멸하고 업신여겨 사람들이 미워하기를 원수와 적처럼 여기며, 싫어하기를 올빼미처럼 여기니, 이와 같다면 배움은 유익함을 구하려는 것인데, 지금 도리어 스스로 해치니, 배우지 않는 것만 못하다."

集解 熊氏曰 此는 言借讀書爲名而矜己傲人者라 夫不能使人親愛而使人疾惡(오)면 是는 學本求益이어늘 今反自損也라 鴟梟는 惡鳥也라

熊氏가 말하였다. "이는 독서함을 빌려 명분을 삼고는 자신을 자랑하고 남에게 오만하게 하는 자를 말한 것이다. 남으로 하여금 자신을 친애하게 하지 못하고, 남으로 하여금 미워하고 싫어하게 한다면, 이는 배움은 본래 유익함을 구하려는 것인데 지금 도리어 스스로 해치는 것이다. 鴟梟는 나쁜 새이다."

嗤 : 비웃을 치 詆 : 비방할 저 良 : 진실로 량 駁 : 잡될 박 凌 : 능멸할 릉
讐 : 원수 수 鴟 : 올빼미 치 梟 : 올빼미 효

81. 伊川先生曰 大學은 孔氏之遺書而初學入德之門也니 於今에 可見古人爲學次第者는 獨賴此篇之存이요 而其他則未有如論孟者라 故로 學者必由是而學焉이면 則庶乎其不差矣리라 《二程全書 遺書》

伊川先生이 말씀하였다. "「大學」은 孔氏가 남긴 책으로서 初學者가 德에 들어가는 문이니, 오늘날에 있어 옛사람의 학문하던 차례를 볼 수 있는 것은 다만 이 책이 보존됨에 의뢰할 뿐이요, 그 나머지는 「論語」와 「孟子」만한 것이 있지 않다. 그러므로 배우는 자가 반드시 이 「大學」을 말미암아 배운다면 거의 어긋나지 않을 것이다."

集說 陳氏曰 大學之書는 古之大(太)學所以敎人之法이니 孔子誦而傳之하사 以詔後世하시니 而初學入德之門也라 爲學次第는 謂格物, 致知, 誠意, 正心, 修身, 齊家, 治國, 平天下先後之序也라 是는 指大學而言이라 朱子曰 先讀大學하고 去讀他經이라야 方見得此是格物致知事며 此是誠意正心事며 此是修身事며 此是齊家治國平天下事也니라

陳氏가 말하였다. "「大學」 책은 옛날 太學에서 사람을 가르치던 방법인데, 孔子가 외어 전하시어 후세를 가르쳐 주신 것이니, 초학자가 德에 들어가는 문이다. 학문하는 차례는 格物·致知·誠意·正心·修身·齊家·治國·平天下의 先後 차례를 이른다. 〈必由是而學焉〉의 是는 「大學」을 가리켜 말한 것이다."
朱子가 말씀하였다. "먼저 「大學」을 읽고 다른 經書를 읽어야 바야흐로 이것이 格物·致知의 일이며, 이것이 誠意·正心의 일이며, 이것이 修身의 일이며, 이것이 齊家·治國·平天下의 일임을 보게 된다."

82. 凡看語孟에 [1)]且須熟讀玩味하여 將聖人之言語하여 切己요 不可只作一場話說이니 看得此二書하여 切己하면 終身儘多也리라 《二程全書 遺書》

무릇 「論語」와 「孟子」를 볼 때에는 우선 모름지기 熟讀하고 玩味하여 聖人의 말씀을 가져다가 자기에게 절실히 할 것이요, 다만 한바탕의 말로만 삼아서는 안된다. 이 두 책을 보아 자기에게 절실히 하면 종신토록 진실로 많을 것이다.

역주 1. 熟讀玩味 : 熟讀은 반복하여 익숙히 읽는 것이며, 玩은 귀중한 보물을 구경하듯

賴 : 힘입을 뢰 誦 : 욀 송 詔 : 가르칠 조 看 : 볼 간 將 : 가질 장 儘 : 진실로 진

보고 또 보는 것이고, 味는 맛있는 음식을 되씹듯 의미를 깊이 되새김을 이른다.

集解 朱子曰 論語一書는 無所不包而其示人者莫非操存涵養之要요 孟子七篇은 無所不究而其示人者類多體驗擴充之端하니 須熟讀玩味하여 以身體之라야 方是切實也니라 輔氏曰 讀書者能將聖賢言語하여 切己면 則不枉費工夫요 而終身行之有餘矣리라

朱子가 말씀하였다. "「論語」 한 책은 포함하지 않는 것이 없는데 사람에게 보여준 것은 잡아서 보존하고 함양하는 요점 아닌 것이 없고, 「孟子」 7篇은 강구하지 않은 것이 없는데 사람에게 보여준 것은 대부분 체험하고 확충하는 단서가 많다. 모름지기 熟讀하고 玩味하여 몸으로 체득하여야 바야흐로 절실하게 된다."

輔氏가 말하였다. "글을 읽는 자가 능히 聖賢의 말씀을 가져와 자기에게 절실하게 하면 공부를 그릇되게 허비하지 않고 종신토록 행해도 남음이 있을 것이다."

83. 讀論語者는 但將弟子問處하여 便作己問하며 將聖人答處하여 便作今日耳聞하면 自然有得하리니 若能於論孟中에 深求玩味하여 將來涵養하면 成甚生氣質하리라 《二程全書 遺書》

「論語」를 읽는 자는 다만 제자가 물은 곳을 가져와 곧 자기의 질문으로 삼으며, 聖人이 대답하신 곳을 가져와 곧 오늘 귀에 들은 것으로 삼으면, 자연히 깨달음이 있을 것이니, 만약 능히 「論語」와 「孟子」 가운데에서 깊이 추구하고 玩味하여, 가져와 함양하면 비상한 기질을 이룰 것이다.

集解 朱子曰 孔門問答에 曾子聞得之言을 顏子未必與聞이요 顏子聞得之語를 子貢未必與聞이어늘 今都聚在論語하니 後世學者豈不大幸也리오 輔氏曰 若能將弟子問處하여 作自己問하고 聖人答處를 作己所聞이면 則不徒誦其言이라 必將求其意요 不徒求其意라 必將見於行이니 其進於聖賢也 不難矣리라
○ 葉氏曰 甚生은 猶非常也라

朱子가 말씀하였다. "孔子 문하에서 문답한 것에 曾子가 들은 말씀을 顏子가 반드시 참여하여 듣지는 못하였고, 顏子가 들은 말씀을 子貢이 반드시 참여하여 듣지는 못했는데, 지금 모두 「論語」에 모여 있으니, 후세에 배우는 자는 어찌 큰 다행이 아니겠는가."

輔氏가 말하였다. "만약 능히 제자가 물은 곳을 가져와 자기의 물음으로 삼고, 聖人이 대답하신 곳을 자기가 들은 것으로 삼는다면, 한갓 그 말을 외울 뿐만 아니라 반드시 장차 그 뜻을 구할 것이요, 한갓 그 뜻을 구할 뿐만 아니라 반드시 장차 행함에 나타날 것이니,

---

涵 : 담글 함 擴 : 넓힐 확 枉 : 헛될 왕 費 : 허비할 비 甚 : 심할 심 徒 : 한갓 도

그 聖賢에 나아감이 어렵지 않은 것이다."
○ 葉氏가 말하였다. "甚生은 非常과 같다."

84. 橫渠先生曰 中庸文字輩는 直須句句理會過하여 使其言으로 互相發明이니라 《張子全書 橫渠語錄》

橫渠先生이 말씀하였다. "「中庸」의 文字들은 다만 모름지기 글귀마다 理會(이해)하고 지나가서, 그 말로 하여금 서로 發明하도록 해야 한다."

集解 朱子曰 張子此言은 眞讀書之要法이니 不但可施於中庸也니라 熊氏曰 一句에 有一句之義하니 其初에 須是逐句理會라 然이나 一書前後之言이 皆互相發하니 又必參互考之라야 方見大指也니라

朱子가 말씀하였다. "張子의 이 말씀은 참으로 글을 읽는 중요한 방법이니, 다만 「中庸」에만 시행할 뿐만이 아니다."
熊氏가 말하였다. "한 句에는 한 句의 뜻이 있으니, 그 처음에 모름지기 글귀를 따라 이해하여야 한다. 그러나 한 책의 앞뒤 말이 모두 서로 發明되니, 또 반드시 서로 참작하여 고찰하여야 바야흐로 큰 뜻을 보게 된다."

85. 六經을 須循環理會니 儘無窮하니 待自家長得一格이면 則又見得이 別하리라 《張子全書 橫渠語錄》

六經을 모름지기 돌아가며 이해해야 하니, 〈이렇게 하면〉 참으로 의리가 무궁하니, 자신이 한 품격이 자라기를 기다리면 또 見得(소견)이 각별할 것이다.

集解 六經은 易, 詩, 書, 周禮, 禮記, 春秋也라 循環은 謂周而復始也라 儘無窮은 謂義理無窮盡也라

增註 長一格은 謂學有進也니 學進則所見益高矣라

집해 六經은 「周易」·「詩經」·「書經」·「周禮」·「禮記」·「春秋」이다. 循環은 한 바퀴를 돌고 다시 시작함을 이른다. 儘無窮은 의리가 끝이 없음을 이른다.
증주 한 격이 자람은 배움에 진전됨이 있음을 이르니, 학문이 진전되면 소견이 더욱 높아진다.

86. 呂舍人曰 大抵後生爲學에 先須理會所以爲學者何事오하

直: 다만 직 互: 서로 호 環: 돌 환

여 一行一住一語一默을 須要盡合道理니라 《呂舍人雜記, 童蒙訓》

呂舍人이 말하였다. "대체로 後生들은 학문을 함에 우선 모름지기 학문하는 것이 무슨 일인가를 이해하여, 한번 가고 한번 머물며, 한번 말하고 한번 침묵함을 모름지기 다 道理에 합치되게 하여야 한다.

集說 陳氏曰 舍人은 呂本中也니 嘗爲中書舍人하니라 理會者는 猶言識得也라 蓋學은 所以爲道也니 如下文行住語默을 須要盡合道理하며 及求古聖賢用心하여 竭力從之是已니 非爲作文章取官祿計也라 後生爲學에 先須識得此意然後에야 志定而德業可成矣리라

陳氏가 말하였다. "舍人은 呂本中이니, 일찍이 中書舍人이 되었었다. 理會는 識得(앎)이란 말과 같다. 학문은 道를 행하기 위한 것이니, 아랫글의 가고 머물며 말하고 침묵함을 모름지기 다 도리에 합치되도록 하며, 또 옛날 聖賢의 마음씀을 찾아 힘을 다하여 따르는 것이 이것이니, 문장을 지어 관직의 봉록을 취하려는 계책을 함이 아니다. 後生이 학문을 함에는 우선 모름지기 이 뜻을 안 뒤에야, 뜻이 안정되어 德業이 이루어질 것이다."

學業則須是嚴立課程이요 不可一日放慢이니 每日에 須讀一般經書, 一般子書하되 不須多요 只要令精熟이니 須靜室危坐하여 讀取二三百遍하여 字字句句를 須要分明이니라 又每日에 [1]須連前三五授하여 通讀五七十遍하여 須令成誦이요 不可一字放過也니라 史書는 每日에 須讀取一卷或半卷以上이라야 始見功이니 須是從人授讀하여 疑難處를 便質問하여 求古聖賢用心하여 竭力從之니라

학업은 모름지기 곧 課程을 엄격히 세울 것이요, 하루라도 방만해서는 안된다. 매일 모름지기 한 가지 經書와 한 가지 子書를 읽되, 모름지기 많이 읽지 말고 다만 정하고 익숙하게 하여야 한다. 모름지기 조용한 방에 꿇어앉아 2~3백 번을 읽어, 字字句句를 모름지기 분명히 해야 한다. 또 매일 모름지기 전에 3일 내지 5일 동안 수업한 것을 이어서 50~70번을 通讀하여 모름지기 외움을 이루게 하고, 한 글자라도 지나쳐 버려서는 안된다. 史書는 매일 모름지기 한 권, 혹은 반 권 이상을 읽어야 비로소 공효를 볼 수 있으니, 모름지기 사람을 따라 수업하여 읽되, 의심나고 어려운 곳을 곧 질문하여 옛 聖賢의 마음 쓰신 것을 찾아 힘을 다해 따라야 한다.

默 : 묵묵할 묵　竭 : 다할 갈　課 : 공부 과　般 : 가지 반　遍 : 두루 변(편)

역주 1. 三五授 : 三日授, 五日授의 줄임말로, 授는 授業인바, 곧 3일 내지 5일동안 배운 것을 이른다.

增註 經書는 聖人之書요 子書는 賢人之書요 史書는 紀事之書라 質은 正也라 經書, 子書는 必讀之精熟하여 反覆玩味然後에 文義可通이요 史書는 必讀一卷半卷以上然後에 事之本末을 可見이니 皆必從師友하여 授而讀之하여 有疑難이면 則取正審問이라야 乃不差也라 如是以求古聖賢所以用心하여 而盡力從之하면 道將爲我有矣리라

經書는 聖人의 책이요, 子書는 賢人의 책이요, 史書는 사실을 기록한 책이다. 質은 질정함이다. 經書와 子書는 반드시 읽기를 정하고 익숙히 하여, 반복하고 완미한 뒤에야 글의 뜻을 통할 수 있으며, 史書는 반드시 한 권, 혹은 반 권 이상을 읽은 뒤에야 일의 本末을 알 수 있다. 모두 반드시 스승과 벗을 따라 수업하여 읽어, 의심스럽고 어려운 곳이 있으면 질정함을 구하여 자세히 물어야 잘못되지 않는다. 이와 같이 하고 옛 聖賢의 마음을 쓰신 것을 찾아 힘을 다해 따르면 道가 장차 나의 소유가 될 것이다.

夫指引者는 師之功也요 行有不至어든 從容規戒者는 朋友之任也니 決意而往은 則須用己力이라 難仰他人矣니라

지도하고 인도하는 것은 스승의 일이요, 행하여도 이르지 못함이 있으면 조용히 바로잡아 경계하는 것은 친구의 임무이니, 뜻을 결정하여 나아감은 모름지기 자신의 힘을 쓰는 것이므로 다른 사람에게 의뢰하기 어렵다.”

集解 仰은 恃也라 指導汲引은 則在於師하고 切磋勸勉은 則在於友어니와 若夫勇往精進하여 自強不息은 則在於自己하니 而難倚恃師友矣니라

增註 高彦先云 修學이 須是出於本心이요 不待父母先生督責하여 造次不忘하며 寢食在念然後라야 可成功이니라

집해 仰은 믿음이다. 지도하고 이끄는 것은 스승에게 있고, 切磋하고 권면함은 벗에게 있거니와, 용감하게 나아가 정진하여 스스로 힘써 쉬지 않는 것으로 말하면 자기에게 달려 있으니, 스승과 벗에게 의뢰하기 어렵다.

증주 高彦先이 말하였다. “학문을 닦음은 모름지기 本心에서 나오는 것이요, 굳이 부모와 선생의 독촉을 기다리지 아니하여 造次에도 잊지 않으며, 잠자거나 밥먹을 때에도 생각에 있은 뒤에야 성공할 수 있다.”

仰 : 우러를 앙 切 : 자를 절 磋 : 갈 차 督 : 감독할 독

87. 呂氏童蒙訓曰 今日에 記一事하고 明日에 記一事하면 久則自然貫穿하며 今日에 辨一理하고 明日에 辨一理하면 久則自然浹洽하며 《童蒙訓》

呂氏의 「童蒙訓」에 말하였다. "오늘에 한 가지 일을 기억하고 내일에 한 가지 일을 기억하면, 오래 되면 자연히 꿰뚫게 되며, 오늘에 한 가지 이치를 분별하고 내일에 한 가지 이치를 분별하면, 오래 되면 자연히 흠뻑 젖어들게 된다.

增註 久는 謂日日如此하여 無間斷也라 貫穿은 通透也라 理는 卽事中之理요 辨은 謂辨其是非라 浹洽은 則心與理相涵矣라

集解 此는 致知之事也라

증주 久는 날마다 이와 같이 하여 間斷이 없음을 이른다. 貫穿은 통투함이다. 理는 곧 일 속의 이치요, 辨은 그 시비를 분별함을 이른다. 浹洽은 마음이 이치와 함께 서로 젖어듦이다.

집해 이것은 致知의 일이다.

今日에 行一難事하고 明日에 行一難事하면 久則自然堅固니

오늘에 한 가지 어려운 일을 행하고 내일에 한 가지 어려운 일을 행하면, 오래 되면 자연히 견고해진다.

增註 堅固는 則身與事相安矣라

集解 此는 力行之事也라

증주 堅固는 몸과 일이 서로 편안함이다.

집해 이것은 力行의 일이다.

渙然冰釋하며 怡然理順은 久自得之라 非偶然也니라

渙然히 얼음이 풀리듯 하며 怡然히 이치에 순함은 오래되면 저절로 얻어지는 것이니, 우연한 것이 아니다."

集說 陳氏曰 釋은 消也라 林氏曰 渙然解散하여 如春冰之釋하고 怡然喜悅而衆理皆順이니라

貫：꿸 관 穿：뚫을 천 浹：젖을 협 洽：흡족할 흡 涵：담글 함 渙：풀릴 환 釋：풀 석 偶：우연 우

陳氏가 말하였다. "釋은 풀림이다."

林氏가 말하였다. "渙然히 풀려 흩어져 봄 얼음이 풀리듯 하고, 怡然히 즐거워 모든 이치가 다 순하여야 한다."

88. 前輩嘗說後生이 才性過人者는 不足畏요 惟讀書尋思推究者爲可畏耳라하고 又云讀書는 只怕尋思라하니 盖義理精深이라 惟尋思用意라야 爲可以得之니 鹵莽(노무)厭煩者는 決無有成之理니라 《童蒙訓》

선배가 일찍이 말하기를 "後生 중에 才性(재주)이 남보다 뛰어난 자는 두려워할 것이 없고, 오직 글을 읽음에 찾아 생각하고 미루어 궁구하는 자가 두려워할 만하다." 하였고, 또 이르기를 "글을 읽음에는 다만 찾아 생각함이 두렵다." 하였으니, 의리는 정밀하고 깊으므로 오직 찾아 생각하고 뜻을 써야 얻을 수 있으니, 鹵莽(마음을 쓰지 않음)하여 번거로움을 싫어하는 자는 결코 성공할 리가 없다.

集解 鹵莽는 輕脫苟且之謂라 熊氏曰 人有才면 貴乎有學이니 非學이면 無以充其才요 有學이면 貴乎有思니 非思면 無以充其學이라 故로 後生可畏者는 非以其才之難이요 旣能學而又能思者爲難也니라 夫義理散在簡册之中하니 聖賢之言을 不可以粗看이요 不可以淺窺니 若鹵莽厭煩이면 則何由知聖賢用心而窮其義理乎아

鹵莽는 輕脫(경박)하고 구차함을 이른다.

熊氏가 말하였다. "사람이 재주가 있으면 배움이 있음을 귀하게 여기니, 배움이 아니면 그 재주를 확충할 수 없으며, 배움이 있으면 생각함이 있음을 귀하게 여기니, 생각함이 아니면 그 배움을 확충할 수 없다. 그러므로 後生으로서 두려워할 만한 자는 그 재주가 어려운 것이 아니라, 이미 능히 배우고 또 능히 생각하는 것이 어려운 것이다. 義理가 簡册 속에 흩어져 있으니, 聖賢의 말씀은 대충 보아 넘겨서도 안되고, 천근하게 엿보아서도 안되니, 만약 鹵莽하여 번거로움을 싫어하면, 무엇을 말미암아 聖賢의 마음 씀을 알아 그 의리를 궁구하겠는가."

89. 顔氏家訓曰 借人典籍에 皆須愛護하여 先有缺壞어든 就爲補治니 此亦士大夫百行之一也니라 《顔氏家訓》

怕：두려울 파　鹵：거칠 로　莽：거칠 무　脫：소홀할 탈　粗：대강 조(추)

窺：엿볼 규　補：기울 보

「顏氏家訓」에 말하였다. "남에게 책을 빌릴 때에는 모두 모름지기 아끼고 보호하여, 이전에 해진 곳이 있거든 곧 위하여 보수하여야 하니, 이 또한 士大夫의 여러 행실 중의 한 가지이다.

集解 借人器物에 皆須保護니 況書籍乎아 或先損壞어든 卽爲修補完好 實士君子之一行也니라

남의 기물을 빌렸을 때에 모두 모름지기 보호해야 하니, 하물며 書籍에 있어서이겠는가. 혹 이전에 손상되었으면 곧 보수하여 완전하고 좋게 함이 실로 士君子의 한 가지 행실이다.

濟陽江祿은 讀書未竟에 雖有急速이라도 必待卷束整齊然後에 得起라 故로 無損敗하니 人不厭其求假焉하니라

濟陽의 江祿은 글을 읽다가 마치지 못했을 때에는 비록 급한 일이 있더라도 반드시 말아 묶어 整齊하기를 기다린 뒤에 일어났다. 그러므로 책이 손상됨이 없었으니, 사람들은 그가 책을 빌려달라고 하는 것을 싫어하지 않았다.

集解 濟陽은 縣名이라 讀書에 雖遇急事나 必整束而起하니 此亦可見其處事敬謹이니 宜乎人不厭其求借也라

濟陽은 고을 이름이다. 글을 읽을 때에 비록 급한 일을 만나더라도 반드시 가지런히 묶고서 일어났으니, 이 또한 그가 일을 처리함에 공경하고 삼갔음을 볼 수 있다. 사람들이 그가 구하여 빌려달라고 함을 싫어하지 않음이 마땅하다.

或有狼藉几案하며 分散部秩(帙)하여 多爲童幼婢妾의 所點汚하며 風雨蟲鼠의 所毁傷하니 實爲累德이라 吾每讀聖人書에 未嘗不肅敬對之하며 其故紙에 有五經詞義와 及聖賢姓名이어든 不敢他用也하노라

혹은 책상에 어지러이 깔려 있으며 部秩(册帙)을 나누어 흩어놓아 어린이와 부녀자들에게 더럽힘을 당하기도 하며, 비바람과 벌레와 쥐에게 손상을 당하는 경우가 많으니, 이는 실로 德에 누가 된다. 나는 매양 聖人의 글을 읽을 적에 일찍이 엄숙하고 공경히 대하지 않은 적이 없었으며, 그 옛 종이에 五經의 말뜻 및 聖賢

待：기다릴 대　卷：말 권　狼：어지러울 랑　藉：깔 자　帙：책 질　婢：계집종 비
鼠：쥐 서　累：누끼칠 루

의 姓名이 있으면, 감히 다른 데 쓰지 못하노라."

集解 狼이 藉草而臥라가 去則穢亂이라 故로 物之散亂曰狼藉라 部秩은 書册卷帙也라 汚毁經書는 實累大德이라 故로 顔氏書에 以爲世戒하니라 且云 舊紙에 有經書之文과 聖賢之姓名이어든 皆不敢別用이라하니 所以廣敬也니라

이리가 풀을 깔고 누웠다가 떠나면 더럽고 어지럽다. 그러므로 사물이 흩어져 어지러운 것을 狼藉라고 한다. 部秩은 서책의 권질이다. 경서를 더럽히고 훼손함은 실로 큰 德에 누가 된다. 그러므로 顔氏가 써서 대대로 훈계한 것이다. 또 이르기를 "옛 종이에 경서의 글과 聖賢의 姓名이 있으면 모두 감히 다른 데 쓰지 못한다."고 하였으니, 공경을 넓힌 것이다.

90. 明道先生曰 君子教人有序라 先傳以小者近者而後教以大者遠者니 非是先傳以近小而後不教以遠大也니라 《二程全書 遺書》

明道先生이 말씀하였다. "君子는 사람을 가르침에 차례가 있다. 그리하여 먼저 작은 것과 가까운 것을 전해준 뒤에 큰 것과 먼 것을 가르치니, 이는 먼저 가까운 것과 작은 것을 전해주고 뒤에 먼 것과 큰 것을 가르치지 않는 것은 아니다."

增註 [1]小者, 近者는 謂灑掃應對之節이요 大者, 遠者는 謂明德新民之事라

작은 것과 가까운 것은 灑掃, 應對하는 예절을 이르고, 큰 것과 먼 것은 德을 밝히고 백성을 새롭게 하는 일을 이른다."

역주 1. 小者近者謂灑掃應對之節 : 灑掃 · 應對의 예절은 小學의 가르침을 이르며, 뒤의 明德 · 新民은 大學의 修己治人之道를 이른다.

91. 明道先生曰 道之不明은 異端이 害之也니 昔之害는 近而易知러니 今之害는 深而難辨이로다 昔之惑人也는 乘其迷暗이러니 今之入人也는 因其高明이로다 《二程全書 明道行狀》

明道先生이 말씀하였다. "道가 밝아지지 않음은 異端이 해치기 때문이다. 옛날의 해침은 천근하여 알기가 쉬웠는데, 지금의 해침은 깊어서 분별하기가 어렵다. 옛날에 사람을 미혹함은 그 혼미하고 어두운 것을 틈탔으나, 지금에 사람을 침입

迷 : 미혹할 미

함은 그 高明함을 인한다.

集解 道者는 聖人之道也요 異端은 非聖人之道而別爲一端이니 如楊墨老佛이 是也라 葉氏曰 昔之害는 謂楊墨이요 今之害는 謂佛氏라 淺近이라 故迷暗者爲所惑이요 深微라 故高明者反陷其中이니라

道는 聖人의 道요, 異端은 聖人의 道가 아니고 별도로 한 가지 단서를 이룬 것이니, 楊朱·墨翟·老子·佛教와 같은 것이 이것이다.

葉氏가 말하였다. "옛날의 해침은 楊朱와 墨翟을 이르고, 지금의 해침은 佛氏를 이른다. 천근하므로 혼미하고 어두운 자가 미혹되며, 깊고 미묘하므로 고명한 자가 도리어 그 속에 빠진다."

自謂之窮神知化호되 而不足以開物成務하며 言爲無不周徧호되 實則外於倫理하며 窮深極微호되 而不可以入堯舜之道니 天下之學이 非淺陋固滯면 則必入於此니라

〈불교는〉 스스로 이르기를 '신묘함을 궁구하고 변화를 안다.'고 하되 인물을 개발하고 일을 이루지 못하며, '말과 하는 일이 두루 하지 않음이 없다.'고 하되 실은 윤리에서 벗어나며, '깊음을 다하고 묘함을 극진히 한다.'고 하되 堯舜의 道에 들어갈 수 없으니, 천하의 학문이 淺陋(천근하고 누추함)하고 固滯(꽉 막힘)하지 않으면 반드시 여기로 들어간다.

集說 陳氏曰 言爲는 夏氏以爲所言所爲也라 佛氏自謂通神明之德하고 知變化之道하니 語大인댄 包法界요 語小인댄 入微塵이라하고 或陳說道德하며 指陳心性하니 [1]皆朱子所謂彌近理而大亂眞者也라 開物은 謂人所未知者를 開發之요 成務는 謂人之欲爲者를 成全之니 [2]如三皇五帝造書契教稼穡制衣裳宮室之類是也라 倫理는 謂父子君臣夫婦長幼朋友之倫이니 有親義別序信之理也라 堯舜之道는 卽倫理也라 淺陋固滯는 [3]如刑名術數之說, 記誦詞章之習이 皆是라 道不明이라 故로 天下之學이 不入於淺陋固滯면 必入於佛氏之空寂이니라

陳氏가 말하였다. "言爲는, 夏氏는 '말하는 것과 실행하는 것'이라 하였다. 佛氏는 스스로 말하기를 '신명한 德을 통하고 변화의 道를 아니, 큰 것을 말하면 法界를 포괄하고, 작은 것을 말하면 미세한 먼지에 들어간다.'고 하며, 혹은 道德을 펴 말하고 心性을 가리켜 말하니, 이는 모두 朱子가 이른바 더욱 이치에 가까워 眞理를 크게 어지럽힌다는 것이다.

務:일 무 徧:두루 변(편) 包:쌀 포 塵:티끌 진 彌:더욱 미 契:글 계
稼:심을 가 穡:거둘 색 寂:고요할 적

開物은 사람이 알지 못하는 바를 개발시키는 것을 이르고, 成務는 사람이 행하고자 하는 것을 이루어 온전히 함을 이르니, 이를테면 三皇, 五帝가 書契(文字)를 만들고 稼穡(농사)을 가르치고 의상과 궁실을 만든 따위와 같은 것이 이것이다. 倫理는 父子·君臣·夫婦·長幼·朋友의 차례를 이르니, 친함과 의로움과 분별과 차례와 信의 도리가 있다. 堯舜의 道는 곧 윤리이다. 淺陋固滯는 刑名과 술수의 말과 記誦과 詞章의 폐습 같은 것이 모두 이것이다. 道가 밝지 못하므로 천하의 학문이 淺陋하고 固滯한 데로 들어가지 않으면 반드시 佛氏의 空虛하고 寂滅한 데로 들어간다."

역주 1. 彌近理而大亂眞 : 이 내용은 朱子의《中庸章句序》에 보인다.
2. 三皇五帝 : 三皇은 伏羲·神農·黃帝이며, 五帝는 少昊·顓頊·帝嚳·帝堯·帝舜을 가리키는바, 伏羲가 처음으로 書契를 만들고 神農이 처음으로 농사짓는 방법을 개발했다 한다.
3. 刑名術數 : 刑名은 法律을 뜻하는바, 形名으로 쓰기도 하는데, 戰國時代에 商鞅·韓非子 등이 이 학문을 하였으며, 術數는 權謀術數의 줄임말이다.

自道之不明也로 邪誕妖妄之說이 競起하여 塗生民之耳目하며 溺天下於汚濁하니 雖高才明智라도 膠於見聞하여 醉生夢死하여 不自覺也니라

道가 밝아지지 않음으로부터 부정하고 허탄하고 요망한 말들이 다투어 일어나, 生民(人民)의 귀와 눈을 막으며, 천하를 더러움에 빠뜨리니, 비록 높은 재주와 밝은 지혜라도 보고 들음에 집착되어 취하여 살다가 꿈 속에서 죽어 스스로 깨닫지 못한다.

增註 楊墨老佛은 皆邪誕妖妄之說也라 塗는 猶塞也요 溺은 猶陷也요 膠는 猶泥也라 覺은 悟也라 言其迷溺之深이 如醉如夢하여 自生至死而不悟也라

楊, 墨, 老, 佛은 모두 부정하고 허탄하고 요망한 학설이다. 塗는 塞(막음)과 같고 溺은 陷(빠뜨림)과 같고 膠는 泥(빠짐)와 같다. 覺은 깨달음이다. 그 혼미하고 빠짐의 깊음이 취한 듯하고 꿈꾸는 듯하여 태어날 때부터 죽을 때까지 깨닫지 못함을 말한 것이다.

是皆正路之蓁蕪며 聖門之蔽塞이라 闢之而後에야 可以入道니라

競 : 다툴 경　塗 : 바를 도　溺 : 빠질 닉　膠 : 집착할 교　泥 : 진흙 니, 빠질 니
蓁 : 무성할 진　蕪 : 우거질 무　闢 : 열 벽

이는 모두 바른 길의 우거진 잡초이며, 聖門의 蔽塞(장벽)이다. 이를 연 뒤에야 道에 들어갈 수 있다."

集說 吳氏曰 正路는 喩聖道라 蓁은 草盛貌요 蕪는 荒也요 闢은 開也라 言學者欲由聖道, 入聖門인댄 必先除其蓁蕪하고 開其蔽塞이면 則大道廓如而人可得而行也라

吳氏가 말하였다. "正路는 聖人의 道를 비유한 것이다. 蓁은 풀이 무성한 모양이요, 蕪는 황폐함이요, 闢은 열음이다. 배우는 자가 聖人의 道를 따라 聖人의 문에 들어가려고 할진댄 반드시 먼저 그 우거진 잡초를 제거하고 그 막힌 것을 열어야 하니, 이렇게 하면 그 큰 길이 탁 트여서 사람들이 능히 갈 수 있음을 말한 것이다."

右는 廣敬身이라

이상은 敬身을 넓힌 것이다.

廓 : 넓힐 확(곽)

小學集註 卷之六

善行 第六

集說 此篇은 紀漢以來賢者所行之善行하여 以實立教明倫敬身也라 凡八十一章이라

이 편은 漢나라 이래 賢者들이 행한 바의 善行을 기록하여, 立教·明倫·敬身을 실증하였다. 모두 81章이다.

1. 呂滎公의 名은 希哲이요 字는 原明이니 申國正獻公之長子라 正獻公이 居家에 簡重寡默하여 不以事物經心하고 而申國夫人이 性嚴有法度하여 雖甚愛公하나 然教公하되 事事를 循蹈規矩하니라 《呂氏家傳, 伊洛淵源錄》

呂滎公의 이름은 希哲이요, 字는 原明이니, 申國 正獻公의 長子이다. 正獻公이 집에 거처할 때에 간소하고 후중하며 과묵하여, 세속의 일을 마음에 경영하지 않았으며, 申國夫人도 성품이 엄격하고 법도가 있어, 비록 公을 매우 사랑했으나, 公을 가르치되 일마다 법도를 따라 실천하게 하였다.

集說 正獻公은 名公著요 字晦叔이니 相宋하여 封申國公하니라 寡는 謂省(생)事요 默은 謂愼言也라 不以事物經心者는 謂凡世俗之事를 皆不經營於心也라 夫人은 公著之妻니 魯參政宗道之女라 蹈는 踐也라 規矩는 法度之器니 所以爲方圓者也라

正獻公은 이름은 公著요, 字는 晦叔이니 宋나라에 재상이 되어 申國公에 봉해졌다. 寡는 일을 생략함이요, 默은 말을 삼가함이다. 사물로 마음을 쓰지 않았다는 것은 모든 세속의 일을 다 마음에 경영하지 않음을 이른다. 부인은 公著의 아내이니, 魯參政 宗道의 따님이다. 蹈는 실천함이다. 規矩는 법도가 되는 기구이니, 方形과 圓形을 만드는 것이다.

甫十歲에 祈寒暑雨라도 侍立終日하여 不命之坐어든 不敢坐也하

滎 : 물이름 형　蹈 : 밟을 도　矩 : 법 구　晦 : 어두울 회　甫 : 겨우 보　祈 : 클 기

니라 日必冠帶하여 以見長者하며 平居에 雖甚熱이라도 在父母長者之側하여 [1]不得去巾襪縛袴하여 衣服唯謹하니라

겨우 10세에 큰 추위와 더위, 또는 비가 내리더라도, 父母를 모시고 서 있기를 종일토록 하여, 앉으라고 명하지 않으면 감히 앉지 않았다. 날마다 반드시 관을 쓰고 띠를 매어 長者를 뵈었으며, 평소에 비록 매우 덥더라도 父母와 長者의 곁에서 모시어 두건과 버선, 행전을 벗지 아니하여, 의복을 삼가하였다.

역주 1. 縛 : 臺本에는 縛의 아래에 '篆'이란 음이 표시되어 있어 縛(전)으로 써야함을 밝혔으나, 縛과 縛이 모두 '감다'의 뜻이 있으므로 諺解本을 따라 縛으로 하였음을 밝혀둔다.

集解 甫는 始也요 祈는 大也라 縛은 繞也니 縛袴者는 卽內則(칙)所謂偪이라 今人謂之行縢이니 束脛至膝하여 纏繞袴管이라 故曰縛袴也라 熊氏曰 大寒大暑엔 若可以自便矣로되 然猶執禮를 如常時而不敢怠也라

甫는 비로소이고, 祈는 큼이다. 縛은 감음이니, 縛袴는 곧《內則》에 이른바 행전이란 것이다. 지금 사람들은 行縢이라고 하는데, 정강이를 묶어 무릎에 이르러 바지통을 감아 돌리기 때문에 縛袴라고 말한다.

熊氏가 말하였다. "큰 추위와 큰 더위에는 스스로 편하게 할 수 있을 듯한데도 오히려 禮를 執行하기를 평상시와 같이 하여, 감히 게을리하지 않은 것이다."

行步出入에 無得入茶肆酒肆하며 市井里巷之語와 鄭衛之音을 未嘗一經於耳하며 不正之書와 非禮之色을 未嘗一接於目하니라

行步하여 出入함에 茶肆(다방)와 酒肆(주막)에 들어가지 않으며, 市井과 마을의 속된 말과 鄭나라와 衛나라의 음탕한 음악을 일찍이 한 번도 귀에 거친 적이 없으며, 바르지 않은 글과 禮 아닌 색을 일찍이 한 번도 눈에 접하지 아니하였다.

增註 鄭衛는 二國名이니 其音淫이라 熊氏曰 足不妄行하고 耳不妄聽하고 目不妄視也라

側 : 곁 측　襪 : 버선 말　縛 : 묶을 박　袴 : 바지 고　繞 : 두를 요　偪 : 행전 핍
縢 : 끈 등　脛 : 정강이 경　膝 : 무릎 슬　纏 : 감을 전　肆 : 가게 사　巷 : 골목 항
經 : 지날 경

鄭·衞는 두 나라의 이름이니, 그 음악이 음탕하다. 熊氏가 말하였다. "발은 함부로 걷지 않고, 귀는 함부로 듣지 않고, 눈은 함부로 보지 않은 것이다."

正獻公이 通判潁州에 歐陽公이 適知州事러니 焦先生千之伯強이 客文忠公所하여 嚴毅方正이어늘 正獻公이 招延之하여 使教諸子하더니 諸生이 小有過差어든 先生이 端坐하여 召與相對하여 終日竟夕하되 不與之語라가 諸生이 恐懼畏伏이어야 先生이 方略降辭色하니라

正獻公이 潁州 通判을 지낼 때에 歐陽公이 마침 知州事였는데, 焦先生 千之伯強이 歐陽文忠公의 처소에 빈객이 되어, 엄숙하고 굳세고 方正하였다. 正獻公은 그를 초빙하여, 여러 자제들을 가르치게 하였는데, 諸生들이 조금만 과실이 있으면 선생은 단정히 앉아, 諸生들을 불러 서로 마주하여, 날이 저물고 밤이 다하도록 더불어 말하지 않다가 諸生들이 두려워하여 굴복하여야 先生은 비로소 소리와 얼굴빛을 약간 펴곤 하였다.

集說 吳氏曰 歐陽公은 名脩요 字永叔이요 廬陵人이니 諡文忠이라 焦先生은 名千之요 字伯強이니 時에 寓歐陽公家러니 正獻延之하여 俾教滎公及諸弟也하니라 端은 正也라 降은 猶舒也라

吳氏가 말하였다. "歐陽公은 이름은 脩요, 字는 永叔이며, 廬陵 사람이니 시호가 文忠이다. 焦先生은 이름은 千之요, 字는 伯強이니, 당시 歐陽公의 집에 우거하였는데, 正獻公이 맞이하여 滎公 및 여러 아우를 가르치게 하였다. 端은 바름이다. 降은 舒(폄)와 같다."

時에 公이 方十餘歲러니 內則正獻公與申國夫人教訓이 如此之嚴하고 外則焦先生化導如此之篤이라 故로 公이 德器成就하여 大異衆人하니라 公이 嘗言人生이 內無賢父兄하며 外無嚴師友요 而能有成者少矣라하니라

이때에 公은 막 10여세였는데, 안으로는 正獻公과 申國夫人의 교훈이 이와 같이 엄격하였고, 밖으로는 焦先生의 교화와 지도가 이와 같이 독실하였다. 그러므로 公은 德器가 성취되어, 일반 사람들과 크게 달랐다. 公은 일찍이 말하기를 "인

潁 : 물이름 영　歐 : 성 구　適 : 마침 적　知 : 맡을 지　焦 : 태울 초　毅 : 굳셀 의
延 : 맞을 연　竟 : 마칠 경　舒 : 펼 서

생이 안으로 어진 부형이 없고, 밖으로 엄한 스승과 벗이 없으면서, 성공함이 있는 자는 드물다." 하였다.

集解 人性本善이나 而氣質不同하니 苟無父兄敎訓於內하고 師友導化於外하면 則安能有成也哉리오 程子曰 天下英材不爲少矣로되 特以道學不明이라 故로 不得有所成就也니라

사람의 性은 본래 善하나 기질이 같지 않으니, 만일 부형이 안에서 교훈하고 스승과 벗이 밖에서 교화함이 없다면, 어찌 이룸이 있을 수 있겠는가?

程子가 말씀하였다. "천하에 英才가 적지 않되, 다만 道學이 밝지 못하여 성취하는 바가 있지 못한 것이다."

2. 呂滎公의 張夫人은 待制諱昷之之幼女也라 最鍾愛하나 然居常에 至微細事히 教之必有法度하더니 如飮食之類에도 飯羹은 許更益하고 魚肉은 不更進也하니 時에 張公이 已爲待制河北都轉運使矣러라 《童蒙訓》

呂滎公의 張夫人은 待制를 지낸 諱 昷之의 작은딸이었다. 부모들은 가장 그녀에게 사랑을 모았으나, 평소 거처할 적에 미세한 일에 이르기까지 가르치기를 반드시 법도가 있게 하였다. 예를 들면 음식과 같은 종류에도 밥과 국은 다시 더함을 허락하였으나, 어물과 육류는 다시 더 내오지 않았으니, 이때 張公은 이미 待制로서 河北都轉運使가 되어 있었다.

增註 夫人은 滎公之妻라 諱는 卽名也니 生曰名이요 死曰諱라 鍾은 聚也라 張公已貴顯矣로되 而示女子以儉約이 如此하니 非特教子者所當法이라 亦守官者所當法也니라

夫人은 滎公의 아내이다 諱는 곧 이름이니, 살아서는 名이라 하고 죽어서는 諱라 한다. 鍾은 모음이다. 張公이 이미 귀하고 현달하였는데도 女子(딸)에게 儉約을 보임이 이와 같았으니, 다만 자식을 가르치는 자가 마땅히 본받아야 할 뿐만 아니라, 또한 관직을 맡은 자도 마땅히 본받아야 할 것이다.

及夫人嫁呂氏하여는 夫人之母는 申國夫人姊也라 一日에 來視

諱 : 숨길 휘, 휘 휘 昷 : 어질 온 鍾 : 모을 종 羹 : 국 갱 姊 : 누이 자

女하더니 見舍後에 有鍋釜之類하고 大不樂하여 謂申國夫人曰 豈可使小兒輩로 私作飮食하여 壞家法耶리오하니 其嚴이 如此하니라

부인이 呂氏에게 시집옴에 이르러는 부인의 어머니는 申國夫人의 언니였다. 그 어머니가 하루는 딸을 보러 왔는데, 집 뒤에 남비와 가마솥 따위가 있음을 보고는 크게 기뻐하지 아니하여 동생인 申國夫人에게 말하기를 "어찌 어린 아이들로 하여금 사사로이 음식을 만들게 하여, 家法을 무너뜨리는가?" 하였으니, 그 엄격함이 이와 같았다.

集解 張待制, 呂正獻公은 皆魯參政宗道之婿니 張女嫁滎公하니라 熊氏曰 呂氏家法이 固美矣요 而張待制, 魯參政家 其閫範이 又嚴正如此하니 可見當時士大夫家에 禮義成習이니 豈後世之可及乎아

張待制와 呂正獻公은 모두 魯參政 宗道의 사위이니, 張待制의 딸이 滎公에게 시집간 것이다. 熊氏가 말하였다. "呂氏의 家法이 진실로 아름다웠으며, 張待制와 魯參政의 집안도 그 규문의 법도가 엄정함이 이와 같았으니, 당시 사대부의 가문에 禮義가 풍습이 된 것을 볼 수 있다. 어찌 후세에서 미칠 수 있겠는가."

3. 唐陽城이 爲國子司業하여 引諸生告之曰 凡學者는 所以學爲忠與孝也니 諸生이 有久不省親者乎아하니 明日에 謁城還養者二十輩러니 有三年不歸侍者어늘 斥之하니라 《唐書 卓行列傳》

唐나라 陽城이 國子司業이 되어, 諸生들을 인견하고 말하기를 "무릇 배움은 忠과 孝를 배우기 위한 것이다. 諸生 중에 오랫동안 부모에게 문안드리지 않은 자가 있는가?" 하였다. 이튿날 陽城을 뵙고 돌아가 부모를 봉양하겠다고 한 자가 스무명이나 되었는데, 3년동안 돌아가 부모를 모시지 않은 자가 있자, 그를 내쫓았다.

集說 吳氏曰 城은 字亢宗이니 定州人이라 謁은 告也라 斥은 擯斥之也라

吳氏가 말하였다. "陽城은 字는 亢宗이니, 定州 사람이다. 謁은 여쭘이다. 斥은 배척함이다."

4. 安定先生胡瑗의 字는 翼之니 患隋唐以來에 仕進이 尙文辭

鍋 : 노구솥 과　釜 : 가마솥 부　嫁 : 시집갈 가　熊 : 곰 웅　閫 : 문지방 곤
謁 : 뵐 알　斥 : 배척할 척　亢 : 높을 항　擯 : 물리칠 빈　瑗 : 구슬 원　尙 : 숭상할 상

而遺經業하여 苟趨祿利하더니 及爲蘇湖二州教授하여는 嚴條約하여 以身先之하여 雖大暑라도 必公服終日하여 以見諸生하여 嚴師弟子之禮하며 解經에 至有要義하여는 懇懇爲諸生하여 言其所以治己而後治乎人者하니라 學徒千數러니 日月刮劘하여 爲文章하되 皆傳經義하여 必以理勝하며 信其師說하여 敦尙行實하더니 後爲太學하여는 四方歸之하니 庠舍不能容하니라 《宋名臣言行錄》

安定先生 胡瑗의 字는 翼之이니, 隋나라와 唐나라 이래로 벼슬에 나아가는 자들이 文辭(문장)를 숭상하고 經業(경학)을 버려 구차히 녹봉과 이익에 달려감을 근심하였다. 蘇州와 湖州 두 州의 교수가 되자, 條約을 엄격히 하여, 자신이 솔선수범하여, 비록 크게 덥더라도 반드시 종일토록 公服(官服)을 입고 諸生들을 접견하여, 스승과 제자의 예절을 엄격히 하였으며, 경서를 해석함에는 중요한 뜻이 있는데 이르러서는 간곡하게 諸生들을 위하여, 자기를 다스린 뒤에 남을 다스리게 되는 이유를 말하였다. 배우는 무리가 천여 명이나 되었는데, 날과 달로 연마하여 문장을 짓되, 모두 경서의 뜻에 의하여 반드시 도리를 우세하게 하였으며, 그 스승의 학설을 믿어, 행실을 도타이 숭상하였다. 그 뒤에 太學의 관원이 되자, 사방에서 모여들여 庠舍(학궁)에 모두 수용할 수가 없었다.

集說 陳氏曰 條는 教條요 約은 約束이라 以身先之는 謂躬行以率之라 要義는 卽治己治人之道라 懇懇은 切到之意라 治己而後治人은 明體適用之學也라 刮劘는 刮垢劘光也라 傳는 依也라 必以理勝은 不尙辭也라 信은 尊信也라 安定이 後爲國子直講에 四方學者歸之라 故로 庠舍不能容이라

陳氏가 말하였다. "條는 가르치는 조목이요, 約은 약속이다. 以身先之는 몸소 실행하여 이끎을 이른다. 要義는 곧 자신을 다스리고 남을 다스리는 道(방법)이다. 懇懇은 간절하고 지극한 뜻이다. 자기를 다스린 뒤에 남을 다스림은 體를 밝히고 用에 맞게 하는 학문이다. 刮劘는 때를 갈아내어 빛나게 함이다. 傳는 의함이다. 반드시 도리를 우세하게 했다는 것은 文辭를 숭상하지 않음이다. 信은 높이고 믿는 것이다. 安定先生은 뒤에 國子直講이 되었는데, 사방에서 배우는 자들이 모여들었으므로 庠舍에 수용할 수가 없었다."

其在湖學에 置經義齋治事齋하니 經義齋者는 擇疏通有器局者하여 居之하고 治事齋者는 人各治一事하며 又兼一事하니 如治

趨 : 향할 추 湖 : 호수 호 懇 : 간절할 간 刮 : 긁을 괄 劘 : 연마할 마
傳 : 따를 부 庠 : 학교 상 垢 : 때 구 齋 : 집 재

民治兵水利算數之類라 其在太學에 亦然하니라

湖州의 학교에 있을 때에 經義齋와 治事齋를 설치하였는데, 經義齋에는 소통하고 기국이 있는 자를 선발하여 거처하게 하였고, 治事齋에는 사람마다 각각 한 가지 일을 전공하게 하고, 또 한 가지 일을 겸하여 익히게 하였으니, 예를 들면 治民과 治兵, 水利, 算數와 같은 따위였다. 그가 太學에 있을 때에도 또한 그렇게 하였다.

集解 疏通은 謂氣質開明이요 有器局은 謂局量寬廣이라 朱子曰 胡氏開治事齋는 亦非獨只理會此라 如所謂頭容直, 足容重, 手容恭許多說話가 都是本原이니라

疏通은 기질이 開明함을 이르고, 器局이 있다는 것은 국량이 넓음을 이른다. 朱子가 말씀하였다. "胡氏가 治事齋를 연 것은 또한 다만 이것을 理會(이해)하려고 한 것이 아니라, 이른바 머리 모양은 곧게 하며, 발 모양은 무겁게 하며, 손 모양은 공손하게 한다는 것과 같은 허다한 내용이 모두 근본인 것이다."

其弟子散在四方에 隨其人賢愚하여 皆循循雅飭하니 其言談擧止遇之에 不問可知爲先生弟子요 其學者相言에 稱先生이어든 不問可知爲胡公也러라

그의 제자들이 사방에 흩어져 있었는데, 그 사람의 賢, 愚에 따라, 모두 循循(질서정연함)히 단아하고 삼가하였다. 그들의 언어와 행동거지는 만나보면 묻지 않아도 선생의 제자임을 알 수 있었고, 그 배우는 자들이 서로 말함에 선생이라고 칭하면 묻지 않아도 胡公임을 알 수 있었다.

集解 循循은 有次序而不越禮度也요 雅飭은 雅素而謹飭也라 辭氣異乎常人이라 故로 不問知其爲先生弟子요 四方從學者衆이라 故로 稱先生이면 必知其爲安定也라

循循은 차서가 있어 예절과 법도를 넘지 않음이다. 雅飭은 바르고 깨끗하며 삼가함이다. 辭氣(말씨)가 보통사람들과 달랐으므로, 묻지 않아도 그가 선생의 제자임을 알았고, 사방에서 따라 배운 자가 많았으므로, 선생이라고 칭하면 반드시 그가 安定先生임을 안 것이다.

算 : 계산할 산　寬 : 너그러울 관　雅 : 바를 아　飭 : 삼갈 칙

5. 明道先生이 言於朝曰 治天下하되 以正風俗得賢才로 爲本이니 《二程全書 奏箚》

明道先生이 조정에서 말씀하였다. "천하를 다스리되 風俗을 바로잡고 賢, 才를 얻음으로써 근본을 삼아야 한다.

集說 方氏曰 君上所化를 謂之風이요 民下所習을 謂之俗이라 陳氏曰 賢은 有德者요 才는 有能者라 吳氏曰 治天下는 固以是二者爲本이나 然得賢才면 則可以正風俗이니 是則得賢才 又爲正風俗之本也니라

方氏가 말하였다. "君上이 위에서 교화시키는 것을 風이라 하고, 백성이 아래에서 익히는 것을 俗이라 한다."

陳氏가 말하였다. "賢은 덕이 있는 자요, 才는 능력이 있는 자이다."

吳氏가 말하였다. "천하를 다스림은 진실로 이 두 가지를 근본을 삼는다. 그러나 賢, 才를 얻으면, 풍속을 바로잡을 수 있으니, 이는 곧 賢, 才를 얻음이 또한 풍속을 바로잡는 근본이 되는 것이다."

宜先禮命近侍賢儒及百執事하여 悉心推訪하여 有德業充備足爲師表者하며 其次는 有篤志好學材良行修者어든 延聘敦遣하여 萃於京師하여 俾朝夕에 相與講明正學이니라

마땅히 우선 가까이 모시는 어진 선비와 百執事(百官)를 명하여, 마음을 다해 찾게 하여 德業이 구비되어 師表가 될 만한 사람이 있으며, 그 다음으로는 뜻을 돈독히 하여 학문을 좋아하며 재질이 훌륭하고 행실이 닦여진 자가 있거든, 초빙하여 禮로 우대하여 京師(서울)로 보내어 모이게 해서 아침 저녁으로 서로 더불어 올바른 학문을 강론하여 밝히게 하여야 한다.

增註 延聘은 謂迎之以禮요 敦遣은 謂送之以禮라 京은 大也요 師는 衆也니 天子之都曰京師라

延聘은 禮로써 맞이함이요, 敦遣은 禮로써 보내는 것이다. 京은 큼이요, 師는 많음이니, 天子의 도읍을 京師라 한다.

其道는 必本於人倫하여 明乎物理하고 其敎는 自小學灑掃應對

固 : 진실로 고 悉 : 다 실 聘 : 부를 빙 萃 : 모을 췌 俾 : 하여금 비

以往으로 修其孝悌忠信하며 周旋禮樂이니 其所以誘掖激勵漸摩(磨)成就之道皆有節序하니 其要는 在於擇善修身하여 至於化成天下하며 自鄕人而可至於聖人之道니라

그 道는 반드시 人倫에 근본하여 사물의 이치에 밝게 하며, 그 가르침은 小學의 灑掃應對로부터 나아가 孝悌忠信을 닦으며 禮樂을 주선하는 것이다. 그 誘掖하고 격려하며 점차 연마하여 성취하는 바의 道는 모두 절도와 순서가 있어야 하니, 그 요점은 善을 擇하고 몸을 닦아 천하를 化成(교화하여 이룸)함에 이르고, 鄕人으로부터 聖人의 道에 이름에 있어야 한다.

集說 吳氏曰 物理는 事物之理也라 灑掃應對로 至於周旋禮樂은 皆小學之敎也라 以言敎引曰誘요 以手扶持曰掖이라 激은 謂激作이요 勵는 謂勉勵라 漸은 如水之浸物이요 摩는 如石之攻玉이라 成就는 謂成就其材器也라 擇善修身으로 至於化成天下는 皆大學之敎也라 鄕人은 鄕里之常人也라

吳氏가 말하였다. "物理는 사물의 이치이다. 灑掃應對로부터 禮樂을 주선함에 이르기까지는 모두 小學의 가르침이다. 말로써 가르쳐 이끎을 誘라 하고, 손으로써 붙잡아 줌을 掖이라 한다. 激은 격려하여 진작시킴이요, 勵는 힘써 노력함이다. 漸은 물이 물건에 스며듦과 같음이요, 摩는 돌로 옥을 갊과 같은 것이다. 成就는 그 재질과 기국을 성취함을 이른다. 善을 택하고 몸을 닦음으로부터 천하를 化成함에 이르기까지는 모두 大學의 가르침이다. 鄕人은 향리의 보통사람들이다."

其學行이 皆中於是者爲成德이니 取材識明達可進於善者하여 使日受其業하여 擇其學明德尊者하여 爲太學之師하고 次以分敎天下之學이니라

그 학문과 행실이 모두 이에 맞는 자는 德을 이룬 君子이니, 재주와 학식이 밝고 통달하여 善에 나아갈 수 있는 자를 뽑아 날마다 그의 가르침을 받게 하여 그 중에 학문이 밝고 덕이 높은 자를 뽑아 太學의 스승으로 삼고, 다음은 천하의 학교에 나누어 가르치게 하여야 한다.

增註 中於是는 謂合於小學大學之敎者라 以成德者爲師하고 取材識之明達者하여 受其敎하여 上者는 使敎國學하고 其次는 以分敎州縣之學也라

誘 : 유인할 유　掖 : 부축할 액　漸 : 점점 점　摩 : 연마할 마　作 : 일으킬 작
浸 : 젖을 침　攻 : 다스릴 공

中於是는 小學과 大學의 가르침에 합함을 이른다. 成德한 君子를 스승으로 삼고, 재주와 학식이 밝고 통달한 자를 뽑아 그의 가르침을 받게 하여, 상등인 자는 國學에서 가르치게 하고, 그 다음은 州縣의 학교에 나누어 가르치게 한다.

擇士入學하되 縣이 升之州어든 [1]州賓興於太學이어든 太學이 聚而敎之하여 歲論其賢者能者於朝니라

선비를 뽑아 학교에 넣되, 縣學에서 州學으로 올리거든, 州學에서는 우수한 자를 손님으로 대우하여 太學에 천거한다. 太學에서는 이들을 모아 가르쳐서 해마다 그 어진 자와 능력이 있는 자를 조정에서 의논하여야 한다.

역주 1. 賓興 : 손님으로 예우하여 천거함을 이른다.

增註 縣은 謂縣學이요 州는 謂州學이라 王制曰 論定然後官之라

縣은 縣의 學校를 이르고, 州는 州의 學校를 이른다. 「禮記」의 《王制》에 말하기를 "의논하여 결정한 뒤에 벼슬시킨다." 하였다.

凡選士之法은 皆以性行端潔하여 居家孝悌하며 有廉恥禮讓하며 通明學業하며 曉達治道者니라

무릇 선비를 뽑는 방법은 모두 성품과 행실이 단정하고 깨끗하여, 집에 있을 때에는 효도하고 공경하며, 廉恥와 禮讓이 있으며, 學業에 통달하여 밝으며, 정치하는 도리를 밝게 아는 자로써 해야 한다."

集說 朱子曰 明道論學制가 最爲有本하니 讀之에 未嘗不慨然發歎也로라

朱子가 말씀하였다. "明道가 學制를 논한 것이 가장 근본이 있으니, 이것을 읽을 적마다 일찍이 강개하여 감탄을 하지 않은 적이 없노라."

6. 伊川先生이 看詳學制하시니 大槪는 以爲學校는 禮義相先之地어늘 而月使之爭이 殊非敎養之道니 [1]請改試爲課하여 有所未至어든 則學官이 召而敎之하고 更不考定高下하며 《二程全書 附錄》

升 : 오를 승 潔 : 깨끗할 결 殊 : 절대로 수

伊川先生이 學制를 살펴 상세히 하셨으니, 대개는 다음과 같은 내용이었다. "학교는 禮義를 앞세우는 곳인데, 달마다 시험을 보아 경쟁하게 함은 절대로 教養하는 道가 아니다. 청컨대 시험을 고쳐 課로 하여 이르지 못함이 있으면 學官이 불러 가르치게 하고, 다시는 높고 낮음을 상고하여 정하지 않아야 한다.

역주 1. 改試爲課 : 매월 치루는 시험을 폐지하고 과제물로 대체함을 이른다.

集說 陳氏曰 伊川이 嘗充崇政殿說書러시니 同孫覺等하여 看詳國子監條制하시니라 月使之爭은 謂月有試하여 以較其高下니 是는 使之爭競也라

陳氏가 말하였다. "伊川이 일찍이 崇政殿 說書에 충원되었는데, 孫覺 등과 함께 國子監의 條制를 살펴보아 상세히 하였다. 月使之爭은 달마다 시험을 두어 그 높고 낮음을 비교함이니, 이는 학생들로 하여금 경쟁하게 하는 것이다."

制尊賢堂하여 以延天下道德之士하며 [1]鐫解額하여 以去利誘하며 [2]省(생)繁文하여 以專委任하며 勵行檢하여 以厚風教하고 及置待賓吏師齋하며 立觀光法하니 如是者亦數十條러라

尊賢堂을 지어 천하의 도덕이 있는 선비들을 맞이하며, 鄕貢의 解額(정원수)을 깎아 이익에 유혹됨을 없애며, 繁文을 생략하여 〈교관에게 가르치는 임무를〉 위임하기를 오로지하며, 行檢을 장려하여 風教를 후하게 하여야 한다. 또 待賓齋와 吏師齋를 설치하며, 觀光法을 설치한 것 등이었다. 이와 같은 것이 또한 수십 조항이었다.

역주 1. 解額 : 解는 지방관청에서 성적이 우수한 鄕試 시험자에게 발급하는 문서로 일종의 '예비시험합격증'이며 額은 人員數로, 곧 鄕試의 定員을 가리킨 것이다.
2. 繁文 : 번잡하고 지엽적인 형식을 가리키는바, 여기서는 教授에 대한 推考나 파직 등의 경미한 처벌을 의미한다.

集解 制는 造也라 道明德立之士를 制堂以延待之하여 使多士之有矜式也라 鐫은 刻也요 解額은 [1]謂秋闈鄕試之額也라 宋元豐中에 國學解額이 增至五百人하여 來者奔湊라 故로 欲鐫減其額하여 均於外郡하여 使士人各安鄕土하여 絶奔競也라 省繁文末節하여 以專委任之道하며 勵行誼名檢하여 以厚風化之源하고 復(부)置齋舍하여 以待行能可賓敬과 及通治道하여 可爲吏之師法者하며 至於天

較 : 비교할 교 鐫 : 깎을 전 額 : 머릿수 액 繁 : 번거로울 번 勵 : 권면할 려
矜 : 공경할 긍 式 : 본받을 식 湊 : 모일 주

下之士하여도 有來游學者어든 亦立觀光法以處之하니 凡如是者通數十條라

制는 지음이다. 道가 밝고 德이 확립된 선비를 집을 지어 맞이하여 대우해서 많은 선비들로 하여금 공경하여 본받음이 있게 한다. 鐫은 깎음이요. 解額은 秋闈 鄕試의 額(정원수)을 이른다. 宋나라 元豐(神宗의 年號) 연간에는 國學의 정원수가 증가되어 5백 명에 이르러 오는 사람이 몰렸으므로, 그 정원수를 깎아 줄이고 外地의 郡과 균등하게 하여, 선비들로 하여금 각각 향토에 편안하여, 달려와 경쟁함을 끊고자 한 것이다. 繁文과 末節(지엽적인 일)을 생략하여 위임하는 도리를 오로지하며, 行誼와 名檢(法度)을 장려하여 風化의 근원을 후하게 하며, 다시 齋舍(학궁)를 설치하여 행실과 능력이 손님으로 공경받을 만한 자와 정치하는 도리에 통달하여 관리의 사표가 될 만한 자를 대우한다. 천하의 선비에 이르러서도 와서 유학하는 자가 있으면, 또한 관광법을 확립하여 처우하게 하였다. 이와 같은 것이 통틀어 수십 조항이나 되었다.

역주 1. 秋闈 : 增解에는 秋圍로 쓰고 "科場 주위에 병력을 배치하고 가시나무를 둘러치기 때문에 科場을 圍라 하는바, 가을에 보이므로 秋圍라 한다." 하였다.

7. 藍田呂氏鄕約曰 凡同約者는 德業相勸하며 《宋史 呂大防列傳》

藍田呂氏의 鄕約에 다음과 같이 말하였다. "무릇 함께 약속을 한 자는 德과 業을 서로 권면하며,

集解 藍田은 縣名이니 在今西安府하니라 呂氏는 兄弟四人이니 [1]長은 大忠이요 次는 大防, 大鈞, 大臨이라 鄕約은 與鄕人約誓也라 勸은 勉也라 本註에 德은 謂見善必行하고 聞過必改하며 能治其身하고 能治其家하고 能事父兄하고 能敎子弟하고 能御僮僕하고 能事長上하고 能睦親故하고 能擇交游하고 能守廉介하고 能廣施惠하고 能受寄託하고 能救患難하고 能規過失하고 能爲人謀하고 能爲衆集事하고 能解鬪爭하고 能決是非하고 能興利除害하고 能居官擧職이라 業은 謂居家則事父兄, 敎子弟, 待妻妾하고 在外則事長上, 接朋友, 敎後生, 御僮僕하며 至於讀書, 治田, 營家, 濟物과 如禮樂射御書數之類하여도 皆可爲之라 非此之類는 皆爲無益이니라

藍田은 縣의 이름이니, 지금의 西安府에 있었다. 呂氏는 형제가 넷이니, 맏이는 大忠이요, 다음은 大防, 大鈞, 大臨이다. 鄕約은 지방 사람들과 맹약함이다. 勸은 권면함이다. 本註(鄕約의 本註)에 "德은 善을 보면 반드시 실행하고, 과실을 들으면 반드시 고치며, 그 몸을 다스리고, 그 집을 다스리며, 부형을 섬기고, 자제를 가르치고, 종들을 어거하고, 長上을 섬기며, 친척과 故舊와 화목하고, 교유를 가리며, 청렴과 절개를 지키고, 은혜를 널

藍 : 쪽빛 람 誓 : 맹세할 서 僮 : 종 동 介 : 지조 개 寄 : 맡길 기 集 : 이룰 집

리 베풀며, 남의 부탁을 받아주고, 환난을 구제하고, 과실을 바로잡아주며, 남을 위하여 도모하고, 남을 위하여 일을 이루어 주며, 싸움과 다툼을 해결해 주고, 시비를 결단해 주며, 이익을 일으키고 피해를 제거하며, 벼슬자리에 있으면서 직무를 수행함을 이른다. 業은 집에 있어서는 부형을 섬기고 자제를 가르치고 처첩을 대우하며, 밖에 있어서는 長上을 섬기고 붕우를 접하고 후생을 가르치고 종들을 부림을 이른다. 그리고 책을 읽고, 밭을 다스리고, 집을 경영하고, 일을 이룸과 禮, 樂, 射, 御, 書, 數와 같은 따위에 이르러도 또한 모두 하여야 한다. 이러한 따위가 아니면 무익한 것이 된다." 하였다.

역주 1. 長大忠 : 攷訂에는 長大中은 大忠의 誤記라 하였으나, 臺本에 이미 바로잡혀 있으므로 별도로 표시하지 않았다.

過失相規하며

과실을 서로 바로잡아주며

集解 規는 猶戒也라 本註에 犯義之過六이니 一曰酗博鬪訟이요 二曰行止踰違요 三曰行不恭遜이요 四曰言不忠信이요 五曰造言誣毁요 六曰營私太甚이라 不修之過五니 一曰交非其人이요 二曰遊戱怠惰요 三曰動作無儀요 四曰臨事不恪이요 五曰用度不節이라

規는 戒(경계)와 같다. 本註에 "의리에 저촉되는 과실이 여섯 가지이니, 첫째는 술주정하고 도박하며 싸우고 송사함이요, 둘째는 행동거지가 禮에 어긋남이요, 셋째는 행실이 공손하지 못함이요, 넷째는 말이 충신하지 못함이요, 다섯째는 말을 만들어내어 남을 모함함이요, 여섯째는 사사로움을 경영하기를 너무 심하게 함이다. 몸을 닦지 않는 과실이 다섯 가지이니, 첫째는 좋지 않은 사람과 사귐이요, 둘째는 놀고 장난하며 게으름이요, 셋째는 동작에 예의가 없음이요, 넷째는 일에 임하여 조심하지 않음이요, 다섯째는 용도를 절약하지 않음이다." 하였다.

禮俗相交하며

예의의 풍속으로 서로 사귀며,

集解 本註에 謂婚姻喪葬祭祀往還書問慶弔之類라

本註에 "혼인과 초상과 장례와 제사와 왕래와 편지 문안과 경조사 따위를 이른다." 하였다.

規 : 바로잡을 규 酗 : 주정할 후 訟 : 송사 송 踰 : 넘을 유 誣 : 속일 무
恪 : 삼갈 각

患難相恤이니라

환난에 서로 구휼하여야 한다.

集解 本註에 一曰水火요 二曰盜賊이요 三曰疾病이요 四曰死喪이요 五曰孤弱이요 六曰誣枉이요 七曰貧乏이라

本註에 "〈환난은〉 첫째는 수재와 화재요, 둘째는 도적이요, 셋째는 질병이요, 넷째는 사망이요, 다섯째는 외롭고 약함이요, 여섯째는 무함으로 억울하게 당함이요, 일곱째는 가난이다." 하였다.

有善則書于籍하고 有過若違約者를 亦書之하여 三犯而行罰하되 不悛者는 絶之니라

선한 일이 있으면 장부에 기록하고, 과실이 있거나 향약을 위반한 자를 또한 장부에 기록하여, 세 번 범하면 벌을 시행하되, 고치지 않는 자는 향약에서 제명한다."

集解 若은 及也요 悛은 改也라 絶之는 使不與約也라

若은 및이요, 悛은 고침이다. 絶之는 향약에 참여하지 못하게 함이다.

8. 明道先生이 敎人하시되 自致知로 至於知止하며 誠意로 至於平天下하며 灑掃應對로 至於窮理盡性하사 循循有序하더시니

《二程全書 明道行狀》

明道先生은 사람을 가르치시되, 앎을 극진히 함으로부터 머물 곳을 앎에 이르게 하며, 뜻을 성실하게 함으로부터 천하를 평균히 함에 이르게 하며, 灑掃應對로부터 이치를 궁구하고 性을 다함에 이르게 하여, 차례차례 순서가 있었다.

集說 朱子曰 致知는 推極吾之知識하여 欲其所知無不盡也요 知止云者는 物格知至하여 而於天下之事에 皆有以知其至善之所在니 是則吾所當止之地也라 誠意者는 實其心之所發하여 欲其必自慊而無自欺也니 意不自欺면 則心之本體를 物不能動하여 而無不正矣요 心得其正이면 則身之所處 不至陷於所偏하여 而無不修矣요 身無不修면 則推之家國天下에 亦擧而措之耳니 此는 大學之

枉 : 굽힐 왕 乏 : 다할 핍 悛 : 고칠 전 慊 : 만족할 겸 措 : 놓을 조

序也라 吳氏曰 灑掃應對는 小學之教也요 窮理盡性은 大學之教也라 窮理는 卽致知至於知止之謂요 盡性은 卽誠意至於平天下之謂라 循循은 有次序貌니 謂先習之於小學而後에 進之於大學이요 而大學之教 又自有其序也라

朱子가 말씀하였다. "致知는 나의 지식을 지극하게 하여 그 아는 바가 다하지 않음이 없고자 함이요, 知止는 사물의 이치가 이르고 앎이 지극하여 천하의 일에 대해 모두 그 지극한 善이 있는 곳을 아는 것이니, 이것은 내가 마땅히 머물러야 할 바의 地點이다. 誠意는 그 마음의 발하는 바를 성실히 하여, 반드시 스스로 만족하고 스스로 속임이 없고자 함이다. 뜻을 스스로 속이지 않으면, 마음의 본체를 외물이 동요시키지 못하여 바르지 않음이 없을 것이요, 마음이 바름을 얻으면, 몸의 처하는 바가 편벽한 바에 빠짐에 이르지 않아 닦여지지 않음이 없을 것이요, 몸이 닦여지지 않음이 없으면, 이것을 집과 나라와 천하에 미루어 나감에 또한 저것을 들어 여기에 놓을 뿐이니, 이는 大學의 순서이다."

吳氏가 말하였다. "灑掃應對는 小學의 가르침이요, 窮理, 盡性은 大學의 가르침이다. 窮理는 곧 致知로부터, 知止에 이름을 말하고, 盡性은 곧 誠意로부터, 平天下에 이름을 말한다. 循循은 次序가 있는 모양이니, 먼저 小學에 익히게 한 뒤에 大學에 나아갈 것이요, 大學의 가르침 또한 스스로 그 순서가 있음을 이른다."

病世之學者捨近而趨遠하며 處下而闚高라 所以輕自大而卒無得也시니라

세상의 배우는 자들이 가까움을 버리고 멂에 나아가며, 아래에 있으면서 높음을 엿보아 이 때문에 가벼이 스스로 큰 체하여 끝내 얻음이 없음을 걱정하였다.

集解 病은 患也라

病은 걱정함이다.

右는 實立教라

이상은 立教를 실증한 것이다.

9. 江革이 少失父하고 獨與母居러니 遭天下亂하여 盜賊이 並起어늘 革이 負母逃難하여 備經險阻하여 常採拾以爲養하더니 數(삭)遇賊하여 或劫欲將去어든 革이 輒涕泣求哀하여 言有老母라하여 辭

病: 근심할 병 闚: 엿볼 규 卒: 마칠 졸 並: 아우를 병 逃: 피할 도 阻: 막힐 조
採: 캘 채 拾: 주을 습 數: 자주 삭 劫: 겁박할 겁 涕: 눈물 체 泣: 울 읍

氣愿款하여 有足感動人者라 賊이 以是不忍犯之하며 或乃指避兵之方하니 遂得俱全於難하니라 《後漢書 江革列傳》

江革이 어려서 아버지를 잃고 다만 홀어머니와 함께 살았는데, 천하에 난리를 만나 도적이 함께 일어나자, 江革은 어머니를 업고 피난하였는바, 온갖 험난함을 다 겪으면서 항상 캐고 주워 어머니를 봉양하였다. 여러 차례 도적을 만났는데, 혹은 위협하여 江革을 데려가려고 하면 江革은 그때마다 눈물을 흘리며 불쌍히 여겨주기를 바라면서 老母가 계시다고 말하여, 말소리가 정성스럽고 간곡하여 사람을 충분히 감동시킴이 있었다. 도적들은 이 때문에 차마 범하지 못하였으며, 혹은 마침내 병난을 피할 곳을 가리켜 주기도 하였다. 그리하여 마침내 난리에 母子가 모두 온전할 수 있었다.

集說 陳氏曰 革은 字次翁이니 臨淄人이라 備經險阻는 謂徧歷道路之艱危요 採拾은 謂採取草木之可食者라 數은 頻也라 劫欲將去는 欲脅革以去也라 愿款은 誠慤也라 俱全은 母子皆保全也라

陳氏가 말하였다. "革은 字가 次翁이니 臨淄 사람이다. 備經險阻는 도로의 험함을 두루 지나옴을 이르고, 採拾은 초목의 먹을 수 있는 것을 채취함을 이른다. 數은 자주이다. 劫欲將去는 江革을 위협하여 데려가고자 한 것이다. 愿款은 정성스러움이다. 俱全은 母子가 모두 보전함이다."

轉客下邳하여 貧窮裸跣하여 行傭以供母하되 便身之物이 莫不畢給이러라

전전하여 下邳 땅에 나그네가 되었는데, 빈궁하여 옷을 벗고 발을 벗어 품팔이를 다니면서 어머니를 공양하였으나, 어머니 몸을 편안히 하는 물건이 모두 넉넉하지 않음이 없었다.

集說 陳氏曰 轉客은 猶飄泊이라 下邳는 郡名이니 今邳州라 裸는 露身이요 跣은 露足이라 行傭은 爲雇工也라 便身之物은 謂母身所便安之物이라 畢은 猶皆也요 給은 猶足也라

陳氏가 말하였다. "轉客은 飄泊과 같다. 下邳는 고을 이름이니 지금의 邳州이다. 裸는

愿 : 정성스러울 원　款 : 정성 관　翁 : 늙은이 옹　徧 : 두루 변(편)　艱 : 어려울 간
頻 : 자주 빈　脅 : 위협할 협　慤 : 정성 각　邳 : 땅이름 비　裸 : 벗을 라　跣 : 발벗을 선
傭 : 품팔이할 용　飄 : 나부낄 표　泊 : 머무를 박　露 : 드러낼 로　雇 : 품팔이할 고

몸을 드러냄이요, 跣은 발을 드러냄이다. 行傭은 품팔이 일을 함이다. 便身之物은 어머니 몸에 편안한 바의 물건을 이른다. 畢은 皆(모두)와 같고, 給은 足(넉넉함)과 같다."

10. 薛包好學篤行하더니 父娶後妻而憎包하여 分出之어늘 包日夜號泣不能去러니 至被毆杖하여는 不得已廬于舍外하여 旦入而灑掃어늘 父怒하여 又逐之한대 乃廬於里門하여 晨昏不廢하더니 積歲餘에 父母慚而還之하다 後에 服喪過哀하니라 《資治通鑑 東漢安帝記》

薛包는 학문을 좋아하고 행실을 돈독히 하였다. 아버지가 後妻를 맞이하고는 薛包를 미워하여, 분가시켜 내보내자, 薛包는 밤낮으로 울부짖어 차마 떠나지 못하였다. 몽둥이로 매를 맞음에 이르러서는 부득이 집 밖에 여막을 짓고 살면서, 아침에 들어와 물뿌리고 소제하였는데, 아버지는 노하여 또다시 쫓아내었다. 이에 마을 문에 여막을 짓고서 아침저녁으로 문안드리는 것을 폐하지 않았는데, 1년 남짓 이렇게 하자, 부모는 부끄러워하여 그를 돌아오게 하였다. 뒤에 상을 입어서는 지나치게 슬퍼하였다.

集說 陳氏曰 包는 字孟嘗이니 汝南人이라 不能은 猶不忍이라 里門은 巷門也라 不廢는 謂不廢定省之禮라

陳氏가 말하였다. "包는 字가 孟嘗이니, 汝南 사람이다. 不能은 不忍과 같다. 里門은 마을의 문이다. 不廢는 昏定晨省의 禮를 폐하지 않음을 이른다."

[1]既而弟子求分財異居어늘 包不能止하여 乃中分其財할새 奴婢를 引其老者曰 與我共事久라 若이 不能使也라하며 田廬를 取其荒頓者曰 吾少時所理라 意所戀也라하며 器物을 取其朽敗者曰 我素所服食이라 身口所安也라하더니 弟子數(삭)破其產이어늘 輒復(부)賑給하니라

이윽고 아우의 아들들이 재산을 나누어 따로 살기를 요구하니, 薛包는 만류할 수 없어, 이에 그 재산을 반씩 나누었는데, 노비에 있어서는 그 노쇠한 자를 이끌어오면서 말하기를 "나와 함께 일한 지가 오래되었으므로 너희들이 부릴 수 없을

薛 : 성 설　毆 : 칠 구　杖 : 몽둥이 장　廬 : 오두막 려　逐 : 쫓을 축　巷 : 골목 항
若 : 너 약　頓 : 무너질 돈, 패할 돈　戀 : 사모할 연　朽 : 썩을 후　賑 : 구휼할 진

것이다."라고 하였으며, 밭과 집에 있어서는 그 황폐하고 기울어진 것을 취하면서 말하기를 "내가 젊었을 때에 다스리던 것이므로 내 마음에 사랑하는 바이다."라고 하였으며, 그릇과 물건에 있어서는 그 썩고 부서진 것들을 취하면서 말하기를 "내가 평소 쓰고 먹던 것이므로 몸과 입에 편안한 바이다."라고 하였다. 아우의 아들들이 자주 재산을 파산하자, 그때마다 다시 구제하여 주었다.

역주 1. 弟子 : 諺解本(宣祖版)에는 '아우와 동생의 자식들'로 해석하였으나 增解를 따라 '아우의 아들'로 풀이하였다.

集說 陳氏曰 若은 汝也라 荒은 謂田畝荒蕪요 頓은 謂廬舍傾頓이라 服은 用也라

陳氏가 말하였다. "若은 너이다. 荒은 田畝가 황폐함을 이르고 頓은 집이 기울을 이른다. 服은 씀이다.

11. 王祥이 性孝하더니 蚤(早)喪親하고 繼母朱氏不慈하여 數(삭)譖之하니 由是失愛於父하여 每使掃除牛下어든 祥이 愈恭謹하며 父母有疾이어든 衣不解帶하며 湯藥에 必親嘗하니라 母嘗欲生魚러니 時에 天寒冰凍이어늘 祥이 解衣하고 將剖冰求之러니 冰忽自解하여 雙鯉躍出이어늘 持之而歸하니라 母又思黃雀炙(자)러니 復有雀數十이 飛入其幕이어늘 復以供母하니 鄕里驚嘆하여 以爲孝感所致라하니라 有丹柰結實이어늘 母命守之한대 每風雨에 祥이 輒抱樹而泣하니 其篤孝純至如此하니라 《晉書 王祥列傳》

王祥은 성품이 효성스러웠는데, 일찍 어머니를 여의고, 계모 朱氏가 자애롭지 않아 자주 王祥을 참소하니, 이로 말미암아 아버지에게 사랑을 잃었다. 그리하여 매양 소똥을 소제하게 하면 王祥은 더욱 공손하고 삼가하였으며, 부모가 병환이 있으면 옷에 띠를 풀지 않았으며, 약을 끓일 적에 반드시 직접 맛보았다. 어머니가 일찍이 산 물고기를 먹고 싶어하였는데, 이때 날씨가 추워 얼음이 얼었다. 王祥은 옷을 벗고 장차 얼음을 깨어 물고기를 구하려 하였는데, 얼음이 갑자기 스스로 풀려 잉어 두 마리가 뛰어 나오므로 잡아 가지고 돌아왔다. 어머니가 또 참새구이를 먹고 싶어하였는데, 또 참새 수십 마리가 그 장막에 날아들어오므로 다시

蚤 : 일찍 조　譖 : 참소할 참　嘗 : 맛볼 상　凍 : 얼 동　剖 : 쪼갤 부　鯉 : 잉어 리
雀 : 참새 작　炙 : 구울 자(적)　丹 : 붉을 단　柰 : 벗 내

어머니에게 공양하였다. 이에 향리에서는 놀라고 감탄하여, 효도에 감응된 所致라고 말하였다. 붉은 벗이 열매를 맺었으므로, 어머니는 이것을 지키도록 명령하였는데, 매양 비바람이 불 때마다 王祥은 곧 나무를 안고 울곤 하였다. 그의 돈독한 효성의 순수하고 지극함이 이와 같았다.

集說 陳氏曰 祥은 字休徵이니 琅琊人이라 親은 母也라 失愛於父는 不得父之愛也라 牛下는 牛糞이라 柰는 果名이라 每風雨에 抱樹而泣者는 恐傷柰實하여 有咈親之心也라

陳氏가 말하였다. "祥은 字가 休徵이니, 琅琊사람이다 親은 어머니이다. 失愛於父는 아버지의 사랑을 얻지 못함이다. 牛下는 쇠똥이다. 柰는 과일 이름이다. 매양 비바람이 불 때에 나무를 안고 운 것은 벗의 열매를 상하여 어버이의 마음을 어길까 두려워해서이다"

12. 王裒는 字偉元이니 父儀爲魏安東將軍司馬昭의 司馬러니 東關之敗에 昭問於衆曰 近日之事를 誰任其咎오 儀對曰 責在元帥하니이다 昭怒曰 1)司馬欲委罪於孤耶아하고 遂引出斬之하니라 《晉書 孝友列傳》

王裒는 字가 偉元이니, 아버지 儀가 魏나라 安東將軍 司馬昭의 司馬가 되었었다. 동쪽 관문에서 패전했을 때에 司馬昭는 여러 사람들에게 묻기를 "근일의 일을 누가 그 잘못을 책임져야 하겠는가?"라고 하자, 儀가 대답하기를 "책임이 元帥에게 있습니다." 하였다. 司馬昭는 노하여 "司馬가 나에게 죄를 돌리려고 하는가?" 하고 마침내 儀를 끌어내어 목베었다.

역주 1. 欲委罪於孤 : 孤는 높은 사람이 '德이 없어 孤立되었다'는 뜻으로 자신에 대한 겸칭이다.

集說 陳氏曰 上司馬는 覆姓이요 下司馬는 官名이라 東關之敗는 魏嘉平四年에 吳諸葛恪이 敗魏師于東興이 是也라 元帥는 謂昭요 孤는 昭自稱也라

陳氏가 말하였다. "위의 司馬는 覆姓이요, 아래의 司馬는 관명이다. 東關의 패배는 魏나라 嘉平 4년에 吳나라 諸葛恪이 魏나라 군대를 東興에서 패퇴시킴이 이것이다. 元帥는 昭를 이르고, 孤는 昭가 자신을 칭한 것이다.

琅 : 옥돌 랑 琊 : 땅이름 야 糞 : 똥 분, 소제할 분 咈 : 어길 불 裒 : 모을 부
偉 : 위대할 위 咎 : 허물 구 帥 : 장수 수 委 : 맡길 위 孤 : 나 고 斬 : 벨 참
覆 : 거듭할 복 嘉 : 아름다울 가 恪 : 삼갈 각

裒痛父非命하여 於是에 隱居敎授하여 三徵七辟에 皆不就하고 廬于墓側하여 旦夕에 常至墓所하여 拜跪하고 攀柏悲號하여 涕淚著(착)樹하니 樹爲之枯하니라 讀詩에 至哀哀父母生我劬勞하여는 未嘗不三復流涕하니 門人受業者 並廢蓼莪之篇하니라

王裒는 아버지가 비명에 죽은 것을 애통히 여겼다. 이에 은거하여 제자들을 교수하여, 조정에서 세 번이나 부르고 郡國에서 일곱 번이나 불렀는데도 모두 나아가지 않고는 묘 옆에 여막을 짓고 아침저녁으로 항상 묘에 이르러 절하여 무릎꿇고 잣나무를 잡고 슬피 울어 눈물이 나무에 묻으니, 나무가 그 때문에 말라 죽었다. 「詩經」을 읽다가 《蓼莪篇》의 "슬프고 슬프다. 우리 부모여! 나를 낳으시느라 수고하셨다."라는 내용에 이르면 일찍이 세 번 반복하여 외며 눈물을 흘리지 않은 적이 없었다. 이에 門人으로서 학업을 받는 자들은 모두 《蓼莪篇》을 폐하고 읽지 않았다.

集說 陳氏曰 朝廷召曰徵이요 郡國擧曰辟이라 哀哀父母生我劬勞는 蓼莪詩之辭라 三復은 謂再三反覆誦之라 廢蓼莪篇者는 恐其師哀感이라 故舍之而不誦也라

陳氏가 말하였다. "조정에서 부름을 徵이라 하고, 郡이나 國(서울)에서 천거함을 辟이라 한다. 哀哀父母 生我劬勞는 蓼莪詩의 말이다. 三復은 두세 번 반복하여 외움을 이른다. 《蓼莪篇》을 폐기했다는 것은 그 스승이 슬픈 느낌을 가질까 염려하였으므로, 버리고 읽지 않은 것이다."

家貧躬耕하여 計口而田하며 度(탁)身而蠶하더니 或有密助之者어든 裒皆不聽하니라 及司馬氏簒魏하여는 [1]裒終身未嘗西向而坐하여 以示不臣于晉하니라

집이 가난하여 몸소 땅을 경작하되 식구를 헤아려 농사를 지으며 몸을 헤아려 누에를 쳤다. 혹 은밀히 도와주는 자가 있으면 王裒는 모두 들어주지 않았다. 司馬氏가 魏나라를 찬탈하자, 王裒는 종신토록 일찍이 〈궁궐이 있는〉 서쪽을 향해 앉지 않아서, 晉나라에 신하노릇 하지 않음을 보였다.

역주 1. 未嘗西向而坐 : 王裒는 濟陽 사람으로 당시 都城인 洛陽의 동쪽에 위치해 있기 때문에 궁궐이 있는 서쪽을 향해 앉지 않은 것이다.

徵 : 부를 징 辟 : 부를 벽 跪 : 꿇어앉을 궤 攀 : 잡을 반 淚 : 눈물 루 著 : 붙을 착
枯 : 마를 고 劬 : 힘쓸 구 蓼 : 클 륙 莪 : 쑥 아 蠶 : 누에 잠 簒 : 빼앗을 찬

增註 逆而奪取之曰簒이라 衣食을 不求豐裕하고 而坐不面闕은 皆痛父非命하여 不忍故爾라

역적질하여 탈취함을 簒이라 한다. 옷과 밥을 풍부함을 구하지 않고, 앉음에 대궐을 향하지 않음은 모두 아버지의 비명을 애통히 여겨 차마 하지 못한 때문이었다.

13. 晉西河人王延이 事親色養하더니 夏則扇枕席하고 冬則以身溫被하며 隆冬盛寒에 體常無全衣호되 而親極滋味하니라 《晉書 孝友列傳》

晉나라 西河 사람 王延은 어버이를 섬김에 기쁜 안색으로 봉양하였다. 여름에는 베개와 자리를 부채질해드리고, 겨울에는 몸으로 이불을 따뜻하게 해드렸으며, 한 겨울 큰 추위에 자신은 항상 온전한 옷이 없으면서도 어버이에게는 맛있는 음식을 극진히 해드렸다.

集解 西河는 縣名이라 延은 字延元이라
增註 色養은 以和悅之顔色而奉養也라 全은 完也라

집해 西河는 縣의 이름이다. 王延은 字가 延元이다.
증주 色養은 和悅한 안색으로써 봉양함이다. 全은 완전함이다.

14. 柳玭曰 崔山南의 昆弟子孫之盛이 鄕族이 罕比러니 山南의 曾祖王母長孫夫人이 年高無齒어늘 祖母唐夫人이 事姑孝하여 每旦에 櫛縰笄하여 拜於階下하고 卽升堂하여 乳其姑하니 長孫夫人이 不粒食數年而康寧하니라 《唐書 柳玭列傳, 柳氏家訓》

柳玭이 말하였다. "崔山南의 형제와 자손의 번성함은 지방 宗族들 중에서 견줄만한 자가 드물었다. 山南의 증조할머니 長孫夫人은 나이가 많아 이가 없었는데, 할머니 唐夫人이 시어머니 섬기기를 효성스럽게 하여, 매일 아침 머리를 빗고 치포건을 쓰고 비녀를 꽂고는, 섬돌 아래에서 절하고 곧 堂으로 올라가 시어머니에게 젖을 먹였다. 그리하여 長孫夫人은 곡식을 먹지 않은 지 수 년이 되었으나 강

裕 : 넉넉할 유　闕 : 대궐 궐　被 : 이불 피　滋 : 맛있을 자　玭 : 옥 변(빈)
罕 : 드물 한　姑 : 시어머니 고　櫛 : 빗질할 즐　縰 : 머리싸개 쇄　笄 : 비녀 계
粒 : 낱알 립

녕하였다.

集解 山南은 名琯이요 博陵人이니 爲山南西道節度使라 故稱山南하니라
增註 王은 大也니 曾祖王母는 卽曾祖母也라 不粒食而康寧은 由飮乳也라

집해 山南은 이름은 琯이요 博陵 사람이니, 山南西道節度使가 되었으므로, 山南이라 칭하였다.
증주 王은 큼이니, 曾祖王母는 곧 曾祖母이다. 곡식을 먹지 않고서 강녕함은 젖을 마신 때문이었다.

一日에 疾病이어늘 長幼咸萃러니 [1]宣言無以報新婦恩이로소니 願新婦는 有子有孫이 皆得如新婦의 孝敬하노니 則崔之門이 安得不昌大乎리오하니라

하루는 질병이 심하여 어른과 아이들이 모두 모였는데, 長孫夫人은 선언하기를 '나는 新婦(唐夫人)의 은혜를 갚을 수 없으니, 新婦는 자식과 손자들이 모두 新婦처럼 효도하고 공경하기를 원하노니, 이렇게 된다면 최씨의 집안이 어찌 번창하고 커지지 않겠는가?' 라고 하였다."

역주 1. 宣言한 내용을 끝까지 보지 않고 '願新婦有子有孫이 皆得如新婦孝敬이라하니'로 끊은 다음, 뒷글은 柳玭의 結言으로 보기도 한다.

集解 疾甚曰病이라 萃는 聚也라 長孫夫人이 臨沒에 聚長幼하여 稱其子婦之孝하고 願後子孫이 皆克似之하니 孝子錫類면 其族屬隆盛을 可知也라

질병이 심함을 病이라 한다. 萃는 모임이다. 長孫夫人이 임종할 때에 長幼들을 모아놓고는 그 子婦의 효도를 칭찬하고, 뒤의 자손들도 모두 그를 닮기를 바랐으니, 효자에게 착한 효자를 준다면 그 족속이 융성함을 알 수 있는 것이다.

15. 南齊庾黔婁爲孱陵令하여 到縣未旬에 父易(이)在家遘疾이러니 黔婁忽心驚하여 擧身流汗이어늘 卽日棄官歸家하니 家人이 悉驚其忽至하니라 《南史 庾黔婁列傳》

南齊의 庾黔婁가 孱陵令이 되었는데, 縣에 도임한 지 10일도 못되어, 아버지 易

琯：옥 관　萃：모일 췌　錫：줄 석　類：착할 류, 좋을 류　庾：곳집 유
黔：검을 검　婁：끌 루　孱：잔약할 잔　旬：열흘 순　遘：만날 구　汗：땀 한

가 본가에서 병에 걸렸다. 黔婁는 갑자기 마음에 놀라서 온몸에 땀이 흐르므로 當日로 관직을 버리고 집으로 돌아오니, 집안식구들은 모두 그가 갑자기 옴에 놀랐다.

集解 南齊는 [1]蕭齊也라 黔婁는 字子貞이라 孱陵은 縣名이라 遘는 遇也라 父子는 一體而分하니 父疾에 而子心驚汗出은 自然之理也라 黔婁卽棄官而歸라 故家人이 驚其至之速也하니라

南齊는 蕭齊이다. 黔婁는 字가 子貞이다. 孱陵은 縣의 이름이다. 遘는 만남이다. 父子는 한 몸인데 나누어졌으니, 아버지가 아픔에 자식의 마음이 놀라고 땀이 남은 자연의 이치이다. 庾黔婁가 즉시 벼슬을 버리고 돌아왔으므로 집안식구들은 그 옴의 신속함에 놀란 것이다.

역주 1. 蕭齊 : 蕭氏의 齊나라란 뜻인바, 南齊는 蕭道成이 세웠으므로 北朝의 高洋이 세운 高齊와 구별하기 위하여 이렇게 칭한 것이다.

時에 易疾이 始二日이러니 醫云欲知差劇인댄 但嘗糞甛苦라하여늘 易泄利어든 黔婁輒取嘗之하니 味轉甛滑이어늘 心愈憂苦하여 至夕에 每稽顙北辰(신)하여 求以身代하니라

이 때는 易의 병이 시작된 지 이틀이었는데, 의원이 말하기를 '병이 차도가 있는지 심해지는지를 알고자 하면 다만 똥이 단지 쓴지를 맛볼 뿐입니다.'라고 하였다. 易가 설사를 하자, 庾黔婁는 곧 가져와 맛보니, 맛이 더욱 달고 미끄러우므로 마음에 더욱 근심하고 괴로워하였다. 그리하여 저녁이 되면 매양 北辰(북극성)에 머리를 조아리고 자신으로써 죽음을 대신하기를 원하였다.

集說 陳氏曰 病愈曰差요 病甚曰劇이라 醫蓋以糞甛則病甚하고 糞苦則病愈也라 稽顙은 叩頭也요 北辰은 北極也라

集解 或問黔婁父病에 稽顙北辰하고 求以身代하여 數日而愈하니 果有此應之理否아 朱子曰 禱是正理면 自合有應이니 不可謂知其無是而姑爲之也니라 愚按 [1]禮疾病에 行禱五祀라하니 蓋臣子切迫之至情이니 子朱子所謂禱是正理가 是也라 孝誠感格에 孰謂無其應乎아 黔婁之禱北辰하여 求以身代는 其孝誠이 爲如何哉아 後世에 罔知禮義하고 崇信妖巫淫覡하여 不務迎醫合藥而專禱淫昏

蕭 : 쑥 소　差 : 나을 차　劇 : 심할 극　甛 : 달 첨　泄 : 설사할 설　嘗 : 맛볼 상
滑 : 매끄러울 활　愈 : 나을 유, 더할 유　稽 : 조아릴 계　顙 : 이마 상　辰 : 별 신
叩 : 두드릴 고　禱 : 빌 도　格 : 감동할 격　巫 : 무당 무　覡 : 박수무당 격

之鬼하니 2)正吾夫子所謂淫祀無福이니 又安有其應哉아 讀者不可不察이니라

집설 陳氏가 말하였다. "병이 나아짐을 差라 하고, 병이 심해짐을 劇이라 한다. 의원이 똥이 달면 병이 심해지고, 똥이 쓰면 병이 나아진다고 한 것이다. 稽顙은 머리를 조아림이다. 北辰은 북극성이다."

집해 혹자가 묻기를 "庾黔婁가 아버지의 병환에 북극성에 머리를 조아리고 자신으로써 대신하기를 원하여 수일만에 병환이 나았으니, 과연 이러한 응험의 이치가 있습니까?" 하자, 朱子는 다음과 같이 말씀하였다. "빌기를 바른 이치로 하면 자연히 마땅히 응함이 있으니, 이러한 이치가 없는 줄 알면서 우선하였다고 말할 수는 없는 것이다."

내가 살펴보건대, 禮에 질병에 五祀에 기도를 행한다고 하였으니, 이는 신하와 자식의 절박한 지극한 정에서 나온 것이니, 子朱子가 이른바 빌기를 바른 이치로 한다는 것이다. 효성이 感格(감동)됨에 누가 그 응험이 없다고 말하겠는가? 庾黔婁가 북극성에 빌어 자신으로써 대신하기를 원한 것은 그 효성이 어떠하였는가? 후세에는 禮의 뜻을 알지 못하고 요사스런 여자무당과 음탕한 남자무당을 높이고 믿으면서, 의원을 맞이해오고 약을 조합함을 힘쓰지 않고 오로지 음탕하고 혼미한 귀신에게 빌기만 하니, 이는 바로 우리 夫子께서 이른바 '부정한 제사는 복이 없다.'는 것이니, 또한 어찌 그 감응이 있겠는가? 이것을 읽는 자들은 살피지 않으면 안된다.

역주 1. 疾病行禱五祀 : 「儀禮」《士喪禮》에 보이는바, 五祀는 門(대문)·戶(작은 문)와 부엌·길·방의 대들보가 있는 곳 등에 제사하는 것으로, 士는 大門과 길에만 제사한다.

2. 吾夫子所謂淫祀無福 : 吾夫子는 孔子를 가리키며 淫祀는 옳지 못한 제사로, 「禮記」《曲禮》에 '非其所祭而祭之 名曰淫祀 無福'이라고 보인다.

16. 海虞令何子平이 母喪에 去官하고 哀毁踰禮하여 每哭踊에 頓絶方蘇하니라 屬大明末에 東土饑荒하고 繼以師旅하니 八年을 不得營葬하여 晝夜號哭하되 常如袒括之日하여 冬不衣絮하고 夏不就淸凉하며 一日에 以米數合으로 爲粥하고 不進鹽菜하니라 所居屋敗하여 不蔽風日이어늘 兄子伯興이 欲爲葺理한대 子平이 不肯曰 我情事를 未申(伸)하니 天地一罪人耳라 屋何宜覆(부)리오 하니라 《南史 孝義列傳》

海虞縣令 何子平은 어머니 상에 관직을 버리고 슬퍼하여 수척함을 禮보다 더하

踊 : 뛸 용 頓 : 갑자기 돈 蘇 : 깨어날 소 屬 : 마침 속 饑 : 흉년들 기
師 : 군대 사 旅 : 군대 려 袒 : 웃통벗을 단 括 : 묶을 괄 絮 : 솜 서 合 : 홉 홉
粥 : 죽 죽 鹽 : 소금 염 蔽 : 가릴 폐 葺 : 이을 즙 覆 : 덮을 부

여, 매양 울고 발을 구름에 갑자기 기절했다가 비로소 깨어나곤 하였다. 마침 大明 말기에 동쪽 지방에는 흉년이 들고 전쟁이 뒤따라 8년 동안이나 장례를 치르지 못하였다. 何子平은 밤낮으로 울부짖어 항상 초상 때에 어깨를 드러내고 머리를 묶는 날과 같이 하였으며, 겨울에는 솜옷을 입지 않고 여름에는 시원한 곳에 나아가지 않았다. 하루에 쌀 몇 홉으로 죽을 만들어 먹고, 소금이나 채소도 밥상에 올리지 않았다. 거처하는 집이 무너져 바람과 햇빛을 가리지 못하자, 형의 아들 伯興이 그를 위하여 보수하려고 하였는데, 何子平은 즐거워하지 않으며 말하기를 "내가 情에 있는 일을 펴지 못하고 있으니, 天地間의 한 죄인일 뿐이다. 집을 어찌 덮을 수 있겠는가" 하였다.

集說 陳氏曰 海虞는 縣名이라 子平은 會稽人이라 蘇는 猶醒也요 屬은 猶會也라 大明은 [1]劉宋武帝年號也라 東土는 卽會稽라 二千五百人이 爲師요 五百人이 爲旅라 營은 謀爲也라 袒은 露臂요 括은 括髮이니 人子初喪之禮也라 葺은 修補也라 情事未申은 謂親未葬也라

陳氏가 말하였다. "海虞는 縣의 이름이다. 子平은 會稽 사람이다. 蘇는 醒(깨어남)과 같고, 屬은 會(마침)와 같다. 大明은 劉宋의 武帝의 연호이다. 東土는 곧 會稽이다. 2천 5백 명을 師라 하고, 5백 명을 旅라 한다. 營은 도모하여 함이다. 袒은 팔을 드러냄이요, 括은 머리를 묶음이니, 자식이 초상에 하는 예절이다. 葺은 보수함이다. 情에 있는 일을 펴지 못했다는 것은 어버이를 아직 장례하지 못함을 이른다.

역주 1. 劉宋 : 劉裕가 세운 南朝의 宋을 가리킨다.

蔡興宗이 爲會稽太守하여 甚加矜賞하여 爲營塚壙하니라

蔡興宗이 會稽太守가 되어 매우 불쌍히 여기고 가상히 여기고는 그를 위하여 무덤을 마련해 주었다.

增註 矜者는 憫其苦요 賞者는 嘉其孝라

矜은 그 괴로움을 불쌍히 여김이요, 賞은 그 효도를 가상히 여김이다.

17. 朱壽昌이 生七歲에 父守雍이러니 出其母劉氏하여 嫁民間하니 母子不相知者五十年이러니 壽昌이 行四方하여 求之不已하여 飮

醒 : 깰 성　會 : 마침 회　臂 : 팔뚝 비　矜 : 불쌍할 긍　塚 : 무덤 총
壙 : 뫼구덩이 광　憫 : 불쌍할 민　雍 : 화할 옹

食에 罕御酒肉하고 與人言에 輒流涕하니라 《宋史 孝義列傳, 東坡集》

朱壽昌이 태어난 지 7세에 아버지가 雍州 수령을 지냈는데, 그의 어머니 劉氏를 내쫓아 민간에 시집가게 하니, 어머니와 자식이 서로 알고 지내지 못한 지가 50년이었다. 朱壽昌은 사방을 돌아다니며 찾기를 그치지 않았으며, 음식을 먹을 적에 술과 고기를 먹는 일이 드물고, 타인과 말할 때에도 곧 눈물을 흘리곤 하였다.

集解 壽昌은 字康叔이니 楊州天長縣人이라 雍은 卽今西安府라 壽昌이 年七歲에 父巽이 爲雍州守하여 出其生母하여 嫁之民間하니라

壽昌은 字가 康叔이니, 楊州 天長縣 사람이다. 雍은 바로 지금의 西安府이다. 壽昌이 나이 일곱 살에 아버지 巽이 雍州太守가 되었는데, 그의 生母를 내쫓아 민간으로 시집가게 하였다.

熙寧初에 棄官入秦할새 與家人訣하되 誓不見母하면 不復(부)還이라하더니 行次同州하여 得焉하니 劉氏時年七十餘矣러라 雍守錢明逸이 以事聞한대 詔壽昌還就官하니 繇(由)是로 天下皆知其孝하니라

熙寧 초기에 朱壽昌은 관직을 버리고 秦州로 들어갔는데, 이때 집안사람들과 결별하며 "맹세코 어머니를 만나지 않으면 다시 돌아오지 않겠다."라고 하였다. 길을 떠나 同州에 머물다가 劉氏를 만나니, 劉氏는 당시 나이가 70여세였다. 雍州太守 錢明逸이 그 사실을 天子에게 아뢰자, 조서로 朱壽昌을 다시 관직에 나아가게 하니, 이로 말미암아 천하 사람들이 모두 그의 효성을 알게 되었다.

集解 熙寧은 宋神宗年號라 秦은 卽古雍州地也라 訣은 別也라 同州는 郡名이라

熙寧은 宋나라 神宗의 연호이다. 秦은 바로 옛날 雍州 땅이다. 訣은 결별이다. 同州는 郡의 이름이다.

壽昌이 再爲郡守러니 至是하여 以母故로 通判河中府하여 迎其同母弟妹以歸러니 居數歲에 母卒이어늘 涕泣幾喪明이러라 拊其弟妹益篤하여 爲買田宅居之하고 其於宗族에 尤盡恩意하여 嫁

巽 : 사양할 손　訣 : 헤어질 결　次 : 머무를 차　繇 : 말미암을 유　拊 : 어루만질 부(무)

兄弟之孤女二人하며 葬其不能葬者十餘喪하니 蓋其天性이 如此하니라

朱壽昌이 두 번 군수가 되었는데, 이 때에 이르러 어머니 때문에 河中府의 通判이 되어 어머니가 같은 동생과 여동생을 맞이해 돌아왔다. 함께 산 지 수년만에 어머니가 별세하자, 朱壽昌은 눈물을 흘리며 울어 거의 실명할 지경에 이르렀다. 그 동생과 여동생을 어루만지기를 더욱 돈독히 하여 그들을 위해 밭과 집을 사서 살게 하였으며, 宗族에 대해서도 더욱 은혜로운 뜻을 극진히 하여, 형제간의 고아가 된 딸 두 사람을 시집보냈으며, 장례를 치르지 못한 자 10여 초상을 장례하게 하였으니, 그의 천성이 이와 같았다.

集說 陳氏曰 河中府는 今蒲州也니 近同州하니라 壽昌이 嘗爲閬州廣德二郡守러니 至是에 以便於養母之故로 乃辭郡守而爲河中府通判也라 拊는 安慰也라 宗族은 壽昌의 父族也라

陳氏가 말하였다. "河中府는 지금의 蒲州이니, 同州와 가깝다. 壽昌이 일찍이 閬州와 廣德 두 郡의 수령이 되었는데, 이 때에 이르러 어머니를 봉양하기 편리하도록 하기 위하여 군수를 사양하고 河中府 通判이 된 것이다. 拊는 위안함이다. 宗族은 壽昌의 아버지의 족속이다.

18. 伊川先生家治喪에 不用浮屠하시니 在洛에 亦有一二人家化之하니라 《二程全書 遺書》

伊川先生의 집안에서는 상사를 다스림에 浮屠(불교)의 법을 쓰지 않았는데, 洛水가에 계실 때에 또한 한두 집안이 교화됨이 있었다.

集說 陳氏曰 浮屠는 佛氏也라 洛은 水名이니 在河南하니라 或問治喪에 不用浮屠라하니 親在而親意欲用之인댄 不知當如何오 朱子曰 且以委曲開釋爲先이니 如不可回면 則又不可咈親意也니라

陳氏가 말하였다. "浮屠는 佛氏이다. 洛은 물 이름이니, 河南에 있다."
혹자가 묻기를 "상사를 치룸에 浮屠의 법을 쓰지 말라 하였으니, 부모가 계신데 부모의 뜻에 불교 의식을 쓰려고 한다면 마땅히 어찌해야 할지 모르겠습니다" 하자, 朱子가 말씀하였다. "우선 곡진히 열어드림으로써 우선을 삼을 것이나. 만약 돌릴 수 없다면 또한 부모의 뜻을 어기지 말아야 한다."

蒲 : 부들 포 閬 : 높을 랑 屠 : 무찌를 도 回 : 돌릴 회 咈 : 어길 불

19. 霍光이 出入禁闥二十餘年에 小心謹愼하여 未嘗有過하니라 爲人이 沈靜詳審하여 每出入下殿門에 進止有常處하더니 郎僕射(야)竊識(지)視之하니 不失尺寸이러라 《漢書 霍光列傳》

霍光이 禁闥(대궐문)에 드나든 지 20여 년 동안 조심하고 삼가하여, 일찍이 지나침이 없었다. 사람됨이 침착하고 안정되며 자상하고 살펴 매양 출입하여 대궐문에서 내릴 때에 나아가고 머무름이 일정한 곳이 있었다. 郎官과 僕射들이 몰래 표시를 해놓고 살펴보니, 한 자나 한 치도 틀리지 않았다.

集解 光은 字子孟이요 平陽人이니 官至大將軍하니라 禁闥은 宮中小門也라 沈靜은 謂不浮躁也요 詳審은 謂不麤率也라 郎, 僕射는 皆官名이라 不失尺寸은 言其步履有常而不易也라

光은 字가 子孟이요, 平陽 사람이니, 벼슬이 大將軍에 이르렀다. 禁闥은 궁중의 작은 문이다. 沈靜은 들뜨고 경박하지 않음이요, 詳審은 거칠고 경솔하지 않음이다. 郎과 僕射는 모두 官名이다. 不失尺寸은 그 걷고 밟음에 일정함이 있어서 바뀌지 않음을 말한다.

20. 汲黯이 景帝時에 [1)]爲太子洗馬하여 以嚴見憚이러니 武帝卽位하여 召爲主爵都尉러니 以數(삭)直諫으로 不得久居位하니라 是時에 太后弟武安侯田蚡이 爲丞相이라 中二千石이 拜謁이어든 蚡이 弗爲禮하더니 黯은 見蚡에 未嘗拜하고 揖之하니라 《漢書 汲黯列傳》

汲黯이 景帝 때에 太子洗馬가 되었는데 엄격함으로 존경을 받았다. 武帝가 즉위하자 급암을 불러 主爵都尉을 삼았는데, 자주 직언으로 간하여 벼슬자리에 오래 있지 못하였다. 이 때에 太后의 아우 武安侯 田蚡이 丞相이 되었는데, 연봉 2천석을 받는 관원들이 田蚡에게 절하고 알현하면 田蚡은 답례를 하지 않았다. 그러나 汲黯은 田蚡을 봄에 일찍이 절한 적이 없고 읍만 하였다.

역주 1. 太子洗馬 : 洗(선)은 先의 뜻으로, 洗馬는 太子가 출행하게 되면 말 앞에서 인도하기 때문에 붙여진 명칭인바, 지금은 모두 '세마'로 읽으며 諺解 역시 '세마'로 표기하였다.

霍 : 성 곽 闥 : 문 달 殿 : 큰집 전 射 : 벼슬이름 야 識 : 표시할 지 麤 : 거칠 추
率 : 거칠 솔 汲 : 물길을 급 黯 : 어두울 암 洗 : 씻을 세, 조촐할 선 憚 : 꺼릴 탄
尉 : 벼슬이름 위 蚡 : 두더지 분 丞 : 도울 승 謁 : 뵐 알 揖 : 읍할 읍

集說 陳氏曰 黯은 字長孺니 濮陽人이라 太子洗馬는 官名이라 以嚴見憚은 以正直으로 爲景帝所敬憚也라 主爵都尉는 亦官名이라 中은 滿也니 中二千石은 謂九卿之官의 歲俸이 滿二千石也라 蚡이 負貴而驕人이어늘 黯은 獨不爲之屈하고 但揖之而已하니라

陳氏가 말하였다. "黯은 字가 長孺이니, 濮陽 사람이다. 太子洗馬는 官名이다. 엄격함으로 존경을 받았다는 것은 정직함으로써 景帝에게 존경을 받은 것이다. 主爵都尉 또한 관명이다. 中은 가득함이니, 中二千石은 九卿의 관원으로서 연봉이 滿2천 석에 이름을 말한다. 田蚡은 존귀함을 믿고 사람들에게 교만하였으나 급암은 홀로 그에게 굽히지 않고 다만 읍만 할 뿐이었다.

上이 方招文學儒者러니 上曰 吾欲云云하노라 黯對曰 陛下內多欲而外施仁義하시니 奈何欲效唐虞之治乎잇가 上이 怒變色而罷朝하니 公卿이 皆爲黯懼하더니 上이 退謂人曰 甚矣라 汲黯之戇也여

上은 막 문학하는 儒者를 초청하고 있었다. 上이 말하기를 "나는 이리이리 하고자 한다." 하자, 汲黯이 대답하기를 "폐하께서는 안으로는 욕심이 많으면서 밖으로만 仁義를 행하려 하시니, 어찌 唐(堯)·虞(舜)의 치적을 본받을 수 있겠습니까." 하였다. 上은 노하여 얼굴빛을 변하고 조회를 파하니, 公卿들은 모두 汲黯을 위하여 두려워하였다. 上은 退朝하여 사람들에게 이르기를 "심하다! 급암의 우직함이여!" 하였다.

集解 云云은 猶言如此如此也라 戇은 愚也라 黯直言에 公卿이 皆恐獲罪러니 帝不之罪而止以爲愚하니 然則武帝之賢을 豈當時公卿所能知哉아

云云은 如此如此란 말과 같다. 戇은 어리석음이다. 급암이 직언하자, 公卿들은 모두 그가 죄를 얻을까 두려워하였으나, 武帝는 그에게 죄를 주지 않고 다만 어리석다고만 말하였으니, 그렇다면 武帝의 어짐을 어찌 당시의 公卿들이 능히 알았겠는가.

群臣이 或數黯한대 黯曰 天子置公卿輔弼之臣은 寧令從諛承意하여 陷主於不義乎리오 且已在其位하니 縱愛身이나 奈辱朝廷에 何오

孺 : 젖먹이 유　濮 : 물이름 복　負 : 믿을 부　陛 : 뜰 폐　罷 : 파할 파　戇 : 어리석을 당
數 : 수죄할 수　弼 : 도울 필　寧 : 어찌 녕　諛 : 아첨할 유　縱 : 비록 종

여러 신하들이 급암을 數罪(꾸짖음)하자, 급암은 다음과 같이 말하였다. "천자께서 公卿과 보필하는 신하를 둠은 어찌 따라 아첨하며 임금의 뜻을 영합하여, 임금을 不義에 빠지게 하려고 해서이겠는가. 또 이미 그 지위에 있으니, 비록 자신을 아끼더라도 조정을 욕되게 함에 어찌하겠는가."

集說 陳氏曰 數는 責也라 輔弼은 輔德而弼違也라 從諛承意는 順從阿諛하여 以奉承上意也라 已는 旣也라

陳氏가 말하였다. "數는 꾸짖음이다. 輔弼은 德을 돕고 도리에 어긋남을 바로잡는 것이다. 從諛承意는 순종하고 아첨하여 웃사람의 뜻을 받듦이다. 已는 이미이다."

黯이 多病하여 病且滿三月이어늘 上이 常(嘗)賜告者數(삭)하되 終不瘉[愈]러니 最後에 [1]嚴助爲請告한대 上曰 汲黯은 何如人也오 曰 使黯이 任職居官이면 亡(無)以瘉人이어니와 然이나 至其輔少主守成하여는 雖自謂賁育이라도 弗能奪也리이다 上曰 然하다 古有社稷之臣이러니 至如汲黯하여는 近之矣로다

급암이 병이 많아, 병이 장차 3개 월에 차려고 하였다. 上이 일찍이 告(휴가)를 준 것이 여러번이었는데, 끝내 병이 낫지 않았다. 최후에 嚴助가 급암을 위하여 휴가를 주도록 요청하자, 上은 "급암은 어떠한 사람인가?" 하고 물었다. 이에 嚴助가 다음과 같이 대답하였다. "가령 汲黯이 직무를 맡아 벼슬에 있는다면 다른 사람보다 나을 것이 없습니다. 그러나 그 어린 임금을 도와 이룩한 王業을 지킴에 이르러서는 비록 孟賁과 夏育처럼 용맹하다고 하는 자라도 그의 절개를 빼앗을 수 없을 것입니다." 上은 "그렇다. 옛날에 社稷의 신하가 있다 하더니, 급암으로 말하면 이에 가깝도다." 하였다.

역주 1. 嚴助 : 원래의 姓은 莊인데, 後漢 明帝의 諱를 피하여 嚴으로 借用한 것이다.

集說 陳氏曰 漢法에 病滿三月이면 當免官하니라 告는 休假(暇)也라 瘉는 通作愈하니 病瘳也라 嚴助는 人姓名이니 時爲侍中하니라 瘉는 當作愈하니 過也라 孟賁, 夏育은 皆古之有力者라 言黯之正直은 若託之擁輔幼君하여 以保守成業이면 雖自謂有賁育之勇者라도 亦不能奪其大節也라 然은 是其言也라 社稷臣은 能安社稷者也라

陳氏가 말하였다. "漢나라 법에 병이 3개 월에 차면 마땅히 관직을 물러나야 한다. 告는

阿 : 아첨할 아 愈 : 병나을 유, 더할 유 賁 : 클 분 瘳 : 병나을 추 擁 : 낄 옹

휴가이다. 瘉는 愈와 통해 쓰니, 병이 나음이다. 嚴助는 사람의 姓名이니, 당시 侍中이었다. 瘉는 마땅히 愈로 써야 하니, 지남이다. 孟賁과 夏育은 모두 옛날에 힘이 있던 자들이다. 급암의 정직함은 만약 어린 임금을 擁輔(끼고 보필함)하여 이룩한 왕업을 保守하도록 부탁한다면, 스스로 孟賁·夏育의 용맹이 있다고 하는 자라도, 또한 그 큰 절개를 빼앗을 수 없음을 말한 것이다. 然은 그 말을 옳게 여김이다. 社稷의 신하라는 것은 능히 사직을 편한히 하는 자이다."

大將軍靑이 侍中에 上이 踞厠視之하고 丞相弘이 宴見(현)이어든 上이 或時不冠하되 至如見黯하여는 不冠不見也러라 上이 嘗坐武帳이어늘 黯이 前奏事러니 上이 不冠이라가 望見黯하고 避帷中하여 使人可其奏하니 其見敬禮如此하니라

대장군 衛靑이 궁중에서 임금을 모실 때에 上은 平牀 가에 걸터앉아 그를 보았으며, 승상 公孫弘이 한가할 때에 알현하면 上은 어떤 때는 관을 쓰지 않기도 하였다. 그러나 급암을 만남에 이르러서는 관을 쓰지 않고는 만나지 않았다. 上이 일찍이 武帳(군막)에 앉아 있었는데, 급암이 앞으로 나와 일을 아뢰려 하였다. 이때에 上은 관을 쓰지 않고 있다가 급암이 오는 것을 바라보고는 휘장 안으로 피하고, 사람을 시켜 그의 아룀을 可(좋다)라고 말하게 하였으니, 그가 공경과 예우를 받음이 이와 같았다.

集說 陳氏曰 靑은 衛靑이라 侍中은 侍於禁中也라 踞는 蹲坐也라 厠은 牀邊側이라 弘은 公孫弘이라 宴見은 宴閑時進見也라 嘗은 曾也라 武帳은 帳中에 置兵衛者라 可는 猶是也니 從其奏하면 則稱制曰可라

陳氏가 말하였다. "靑은 衛靑이다. 侍中은 禁中(궁중)에서 모심이다. 踞는 걸터앉음이다. 厠은 平牀 가이다. 弘은 公孫弘이다. 宴見은 한가할 때 나아가 알현함이다. 嘗은 曾(일찍이)이다. 武帳은 휘장 안에 호위병을 설치한 곳이다. 可는 是(옳음)와 같으니, 그 아룀을 따를 경우면 '制曰可'라고 칭한다.

21. 初에 魏遼東公翟黑子 有寵於太武하더니 奉使幷州하여 受布千疋이라가 事覺이어늘 黑子謀於著作郞高允曰 主上이 問我어시든 當以實告아 爲當諱之아 允曰 公은 帷幄寵臣이니 有罪首

踞：걸터앉을 거 厠：측간 측 宴：편안할 안 帷：휘장 유 蹲：걸터앉을 준
遼：멀 료 翟：꿩 적 疋：필 필 允：허락할 윤 諱：숨길 휘 幄：휘장 악

實이면 庶或見原이니 不可重爲欺罔也니라 [1)]中書侍郎崔鑒公孫質曰 若首實이면 罪不可測이니 不如姑諱之니라 黑子怨允曰 君은 奈何誘人就死地오하고 入見帝하여 不以實對한대 帝怒하여 殺之하다 《北史 高允列傳》

처음에 魏나라 遼東公 翟黑子는 太武帝에게 사랑을 받았는데, 그는 幷州에 사신의 임무를 받들고 가서 베 천 필을 뇌물로 받았다가, 이 사실이 발각되었다. 翟黑子는 著作郎 高允과 상의하기를 "主上께서 나에게 물으시면 마땅히 진실로써 고해야 하겠는가? 마땅히 숨겨야 하겠는가?" 하였다. 高允은 다음과 같이 대답하였다. "공은 帷幄의 총애받는 신하이니, 죄가 있음에 사실을 자수하면 행여 혹 용서를 받을 수도 있을 것이니, 거듭 속이는 짓을 해서는 안됩니다." 그러나 中書侍郎 崔鑒과 公孫質은 "만일 사실을 자수한다면 죄를 예측할 수 없으니, 우선 숨김만 같지 못하다." 하였다. 翟黑子는 高允을 원망하여 말하기를 "그대는 어찌하여 사람을 유인하여 죽을 곳으로 나아가게 하는가" 하고, 들어가 太武帝를 뵙고 사실대로 대답하지 않았다. 이에 太武帝는 격노하여 그를 죽였다.

역주 1. 崔鑒 :「魏書」本傳과「資治通鑑」등에는 '崔覽'으로 표기되었다.

集說 陳氏曰 魏는 [1)]元魏요 太武는 魏帝라 幷州는 今太原府라 允은 字伯恭이라 宥罪曰原이라 重은 再也니 言已受賄하고 若更隱諱면 是는 再造欺罔之罪也라

陳氏가 말하였다. "魏는 元魏이다. 太武는 魏나라 임금이다. 幷州는 지금의 太原府이다. 高允은 字가 伯恭이다. 죄를 용서함을 原이라 한다. 重은 거듭이니, 이미 뇌물을 받고 만약 다시 숨긴다면, 이는 거듭 속이는 죄를 짓는 것이다."

역주 1. 元魏 : 拓跋氏의 魏나라를 가리키는바, 뒤에 姓을 元으로 고쳤으므로 이렇게 칭하며, 北朝이므로 北魏, 또는 後魏라고도 칭한다.

帝使允으로 授太子經이러니 及崔浩以史事被收하여 太子謂允曰 入見(현)至尊하여 吾自導卿하리니 脫至尊이 有問이어시든 但依吾語하라

太武帝는 高允으로 하여금 太子에게 경서를 가르치게 하였는데, 崔浩가 역사편찬의 일로 잡힘을 당하자, 太子가 高允에게 말하였다. "들어가 至尊(임금)을

原 : 용서할 원 罔 : 속일 망 首 : 자백할 수 姑 : 우선 고 宥 : 용서할 유
賄 : 뇌물 회 脫 : 만일 탈

뵙고서 내 스스로 卿을 인도하겠으니, 만약 지존께서 물음이 있으시면 다만 내 말에만 따르시오." 하였다.

集解 太子는 太武의 長子晃也라 崔浩는 位司徒하여 與允等으로 修國書刻石하여 以彰直筆한대 太武怒其暴揚國惡하여 收浩誅之하니 將及於允이라 故太子敎允入對하여 欲指導其生路也라 脫은 儻也라
○ 按此段은 太子欲欺君而脫高允하니 允必諫止로되 而無一言은 恐史氏記錄之誤也라

太子는 太武帝의 長子인 晃이다. 崔浩는 벼슬이 司徒였는데, 高允 등과 함께 國書(국가에 대한 글)를 편수하여 돌에 새겼는바 直筆을 드러냈다. 太武帝는 그가 나라의 나쁜 점을 드러낸데 노하여 崔浩를 잡아 목베었다. 그리하여 장차 高允에게도 미치게 되었으므로, 太子가 高允으로 하여금 들어가 대답하게 하여 그의 살 길을 가리켜 인도하려 한 것이다. 脫은 만약이다.
○ 이 단락을 살펴보건대, 太子가 임금을 속여 高允을 벗어나게 하고자 하였으니, 高允은 반드시 간하여 만류했을 터인데 한마디 말이 없으니, 이는 아마도 史官의 기록이 잘못된 것인 듯하다.

太子見帝言하되 高允은 小心愼密하고 且微賤이라 制由崔浩하니 請赦其死하소서 帝召允하여 問曰 國書皆浩所爲乎아 對曰 臣與浩共爲之니이다 然浩는 [1]所領事多라 總裁而已어니와 至於著述하여는 臣多於浩호이다 帝怒曰 允罪甚於浩로소니 何以得生이리오 太子懼曰 天威嚴重하시니 允은 小臣이라 迷亂失次耳로소이다 臣이 曏問하니 皆云浩所爲라하더이다 帝問允하되 信如東宮所言乎아 對曰 臣이 罪當滅族이라 不敢虛妄이니이다 殿下以臣侍講日久라 哀臣하사 欲丐其生耳언정 實不問臣하시며 臣亦無此言하니 不敢迷亂이로이다

太子가 太武帝를 뵙고 말씀드리기를 "高允은 小心하고 삼가고 치밀하며 또 직책이 미천합니다. 저술은 모두 崔浩에게서 말미암았으니, 청컨대 그의 죽음을 사면해 주소서." 하였다. 太武帝가 高允을 불러 묻기를 "國書는 모두 崔浩가 지었는

晃 : 밝을 황 彰 : 드러낼 창 暴 : 드러낼 폭 儻 : 만약 당 赦 : 용서할 사
領 : 거느릴 령 曏 : 지난번 향 丐 : 빌 개 迷 : 어지러울 미

가?" 하자, 高允은 다음과 같이 대답하였다. "臣이 崔浩와 함께 지었습니다. 그러나 崔浩는 관장한 일이 많으므로 총괄하여 결재하였을 뿐이요, 저술에 있어서는 제가 崔浩보다 많이 하였습니다." 太武帝는 노하여 말하기를 "高允의 죄가 崔浩보다 심하니, 어찌 살아날 수 있겠는가" 하였다. 太子는 두려워하여 말하기를 "폐하의 위엄이 엄중하시니, 高允은 낮은 신하이므로 정신이 혼미하고 어지러워 순서를 잃었을 뿐입니다. 제가 지난번에 물어보니, 모두 崔浩가 지은 것이라고 말하였습니다." 하였다. 太武帝가 高允에게 묻기를 "진실로 太子가 말한 것과 같으냐?" 하자, 高允은 다음과 같이 대답하였다. "臣은 죄가 마땅히 宗族을 멸할 만하니, 감히 허망한 말을 할 수가 없습니다. 전하(太子)께서는 臣이 모시고 講한 날짜가 오래므로, 臣을 불쌍히 여기시어 그 삶을 빌고자 하셨을지언정, 실제는 臣에게 묻지 않으셨으며 臣 또한 그러한 말을 한 적이 없었습니다. 감히 혼미하고 어지러울 수가 없습니다."

역주 1. 所領事多 總裁而已 : 陳選의 集註에는 所領事에서 句를 떼어 '所領事를 多總裁而已'로 해석하였다.

集說 陳氏曰 微賤은 言其職之卑라 制는 著述也라 總裁는 謂總其大綱而裁正之라 紀事曰著요 纂言曰述이라 失次는 謂所對失其次序라 曏은 猶昔也라 東宮은 太子之宮이라

陳氏가 말하였다. "微賤은 그 직책이 낮음을 말한다. 制는 저술이다. 總裁는 그 대강을 총괄하여 재단하고 바로잡음을 이른다. 일을 기록함을 著라 하고, 말을 편찬함을 述이라 한다. 失次는 대답한 바가 그 次序를 잃은 것이다. 曏은 昔(지난번)과 같다. 東宮은 太子의 궁이다.

帝顧謂太子曰 直哉라 此는 人情所難이어늘 而允이 能爲之하니 臨死不易辭는 信也요 爲臣不欺君은 貞也니 宜特除其罪하여 以旌之라하고 遂赦之하니라

太武帝는 太子를 돌아보며 말하기를 "정직하도다! 이는 人情에 하기 어려운 일인데, 高允이 능히 하였으니, 죽음에 임하여 말을 바꾸지 않음은 信이요, 신하가 되어 임금을 속이지 않음은 곧음이다. 마땅히 특별히 그의 죄를 면제하여 정표하여야 한다." 하고, 마침내 그를 사면하였다.

增註 直哉는 贊其直也요 旌之는 表其善也라

纂 : 엮을 찬　旌 : 표할 정

直哉는 그의 정직함을 칭찬한 것이요, 旌之는 그의 善함을 표창한 것이다.

他日에 太子讓允曰 吾欲爲卿脫死어늘 而卿不從은 何也오 允曰 臣이 與崔浩로 實同史事하니 死生榮辱에 義無獨殊니 誠荷殿下再造之慈어니와 違心苟免은 非臣所願也니이다 太子動容稱嘆하니라

다른 날 太子가 高允을 꾸짖기를 "내가 卿을 위하여 죽음에서 벗어나게 해주고자 하였는데, 卿이 따르지 않음은 어찌된 일인가?" 하자, 高允은 다음과 같이 말하였다. "臣은 崔浩와 더불어 실로 역사 편찬의 일을 같이 하였으니, 죽거나 살거나 영화롭거나 욕됨에 의리상 홀로 달리 할 수가 없습니다. 진실로 전하께 다시 살려 주시려는 은혜를 입었사오나, 마음을 어기고 구차히 면함은 臣이 원하는 바가 아닙니다." 太子는 얼굴을 변하여 칭찬하고 감탄하였다.

集說 陳氏曰 言當與浩同之라 再造는 猶言再生이라

陳氏가 말하였다. "마땅히 崔浩와 죄를 함께 하여야 함을 말한 것이다. 再造는 再生(다시 삶)이란 말과 같다."

允이 退謂人曰 我不奉東宮指導者는 恐負翟黑子故也니라

高允은 물러나와 사람들에게 말하였다. "내가 동궁의 지도를 받들지 않은 것은 〈속이지 말라고 말해주었던〉 翟黑子를 저버릴까 두려워해서이다."

正誤 致堂胡氏曰 高允은 不欺之君子也라 與崔浩로 同爲國史러니 浩既被罪에 允義不可苟免일새 自陳於君父之前하여 內不欺其心하고 外不欺其友하고 上不欺其君하니 若高允은 可謂仁矣로다

致堂胡氏(胡寅)가 말하였다. "高允은 속이지 않는 君子이다. 崔浩와 함께 國史를 지었는데, 崔浩가 이미 죄를 입자, 高允은 의리상 구차히 면할 수가 없었으므로, 스스로 君父의 앞에서 말하여 안으로는 그 마음을 속이지 않고, 밖으로는 그 친구를 속이지 않고, 위로는 그 임금을 속이지 않았으니, 高允과 같은 자는 仁하다고 이를 만하다."

22. 李君行先生은 名潛이니 虔州人이라 入京師할새 至泗州하여

讓 : 사양할 양　荷 : 멜 하　負 : 저버릴 부　陳 : 베풀 진　虔 : 공경할 건
泗 : 물이름 사

留止러니 其子弟請先往이어늘 君行이 問其故한대 曰 科場이 近하니 欲先至京師하여 貫開封戶籍하여 取應하노이다 君行이 不許曰 汝虔州人이어늘 而貫開封戶籍이면 欲求事君而先欺君이니 可乎아 寧遲緩數年이언정 不可行也니라 《童蒙訓》

李君行先生은 이름이 潛이니, 虔州 사람이다. 京師에 들어갈 적에 泗州에 이르러 머물러 있었는데, 그의 자제들이 먼저 가겠다고 청하였다. 李君行이 그 연고를 묻자, 대답하기를 "科擧 날짜가 가까우니, 먼저 京師에 이르러, 開封府에 호적을 올려 응시하고자 해서입니다." 하였다. 李君行은 허락하지 않으며 다음과 같이 말하였다. "너는 虔州 사람인데 開封府의 호적에 올리면, 임금 섬기기를 구하고자 하면서 먼저 임금을 속이는 것이니, 되겠는가? 차라리 몇 년 늦을지언정 가서는 안된다."

集說 陳氏曰 君行은 字라 虔州는 今贛州府라 泗는 郡名이라 宋之京師 在開封府하니라 貫은 猶係也니 冒籍以應擧는 是欺君矣라

陳氏가 말하였다. "君行은 字이다. 虔州는 지금의 贛州府이다. 泗는 郡 이름이다. 宋나라의 京師가 開封府에 있었다. 貫은 係(맴)와 같다. 호적을 거짓으로 올려 과거에 응시함은 이는 임금을 속이는 것이다."

23. 崔玄暐의 母盧氏嘗誡玄暐曰 吾見姨兄屯田郎中辛玄馭하니 曰 兒子從宦者를 有人이 來云貧乏不能存이라하면 此는 是好消息이어니와 若聞貲貨充足하며 衣馬輕肥라하면 此는 惡消息이라하니 吾嘗以爲確論이라하노라 《唐書 崔玄暐列傳》

崔玄暐의 어머니 盧氏가 일찍이 玄暐를 훈계하여 말하였다. "내가 이종오빠인 屯田郎中 辛玄馭를 보니, 말씀하기를 '아들로서 벼슬에 종사하는 자를 어떤 사람이 와서 가난하고 궁핍하여 생존할 수 없다고 말하면 이는 곧 좋은 소식이거니와 만약 재화가 充足하며 옷과 말이 가볍고 살쪘다는 말이 들리면 이는 나쁜 소식이다.'라고 하니, 나는 항상 이것을 명확한 의논이라 여긴다.

集說 陳氏曰 玄暐는 名曄이요 博陵人이니 仕至宰相하니라 姨兄은 姨之子 長於我者也라 貧必廉이라 故曰好消息이요 富必貪이라 故曰惡消息이라

贛 : 미련할 공, 줄 공　暐 : 환할 위　姨 : 이모 이　屯 : 진칠 둔　馭 : 어거할 어
宦 : 벼슬 환　貲 : 재물 자　確 : 확실할 확　曄 : 빛날 엽

陳氏가 말하였다. "玄暐는 이름이 曄이요, 博陵 사람이니, 벼슬이 재상에 이르렀다. 姨兄은 이모의 자식으로서 나보다 나이가 많은 자이다. 가난하다면 반드시 청렴한 때문이므로 좋은 소식이라 하였고, 부유하다면 반드시 탐욕스러운 때문이므로 나쁜 소식이라 한 것이다."

比見親表中에 仕宦者將錢物하여 上其父母어든 父母但知喜悅하고 竟不問此物이 從何而來하나니 必是祿俸餘資인댄 誠亦善事어니와 如其非理所得이면 此與盜賊何別이리오 縱無大咎나 獨不內愧於心가한대 玄暐遵奉教誡하여 以淸謹으로 見稱하니라

근래에 보건대, 친족과 외척 가운데에 벼슬하는 자들이 돈과 선물을 가져다가 그 부모에게 올리면, 부모는 다만 기뻐할 줄만 알고 끝내 이 물건이 어디로부터 왔는지를 묻지 않는다. 반드시 이것이 녹봉의 남은 재물이라면 진실로 또한 좋은 일이지만, 만일 도리가 아닌 것으로 얻은 것이라면 이것은 도적과 무엇이 다르겠는가? 비록 큰 죄는 없더라도 홀로 안으로 마음에 부끄럽지 않겠는가." 崔玄暐는 어머니의 훈계를 따라 받들어서 청렴과 근신함으로 칭찬을 받았다.

集說 陳氏曰 比는 近也라 親은 同姓이요 表는 外姓이라 非理所得은 如竊官物, 剝民財 皆是라 咎는 罪也니 言罪雖幸免이나 心實有愧矣라

陳氏가 말하였다. "比는 근래이다. 親은 同姓이요, 表는 外姓이다. 도리가 아닌 것으로 얻었다는 것은 관청의 물건을 훔치거나 백성의 재물을 박탈함과 같은 것이 모두 그것이다. 咎는 죄이니, 죄는 비록 다행히 면하더라도 마음에는 진실로 부끄러움이 있음을 말한 것이다."

24. 劉器之待制初登科하여 與二同年으로 [1]謁張觀參政이러니 三人이 同起身하여 請教한대 張曰 某自守官以來로 常持四字하노니 勤謹和緩이니라 中間一後生이 應聲曰 勤謹和는 旣聞命矣어니와 緩之一字는 某所未聞이로소이다 張이 正色作氣曰 [2]何嘗教賢緩不及事리오 且道世間甚(삼)事不因忙後錯了오 《宋名臣言行錄, 呂氏雜錄》

比 : 가까울 비　縱 : 비록 종　幸 : 요행 행　教 : 하여금 교　甚 : 어찌 삼
忙 : 바쁠 망　錯 : 어긋날 착

劉器之 待制가 처음 과거에 급제하여 두 同年(동방급제자)과 함께 張觀 參政을 알현하였다. 세 사람이 함께 몸을 일으켜 가르침을 청하자, 張氏가 말하였다. "나는 관직을 맡은 이래로 항상 네 글자를 지키노니, 勤(부지런함)·謹(삼감)·和(화함)·緩(천천히 함)이다." 말하는 중간에 한 後生이 그 소리에 응하여 말하기를 "勤·謹·和는 이미 가르침을 들었습니다마는 緩이라는 한 글자는 제가 아직 듣지 못한 바입니다." 하자, 張氏는 정색하고 목소리를 가다듬어 말하였다. "내 언제 일찍이 그대들로 하여금 느리게 하여 일에 미치지 못하라고 말하였는가. 또 세상에 어떤 일이 바쁨으로 연유하여 그릇되지 않는다고 말하겠는가."

역주 1. 張觀參政 : 參政은 參知政事를 가리키는바, 「宋名臣言行錄」에는 張觀이 아니라 李若谷으로 되어 있으며, 張觀은 벼슬이 樞密院事에 그쳤으므로, 李若谷이 옳은 듯하다.

2. 何嘗教賢 : 敎는 '하여금'의 뜻이며 賢은 '자네들'이란 뜻이다.

集解 器之는 名安世요 大名府人이니 世稱元城先生하니라 勤은 謂勤於從政이요 謹은 謂謹於持身이요 和는 謂和以待人이요 緩은 謂緩以處事라 然이나 緩은 非迂緩이요 蓋欲遇事에 從容而詳審也라

器之는 이름이 安世이며, 大名府 사람이니, 세상에서는 元城先生이라 칭하였다. 勤은 정사에 종사함에 부지런함이요, 謹은 몸가짐에 삼감이요, 和는 화함으로써 남을 대함이요, 緩은 천천히 일을 처리함을 말한다. 그러나 緩은 우활하고 느림이 아니요, 일을 만남에 從容(여유있음)하고 詳審(자세히 살핌)하고자 함이다.

25. 伊川先生曰 安定之門人이 往往에 知稽古愛民矣니 則於爲政也에 何有리오 《二程全書 遺書, 近思錄》

伊川先生이 말씀하였다. "安定先生(胡瑗)의 문하생들은 왕왕 옛날을 고찰하고 백성을 사랑할 줄 알았으니, 정사를 다스림에 무슨 어려움이 있겠는가."

增註 門人은 如劉彝, 錢藻, 孫覺, 范純仁, 錢公輔 是也라 何有는 言不難也라

門人은 劉彝·錢藻·孫覺·范純仁·錢公輔와 같은 이가 그들이다. 何有는 어렵지 않음을 말한다.

迂 : 멀 우(오)　稽 : 상고할 계　藻 : 마름 조

26. 呂滎公이 自少로 官守處에 未嘗干人擧薦하더니 其子舜從이 守官會稽에 人或譏其不求知者어늘 舜從이 對曰 勤於職事하고 其他를 不敢不愼하노니 乃所以求知也니라 《童蒙訓, 伊洛淵源錄》

呂滎公이 젊었을 때부터 벼슬을 맡고 있는 곳에 일찍이 남에게 천거해 주기를 요구하지 않았다. 그의 아들 舜從이 會稽에서 벼슬을 맡고 있었는데, 어떤 사람이 혹 알아주기를 구하지 않음을 기롱하자, 舜從은 다음과 같이 대답하였다. "직책과 일에 부지런하고, 그 나머지를 감히 삼가하지 않음이 없노니, 이것이 알아주기를 구하는 것이다."

集解 舜從은 滎公의 第二子니 名疑問이요 舜從은 字也라 滎公이 生平에 未嘗求擧於人이라 故舜從이 克紹父志하여 嘗曰 職事를 不敢不勤하고 他事를 不敢不愼하노니 此雖不求知나 而人必自知也라하니라 [1)]孔子曰 不患莫己知요 求爲可知也라하시니 舜從이 似之로다

舜從은 滎公의 둘째아들이니, 이름은 疑問이요, 舜從은 字이다. 滎公은 生平(평생)에 일찍이 남에게 천거해주기를 요구하지 아니하였다. 그러므로 舜從이 능히 아버지의 뜻을 이어 일찍이 말하기를 "직책과 일을 감히 부지런히 하지 않음이 없고, 다른 일을 감히 삼가지 않음이 없으니, 이는 비록 알아주기를 구함이 아니나 남이 반드시 알아준다." 하였다. 孔子가 말씀하시기를 "나를 알아주지 않음을 근심하지 말고 알려질 만하게 되기를 구하라." 하셨는데, 舜從이 이와 비슷하다.

역주 1. 孔子曰 : 이 내용은「論語」《里仁》에 보인다.

27. 漢陳孝婦 年十六而嫁하여 未有子러니 其夫當行戍(수)하여 且行時에 屬(촉)孝婦曰 我生死를 未可知니 幸有老母요 無他兄弟備養하니 吾不還이라도 汝肯養吾母乎아 婦應曰 諾다 《後漢書 列女傳》

漢나라 陳州의 孝婦는 나이 16세에 시집와 아직 자식을 두지 못하였는데, 그 남편이 변방을 지키러 가게 되었다. 장차 떠나려 할 적에 그는 孝婦에게 부탁하기를 "내가 살는지 죽을는지를 알 수 없고, 다행히 늙은 어머니가 계시나 다른 형제로서 봉양을 갖출 사람이 없으니, 내가 돌아오지 않더라도 당신은 기꺼이 내 어머니를 봉양하겠소?" 하자, 孝婦는 '예'하고 대답하였다.

譏 : 기롱할 기　紹 : 이을 소　戍 : 수자리살 수　且 : 장차 차　屬 : 부탁할 촉

集解 [1]孝婦는 後漢時人이라 守邊曰戍라 屬은 付託也라

孝婦는 後漢 사람이다. 변방을 지킴을 戍라고 한다. 屬은 부탁이다.

역주 1. 孝婦後漢時人 : 訓義에 "「列女傳」에 '孝婦는 前漢 文帝 때 사람이다.' 하였으니, 本註의 '後'字는 誤字인 듯하다." 하였다.

夫果死不還이어늘 婦養姑不衰하여 慈愛愈固하여 紡績織紝하여 以爲家業하고 終無嫁意하니라

남편이 과연 죽고 돌아오지 않자, 孝婦는 시어머니 봉양을 쇠하지 않아, 시어머니의 어여뻐함과 며느리의 사랑이 더욱 견고하여 실을 잣고 옷감을 짜서 가업으로 삼고, 끝내 시집갈 뜻이 없었다.

集解 慈愛愈固는 謂姑慈婦愛愈牢固也라 紡績織紝은 謂治絲枲而織布帛也라

慈愛愈固는 시어머니의 자애와 며느리의 사랑이 더욱 굳음을 이른다. 紡績織紝은 생사와 모시를 다스리고, 베와 비단을 짬을 이른다.

居喪三年이어늘 其父母哀其少無子而早寡也하여 將取嫁之러니 孝婦曰 夫去時에 屬妾以供養老母어늘 妾이 旣許諾之하니 夫養人老母而不能卒하고 許人以諾而不能信이면 將何以立於世리오하고 欲自殺한대 其父母懼而不敢嫁也하여 遂使養其姑하니 二十八年에 姑八十餘라 以天年으로 終이어늘 盡賣其田宅財物하여 以葬之하고 終奉祭祀하니라

상을 3년 살자, 그의 친정부모는 그가 젊어 자식이 없이 일찍 과부가 됨을 애처롭게 여겨, 장차 데려다가 시집보내려고 하였다. 이에 孝婦는 말하기를 "남편이 떠날 때에 첩에게 노모를 공양하도록 부탁하였는데, 첩이 이미 그것을 허락하였습니다. 남의 노모를 봉양하면서 끝까지 하지 못하며, 사람에게 '예'라고 허락하고서 능히 신용을 지키지 못한다면, 장차 어떻게 세상에 서서 살 수 있겠습니까." 하고는 자살하려고 하였다. 이에 그 친정부모는 두려워서 감히 시집보내지 못하고 마침내 그 시어머니를 봉양하게 하였다. 28년만에 시어머니가 나이 80여 세로

愈 : 더할 유　紡 : 길쌈 방　績 : 길쌈 적　紝 : 짤 임　牢 : 굳을 뢰　枲 : 모시 시
早 : 일찍 조

서 夭年(夭壽)으로 별세하자, 孝婦는 밭과 집과 재물들을 모두 팔아 장사지내고 끝까지 제사를 받들었다.

增註 卒은 終也라 夫死不嫁는 節也요 養姑而生事葬祭를 必盡力은 孝也니라

卒은 마침이다. 남편이 죽어도 시집가지 않음은 절개요, 시어머니를 봉양하여 생존시에 섬김과 〈죽은 뒤에〉 장례와 제사를 반드시 힘을 다함은 효도이다.

淮陽太守以聞한대 使使者하여 賜黃金四十斤하고 復(복)之하여 終身無所與하니 號曰 孝婦라하니라

淮陽太守가 이 사실을 조정에 아뢰자, 임금은 使者를 보내어 황금 40근을 하사하고, 부역을 면제하여 終身토록 부역에 참여함이 없도록 하니, 세상에서는 그를 孝婦라고 이름하였다.

集解 淮陽은 卽今陳州라 太守以孝婦로 聞之於朝한대 因遣使賜金하고 且復除其家之戶役하여 終孝婦之身토록 無所干與하니 號曰孝婦云이라

淮陽은 곧 지금의 陳州이다. 太守가 孝婦의 사실을 조정에 보고하자, 인하여 使者를 보내 황금을 하사하고, 또 그 집의 호구에 대한 부역을 면제하여 孝婦의 몸을 마치도록 부역에 참여하는 바가 없게 하니, 세상에서는 그를 孝婦라고 이름하였다.

28. 漢鮑宣의 妻桓氏는 字少君이라 宣이 嘗就少君父學하더니 父奇其淸苦하여 以女妻之하니 裝送資賄甚盛이어늘 宣이 不悅하여 謂妻曰 少君이 生富驕하여 習美飾하니 而吾實貧賤이라 不敢當禮로다 妻曰 大人이 以先生修德守約故로 使賤妾으로 侍執巾櫛하시니 旣奉承君子인댄 惟命是從하리이다 宣이 笑曰 能如是면 是吾志也로다 妻乃悉歸侍御服飾하고 更著(경착)短布裳하여 與宣으로 共挽鹿車하여 歸鄕里하여 拜姑禮畢하고 提甕出汲하여 修行婦道하니 鄕邦이 稱之하니라 《漢書 列女傳》

聞 : 아뢸 문　斤 : 근 근　復 : 부역면제할 복　遣 : 보낼 견　鮑 : 생선 포
裝 : 차릴 장, 꾸밀 장　賄 : 재물 회　櫛 : 빗 즐　悉 : 다할 실　挽 : 당길 만
提 : 들 제　甕 : 항아리 옹　汲 : 물길을 급

漢나라 鮑宣의 아내 桓氏는 字가 少君이다. 宣은 일찍이 少君의 아버지에게 나아가 배웠는데, 少君의 아버지는 그의 淸苦함을 기특하게 여겨, 딸을 그에게 시집보내었는바, 치장하여 보내는 재물이 매우 풍성하였다. 鮑宣은 기뻐하지 않으며 아내에게 이르기를 "少君은 부유하고 교만한 가정에서 성장하여 아름답게 꾸밈을 익혔는데, 나는 진실로 가난하고 천하니 그 禮를 감당할 수 없다." 하자, 아내는 말하기를 "大人(아버지)께서는 선생이 덕행을 닦고 검약을 지키기 때문에 천한 첩으로 하여금 모시어 수건과 빗을 잡게 하셨습니다. 이미 君子(남편)을 받들게 되었으니, 오직 명령을 따를 뿐입니다." 하였다. 鮑宣은 웃으며 "능히 이와 같이 한다면 이것은 나의 뜻이다." 하였다. 아내는 이에 모시는 하인들과 의복과 장식품을 모두 되돌려 보내고 짧은 삼베치마로 바꾸어 입고, 鮑宣과 함께 鹿車(작은 수레)를 끌며 鮑宣의 마을로 돌아와 시어머니께 절하는 예를 마치고는 물동이를 들고 나가 물을 길어 부인의 도리를 닦아 행하니, 시골과 고을에서는 그를 칭찬하였다.

集說 陳氏曰 宣은 字子都니 渤海人이라 吳氏曰 大人은 稱其父요 先生은 稱其夫라 約은 儉約也라

增註 引車曰挽이라 鹿車는 小車니 可容一鹿者라

집설 陳氏가 말하였다. "鮑宣은 字가 子都이니, 渤海 사람이다."
吳氏가 말하였다. "大人은 그의 아버지를 칭하고, 先生은 그의 남편을 칭한 것이다. 約은 검약이다."

증주 수레를 끄는 것을 挽이라 한다. 鹿車는 작은 수레이니, 한 마리의 사슴을 수용할 만한 것이다.

29. 曹爽의 從弟文叔의 妻는 譙郡夏侯文寧之女니 名은 令女라 文叔이 蚤死어늘 服闋하고 自以年少無子하니 恐家必嫁己하여 乃斷髮爲信이러니 其後에 家果欲嫁之어늘 令女聞하고 卽復(부)以刀로 截兩耳하고 居止를 常依爽하더니 及爽被誅하여 曹氏盡死어늘 令女叔父上書하여 與曹氏絶婚하고 彊迎令女歸하니라 《三國志 魏志 曹爽列傳註, 資治通鑑 魏邵陵厲公紀》

曹爽의 從弟인 文叔의 아내는 譙郡 夏侯文寧의 딸로 이름이 令女였다. 그는 文叔이 일찍 죽자, 상을 마치고 스스로 나이가 젊은데다 자식이 없으니, 親家(친정

渤 : 바다이름 발 爽 : 상쾌할 상 譙 : 꾸짖을 초 蚤 : 일찍 조 闋 : 마칠 결
截 : 끊을 절 彊 : 억지로 강

집)에서 반드시 자기를 시집보낼 것이라고 생각하여 마침내 머리털을 잘라 맹세하였다. 그 후 친가에서 과연 시집보내려고 하자, 令女는 이 말을 듣고 다시 칼로써 두 귀를 베고, 거처를 항상 曹爽에게 의지하였다. 曹爽이 사형을 당하여 曹氏가 다 죽자, 令女의 숙부는 임금께 글을 올려, 曹氏와 혼인 관계를 끊고 강제로 令女를 맞아 돌아갔다.

集說 吳氏曰 曹爽은 魏宗室이라 從弟는 同祖之弟라 譙郡은 今亳縣이라 夏侯는 覆姓이요 文寧은 名也라

吳氏가 말하였다. "曹爽은 魏나라 宗室이다. 從弟는 할아버지가 같은 동생이다. 譙郡은 지금의 亳縣이다. 夏侯는 覆姓이요 文寧은 이름이다."

時에 文寧이 爲梁相一作州이러니 憐其少執義하고 又曹氏無遺類라 [1]冀其意阻〔沮〕하여 乃微使人風之한대 令女嘆且泣曰 吾亦惟之하니 許之是也라하여늘 家以爲信하여 防之少懈한대 令女於是에 竊入寢室하여 以刀斷鼻하고 蒙被而臥하여 其母呼與語하되 不應이어늘 發被視之하니 血流滿牀席이라 擧家驚惶하여 往視之하고 莫不酸鼻하니라

이때 夏侯文寧은 梁나라의 相이 되었는데(一本에는 相이 州로 되었다), 그가 젊은 나이에 절개를 지킴을 가엽게 여기고, 또 曹氏가 살아남은 붙이가 없으므로 그가 절개를 지키려는 뜻이 막히기를 기대하여, 마침내 가만히 사람으로 하여금 풍자하게 하였다. 令女는 탄식하고 또 울면서 말하기를 "나도 생각해보니, 시집가는 것을 허락함이 옳겠다." 하였다. 친가에서는 이 말을 사실로 믿고 방비하기를 다소 게을리하였다. 令女는 이에 남몰래 침실로 들어가 칼로 코를 자르고는 이불을 뒤집어쓰고 누웠다. 그의 어머니가 불러 함께 말을 해도 응답을 하지 않으므로 이불을 들치고 보니, 피가 흘러 침상과 자리에 가득하였다. 온집안 식구들이 놀라고 두려워하여 가서 보고는 코가 찡하지 않는 사람이 없었다.

역주 1. 冀其意沮 : 원래는 冀其意阻로 되어 있으나 攷訂에 '阻는 他本에 沮로 되어 있다' 하였고, 漢文大系本에도 沮로 되어 있으므로 바로잡았으며, 註도 함께 바로잡았다.

亳 : 땅이름 박 相 : 정승 상 憐 : 불쌍할 련 冀 : 바랄 기 阻 : 막힐 조
沮 : 막을 저 惟 : 생각할 유 蒙 : 무릅쓸 몽 惶 : 두려울 황 酸 : 실 산

集說 陳氏曰 無遺類는 盡死也라 冀其意阻〔沮〕는 幸其阻〔沮〕守義之意而改適也라 風은 謂以言動之라 惟之는 思之也라

陳氏가 말하였다. "無遺類는 다 죽음이다. 그 뜻이 막히기를 기대한다는 것은 그 절의를 지키려는 뜻을 막아 개가시키려 함이다. 風은 말로써 감동시킴을 이른다. 惟之는 생각함이다."

或이 謂之曰 人生世間이 如輕塵棲弱草耳니 何辛苦乃爾오 且夫家夷滅已盡하니 守此欲誰爲哉오 令女曰 聞仁者는 不以盛衰改節하고 義者는 不以存亡易心이라하니 曹氏全盛之時라도 尙欲保終이어든 況今衰亡하니 何忍棄之리오 禽獸之行을 吾豈爲乎리오

혹자가 그에게 말하기를 "사람이 세상을 살아감은 가벼운 먼지가 약한 풀에 붙은 것과 같은데, 어찌하여 辛苦하기를 이와 같이 하는가? 또 남편의 집안이 멸망하여 이미 없어졌으니, 이 절개를 지킴은 누구를 위하고자 해서인가." 하자, 令女는 다음과 같이 말하였다. "仁者는 성쇠에 따라 절개를 고치지 않고, 의로운 자는 존망에 따라 마음을 바꾸지 않는다고 한다. 曹氏가 전성했을 때라도 오히려 끝까지 보존하고자 할 터인데, 하물며 지금 쇠망하였으니 내 어찌 차마 버리겠는가. 금수의 행위를 내 어찌 하겠는가."

集說 熊氏曰 輕塵은 易散하고 弱草는 難依하니 非有纏固也라 吳氏曰 人之所以異於禽獸者는 以其有仁義也니 若以盛衰存亡而改節易心이면 則不仁不義禽獸之行也니 令女之所以不爲者는 其有見於此也니라 夫魏晉之際에 廉恥道喪하여 背君父而事仇讎者比肩接跡하니 聞令女之言하고 觀令女之行하면 寧不愧乎아 後司馬懿聞而嘉之하여 聽令女養子하여 爲曹氏後하니라

熊氏가 말하였다. "가벼운 먼지는 흩어지기 쉽고 약한 풀은 의지하기 어려우니, 단단히 얽어놓음이 있지 않다."

吳氏가 말하였다. "사람이 금수와 다른 까닭은 그 仁義가 있기 때문이다. 만약 성쇠와 존망에 따라 절개를 고치고 마음을 바꾼다면 仁하지 못하고 의롭지 못한 금수의 행위이니, 令女가 하지 않은 까닭은 그 이것을 봄이 있었기 때문이다. 魏·晉 때에는 염치의 道가 상실되어 君父를 배반하고 원수를 섬기는 자들이 어깨를 나란히 하고 발자취를 이었으

適：시집갈 적 棲：깃들 서 爾：이와같을 이 夷：멸할 이 纏：감을 전, 얽을 전
讎：원수 수 懿：아름다울 의

니, 令女의 말을 듣고 令女의 행실을 본다면, 어찌 부끄럽지 않겠는가.” 뒤에 司馬懿는 이 소식을 듣고 가상하게 여겨 令女가 양자를 들여 曹氏의 후손으로 삼도록 허락해 주었다.

30. 唐鄭義宗의 妻盧氏 略涉書史하고 事舅姑하되 甚得婦道하더니 嘗夜에 有強盜數十이 持杖鼓譟하고 踰垣而入하니 家人이 悉奔竄하고 唯有姑自在室이어늘 盧冒白刃하고 往至姑側하여 爲賊捶擊하여 幾死하니라 《唐書 列女列傳》

唐나라 鄭義宗의 아내 盧氏는 글과 역사책을 대략 섭렵하였으며, 시부모를 섬김에 며느리의 도리에 매우 합당하였다. 일찍이 밤에 강도 수십 명이 몽둥이를 들고 북을 치고 떠들며 담을 넘어 들어오니, 집안 사람들은 모두 도망쳐 숨고 오직 시어머니만이 그대로 방에 남아 있었다. 盧氏는 시퍼런 칼날을 무릅쓰고 시어머니 곁으로 가서 도적에게 매를 맞아 거의 죽게 되었다.

集解 鼓譟는 鼓舞呼譟也요 奔竄은 奔走竄匿也라 姑老하여 不能出避하니 盧冒白刃而往者는 義欲救姑하여 不顧其身也라 幾는 近也라

鼓譟는 북치고 춤추며 소리쳐 떠듦이요, 奔竄은 도망쳐 숨음이다. 시어머니가 늙어서 나가 피하지 못하자, 盧氏가 시퍼런 칼날을 무릅쓰고 간 것은 의리상 시어머니를 구제하고자 하여 그 몸을 돌보지 않은 것이다. 幾는 가까움(거의)이다.

賊去後에 家人이 問何獨不懼오 盧氏曰 人所以異於禽獸者는 以其有仁義也니 隣里有急이라도 尙相赴救어든 況在於姑而可委棄乎아 若萬一危禍면 豈宜獨生이리오

도적이 간 뒤에 집안 사람들이 “어찌 홀로 두려워하지 않았습니까?” 하고 묻자, 盧氏는 다음과 같이 말하였다. “사람이 금수와 다른 까닭은 그 仁義가 있기 때문이다. 이웃과 마을에 위급함이 있더라도 오히려 서로 달려가 구제할 터인데, 하물며 시어머니에 있어서 버릴 수 있겠는가. 만약 만에 하나라도 시어머니가 위태롭거나 화를 당하면, 어찌 마땅히 혼자만 살겠는가.”

集解 仁義者는 人性之所固有니 其所以異乎禽獸者는 此也라 盧氏惟其知之

杖 : 몽둥이 장 譟 : 시끄러울 조 垣 : 담 원 奔 : 달아날 분 竄 : 숨을 찬
刃 : 칼날 인 捶 : 칠 추 匿 : 숨을 닉 尙 : 오히려 상 赴 : 달려갈 부 委 : 버릴 위

明, 見之審이라 於是에 捐生以赴而不顧其身하니 誦其言하면 千載之下에도 凜然猶有生氣라 嗚呼라 天理民彝之在人心하여 終古而不泯滅者를 於此에 可見矣니라

仁義는 人性에 고유한 바이니, 그 금수와 다른 까닭은 이 때문이다. 盧氏는 이것을 알기를 분명히 하고, 보기를 자세히 하였다. 이에 생명을 버리고 달려가 그 몸을 돌보지 않았으니, 그의 말을 외우면 천년 뒤에도 늠름하게 오히려 생기가 있다. 아! 天理와 사람의 彝性이 사람의 마음에 있어, 終古(영원)토록 없어지지 않음을 여기에서 볼 수 있다.

31. 唐奉天竇氏二女生長草野호되 幼有志操러니 永泰中에 群盜數千人이 剽掠其村落한대 二女皆有容色하여 長者는 年十九요 幼者는 年十六이러니 匿巖穴間이어늘 曳出之하여 驅迫以前할새 臨壑谷深數百尺하여 其姊先曰 吾寧就死언정 義不受辱이라하고 卽投崖下而死어늘 盜方驚駭하더니 其妹繼之自投하여 折足破面流血이어늘 群盜乃捨之而去하니라 《唐書 列女列傳》

唐나라 奉天에 竇氏의 두 딸은 초야에서 생장하였으나, 어려서부터 지조가 있었다. 永泰 年間에 도적떼 수천 명이 그 촌락을 노략질하였는데, 두 딸은 모두 容色(미모)이 있어 맏이는 나이가 열아홉이었고, 어린 자는 나이가 열여섯이었다. 이들은 바위 굴 사이에 숨어있었는데, 도적떼들이 끌어내어 몰아 핍박하여 앞세우고 갔다. 이들은 골짜기의 깊이가 수백 자나 되는 곳에 이르자, 그 언니가 먼저 말하기를 "내 차라리 죽음에 나아갈지언정 의리상 욕됨을 받지 않겠다." 하고, 곧 벼랑 아래로 떨어져 죽었다. 도적들이 막 놀라고 있었는데, 그 동생도 뒤이어 스스로 투신하여 다리가 부러지고 얼굴이 깨져 피가 흘렀다. 이에 도적떼들은 마침내 버리고 그대로 갔다.

集解 奉天은 縣名이라 永泰는 代宗年號라

奉天은 縣의 이름이다. 永泰는 代宗의 연호이다.

京兆尹第五琦 嘉其貞烈하여 奏之한대 詔旌表門閭하고 永蠲其

捐 : 버릴 연　載 : 해 재　凜 : 늠름할 름　泯 : 없어질 민　竇 : 구멍 두
剽 : 겁박할 표　掠 : 노략질할 략　落 : 부락 락　曳 : 끌 예　迫 : 핍박할 박
壑 : 골짜기 학　崖 : 벼랑 애　駭 : 놀랄 해　琦 : 옥 기　旌 : 표할 정　蠲 : 덜 견

家丁役하니라

京兆尹 第五琦는 그들의 貞烈을 가상하게 여겨 임금께 아뢰자, 임금은 조서를 내려 그 門閭에 정표하고 그 집안의 丁役(부역)을 영원히 면제해 주었다.

集解 京兆는 郡名이니 今西安府라 尹은 官也라 第五는 覆姓이요 琦는 名이라 蠲은 除也라

京兆는 郡의 이름이니, 지금의 西安府이다. 尹은 관직이다. 第五는 복성이요, 琦는 이름이다. 蠲은 면제이다.

32. 繆肜이 少孤하여 兄弟四人이 皆同財業하더니 及各取妻하여 諸婦遂求分異하고 又數(삭)有鬪爭之言이어늘 肜이 深懷忿嘆하여 乃掩戶自撾曰 繆肜아 汝修身謹行하여 學聖人之法은 將以齊整風俗이니 奈何로 不能正其家乎아한대 弟及諸婦聞之하고 悉叩頭謝罪하여 遂更(경)爲敦睦之行하니라 《後漢書 獨行列傳》

繆肜은 어려서 아버지를 여의어, 형제 네 명이 재산과 가업을 함께 하였는데, 각각 아내를 맞이함에 이르러는 여러 아내들이 마침내 재산을 나누어 따로 살기를 요구하였으며 또 자주 다투는 말이 있었다. 繆肜은 깊이 분노와 한탄을 품고, 이에 문을 닫고 스스로 종아리치며 말하였다. "繆肜아! 네가 몸을 닦고 행실을 삼가하여 聖人의 법을 배움은 장차 풍속을 정돈하려 함인데, 어찌하여 그 집안을 바로잡지 못하느냐." 하였다. 아우 및 여러 아내들은 이 말을 듣고 모두 머리를 조아려 사죄하고, 마침내 고쳐서 돈독하고 화목한 행실을 하였다.

集說 吳氏曰 漢繆肜은 字豫公이라 幼而無父曰孤라 撾는 擊也라 肜이 怒諸弟求分財異居하여 乃閉戶自責하니 於是에 諸弟諸婦聞之하고 悉俯地擊首以謝하고 遂改爲敦睦之行하니 嗚呼라 肜之德이 固有以感動諸弟요 而諸弟亦可謂善改過者矣로다

吳氏가 말하였다. "漢나라 繆肜은 字가 豫公이다. 어려서 아버지가 없음을 孤라 한다. 撾는 침이다. 繆肜은 여러 동생들이 재산을 나누어 따로 살기를 요구함에 분노하여, 마침내 문을 닫고 스스로 꾸짖었다. 이에 여러 동생과 여러 아내(弟嫂)들은 이 말을 듣고 모두 땅에 엎드려 머리를 치면서 사죄하고, 마침내 고쳐서 돈독하고 화목한 행실을 하였으니, 아! 繆肜의 덕이 진실로 여러 아우들을 감동시킴이 있었고, 여러 아우들 또한 과실을 잘

繆 : 화목할 목 肜 : 제사이름 융 掩 : 닫을 엄 撾 : 칠 과 更 : 고칠 경

고친 자라고 이를 만하다."

33. 蘇瓊이 除南淸河太守하니 有百姓乙普明兄弟爭田하여 積年不斷하여 各相援據하여 乃至百人이러니 瓊이 召普明兄弟하여 諭之曰 天下에 難得者는 兄弟요 易求者는 田地니 假令得田地라도 失兄弟心하면 如何오하고 因而下淚한대 諸證人이 莫不灑泣하더니 普明兄弟叩頭하여 乞外更(갱)思하여 分異十年에 遂還同住하니라 《北齊書 循吏列傳》

蘇瓊이 南淸河太守에 제수되었는데, 백성 중에 乙普明 형제가 토지를 다투어 여러 해가 지나도록 판결이 나지 않아, 각각 서로 증인을 끌어들여 증인이 마침내 백 명에 이르렀다. 蘇瓊은 乙普明 형제를 불러 타이르기를 "천하에 얻기 어려운 것은 형제간이요, 구하기 쉬운 것은 토지이다. 가령 농토를 얻었더라도, 형제간의 마음을 잃는다면 어찌하겠는가" 하고 인하여 눈물을 떨구자, 모든 증인들도 눈물을 뿌려 울지 않는 자가 없었다. 乙普明 형제는 머리를 조아리고 밖으로 나가 다시 생각해 보겠다고 빌었다. 그리하여 나누어 따로 산 지 10년만에 마침내 돌아와 함께 살았다.

集說 陳氏曰 瓊은 字珍之니 北朝人이라 南淸河는 郡名이라 乙은 姓이요 普明은 名也라 援據는 攀援他人하여 爲證據也라 諭는 曉也라 太守下淚에 而諸證人灑泣하고 普明兄弟悔過하니 可以見人心之天矣로다

陳氏가 말하였다. "瓊은 字가 珍之이니, 北朝(北齊) 사람이다. 南淸河는 郡의 이름이다. 乙은 姓이요, 普明은 이름이다. 援據는 다른 사람을 끌어들여 증거로 삼음이다. 諭는 깨우침이다. 태수가 눈물을 떨구자 여러 증인들도 눈물을 뿌려 울었고, 乙普明 형제도 잘못을 뉘우쳤으니, 人心의 천성을 볼 수 있다."

34. 王祥의 弟覽의 母朱氏遇祥無道러니 覽年數歲에 見祥被楚撻하고 輒涕泣抱持하더니 至于成童하여 每諫其母하니 其母少止凶虐하니라 朱屢以非理使祥이어든 覽이 與祥俱하고 又虐使祥妻

瓊 : 옥 경　普 : 넓을 보　援 : 끌 원　諭 : 타이를 유　乞 : 빌 걸　珍 : 보배 진
攀 : 끌어당길 반　覽 : 볼 람　楚 : 매질할 초　撻 : 매질할 달　虐 : 사나울 학
屢 : 자주 루　俱 : 함께 구

어든 覽妻亦趨而共之하니 朱患之하여 乃止하니라 《晉書 王祥列傳》

王祥의 아우인 王覽의 어머니 朱氏는 王祥을 대우하기를 무도하게 하였다. 王覽은 나이 몇 살에 王祥이 맞는 것을 보면 그때마다 눈물을 흘려 울며 안고 붙잡았다. 그리고 成童함에 이르러서는 매양 그 어머니에게 간언하니, 그 어머니도 흉학함을 조금 그쳤다. 朱氏가 여러번 도리가 아닌 것으로 王祥을 부리면 王覽은 王祥과 함께 하고, 또 王祥의 아내를 학대하여 부리면 王覽의 아내 또한 달려가서 함께 하니, 朱氏는 이것을 걱정하여 마침내 王祥 內外에 대한 학대를 중지하였다.

集解 王覽은 字玄通이라 覽年幼에 見兄被楚撻하고 抱持泣諫하니 其友愛出於天性이요 至於祥妻受虐이면 覽妻亦趨共之하여는 則非得於觀感之深者면 其能然乎아 由是로 其母亦止凶虐也하니라

王覽은 字가 玄通이다. 王覽은 어린 나이에 형이 楚撻을 당하는 것을 보고는 안고 붙잡으며 울고 간언하였으니, 그 우애가 천성에서 나온 것이요, 王祥의 아내가 학대를 받으면 王覽의 아내 또한 달려가 함께 함에 이르러는 보고 감동함에 얻음이 깊은 자가 아니면 그 능히 그렇게 할 수 있겠는가. 이로 말미암아 그 어머니도 또한 흉학함을 그친 것이다.

35. [1]晉右僕射(야)鄧攸 永嘉末에 沒于石勒하여 過泗水할새 攸以牛馬로 負妻子而逃하다가 又遇賊하여 掠其牛馬하고 步走하여 擔其兒及其弟子綏러니 度(탁)不能兩全하고 乃謂其妻曰 吾弟早亡하고 唯有一息하니 理不可絕이라 止應自棄我兒耳로다 幸而得存하면 我는 後當有子인저 妻泣而從之어늘 乃棄其子而去之러니 卒以無嗣하니라 《晉書 良吏列傳》

晉나라 右僕射 鄧攸는 永嘉 말년에 石勒에게 패몰하여 泗水를 지났는데, 이때 鄧攸는 소와 말에 처자식을 업히고 도망하다가 또 도적을 만나 그 소와 말을 약탈당하고는 걸어 도망치면서 그의 아이와 및 그 동생의 아들 綏를 업고 갔다. 鄧攸는 두 아이를 온전히 보전할 수 없다고 판단하고 이에 그의 아내에게 말하기를 "내 아우가 일찍 죽고 오직 한 자식이 있으니, 도리상 후사를 끊을 수 없다. 다만 마땅히 스스로 우리 아이를 버려야 한다. 다행히 우리가 생존하게 된다면, 우리는 뒤에 마땅히 자식을 둘 것이다." 하였다. 아내가 울면서 따르자, 마침내 그 자식을 버리고 떠났는데, 끝내 후사가 없었다.

鄧：나라이름 등　攸：바 유　勒：새길 륵　掠：빼앗을 략　擔：질 담
綏：편안할 유(수)　止：다만 지　嗣：후사 사

역주 1. 당시 鄧攸는 자기 아들을 나무에 묶어놓고 갔었는데, 이는 인정상 차마못할 일이라 하여 朱子도 뒤에 이 부분을 빼버리고 싶다 하였으며, 우리나라 儒賢들도 모두 옳지 못한 일이라고 비판하였음을 밝혀둔다.

集解 僕射는 官名이라 攸는 字伯道니 平陽人이라 永嘉는 懷帝年號라 石勒은 胡人이니 僭據自立하여 [1]爲後趙하니라 泗水는 在淮北하니라 熊氏曰 旣不能兩全이면 則寧棄己之兒언정 毋絕亡弟之後하니 卒以無子는 命也라

僕射는 벼슬 이름이다. 攸는 字가 伯道이니, 平陽 사람이다. 永嘉는 懷帝의 연호이다. 石勒은 오랑캐 사람으로 참람히 웅거하여 스스로 서서 後趙라 하였다. 泗水는 淮水 북쪽에 있다.

熊氏가 말하였다. "이미 둘 다 보전할 수 없다면 차라리 자기의 아이를 버릴지언정 죽은 아우의 후사를 끊지 않았는데, 끝내 자식이 없었음은 天命이다."

역주 1. 後趙 : 五胡 十六國의 하나이다.

時人이 義而哀之하여 爲之語曰 天道無知하여 使鄧伯道로 無兒로다 弟子綏服攸喪三年하니라

당시 사람들이 의롭게 여기고 슬퍼하여 말하기를 "天道가 앎이 없어 鄧伯道로 하여금 아들이 없게 했다." 하였다. 아우의 아들 綏가 攸의 3년상을 입었다.

增註 義者는 義其能存姪也라 服喪三年은 如喪父也라

義는 능히 조카를 보존함을 의롭게 여긴 것이다. 3년상을 입음은 아버지의 상과 같이 한 것이다.

36. 晉咸寧中에 大疫이러니 庾袞의 二兄이 俱亡하고 次兄毗復危殆하여 癘氣方熾어늘 父母諸弟皆出次于外하되 袞이 獨留不去어늘 諸父兄이 強之한대 乃曰 袞은 性不畏病이라하고 遂親自扶持하여 晝夜不眠하며 其間에 復(부)撫柩하여 哀臨不輟하더니 如此十有餘旬에 疫勢旣歇이어늘 家人이 乃反하니 毗病이 得差하고 袞亦無

僭 : 참람할 참　淮 : 회수 회　姪 : 조카 질　庾 : 곳집 유　袞 : 곤룡포 곤
毗 : 도울 비　癘 : 염병 려　熾 : 성할 치　次 : 머무를 차　撫 : 어루만질 무
柩 : 널 구　輟 : 그칠 철　疫 : 염병 역　歇 : 쉴 헐

恙하니라 《晉書 孝友列傳》

晉나라 咸寧 연간에 큰 전염병이 유행하였다. 그리하여 庾袞의 두 형이 함께 사망하고, 다음형인 庾毗도 다시 위태하여 병의 기세가 막 성하였으므로 부모와 여러 아우들은 모두 밖으로 나가 머물렀으나 庾袞은 홀로 남아 떠나가지 아니하였다. 여러 父兄들이 떠나도록 강요하자, 마침내 말하기를 "저는 마음에 병을 두려워하지 않습니다." 하고 마침내 친히 형을 부축하여, 밤낮으로 잠을 자지 않았으며 그 사이에 또 죽은 형의 靈柩를 어루만져 슬피 울기를 그치지 않았다. 이와 같이 한지 十餘旬(백여 일) 만에 병의 증세가 이미 수그러들었으므로 집안 사람들이 마침내 돌아오니, 庾毗의 병도 쾌차되었고 庾袞도 또한 병이 없었다.

集解 咸寧은 武帝年號라 袞은 字叔褒라 毗는 次兄名이라 次는 舍也라 間은 空隙也라

咸寧은 武帝의 연호이다. 庾袞은 字가 叔褒이다. 毗는 다음 형의 이름이다. 次는 머무름이다. 間은 빈틈이다.

父老咸曰 異哉라 此子여 守人所不能守하며 行人所不能行하니 [1]歲寒然後에야 知松柏之後凋니 始知疫癘之不能相染也로라

父老들이 말하였다. "특이하도다. 이 사람이여! 남이 지킬 수 없는 것을 지키며, 남이 행할 수 없는 것을 행하였으니, 날씨가 추워진 뒤에야 소나무와 잣나무가 늦게 시듦을 아는 것이니, 이제 비로소 전염병도 감염시킬 수 없음을 알겠구나."

역주 1. 歲寒然後知松柏之後凋 : 이 내용은 「論語」《子罕》에 보인다.

增註 父老는 鄕之高年者라 異哉는 稱其所守所行이 異於人也라 後凋는 謂後於衆木之凋라

父老는 鄕里의 나이 높은 자이다. 異哉는 그 지킨 바와 행한 바가 남보다 특이함을 칭찬한 것이다. 後凋는 여러 나무들의 시듦보다 뒤에 함을 말한 것이다.

37. 楊播家世純厚하여 並敦義讓하여 昆季相事하되 有如父子하더니 椿, 津이 恭謙하여 兄弟旦則聚於廳堂하여 終日相對하여 未

恙 : 병 양 隙 : 틈 극 凋 : 시들 조 染 : 물들 염 播 : 뿌릴 파 椿 : 참죽나무 춘
津 : 나루 진 廳 : 대청 청

嘗入內하며 有一美味어든 不集不食하니라 廳堂間에 往往幃幔隔障하여 爲寢息之所하여 時就休偃하고 還共談笑하니라 《北史 楊播列傳》

楊播는 가문이 대대로 순후하여 모두 의리와 겸양을 돈독히 하여 형제가 서로 섬기기를 부자간과 같이 하였다. 楊椿과 楊津은 공손하고 겸손하여 형제가 아침이면 대청에 모여 종일토록 서로 마주하여 일찍이 안에 들어가지 않았으며, 한 가지라도 맛있는 음식이 있으면 형제들이 모이지 않고서는 먹지 않았다. 대청마루 사이에 왕왕 휘장으로 칸막이를 막아, 자거나 쉬는 곳으로 삼고는 때로 나아가 쉬고 누우며 돌아와 함께 담소하곤 하였다.

集說 陳氏曰 播는 字延慶이니 北朝人이라 昆季는 兄弟也라 椿은 字延壽요 津은 字羅漢이라 偃은 猶臥也라

陳氏가 말하였다. "播는 字가 延慶이니, 北朝(北魏) 사람이다. 昆季는 형제이다. 椿은 字가 延壽요, 津은 字가 羅漢이다. 偃은 臥(누움)와 같다.

椿이 年老하여 曾他處醉歸어늘 津이 扶持還室하여 假寢閤前하여 承候安否하니라

楊椿이 연로하여 일찍이 다른 곳에서 취해 돌아오자, 楊津은 부축하여 방으로 돌아와 방문 앞에서 옷을 입은채 자고는 안부를 받들어 살폈다.

增註 假寢은 不脫衣冠而寢也라 閤은 謂室之門也라

假寢은 의관을 벗지 않고 자는 것이다. 閤은 방의 문을 이른다.

椿, 津이 年過六十하여 並登台鼎이러니 而津이 常旦莫(暮)參問이어든 子姪이 羅列階下러니 椿이 不命坐어든 津이 不敢坐하니라

楊椿과 楊津은 나이 육십이 넘어 모두 台鼎(三公)에 올랐는데, 楊津이 항상 아침저녁으로 뵙고 문안하거든 아들과 조카들이 계단 아래에 나열하곤 하였는데, 楊椿이 앉으라고 명령하지 않으면 楊津은 감히 앉지 못하였다.

幃 : 장막 위　幔 : 장막 만　偃 : 누울 언　閤 : 대궐 합　候 : 물을 후　台 : 별이름 태
參 : 뵐 참

增註 台鼎은 [1]三公之稱이니 [2]如星之有三台, 鼎之有三足也라 椿爲司徒하고 津爲司空이라 故曰並登台鼎이라

台鼎은 三公의 칭호이니, 별에 삼태성이 있고 솥에 세 발이 있음과 같아서이다. 楊椿은 司徒가 되었고 楊津은 司空이 되었으므로 함께 台鼎에 올랐다고 한 것이다.

역주 1. 三公 : 조정의 가장 높은 벼슬로, 周代에는 太師·太傅·太保를, 漢代에는 太尉·司徒·司空을 칭하였으며, 朝鮮朝에서는 領議政과 左·右議政을 지칭하였다.
2. 三台 : 모두 여섯 개로 형성된 별인데, 서쪽으로 文昌星과 가까운 두 개의 별을 上台, 가운데 두 개를 中台, 동쪽으로 있는 두 개를 下台라 한다.

椿이 每近出하여 或日斜不至어든 津이 不先飯하여 椿還然後에 共食하더니 食則津이 親授匙箸하며 味皆先嘗하고 椿이 命食然後에 食하니라 津이 爲肆州에 椿이 在京宅이러니 每有四時嘉味어든 輒因使次하여 附之하고 若或未寄면 不先入口하니라 一家之內에 男女百口러니 緦服이 同爨하되 庭無間言하니라

楊椿이 매양 가까이 외출하여 혹 해가 기울어도 오지 않으면 楊津은 먼저 밥을 먹지 아니하여 楊椿이 돌아온 뒤에야 함께 밥을 먹었다. 밥을 먹게 되면 楊津은 친히 수저와 젓가락을 바쳤으며, 맛을 모두 먼저 맛보고 楊椿이 먹으라고 명령한 뒤에야 먹었다. 楊津이 肆州를 맡았을 때에 楊椿은 서울 집에 있었는데, 매양 사철의 좋은 음식이 있으면 그때마다 심부름 보내는 편을 인하여 음식을 부쳤으며, 만약 혹 보내지 못했으면 먼저 입에 넣지 않았다. 한 가문 안에 남녀가 백여 식구였는데, 緦麻服까지 함께 밥을 지어 먹되, 가정에서는 이간하는 말이 없었다.

增註 京宅은 宅在京也라 嘉味는 美味也니 未寄于兄이면 則不先食이라 [1]緦麻之服이 同炊爨은 四世不分異也라

京宅은 집이 서울에 있는 것이다. 嘉味는 아름다운 맛이니, 형에게 부치지 않았으면 먼저 먹지 않았다. 緦麻의 服이 함께 밥지어 먹음은 4代를 지나도록 따로 살지 않은 것이다.

역주 1. 緦麻之服 : 高祖 이후 4대를 지나면 三從兄弟(8촌)가 되는바, 緦麻三月服을 입으므로 4대가 함께 同居한 것이 된다.

38. 隋吏部尙書牛弘의 弟弼이 好酒而酗하더니 嘗醉하여 射(석)殺

斜 : 기울 사　匙 : 숟가락 시　箸 : 젓가락 저　肆 : 방자할 사　緦 : 시마복 시
爨 : 불땔 찬　炊 : 밥지을 취　酗 : 주정할 후　射 : 맞힐 석

弘의 駕車牛한대 弘이 還宅이어늘 其妻迎謂弘曰 叔이 射殺牛라호되 弘이 聞하고 無所怪問이요 直答曰 作脯하라 坐定이어늘 其妻又曰 叔이 射殺牛하니 大是異事로이다 弘曰 已知라하고 顏色이 自若하여 讀書不輟하니라 《隋書 牛弘列傳》

隋나라 吏部尙書 牛弘의 아우 牛弼이 술을 좋아하고 주정을 하였다. 일찍이 취하여 牛弘의 수레를 끄는 소를 활로 쏘아 죽였는데, 牛弘이 집으로 돌아오자 그의 아내가 牛弘을 맞이하며 말하기를 "시숙이 소를 쏘아 죽였습니다." 하였으나 牛弘은 듣고는 괴이하게 여겨 묻는 바가 없고 다만 대답하기를 "포를 만들라." 하였다. 牛弘이 좌정하자, 그의 아내는 또다시 말하기를 "시숙이 소를 쏘아 죽였으니, 크게 이상한 일입니다." 하였다. 牛弘은 "이미 알고 있소." 하고는 안색이 태연자약하며 글 읽기를 그치지 않았다.

集說 陳氏曰 弘은 字里仁이니 安定人이라 以酒爲凶曰酗라 直은 猶但也라

陳氏가 말하였다. "弘은 字가 里仁이니, 安定 사람이다. 술로써 흉포한 짓을 하는 것을 酗라고 한다. 直은 但과 같다.

39. [1]唐英公李勣이 貴爲僕射(야)로되 其姊病이어든 必親爲然(燃)火煮粥하더니 火焚其鬚어늘 姊曰 僕妾이 多矣니 何爲自苦如此오 勣曰 豈爲無人耶리오 顧今에 姊年老하고 勣亦老하니 雖欲數(삭)爲姊煮粥인들 復可得乎잇가 《唐書 李勣列傳》

唐나라 英公 李勣은 존귀함이 僕射가 되었는데도 그의 누님이 병을 앓으면 반드시 친히 누님을 위하여 불을 때어 죽을 끓였다. 불에 그의 수염을 태우자, 누님이 말하기를 "종과 첩이 많은데 어찌하여 스스로 고생하기를 이와 같이 하는가?" 하니, 李勣은 다음과 같이 말하였다. "어찌 사람이 없어서이겠습니까. 생각해보건대 지금에 누님이 연로하고 저도 또한 늙었으니, 비록 자주 누님을 위하여 죽을 끓이고자 한들, 다시 얻을 수 있겠습니까."

역주 1. 李勣 : 원래의 성명은 徐世勣인데, 李氏姓을 하사받고 唐太宗(李世民)의 諱를 피하여 世字를 빼어 李勣이 된 것이다.

集說 吳氏曰 勣의 本姓은 徐니 爲唐相하여 封英公하고 賜姓李하며 字懋功이

悝 : 괴이할 괴 脯 : 포 포 輟 : 그칠 철 勣 : 공 적 姊 : 누이 자 然 : 불탈 연
煮 : 끓일 자 鬚 : 수염 수 懋 : 성할 무

요 曹州人이라 顧는 猶念也라

吳氏가 말하였다. "李勣의 本姓은 徐氏이니, 唐나라 재상이 되어 英公에 봉해지고 李氏姓을 하사받았으며, 字는 懋功이요, 曹州 사람이다. 顧는 念(생각함)과 같다.

40. 司馬溫公이 [1]與其兄伯康으로 友愛尤篤이러니 伯康이 年將八十이라 公이 奉之如嚴父하며 保之如嬰兒하여 每食少頃이면 則問曰 得無饑乎아하며 天이 少冷이면 則拊(撫)其背曰 衣得無薄乎아하니라 《宋名臣言行錄, 范太史文集》

司馬溫公은 그의 형 伯康과 우애가 특히 돈독하였다. 伯康이 나이가 장차 80이 되려 하였는데, 溫公은 받들기를 엄한 아버지와 같이 하고, 보호하기를 어린아이와 같이 하여 매양 밥먹고 나서 조금 지나면 "배고프시지 않습니까?" 하고 물었으며, 날씨가 조금만 추우면 그 등을 어루만지며 "옷이 얇지 않으십니까?" 하였다.

역주 1. 其兄伯康 : 增解에는「經書辨疑」를 인용하여 溫公의 再從兄이라 하였다.

集解 公의 兄은 名旦이요 字伯康이라 奉之如嚴父는 敬之至也요 保之如嬰兒는 愛之至也라 老人은 腸胃弱하여 易飽易饑하고 氣體虛하여 易寒易熱이라 故로 公撫問之勤이 如此하니라

公의 兄은 이름이 旦이요 字가 伯康이다. 받들기를 아버지와 같이 함은 공경함이 지극함이요, 보호하기를 어린 아이와 같이 함은 사랑함이 지극한 것이다. 노인은 창자와 胃가 약하여 쉽게 배부르고 쉽게 허기지며, 氣體가 허약하여 쉽게 추위를 타고 쉽게 더위를 탄다. 그러므로 溫公의 어루만지고 물음의 부지런함이 이와 같았던 것이다.

41. 近世故家에 惟晁氏因以道의 申戒子弟하여 皆有法度하니 群居相呼에 外姓尊長은 必曰某姓第幾叔若兄이라하며 諸姑尊姑之夫는 必曰某姓姑夫, 某姓尊姑夫라하고 未嘗敢呼字也하며 其言父黨交遊엔 必曰某姓幾丈이라하고 亦未嘗敢呼字也하니 當時故家舊族이 皆不能若是하니라 《童蒙訓》

근세의 故家 중에 오직 晁氏의 가문이 以道가 자제들을 거듭 훈계함으로 인하

嬰 : 어릴 영　拊 : 어루만질 무(부)　腸 : 창자 장　胃 : 밥통 위　晁 : 아침 조

여, 모두 법도가 있었다. 그들은 모여 살면서 서로 부를 적에 外姓의 尊長에게는 반드시 '무슨 성 몇째 아저씨, 또는 몇째 형'이라 하고, 여러 고모와 대고모의 남편에게는 반드시 '무슨 성 고모부, 또는 무슨 성 대고모부'라 하여, 일찍히 감히 字를 부르지 않았으며, 父黨의 交遊(친구)를 말할 때에는 반드시 '무슨 성 몇째 어른'이라 하고, 또한 일찍이 감히 字를 부르지 않았으니, 당시의 故家와 舊族들이 모두 이와 같이 하지 못하였다.

集說 陳氏曰 故家는 舊家라 惟는 獨也라 以道는 名說(열)之니 澶淵人이라 若은 及也라 尊者曰某姓第幾叔이요 長者曰某姓第幾兄이라 姑는 父之姊妹也요 尊姑는 祖之姊妹也요 父黨交遊는 父之友也라 稱姓稱行(항)稱位而不呼字는 皆謙厚之道라

陳氏가 말하였다. "故家는 옛부터 내려온 유명한 집안이다. 惟는 유독이다. 以道는 이름이 說之이니, 澶淵 사람이다. 若은 및이다. 높은 尊者에게는 '무슨 성 몇째 아저씨'라 하고, 長者에게는 '무슨 성 몇째 형'이라 하였다. 姑는 아버지의 자매요, 尊姑는 할아버지의 자매요, 父黨의 交遊는 아버지의 벗이다. 성을 칭하거나 항렬을 칭하거나 지위를 칭하거나 하고, 字를 부르지 않음은 모두 겸손하고 후덕한 도리이다.

42. 包孝肅公이 尹京時에 民有自言하되 以白金百兩으로 寄我者死矣어늘 予其子하니 不肯受하나니 願召其子하여 予之하소서 尹이 召其子한대 辭曰 亡父未嘗以白金委人也라하고 兩人이 相讓久之하니라 《童蒙訓》

包孝肅公이 서울을 맡았을 때에 백성 중에 스스로 말하기를 "白金 百兩을 저에게 기탁한 자가 죽었으므로 그 아들에게 주었는데, 받으려 하지 않으니, 그 아들을 불러 白金을 주소서." 하였다. 尹이 그 아들을 불렀으나 아들은 사양하여 말하기를 "돌아가신 아버지께서 일찍이 白金을 남에게 맡긴 적이 없었습니다." 하여, 두 사람이 서로 사양하기를 오랫동안 하였다.

集說 吳氏曰 公은 名拯이요 字希仁이며 孝肅은 諡也니 廬州人이라 尹京時는 爲京尹之時也라 委人은 委寄於人也라

吳氏가 말하였다. "公은 이름은 拯이요 字는 希仁이며, 孝肅은 시호이니, 廬州 사람이다. 서울을 맡았을 때라는 것은 京兆尹이 되었을 때이다. 委는 남에게 맡김이다."

澶 : 물이름 전 黨 : 무리 당 行 : 줄 항 尹 : 벼슬이름 윤 寄 : 맡길 기
拯 : 구원할 증 諡 : 시호 시

呂滎公이 聞之하고 曰 世人이 喜言無好人三字者는 可謂自賊者矣로다 古人이 [1]言人皆可以爲堯舜이라하니 蓋觀於此而知之로다

呂滎公이 이 말을 듣고 말하였다. "세상 사람들이 '無好人〔좋은 사람이 없음〕' 세 글자를 말하기 좋아하는 자는 스스로 해치는 자라고 말할 만하다. 옛사람의 말에 '사람은 모두 堯·舜이 될 수 있다.'고 하였으니, 여기에서 관찰하면 이것을 알 수 있다."

역주 1. 人皆可以爲堯舜 : 이 내용은 「孟子」《告子下》에 보인다.

集解 賊은 害也라

賊은 해침이다.

43. 萬石君石奮이 歸老于家하더니 過宮門闕할새 必下車趨하며 見路馬하고 必軾焉하니라 子孫이 爲小吏하여 來歸謁이어든 萬石君이 必朝服見之하고 不名하니라 子孫이 有過失이어든 不誚讓하고 爲便坐하여 對案不食이어든 然後에 諸子相責하여 因長老하여 肉袒하고 固謝罪改之하여야 乃許하니라 《漢書 萬石君列傳》

萬石君 石奮이 벼슬을 하직하고 집으로 돌아와 은거하였는데, 궁궐 문을 지날 때에는 반드시 수레에서 내려 종종걸음을 걸었으며, 路馬를 보면 반드시 경례를 하였다. 자손이 낮은 관리가 되어 돌아와서 알현하면, 萬石君은 반드시 朝服을 입고 만났으며 이름을 부르지 않았다. 자손들이 과실이 있으면 꾸짖지 않고, 한 쪽에 있는 방에 앉아 밥상을 대하여도 밥을 먹지 않았는데, 이렇게 한 뒤에 여러 아들들이 서로 꾸짖고, 연장자를 인하여 팔을 드러내고 굳이 사죄하고 고쳐야 이에 허락하였다.

集解 漢石奮은 四子니 長建이요 次甲, 次乙, 次慶이라 奮與四子로 皆官至二千石이라 故號萬石君이라 歸老는 致仕也라 路馬는 駕路車之馬也니 下君門, 式路馬는 敬之至也라 子孫歸謁에 必朝服以見은 禮以接下也라 誚는 以言責之也라 便坐는 謂坐於便側之處也요 對案不食은 謂飮食設於案하여 對之而不食也라

奮 : 떨칠 분 軾 : 경례할 식 誚 : 꾸짖을 초 讓 : 꾸짖을 양 案 : 밥상 안
袒 : 웃통벗을 단

長老는 族之高年者라 肉袒은 袒衣露肉也라 固는 再三也라

漢나라 石奮은 아들이 넷이었는데, 장자는 建이요 다음은 甲, 다음은 乙, 다음은 慶이다. 石奮은 네 아들과 함께 모두 관직이 2천석에 이르렀으므로, 萬石君이라고 칭호하였다. 歸老는 致仕함이다. 路馬(路車: 임금이 타는 수레)는 멍에하는 말이니, 궁궐 문에서 내리고 路馬에게 경례를 함은 공경함이 지극한 것이다. 자손이 돌아와 알현함에 반드시 朝服을 입고 만남은 禮로써 아랫사람을 접함이다. 誚는 말로 꾸짖음이다. 便坐는 便側(한쪽)한 곳에 앉음을 이르며, 밥상을 대하여도 먹지 않았다는 것은 음식을 상에 늘어 놓아 대하기만 하고 먹지 않음을 이른다. 長老는 一族 중에 나이가 많은 자이다. 肉袒은 옷을 벗어 살을 드러냄이다. 固는 재삼이다.

子孫勝冠者在側이어든 雖燕이나 必冠하여 申申如也하며 僮僕엔 訢訢如也하되 唯謹하니라

자손으로서 관을 쓰게 된 자가 곁에 있으면, 비록 한가히 있을 때라도 반드시 관을 쓰고 申申(和順)하게 대했으며, 종들에게는 즐겁게 대하되 삼가하였다.

增註 勝冠은 謂年及冠者라 燕은 謂燕居也라 申申은 和順也요 訢訢은 和悅也라

勝冠은 나이가 관례에 미친 자를 이른다. 燕은 한가히 거처할 때를 이른다. 申申은 화하고 순함이요, 訢訢은 화하고 기쁨이다.

上이 時賜食於家어든 必稽首俯伏而食하여 如在上前하며 其執喪에 哀戚甚하니 子孫이 遵敎하여 亦如之하니라 萬石君家以孝謹으로 聞乎郡國이라 雖齊魯諸儒라도 質行은 皆自以爲不及也라하니라

上이 때로 음식을 하사하면 반드시 머리를 조아리고 부복하고 먹어 마치 임금의 앞에 있는 듯이 하였으며, 상례를 집행함에는 슬퍼함이 심하니, 자손들도 그의 가르침을 따라 또한 그와 같이 하였다. 萬石君의 집안은 효도와 근신함으로 郡國에 알려졌다. 그리하여 비록 齊·魯 지방의 여러 유학자들도 질박한 행실은 모두 스스로 미치지 못한다고 여겼다.

集解 質行은 質朴行實也라

勝 : 감당할 승　訢 : 기쁠 흔　戚 : 슬플 척

質行은 질박한 행실이다.

長子建은 爲郎中令이요 少子慶은 爲內史러니 建이 老白首하되 萬石君이 尙無恙하니라 每五日洗沐에 歸謁하고 親入子舍하여 竊問侍者하여 取親中帬厠牏하여 身自浣滌하여 復與侍者하되 不敢令萬石君知之하여 以爲常하니라

큰아들 建은 郎中令이 되었고, 작은아들 慶은 內史가 되었는데, 建이 늙어 머리가 희었으나 萬石君은 아직도 병환이 없었다. 建은 매양 5일마다 받는 목욕하기 위한 休暇에 돌아와 배알하고, 친히 작은 방으로 들어가 모시는 자에게 가만히 물어 어버이의 내의와 속적삼을 가져다가 몸소 스스로 빨고는 다시 모시는 자에게 주되, 감히 만석군으로 하여금 이것을 알게 하지 아니하여, 항상 이렇게 하였다.

集解 郎中令, 內史는 皆官名이라 恙은 病也라 漢法에 在官五日이면 則休暇一日하여 以洗身沐首하니라 子舍는 寢室邊小房也라 躬自洗濯而不欲親知者는 盡己之心이요 而又欲親心安也니라

集成 中帬은 今中衣也요 [1]厠牏者는 近身之小衫이니 若今汗衫也니라

집해 郎中令과 內史는 모두 관명이다. 恙은 병이다. 漢나라 법에는 관직에 있은 지 5일이면 하루를 휴가로 하여 몸을 씻고 머리를 감았다. 子舍는 침실 곁에 있는 작은 방이다. 몸소 스스로 세탁하고 어버이가 알지 않도록 한 것은 자기의 마음을 다하고 또 부모의 마음을 편안하게 하고자 함이다.

집성 中帬은 지금의 中衣(속옷)이다. 厠牏는 몸에 가까이 하는 작은 적삼이니, 지금의 汗衫과 같다.

역주 1. 厠牏者近身之小衫 : 厠牏를 攷訂에는 「韻會」와 「史記」 孟康의 註를 인용하여 '便器'로 보는 것이 옳음을 밝혔다. 그러나 字典에는 두 가지 뜻이 모두 나와 있으므로 字義에는 모두 수록하였음을 밝혀둔다.

內史慶이 醉歸하여 入外門하여 不下車한대 萬石君이 聞之하고 不食이어늘 慶이 恐하여 肉袒謝罪호되 不許라 擧宗及兄建이 肉袒한대 萬石君이 讓曰 內史는 貴人이라 入閭里어든 里中長老皆走匿이어늘 而內史坐車中自如하니 固當이로다하고 乃謝罷慶하니 慶及諸

恙 : 병 양 帬 : 속옷 군 厠 : 뒷간 측 牏 : 변기 투, 한삼 투 浣 : 빨 완
滌 : 씻을 척 衫 : 적삼 삼 汗 : 땀 한

子入里門하여 趨至家하니라

內史인 慶이 취해 돌아와, 바깥 문에 들어와서도 수레에서 내리지 않았다. 萬石君은 이 말을 듣고 밥을 먹지 않으니, 慶은 두려워하여 팔을 드러내고 사죄하였으나 허락하지 않았다. 이에 온집안 宗族과 建도 팔을 드러내고 빌자, 萬石君은 꾸짖어 말하기를 "內史는 존귀한 사람이라서 마을 문에 들어오면 마을 안의 어른들도 모두 달아나 숨는데 內史는 수레 안에 앉아 그대로 있으니, 진실로 마땅하도다." 하고, 이에 慶을 타일러 보냈다. 慶 및 모든 아들들은 里門에 들어오면 종종걸음으로 집에 이르렀다.

集說 陳氏曰 外門은 家之外門이라 擧宗은 猶言闔族이라 讓은 責也라 固當者는 反辭以深責之也라 謝罷는 顔師古曰 告令去也라 里門은 卽巷門이니 言自是以後로 入巷門則下車也라

陳氏가 말하였다. "外門은 집의 바깥 문이다. 擧宗은 闔族이란 말과 같다. 讓은 꾸짖은 것이다. 진실로 마땅하다는 것은 말을 반대로 하여 깊이 꾸짖은 것이다. 謝罷는 顔師古가 말하기를 '그로 하여금 가라고 말한 것이다.' 하였다. 里門은 바로 마을 문이니, 이후로는 마을 문에 들어오면 수레에서 내렸음을 말한 것이다.

44. 疏廣이 爲太子太傅러니 上疏乞骸骨한대 加賜黃金二十斤하고 太子贈五十斤이어늘 歸鄕里하여 日令家로 供具設酒食하여 請族人故舊賓客하여 相與娛樂하며 數(삭)問其家하되 金餘尙有幾斤고 趣(促)賣以共(供)具하라하니라 《漢書 疏廣列傳》

疏廣이 太子太傅가 되었었는데, 글을 올려 해골(은퇴)를 빌자, 上은 황금 20근을 加賜(특별히 많이 하사함)하였고, 태자는 황금 50근을 하사하였다. 疏廣은 향리로 돌아와 날마다 집안 식구로 하여금 음식을 장만하여 술과 밥을 진설하게 하고는 친척과 故舊와 빈객을 초청하여 서로 함께 즐겼으며, 자주 집안 식구에게 묻기를 "'金이 아직도 몇 근이 남았는가? 빨리 팔아서 음식을 장만하라."고 재촉하였다.

集說 陳氏曰 廣은 字仲翁이니 東海蘭陵人이라 太傅는 官名이라 上疏乞骸骨은 猶今之告老也라 娛는 歡也라 趣은 與促同하고 共은 與供同하니 言促賣餘金하

闔 : 온갖 합　傅 : 스승 부　骸 : 뼈 해　娛 : 즐거울 오　趣 : 재촉할 촉
促 : 재촉할 촉

여 以供酒食之具也라

陳氏가 말하였다. "廣은 字가 仲翁이니, 東海 蘭陵 사람이다. 太傅는 관명이다. 글을 올려 해골을 빎은 지금의 告老(致仕)와 같은 것이다. 娛는 기뻐함이다. 趣은 促과 같고, 共은 供과 같으니, 남은 金을 팔아서 술과 밥의 장만에 이바지하라고 재촉함을 말한 것이다.

居歲餘에 廣의 子孫이 竊謂其昆弟老人廣所信愛者하여 曰 子孫이 冀及君時하여 頗立產業基址하더니 今日에 飮食費且盡하니 宜從丈人所하여 勸說(세)君하여 置田宅하라 老人이 即以閒暇時로 爲廣言此計한대

그렇게 생활한 지 해가 넘자, 疏廣의 자손들은 그의 형제 중에 노인으로서 疏廣이 신임하고 사랑하는 자에게 은밀히 말하기를 "자손들은 君(家君)이 계실 때에 미쳐 자못 產業의 터전을 세우기를 기대했었는데, 오늘날 마시고 먹는 비용으로 장차 다하게 되었으니, 마땅히 어른께서 하시는 말로 하여, 君을 권해 설득하여 밭과 집을 마련하게 하십시오." 하였다. 노인은 즉시 한가한 때에 疏廣을 위하여 이 계책을 말하였다.

增註 冀는 欲也라 丈人은 即廣所愛信之高年兄弟也라

集解 君은 謂疏廣이라 所는 處也요 說는 誘也라

증주 冀는 하고자 함이다. 丈人은 바로 疏廣이 사랑하고 신임하는 바의 나이가 많은 형제이다.

집해 君은 疏廣을 이른다. 所는 곳이요, 說는 달램이다.

廣曰 吾豈老悖하여 不念子孫哉리오 顧自有舊田廬하니 令子孫勤力其中이면 足以共(供)衣食하여 與凡人齊하리니 今復增益之하여 以爲贏餘면 但敎子孫怠惰耳니라

疏廣은 다음과 같이 말하였다. "내 어찌 老悖(노망)하여 자손을 생각하지 않겠는가. 돌아보건대 옛날 밭과 집이 그대로 있으니, 가령 자손들이 그 속에서 부지런히 힘쓰면 충분히 옷과 밥을 마련하여 일반 사람들과 같아질 것이다. 지금 다시 재산을 보태주어 남게 한다면, 다만 자손들에게 게으름을 가르칠 뿐이다.

址 : 터 지　說 : 달랠 세　贏 : 남을 영

集解 老悖는 年老而乖悖也라 羸은 亦餘也라 衣食有餘면 則子孫倚之而怠惰矣니라

老悖는 나이가 늙어 어그러짐이다. 羸은 또한 남음이다. 옷과 밥이 남음이 있으면 자손들이 이것을 의지하여 게으르게 된다.

賢而多財則損其志하고 愚而多財則益其過하나니라 且夫富者는 衆之怨也니 吾旣無以敎化子孫이라 不欲益其過而生怨하노라 又此金者는 聖主所以惠養老臣也라 故로 樂與鄕黨宗族으로 共享其賜하여 以盡吾餘日하노니 不亦可乎아

어질면서 재산이 많으면 그 뜻을 손상하고, 어리석으면서 재산이 많으면 그 과실을 더하게 된다. 또 부자는 여러 사람들이 원망한다. 나는 이미 자손을 교화시키지 못했으니, 그 과실을 더하고 원망을 낳게 하고자 하지 않는다. 또 이 金은 聖스러운 임금께서 늙은 신하를 은혜롭게 기르기 위한 것이다. 그러므로 즐거이 마을 사람과 종족들과 함께 그 恩賜를 누리면서 나의 남은 날을 다하려 하노니, 이것이 옳지 않겠는가."

集解 熊氏曰 世之人이 但知營私較計하여 增益田宅하여 以貽子孫하고 而不知敎之德義하여 以爲長世之道하니 則其多貲는 徒以重其淫侈하고 長其愚騃니 所謂田宅貲財者를 卒亦不可保也라 疏廣此言이 豈非爲人父祖之鑑乎아

熊氏가 말하였다. "세상 사람들은 다만 사사로움을 경영하고 계산하여, 밭과 집을 늘려 자손에게 남겨줄 줄만 알고, 德義를 가르쳐 世代를 장구히 할 방도를 알지 못한다. 그렇다면 그 많은 재산은 한갓 그 음탕함과 사치를 무겁게 하고 그 어리석음을 자라게 할 뿐이니, 이른바 田宅과 재산이란 것도 끝내 보전하지 못한다. 疏廣의 이 말은 어찌 남의 아버지나 할아버지가 된 자의 거울이 아니겠는가."

45. 龐公이 未嘗入城府하고 夫妻相敬如賓하더니 劉表候之하니 龐公이 釋耕於壟上하고 而妻子耘於前이어늘 表指而問曰 先生이 苦居畎畝而不肯官祿하니 後世에 何以遺子孫乎아 龐公曰

乖：어그러질 괴 享：누릴 향 較：비교할 교 貽：줄 이 貲：재물 자
騃：어리석을 애 龐：클 방 候：방문할 후 壟：밭두둑 롱 耘：김맬 운
畎：밭도랑 견

世人은 皆遺之以危어늘 今獨遺之以安하노니 雖所遺不同하나 未爲無所遺也라한대 表嘆息而去하니라 《後漢書 逸民列傳》

龐公이 일찍이 城府(성안)에 들어가지 않고, 夫妻가 서로 공경하기를 손님과 같이 하였다. 劉表가 방문하자, 龐公은 밭둔덕 위에서 밭갈기를 멈추었고, 妻子들은 앞에서 김매고 있었다. 劉表는 그의 妻子들을 가리키며 묻기를 "선생이 甽畝(농토)에서 괴롭게 살면서 관청의 녹을 즐기지 않으니, 후세에 무엇을 자손에게 남겨주려 하시오." 하자, 龐公은 "세상 사람들은 모두 자손에게 위태로움을 남겨주는데, 나는 지금 홀로 자손에게 편안함을 남겨줍니다. 비록 남겨주는 것은 같지 않으나, 남겨주는 것이 없지는 않습니다." 하니, 劉表는 탄식하며 떠나갔다.

集解 龐公은 字德公이니 襄陽人이라 劉表는 漢宗室이니 爲荊州刺史하니라 遺之以危는 謂富貴多危機也요 遺之以安은 謂自食其力而無後患也라

增註 候는 猶訪也라 壟은 田間高處也요 甽은 田間水道也라

집해 龐公은 字가 德公이니, 襄陽 사람이다. 劉表는 漢나라 宗室로 荊州刺史가 되었다. 위태로움을 남겨준다는 것은 부귀는 위험한 계기가 많음을 이르고, 편안함을 남겨준다는 것은 그 힘으로 스스로 먹으면 후환이 없음을 이른다.

증주 候는 訪(방문함)과 같다. 壟은 밭 사이의 높은 곳이요, 甽은 밭 사이의 물길이다.

46 [1]陶淵明이 爲彭澤令하여 不以家累自隨러니 送一力하여 給其子하고 書曰 汝旦夕之費에 自給이 爲難일새 今遣此力하여 助汝薪水之勞하노니 此亦人子也니 可善遇之니라 《晉書 逸民列傳》

陶淵明이 彭澤의 令이 되어 家累(처자)를 스스로 데리고 가지 않았다. 그는 한 일꾼을 보내어 그의 아들에게 주면서 편지에 이르기를 "네가 아침저녁의 씀에 스스로 충족하기가 어려울 것이므로, 이제 이 일꾼을 보내어 너의 땔나무를 하고 물 긷는 수고로움을 돕게 한다. 이 또한 사람의 자식이니, 그를 잘 대우하라." 하였다.

역주 1. 陶淵明 : 一名은 潛이니, 晉나라가 망하고 宋나라가 일어나자, 이름을 潛으로 고쳤다 한다.

集解 淵明은 字元亮이라 家累는 妻子也라 力은 僕也라

淵明은 字가 元亮이다. 家累는 처자식이다. 力은 종이다.

襄 : 오를 양　荊 : 가시 형　彭 : 땅이름 팽　累 : 누끼칠 루　力 : 하인 력, 일꾼 력

47. 崔孝芬兄弟孝義慈厚하더니 弟孝暐等이 奉孝芬하되 盡恭順之禮하여 坐食進退에 孝芬이 不命則不敢也하며 鷄鳴而起하여 且溫顔色하며 一錢尺帛을 不入私房하고 吉凶有須(需)에 聚對分給하더니 諸婦亦相親愛하여 有無를 共之하니라《北史 崔挺列傳》

崔孝芬 형제는 효도하고 의로우며 인자하고 후덕하였다. 아우 孝暐 등이 孝芬을 받들되 恭順한 禮를 다하여 앉으며 먹으며 나아가고 물러갈 때에 孝芬이 명령하지 않으면 감히 하지 않았다. 닭이 울면 일어나서 우선 얼굴빛을 온화하게 하며, 一錢의 돈과 한 자의 비단을 사사로운 방에 들이지 않고, 길흉사로 씀이 있을 때에는 모여 마주 대하여 나누어 주었다. 여러 아내들도 또한 서로 친애하여 있고 없음을 함께 하였다.

集說 陳氏曰 孝芬은 北朝博陵人이라

陳氏가 말하였다. "孝芬은 北朝(北魏) 博陵 사람이다."

孝芬의 叔振이 旣亡後에 孝芬等이 承奉叔母李氏하되 若事所生하여 旦夕溫凊하며 出入啓覲하며 家事巨細를 一以咨決하며 每兄弟出行에 有獲이면 則尺寸以上을 皆入李之庫하고 四時分賚를 李氏自裁之하더니 如此二十餘歲하니라

孝芬의 숙부 振이 이미 사망한 뒤에 孝芬 등은 숙모 李氏를 받들되 마치 자기를 낳아주신 부모를 섬기듯이 하여, 아침저녁으로 따뜻하게 해드리고 서늘하게 해드렸으며, 나가고 들어옴에 아뢰고 뵈었으며, 집안 일의 크고 작음을 한결같이 물어 결정하였다. 매양 형제가 출행하다가 얻은 것이 있으면 한 자, 한 치 이상의 물건을 모두 李氏의 창고에 넣고, 四時에 나누어 주는 일을 李氏가 스스로 재량하게 하였는데, 이와 같이 하기를 20여 년이나 하였다.

增註 溫은 謂冬溫이요 凊은 謂夏凊이라 賚는 與也라
集解 啓는 謂出必告요 覲은 謂反必面이라

증주 溫은 겨울에 따뜻하게 함이요, 凊은 여름에 서늘하게 함이다. 賚는 줌이다.
집해 啓는 나갈 때 반드시 아룀이요, 覲은 돌아오면 반드시 뵙는 것이다.

芬 : 향내날 분 暐 : 환할 위 需 : 쓸 수 凊 : 서늘할 정(청) 覲 : 뵐 근
咨 : 물을 자 賚 : 줄 뢰 面 : 뵐 면

48. 王凝이 常居에 慄如也하더니 子弟非公服이면 不見하여 閨門之內 若朝廷焉하니라 《文中子 關朗篇》

王凝은 평소 거처할 때에 근엄하였다. 자제들은 公服(관복)이 아니면 뵙지 못하여, 閨門 안이 마치 조정과 같았다.

集解 凝은 字叔恬이니 文中子之弟라 慄은 嚴謹貌라 子弟非公服이어든 不敢見하여 處閨門을 如處朝廷하니 其嚴謹을 可知矣니라

凝은 字가 叔恬이니, 文中子의 아우이다. 慄은 근엄한 모양이다. 자제들이 公服이 아니면 감히 뵙지 못하여, 閨門에 처하기를 마치 조정에 처하듯이 하였으니, 그 근엄함을 알 수 있다.

御家以四教하니 勤儉恭恕요 正家以四禮하니 冠婚喪祭러라

집을 다스리되 네 가지 가르침으로 하였으니, 근면·검소·공손·관용이요, 집을 바루되 네 가지 예절로 하였으니, 관례·혼례·상례·제례였다.

增註 御는 治也라

御는 다스림이다.

聖人之書와 及公服禮器를 不假하며 [1]垣屋什(집)物을 必堅朴하여 曰 無苟費也라하며 門巷果木을 必方列하여 曰無苟亂也라하니라

聖人의 책과 공복과 예식에 쓰는 기물을 빌리지 않았으며, 담과 지붕과 집기를 반드시 견고하고 질박하게 하여 말하기를 "구차히 허비함이 없어야 한다."고 하였으며, 문이나 골목의 구획과 果木의 植栽를 반드시 바르게 나열하여 말하기를 "구차히 어지럽게 하지 말아야 한다."고 하였다.

역주 1. 什物 : 일상생활에 필요한 여러 가지 물건으로, 什은 十과 통하며 '온갖'이란 뜻인데, 諺解에는 음을 '슙물'로 표기하였다.

增註 假는 借也니 不假는 阮氏曰 皆自足也라 營築垣屋하고 造設什物을 必渾堅朴素하며 經畫門巷하고 種植果木을 必方整成列하니 蓋其爲人不苟라 故로

慄 : 엄할 률 恬 : 편안할 염 垣 : 담 원 什 : 세간 집 阮 : 성 원(완)
渾 : 온전할 혼 畫 : 구획할 획

每事亦不苟如此하니라

假는 빌림이다. 빌리지 않음은 阮氏가 말하기를 "모두 자족함이다." 하였다. 담과 지붕을 경영하여 건축하고 집기들을 마련하기를 반드시 견고하고 질박하게 하며, 문과 골목을 구획하고 果木을 심기를 반드시 방정하게 열을 이루었으니, 그 사람됨이 구차하지 않았으므로, 매사에 또한 구차하지 않음이 이와 같았던 것이다.

49. 張公藝九世同居하더니 北齊隋唐이 皆旌表其門하니라 [1]麟德中에 高宗이 封泰山하고 幸其宅하여 召見公藝하여 問其所以能睦族之道한대 公藝請紙筆以對하고 乃書忍字百餘하여 以進하니 其意以爲宗族所以不協은 由尊長衣食이 或有不均하며 卑幼禮節이 或有不備어든 更(경)相責望하여 遂爲乖爭하나니 苟能相與忍之면 則家道雍睦矣라하니라 《舊唐書 孝友列傳, 溫公家範》

張公藝는 9대가 함께 사니, 北齊와 隋・唐에서는 모두 그의 문에 정표를 하였다. 麟德 年間에 高宗이 泰山에 封하고, 그의 집에 가서 張公藝를 불러 보고는 종족을 화목하게 하는 방법을 묻자, 張公藝는 종이와 붓으로 대답하겠다고 청하고는 마침내 忍字 백여 자를 써서 올렸다. 그 뜻은 종족이 화목하지 못하는 까닭은 존장자가 옷과 밥을 나누어줄 때에 혹 고르지 못함이 있으며, 낮은 자와 어린 자의 예절이 혹 갖춰지지 못함이 있으면, 번갈아 서로 책망하여 마침내 어긋나고 다투게 되니, 만일 능히 서로 참으면 家道가 화목하게 된다는 뜻이었다.

역주 1. 麟德 : 唐高宗의 年號이다.

集說 陳氏曰 公藝는 東平人이라 北齊는 [1]北朝高齊也라

增註 封은 謂封土爲壇以祭也라 泰山은 山名이라 天子所至曰幸이라 忍은 耐也요 協은 和也라 卑幼는 責望尊長之不均하고 尊長은 責望卑幼之不備면 是는 更相責望也라 乖는 戾也요 雍은 和也라

집설 陳氏가 말하였다. "公藝는 東平 사람이다. 北齊는 北朝인 高齊이다.

증주 封은 흙을 쌓아 단을 만들어 제사함을 이른다. 泰山은 山 이름이다. 天子가 이르는 것을 幸이라 한다. 忍은 참음이요, 協은 화함이다. 卑幼는 尊長의 衣食이 고르지 못함을 책망하고, 尊長은 卑幼의 예절이 갖춰지지 못함을 책망하면, 이는 번갈아 서로 책망하는 것이다. 乖는 어긋남이요, 雍은 화함이다.

麟 : 기린 린 封 : 봉할 봉 幸 : 거동할 행 雍 : 화할 옹 壇 : 단 단 耐 : 견딜 내

역주 1. 高齊 : 高氏의 齊나라란 뜻으로, 高洋이 北齊를 세웠기 때문이다.

50. 韓文公이 作董生行曰 淮水出桐柏山하여 東馳遙遙하여 千里不能休어든 淝水出其側하여 不能千里하여 百里入淮流로다 壽州屬縣有安豐하니 唐貞元年時에 縣人董生召南이 隱居行義於其中이로다 刺史不能薦하니 天子不聞名聲이라 爵祿不及門이요 門外에 惟有吏日來徵租更索錢이로다 《昌黎集》

韓文公이 董生行을 지었는데, 그 내용은 다음과 같다. "淮水는 桐柏山에서 나와 동쪽으로 멀리 달려 천리를 쉬지 못하는데, 淝水는 그 옆에서 나와 천리를 못가, 백리에서 淮水로 들어가 흐르도다. 壽州의 속현에 安豐이 있으니, 唐나라 貞元 年間에 그 縣 사람 董生 召南이 그 가운데에 은거하며 義를 행하도다. 刺史가 천거하지 못하니, 天子가 그의 명성을 듣지 못하여 爵祿이 문에 미치지 못하고, 문밖에는 오직 관리들이 날마다 와서 조세를 징수하고 다시 돈을 요구할 뿐이로다."

集說 陳氏曰 公은 名愈요 字退之요 謚文이니 昌黎人이라 董生은 名召南이라 行은 歌類라 桐柏山은 在唐縣하고 淝水는 在合淝縣하니라 安豐은 縣名이라 貞元은 德宗年號라 董生이 隱居行義於淮淝之間하니 時之人이 不能與儔일새 韓子爲作此詩하니 蓋賦而興也라

陳氏가 말하였다. "韓文公은 이름은 愈요, 字는 退之이며, 시호는 文이니, 昌黎 사람이다. 董生은 이름이 召南이다. 行은 노래의 일종이다. 桐柏山은 唐縣에 있고, 淝水는 合淝縣에 있다. 安豐은 縣名이다. 貞元은 德宗의 연호이다. 董生이 淮水와 淝水 사이에 은거해 살면서 義를 행하니, 당시 사람들이 그를 짝할 사람이 없으므로 韓子가 그를 위해 이 詩를 지었으니, 賦이면서 興이다."

嗟哉董生이여 朝出耕하고 夜歸讀古人書로다 盡日不得息하여 或山而樵하며 或水而漁로다 入廚具甘旨하고 上堂問起居하니 父母不慼慼하며 妻子不咨咨로다

아! 董生이여. 아침이면 나가 밭갈고, 밤이면 돌아와 古人의 책을 읽도다. 종일토록 쉬지 못하여, 혹은 산에서 나무하며, 혹은 물에서 고기잡도다. 부엌에 들어

董 : 성 동　遙 : 멀 요　淝 : 물이름 비　租 : 조세 조　黎 : 검을 려　儔 : 짝 주
嗟 : 탄식할 차　樵 : 나무할 초　漁 : 고기잡을 어　廚 : 부엌 주　慼 : 근심할 척
咨 : 탄식할 자

가 맛있는 음식을 장만하고 堂에 올라 안부를 물으니, 부모는 근심스러워 하지 않고, 처자식은 원망하지 않도다.

集解 朝耕暮讀하고 山樵水漁는 言其固窮守道하여 以養父母而育妻子也라 慼慼은 憂愁也요 咨咨는 嗟怨也라 父母安其孝라 故不憂하고 妻子樂其慈라 故不怨하니라

아침이면 밭갈고, 저녁이면 글 읽으며, 산에서 나무하고, 물에서 고기잡음은 곤궁을 굳게 지키고 道를 지켜 부모를 봉양하며 처자식을 양육함을 말한 것이다. 慼慼은 근심함이요, 咨咨는 원망함이다. 부모는 그의 효도에 편안하였으므로 근심하지 않았고, 처자식은 그의 사랑에 즐거워하였으므로 원망하지 않은 것이다.

嗟哉董生이여 孝且慈를 人不識하고 唯有天翁知하여 [1]生祥下瑞無時期로다 家有狗乳出求食이어늘 雞來哺其兒하되 啄啄庭中拾蟲蟻하여 哺之不食鳴聲悲하여 彷徨躑躅久不去하고 以翼來覆(부)待狗歸로다

아! 董生이여. 효도하고 또 사랑함을 남들은 알지 못하고 오직 天翁(하느님)만이 알아, 상서를 내고 길조를 내림이 시기가 없이 하도다. 집에 개가 새끼를 낳아 밖으로 나가 먹이를 찾자, 닭이 와서 그 새끼에게 먹이되, 뜰 안에서 쪼아 벌레와 개미를 주워 먹여도 먹지 않고 소리내어 슬피 우니, 닭은 방황하며 머뭇거려 오랫동안 떠나지 못하고, 날개로 와서 덮어 주며 어미개가 돌아오기를 기다리도다.

역주 1. 生祥下瑞無時期 : 攷訂에는 無休期로 되어 있다 하고 休는 時의 誤字라고 하였으나, 臺本에 이미 바로잡혔으므로 다시 표시하지 않았음을 밝혀둔다.

集解 乳는 生子也라 此는 言董生孝慈之行을 人雖不知나 而天知之라 故로 祥瑞見(현)於異類如此라

乳는 새끼를 낳음이다. 이것은 董生의 효도하고 사랑하는 행실을 사람들은 비록 알지 못하나 하늘이 알았으므로, 상서가 다른 종류에 나타남이 이와 같음을 말한 것이다.

嗟哉董生이여 誰將與儔오 時之人은 夫妻相虐하며 兄弟爲讐하여 食君之祿而令父母愁하나니 亦獨何心고 嗟哉董生이여 無與儔

瑞 : 상서로울 서　乳 : 새끼낳을 유　哺 : 먹일 포　啄 : 쪼을 탁　蟻 : 개미 의
彷 : 방황할 방　徨 : 방황할 황　躑 : 머뭇거릴 척　躅 : 머뭇거릴 촉

로다

아! 董生이여. 누가 장차 그와 짝하겠는가. 세상 사람들은 부부간에도 서로 학대하고 형제간에도 원수가 되어 임금의 녹을 먹으면서 부모로 하여금 근심하게 하니, 또한 홀로 무슨 마음에서인가? 아! 董生이여. 함께 짝할 이가 없도다.

集說 陳氏曰 儔는 匹也라 朱子曰 上句誰將與儔는 疑而問之之辭也요 下句無與儔는 答而決之之辭也니라

陳氏가 말하였다. "儔는 짝함이다."
朱子가 말씀하였다. "윗句의 '누구와 장차 더불어 짝하겠는가' 한 것은 의심하여 물은 말이요, 아래 句의 더불어 짝할 이가 없다는 것은 대답하여 결정한 말이다.

51. 唐河東節度使柳公綽이 在公卿間하여 最名有家法하니라《溫公家範》

唐나라 河東節度使 柳公綽은 公卿 사이에서 가법이 있기로 이름이 났다.

集解 公綽은 字子寬이라

公綽은 字가 子寬이다.

中門東에 有小齋러니 自非朝謁之日이면 每平旦에 輒出至小齋어든 諸子仲郢이 皆束帶하여 晨省於中門之北하니라 公綽이 決私事하며 接賓客하고 與弟公權及群從弟로 再會食하여 自旦至莫(暮)히 不離小齋하고 燭至則命一人子弟하여 執經史하여 躬讀一過訖하고 乃講議居官治家之法하며 或論文하며 或聽琴하다가[1]至人定鍾然後에 歸寢이어든 諸子復昏定於中門之北하더니 凡二十餘年에 未嘗一日變易하니라

中門 동쪽에 작은 방이 있었는데, 스스로 조회에 알현하는 날이 아니면 매양 平旦(이른 새벽)에 곧 나가 작은 방에 이르거든, 여러 아들들과 仲郢은 모두 띠를 묶고 중문 북쪽에서 새벽 문안을 올렸다. 柳公綽은 사사로운 일을 결단하며 빈객을 접대하고, 아우인 公權 및 여러 아우들과 하루에 두 번 모여 식사를 하였으며, 아침부터 저녁까지 작은 방에서 떠나지 않았다. 촛불이 이르면 한 사람의 자제에

綽 : 너그러울 작 郢 : 땅이름 영 訖 : 마칠 흘

게 명하여 經書와 史書를 잡게 하여 몸소 읽어 한번 지나고는 마침내 관직에 거하고 집안을 다스리는 법을 강론하고 의논하며, 혹은 문장을 논하기도 하고, 혹은 거문고 타는 것을 듣기도 하다가, 人定의 종소리가 이른 뒤에야 침실로 돌아가 자게 되면 여러 아들들이 다시 중문의 북쪽에서 저녁 문안을 드렸는바, 무릇 20여 년에 일찍이 하루라도 바꾼 적이 없었다.

역주1. 人定鍾 : 사람들이 잠자리에 들 시각이 되었음을 알리고 통행을 금지하는 종소리로, 대도시에서 밤 2경에 22번을 타종하였는바, 보통 '人定'이라고 말하였다.

集說 陳氏曰 仲郢은 節度之子니 字諭蒙이요 公權은 節度之弟니 字誠懸이라

陳氏가 말하였다. "仲郢은 節度使의 아들이니, 字는 諭蒙이요, 公權은 節度使의 아우이니, 字는 誠懸이다."

其遇飢歲어든 則諸子皆蔬食(사)하더니 曰 昔吾兄弟侍先君爲丹州刺史에 以學業未成이라하여 不聽食肉하시더니 吾不敢忘也하노라

흉년을 만나면 여러 아들들은 모두 거친 밥을 먹었는데, 柳公綽은 말하기를 "옛날 우리 형제들은 先君께서 丹州刺史로 계실 때에 모셨는데, 학업이 성취되지 않았다 하여 고기 먹음을 허락하지 않으셨으니, 나는 감히 이것을 잊지 못한다." 하였다.

增註 曰은 節度言也라 聽은 猶許也라

曰은 節度使의 말이다 聽은 許와 같다.

姑姊妹姪이 有孤嫠者어든 雖疏遠이라도 必爲擇婿嫁之하되 皆用刻木粧奩하며 纈文絹으로 爲資裝하더니 常言必待資裝豐備론 何如嫁不失時오하니라

고모와 자매와 조카딸 중에 고아나 과부된 자가 있거든 비록 관계가 소원하더라도 반드시 그를 위하여 사윗감을 가려 시집보내었는데, 모두 나무를 조각한 화장경대와 매듭무늬의 비단을 사용하여 資裝(혼수품)으로 삼았다. 柳公綽은 항상

蔬 : 채소 소 嫠 : 홀어미 리 粧 : 단장할 장 奩 : 경대 렴 纈 : 무늬 힐
絹 : 명주 견 裝 : 꾸밀 장

말하기를 "반드시 資裝이 풍부하게 갖추어지기를 기다리기보다는 시집감에 때를 잃지 않음이 낫지 않겠는가."라고 하였다

集說 陳氏曰 姪은 謂兄弟之女라 孤는 無父者요 嫠는 無夫者라 奩은 鏡臺也요 纈文絹은 繫絹染爲文者라

陳氏가 말하였다. "姪은 형제의 딸을 이른다. 孤는 아버지가 없는 자요, 嫠는 남편이 없는 자이다. 奩은 경대이다. 纈文絹은 깁을 매어 물들여 무늬를 만든 것이다."

及公綽卒하여는 仲郢이 一遵其法하여 事公權하되 如事公綽하여 非甚病이어든 見公權에 未嘗不束帶하니라 爲京兆尹鹽鐵使하여 出遇公權於通衢에 必下馬端笏立하여 候公權過하여 乃上馬하며 公權이 莫(暮)歸어든 必束帶迎候於馬首하더니 公權이 屢以爲言하되 仲郢이 終不以官達로 有小改하니라

公綽이 별세하자, 仲郢은 한결같이 그 법을 따라 公權을 섬기되, 公綽을 섬기듯이 하였다. 그리하여 심한 병이 아니면 公權을 뵈올 적에 일찍이 띠를 묶지 않은 적이 없었다. 仲郢은 京兆尹과 鹽鐵使가 되어 외출하다가 公權을 통한 거리에서 만나면, 반드시 말에서 내려 笏을 단정히 하고 서서 公權이 지나가기를 기다렸다가 비로소 말에 올랐으며, 公權이 늦게 돌아오면, 반드시 띠를 묶고 말머리에서 마중하였다. 公權은 자주 그만두라고 말하였으나, 仲郢은 끝내 관직이 현달하였다고 하여 조금도 고침이 없었다.

增註 其는 指節度也라 已上은 言家法之在外者라

其는 節度使(公綽)를 가리킨다. 이상은 가법이 밖에 있음을 말한 것이다.

公綽의 妻韓氏는 相國休之曾孫이니 家法이 嚴肅儉約하여 爲搢紳家楷範이러니 歸柳氏三年에 無少長히 未嘗見其啓齒하며 常衣絹素하고 不用綾羅錦繡하며 每歸覲에 [1]不乘金碧輿하고 祇乘竹兜子하여 二青衣步屣以隨하니라 常命粉苦參黃連熊膽하여

鹽 : 소금 염　衢 : 네거리 구　笏 : 홀 홀　屢 : 자주 루　搢 : 꽂을 진　楷 : 바를 해
綾 : 비단 릉　羅 : 비단 라　覲 : 뵐 근　輿 : 수레 여　祇 : 다만 지　兜 : 투구 두
屣 : 신발 사　粉 : 가루 분　膽 : 쓸개 담

和爲丸하여 賜諸子하여 每永夜習學에 含之하여 以資勤苦하니라

公綽의 아내 韓氏는 相國 韓休의 曾孫인데, 가법이 엄숙하고 검약하여, 搢紳家(사대부 집안)의 모범이 되었다. 柳氏에게 시집온 지 3년이 되도록 젊은이와 어른할 것 없이 일찍이 그가 이를 드러내고 웃는 것을 본 적이 없었으며, 항상 흰깁의 옷을 입고, 綾羅錦繡를 사용하지 않았다. 매양 친정에 돌아가 뵐 때마다 金碧輿를 타지 않고 다만 竹兜子를 타고서 두 靑衣(하녀)를 걸려 따르게 할 뿐이었다. 항상 명령하여 苦參, 黃連, 熊膽을 가루로 만들어, 섞어서 환약을 짓게 한 다음 여러 아들에게 나누어 주어, 매양 긴 밤에 학업을 익힐 때마다 이것을 물어 勤苦함에 도움이 되도록 하였다.

역주 1. 金碧輿 : 黃金과 碧玉으로 꾸민 가마이다.

集說 陳氏曰 搢紳은 搢笏垂紳也라 楷範은 猶言法式이라 婦人謂嫁曰歸라 啓齒는 笑也라 歸覲은 歸寧父母也라 金碧輿는 唐時命婦所乘者요 竹兜子는 竹轎子라 資는 助也라 此는 言家法之在內者라

陳氏가 말하였다. "搢紳은 홀을 꽂고 띠를 드리움이다. 楷範은 法式이란 말과 같다. 부인이 시집감을 歸라 한다. 啓齒(이를 엶)는 웃음이다. 歸覲은 돌아가 친정 부모에게 문안드림이다. 金碧輿는 唐나라 때에 命婦가 타던 것이요, 竹兜子는 대나무로 만든 轎子(가마)이다. 資는 도움이다. 이는 가법이 안에 있음을 말한 것이다.

52. 江州陳氏는 宗族이 七百口러니 每食에 設廣席하고 長幼以次坐而共食之하니라 有畜犬百餘하되 共一牢食하더니 一犬이 不至면 諸犬이 爲之不食하니라 《五代史 南唐世家》

江州陳氏는 종족이 7백 식구나 되었는데, 매양 밥을 먹을 때마다 넓은 자리를 펴고 어른과 어린이가 차례로 앉아 함께 먹었다. 기르는 개 백여 마리가 있어 함께 한 우리에서 먹었는데, 한 마리 개라도 이르지 않으면 여러 개들이 그를 위하여 먹지 않았다.

集說 陳氏曰 江州는 今九江府라 陳氏는 名褒요 南唐人이니 十世同居하니라 犬知愛其類는 和順之所感也라

陳氏가 말하였다. "江州는 지금의 九江府이다. 陳氏는 이름이 褒요, 南唐 사람이니, 10代가 함께 살았다. 개가 그 족류를 사랑할 줄 알았던 것은 和順에 감화된 것이다."

轎 : 가마 교　畜 : 기를 휵　牢 : 우리 뢰

53. 溫公曰 [1]國朝公卿이 能守先法하여 久而不衰者는 唯故李相家니 子孫이 數世에 至二百餘口로되 猶同居共爨하여 田園邸舍所收와 及有官者俸祿을 皆聚之一庫하여 計口日給餉하며 婚姻喪葬所費皆有常數하여 分命子弟하여 掌其事하니 其規模 大抵出於翰林學士宗諤所制也니라 《溫公集》

溫公이 말하였다. "國朝의 公卿 중에 옛법을 지켜 오래도록 쇠하지 않은 자는 오직 돌아가신 李相의 집안이다. 자손이 몇대에 걸쳐 2백여 식구가 되었는데, 오히려 함께 살면서 함께 밥을 지어 먹었다. 그리하여 田園과 邸舍(객점)의 수입과 관직이 있는 자의 봉록을 모두 한 창고에 모아, 식구를 헤아려 날로 양식을 공급하였으며, 혼인과 초상과 장례의 비용이 모두 일정한 액수가 있어, 자제들을 나누어 명하여 그 일을 관장하게 하였으니, 그 규모는 대체로 李相의 아들인 한림학사 宗諤이 만든 바에서 나왔다."

역주 1. 國朝 : 本朝와 같은 말로, 자기 당시의 國朝를 이른다.

集說 陳氏曰 國朝는 溫公自謂當朝也라 李相은 名昉이요 字明遠이니 滁州人이니 爲宰相이라 故로 稱李相이라 邸舍는 客店也라 宗諤은 李相之子니 字昌武라

陳氏가 말하였다. "國朝는 溫公이 당시의 國朝를 스스로 말한 것이다. 李相은 이름이 昉이요, 字가 明遠이며, 滁州 사람이니, 재상이 되었으므로 李相이라 칭한 것이다. 邸舍는 객점이다. 宗諤은 李相의 아들이니, 字는 昌武이다."

右는 實明倫이라

이상은 明倫을 실증한 것이다.

54. 或이 問第五倫曰 公이 有私乎아 對曰 昔에 人有與吾千里馬者어늘 吾雖不受하나 每三公이 有所選擧에 心不能忘하되 而亦終不用也하며 吾兄子嘗病이어늘 一夜十往하되 退而安寢하고 吾子有疾이어늘 雖不省視하나 而竟夕不眠하니 若是者 豈可謂無私乎리오 《後漢書 第五倫列傳》

爨 : 불땔 찬 邸 : 집 저 餉 : 먹일 향 翰 : 글 한 諤 : 바른말할 악 昉 : 밝을 방
滁 : 물이름 제 竟 : 마칠 경

혹자가 第五倫에게 묻기를 "公께서도 사사로움이 있습니까?" 하자, 그는 다음과 같이 대답하였다 "옛적에 어떤 사람이 나에게 千里馬를 준 적이 있었는데, 내가 비록 받지는 않았으나, 매양 三公이 인물을 選擧(선발하고 천거함)하는 일이 있을 때마다 마음에 잊지 않았으나 또한 끝내 등용하지는 않았다. 그리고 내 형의 아들이 일찍이 병들었는데 하룻밤에 열 번을 갔으나 물러와서는 편안히 잠들었고, 내자식이 병이 들어서는 비록 살펴보지는 않았으나 밤새도록 잠을 못잤으니, 이와 같은 것을 어찌 私心이 없다고 말할 수 있겠는가."

集說 陳氏曰 第五는 姓이요 倫은 名이요 字伯魚니 京兆人이라 爲司空하여 以公正稱하니라 周는 以太師太傅太保로 爲三公하고 東漢은 以太尉司徒司空으로 爲三公하니라 朱子曰 不薦自是好나 然於心終不忘은 便是喫他取擧意思不過니 這便是私意니라 又曰 如十起與不起가 便是私니 這便是避嫌이라 只是他見得這意思는 已是大段做工夫요 大段會省察也니라

陳氏가 말하였다. "第五는 姓이요 倫은 이름이요, 字는 伯魚이니, 京兆 사람으로 司空이 되어 공정함으로써 칭찬을 받았다. 周나라는 太師·太傅·太保를 三公이라 하였고, 東漢은 太尉·司徒·司空을 三公이라 하였다.

朱子가 말씀하였다. "천거하지 않음은 스스로 좋으나, 그러나 마음에 끝내 잊지 못함은 곧 그를 천거해주려는 의사를 먹음에 불과하니, 이것이 바로 사사로운 뜻이다." 또 말씀하였다. "열번 일어남과 일어나지 않음이 곧 사심이니, 이는 곧 혐의를 피하기 위함이었다. 다만 그가 이러한 意思를 발견함은 이미 대단히 공부를 하였고, 대단히 성찰할 줄을 안 것이다."

55. 劉寬이 雖居倉卒하나 未嘗疾言遽色하더니 夫人이 欲試寬令恚하여 伺當朝會하여 裝嚴已訖이어늘 使侍婢로 奉肉羹하여 飜汚朝服하고 婢遽收之러니 寬이 神色不異하여 乃徐言曰 羹爛汝手乎아하니 其性度如此하니라 《後漢書 劉寬列傳》

劉寬은 비록 창졸간에 있더라도 일찍이 말을 빨리 하거나 얼굴빛을 급히 변하는 적이 없었다. 그의 부인이 劉寬을 시험하여 성내게 하고자 하여, 조회할 때를 당하여 치장을 이미 마친 것을 엿보고는 모시는 계집종으로 하여금 고기국을 받들어 올리다가 엎어 朝服을 더럽히게 하고는 계집종이 그것을 급히 거두게 하였

尉：벼슬이름 위　喫：먹을 긱(끽)　這：이 자　嫌：혐의할 혐　會：알 회, 능할 회
卒：갑자기 졸　遽：급할 거　恚：성낼 에　伺：엿볼 사　訖：마칠 흘
飜：뒤집을 번　爛：문드러질 란

다. 劉寬은 神色을 달리하지 않고 마침내 천천히 말하기를 "국에 네 손을 데었느냐?" 하였으니, 그의 성품과 도량이 이와 같았다.

集解 寬은 字文饒니 弘農人이라 恚는 怒也라 裝嚴은 猶言裝飾也라

寬은 字가 文饒이니, 弘農 사람이다. 恚는 성냄이다. 裝嚴은 장식(꾸밈)이란 말과 같다.

56. 張湛이 矜嚴好禮하여 動止有則(칙)하여 居處幽室하되 必自修整하며 雖遇妻子라도 若嚴君焉하더니 及在鄕黨하여 詳言正色하니 三輔以爲儀表하니라 《後漢書 張湛列傳》

張湛은 긍엄하고 禮를 좋아하여 행동거지에 법도가 있었다. 그윽한 방에 거처하되 반드시 스스로 몸을 닦고 정제하였으며, 비록 처자들을 만나더라도 嚴君(엄한 군주)과 같이 하였다. 그러나 향당에 있어서는 말을 자상히 하고 얼굴빛을 바르게 하니, 三輔 지방에서는 그를 儀表로 삼았다.

集說 陳氏曰 湛은 字子孝니 平陵人이라 矜嚴은 矜莊而嚴厲也라 嚴君은 卽易所謂家人有嚴君焉이니 朱子曰 所尊嚴之君長也라 漢以京兆尹, 左馮翊, 右扶風으로 爲三輔하여 共治長安城中하니라 儀는 範也요 表는 率也라

陳氏가 말하였다. "湛은 字가 子孝이니, 平陵 사람이다. 矜嚴은 긍장하고 엄함이다. 嚴君은 「周易」에 이른바 '집안 사람에게 嚴君이 있다.'는 것이니, 朱子는 말씀하기를 '존엄한 바의 君長이다.'라고 하였다. 漢나라는 京兆尹, 左馮翊, 右扶風을 三輔로 삼아 함께 長安의 성안을 다스리게 하였다. 儀는 모범이요, 表는 표솔(표준)이다."

建武初에 爲左馮翊이러니 告歸平陵하여 望寺(시)門而步한대 主簿進曰 [1]明府는 位尊德重하시니 不宜自輕이니이다 湛曰 禮에 下公門하며 軾路馬하고 孔子於鄕黨에 恂恂如也하시니 父母之國엔 所宜盡禮니 何謂輕哉오

張湛은 建武 초기에 左馮翊이 되었는데, 휴가로 고향인 平陵에 돌아올 때에 寺門을 바라보고 말에서 내려 걸었다. 主簿가 나와 아뢰기를 "明府께서는 지위가 높고 덕망이 중하시니, 스스로 가벼이 하심은 마땅하지 않습니다." 하니, 張湛은 다

湛 : 즐길 담 矜 : 삼갈 긍 厲 : 엄할 려 馮 : 성 풍 翊 : 도울 익 率 : 좇을 솔
寺 : 내시 시 恂 : 성실할 순

음과 같이 말하였다. "禮에 '公門에서 내리며, 路馬에게 경례한다.' 하였고, 孔子는 鄕黨에 계실 때에는 성실하게 하셨다. 부모가 계신 고을은 마땅히 禮를 다해야 할 바이니, 어찌 가볍게 한다고 말하는가."

역주 1. 明府 : 明府君의 약칭으로 守令을 높여 부른 것이다.

集解 建武는 光武年號라 寺는 官吏所止之處니 蓋湛의 鄕郡官府之居라 主簿는 湛屬吏也라

增註 恂恂은 信實之貌라

집해 建武는 光武의 연호이다. 寺는 관리가 머무는 바의 장소이니, 아마도 湛의 고향 고을에 官府가 있는 곳일 것이다. 主簿는 湛에게 소속된 관리이다.

증주 恂恂은 성실한 모양이다.

57. 楊震의 [1]所擧荊州茂才王密이 爲昌邑令이라 謁見(현)할새 懷金十斤하여 以遺震한대 震曰 故人은 知君이어늘 君不知故人은 何也오 密曰 莫(暮)夜라 無知者니이다 震曰 天知神知我知子知어늘 何謂無知오하니 密이 愧而去하니라 《後漢書 楊震列傳》

楊震이 천거해준 荊州의 茂才 王密이 昌邑令이 되었다. 그가 楊震을 알현할 적에 황금 10근을 품고 가서 楊震에게 바치자, 楊震은 말하기를 "故人(나)은 그대를 아는데, 그대는 故人을 알지 못함은 어째서인가?" 하니, 王密은 "늦은 밤이어서 아는 사람이 없습니다." 하였다. 楊震은 "하늘이 알고 귀신이 알고 내가 알고 그대가 아는데, 어찌 아는 이가 없다 말하는가?" 하니, 王密은 부끄러워서 그대로 물러갔다.

역주 1. 茂才 : 漢代에 인물을 천거하여 등용하던 科目으로, 원래는 秀才라 하였으나 뒤에 光武帝 劉秀의 諱를 피하여 개칭되었다.

集說 陳氏曰 震은 字伯起요 弘農人이니 嘗爲荊州刺史하니라 故人은 震自謂요 君은 謂密也라 熊氏曰 君子는 明不欺天하고 幽不欺神하고 內不欺心하고 外不欺人하나니라

陳氏가 말하였다. "楊震은 字가 伯起요 弘農 사람이니 일찍이 荊州刺史가 되었다. 故人은 楊震 자신을 이름이요, 君은 王密을 이른다."

震 : 떨칠 진

熊氏가 말하였다. "君子는 밝은 곳에서는 하늘을 속이지 않고, 어두운 곳에서는 神을 속이지 않으며, 안으로는 마음을 속이지 않고, 밖으로는 남을 속이지 않는다."

58. 茅容이 與等輩로 避雨樹下할새 衆皆夷踞相對하되 容이 獨危坐愈恭이어늘 郭林宗이 行見之하고 而奇其異하여 遂與共言하고 因請寓宿하더니 旦日에 容이 殺雞爲饌이어늘 林宗이 謂爲己設이러니 旣而供其母하고 自以草蔬로 與客同飯한대 林宗이 起하여 拜之曰 卿은 賢乎哉인저하고 因勸令學하여 卒以成德하니라 《後漢書 郭泰列傳》

茅容이 같은 무리들과 나무 아래에서 비를 피하였는데, 여러 사람들은 모두 편안히 걸터앉아 서로 대하였으나, 茅容은 홀로 무릎꿇고 앉아 더욱 공손하였다. 郭林宗이 지나가다가 이를 보고, 그의 특이함을 기특하게 여겨 마침내 더불어 함께 말하고 인하여 그의 집에 유숙하였다. 다음날 아침 茅容이 닭을 잡아 반찬을 만들자, 郭林宗은 자기를 위하여 마련하는 것이라고 생각하였는데, 조금 뒤에 그의 어머니에게 공양하고 자신은 채소로써 손님과 함께 밥을 먹었다. 郭林宗은 일어나 절하고 말하기를 "卿(그대)은 어질다." 하고는, 인하여 학문을 하도록 권하여 마침내 德을 이루었다.

集解 容은 字季偉니 陳留人이라 夷踞는 蹲踞也요 危坐는 以尻著(착)蹠而坐也라 林宗은 名泰니 太原人이라

增註 異는 謂異於衆이라

집해 容은 字가 季偉이니 陳留 사람이다. 夷踞는 걸터앉음이요, 危坐는 꽁무니를 발바닥에 붙이고 앉음이다. 林宗은 이름이 泰이니, 太原 사람이다.

증주 異는 여러 사람들과 다름을 이른다.

59. 陶侃이 爲廣州刺史하여 在州無事어든 輒朝運百甓於齋外하고 莫(暮)運於齋內하더니 人이 問其故한대 答曰 吾方致力中原하노니 過爾優逸이면 恐不堪事라하니 其勵志勤力이 皆此類也러라 《晉書 陶侃列傳》

夷 : 걸터앉을 이 踞 : 걸터앉을 거 郭 : 둘레 곽 饌 : 음식 찬 蹲 : 걸터앉을 준
尻 : 꽁무니 고 著 : 붙을 착 蹠 : 발바닥 척 侃 : 강직할 간 輒 : 문득 첩 甓 : 벽돌 벽

陶侃이 廣州刺史가 되어 州에 있으면서 일이 없으면, 그때마다 아침에 백 개의 벽돌을 집 밖으로 옮기고, 저녁에는 집 안으로 옮겼다. 사람들이 그 이유를 묻자, 대답하기를 "내 장차 중원에 힘을 다하려 하는데, 지나치게 편안하면 일을 감당하지 못할까 두려워해서이다." 하니, 그가 뜻을 힘쓰고 힘을 부지런히 함이 모두 이러한 類였다.

集說 陳氏曰 侃은 字士行이니 鄱陽人이니 仕至太尉하니라 甓은 甎也라 時에 中原之地爲劉石所據하니 侃欲致力興復이라 故로 朝夕運甓하여 以習勞也라

陳氏가 말하였다. "侃은 字가 士行이니, 鄱陽 사람으로 벼슬이 太尉에 이르렀다. 甓은 벽돌이다. 당시에 中原의 땅이 劉曜와 石勒에게 점거되니, 陶侃은 힘을 다해 興復(광복)하려고 하였으므로, 아침저녁으로 벽돌을 옮겨 수고로운 일을 익힌 것이다.

後爲荊州刺史하니 侃이 性聰敏하여 勤於吏職하며 恭而近禮하며 愛好人倫하니라 終日斂膝危坐하여 閫外多事하여 千緖萬端이로되 罔有遺漏하며 遠近書疏를 莫不手答하되 筆翰如流하여 未嘗壅滯하며 引接疏遠하되 門無停客하니라

뒤에 荊州刺史가 되었는데, 陶侃의 성품은 총명하고 명민하여 관리의 직무에 부지런하였으며, 공손하면서도 禮에 가까우며 人倫을 좋아하였다. 종일토록 무릎을 모으고 단정히 앉아 변방에 일이 많아 천 가지 만 가지였으나 빠뜨림이 없었다. 멀고 가까운 곳에서 온 서간과 글을 손수 답하지 않음이 없었는데, 붓과 글이 물흐르는 듯하여 일찍이 막힌 적이 없었으며, 소원한 자들을 引接(인견)하되 정체해 있는 손님이 없었다.

增註 愛好人倫은 尙名敎也라

集解 閫은 門限也라 古者에 人君命將之辭曰 閫以外는 將軍制之라하니 時에 侃都督荊州라 故曰閫外也라

증주 人倫을 좋아함은 名敎(유학의 가르침)를 숭상함이다.

집해 閫은 문의 한계이다. 옛날 임금이 장수에게 명령하는 말에 "閫(도성문) 바깥은 장군이 통제하라."라고 하였는데, 이 당시 陶侃이 荊州를 都督하였으므로 閫外라고 말한 것이다.

鄱 : 땅이름 파　甎 : 벽돌 전　膝 : 무릎 슬　閫 : 문지방 곤　緖 : 실마리 서
漏 : 샐 루　壅 : 막을 옹

常語人曰 大禹는 聖人이시되 乃惜寸陰하시니 至於衆人하여는 當惜分陰이니 [1]豈可逸遊荒醉하여 生無益於時하고 死無聞於後리오 是自棄也니라 諸參佐或以談戲廢事者어든 乃命取其酒器蒱博之具하여 悉投之于江하며 吏將則加鞭扑曰 樗蒱者는 牧猪奴戲耳요 老莊浮華는 非先王之法言이니 不可行也라 君子는 當正其衣冠하며 攝其威儀니 何有亂頭養望하여 自謂弘達耶리오하니라

그는 항상 사람들에게 말하기를 "大禹는 聖人이었는데도 한 치의 光陰을 아끼셨는데, 일반 사람에 이르러서는 마땅히 한 푼의 광음을 아껴야 한다. 어찌 편안히 놀고 크게 취하여 살아서는 당시에 보탬이 없고 죽어서는 후세에 알려짐이 없겠는가. 이는 스스로 버림이다." 하였다. 여러 參佐(보좌관)들이 혹 잡담과 희롱으로 일을 폐하는 자가 있으면, 마침내 그 술그릇과 蒱博의 기구를 가져다가 모두 강에 던지게 하였으며, 아전과 장수에게는 鞭扑(매)를 加하고 말하기를 "저포는 돼지 치는 종의 놀이일 뿐이요, 老莊의 浮華함은 先王의 법도에 맞는 말이 아니니, 행해서는 안된다. 군자는 마땅히 그 의관을 바르게 하며, 그 위의를 잡아야 하니, 어찌 머리를 헝클어뜨리고 명망을 기른다 하여, 스스로 크게 통달했다고 말할 수 있겠는가." 하였다.

역주 1. 豈可逸遊荒醉 : 諺解를 따라 豈을 死無聞於後까지 연결하였으나, '豈可逸遊荒醉리오 生無益於時하고 死無聞於後면 是自棄也니라'로 해석하기도 함을 밝혀둔다.

集說 陳氏曰 [1]蒱는 樗蒱也요 博은 局戲也라 浮華는 謂老聃莊周之言이 虛而無實也라 攝은 檢束也라 亂頭養望은 吳氏謂蓬頭放肆하여 養其虛望也라 逸遊荒醉와 談戲廢事와 亂頭養望은 皆老莊尙玄虛棄禮法之流弊也라

陳氏가 말하였다. "蒱는 樗蒱요, 博은 판으로 놀이하는 것이다. 浮華는 老聃과 莊周의 말이 허망하여 실제가 없음을 이른다. 攝은 검속이다. 亂頭養望은 吳氏가 이르기를 '쑥대머리로 방자히 있으면서 헛된 바램을 기름이다.'라고 하였다. 편안히 놀고 크게 취함과 잡담하고 희롱하면서 일을 폐함과 머리를 헝클어뜨리고 헛된 바램을 기름은 모두 老莊들이 玄虛를 숭상하고 禮法을 버리는 流弊이다.

역주 1. 蒱 樗蒱也 博 局戲也 : 南溪 朴世采는 "樗蒱와 博은 모두 판으로 놀이하는 것으로 지금은 '雙陸(雙六)'이라 칭하는데, 註에 두 가지 물건으로 나누어 말한 것은 잘

蒱 : 노름 포 博 : 장기 박 鞭 : 채찍 편 扑 : 매질할 복 猪 : 돼지 저
樗 : 가죽나무 저 聃 : 사람이름 담 蓬 : 쑥 봉

못이다." 하였으며, 諺解에는 本文의 蒱博을 '쌍륙장기'라 하여 한 가지 물건으로 해석하였다.

60. 王勃, 楊炯, 盧照隣, 駱賓王이 皆有文名이라 謂之四傑이러니 裵行儉曰 士之致遠은 先器識而後文藝니 勃等이 雖有文才나 而浮躁淺露하니 豈享爵祿之器耶리오 楊子는 沈靜하니 應得令長이어니와 餘得令終이 爲幸이라하더니 其後에 勃은 溺南海하고 照隣은 投潁水하고 賓王은 被誅하고 炯은 終盈川令하여 皆如行儉之言하니라 《唐書 裵行儉列傳, 資治通鑑 唐紀》

王勃·楊炯·盧照隣·駱賓王은 모두 문학으로 명성이 있어, 이들을 四傑이라고 일렀는데, 裵行儉은 다음과 같이 평하였다. "선비가 원대함에 이름은 기국과 식견을 우선하고 문예를 뒤로 해야 하니, 王勃 등은 비록 文才가 있으나 가볍고 조급하며 천근하여 노출되니, 어찌 爵祿을 누릴 수 있는 기국이겠는가. 楊子는 침착하고 안정되니 마땅히 令長(守令)을 얻을 수 있겠지만, 나머지는 좋은 죽음을 얻는다면 다행이다." 그 후 王勃은 남해에 빠져 죽었고, 盧照隣은 潁水에 투신하였고, 駱賓王은 처형을 당하였고, 楊炯은 盈川令으로 마쳐, 모두 裵行儉의 말과 같았다.

集解 行儉은 字守約이니 絳州人이라 器識은 器局識量也라 令終은 善終也라

行儉은 字가 守約이니, 絳州 사람이다. 器識은 器局과 識量이다. 令終은 잘 죽는 것이다.

61. 孔戡은 於爲義에는 若嗜慾하여 不顧前後하고 於利與祿에는 則畏避退怯하여 如懦夫然하니라 《昌黎集 墓誌》

孔戡은 義를 행함에 있어서는 욕심을 내듯이 하여 앞뒤를 돌아보지 않았으며, 이익과 봉록에 있어서는 두려워 피하고 물러나 겁내어 마치 나약한 지아비와 같았다.

集解 戡은 字君勝이니 孔子三十八世孫이라

增註 懦는 柔弱也니 言其勇於爲義而怯於趨利祿也라

炯 : 빛날 형 駱 : 약대 락 裵 : 성 배 戡 : 이길 감 怯 : 겁낼 겁

집해 戡은 字가 君勝이니, 孔子의 38세손이다.

증주 懦는 유약함이다. 그가 義를 행함에 용감하고, 利와 祿에 달려감에 겁냈음을 말한 것이다.

62. 柳公綽이 居外藩할새 其子每入境에 郡邑이 未嘗知하고 旣至하여 每出入에 常於戟門外에 下馬하며 呼幕賓爲丈하여 皆許納拜하고 未嘗笑語款洽하니라 《柳氏家訓》

柳公綽이 外藩에 있을 적에 그 아들이 경내로 들어올 때마다 郡邑에서는 일찍이 이것을 알지 못하였고, 이미 와서는 매양 출입할 때에 항상 戟門 밖에서 말을 내렸으며, 막하에 있는 손님들을 어른이라 불러 모두 절을 받도록 허락하고, 일찍이 웃고 말하며 다정하고 흐뭇하게 대하지 않았다.

集說 陳氏曰 外藩은 謂節度使니 取屛蔽之義也라 其門에 得列戟이라 故曰戟門이라 納은 受也라

陳氏가 말하였다. "外藩은 절도사를 이르니, 병풍처럼 가리우는 뜻을 취한 것이다. 그 문에 창을 늘어 놓기 때문에 戟門이라고 말한 것이다. 納은 받음이다.

63. 柳仲郢이 以禮律身하여 居家에 無事라도 亦端坐拱手하며 出內齋에 未嘗不束帶하니라 三爲大鎭하되 廐無良馬하고 衣不薰香하며 公退에 必讀書하여 手不釋卷하니라 《柳氏家訓》

柳仲郢은 禮로써 몸을 다스려 집에 있을 적에 일이 없더라도 또한 단정히 앉아 손을 꽂으며, 中門 안의 서재에서 나올 때에는 일찍이 띠를 묶지 않은 적이 없었다. 세 번 큰 藩鎭을 맡았으나 마구간에는 좋은 말이 없었고, 옷은 향내를 풍기지 않았으며, 공무에서 물러나오면 반드시 책을 읽어 손에서 책을 놓지 않았다.

集解 仲郢이 嘗爲山南劍南天平三道節度使라 故로 曰三爲大鎭이라

仲郢이 일찍이 山南·劍南·天平 3道의 절도사가 되었으므로, 세 번 큰 藩鎭을 맡았다고 한 것이다.

藩 : 울타리 번 戟 : 창 극 丈 : 어른 장 納 : 들일 납 款 : 정성스러울 관 洽 : 화할 흡
屛 : 병풍 병 蔽 : 가릴 폐 拱 : 두손마주잡을 공 廐 : 마굿간 구 薰 : 향내 훈
劍 : 칼 검

家法에 在官하여 不奏祥瑞하며 1)不度僧道하며 不貸贓吏法하며 凡理藩府에 急於濟貧恤孤하며 有水旱이어든 必先期假貸하며 廩軍食하되 必精豐하며 逋租를 必貰免하며 館傳을 必增飾하며 宴賓犒軍을 必華盛하고 而交代之際에 食儲帑藏이 必盈溢於始至하며 境內에 有孤貧衣纓家女及笄者어든 皆爲選婿하여 出俸金爲資裝하여 嫁之하니라

家法이 관직에 있으면서는 상서로움을 아뢰지 않으며, 중과 도사에게 度牒을 발부하지 않았으며, 不正한 관리로서 법에 저촉된 자를 용서해주지 않았다. 무릇 藩府(節度使府)를 다스릴 적에 가난한 사람을 구제하고 고아를 구휼함을 시급히 여겼으며, 수해와 한해가 있으면 반드시 시기에 앞서 꾸어주며, 軍食(군량)을 줌에는 반드시 精하고 풍족하게 하며, 체납된 조세를 반드시 면제해 주며, 여관과 역참을 반드시 늘리고 꾸미며, 손님에게 잔치하고 군사들을 위로하기를 반드시 화려하고 성대히 하며, 교대할 때에는 식량 저축과 帑藏(창고)이 반드시 처음 부임했을 때보다 가득하고 넘치게 하며, 경내에 고아와 가난한 纓家(사대부 집안)의 딸로서 비녀를 꽂을 나이에 이른 자가 있으면 모두 위하여 남편감을 골라서 봉급을 내어 資裝(혼수)을 마련하여 시집보내었다.

역주 1. 不度僧道 : 度는 度牒으로, 승려와 도사에게 발행해 주는 허가증인데, 이것을 받으면 국가로부터 일체의 부역을 면제받는다.

集說 陳氏曰 假貸는 謂以錢穀借之也라 逋는 負欠也요 貰는 除也라 館은 館舍요 傳은 驛遞也라 犒는 勞也요 儲는 蓄也라 帑藏은 皆庫名이니 所以貯金帛者라 衣纓은 猶簪纓也라 及笄는 年十五者也라 吳氏曰 不奏祥瑞는 恐獻諛於上也요 不度僧道는 恐異端惑世也요 不貸贓吏는 恐貽害於民也라 食儲帑藏이 盈溢於始至者는 出納有稽하고 用無所私而致也라

陳氏가 말하였다. "假貸는 돈과 곡식을 빌려줌이다. 逋는 負欠(체납과 결손)이요, 貰는 면제함이다. 館은 관사요, 傳은 驛遞(역말을 갈아타는 곳)이다. 犒는 위로함이요, 儲는 저축함이다. 帑와 藏은 모두 창고의 이름이니, 금품과 비단을 저장하는 곳이다. 衣纓은 簪纓이란 말과 같다. 及笄는 나이가 15세가 된 자이다."

貸 : 용서할 대　贓 : 뇌물 장　旱 : 가물 한　廩 : 곳집 름　逋 : 달아날 포
貰 : 면제할 세, 세낼 세　傳 : 역 전　犒 : 호궤할 호　儲 : 쌓을 저　帑 : 나라곳집 탕
纓 : 갓끈 영　笄 : 비녀 계　欠 : 모자랄 흠　遞 : 역말 체　簪 : 비녀 잠
諛 : 아첨할 유　貽 : 끼칠 이

吳氏가 말하였다. "상서로움을 아뢰지 않음은 임금에게 아첨을 드릴까 두려워해서요, 중과 도사에게 도첩을 주지 않음은 異端이 세상을 미혹시킬까 두려워해서요, 부정한 관리를 용서하지 않음은 백성에게 해를 끼칠까 두려워해서이다. 식량 저축과 帑藏이 처음 부임했을 때보다 가득하고 넘침은 출납에 상고함이 있고 쓰임에 사사로이 하는 바가 없어 이루어진 것이다."

64. 柳玭曰 王相國涯方居相位하여 掌利權이러니 竇氏女歸하여 請曰 玉工이 貨一釵하니 奇巧라 須七十萬錢이러이다 王曰 七十萬錢은 我一月俸金耳니 豈於女(汝)惜이리오 但一釵七十萬이 此妖物也라 必與禍相隨라한대 女子不復敢言하니라 《柳氏家訓》

柳玭이 말하였다. "王相國 涯가 정승 지위에 있으면서 利權을 관장하였는데, 竇氏에게 시집간 딸이 문안와서 청하기를 '玉工이 한 비녀를 파는데 기이하고 정교한바, 70만 전을 받으려 합니다.' 하였다. 王相國은 말하기를 '70만 전은 나의 한 달 봉급이니, 어찌 너에게 아끼겠는가마는 다만 비녀 한 개가 70만 전이면, 이는 요망한 물건이니, 반드시 禍가 서로 따르리라.' 하였다. 이에 딸은 다시 감히 말하지 못하였다.

集解 涯는 字廣津이니 唐文宗朝에 拜相하니라 掌利權은 謂居相位하고 又兼度(탁)支, 鹽鐵, 榷茶等使也라 竇氏女는 涯女니 嫁竇訓爲妻也라 歸는 謂歸寧이라 熊氏曰 妖物必與禍隨는 名言也라 盖妖巧之物은 人必貪競하니 固有召禍之道也니라

涯는 字가 廣津이니, 唐나라 文宗朝에 정승에 제수되었다. 利權을 관장했다는 것은 정승 자리에 있으면서 또한 度支, 鹽鐵, 榷茶 등의 使를 겸직하였음을 이른다. 竇氏女는 涯의 딸이니, 竇訓에게 시집가 아내가 되었다. 歸는 친정으로 돌아와 문안함을 이른다.

熊氏가 말하였다. "요망한 물건은 반드시 禍가 따른다고 함은 名言이다. 요사하고 교묘한 물건은 사람이 반드시 탐내어 다투니, 진실로 禍를 부르는 도가 있다."

數月에 女自婚姻會歸하여 告王曰 前時釵爲馮外郎妻首飾矣라하니 乃馮球也라 王嘆曰 馮爲郎吏하여 妻之首飾이 有七十萬錢하니 其可久乎아 馮이 爲賈相餗의 門人이라 最密하더니 賈有蒼

玭 : 옥 변(빈)　涯 : 물가 애　竇 : 구멍 두　釵 : 비녀 차　惜 : 아낄 석
榷 : 도거리할 각　馮 : 성 풍　球 : 옥경쇠 구　賈 : 성 가　餗 : 솥안음식 속

頭頗張威福이어늘 馮이 召而勗之러니 未浹旬에 馮이 晨謁賈어늘 1)有二青衣捧地黃酒하여 出飮之한대 食頃而終하니 賈爲出涕하되 竟不知其由하니라

수개 월 만에 딸이 혼인 모임으로부터 돌아와 王相國에게 아뢰기를 '전번의 비녀는 馮外郎 아내의 머리 꾸미개가 되었습니다.' 하였으니, 그는 바로 馮球였다. 王相國은 탄식하여 말하기를 '馮이 郞吏(郞官)가 되어 아내의 머리 꾸미개가 70만전 짜리가 있으니, 그가 오래갈 수 있겠는가.' 하였다. 馮은 賈相 餗의 문인으로 가장 친밀하였는데, 賈氏에게 蒼頭(노복) 중에 자못 위엄과 복록을 베푸는 자가 있으므로 馮은 마침내 그를 불러 조심하라고 경계하였다. 10일이 되지 않아 馮은 새벽에 賈氏을 뵈러 갔는데, 두 青衣(노복)가 地黃酒를 받들어 내와 마시게 하였는데, 그것을 먹고는 곧 죽었다. 賈氏는 그를 위해 눈물을 흘렸으나, 끝내 그 이유를 알지 못하였다.

역주 1. 地黃酒 : 藥草인 地黃을 넣고 빚은 술이다.

集說 陳氏曰 馮外郞은 員外郞球也라 賈餗은 亦宰相이라 密은 親密也라 奴僕은 以蒼爲巾이라 故曰蒼頭라 勗은 勉也요 浹은 周也라 十日爲旬이라 球以奴張威福하여 恐爲主累라 故戒之러니 奴恐球告主라 故毒殺之也라

○ 置毒於地黃酒也라

陳氏가 말하였다. "馮外郞은 員外郞 馮球이다. 賈餗은 또한 재상이다. 密은 친밀함이다. 奴僕은 푸른 색으로 수건을 만듦으로 蒼頭라 한다. 勗은 勉勵(경계)시킴이요, 浹은 두루이다. 10일을 旬이라 한다. 馮球는 종이 위엄과 복을 마음대로 부려 주인에게 누가 될까 두려우므로 경계하였는데, 종은 馮球가 주인에게 고할까 염려했으므로 독살한 것이다.

○ 독을 地黃酒에 둔 것이다.

又明年에 王賈皆遘禍하니 噫라 王以珍玩奇貨로 爲物之妖하니 1)信知言矣어니와 徒知物之妖而不知恩權隆赫之妖甚於物耶아 馮以卑位로 貪寶貨하여 已不能正其家하고 盡忠所事而不能保其身하니 斯亦不足言矣로다 賈之臧獲(확)이 害門客于牆廡之間而不知하니 欲終始富貴인들 其可得乎아

勗 : 권면할 욱 浹 : 일주 협, 두루미칠 협 捧 : 받들 봉 頃 : 잠시 경 遘 : 만날 구
隆 : 높을 륭 臧 : 종 장 獲 : 계집종 확 牆 : 담장 장 廡 : 곁채 무

또 明年에 王氏와 賈氏가 모두 화를 만났다. 아! 王氏는 진귀한 노리개와 기이한 재화를 물건의 요망함이라고 말하였으니, 진실로 말을 알았거니와 한갓 물건의 요사함만 알고 은혜와 권세가 높고 빛남의 요망함이 물건보다 심함을 알지 못했던가? 馮은 낮은 지위로써 보화를 탐하여 이미 그 집안을 바로잡지 못하고, 섬기는 바에 충성을 다했으나 그 몸을 보전하지 못했으니, 이 또한 말할 것이 못된다. 賈氏는 臧獲(노복)이 牆廡의 사이에서 門客을 해치되 알지 못하였으니, 끝까지 부귀를 누리고자 한들 될 수 있겠는가.

역주 1. 知言 : 窮理 즉 진리를 안다는 뜻으로, 「孟子」《公孫丑上》에 '我知言 我善養吾浩然之氣'라고 보인다.

集說 陳氏曰 遘는 遇也니 涯, 餗이 皆爲宦者仇士良所殺하니라 恩權之隆赫은 禍機所伏也라 故謂之妖라 盡忠所事는 謂盡心於餗也라 奴曰臧이요 婢曰獲이니 指蒼頭라 門客은 指馮球라

陳氏가 말하였다. "遘는 만남이니, 王涯와 賈餗은 모두 환관인 仇士良에게 죽임을 당하였다. 은혜와 권세의 높고 빛남은 재화의 기틀이 숨은 곳이므로 요망함이라고 말한 것이다. 섬기는 바에 충성을 다했다는 것은 賈餗에게 마음을 다함을 이른다. 奴(남자종)를 臧이라 하고, 婢(계집종)를 獲이라 하니, 蒼頭를 가리킨다. 門客은 馮球를 가리킨다.

此雖一事나 作戒數端이니라

이는 비록 한가지 일이나 경계됨은 여러 가지이다."

集說 熊氏曰 珍玩奇貨不可貪이 一戒也요 恩權隆赫不可恃 二戒也요 溺愛而不能正家 三戒也요 失言而不能保身이 四戒也요 嬖臧獲張威福하여 害門客而不知 五戒也니라

熊氏가 말하였다. "진귀한 노리개와 기이한 보화를 탐내지 말아야 함이 첫째 경계요, 은혜와 권세의 높고 빛남을 믿지 말아야 함이 둘째 경계요, 사랑에 빠져 집안을 바루지 못함이 셋째 경계요, 말을 실수하여 몸을 보전하지 못함이 넷째 경계요, 臧獲을 총애하여 위엄과 복을 베풀게 하여 門客을 해쳤는데도 알지 못함이 다섯째 경계이다."

65. 王文正公이 [1]發解南省廷試에 皆爲首冠이러니 或戲之曰 壯元試三場하니 一生喫著(착)이 不盡이로다 公正色曰 曾의 平生

宦 : 내시 환 溺 : 빠질 닉 嬖 : 사랑할 폐

之志不在溫飽니라 《宋名臣言行錄》

王文正公이 發解·南省·廷試에서 모두 首冠(수석)이 되었는데, 혹자가 희롱하기를 "三場에서 시험을 보아 장원하였으니, 일생토록 먹고 입음이 다하지 않겠다." 하자, 公은 정색하고 말씀하기를 "내 평생의 뜻이 따뜻하고 배부른데 있지 않다." 하였다.

역주 1. 發解南省廷試 : 發解는 州縣의 시험에서 우수자가 있을 경우, 그 지방관청으로부터 解라는 공문서를 중앙에 발송하고, 다시 그 사람들을 서울에서 시험보게 하는 것으로, 明·淸代에는 鄕試에 합격함을 곧바로 칭하기도 하였다. 南省은 尙書省의 별칭으로 궁궐의 남쪽에 있다 하여 붙인 이름인데, 여기서는 尙書省에서 보이는 省試를 가리키는바, 후일의 會試에 해당하며, 廷試는 조정에서 시행하는 시험으로 후일의 殿試와 朝考에 해당한다.

集解 公은 名曾이요 字孝先이니 靑州人이라 宋眞宗朝鄕試, 省試, 廷試에 皆第一하니라 劉子儀學士戲之에 公答之以此러니 後에 仕至宰相하며 卒에 諡文正하니라 石氏曰 士之積道德富仁義於厥身은 蓋假權位하여 以布諸行事하여 利於天下也니 豈屑屑然謀於衣食歟아

公은 이름은 曾이요, 字는 孝先이니, 靑州 사람이다. 宋나라 眞宗朝에 鄕試, 省試, 廷試에서 모두 제 1등을 하였다. 學士인 劉子儀가 희롱하자, 公이 이 말로써 대답하였는데 뒤에 벼슬이 재상에 이르렀으며 죽음에 시호를 文正이라 하였다.

石氏가 말하였다. "선비가 그 몸에 道德을 쌓고 仁義를 풍부히 함은 권세와 지위를 빌어서 行하는 일에 펴서 천하를 이롭게 하고자 함이니, 어찌 屑屑하게(자질구레하게) 옷과 밥을 도모하겠는가."

66. 范文正公이 少有大節하여 其於富貴貧賤毁譽歡戚에 不一動其心하고 而慨然有志於天下하더니 嘗自誦曰 士當先天下之憂而憂하고 後天下之樂而樂也라하니라 《歐陽文忠公文集 碑銘》

范文正公(范仲淹)은 젊어서 큰 절개가 있어, 부귀와 빈천, 毁譽와 歡戚에 대하여 한번도 그 마음을 동요하지 않고, 慨然히 천하에 뜻을 두었다. 일찍이 스스로 말하기를 "선비는 마땅히 천하 사람들의 근심에 앞서서 근심해야 하고, 천하 사람들의 즐거움에 뒤하여 즐거워해야 한다." 하였다.

增註 不一動其心은 謂富貴不慕하고 貧賤不厭하며 毁之不怒하고 譽之不喜하

厥 : 그 궐 屑 : 자잘할 설

며 得而不歡하고 失而不戚也라 天下未憂而先憂하고 天下已樂而後樂이라

한번도 그 마음을 동요하지 않았다는 것은 부귀를 사모하지 않고 빈천을 싫어하지 않으며, 비방해도 노여워하지 않고 칭찬해도 기뻐하지 않으며, 얻어도 즐거워하지 않고 잃어도 근심하지 않음을 이른다. 천하가 근심하기 전에 먼저 근심하고, 천하가 이미 즐거워한 뒤에 즐거워하여야 한다.

其事上遇人에 一以自信하여 不擇利害爲趨捨하고 其有所爲에 必盡其方하여 曰 爲之自我者는 當如是니 其成與否는 有不在我者라 雖聖賢이라도 不能必이시니 吾豈苟哉리오하니라

그 윗사람을 섬기고 사람들을 대함에 한결같이 스스로 信으로 하여, 利害를 가려 나아가거나 버리지 않았으며, 그 하는 바가 있을 때에는 반드시 그 방법을 다하면서 말하기를 "하기를 나로부터 할 것은 마땅히 이와 같이 해야 하니, 성공함과 성공하지 못함은 나에게 달려 있지 않은 것이다. 비록 聖賢이라도 성공을 기필할 수 없으니, 내 어찌 구차히 하겠는가." 하였다.

增註 自信은 守其正也라

自信은 그 바름을 지킴이다.

67. 司馬溫公이 嘗言吾無過人者어니와 但平生所爲 未嘗有不可對人言者耳라하니라 《宋名臣言行錄》

司馬溫公이 일찍이 말씀하기를 "나는 남보다 나은 것이 없거니와 다만 평생토록 한 것이 일찍이 남을 대하여 말할 수 없는 것이 없을 뿐이다." 하였다.

集說 公은 平生誠實不欺라 故不可對人言者는 則不爲也하니라

公은 평생토록 성실히 하여 속이지 않았으므로 남을 대하여 말할 수 없는 것은 하지 않은 것이다.

68. 管寧이 嘗坐一木榻하더니 積五十餘年이로되 未嘗箕股하니 其榻上當膝處皆穿하니라 《三國志 魏志 管寧列傳》

趨 : 따를 추 捨 : 버릴 사 榻 : 걸상 탑 箕 : 다리뻗고앉을 기 股 : 다리 고
穿 : 뚫을 천

管寧은 일찍이 한 나무 평상에 앉았었는데, 50여 년이 되도록 일찍이 다리를 뻗은 적이 없어 그 평상 위에 무릎이 닿는 곳이 모두 뚫어졌다.

集解 寧은 字幼安이니 漢末에 避亂하여 依公孫度於遼東하여 日講詩書하니 所居成邑하여 民化其德이러니 魏文帝立하여 召寧한대 浮海以還하니라 文帝明帝皆召之하여 使仕러니 寧陳情하여 不仕而終하니라

寧은 字가 幼安이니, 漢나라 말기에 난리를 피하여 遼東의 公孫度에게 의지해 있으면서 날마다 詩·書를 강론하니, 거주하는 곳이 邑을 이루어 백성들이 그 德에 감화되었는데, 魏나라 文帝가 즉위하여 管寧을 부르자, 管寧은 바다를 항해하여 돌아왔다. 文帝와 明帝가 모두 불러 벼슬하게 하였으나, 管寧은 陳情하여 벼슬하지 않고 죽었다.

69. 呂正獻公이 自少로 講學하되 即以治心養性爲本하여 寡嗜慾하며 薄滋味하며 無疾言遽色하며 無窘步하며 無惰容하며 凡嬉笑俚近之語를 未嘗出諸口하며 於世利紛華聲伎遊宴과 以至於博奕奇玩히 淡然無所好하니라 《呂氏家傳》

呂正獻公은 어릴 적부터 講學을 하되 곧 마음을 다스리고 德性을 기르는 것을 근본으로 삼아, 嗜慾을 적게 하고, 滋味(맛 좋은 음식)를 적게 하였으며, 말을 빨리 하고 얼굴빛을 급히 변함이 없었으며, 촉박한 걸음걸이가 없었으며, 게으른 모양이 없었다. 무릇 희롱하고 웃거나 비속하고 천근한 말을 일찍이 입에서 내지 않았으며, 세상의 이익과 紛華(화려함)와 음악과 놀이와 遊宴(놀고 잔치함)과 장기·바둑과 기이한 노리개에 이르기까지 담박하여 좋아하는 바가 없었다.

集說 吳氏曰 治心은 收其放心也요 養性은 養其德性也라 自寡嗜慾以下는 皆治心養性之事라 遽는 急遽也요 窘은 迫促也요 俚는 鄙俗也요 聲伎는 歌樂巧戲也라

吳氏가 말하였다. "治心은 放心을 거둠이요, 養性은 그 德性을 기름이다. 嗜慾을 적게 함으로부터 이하는 모두 마음을 다스리고 德性을 기르는 일이다. 遽는 급함이요, 窘은 촉박함이요, 俚는 비속함이요, 聲伎는 음악과 공교한 놀이이다."

70. 明道先生이 終日端坐에 如泥塑人이러시니 及至接人하여는 則

遽：급할 거 窘：군색할 군 嬉：놀이 희 俚：속될 리 奕：바둑 혁 泥：진흙 니 塑：흙이겨만들 소

渾是一團和氣러시다 《二程全書 外書》

明道先生은 종일토록 단정히 앉아 있어 마치 진흙으로 만든 사람과 같으셨는데, 사람을 접함에 이르러는 완전히 한 덩어리의 온화한 기운이셨다.

正誤 終日端坐에 如泥塑人은 敬也라

集解 所謂望之儼然하고 卽之也溫이니라

정오 종일토록 단정히 앉아 진흙으로 만든 사람과 같다는 것은 공경함이다.
집해 〈「論語」《子張》에〉 이른바 바라봄에 엄숙하고, 나아감에 온화하다는 것이다.

71. 明道先生이 作字時에 甚敬하더시니 嘗謂人曰 非欲字好라 卽此是學이니라 《二程全書 遺書》

明道先生은 글자를 쓸 때에 매우 공경하셨는데, 일찍이 사람들에게 다음과 같이 말씀하였다. "글자를 좋게 하려고 함이 아니라, 곧 이것이 배움이기 때문이다."

集說 朱子曰 此亦可以收放心이니라

朱子가 말씀하였다. "이 또한 放心을 거둘 수 있다."

72. 劉忠定公이 見溫公하고 問盡心行己之要可以終身行之者한대 公曰 其誠乎인저 劉公이 問行之何先이니잇고 公曰 自不妄語始니라 《宋名臣言行錄》

劉忠定公이 溫公을 뵙고, 마음을 다하고 몸을 행하는 요점으로서 종신토록 행할 만한 것을 묻자, 溫公은 "그 誠일 것이다." 하고 대답하였다. 劉公이 "이것을 행하려면 무엇을 먼저 해야 합니까?" 하고 묻자, 溫公은 "말을 함부로 하지 않음으로부터 시작해야 한다." 하였다.

集說 陳氏曰 忠定은 元城先生諡也라 朱子曰 溫公所謂誠은 卽大學所謂誠其意者니 指人之實其心而不自欺也라

陳氏가 말하였다. "忠定은 元城先生(劉安世)의 시호이다.
朱子가 말씀하였다. "溫公이 말한 誠은 바로「大學」에 이른바 '그 뜻을 성실히 한다.'는

渾 : 온전할 혼　團 : 모을 단

것이니, 사람이 그 마음을 성실히 하여 스스로 속이지 않음을 가리킨 것이다.

劉公이 初甚易之러니 及退而自檃栝日之所行과 與凡所言하니 自相掣肘矛盾者多矣러니 力行七年而後成하니 自此로 言行一致라 表裏相應하여 遇事坦然하여 常有餘裕하니라

劉公은 처음에 이것을 매우 쉽게 여겼는데, 물러나 스스로 날마다 행하는 바와 무릇 말하는 바를 법도에 맞춰보니, 스스로 서로 제지당하고 모순되는 것이 많았다. 힘써 행하기를 7년 동안 한 뒤에야 완성되었는데, 이로부터 言行이 일치되었다. 그리하여 안과 밖이 서로 응하여 일을 만남에 평탄하여 항상 여유가 있었다.

集說 陳氏曰 易之는 以不妄語爲易也라 揉曲者曰檃이요 正方者曰栝이니 皆制木之器也라 自相掣肘矛盾은 喩言行相違也라 吳氏曰 掣은 挽也요 肘는 臂節也니 掣肘는 謂肘欲運動而人挽之하여 不能運也라 矛는 有鉤之兵이요 盾은 即今傍牌也니 矛盾은 謂矛欲傷人而盾蔽之하여 不能傷也라

陳氏가 말하였다. "易之는 말을 함부로 하지 않음을 쉽게 여긴 것이다. 굽게 휘는 것을 檃이라 하고, 방정하게 만드는 것을 栝이라 하니, 모두 나무를 바로잡는 기구이다. 스스로 제지당하고 모순된다는 것은 言行이 서로 어긋남을 비유한 것이다.

吳氏가 말하였다. "掣은 당김이요, 肘는 팔의 관절이니, 掣肘는 팔꿈치를 움직이려고 하되 남이 잡아당겨 움직일 수 없음을 이른다. 矛는 갈구리가 있는 병기이고, 盾은 바로 지금의 방패이니, 矛盾은 창으로 사람을 상하고자 하나 방패가 막아서 상할 수 없음을 이른다.

73. 劉公은 見賓客에 談論踰時하되 體無欹側하여 肩背竦直하고 身不少動하며 至手足에도 亦不移하니라 《宋名臣言行錄》

劉公은 빈객을 만나 한동안 담론을 하되 몸을 기대거나 기울임이 없어 어깨와 등이 꼿꼿하고 몸을 조금도 움직이지 않았으며, 손과 발에 이르러도 또한 옮기지 않았다.

集說 吳氏曰 劉公은 即忠定公也라 心爲一身之主하여 百體皆聽命하니 劉公

檃 : 도지개 은　栝 : 틀 괄　掣 : 당길 철　肘 : 팔꿈치 주　坦 : 평탄할 탄　揉 : 휠 유
挽 : 당길 만　臂 : 팔뚝 비　鉤 : 갈고리 구　牌 : 방패 패　踰 : 넘을 유　欹 : 기울 의
竦 : 꼿꼿할 송

이 心一於誠이라 故로 見(현)於外者如此하니라

吳氏가 말하였다. "劉公은 바로 忠定公(劉安世)이다. 마음은 一身의 주장이 되어 온갖 몸이 모두 명령을 듣는다. 劉公은 마음이 誠에 한결같았으므로 외모에 나타남이 이와 같았던 것이다.

74. 徐積仲車初從安定胡先生學하더니 潛心力行하여 不復仕進하고 其學이 以至誠爲本하여 事母至孝하니라 自言初見安定先生하고 退에 頭容이 少偏이러니 安定이 忽厲聲云 頭容直이라하여시늘 某因自思호되 不獨頭容直이라 心亦要直也라하여 自此로 不敢有邪心호라하니라 卒커늘 謚節孝先生이라하니라 《宋名臣言行錄, 童蒙訓》

徐積 仲車가 처음에 安定胡先生(胡瑗)을 따라 배웠는데, 마음을 침잠하고 힘써 행하여 다시 벼슬에 나아가려 하지 않았으며, 그의 학문은 至誠을 근본으로 삼아 어머니를 섬김에 지극히 효성스러웠다. 스스로 말하기를 "처음 安定先生을 뵙고 물러나올 때에 머리 모양이 조금 기울었는데, 安定이 갑자기 큰소리로 '머리 모양은 바르게 해야 한다.'고 말씀하였다. 나는 인하여 스스로 생각하기를 '다만 머리 모양이 바를 뿐만 아니라, 마음 또한 바루어야 한다.'고 여겼다. 이로부터 감히 나쁜 마음을 두지 않았다." 하였다. 죽자, 시호를 節孝先生이라고 하였다.

集解 仲車旣冠하고 徒步往從安定學하니 時門人千數로되 獨以別室處之하니라 父羅城君이 早棄家하여 不知所終하니 盡孝於母하니라 朱子曰 這樣人은 都是資質美라 所以一撥便轉하여 終身不爲惡也니라

仲車는 이미 관례하고 도보로 安定을 찾아가 배웠다. 당시 安定은 문하 사람들이 천 명이나 되었는데 홀로 별실에 거처하게 하였다. 아버지 羅城君(徐石)은 일찍이 집을 버려 죽은 곳을 알지 못하니, 어머니에게 효도를 극진히 하였다.

朱子가 말씀하였다. "이러한 사람은 모두 자질이 아름다워서이다. 그러므로 한 번 다스림에 곧 돌이켜서 종신토록 악행을 하지 않은 것이다."

75. 文中子之服은 儉以潔하고 無長物焉하더니 綺羅錦繡를 不入于室하고 曰 君子는 非黃白不御요 婦人則有青碧이라하니라 《中說 事君篇》

潛 : 잠길 잠 偏 : 치우칠 편 厲 : 엄할 려 樣 : 모양 양 撥 : 다스릴 발 綺 : 비단 기

文中子의 의복은 검소하면서도 깨끗하였고, 長物(남은 물건)이 없었다. 綺羅와 錦繡를 집안에 들이지 않고 말하기를 "君子는 황색과 백색이 아니면 입지 않고, 婦人은 청색과 벽색이 있다." 하였다.

集解 儉은 謂不侈요 潔은 謂不汚라 無長物은 謂稱用而已요 無多餘者也라
正誤 長은 剩也라

집해 儉은 사치하지 않음이요, 潔은 더럽지 않음이다. 長物이 없다는 것은 씀에 알맞게 할 뿐이요, 많이 남는 것이 없음을 이른다.
정오 長은 남음이다.

76. 柳玭曰 高侍郎兄弟三人이 俱居淸列하되 非速客이어든 不二(貳)羹胾하며 [1]夕食엔 齕蔔匏而已하니라 《柳氏家訓》

柳玭이 말하였다. "高侍郎 형제 세 분이 모두 깨끗한 벼슬에 있었는데, 손님을 초청한 경우가 아니면 국과 썰어놓은 고기를 두 가지 이상 놓지 않았으며, 저녁 식사에는 무우와 박만 먹을 뿐이었다."

역주 1. 夕食齕蔔匏而已 : 옛날 사람들은 아침밥을 중시하고 저녁밥을 하찮게 여겼다. 그리하여 저녁식사에는 무우와 박만 먹은 것이다.

集解 高氏兄弟는 唐人이니 長釴은 翰林學士요 次銖는 給事中이요 次鍇는 禮部侍郎이라 速은 召也라 不貳는 無兼味也라 胾는 切肉也라 蔔匏는 菜名이라

高氏의 兄弟는 唐나라 사람이니, 맏이인 釴은 한림학사였고, 다음인 銖는 급사중이었으며, 다음인 鍇는 예부시랑이었다. 速은 부름이다. 不貳는 兼味(두 가지 이상의 진미)가 없음이다. 胾는 썰어놓은 고기이다. 무우와 박은 나물 이름이다.

77. 李文靖公이 治居第於封丘門外하되 廳事前이 僅容旋馬러니 或言其太隘한대 公笑曰 居第는 當傳子孫이니 此爲宰輔廳事엔 誠隘어니와 [1]爲太祝奉禮廳事엔 則已寬矣니라 《宋名臣言行錄》

李文靖公이 사는 집을 封丘門 밖에 지었는데, 청사 앞이 겨우 말 한 마리 돌릴 만한 정도였다. 어떤 사람이 너무 좁음을 말하자, 公은 웃으며 말하였다. "사는 집

剩 : 남을 잉 速 : 부를 속 胾 : 고깃점 자 齕 : 먹을 흘 蔔 : 무우 복 匏 : 박 포
釴 : 솥귀 익 銖 : 저울눈 수 鍇 : 쇠 개 第 : 집 제 僅 : 겨우 근 隘 : 좁을 애

은 마땅히 자손에게 물려 주어야 하니, 이것은 재상의 청사로 쓰기에는 진실로 협소하거니와, 太祝과 奉禮의 청사로 쓰기에는 너무 넓다."

역주 1. 太祝奉禮廳事 : 太祝와 奉禮는 재상의 자제들에게 내리는 蔭職인바, 李文靖公은 자신이 재상이므로 자기의 자제들이 이 벼슬을 할 것이라고 생각하여 말한 것이다.

集說 陳氏曰 公은 名沆이요 字太初며 位宰相이요 謚文靖이니 洛州人이라 封丘는 宋都門名이라 廳은 所以治事라 故曰廳事라 太祝, 奉禮는 皆典祭祀者라 已는 太也라

陳氏가 말하였다. "公은 이름은 沆이요 字는 太初이며, 지위가 재상에 이르고, 시호가 文靖이니, 洛州 사람이다. 封丘는 宋나라 도성문의 이름이다. 廳은 일을 다스리는 곳이므로 廳事라고 한다. 太祝과 奉禮는 모두 제사를 맡은 자이다. 已는 너무이다."

78. 張文節公이 爲相하여 自奉이 如河陽掌書記時러니 所親이 或規之曰 今公이 受俸不少어늘 而自奉이 若此하니 雖自信淸約이라도 外人이 頗有公孫布被之譏하니 公宜少從衆하라 公이 嘆曰 吾今日之俸이 雖擧家錦衣玉食인들 何患不能이리오 顧人之常情이 由儉入奢는 易하고 由奢入儉은 難하니 吾今日之俸이 豈能常有며 身豈能常存이리오 一旦에 異於今日이면 家人이 習奢已久라 不能頓儉하여 必至失所하리니 豈若吾居位去位身存身亡이 如一日乎리오 《溫公家範》

張文節公이 재상이 되어 스스로 받듦이 河陽의 掌書記로 있을 때와 같았다. 친한 친구가 혹 간언하기를 "지금 公께서는 봉록을 받음이 적지 않은데 스스로 받듦이 이와 같으니, 비록 스스로 청렴하고 검약함을 믿더라도 밖의 사람들은 公孫弘이 삼베 이불을 덮은 것과 같다는 비난을 하고 있으니, 公께서도 마땅히 조금은 시속을 따르셔야 합니다." 하였다. 公은 탄식하며 다음과 같이 말하였다. "내 오늘날의 봉급이 비록 온집안 식구가 비단옷을 입고 진수성찬을 먹은들 어찌 능하지 못함을 걱정하겠는가. 다만 사람의 常情은 검소함으로부터 사치에 들어가기는 쉽고, 사치함으로부터 검소함에 들어가기는 어려우니, 내 오늘날의 봉록이 어찌 항상 있을 것이며, 몸이 어찌 항상 생존할 수 있겠는가. 하루 아침에 오늘과 달라

沆 : 넓을 항　靖 : 편안할 정　規 : 타이를 규　譏 : 기롱할 기　頓 : 갑자기 돈

지면 집안 사람들은 사치를 익힌 지가 이미 오래므로, 갑자기 검소할 수가 없어 반드시 살 곳을 잃는 데에 이를 것이니, 어찌 내가 벼슬에 있거나 벼슬을 떠나거나 몸이 생존하거나 몸이 사망하거나 간에 하루와 같이 하는 것만 같겠는가."

集說 陳氏曰 公은 名知白이요 字用晦요 滄州人이니 謚文節이라 漢丞相公孫弘이 爲布被러니 汲黯曰 弘이 俸祿多而爲布被하니 此詐也라하니 或人이 見文節之儉約하고 亦疑其詐라 故로 引是以譏之라

陳氏가 말하였다. "公은 이름은 知白이요, 字는 用晦이며 滄州 사람이니, 시호는 文節이다. 漢나라 승상 公孫弘이 삼베이불을 덮자, 汲黯은 '公孫弘이 봉록이 많은데도 삼베이불을 덮고 있으니, 이는 속임수입니다.'라고 말하였다. 혹자는 文節公의 검약함을 보고 또한 그 속임수인가 의심했으므로, 이를 인용하여 기롱한 것이다."

79. 溫公曰 先公이 [1]爲群牧判官에 客至어든 未嘗不置酒하더시니 或三行하며 或五行하며 不過七行하되 酒沽於市하고 果止梨栗棗柹요 肴止脯醢菜羹이요 器用甆漆하더니 當時士大夫皆然이라 人不相非也하니 會數(삭)而禮勤하며 物薄而情厚하더니라 《溫公家範》

溫公이 말씀하였다. "先公(先親)께서 群牧判官으로 계실 적에 손님이 이르면 일찍이 술자리를 베풀지 않은 적이 없었는데, 혹 세 순배를 돌리고, 혹 다섯 순배를 돌리며, 일곱 순배는 넘지 않았다. 술은 시장에서 사왔고, 과일은 배·밤·대추·감 뿐이었고, 안주는 다만 포와 젓갈·나물국 뿐이었으며, 그릇은 자기와 칠기를 사용하였다. 당시의 사대부들도 모두 그렇게 하여 사람들이 서로 비난하지 않았으니, 모임을 자주 하였으나 禮가 부지런하였으며, 물건이 소박하였으나 정이 두터웠다.

역주 1. 群牧判官 : 地方官의 屬官으로 牧馬를 관장하였다.

集解 溫公父는 名池요 字和中이라
增註 行은 猶巡也라

집해 溫公의 아버지는 이름이 池요 字가 和中이다.
증주 行은 巡(순배)과 같다.

滄 : 큰바다 창 黯 : 어두울 암 沽 : 술받을 고 棗 : 대추 조 柹 : 감 시
肴 : 안주 효 醢 : 육장 해 甆 : 오지그릇 자

近日士大夫家는 酒非內法이며 果非遠方珍異며 食非多品이며 器皿이 非滿案이어든 不敢會賓友하여 常數日營聚然後에야 敢發書하나니 苟或不然이면 人爭非之하여 以爲鄙吝이라 故로 不隨俗奢靡者鮮矣니라

근일의 사대부 집안은 술은 內法(궁중의 法製)이 아니며, 과일은 먼 지방의 진기하고 특이한 것이 아니며, 음식은 여러 가지 물품이 아니며, 그릇이 상에 가득하지 않으면, 감히 손님과 친구를 모으지 못하여, 항상 몇 날을 장만하여 모은 뒤에야 감히 초청하는 글을 낸다. 만일 혹 그렇게 하지 않으면 사람들이 다투어 비난하여 비루하고 인색하다고 말한다. 그러므로 세속을 따라 사치하지 않는 자가 적다.

正誤 內法은 謂宮內造酒之法이요 書는 謂召客之書라

內法은 궁중에서 술을 만드는 법을 이른다. 書는 손님을 부르는 글을 이른다.

嗟乎라 風俗頹弊如是하니 居位者 雖不能禁이나 忍助之乎아

아! 풍속의 퇴폐함이 이와 같으니. 지위에 있는 자가 비록 금하지는 못할망정 차마 그것을 조장하겠는가."

集說 熊氏曰 溫公이 時已爲相하니 蓋欲以淸約爲天下先也라

熊氏가 말하였다. "溫公이 이때 이미 재상이 되었으니, 청렴과 검약으로써 천하에 솔선이 되고자 한 것이다."

80. 溫公曰 吾家本寒族이라 世以淸白相承하고 吾性이 不喜華靡하여 自爲乳兒時로 長者加以金銀華美之服이어든 輒羞赧棄去之하더니 年二十에 忝科名하여 聞喜宴에 獨不戴花하니 同年曰 君賜라 不可違也라하여늘 乃簪一花로라 平生에 衣取蔽寒하고 食取充腹하며 亦不敢服垢弊하여 以矯俗干名이요 但順吾性而已로라 《溫公家範》

皿 : 그릇 명 靡 : 사치할 미 頹 : 무너질 퇴 赧 : 무안할 란 忝 : 욕될 첨
戴 : 일 대 簪 : 꽂을 잠 矯 : 어길 교

溫公이 말씀하였다. "우리 집안은 본래 빈한한 집안이었다. 대대로 淸白을 서로 계승하였으며, 내 성품이 화려하고 사치함을 좋아하지 않아, 유아였을 때로부터 長者가 금은과 화려한 옷을 더해 주면 곧 부끄러워하며 버렸다. 나이 20세에 외람되이 과거에 이름이 올랐는데, 聞喜 잔치에 홀로 꽃을 꽂지 않으니, 同年(동방급제한 자)이 말하기를 '임금이 주시는 것이니, 어겨서는 안된다.'고 말하였으므로 마침내 한 송이 꽃을 꽂았었다. 평생에 옷은 추위를 가림을 취하고 음식은 배를 채움을 취하였으며, 또한 감히 때끼고 해진 옷을 입어 세속과 다르게 함으로써 명예를 구하지 아니하였고 다만 내 성품을 따를 뿐이었다."

正誤 忝은 叨也요 垢는 汚也요 弊는 壞也요 矯는 拂也요 干은 求也라

集解 聞喜는 宋進士宴名也라

정오 忝은 욕됨이요, 垢는 더러움이요, 弊는 해짐이요, 矯는 거스림이요, 干은 구함이다.

집해 聞喜는 宋나라 때 進士에게 베푸는 잔치 이름이다.

81. 汪信民이 嘗言 人常咬得菜根이면 則百事를 可做라하여늘 胡康侯聞之하고 擊節嘆賞하니라 《呂氏雜錄》

汪信民이 일찍이 말하기를 "사람이 항상 나물 뿌리를 먹으려 하면 모든 일을 할 수 있다." 하자, 胡康侯는 이 말을 듣고 마디를 치면서 감탄하고 칭찬하였다.

集說 陳氏曰 信民은 名革이니 臨川人이라 康侯는 文定公字也라 人能甘淡泊而不以外物動心이면 則可以有爲矣라 擊節은 一說에 擊手指節이라하고 一說에 擊器物爲節이라하니 皆通이라 嘆은 嗟嘆이요 賞은 稱賞이라 朱子曰 [1]學者須常以志士不忘在溝壑으로 爲念이면 則道義重而計較死生之心이 輕矣어든 況衣食外物은 至微末事니 不得이라도 未必便死니 亦何用犯義犯分하며 役心役志하여 營營以求之耶아 某觀今人이 因不能咬菜根하여 而至於違其心者衆矣니 可不戒哉아

陳氏가 말하였다. "信民은 이름이 革이니, 臨川 사람이다. 康侯는 文定公(胡安國)의 字이다. 사람이 담박함을 달게 여겨 외물로써 마음을 동요하지 않으면 훌륭한 일을 할 수 있다. 擊節은 일설에는 '손가락 마디를 치는 것이다.' 하고, 일설에는 '기물을 쳐서 節奏(가락)를 맞춘 것이다.' 하니, 모두 통한다. 嘆은 감탄함이요, 賞은 칭찬함이다."

朱子가 말씀하였다. "배우는 자가 모름지기 항상 '志士는 시신이 도랑이나 골짜기에 버

叨：욕될 도　拂：어길 불　汪：넓을 왕　咬：씹을 교　溝：도랑 구　壑：골짜기 학

려질 것을 잊지 않는다.'는 것을 생각하면, 道義가 중해지고 死生을 계교하는 마음이 가벼워진다. 하물며 옷과 밥의 外物은 지극히 미세하고 지엽적인 일이니, 얻지 못해도 반드시 죽지는 않는다. 또한 어찌 義를 범하고 분수를 범하며 마음을 사역하고 뜻을 사역하여 營營(분주함)히 구하겠는가. 내가 보건대 지금 사람들은 나물 뿌리를 먹으려 하지 못하여 그 마음을 어김에 이르는 자가 많으니, 경계하지 않을 수 있겠는가."

역주 1. 志士不忘在溝壑 : 志士는 곤궁함을 굳게 지켜 자신이 죽은 뒤에 棺槨이 없어 시신이 도랑이나 골짜기에 버려지더라도 후회하지 않을 것을 생각한다는 뜻인바, 孔子의 말씀으로「孟子」《滕文公下》와《萬章下》에 각각 보인다.

右는 實敬身이라

이상은 敬身을 실증한 것이다.

小學集註跋

古者小學에 始敎八歲之蒙하니 想其爲言易知而其爲敎易入也리라 三代之盛에 其法必備하여 規模條制列於職官이러니 而秦火之餘에 其書不傳하니 晦菴夫子憫人道之不立하고 歎爲學之無本하사 遂以聖人立敎之遺意로 蒐輯經史하여 編爲小學之書하시니 由是로 小學之敎 復明於天下하니 誠垂世之大訓也라 第次輯之書 出入古今하여 其精深簡奧之言이 必有訓釋然後에 其義可明하니 此集註之說이 不得不作於後也라 夫子以後로 註家相踵하여 各有成書나 然讀之者咸病其不盡合於經意也라 1)吾友德水李侯叔獻이 謝事而歸하여 講道海山之陽할새 造士之規를 悉擧成法하여 揭是書爲入德之門하고 而且憂註說多門하여 莫歸于正일새 乃取諸家하여 刪繁猝要하고 集長去短하여 一以不反乎經旨하고 明白平實하며 而或詳或略이 又以互相發焉하니 可謂執羣言之兩端而善於折衷者矣라 間送于一二執友하여 與之詳訂하니 雖以渾之愚로도 亦得以反復焉이로라 嗚呼라 聖賢之書 何莫非服膺踐實之要리오마는 而小學之敎는 加之幼穉之初하여 發良知而示趨向하고 正蒙養而培本原하여 先諸事爲하여 無非家庭日用之常이니 童子受一日之敎하면 擧足之始에 已立於循蹈之地하니 非如大學之方의 兼有玩索之功하여 業廣而思深也라 然則讀是書者不難於解其義라 而專於習其事요 不貴於說話鋪排라 而主於深體力行하여 要使明倫敬身之意로 浹洽於中하고 淪肌浹髓하여 日用之間事親從兄에 即見孝悌之當然을 如著衣啗飯하여 無待於外求면 則所謂涵養純熟, 根基深厚者를 可得而言也리라 童子固宜服事純實如是요 至於過時而學하여 失序追補者하여도 尤不可以不知此意也니라 渾은 晩暮收拾에 根本不立하니 竊有感於夫子妙敬無窮之旨하여 每以嘗試責勉之工程으로 自訟於心者久矣러니 叔獻書來하여 徵跋文於余하니 旣不敢辭일새 則書其說以諗之云이로라 昌寧成渾은 跋하노라

옛날 小學校에서는 8세의 어린이를 처음 가르쳤으니, 생각하건대 그 글이 알기가 쉬워 그 가르침이 들어가기가 쉬웠을 것이다. 三代의 융성했을 때에 그 법이 반드시 갖추어져 규모와 조례·제도가 직관에 나열되었는데, 秦나라가 불태운 뒤에 그 책이 전해지지 못하

跋：발문 발　憫：불쌍할 민　奧：깊을 오　踵：이을 종　揭：들 게　猝：모을 췌
膺：가슴 응　鋪：펼 포　排：늘어설 배　浹：젖을 협　洽：젖을 흡　淪：적실 륜
肌：피부 기　髓：골 수　啗：먹을 담　諗：고할 심

였다. 晦菴夫子는 人道가 서지 못함을 안타까이 여기고 학문에 근본이 없음을 탄식하여, 마침내 聖人이 가르침을 세우신 遺志를 따라 經書와 史書를 수집하여 「小學」을 만드셨다. 이로 말미암아 小學의 가르침이 다시 천하에 밝아졌으니, 진실로 세상에 남긴 큰 가르침이다. 다만 차례로 편집한 글이 古今을 넘나들어 그 정밀하고 깊으며 간결하고 오묘한 말이 반드시 訓釋이 있은 뒤에야 그 뜻을 밝게 알 수 있으니, 이는 集註의 말이 뒤에 나오지 않을 수 없었던 것이다. 夫子(朱子) 이후로 주해한 학자가 서로 이어져 각각 완성된 책이 있었으나 읽는 자들은 모두 그것이 경전의 뜻에 다 합치되지 못함을 병으로 여겼다.

내 친구 德水 李侯 叔獻이 일을 사양하고 돌아가 海山의 남쪽에서 道를 강론하였는데, 선비를 만드는 규범을 모두 완성된 법을 거행하여, 이 책을 들어 道에 들어가는 문으로 삼았으며, 또 주해한 학설이 종류가 많아 바른데로 귀착할 수 없음을 병으로 여겼다. 이에 여러 학자들의 학설을 취하여 번잡함을 삭제하고 요점을 모으며, 장점을 취하고 단점을 제거하되, 한결같이 경전의 뜻에 위반되지 않고 明白하면서도 평이하고 진실하게 하였으며, 혹 자세하고 혹 간략함이 또 서로 발명되게 하였으니, 여러 말의 두 끝을 잡아 절충을 잘한 것이라고 말할 만하다. 근간에 한 두 執友(同志)에게 보내어 그들과 더불어 자세히 정정하니, 비록 어리석은 나로서도 또한 반복할 수 있었다.

아! 聖賢의 책은 어느 것이든 가슴에 간직하여 실천할 요점 아닌 것이 없건마는 小學의 가르침은 어린 초기에 加하여 良知를 계발하여 趣向을 보여주며, 어린이의 기름을 바르게 하여 근본을 배양해서 일과 행위에 먼저하여, 가정에서 일상생활하는 도리 아닌 것이 없다. 동자가 하루의 가르침을 받으면 발을 떼어 놓는 처음에 이미 법도를 따르는 곳에 서게 되어, 大學의 방법처럼 겸하여 玩索하는 공부가 있어 業이 넓고 생각이 깊은 것과는 같지 않다. 그렇다면 이 책을 읽는 자들은 그 뜻을 이해함을 어렵게 여길 것이 아니라 그 일을 익히는데 專一할 것이요, 말을 늘어놓는 것을 귀중히 여길 것이 아니라 깊이 체득하고 힘써 실행함을 주장하여야 한다. 그리하여 요컨대 明倫·敬身의 뜻을 마음 속에 푹 젖어들게 하고 살속과 뼛속에 스며들게 하여 일상생활하는 사이에 부모를 섬기고 형을 따름에 곧 孝弟의 당연함을 보기를 마치 옷을 입고 밥을 먹음과 같아져서 밖에 구할 필요가 없게 될 것이니, 이렇게 되면 이른바 涵養이 순수하고 익숙해지며 근본이 깊고 두텁다는 것을 말할 수 있을 것이다. 동자들은 진실로 마땅히 순실하게 일삼기를 이와 같이 해야 할 것이요, 때를 지나 배워서 순서를 잃고 추후에 보충하는 자에 이르러서는 더욱 이 뜻을 알지 않으면 안된다.

나는 늦게야 주워모아 근본이 서지 못하였으니, 저으기 夫子의 "오묘한 敬이 무궁하다"는 뜻에 느낌이 있어, 매양 일찍이 질책해 힘쓰려는 工程(공부)으로 스스로 마음에 자책함이 오래였다. 叔獻이 글을 보내 나에게 跋文을 요구하니, 이미 감히 사양할 수 없으므로 이 말을 써서 고하는 바이다.

昌寧 成渾은 跋文을 쓰다.

역주 1. 德水李侯叔獻 : 侯는 地方官에게 붙여주는 칭호이며 叔獻은 栗谷(李珥)의 字이고 德水는 그의 貫鄕이다.

小學跋

[1]成化間에 [2]有淳安程氏者治河于濟하니 濟南에 多名士하여 [3]彬彬有伏生之遺風焉이라 因與其徒로 日講小學하여 辨質訂正하여 爲註疏六卷하여 [4]以畀東使之聘上國者하여 東人이 始得欣覩焉이러니 其後에 何吳陳氏之說이 稍稍出海外로되 [5]而學士局於井觀하여 猶守株先入하여 崇信程說하여 殊不知諸家語有短長하여 理或抹摋하니 余嘗病之라 妄欲參校會趣하여 以便考閱이러니 一日에 [6]金鐵原長生이 見訪이어늘 因語及之한대 金言栗谷已先宰割하시니 子何重勞리오하고 遂以其所藏一帙見示하니 [7]余甲管曰 不亦善乎아 [8]儘師逸而功倍矣로다 因續史纂入梓하여 以壽其傳하노라

都提調 推忠奮義平難忠勤貞亮竭誠效節協策扈聖功臣 大臣輔國崇祿大夫 議政府左議政 兼領經筵事 監春秋館事 世子傅 鰲城府院君 李恒福은 謹跋하노라

成化 년간에 淳安程氏라는 분이 황하지방을 濟南에서 다스렸는데, 濟南에는 명사들이 많아 찬란하게 伏生의 遺風이 있었다. 그는 인하여 그 門徒들과 날마다 「小學」을 강론하여 변론하고 질정하여 註疏 6권을 만들어, 東國(조선)의 사신으로 중국에 빙문갔던 자에게 주어 東國 사람들은 비로소 기쁘게 읽었다. 그후 何氏·吳氏·陳氏의 해설이 점점 해외로 나왔지만, 배우는 선비들은 우물안 소견에 국한되어 아직도 先入見을 지켜 程氏의 해설을 높여 믿는다. 그리하여 여러 학자들의 말에 장단점이 있으며 이치가 혹 말살되었음을 전혀 알지 못하니, 나는 일찍이 이것을 병으로 여겼다.

나는 망령되이 참고하여 교열하고 뜻을 모아 상고하여 보는데 편리하게 만들고자 하였는데, 하루는 金鐵原 長生이 방문했기에 인하여 이것을 언급하였더니, 金鐵原은 말하기를 "栗谷께서 이미 먼저 宰割하셨는데, 그대가 무엇하러 거듭 수고하려는가?" 하고는 마침내 그가 소장하고 있는 한 질을 보여주었다. 나는 붓을 놓고 말하기를 "좋지 않은가? 참으로 선생은 편안하면서도 공효는 배이다." 하였다. 「續史纂」의 인쇄를 인하여 그 전함을 오래도록 하였다.

都提調 推忠奮義平難忠勤貞亮竭誠效節協策扈聖功臣 大臣輔國崇祿大夫 議政府左議政 兼領經筵事 監春秋館事 世子傅 鰲城府院君 李恒福은 삼가 跋文을 쓰다.

역주 1. 成化間 : 成化는 明憲宗의 年號이다.
2. 淳安程氏 : 小學集說의 著者인 程愈를 가리킨다.

彬 : 빛날 빈 畀 : 줄 비 覩 : 볼 도 稍 : 점점 초 抹 : 지울 말 摋 : 지울 살
閱 : 볼 열 帙 : 책 질 儘 : 진실로 진 梓 : 판각할 재(자) 扈 : 호위할 호
鰲 : 자라 오

3. 伏生：秦末·漢初의 學者인 伏勝으로 秦나라에서 詩·書를 불태우자, 딸에게 「書經」을 암송시켜 今文尙書를 전하게 하였다.
4. 東使之聘上國者：東使는 東國(朝鮮)의 사신이란 뜻으로 濯纓 金馹孫을 가리키며, 上國은 明나라를 높여 부른 것으로, 濯纓의 舊遊賦 序에 "내가 지난 해 京師에 갔더니 員外郞 程愈가 자신이 지은 「集註小學」을 주었으므로 나는 가지고 와서 곧 간행했다." 하였다.
5. 局於井觀 猶守株先入：井觀은 坐井觀天의 줄임말이며 守株는 守株待兎의 줄임말로, 모두 안목이 좁고 어리석음을 비유하는 말이다.
6. 金鐵原長生：당시 沙溪 金長生이 鐵原府使로 있었으므로 이렇게 칭한 것이다.
7. 甲管：甲은 匣과 통하며 管은 붓대로, 붓을 붓통에 넣어둠을 이른다.
8. 師逸而功倍：「禮記」《學記》에 '善學者師逸而功倍 不善學者師勞而功半'이라고 보인다.

東洋古典國譯叢書 20

懸吐完譯 小學集註　　　　정가 32,000원

1993년 10월 20일 초판 발행
2024년 04월 30일 초판 33쇄

譯　註　成百曉

編　輯
發行人　郭成文

發行處　社團法人 傳統文化硏究會

서울시 종로구 삼일대로 428 낙원빌딩 411호
전화 : (02)762-8401　전송 : (02)747-0083
전자우편 : juntong@juntong.or.kr
홈페이지 : juntong.or.kr
사이버書堂 : cyberseodang.or.kr
온라인서점 : book.cyberseodang.or.kr
등록 : 1989. 7. 3.　제1-936호

인쇄처 : 한국법령정보주식회사(02-462-3860)
총　판 : 한국출판협동조합(070-7119-1750)

ISBN 978-89-91720-36-7 04140
978-89-85395-48-9(세트)

전통문화연구회 도서목록

新編 基礎漢文教材·漢文讀解捷徑

新編 四字小學·推句 고전교육연구실 編譯 11,000원
新編 啓蒙篇·童蒙先習 고전교육연구실 編譯 11,000원
新編 明心寶鑑 李祉坤·元周用 譯註 15,000원
新編 擊蒙要訣 咸賢贊 譯註 12,000원
新編 註解千字文 李忠九 譯註 13,000원
新編 原文으로 읽는 故事成語 元周用 編譯 15,000원
新編 唐音註解選 權卿相 譯註 22,000원
漢文독해 기본패턴 고전교육연구실 著 15,000원
四書독해첩경 고전교육연구실 著 20,000원
한문독해첩경 文學篇 朴相水 李和春 李祉坤 元周用 著 17,000원
한문독해첩경 史學篇 朴相水 李和春 李祉坤 元周用 著 17,000원
한문독해첩경 哲學篇 朴相水 李和春 李祉坤 元周用 著 17,000원

東洋古典國譯叢書

大學·中庸集註 - 개정증보판 成百曉 譯註 10,000원
論語集註 - 개정증보판 成百曉 譯註 27,000원
孟子集註 - 개정증보판 成百曉 譯註 30,000원
詩經集傳 上·下 成百曉 譯註 各 35,000원
書經集傳 上·下 成百曉 譯註 各 35,000원
周易傳義 上·下 成百曉 譯註 各 40,000원
小學集註 成百曉 譯註 30,000원
古文眞寶 後集 成百曉 譯註 32,000원

五書五經讀本

論語集註 上·下 鄭太鉉 譯註 各 25,000원
孟子集註 上·下 田炳秀·金東柱 譯註 各 30,000원
大學·中庸集註 李光虎·田炳秀 譯註 15,000원
小學集註 上·下 李忠九 外 譯註 各 25,000원
詩經集傳 上·中·下 朴小東 譯註 各 30,000원
書經集傳 上·中·下 金東柱 譯註 各 30,000원
周易傳義 元·亨·利·貞 崔英辰 外 譯註 各 30,000원
詳說古文眞寶大全後集 上·下 李相夏 外 譯註 各 32,000원
春秋左氏傳 上·中·下 許鎬九 外 譯註 各 36,000원~38,000원
禮記 上·中·下 成百曉 外 譯註 各 30,000원

東洋古典譯註叢書

〈經部〉

十三經注疏
周易正義 1~4 成百曉·申相厚 譯註 各 32,000원~44,000원
尙書正義 1~7 金東柱 譯註 各 25,000원~46,000원
毛詩正義 1~8 朴小東 外 譯註 各 32,000원~40,000원
禮記正義 1~3, 中庸·大學 李光虎 外 譯註 各 20,000원~30,000원
論語注疏 1~3 鄭太鉉·李聖敏 譯註 各 35,000원~44,000원
孟子注疏 1~4 崔彩基·梁基正 譯註 各 29,000원~33,000원
孝經注疏 鄭太鉉·姜珉廷 譯註 35,000원
周禮注疏 1~4 金容天·朴禮慶 譯註 各 27,000원~34,000원
春秋左傳正義 1~2 許鎬九 外 譯註 各 27,000원~32,000원
春秋公羊傳注疏 1 宋基采 外 譯註 37,000원
春秋左氏傳 1~8 鄭太鉉 譯註 各 28,000원~35,000원
禮記集說大全 1~6 辛承云 外 譯註 各 25,000원~40,000원
東萊博議 1~5 鄭太鉉·金炳愛 譯註 各 25,000원~38,000원
韓詩外傳 1~2 許敬震 外 譯註 各 29,000원~36,000원
說文解字注 1~5 李忠九 外 譯註 各 32,000원~38,000원

〈史部〉

思政殿訓義 資治通鑑綱目 1~23 辛承云 外 譯註 各 18,000원~37,000원
通鑑節要 1~9 成百曉 譯註 各 18,000원~44,000원
唐陸宣公奏議 1~2 沈慶昊·金愚政 譯註 各 35,000원~45,000원
貞觀政要集論 1~4 李忠九 外 譯註 各 25,000원~32,000원
列女傳補注 1~2 崔秉準·孔勤植 譯註 各 30,000원~38,000원
歷代君鑑 1~4 洪起殷·全百燦 譯註 各 30,000원~38,000원

〈子部〉

孔子家語 1~2 許敬震 外 譯註 各 39,000원/40,000원
管子 1~4 李錫明·金帝蘭 譯註 各 29,000원~33,000원
近思錄集解 1~3 成百曉 譯註 各 35,000원~36,000원
老子道德經注 金是天 譯註 30,000원
大學衍義 1~5 辛承云 外 譯註 各 26,000원~30,000원
墨子閒詁 1~6 李相夏 外 譯註 各 32,000원~53,000원
說苑 1~2 許鎬九 譯註 各 25,000원
世說新語補 1~5 金鎭玉 外 譯註 各 29,000원~42,000원
荀子集解 1~7 宋基采 譯註 各 30,000원~42,000원
心經附註 成百曉 譯註 35,000원
顔氏家訓 1~2 鄭在書·盧敬熙 譯註 各 22,000원/25,000원
揚子法言 1 朴勝珠 譯註 24,000원
列子鬳齋口義 崔秉準·孔勤植·權憲俊 共譯 34,000원
二程全書 1~6 崔錫起·姜導顯 譯註 各 32,000원~44,000원
莊子 1~4 安炳周·田好根 共譯 各 31,000원~39,000원
政經·牧民心鑑 洪起殷·全百燦 譯註 27,000원
韓非子集解 1~5 許鎬九 外 譯註 各 32,000원~40,000원
武經七書直解
孫武子直解·吳子直解 成百曉·李蘭洙 譯註 45,000원
六韜直解·三略直解 成百曉·李鍾德 譯註 45,000원
尉繚子直解·李衛公問對直解 成百曉·李蘭洙 譯註 45,000원
司馬法直解 成百曉·李蘭洙 譯註 45,000원

〈集部〉

古文眞寶 前集 成百曉 譯註 30,000원
唐詩三百首 1~3 宋載卲 外 譯註 各 33,000원~39,000원
唐宋八大家文抄 韓愈 1~3 鄭太鉉 譯註 各 22,000원/28,000원
〃 歐陽脩 1~7 李相夏 譯註 各 25,000원~35,000원
〃 王安石 1~2 申用浩·許鎬九 共譯 各 20,000원/25,000원
〃 蘇洵 李章佑 外 譯註 25,000원
〃 蘇軾 1~5 成百曉 譯註 各 22,000원
〃 蘇轍 1~3 金東柱 譯註 各 20,000원~22,000원
〃 曾鞏 宋基采 譯註 25,000원
〃 柳宗元 1~2 宋基采 譯註 各 22,000원
明清八大家文鈔 1 歸有光·方苞 李相夏 外 譯註 35,000원
〃 2 劉大櫆·姚鼐 李相夏 外 譯註 35,000원
〃 3 梅曾亮·曾國藩 李相夏 外 譯註 38,000원
〃 4 張裕釗·吳汝綸 李相夏 外 譯註 50,000원

東洋古典新譯

당시선 송재소·최경렬·김영죽 편역 24,000원
손자병법 성백효 역주 14,000원
장자 안병주·전호근·김형석 역주 13,000원
고문진보 후집 신용호 번역 28,000원
노자도덕경 김시천 역주 15,000원
고문진보 전집 上·下 신용호 번역 각 22,000원
신식 비문척독 박상수 번역 25,000원
안씨가훈 김창진 편역 근간

동양문화총서

동양사상 해설과 원전 정규훈 外 저 22,000원
화합의 길 《중용》 읽기 금장태 저 20,000원
호설과 시장 신용호 저 20,000원
어느 노학자의 젊은 시절 - 《고문진보》 選譯 심재기 저 22,000원

문화문고

경전으로 본 세계종교 그리스도교 이정배 편저 10,000원
〃 도교 이강수 편역 10,000원
〃 천도교 윤석산·홍성엽 편저 10,000원
〃 힌두교 길희성 편역 10,000원
〃 유교 이기동 편저 10,000원
〃 불교 김용표 편저 10,000원
〃 이슬람 김영경 편역 10,000원
논어·대학·중용 / 맹자 조수익·박승주 공역 각 10,000원
소학 박승주·조수익 공역 10,000원
십구사략 1~2 정광호 저 각 12,000원
무경칠서 손자병법·오자병법 성백효 역 10,000원
〃 육도·삼략 성백효 역 10,000원
〃 사마법·울료자·이위공문대 성백효 역 10,000원
당시선 송재소·최경렬·김영죽 편역 10,000원
한문문법 이상진 저 13,000원
한자한문전통교재 조수익·이성민 공역 13,000원
士小節 선비 집안의 작은 예절 이동희 편역 12,000원
儒學이란 무엇인가 이동희 저 10,000원
동아시아의 유교와 전통문화 이동희 저 13,000원
현대인, 동양고전에서 길을 찾다 이동희 저 10,000원
100자에 담긴 한자문화 이야기 김경수 저 12,000원
우리 설화 1~2 김동주 편역 각 10,000원
대한민국 국무총리 이재원 저 10,000원
백운거사 이규보의 문학인생 신용호 저 14,000원